KB049838

Competition Policy

경쟁정책과
공정거래법

and Fair Trade Act

——— 한국, 미국 그리고 EU ———

신동권

박영사

머리말

　　2021년 2월 공정거래조정원 원장직을 마치면서 30여 년 공직을 마무리하였고, 정부의 경력인사초빙 지원사업 대상자로 선정되어 3월부터 한국개발연구원(KDI)에서 초빙연구위원으로 근무하게 되었다. 그간 공직생활을 하면서 틈틈이 자료를 정리하여 경제법이라는 제하에 「독점규제법」, 「중소기업보호법」, 「소비자보호법」을 출간하였다. 많이 부족한 책이지만 독자들로부터 그동안의 사례와 실무를 조문별로 정리하여 큰 도움을 받았다는 과분한 평가도 받았다. 저자로서는 공직 수행이라는 어려운 여건에서 수많은 틈새시간을 활용한 축적의 산물이고 우리나라에서는 처음으로 주석서 형태로 저술한 것으로서 공직생활의 상징물처럼 자부심과 보람을 느끼고 있다.

　　지난 2년은 전 지구적으로 코로나가 창궐하여 정상적인 생활이 실종된 시기였다. KDI에서 근무하면서 그간의 톱니바퀴 같은 생활에서 벗어나 다소 시간적 여유를 갖게 되면서 평소에 미뤄 왔던 작업들을 추진하였다. 우선 미국이나 EU 등의 경쟁법 관련 규정이나 중요한 판결들을 수집하여 분야별로 정리해 보기로 하였다. 그러나 막상 수집정리를 해 놓고 보니 그 양이 너무 방대해 그 내용을 다 파악해서 활용하기는 불가능한 작업으로 느껴졌다. 자연스럽게 그중에서 공정거래법을 집행하면서 참고가 될 만한 규정이나 중요한 판결들 정도만이라도 소개를 했으면 하는 욕구가 생겨나게 되었다. 이러한 작업에 2008년 공정위의 「EU의 경쟁법 판례분석」 용역보고서가 크게 도움이 되었다.

　　한편으로는 경쟁정책에 대한 관심도 생겨났는데, 20여 년 전 독일 유학 후 귀국시에 가져왔던 Klaus Herdzina의 「Wettbewerdspolitik: 경쟁정책」, Ingo Schmidt의 「Wettbewerbspolitik und Kartellrecht: 경쟁정책과 카르텔법」, 저자의 지도교수이신 Meinrad Dreher 교수가 스승인 Fritz Rittner 교수와 집필한 「Wirtschaftsrecht: 경제법」 등 책을 다시 읽어 보았다. 그리고 국내 서적으로는 KDI의 이규억 박사가 펴낸 「시장자본주의의 진화」, 「자본주의의 이해」, 최정표 원장의 「산업조직경제학」 등 책을 정독하게 되었다. 그리고 몇 권의 고전도 읽어 볼 기회를 가졌는데, 대표적으로 김수행 교수가 번역한 Adam Smith의 「The Wealth of Nations: 국부론」을 읽으면서 경쟁과 독점이라는 문제에 대해 다시 한번 생각할 소중한 기회를 갖게 되었다. 마지막으로 디지털 경제시대의 도래에 따른 공정거래 이슈도 분야별로 간단히 다루어 보았다. 이에 대해서는 많은 연구가 이루어지고 있고 앞으로도 많은 연구가 필요한 분야라고 생각한다.

국내에서 아직 경쟁정책이라는 제목의 책이 부재한 상황이고, 주로 경제학자들이 산업조직론이라는 제목으로 다루고 있는 것이 현실이다. 이에 경제학에 문외한에 가까운 저자가 경쟁정책이란 제목을 사용하는 데 대해 다소 고민이 있었던 것은 사실이다. 그러나 공정거래법이 경제학과 법학의 접점 분야라는 소신으로 과감히 출간을 결정하였다. 산업조직론과 같은 경제학적 설명은 저자의 능력범위 밖의 일이지만 역사적으로 공정거래법이 경쟁정책의 집행수단으로 발전해 온 것이라는 기본적인 시각을 가지고 경쟁정책과 공정거래법이라는 제목을 시도하였다.

어쨌든 공정거래 분야에서 출간된 그간의 책들과는 다른 다소 생소한 제목을 사용했기에 기대와 우려가 교차하는 심정이다. 그 내용은 기존의 교과서들과 큰 차이가 없지만 설명의 틀을 좀 다르게 해 본 것이다. 그리고 대부분의 내용들도 저자의 독자적인 연구결과라기보다는 그간의 연구성과들과 사례, 규정들을 정리한 것들이다. 이 기회에 실무에서 그리고 연구를 통하여 공정거래 분야의 분야의 발전에 헌신하신 모든 선후배들께 감사를 드리고 싶다. 소개한 외국의 사례들도 그 제목 정도는 기존의 책들에서 나와 있지만 우리나라 공정거래법의 내용들과 매칭을 시켜 설명해 보고자 하였다. 많은 사례들을 다루다 보니 수박겉핥기가 된 것 같아 죄송한 마음이다.

교과서는 저자의 능력밖의 일로 생각하였는데 결과적으로 그와 유사하게 되었고, 거창한 제목과는 달리 용두사미에 그친 게 아닌가 하는 걱정이 앞선다. 앞으로의 발전에 조그만 디딤돌이라도 된다면 더 이상의 바람이 없을 것이다. 더 자세한 내용은 저자의 경제법 시리즈를 보완적으로 활용하면 좋을 것이다. 끝으로 이 글을 쓰면서 어려운 출판환경에도 불구하고 흔쾌히 출판을 허락해 주신 박영사와 긴 세월 도움을 주신 조성호 이사님 그리고 꼼꼼히 교정과 색인작업을 도와주신 윤혜경 대리님께 특별히 감사를 드리고 싶다. 그리고 항상 응원해 주는 아내와 아이들에게도 지면을 빌려 고맙다는 말을 전한다.

2023. 2.
잠실 석촌호수를 바라보며
저자 씀

차 례

제1장 서 론

제 2 장   시장행동에 대한 규제

제 3 장   시장구조에 대한 규제

제 4 장　경쟁정책의 집행

III. 사법적 구제 593

제 1 장

서 론

제1장
서 론

I. 경쟁의 의의, 기능과 경쟁정책

1. 경쟁의 의의

가. 경쟁법의 의의

공정거래법은 미국에서는 반트러스트법(Antitrust Law), 유럽에서는 경쟁법(Competition Law), 독일에서는 경쟁제한방지법(Gesetz gegen Wettbewerbsbeschränkungen), 일본에서는 사적독점금지법(私的獨占의 禁止 및 公正去來의 確保에 관한 法律), 중국에서는 반독점법(反壟斷法)으로 불리우고 있다. 우리나라는 독점규제 및 공정거래에 관한 법률로 되어 있어, 독점규제법으로 부르기도 하지만 일반적으로 공정거래법이라는 용어를 많이 사용하고 있다. 경쟁법이라는 용어는 주로 유럽에서 많이 사용되고 있으나, 시장에서 경쟁을 보호하고 촉진하는 법이라는 의미에서 주로 학술적으로 많이 사용되고 있다.

경쟁법과 공정거래법의 의미는 완전히 일치하는 개념은 아니지만, 공정거래법 역시 그 내용은 경쟁의 자유와 공정한 경쟁을 보호하고 촉진하는 법이라는 의미에서 같은 의미로 볼 수 있고, 따라서 공정거래정책은 경쟁정책과 동일한 의미로 사용하기로 한다. 경쟁정책의 목표는 '경쟁의 보호와 촉진'이다. 경쟁의 보호와 촉진을 위해 취하는 정책이 경쟁정책이며 공정거래법은 경쟁정책을 실현하는 수단이다.

나. 자연적 의미의 경쟁

'경쟁(Competition)'은 라틴어 'Compedare(적이 아닌 멋진 게임을 펼치는 동반자)'에서 유래했으며, 競爭은 일본 명치시대의 '후쿠자와 유키치(복택유길, 1835-1901)'이 영국의 Ashton의 「경제학 대원리」를 번역하면서 최초로 사용한 것이라고 한다.[1] 경쟁정책에서 추구하는 경쟁이라는 말은 일상적으로 쓰는 말이다. 대표적으로 학생들 간의 입시경쟁, 스포츠 경쟁, 무한경쟁 등이 많이 쓰이는 말이고 경쟁사회라는 것은 매우 부정적인 의미로 받아들여진다. 이러한 관념은 경제활동에도 투영되어 경쟁을 귀찮고 매정한 일로 매도하기도 한다.

사회학자인 Max Weber는 경쟁에 대하여 다음과 같이 설명하고 있다. 즉, "투쟁이란, 어떤 행위자가 상대행위자의 저항에 맞서 자신의 의지를 관철하려는, 그러한 의도에 지향하는 한에서의 사회관계라 하겠다. '평화적 투쟁수단'이란, 실제적인 물리적 폭력을 행사하지 않는, 그러한 수단을 말하는 것이다. '평화적 투쟁'은, 형식적으로 평화적인 운동으로서 그 투쟁이 타인도 마찬가지로 바라는 기회에 대한 처분권을 얻으려 할 때는 '경쟁(Konkurrenz)'이다.",[2] "투쟁에는 적수의 생명을 뺏으려는, 투쟁규칙에 대한 모든 구속을 거부하는 유혈적 투쟁에서부터, 인습적으로 규제되는 중세기사의 투쟁(잉글랜드인이여, 먼저 칼을 뽑아라), 규칙으로 규제되는 경기(스포츠)에 이르기까지, 또 여인의 총애를 얻으려는 구혼자들의 규칙없는 경쟁, 교환의 기회를 위한 시장의 질서에 구속적인 경쟁적 투쟁(Konkurrenzkampf)에서부터 규제적인 예술상의 경쟁, 선거전 등에 이르기까지 대단히 많은 종류의 일련의 추이가 있다."[3] 경쟁은 크게 부(富)를 둘러싼 경쟁, 권력을 둘러싼 경쟁, 명예를 둘러싼 경쟁으로 구분해 볼 수도 있을 것이다.[4] 자연적 의미에서 경쟁은 Charles Darwin의 '생

---

1) 이규억·이성순, 기업과 시장(2005), 53면.
2) 막스 베버(손제석 역), 사회학의 기초개념(1981), 84면.
3) 막스 베버(손제석 역), 사회학의 기초개념(1981), 85면; 베버는 애덤스미스가 주장한 자연적 교환성향(natural propensity to truck and barter)을 가차 없이 거절하였고, 마르크스가 자본주의적 시장이 등장하기 전에 인간의 시장심리(market mentality)의 존재를 가정했다고 비판하였다. 또한 애덤스미스의 주장과는 달리 인간이 거래하고 교역하려는 본능적인 성향을 지니고 있다고 생각하지 않았다. 이규억, 시장자본주의의 진화:경제철학사적 접근(2014), 89면.
4) 공정거래위원회·한국개발연구원, 공정거래 10년-경쟁정책의 운용성과와 과제(1991.4), 334면.

존투쟁'5)과 '적자생존'6)에서 나타난다.7) 자연적 의미에서의 경쟁은 투쟁적 성격을 가진 것이다.

다. 경제적 경쟁

경제적인 의미에서의 경쟁은 언제부터 시작되었는가? 고대·중세에 있어서도 상업을 중심으로 한 경제활동에는 여러가지 형태와 수준의 경쟁이 있었다.8)

> 교역은 약 4만 년 전 지중해를 중심으로 살았던 네안데르탈인의 한 갈래인 무스티에 문화인(文化人)이 30인에서 100인 정도의 집단을 형성하고 이미 교역했다는 설이 있으며, 현생인류(homo sapiens)도 그 등장과 동시에 교역을 하였다고 한다. 기원전 3000년경부터 메소포타미아 등에서의 상업과 도시문명의 시작은 경제의 세계에서의 '경쟁의 시작'이었다. 그래서 인간사회가 자연 또는 다른 사회로부터 필요한 재화와 서

---

5) "생존투쟁의 보편성을 말로만 받아들이는 것은 쉬운 일이지만 그 결론을 계속해서 마음속에 새기는 것은 어려운 일이다. 하지만 이것이 마음속에 완벽하게 새겨지지 않는다면 자연의 전체경제(whole economy of nature), 즉 분포, 희귀성, 풍성함, 멸종 그리고 변이에 대한 모든 사실은 희미하게 보이거나 완전히 오해될 것이라고 확신한다. 우리는 반짝이는 자연의 얼굴을 기쁘게 본다. 때로는 엄청나게 풍부한 양의 먹이를 보기도 한다. 그러나 우리주변에 부질없이 울어대는 새들이 대개 곤충이나 씨앗을 먹고 살면서 계속해서 생명을 파괴하고 있다는 사실을 간과하거나 망각한다. 또한 이 명금들과 그들의 알 그리고 그들의 둥지가 또 다른 새나 맹수에 의해 파괴되는지는 기억하지도 못한다", "여기서 내가 생존투쟁이라는 용어를 넓은 의미로 그리고 비유적으로 사용하고 있음을 전제할 필요가 있겠다. 이 용어에는 한 존재가 다른 존재에 의존하고 있다는 뜻도 포함되며, 개체의 생존뿐만 아니라 자손을 남기는 성공 또한 포함된다." 찰스 다윈(장대익 옮김), 종의 기원, 120면; 1838년, 다윈은 영국최초의 정치경제학자인 Thomas Malthus의 「인구론」을 정독한다. 맬더스는 인구의 기하급수적 증가와 식량의 산술급수적 증가 때문에 생존투쟁(struggle for existence)이 일어날 수밖에 없다고 한다. 다윈은 여기에서 생명진화의 원동력을 발견하였는데, 바로 자연선택의 원리였다. 찰스 다윈(장대익 옮김), 종의 기원(2019), 24면.
6) "만일 어떤 개체들에게 유용한 변이들이 실제로 발생한다면, 그로 인해 그 개체들은 생존투쟁에서 살아남을 좋은 기회를 가질 것이 분명하다, 또는 대물림의 강력한 원리를 통해 그것들은 유사한 특징을 가진 자손들을 생산할 것이다. 나는 이런 보존의 원리를 간략히 자연선택이라 불렀다." 찰스 다윈(장대익 옮김), 종의 기원, 198~199면; 다윈은 당대의 철학자 Herbert Spencer의 영향을 받아 '적자생존'이란 용어를 5판부터 사용하였다. 진화(evolution)라는 용어도 원래 다윈의 것이 아니었으며, 1872년 제6판에서 '변화를 동반한 계승(descent with modification)' 대신 '진화'를 사용하였다. 찰스 다윈(장대익 옮김), 종의 기원(2019), 26면.
7) 철학자 Friedrich Nietzsche도 1872년의 유고 <호메로스의 경쟁>에서 "자연적 특성들과 본래 인간적인 것으로 불리는 것들은 떼어놓을 수 없도록 서로 얽혀 하나가 되었다. 경쟁의 자연적 특성은 전쟁이다"라고 하였다. 이진우, 불공정사회, 공정이라는 허구를 깨는 9가지 질문(2021), 194면.
8) 아래 내용은 공정거래위원회·한국개발연구원, 공정거래 10년 – 경쟁정책의 운용성과와 과제(1991.4), 313~336면을 요약하였다.

비스를 획득하는 활동, 즉 경제활동에 경쟁의 요소가 나타나고 경제활동의 일부가 어떤 종류의 게임—재산축적 게임—의 성질을 갖게 된 것은 고대에서 도시와 상업이 출현한 이후부터라고 할 수 있다. 최초의 상업은 국영·독점의 모양을 갖추었을 가능성이 크다. 고대의 상업이 국영·독점형에서 민간의 경쟁형으로 이행함에 따라 상업활동에 대한 규제가 문제로 등장하였다. 자유방임의 경쟁은 사회의 질서를 파괴할 우려가 있다는 것이다.

인류최고(最古)의 경쟁형 문명사회를 만들고 정보화 사회를 실현한 것은 고대 희랍인이다. 그리고 경쟁, 활력 및 정보가 집합되는 장이 '아고라(agora)'로서, 아고라는 사람들이 모이는 공공의 장소이자 광장이며 동시에 시장이었다. 플라톤(B.C. 427~347)의 「국가론」에서 분업, 교환, 화폐에 의한 교역 등에 의해 경제가 성립하는 것을 당연히 전제하고 있었다.[9] '사유재'의 공급은 시장기능에 맡기면 충분하며, 국가는 시장이 공급할 수 없는 방위나 질서유지 같은 '공공재'를 공급하고 정의를 실현하는데 중점을 두어야 한다는 것이다. 한편 플라톤의 제자인 아리스토텔레스(B.C. 384~322)는 보다 현실적인 입장에서 지배계급도 사유재산을 가져야 하며, 권력에 부(富)가 수반되는 것은 자연스러운 것으로 보았다.[10] 그가 생각하는 '경제(oikonomia)'란, '가(家:oikos)'를 재생산하고 폴리스의 질서를 유지한다는 목적에 봉사해야 할 활동이었다.[11]

고대 중국에서 화폐의 발달과 상업의 본격적인 발전이 보인 것은 춘추전국시대(B.C. 770~221)에 들어서부터이다. 이 시대에 경쟁형의 사회가 출현한 것은 오래된 읍제(邑制)적 도시국가하에서는 관에 소속되어 있던 상공업이 씨족제의 해체나 길드적인 규제의 소멸에 수반하여 가족단위의 기업으로 자유롭게 영위될 수 있었기 때문이다. 이러한 자유주의 경제를 매우 긍정적으로 평가한 사상가가 「사기(史記)」의 작가인 사마천(B.C. 145~86)이다.

그는 「사기(史記)」 130권 중 『평준서(平準書)』에서는 한나라의 물가통제정책을 소개하고 있는데, 『화식열전(貨殖列傳)』에서는 '시장경제의 영웅'을 아낌없이 칭찬하였

---

9) "소크라테스: 그럼 각부류의 사람들이 생산한 물품들은 어떻게 나누고 교환해야 할까? 이를 위해 국가가 필요했던 것이 아닐까? 아데이만토스: 사고 파는 방식을 통해서 나누어야겠지요. 소크라테스: 그렇다면 시장도 있어야겠네. 시장에서 물건을 교환하려면 화폐도 필요할 것 같고", 플라톤 지음(이환 편역), 국가론(2014), 돋을새김, 69면.

10) 「정치학(Politika)」에서 사유재산제도를 적극 옹호하고 있다. 아리스토텔레스(손명현 옮김), 니코마코스윤리학/정치학/시학(2019), 293~301면.

11) "첫번째 형태의 공동체, 즉 가정에서의 교환의 기술은 필요치 않다. 가족구성원은 모든 것을 공유하기 때문이다", "이런 방식으로 화폐의 사용이 시작된 다음에는 교환의 필연적인 과정에서 새로운 재산 획득의 형태가 생겨나게 되는데, 이것이 바로 이득을 목적으로 하는 상행위이다", 아리스토텔레스(손명현 옮김), 니코마코스윤리학/정치학/시학(2019), 276~277면; 아리스토텔레스는 경제 문제를 생산과 분배가 아니라 사용(use)과 이득(gain)으로 구분하였다. 좀 더 구체적으로는 경제(oeconomia)와 이재(chrematistiké)로 나누었다. 경제는 집안의 살림살이를 알뜰하게 꾸려나가는 것이고 이재는 재물을 얻기 위한 목적으로 사람의 기술이나 자연자원을 사용하는 것을 의미한다. 그는 경제의 경우를 긍정적으로 보았지만 이재는 부정적으로 인식했다. 이규억, 시장자본주의의 진화:경제철학사적 접근(2014), 17면.

다.[12] 그는 자유경제 혹은 경쟁적인 시장경제야말로 가장 이상적이라며, 관료통제형 경제를 비판하였다.[13] 한나라 초기에는 경제에 대한 불개입, 자유방임이 원칙이었으나, 한무제때 흉노토벌로 인한 재정위기로 소금과 철을 정부의 전매(專賣)로 하였는데, 이러한 공적 독점에 대하여 유교지식인과 정부관료간에 소위 '염철논쟁(鹽鐵論爭)'이 벌어지기도 하였다.

　로마는 고도로 발전한 시장경제와 도시문명을 구가한 시기였다.[14] 공화정 후기에 국제적인 시장경제로 접어들었고, 제정초기에는 시장경제의 시대로 접어들면서 경제활동을 규제하는 법제도 정비되어 곡물을 매점하여 가격을 인상하거나 폭리를 탐하는 행위는 형벌에 처해졌고 시장거래를 감시하기 위한 관직을 두었다. 로마제정 말기 디오글레티아누스제는 인프레 억제책으로 '가격통제령(301년)'을 발동하여 구두에 박는 못이나 교사의 사례에 이르기까지 최고가격을 규정하고 이를 위반하는 자는 사형에 처하였으나 그 효과는 없었다. 로마의 몰락에 의해 고대 서양에서의 시장사회의 번영은 끝나고 중세사회로 들어서게 된다.

　중세에는 10세기에 상업활동이 부활하여 원격지 상인들이 'hanse'라고 불리는 '편력공동체(遍歷共同體)'를 형성하였고,[15] 10세기 이후 도시에 상인길드가 나타나게 되다. 이는 비조합원의 시장진입을 저지하는 '독점길드'의 성격을 가졌으나, 길드 간 경쟁이 격화하는 등 완전한 독점적 성격을 가지지는 못하였고, 중세도시의 상업에서 특히

---

12) 주나라의 백규(白圭), 오지현의 나(裸), 과부 청(淸) 등을 칭찬하고 있다. 사기열전 사마천(옌볜인민출판사 옮김), 서해문집, 448~449면.

13) "물자와 화폐는 흐르는 물처럼 계속 유통시켜야 한다", "부를 추구하는 것은 사람의, 본성인지라 배우지 않아도 누구나 추구하게 된다", 사기열전 사마천(옌볜인민출판사 옮김), 서해문집, 447,449면; 사마천의 경제사상은 다음과 같다. (1) 자유경제 혹은 경쟁적 시장경제가 이상이다. (2) 물질적 쾌락의 추구는 인간의 습성이다. 부를 추구하는 것은 인간의 본성이다. (3) 따라서 대체로 인간의 행동은 경제적 동기를 제하고는 설명할 수 없다. (4) 경제를 운영하는 최상의 방법은 불개입, 자유방임이며 차선의 방법은 이익으로서 유인하는 것, 그다음이 통제에 의하여 유도하는 것, 최악의 방법은 민간과 이익을 놓고 다투는 것이다. (5) 정부의 전매는 (4)의 원칙으로 보아 바람직하지 않고 비효율적이기도 하다. (6) 물가는 수요·공급이라는 시장의 힘에 의하여 움직인다. (7) 시장기구의 자동 조정 작용이 사람을 유도한다. (8) 식산흥업에 의해 경제력의 충실화를 도모하는 것이 패권을 초래한다. (9) 경제적 충족이 있어야 민심이 안정되고 정치도 안정된다. (10) 소금, 철등의 성장산업에서는 거부를 이룰 기회가 많다. (11) 상업으로 성공하려면 예측력이 없어서는 안된다(사마천은 투기적 매점이나 투자 등의 경제활동이 정보를 이용한 게임이라는 것을 이해했다). (12) 물가통제에 의해 공업을 억제하는 정책은 바람직하지 않다. (13) 부는 지위, 권력에 비견할 수 있는 인생의 목표일 수 있다. (14) 치부의 빠른 길로서는 농업보다 공업, 공업보다 상업이 우월하다. 이규억, 시장자본주의의 진화:경제철학사적 접근(2014), 131~132면.

14) 정주농업의 시작부터 로마제국의 극성기까지, 8천년간의 고대에서 교역이 발전하고 확장하였다. 이 기간 동안 특히 지역 간 교역의 중요성이 증가하였다. 결국 비인격적 시장(impersonal market)이 창조되었고 자원을 배분하기 위해서 시장이 점차 많이 이용되었다. 이규억, 시장자본주의의 진화:경제철학사적 접근(2014), 49면.

15) 편력상인들의 등장으로 생겨난 중요한 부산물중 하나는 중세사회도 느리지만 서서히 도시화가 진행되기 시작했다는 것이다. 이규억, 시장자본주의의 진화:경제철학사적 접근(2014), 24면.

소매단계에서의 경쟁도 매우 격화되었다. 이와 함께 시장질서확립을 위한 개입도 강화
되어 '공정한 거래'와 '공정한 가격'이 지켜지게 엄중한 감시가 이루어졌다.

중세 스콜라 철학을 대표하는 토마스 아퀴나스(1225~1274)는 사유재산 제도를 긍
정하고, 상업이윤을 인정하였다. 여기에서 '공정가격' 문제가 파생되었는데, 그에 의하
면 공정가격이란 사기 또는 독점이 존재하지 않는 시장에서 결정되는 경쟁적 균형상태
에 불과하였다. 토마스 아퀴나스 이후 '공정가격'과 '반독점'을 둘러싼 논의에서 주류는
공정가격을 경쟁적 시장에서 형성된 합의, 즉 '세간일반의 평가'로 보는 입장이었으
며,16) '교환의 정의'를 실현하기 위해 직접 가격을 통제하는 것이 바람직하다는 입장도
있었다.

경쟁 및 경쟁적 시장가격에서 공정 및 공정가격을 찾으려는 입장은 경쟁시장이 초
래하는 질서를 일종의 '자연질서'로 보는 입장이며 그것이 18세기 애덤스미스 이후의
경제사상의 주류에 수용되어 계속되게 된다.

본격적으로 경쟁이란 것이 경제의 전면에 등장한 것은 Adam Smith 이후로 볼
수 있다.17) 그에 따르면 시장기구는 각 개인의 사익추구가 사회전체의 이익증대로
전환시키는 기능을 수행하는데, 이는 공정한 경쟁질서가 존재할 경우에만 존재한다
고 보고, 개인의 탐욕을 징계하고 예방에 유효한 사회적 장치의 하나가 경쟁이라는
것이다.18) Adam Smith와 고전적 자유주의에서는 경쟁시스템을 '경제적 자유의 봉
건주의적 – 중상주의적 구속에 대한 공격(Angriff gegen die feudal – merkantilistischen
Fesseln der Wirtschaftsfreiheit)'(Wilhelm Röpke)로 사용하였다.19)

Adam Smith는 노동생산력을 최대로 개선·증진시키는 것은 분업의 결과라고
하며,20) 분업이 일단 완전히 확립되면, 자기자신의 노동생산물 중 자기 소비를 초과
하는 잉여분을 타인의 노동생산물 중 자기가 필요로 하는 부분과 교환함으로써 자

---

16) 구약성서의 유태인들의 경제에 대한 사고는 다음과 같다. (1) 경제활동은 신의 규칙하에서 이루
어지는 게임으로 이 규칙(율법)을 엄수하는 범위 내에서 자유로운 경쟁이 일어나는 것은 당연
하다. (2) 신의 율법에 따라 근로하는 인간은 궁핍하게 되지 않는다. 이것은 신에 의해 보장되
어 있다. (3) 그러나 경쟁적인 게임이 진행되면 각 개인이 얻는 것, 잃는 것에 격차가 생기는
것은 불가피하다. 그렇다고 이를 방치하는 것은 신이 의도하는 목적(정의)에 반한다. 경쟁원리
와 정의를 양립시키기 위한 조정이 '희년'의 규정에 의해 이루어지는 것이다. 이규억, 시장자본
주의의 진화:경제철학사적 접근(2014), 135면.

17) 아담 스미스(Adam Smith)의 국부론(The Wealth of Nations, 1776)은 서양 세계의 경제 메커니
즘이 어떻게 작동하는지를 제대로 설명한 최초의 저작이다. 이규억, 시장자본주의의 진화:경제
철학사적 접근(2014), 29면.

18) 이근식, 애덤스미스의 고전적 자유주의(2006), 148~149면.

19) Ingo Schmidt, Wettbewerbspolitik und Kartellrecht(2001), S. 2.

20) 애덤스미스(김수행 역), 국부론(상)(2003), 1.1.1.

기 욕망의 대부분을 만족시키며, 그리하여 모든 사람은 교환에 의하여 생활하며, 즉 어느정도 상인이 되며, 사회 자체는 상업사회로 된다고 하였다.[21]

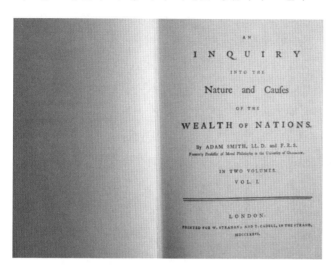

[국부론]

가치는 때로는 어떤 물건의 효용을 표시하고, 때로는 그 물건을 소유함으로써 갖게 되는, 다른 물건들을 구매할 수 있는 능력을 표시하는데, 전자를 사용가치(value in use), 후자를 교환가치(value in exchange)로 부른다.[22] 그는 물과 다이어몬드를 예로 들고 있다. 즉, 물은 사용가치가 크지만 교환가치가 없고, 다이아몬드는 사용가치가 거의 없지만 교환가치가 크다는 것이다.

한편 그는 교환가치를 가격으로 보고 노동이 모든 상품의 교환가치를 측정하는 진실한 척도라고 한다.[23] 즉, 모든 물건의 진실가격(real price), 즉 그것을 얻고자 하는 사람이 실제로 지불해야 하는 가치는, 그것을 얻는 데 드는 수고와 번거로움, 즉 어떤 물건이 이미 그것을 획득해 있거나 그것을 (자신이 소비하지 않고) 팔거나 다른 물건과 교환하려고 하는 사람에 대하여 갖는 실제의 가치는, 그 물건을 소유하고 있음으로써 자신은 면제받고 그리고 타인에게 부과할 수 있는 수고와 번거로움이다.[24] 그러나 상품의 교환가치를 그 상품이 구매할 수 있는 노동량에 의해서가 아니라, 그 상품이 구매할 수 있는 다른 상품의 양에 의하여 평가하는 것이 좀 더 자연스럽다고 한다.[25] 노동을 상품의 진실가격이고, 화폐는 상품의 명목가격이라고 한다.[26]

---

21) 애덤스미스(김수행 역), 국부론(상)(2003), 1.4.1.
22) 애덤스미스(김수행 역), 국부론(상)(2003), 1.4.13.
23) 애덤스미스(김수행 역), 국부론(상)(2003), 1.5.1.
24) 애덤스미스(김수행 역), 국부론(상)(2003), 1.5.2.
25) 애덤스미스(김수행 역), 국부론(상)(2003), 1.5.5.

어떤 상품의 가격이 그 상품을 제조하여 시장으로 나오는 데 사용된 토지의 지대, 노동의 임금, 자본의 이윤을 각각의 자연율에 따라 지불하는 데 과부족이 없는 경우 자연가격(natural price)이라 하였고,[27] 한 상품이 보통 판매되는 실제의 가격은 그 상품의 시장가격(market price)이라 불렀다.[28] 그리고 시장가격은 실제로 시장에 출하되는 상품의 양과, 그 상품의 자연가격을 지불할 뜻이 있는 사람들, 즉 그 상품을 시장으로 가져오는 데 지불되어야 하는 지대·임금·이윤의 총가치를 지불한 의사가 있는 사람들의 수요의 비율에 의해 조절된다고 보고 이러한 사람들을 유효수요자(effective demander)라 부르고 그들의 수요를 유효수요(effect demand)라고 불렀다.[29] 상품의 양이 유효수요에 부족할 때 시장가격은 자연가격 이상으로 상승하며, 상품의 수량이 유효수요를 초과할 때에는 시장가격은 자연가격 이하로 떨어진다.[30] 시장에 나오는 상품의 양은 자연히 유효수요에 적응하며,[31] 그러므로 자연가격은 모든 상품들의 가격을 끊임없이 그것을 향해 끌려가는 중심가격(central price)이다.[32] 말하자면 Adam Smith는 진실가격을 자연가격으로, 명목가격을 시장가격으로 보고 시장의 자동조절기능을 인정한 것이다. 이러한 시장의 자동조절기능이 작동하는 시장이 경쟁적 시장인 것이다.

그러나 때로는 어떤 특수한 사건, 자연적 원인, 특수한 행정규제 등이 다수의 상품에 대해 그 시장가격을 장기간 자연가격보다 훨씬 높게 유지할 수 있는데, 고이윤에 대한 정보가 부족하거나, 제조업상의 비법, 개인이나 상사에게 부여된 독점 등을 그 원인으로 보았다.[33] 동업조합(길드)의 배타적 특권, 그리고 기타 특정 직종에서의 경쟁자수를 그 직종에 진입하고자 원하는 사람의 수보다 적은 수로 제한하는 모든 법률은 독점과 동일한 경향을 가지고 있고, 일종의 확대된 독점이라 한다.[34] 독점가격은 어떤 경우에나 얻을 수 있는 최고의 가격이고, 자연가격 또는 자유경쟁

---

26) 애덤스미스(김수행 역), 국부론(상)(2003), 1.5.7.
27) 애덤스미스(김수행 역), 국부론(상)(2003), 1.7.4.
28) 애덤스미스(김수행 역), 국부론(상)(2003), 1.7.7.
29) 애덤스미스(김수행 역), 국부론(상)(2003), 1.7.8.
30) 애덤스미스(김수행 역), 국부론(상)(2003), 1.7.9~10.
31) 애덤스미스(김수행 역), 국부론(상)(2003), 1.7.12.
32) 애덤스미스(김수행 역), 국부론(상)(2003), 1.7.15.
33) 애덤스미스(김수행 역), 국부론(상)(2003), 1.7.20~26.
34) 애덤스미스(김수행 역), 국부론(상)(2003), 1.7.28.

가격은 어떤 경우에나 얻을 수 있는 최저가격이 아니라, 상당한 기간에 걸쳐 얻을 수 있는 최저가격이라고 한다.[35]

Adam Smith 사후 Jean Baptiste Say, Thomas Robert Malthus, David Ricardo가 그를 계승하였다. 세이의 법칙에 의하면 재화와 총 공급량을 사는데 충분한 수요가 재화의 생산에서 발생한다고 보았는데, 이는 1930년대 경제공황까지 유지되다가 John Keynes에 의해 뒤바뀌게 된다.[36] David Ricardo는 1815년 영국에서 지주계급의 이익을 옹호하기 위해 제정된 곡물법에 반대하고 자유무역을 주장하였다. 이러한 고전파 경제학에 대한 반대론도 등장하였다. 독일의 Friedrich List의 보호무역론(유치산업보호론)이 그 대표적인 예이다. 반대로 Karl Marx는 독점을 자본주의 체제붕괴의 원인으로까지 인식하였다. 그 후 심해지는 자본가와 노동자 간의 격차에 대하여 고전파를 옹호하는 논리로 Jeremy Bentham과 John Stuart Mill의 공리주의,[37] Herbert Spencer의 적자생존이론이 등장하기도 하였다. 이들은 경제적 자유를 강조하는 토대가 되었다. 공리주의에서 '효용'개념이 출발하였다.

한편 Adam Smith가 제기했던 사용가치와 교환가치의 역설에 대해서는 1871년 영국의 William Stanley Jevons와 오스트리아의 Carl Menger가 한계효용의 역할로 설명하였다. 구매자의 한계효용이 체감하면 구매자 전체의 지불의욕이 저하한다(한계효용제감의 법칙). 이렇게 해서 갈수록 내려가는 수요곡선이 나왔다. 즉, 가격이 낮아져야 더 소비한다는 의미이다. 또 생산자의 한계비용 체증과 비능률적 생산자의 비용증대에서 공급추가분의 비용상승이 유발된다(한계비용 체증의 법칙). 공급곡선은 오른쪽으로 갈수록 올라가게 된다. 즉, 가격이 높아져야 더 생산한다는 것이다. 가격의 기초는 생산비에서 수요공급으로 옮겨갔고, 수요와 공급사이에 끊임없이 움직이는 균형 속에서 가격이 정착되는 것이다. 이 균형이 19세기말 Alfred Marshall의 가르침 속에 확립됐다.[38] 가장 바람직한 시장은 완전경쟁시장으로 보았다.

경제학적으로 완전경쟁시장이 성립되기 위해서는 몇 가지 조건이 충족되어야 한다.[39] 즉, 첫째, 시장에 수많은 생산자와 소비자가 존재하여야 한다. 모든 시장참

---

35) 애덤스미스(김수행 역), 국부론(상)(2003), 1.7.27.
36) 갤브레이스(장상환 옮김), 갤브레이스가 들려주는 경제학의 역사(2016), 196~197면.
37) Jeremy Bentham이 '최대다수의 최대행복'이라는 양적 공리주의를 주장한 반면, John Stuart Mill은 질적 공리주의를 주장하였다.
38) 갤브레이스(장상환 옮김), 갤브레이스가 들려주는 경제학의 역사(2016), 138~139면.

가자가 가격수용자(price taker)가 되는 것이다. 둘째, 모든 생산자들은 동질적인 상품을 생산하고 공급하여야 한다. 셋째, 기업들이 자유롭게 시장에 진입하고 퇴출할 수 있어야 한다. 넷째, 모든 생산자와 소비자들이 시장에서 거래를 하는 데 필요한 모든 정보를 공유하여야 한다는 것이다. 완전경쟁시장은 이론적으로 가장 이상적인 시장이다. 완전경쟁시장에서는 수급이 균형을 이루고 있으며 정상이윤이 존재할 수 있도록 일반균형의 상태가 성립된다.

[완전경쟁시장]

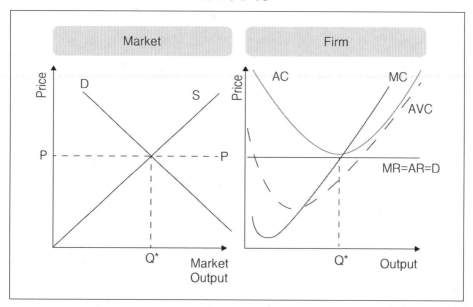

출처: https://search.naver.com

모든 기업은 이윤극대화를 위해 한계수입(marginal revenue:MR)과 한계비용 (marginal cost: MC)이 일치하는 점에서 자기의 생산량이나 판매량을 정해야 한다. 완전경쟁시장에서는 한계수입은 시장가격과 일치하므로 경쟁기업의 한계수입곡선은 가격수준에서 수평이 된다. 반면 독점기업에서는 판매량을 증대시키려면 가격을 낮추어야 하므로 독점기업의 한계수입곡선은 우하향하게 된다.

완전경쟁에서의 파레토 최적(Pareto-Optimum)상태가 자원배분에 있어서 최대의 경제적 효율성을 가져온다고 본다. 즉, 생산물 시장, 자본시장, 노동시장 등 경제의 모든 부분이 가격에 의해 수요와 공급이 자동으로 조절되어 경제전체로서 자원이 가장 효율적으로 배분되므로 사회 전체의 후생이 가장 커지게 되는 것이다.[40] 따라서 완전경쟁이론은 후생경제학에서도 사용되는 개념이다.[41] 완전경쟁상태에서 최저평균비용과 가격이 일치하게 되고 그것은 자원이 가장 효율적으로 이용되는 상태로 경제후생적 관점에서 가장 바람직한 상태라고 할 수 있다. 결국 경쟁이 치열할수록 시장가격은 계속 낮아지고 공급자는 정상이윤을 초과하는 이윤은 제로가 된다. 이를 완전경쟁시장이라 하고, Adam Smith의 보이지 않는 손이 작동하는 시장이라는 것이다.

종합해 보면 Adam Smith의 이론을 승계한 신고전파 경제학의 경쟁개념에서 완전경쟁이란 시장에 참여하고 있는 모든 사람이 다른 사람과 똑같이 행동하고, 다른 사람들보다 더 우월한 것을 성취하려고 노력하는 것은 전혀 무의미하며, 다른 사람이 무엇을 하는지 주시할 필요가 없는 상태를 의미한다.[42] 경제학적으로 경쟁개념은 정태적이고 균형잡힌 시장상태를 의미하는 것이다.[43] 이러한 입장에서 경쟁은 자연적 의미에서의 경쟁과는 전혀 다른 개념이 된다.

이와 같은 완전경쟁시장을 대체하는 이론으로 제시된 것이 유효경쟁이론이다.[44] 유효경쟁이론은 1940년 John Maurice Clark가 '유효경쟁의 개념에 관하여(Toward a Concept of Workable Competition)'이라는 논문에서 처음 사용하였다. 그러나 그는 1961년 '동태적 과정으로서의 경쟁(Competition as a Dynamic Process)'을

---

40) 공정거래위원회·한국개발연구원, 공정거래 10년 – 경쟁정책의 운용성과와 과제(1991.4), 335면.
41) Ingo Schmidt, Wettbewerbspolitik und Kartellrecht(2001), S. 6.
42) 이규억·이성순, 기업과 시장(2005), 49면.
43) 완전경쟁은 모든 산업으로의 자유진입을 의미한다. 이러한 진입이 자원의 최적배분과 따라서 극대생산을 위한 조건이라는 것은 완전경쟁의 일반이론에서는 전적으로 타당하다. 그러나 새로운 분야로의 완전한 자유진입은 사실상 그 분야에 진입하는 것을 불가능하게 만들지도 모른다. 우리는 새로운 생산방법과 새로운 상품의 도입을 애초부터 완전경쟁의 경우와 연결지어 거의 생각할 수 없다. 조지프 슘페터(변상진 옮김), 자본주의·사회주의·민주주의(2011), 217면; 완전경쟁이론이 논의하는 것은 "경쟁"이라고 불릴 권리를 거의 갖지 않으며 그 결론은 정책의 안내로서 거의 쓸모가 없다. 그 이유는 완전경쟁이론이 옛 이론의 진정한 견해에 따르면 경쟁의 과정에 의해서 초래되는 경향이 있는 상태가 이미 존재한다고 시종일관 가정한다는 것, 그리고 완전경쟁이론이 가정한 상태가 존재한다면 "경쟁한다"는 동사가 묘사하는 활동을 박탈할 뿐 아니라 사실상 불가능하게 만들 것이라고 가정하는 것으로 보인다[Hayek, "The Meaning of Competition."(1948)]. 이규억, 시장자본주의의 진화:경제철학사적 접근(2014), 607~608면.
44) 농산물의 대량생산을 제외하고는 완전경쟁의 사례가 많을 수 없다. 조지프 슘페터(변상진 옮김), 자본주의·사회주의·민주주의(2011), 178면.

발표함으로써 '차선의 이론(der Theorie des Zweitbesten)'으로서의 유효경쟁론을 포기하고 슘페터 이론과 같이 경쟁을 동태적 과정으로 인식하게 되었다.[45]

어쨌던 오늘날 대부분 국가에서는 경쟁정책의 목표를 완전경쟁이 아닌 유효경쟁의 달성에 두고 있다. Stephan Sosnick은 유효경쟁기준을 다음과 같이 제시한다: 첫째, 구조기준으로 거래자는 규모의 경제가 허용하는 범위 내에서 가능한 한 많아야 하고, 시장진입에 인위적 장벽이 없어야 하며, 품질은 가격에 따라 차별화될 수 있다. 둘째, 행동기준에는 기업간에 담합이 존재하지 않아야 하고 불공정하거나 배타적·약탈적 행동이 없어야 하며, 지속적이고 유해한 가격차별이 없어야 한다는 등의 조건이 포함되어 있다. 셋째, 성과기준으로는 기업의 생산과 판매가 효율적으로 이루어져야 하고, 생산량과 품질이 소비자의 수요에 따라 결정되어야 하며, 이윤은 투자·효율성·기술혁신을 보상할 수 있는 수준만 확보해야 하고, 소비자의 욕구를 가장 만족시키는 기업이 성공해야 한다는 것이다.[46]

유효경쟁이론에서는 어떤 상태가 경쟁적인 시장인가의 판단을 위한 세 가지 기준, 경쟁테스트(Wettbewerbstest)을 사용하고 있다. 즉, 시장구조(market structure), 시장행동(market conduct), 시장성과(market performance)(SCP모형)가 그것이다.[47] 시장구조는 판매자 및 구매자의 수와 크기 등의 분포, 시장행동은 기업의 이윤추구가 어떠한지 그리고 시장성과는 시장 내 모든 기업들이 얼마나 좋은 품질의 상품을 얼마나 낮은 비용을 생산하여 얼마나 낮은 가격으로 판매하면서 얼마나 많은 소비자의 수요를 충족시켜 주고 있는지를 의미한다.[48] 즉, 시장구조는 경쟁기반(결정요인), 시장행동은 경쟁과정, 시장성과는 경쟁의 효과를 의미하는 것이다. 이러한 모형은 산업조직론에서도 사용하고 있는데, 경쟁결정요소로서의 시장구조는 시장참여자가 경쟁적 시장행위를 할 가능성(즉, 경쟁의 자유) 및 경쟁적으로 반응하는 데 적합한 경우 경쟁의 징표로 보는 것이다. 그리고 경쟁적 시장행동을 보이는 경우 효율적인 시

---

45) Ingo Schmidt, Wettbewerbspolitik und Kartellrecht(2001), S. 10; "국내외의 새로운 시장의 개척, 수공업적 작업장 및 공장에서 유에스스틸과 같은 기업들에 이르는 조직상의 발전은 부단히 옛것을 파괴하고 새로운 것을 창조하여 부단히 내부에서 경제구조를 혁명하는 산업상의 돌연변이의 과정을 예시한다. 이러한 창조적 파괴과정은 자본주의에 대해서는 본질적인 사실이다." 조지프 슘페터(변상진 옮김), 자본주의·사회주의·민주주의(2011), 184면.
46) 한복연, 산업구조와 경쟁(2004), 58면.
47) Klaus Herdzina, Wettbewerbspolitik(1999), S. 48.
48) 최정표, 산업조직경제학(2016), 21면.

장성과가 나타나게 된다. 시장구조가 시장행동과 시장성과를 결정한다고 한다. 즉, 시장구조를 경쟁결정요소라고 한다. 따라서 위 세 가지 기준은 아래 그림과 같이 서로 상호의존적 관계에 있다.

[SCP모형]

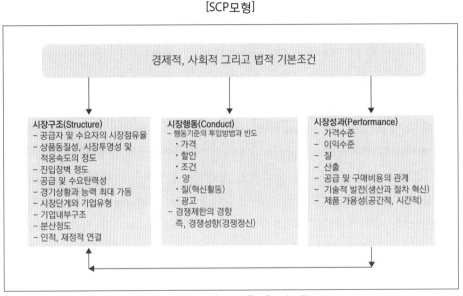

출처: Ingo Schmidt, Wettbewerbspolitik und Kartellrecht, S. 59

한편 상기 세 가지 기준 중 우선 시장구조테스트는 시장의 집중도나, 상품차별화의 정도, 시장개방의 정도 등이 해당한다. 예를 들어 독점이나 과점도 이러한 기준에 해당한다. 규모의 경제가 허용하는 범위내에서 가능한 한 다수의 시장참여자가 상태를 바람직한 경쟁상태로 보는 것이다. 시장행동테스트는 가격, 생산, 판매전략 등 기업행동을 판단기준으로 하는 것이며 경쟁을 제한하는 행위가 있는지를 파악하는 것이다. 예를 들어 수평적 담합이나 수직적 구속, 기타 다른 사업자 방해 등이 일어나지 않는 시장을 말한다. 한편 시장성과는 예를 들어 경제적 자유, 수요 변화에 따른 공급의 조정탄력성, 가격수준 등을 평가해 보는 것인데, 현실적으로는 비교시장의 부재 등으로 이론적으로 판단에 어려움이 크다.

시장성과는 효율성(efficiency), 공정성(equity) 등이 중요한데, 배분적 효율성은 일반균형조건에 의해 판단되며, 가격(P)＝한계비용(MC), 즉 경쟁상태에서 가장 높게 나타난다. 동태적 효율성은 기술진보와 더불어 생산비가 감소하고 기술진보가 빠른 속도로 이루어지는 적정기술진보를 의미하는데, 경쟁적일수록 유리하다는 견해와 Joseph A. Schumpeter나 John K. Galbraith처럼 독점기업이 유리하다는 견해가 있다.[49]

유효경쟁이론도 기본적인 경쟁개념에 있어서 완전경쟁이론과 큰 차이가 없다. 즉, '과정으로서의 경쟁(competitive process)'에 함축된 경쟁적 각축(rivalry)이나 투쟁(struggle) 과정은 생략되고 그러한 과정에서 이긴 기업들만이 존재하는 경쟁의 균형상태만을 설명할 뿐, 현실사회에서 일어나고 있는 기업간의 치열한 경쟁과 많은 기업의 성장과 도태를 설명하기 위해서는 동태적인 경쟁개념이 필요하다.[50]

완전경쟁, 유효경쟁과 구별되는 하나가 자유경쟁이론이다. 자유경쟁이론이란 무엇인가? 대표적으로 Friedrich v. Wieser, Ludwig v. Mises, Friedrich. A. Hayek 등의 Austria학파나 Erich Hoppmann의 자유경쟁이론에서는 경쟁의 개념을 시장성과, 시장행동, 시장구조와 같은 도식적인 개념에서 출발하지 아니한다. 그는 경쟁의 자유를 제3자의 강제가 없는 상태(계약체결의 자유:Entschließungsfreiheit) 그리고 거래에 있어서의 제한이 없는 상태(행위의 자유: Handlungsfreiheit) 두 가지로 파악하였다.[51] 이를 시스템적 경쟁이론이라 부른다.

Erich Hoppmann은 자유경쟁을 추구하되 경쟁이 적용되지 않는 예외적인 경우를 인정하였으며, 그에 따르면 경쟁을 하나의 기능(목적)으로 이해할 경우에 생길 수 있는 경쟁의 자유와 다른 목적 간의 딜레마라는 것도 인정되지 아니한다. 그리고 국가나 시장참가자로부터의 인위적인 경쟁제한은 방지되어야 하는데 반드시 당연위법원칙이 적용된다고 한다[합병이나 방해행위의 경우 당연위법, 배제적 행위의 경우 준(quasi) 당연위법 원칙 등]. 즉, 합리의 원칙은 인정되지 아니한다. Friedrich A. Hayek는 경쟁을 '발견의 절차(Entdeckungsverfahren)'로 파악하고, 사적 독점은 오래 지속되거나 혹은 잠재적 경쟁을 무시할 수 있는 경우는 드물다고 보았다.[52]

---

49) 최정표, 산업조직경제학(2016), 57면
50) 공정거래위원회·한국개발연구원, 공정거래 10년 — 경쟁정책의 운용성과와 과제(1991.4), 356면.
51) Ingo Schmidt, Wettbewerbspolitik und Kartellrecht(2001), S. 16.
52) 프리드리히 A. 하이에크(김이석 역), 노예의 길(2006), 278면; 그는 이렇게 격정적으로 토로하고 있다: "우리는 콥덴(Cobden)과 브라이트(Bright), 아담스미스(Adam Smith)와 흄(Hume)의 견해뿐만 아니라, 로크(Locke)와 밀턴(Milton)의 견해조차 버리고 있으며, 크리스트교와 그리스-로마인들에 의해 닦여진 기초로부터 자라난 서구문명의 가장 현저한 특징들 가운데 하나를 빠르게 버리고 있는 중이다. 10세기 자유주의와 18세기 자유주의뿐만 아니라 에라스무스(Erasmus)와 몽테뉴(Montaigne), 키케로(Cicero)와 타키투스, 그리고 페리클레스(Pericles)와

1970년대 후반과 1980년대 초반에 유행했던 경합시장이론(contestability doctrine)
은 기업 간의 경쟁을 시장에 이미 진입해 있는 기존기업들이 경쟁하는 실제적 경쟁
과 기존기업이 시장진입의 가능성이 있는 잠재적 진입기업과 경쟁하는 잠재적 경쟁
으로 구분하고, 진입이 절대적으로 자유롭고 퇴출에 따른 비용이 전혀 없는 시장에
서는 잠재적 경쟁이 실제적 경쟁과 동일한 역할을 한다고 주장하였다.[53] 진입이 절
대적으로 자유롭고 퇴출에 따른 비용이 전혀 없는 시장에서는 완전경쟁시장과 같이
된다는 논리인데, 불완전시장에서도 동일한 조건이 주어진다면 동일한 결과가 된다
는 의미에서 경쟁 대신 경합이란 표현을 사용하고 있다.

여기에서는 두 세 개의 기업만 있어도 격렬하게 경쟁하며 표준적 경제이론에서
강조하는 가격경쟁보다는 기술변화 경쟁, 품질경쟁, 새롭고 더 좋은 제품을 생산하
려는 경쟁, 제품을 새롭고 더 나은 서비스와 결부시키는 경쟁 등의 형태를 띤다. 이
것이 일상적 의미의 경쟁에 가까운 개념이라고 한다.[54]

경쟁을 자유경쟁으로 보고 경쟁과정에서의 각축이나 투쟁을 의미하는 것으로
보는 경우에는 일상속에서 사용하는 경쟁과 유사한 의미가 될 수 있다. 즉, 독점이
오히려 현실에서의 경쟁과 가까운 개념이다.[55] 말하자면 독점을 하기 위해 상대방
을 제거하려는 노력을 경쟁으로 볼 수 있는 것이다.

경제적 의미에서 경쟁을 어떻게 정의해야 하는가? 예를 들면 완전경쟁이론에서
는 시장참가자 누구도 초과이윤을 얻지 못하는 균형잡힌 상태를, 유효경쟁이론에서는
적정한 수의 기업이 경쟁제한적 행위가 없이 활동을 영위하는 상태로 정의할 수 있
다. 이는 전체적으로 경쟁이지만 자기와의 경쟁상대는 분명하지 않은 불특정 다수

투키디데스(Thoucydides)로부터 물려받은 기본적 개인주의(individualism)조차 급진적으로 포
기하고 있다.", 프리드리히 A. 하이에크(김이석 역), 노예의 길(2006), 51면.
53) 한복연, 산업구조와 경쟁(2004), 40면.
54) 조지프, E. 스티글리츠(강신욱 역), 시장으로 가는 길(2003), 17면.
55) 밀턴 프리드먼(심준보·변동일 옮김), 자본주의와 자유(2007), 196면; 폐기해야 할 첫 번째 것은
경쟁의 작용양식에 관한 전통적 개념이다. 경제학자들은 드디어 가격경쟁만을 보아왔던 단계에
서 벗어나고 있다. 품질경쟁과 판매노력이 이론의 성스러운 영역으로 들어올 수 있게 되자마자
가격변수는 그의 종래의 지배적지위로부터 추방된다. 그렇지만 실제로 주의를 독자치하고 있는
것은 특히 생산방법과 산업조직 형태 등과 같은 변화하지 않는 조건의 완고한 패턴안에서 여전
히 벌어지는 경쟁이다. 그러나 교과서적 표상과 구별되는 자본주의 현실에서 중요한 것은 이러
한 경쟁이 아니라 새로운 상품, 새로운 기술, 새로운 원료공급원, 새로운 타입의 조직(예컨대
대규모의 지배단위) 등에서의 경쟁이다. 이 경쟁은 결정적인 비용 또는 품질우위를 차지하는
경쟁이다. 그것은 현존기업의 이윤과 생산물의 판매수익을 강타하는 경쟁이다. 조지프 슘페터
(변상진 옮김), 자본주의·사회주의·민주주의(2011), 186면.

사이의 정태적인 경쟁(competition)이다.[56] 자유경쟁이론 입장에서는 역동적 과정 (dymnamic process) 자체를 경쟁으로 정의할 수 있을 것이다. 이는 이해관계가 상충되는 기업끼리 서로 치열하게 '대항'하는 상태에서 파악되는 동태적 경쟁(rivalry)이다.[57]

그러나 오늘날 일반적으로 인정되고 있는 유효경쟁이론에 입각한다 하더라도 '시장에서의 적정한 수의 기업'이라고 하는 것을 전제하기는 어렵다. 따라서 경쟁제한이 없는 상태라고 하는 기준이 더욱 중요한 기준이 될 것이다. 말하자면 경쟁을 적극적으로 정의하기는 어렵고 경쟁제한만을 정의할 수밖에 없는 결론에 이르게 된다.[58] 경제적 경쟁(wirtschaftlicher Wettbewerb), 즉 사업자 사이의 경쟁은 다른 사업자와 교환으로 자유롭게 급부를 제공하기 위하여 자유롭게 행동하는 공개된 시스템의 일부를 의미한다.[59]

라. 경쟁정책적 함의

고전파 경제학에서의 완전경쟁이론은 시장을 정태적이고 균형잡힌 것으로 보기 때문에 이론적으로 완벽한 시장이라고 볼 수 있으며 사회후생이 극대화되고 이른바 파레토 최적이 달성된다고 본다. 그러나 현실에서는 완전경쟁의 균형상태가 이루어지지 않고 독점과 같은 시장의 실패현상이 나타나게 된다. 이러한 점은 Adam Smith 이후 신고전파 경제학을 통하여 구체화되었지만 일찍이 Adam Smith 도 「국부론」에서 이를 지적한 바 있다.

신고전파 경제학의 창시자로 알려진 Alfred Marshall은 고전파를 계승하면서 독점에 대해서도 깊은 관심을 가졌는데,[60] 이에 대해서는 Joseph Schumpeter와 같이

---

56) 최정표, 산업조직경제학(2016), 25면.
57) 최정표, 산업조직경제학(2016), 25면.
58) Fritz Rittner · Meinrad Dreher, Wirtschaftsrecht(1987), S. 351 Rn. 42; 일본 사적독점금지법 제2조에서는 "④ 이 법에서 "경쟁"이란 둘 이상의 사업자가 통상적인 사업활동의 범위 내에서, 해당 사업활동의 시설 또는 유형을 실질적으로 변경하지 아니하고 다음의 행위를 하거나 할 수 있는 상태를 말한다. 1. 동일 수요자에게 동종 또는 유사한 상품 또는 서비스를 공급하는 행위 2. 동일 공급자로부터 동종 또는 유사한 상품이나 서비스를 공급받는 행위"로 정의하고 있다. 이는 경쟁에 대한 형식적인 정의에 불과하며 경쟁개념에 대한 실질적인 정의라고 볼 수 없다.
59) Fritz Rittner · Meinrad Dreher, Wirtschaftsrecht(1987), S. 337 Rn. 1.
60) "마셜이 쿠르노(A. Cournot)의 독점이론을 발전시키기는 했지만, 그리고 그가 대부분의 기업이 단순히 정해진가격을 받아들이는 것이 아니라 가격을 결정하는 자신들의 특별시장을 갖고 있다는 사실에 주의를 환기시킴으로써 후일의 분석의 선구가 되기는 했지만, 그도 빅셀과 마찬가지로 고전학파와 다름없는 완전경쟁이 원칙임을 암시할 정도로 완전경쟁 패턴 위에 자신의 일반적 결론을 두었다.", 조지프 슘페터(변상진 옮김), 자본주의·사회주의·민주주의(2011), 177~

독점을 문제시하지 않는 견해[61]와 반대로 Edward Chamberlin과 Joan Robinson처럼 독점과 순수 경쟁의 중간상태인 독점적 경쟁이나 과점으로 확대하는 주장도 생겨났다. 어쨌던 고전파의 전통은 계속 경제학의 주류를 형성하였고, 19세기 말 미국으로 건너가면서 독점에 대한 적극적 대응으로 나타나게 되었다.

경제학적 의미에서의 완전경쟁을 정책적으로 구현하려고 노력한 대표적인 모델이 독일의 질서자유주의 모델이었다. 제2차 세계대전 이후 출현한 Walter Eucken, Leonhard Miksch 등 Freiburg 학파가 주창한 질서자유주의(Ordoliberalism)모델[62]에서는 그간의 자유방임적 정책으로 인해 왜곡된 시장에서 벗어나기 위한 방법을 제시하였으나, 그 목표는 완전경쟁의 실현에 있었고, 독점이 발생하는 경우 인위적인 완전경쟁을 추구하였다.

178면.

61) "첫째, 용어자체의 문제가 있다. 독점자는 단일판매자를 말한다. 따라서 문자 그대로 본다면 포장이라든가 위치라던가 서비스 등에서 다른 사람이 파는 것과 조금이라도 다른 것을 판매하는 자는 누구나 독점자이다. 그러나 우리가 독점자에 관해서 말할 때 의미하는 것인 이것이 아니다. 우리가 말하는 독점자는 동일한 상품의 장래의 생산자 및 현재 유사한 상품을 생산하고 있는 생산자들의 침입에 대해서 자기의 시장을 개방하지 않는 단일 판매자이다. 좀 더 전문적으로 말하면 자신의 행동으로부터도 또 자신의 행동에 대한 다른 기업의 어떤 반응으로부터도 엄격히 독립적으로 주어진 수요 스케줄이 직면하는 단일 판매자등이다. 후일의 저자들에 의해 확충되고 수정된 전통적 마셜-쿠르노 독점이론은 이와 같이 정의할 경우에만 성립한다. 그러나 우리가 독점을 이와 같이 정의한다면 그때부터 즉시 다음 내용이 분명해 진다. 즉, 순수한 장기 독점의 경우란 매우 드물게 발생한다는 것이 틀림없고, 이 개념이 요구하는 것에 웬만한 정도로 가까운 것조차도 완전경쟁의 경우보다 훨씬 더 드물것이라는 것이 틀림없다는 것이다. 어떤 주어진 패턴의 수요-또는 독점자의 행동과 독점자의 행동이 유발하는 반작용과는 독립적으로 변화하는 수요-를 마음대로 이용하는 힘은, 본래의 자본주의의 여러조건에서는 예컨대 재정독점의 경우와 같이 공적 당국에 의해서 지지되지 않는 한 총생산량의 분석에서 문제가 될 정도의 긴 장기에 걸쳐서는 거의 지속될 수 없다. 현대의 비즈니스 콘체른이 그렇게 보호되지는 않으면서도-수입관세나 수입금지에 의해 보호된다 하더라도-여전히 이런 힘을 휘두른다는 것을 발견하거나 심지어 상상하기는 쉽지 않다. 그렇다면 왜 독점에 관해서 야단법석을 떠는 논의가 일어나는가. 미국의-경제학자, 정부당국자, 언론인과 정치인은 독점이라는 단어를 애호한다. 독점이라는 말이 독점이란 낙인이 찍힌 어떤 이익에 대한 대중의 적개심을 틀림없이 불러 일으키는 오명의 단어가 되었기 때문이다. 둘째, 단순독점 및 차별독점에 관한 이론은 한정된 경우를 제외하면 독점가격이 경쟁가격보다 더 높고 독점생산량이 경쟁생산량보다 더 적다고 가르킨다. 생산방법과 생산조직이 두 경우에 정확히 동일하다면 이것은 진실이다. 그러나 실제로는 많은 경쟁자들에게는 전혀 이용될 수 없거나 쉽게 이용될 수 없지만 독점자에게는 이용될 수 있는 우월한 방법들이 있다. 왜냐하면 기업의 경쟁적 수준에서는 전혀 얻을 수 없는 것은 아니지만 사실상 독점적 수준에서만 확보되는 그러한 이익도 존재하기 때문이다. 셋째, 단기에는 진정한 독점적 지위 또는 독점에 가까운 지위가 훨씬 더 흔하다." 조지프 슘페터(변상진 옮김), 자본주의·사회주의·민주주의(2011), 208~213면.

62) '질서자유주의'라는 용어는 1950년 헤로 묄러(Hero Möller)가 경제학 학술지 ORDO에 투고한 글에서 처음 고안했다.

질서자유주의적 접근은 바이마르 공화국하에서의 카르텔을 통한 경제력의 행사와 국가사회주의 하에서의 경제력의 공적 행사의 경험에서 형성된 것이었다.[63] 대표적으로 Walter Eucken은 완전경쟁시장만이 생산의 효율성과 개인의 자유를 보장하는 유일한 경제라고 생각하였으나, 자유방임적인 시장경제에서는 완전경쟁시장이 나타나지 않고, 국가가 인위적으로 완전경쟁시장에 필요한 조건들을 만들어야 한다고 생각하였다. 그리고 그 핵심을 경쟁질서로 파악하였다. Leonhard Miksch는 "as－if" 접근법을 정교화했는데, 이는 시장구조가 불완전 경쟁이거나 법률적 독점(예를 들어 지식재산권)이 허용된 경우 기업들이 마치(as－if) 시장지배력을 가지지 않은 것처럼 행동할 것을 요구하는 것이다.[64] Wilhelm Röpke는 완전경쟁의 균형모델에 대하여 경제의 역동적 발전을 설명하기 어려운 이론으로 신랄한 비판을 하였다.[65]

질서자유주의 학파에서는 독일 경쟁제한방지법을 제정하는 과정에서, 완전경쟁을 추구하기 위한 법안, 즉 「요스텐초안」을 만들기도 하였다. 동 법안에서는 예를 들어 기업결합을 금지하는 조치도 있었는데, 이는 시장에서 활동을 하는 기업의 수를 가능한 한 많이 유지하려는 의도에서였다. 결국 동 법안은 지나치게 과격하고 비현실적인 것이라는 이유로 채택되지 않았다. 이와 같이 완전경쟁이론은 비현실적이고 실제로 정책적으로 채택하기 어려운 이론인 것으로 판명이 되었다.

결국 고전파를 계승한 신고전주의나 질서자유주의는 모두 완전경쟁을 추구하는 이론이다. 독점이라는 시장실패 현상이 나타나는 경우 이에 대한 구조적인 대응이 필요하다고 보지만 어디까지나 완전경쟁상태를 유지시키기 위한 차원에서 접근하는 것이다.

유효경쟁이라는 개념도 완전경쟁의 비현실성을 교정하려 하지만 기본적으로는 완전경쟁이론을 기반으로 하는 규범적 이론이란 한계를 가지고 있다. 즉, 완전경쟁의 엄격한 조건을 다소 완화한 것에 불과하다는 것이다. 이러한 점을 고려할 때 경쟁법이 추구하는 경쟁을 규범적으로 특정한 상태를 추구하는 것으로 볼 수는 없다. 따라서 유효경쟁이론에서의 시장구조기준이라는 것도 특정한 상태의 시장구조를 추

---

63) Stephan Martin, "The Goals of Antitrust and Competition Policy", Issues in Competition Law and Policy Volume I(2008), p. 59.
64) Stephan Martin, "The Goals of Antitrust and Competition Policy", Issues in Competition Law and Policy Volume I(2008), p. 60.
65) Ingo Schmidt, Wettbewerbspolitik und Kartellrecht(2001), S. 7.

구하는 것이 아닌 경쟁제한적인 시장행동을 유발할 수 있는 시장구조에 대한 대응
이라는 점에서 바라볼 필요가 있다. 말하자면 경쟁변수의 개입이 문제되는 범위에
서 기업행동에의 개입을 통하여 바람직하지 않은 감지된 시장성과(예를 들어 높은 가
격)와 싸우거나(행동통제) 혹은 외부적 성장에 관계되는 범위에서(시장구조 또는 기업
결합통제) 기업의 결정과도 싸운다. 특정한 시장구조(독점, 과점, 복점)가 어느 정도
필연적으로 특정한 시장행동을 그리고 이것이 동일한 필연성을 가지고 특정한 시장
성과를 가져온다는데 그 정당성의 근거가 있는 것이다.[66)]

유효경쟁론에 입각하여 성과, 행동, 구조기준 그리고 경쟁정책의 개념 및 대책
을 요약하면 다음과 같다.

[경쟁정책의 개요]

구분	경쟁효과	경쟁과정	경쟁기반(결정요인)
목표 (경쟁의 정의)	시장성과 - 경제적(조정, 발전, 분배) - 경제외적(자유)	시장행동 - 적극적 정의 (추진과 추구) - 소극적 정의 (자유의 결여 즉, 경쟁제한적 시장행동)	- 시장구조 (예: 동질적이고 다수의 시장참여자) - 경쟁의 자유 - 기타
증상과 원인분석	비경쟁적 시장성과 (예: 높은 가격수준, 자유의 결여)	비경쟁적 즉, 경쟁제한적 시장행동(예: 카르텔)	- 비경쟁적 즉, 경쟁저해적 시장구조(예: 독점) - 경쟁의 자유 결여
대책	대증요법 비경쟁적인 시장성과의 금지/중지 (예: 가격남용규제)	원인요법 경쟁제한적 시장행동 금지 관련(예: 카르텔금지)	원인요법 경쟁저해적 시장구조 관련: - 기업결합규제 - 시장개방 - 해체
		경쟁저해적인 시장구조에서의 특별한 행태적 조건부과(예: 방해금지)	

출처: Klaus Herdzina, Wettbewerbspolitik, S. 49

---

66) Fritz Rittner·Meinrad Dreher, Wirtschaftsrecht(1987), S. 348 Rn. 36.

어쨌든 현재의 대부분 국가에서의 경쟁정책도 이와 같은 완전경쟁이론과 이를 수정한 유효경쟁이론에 입각해 있다고 볼 수 있고, 시장구조 자체보다는 시장행동 규제에 중점을 두고 수행되고 있다. 물론 시장구조도 경쟁제한적인 시장행동의 원인을 제거하는 차원에서 기업결합규제 등이 이루어지고 있다.

한편 자유경쟁이론에서는 경쟁정책이 불필요하다고 보았는데, 첫째, 규모의 경제에 의해 경쟁이 제한되는 환경에서라면 경쟁정책은 경제적 효율성을 달성하지 못하고, 둘째, 독점으로 인한 손실이 생각보다 훨씬 작으며, 셋째, 잠재적 경쟁이 존재한다면 독점기업은 경쟁적 수준 이상으로 가격을 올릴 수 없다는 것이다. 자유경쟁이론은 완전경쟁시장이나 유효경쟁 개념처럼 경쟁을 하나의 이상적 규범적 상태로 인식하는 것이 아니라 동태적인 과정 자체로 인식하는 것이며 따라서 경쟁정책이란 것은 불필요하게 된다. 말하자면 독점에 대하여 정책적인 대응을 하지 않아도 시장에서 스스로 해결된다고 보는 것이다.

마. 산업조직론의 전개

한편 위의 내용과 관련하여 산업조직론의 발전 과정을 살펴볼 필요가 있다. 산업조직론은 각 산업에서 자유롭고 공정한 경쟁이 이루어질 수 있는 조건이 무엇이며, 어떻게 이 조건이 달성될 수 있는지에 대해 분석하는 경제학의 한 분야이다.[67] 동일상품을 생산하는 기업들로만 구성된 생산 부문을 하나의 산업이라고 규정한다.[68] 그리고 시장은 동종상품만을 거래하는 판매자와 구매자의 집단을 의미한다.[69] 산업조직론의 기원은 1890년 출간된 Alfred Marshall의 「경제학 원리(Principle of Economics)」에서 출발하지만, 경제학의 한 분야로 독립한 것은 1950년대 하버드대학의 Edward Mason, Joe S. Bain이 중심이 된 Harvard학파가 탄생한 이후이다.[70] Harvard학파는 시장구조-시장행동-시장성과의 인과관계를 중시하며 시장행동의 규제 외에도 독과점 등 시장구조를 매우 중시하여 구조적 접근방법(structural approach)을 취하였다.

미국에서 <U.S. Steel[71] 사건>(미연방대법원, 1920)에서 법원은 단지 규모가

---

67) 최정표, 산업조직경제학(2016), 18면.
68) 최정표, 산업조직경제학(2016), 45면.
69) 최정표, 산업조직경제학(2016), 50면.
70) 한복연, 산업구조와 경쟁(2004), 40면.

크다는 것과 행사되지 않는 힘이 존재한다는 것(시설용량이 전체의 80%인데 비해 시장
점유율을 50%였음)만으로는 위법이 아니라고 무죄판결을 하면서 시장구조에 대한 관
심이 생겨났고, 그 후 <Alcoa 사건>(미연방항소법원, 1945), <American Tobacco
사건>(미연방대법원, 1941), <Brown Shoe 사건>(미연방대법원, 1962), <Philadelphia
National Bank 사건>(미연방대법원, 1963), <Von's Grocery 사건>(미연방대법원,
1966), <Utah Pie 사건>(연방대법원, 1967) 등 구조주의에 입각한 판결들이 나오게
되었다.[72] <Alcoa 사건>(미연방항소법원, 1945)에서 법원은 초과시설을 유지한 것
만으로 위법을 선언하였다.[73]

<United States v. United States Steel Corp., 251 U.S. 417(1920)>

The judgment was affirmed because federal antitrust law did not make mere
size of the corporation an offense, or the existence of unexerted power an
offense, but required overt acts and trusts to the law's prohibition of them and its
power to repress or punish them.

<United States v. Aluminum Co. of America, 148 F.2d 416(1945)>

The court reversed the district court's judgment, so far as it held that appellees
were not monopolizing the ingot market because it found violations of the
Sherman Act in appellees' unrelenting intent to exercise their existing power to
monopolize the market. The court remanded the case.

<American Tobacco Co. v. United States, 328 U.S. 781(1941)>

"Proof that a monopolist had both the power to monopolize and the intent to
monopolize was sufficient. It was not necessary that such power actually be
exercised."

<Brown Shoe Co. v. United States, 370 U.S. 294(1962)>

The decision holding that a proposed merger between defendant shoe

---

71) A. Carnegie(카네기)의 철강회사를 포함한 7개의 대형 철강회사가 석탄회사를 통합하는 수직적
결합을 통해 탄생한 기업이다.
72) 이규억·이성순, 기업과 시장(2005), 37~42면.
73) Learned Hand 판사는 "산업 내에서 기업간의 통합으로 기업수가 줄어들고 기업규모가 커지는
것은 그 경제적 효과가 어떠했던지 간에 바람직하지 않다. 산업조직을 소규모의 기업단위로 유
지시키고자 하는 것이 독점규제법의 제정목적 중의 하나이다"라고 판시하였다.

companies would violate the Clayton Act was affirmed. The Court found that the merger would substantially lessen competition in the retail sale of shoes in the overwhelming majority of cities and their environs in which defendants sold through owned or controlled outlets.

⟨United States v. Philadelphia Nat'l Bank, 374 U.S. 321(1963)⟩

The Supreme Court reversed the order and agreed with the United States that a proposed merger by appellee banks was forbidden by the Clayton Act and had to be enjoined because the proposed merger was unlawful and had the effect of substantially lessening competition in the relevant market. The Court denied appellees' commercial justifications for the proposed merger and remanded with direction to enter judgment enjoining the proposed merger.

"The determination of whether the effect of a merger may be to substantially lessen competition in the relevant market requires not merely an appraisal of the immediate impact of the merger upon competition, but a prediction of its impact upon competitive conditions in the future. Such a prediction is sound only if it is based upon a firm understanding of the structure of the relevant market"

⟨United States v. Von's Grocery Co., 384 U.S. 270(1966)⟩

Petitioner was granted relief, and the court reversed the district court's ruling and remanded the matter, holding instead that respondent's proposed merger was in violation of federal antitrust laws because it had the tendency to substantially lessen competition and create a monopol.

⟨Utah Pie Co. v. Continental Baking Co., 386 U.S. 685(1967)⟩

On certiorari, the Supreme Court of the United States reversed the judgment of the Court of Appeals and remanded the case to that court. In an opinion by White, J., expressing the view of six members of the Supreme Court, it was held that the evidence showing a drastically declining price structure in the relevant market which the jury could rationally attribute to continued or sporadic price discrimination, was sufficient to support the jury's conclusion that the effect of the discrimination may be substantially to lessen or injure competition, within the meaning of the statute.

출처: www.lexisadvance.com[74]

---

74) 이하 미국법원 판결 출처도 동일하다.

제1차 세계대전 후 1933년 NIRA(National Industrial Recovery Act)에서 「셔먼법 (Sherman Act)」 제1조의 완화가 구체화되었는데, 대법원이 1935년 동 법을 위헌으로 판결함으로써 오래가지 않았으나, John Bates Clark와 1914년의 「클레이튼법 (Clayton Act)」의 행동지향적 접근(conduct-oriented approach)에서 벗어나 경쟁적 시장구조의 유지에 관심을 갖게 하는 계기가 되었다.[75] 예를 들어 시카고대학의 Henry Simon은 연방거래위원회(FTC)가 기업규모를 규제하도록 허용하고 생산적 효율성은 경쟁적 시장구조를 위해 희생되어야 한다고 생각하였다. 1936년에 「로빈슨-패트만법(Robinson-Patman Act)」은 「클레이튼법(Clayton Act)」 제2조(a)를 개정하였는데, 이는 대형 유통업체의 저가정책에 의하여 시장을 잠식당하는 중소기업을 보호하기 위한 것이었고, 1950년 「셀러-키포버법(Celler-Kefauver Act)」에서는 자산 취득까지 「클레이튼법(Clayton Act)」 제7조의 기업결합에 포함되도록 개정하였는바, 이는 의회가 「셔먼법(Sherman Act)」보다 더욱 강력한 접근으로 맹아이론을 받아들인 것이다.[76]

그러나 1970년대에 들어와 Chicago 대학[77]의 George J. Stigler, John S. McGee, Richard A. Posner 등이 등장하면서 시장구조보다 시장행동을 중시하는 행태론적 접근(behavioral approach)이 득세하게 되었다. 여기에서는 독점 등으로 인한 문제에 있어서 정부의 개입을 반대하는 입장을 취하였다. 즉, 사회진화론의 관점에서 자유경쟁에서 잔존한 기업이 가장 효율적이고 이들에 의해 사회후생이 극대화되며, 독점이라 하더라도 엄격히 규제하는 것은 적절하지 않다고 한다.[78] Chicago학파에서는 분배적 효율성(자원의 적정한 배분)과 생산적 효율성(규모의 경제, 거래비용 효율성을 통한 효율적 자원의 사용)이라는 두가지 효율성 기준에 따라 소비자 후생을

---

75) Stephan Martin, "The Goals of Antitrust and Competition Policy", Issues in Competition Law and Policy Volume I(2008), p. 39.
76) Stephan Martin, "The Goals of Antitrust and Competition Policy", Issues in Competition Law and Policy Volume I(2008), p. 42.
77) 미국 경제사상사 편람에 'Chicago학파'라는 용어가 등장하는 것은 1971년이다; John Maurice Clark이 시카고를 떠난 이후 1928년에 자유주의 경제학자인 Frank H. Knight가 시카고대학에 부임하였고 Stigler, Friedman은 그의 제자였다; 1976년 Robert E. Hall이 민물(Freshwater) 경제학파와 짠물(Saltwater) 경제학파를 구분하였는데, 전자는 고전적 자유방임주의를 지지하는 그룹으로서 시카고대학을 비롯한 오대호 주변의 대학을, 후자는 하버드대학을 비롯한 해안의 대학으로 정부개입을 강조하는 그룹으로 비유한다.
78) 이규억·이성순, 기업과 시장(2005), 53면.

경쟁정책의 목표로 설정하였다.[79]

　　말하자면 경기규칙을 정해 놓고 진행하는 운동경기와 아무런 경기규칙 없이 진행하는 운동경기 중 어느것이 더 경쟁을 촉진하고 효율적인가에 대한 견해의 차이라고 할 수 있다.[80] 두 학파의 차이의 연원은 미국 건국 당시 표출된 정치이념으로 소급된다는 설명도 있다. 즉, Thomas Jefferson은 사유재산의 거대한 집적과 이에 연유하는 정치적 힘에 대한 근본적인 우려에서 견제와 균형을 통하여 민주주의를 발전시키려면 집중된 경제력을 사회 내에 가급적 광범하게 분산시켜야 한다고 주장한 반면, Alexander Hamilton는 경제적 효율성을 위해 기업의 역할을 긍정적으로 평가하여야 한다고 주장하였는데, Harvard학파는 Jefferson, Chicago학파는 Hamilton의 입장에 서 있는 것이다.[81] 이는 정치적으로 민주당과 공화당으로도 대별된다.

　　<GTE Sylvania 사건>(1977)에서 구조주의적 접근에서 벗어나 합리의 원칙을 적용하기도 하였다.

〈Cont'l T.V. v. GTE Sylvania, 433 U.S. 36(1977)〉

　　The Court held that because such restrictions were widely used, and because there was no showing that the restrictions had a pernicious effect on competition or that the restrictions lacked any redeeming virtue, the per se rule was the incorrect standard under which to analyze the restrictions. Instead because such could be adequately policed under the rule of reason, that standard applied.

　　내용면에서 보면 Harvard학파는 1940년 John Maurice Clark의 유효경쟁이론을 수용한 것이고, Chicago학파는 1900년대 초의 Austria학파의 주장을 받아들인 것이다. 그 후 Harvard학파와 Chicago학파의 이론을 보완하기 위해, 1930년대 Ronald H. Coase와 1970년대의 Oliver Williamson의 거래비용이론, 1944년 Johann Ludwig v. Neumann과 Oskar Morgenstern의 게임이론,[82] William J.

---

79) Ingo Schmidt, Wettbewerbspolitik und Kartellrecht(2001), S. 19~20.
80) 이승철, 공정거래경제학(1999), 76면.
81) 이규억·이성순, 기업과 시장(2005), 36면.
82) 1944년 출판된 「The Theory of Games and Economic Behavior」에서 체계화되었다. 이후 1994년 노벨경제학상을 수상한 John Nash의 '내쉬균형'에 의해 발전하였다. '내쉬 균형'은 상대방이 지금의 선택을 고수하는 한 어느 누구도 지금의 선택을 변화시킬 필요가 없는 상태를 의미하며, 죄수의 딜레마(Prisoner's Dilemma)가 대표적이다.

Baumol, John C. Panzar, Robert D. Willig의 경합시장이론 등이 나타나게 되었다.

　Ronald H. Coase는 시장의 이용에는 거래당사자 간의 기회주의적 행동 때문에 비용이 발생하므로 기업이 추구하는 모든 행동은 이 비용을 무시하고 설명될 수 없다고 보았다.[83] 기업조직은 시장거래에서 발생하는 거래비용을 절약하기 위해 시장거래에 의해 구매할 수 있는 생산방식을 수직적 혹은 수평적으로 내부화한 조직으로 본다.[84] 게임이론처럼 대립적 경쟁관계에 있는 기업 간의 상호의존성에 촛점을 맞추어 이들 사이의 전략적 대응관계를 집중 분석하는 것을 신산업조직론(new indusrtrial organization)이라고 한다.[85]

바. 경쟁정책적 기본입장

　경제이론에서 공정거래정책의 기본입장을 후생경제학적 접근과 시스템이론적 접근으로 구분할 수 있다.[86] 후생경제학은 Alfred Marshall의 제자였던 Arthur C. Pigou의 1920년 「후생경제학(The Economics of Welfare)」에서 정립되었으며, 경제의 목표를 사회의 후생증대에 두는 입장이다. 시장실패를 막기 위한 정부의 개입을 강조한다. 그에 반해 시스템이론적 접근은 고전적 경쟁이론에 입각하여 자유기능을 가장 중심에 두는 입장이다. 이는 Austria학파(F. Wieser. F. A. Hayek, F. Machlup, I. Kirzner, E. Hoppmann, M. Schmidtchen 등)의 신고전적인 시장 및 경쟁개념에 적용되는 것이다. 즉, 자유경쟁은 자기조절시스템을 통하여 시장시스템을 기능적으로 만들고 동시에 훌륭한, 그러나 사전에 예측할 수 없는 경제적 성과를 생산할 수 있는 하나의 과정으로 본다. 경쟁을 경쟁적 시장과정에서 필수적인 조건으로 보는 것이다. 경쟁은 적극적으로 정의될 수 없으며, 측정할 수도 없고 경쟁강도에 차이를 둘 수도 없다고 본다. 이러한 입장에 대해서는 비판이 제기되는데, 자유를 위협하는 시장구조적 요인에 대하여 너무 등한시하고 있다는 점이다.

　후생경제학적 접근에 Harvard학파(E. S. Mason, J. M. Clark, Joe S. Bain 등)가 포함되는 것은 의문의 여지가 없다. 그러나 Freiburg학파(W. Eucken, F. Böhm, L. Miksch 등)의 질서자유주의는 보수적 자유주의에서 유래했지만, 한편으로는 구조—

---

83) 이규억·이성순, 기업과 시장(2005), 10면.
84) 이승철, 공정거래경제학(1999), 61면.
85) 최정표, 산업조직경제학(2016), 141면.
86) Klaus Herdzina, Wettbewerbspolitik(1999), S. 108 이하.

행동-성과라는 도식을 통하여 다수의 시장참여자가 있는 시장을 경쟁적이라 보고 경제적 효율성을 실현하는 구조라고 보기 때문에 후생경제학적 접근으로 분류할 수 있다.

　　Chicago학파(G. J. Stigler, H. Demsetz, R. Posner)는 후생경제학적 접근에 입각해 있고 파레토 최적상태를 경제적 효율성의 목표로 삼지만, 한편으로는 구조-행동-성과라는 도식을 부정한다. 시장경제와 같은 개방적이고, 동태적인 시스템에서는 최종적인 시장성과를 미리 예측하거나 사전결정할 수 없다는 것이 원칙이라고 한다.

[경쟁정책적 기본입장]

구분	후생경제학적 접근	시스템이론적 접근
1. 목표기능(경쟁의 기능)	경제적 기능 특히 배분기능, 발전기능	자유기능
2. 이론적 근거 인과관계	시장구조 ➡ 시장행동 ➡ 시장성과	경쟁자유 ➡ 양호한 경제적 성과
3. 경쟁정책적 프로그램 경쟁정책적 의문제기	실제적 경쟁기능(효과적, 실질적, 강한)	경쟁의 자유가 있는지 또는 경쟁제한이 있는지?
4. 시장상황의 진단	실제적 시장성과, 시장행동, 적정상황의 시장구조가 있는지(개별적 판단)	경쟁적 행동규범이 있는지 또는 경쟁제한적 행동이 실행되었는지(구성요건심사)
5. 경쟁정책적 조치	시장성과조건부과 시장행동규범 시장구조개입	경쟁제한적(자유제한적) 행위 당연위법, 즉 시장행동규범

출처: Klaus Herdzina, Wettbewerbspolitik, S. 107

　　한편 후생경제학적 접근이건, 시스템이론적 접근이건 모두가 경쟁법을 경제적 목적론 관점에서 파악하는 견해이다. 그러나 규범적 목적론에 입각하여, 독일에서는 사업자의 인위적 왜곡으로부터 경쟁과정 내지 경쟁의 자유를 보호하는 것을 경쟁법의 주된 목적으로 보는데 대체로 견해가 일치되어 있다고 하고, 이러한 다원주의하에서 경쟁법의 목적은 경제적 효율성이나 소비자후생의 극대화가 아니라 공정경쟁이나 중소기업 보호 같은 사회정책적 차원을 포괄하는 것으로 보는 주장도 있다.[87]

법학에서 법적 질서원칙으로서의 경쟁사고는, 주로 개별 사안에서 경제학적 모델과 이론에 의해 행위의 경제적 효과를 이해하는 미국식 소비자후생 및 효율성개념을 추구하는 것으로 특징지워지는 경쟁이론과 상호밀접한 연관성이 있다. 즉, 후자는 전자를 보완해 주는 기능을, 전자는 후자가 경쟁법의 범위를 벗어나지 않도록 한계를 지워주는 기능을 하는 것이다.

2. 경쟁의 기능(목적)

위에서 경쟁의 의의에 대한 완전경쟁, 유효경쟁 및 자유경쟁이론에서의 접근방식의 차이점을 살펴보았는데, 경쟁의 개념과는 별개로 시장경제질서 속에서 경쟁이 수행하는 기능을 인정할 수 있다. 그러나 이러한 문제 역시 위의 완전경쟁, 유효경쟁 및 자유경쟁이론에 따라 다르게 접근하고 있다. 예를 들어 완전경쟁이론이나 유효경쟁이론에서는 경쟁을 하나의 수단으로 파악하고 있고 그러한 수단을 통해 달성하려고 기능(목적)을 인정하고 있다.

그러나 자유경쟁이론에서는 경쟁 그 자체를 하나의 목적개념으로 바라보고 있으므로 별도로 경쟁의 기능이나 목적이라는 개념을 인정하지 않고 있다[이른바 '목표 －수단 논쟁(Ziel－Mittel Kontroverse)']. 경쟁당국이 경쟁제한을 금지할 뿐 아니라 기업에게 다소간 구체적인 행동방식을 명한다면 경쟁은 더 이상 그 자신을 위해서, 즉 기본법으로 보장되는 자유 실현의 필수적인 전제조건으로서 보호되는 것이 아니라 다른 경쟁외적인 목표에 도달하는 수단으로 된다.[88] 그러한 도구적인 경쟁정책 (instrumental Wettbewerbspolitik)은 고권적 조종경제에서와 같이 실현되며 기본법의 자유 경제시스템과 사회시스템에는 부합하지 않는 것이다.[89] 경쟁은 법적 질서원칙으로서, 모든 법인격의 자유와 평등원칙을 통하여 헌법에 구체화된 질서의 일부로서, 보장되어야 한다.[90] 법질서의 우선적 과제는 경쟁제한에 대한 투쟁을 통하여 자유를 유지하는 것이다. 경쟁의 제한은 사적자치의 전형적 위험에 해당한다.[91]

---

87) 이봉의, 공정거래법(2022), 68~72면 참조; 이러한 설명은 우리나라 공정거래법에서의 불공정거래행위 규제를 사업자나 경쟁수단의 공정성을 보호하는 제도로서 경쟁법의 범위로 포섭하는데 유용하다고 판단된다.
88) Fritz Rittner · Meinrad Dreher, Wirtschaftsrecht(1987), S. 349 Rn. 37.
89) Fritz Rittner · Meinrad Dreher, Wirtschaftsrecht(1987), S. 349 Rn. 37.
90) Fritz Rittner · Meinrad Dreher, Wirtschaftsrecht(1987), S. 350 Rn. 39.

경쟁의 기능을 가장 체계적으로 설명하고 있는 것이 이른바 '기능적 경쟁(funktionsfähiger Wettbewerb)' 개념으로 John Maurice Clark의 유효경쟁개념에서 출발하였고, 독일의 Erhard Kantzenbach가 체계화시킨 이론이다. 유명한 '칸첸바하/호프만 논쟁(Kantzenbach/Hoppman – Kontroverse)'에서는 Joseph Schumpeter, John Maurice Clark 그리고 Helmut Arndt가 소환되었는데, 경쟁을 정적인 균형상태가 아니라 도전과 응전에 입각한 불균형의 결과라고 하는 동태적인 과정으로 이해하였다.[92] Erich Hoppmann은 당연히 Erhard Kantzenbach의 경쟁의 기능이라는 개념은 부정하였다.

[Die Funktionsfähikeit des Wettbewerbs(1966)]

Erhard Kantzenbach는 자유민주국가의 경제질서에서 경쟁은 경제의 지배적인 조절원리이며, '최대한의 경쟁, 필요범위에서의 계획(Wettbewerb soweit wie möglich, Plannung soweit wie nötig)'을 시장경제질서의 기본으로 파악하였다.[93] Erhard Kantzenbach는 전체 경제적인 관점에서 5가지 경쟁의 기능을 제시하였다: 첫째, 생산요소시장에서 시장성과에 따른 소득분배 그리고 시장력에 의한 약탈을 방지하는 기능, 둘째, 경쟁과정을 통해 상품과 용역제공의 구성이 소비자선호에 따라 조절되는 기능, 셋째, 생산요소를 가장 생산적으로 투입가능하게 하는 기능, 넷째, 외부경제적 정보, 특히 지속적으로 변하는 수요구조와 생산기술에 생산능력을 탄력적으로 조정을 가능하게 하는 기능, 다섯째, 생산과 생산방식에 있어서의 기술발전을 촉진하는 기능이 그것이다.[94] 이러한 5가지 기능을 다른 기준으로 분류하면 다음 같다.

---

91) Fritz Rittner·Meinrad Dreher, Wirtschaftsrecht(1987), S. 350 Rn. 41.
92) Ingo Schmidt, Wettbewerbspolitik und Kartellrecht(2001), S. 11.
93) Erhard Kantzenbach, Die Funktionsfähigkeit des Wettbewerbs(1966), S. 12.
94) Erhard Kantzenbach, Die Funktionsfähigkeit des Wettbewerbs(1966), S. 15~17.

[경쟁기능의 구분]

1. 소득분배	정태적 기능	분배기능
2. 공급구성		조절기능
3. 생산조절		
4. 조정탄력성	동태적 기능	
5. 기술발전		추진기능

출처: E. Kantzenbach, Die Funktionsfähigkeit des Wettbewerbs, S. 19.

이와 같이 Erhard Kantzenbach는 경쟁의 기능을 성과에 따른 소득분배 (leistungsgerechte Einkommensverteilung), 공급에 있어서의 소비자주권(Konsumenten Souveränität), 적정한 생산요소할당(optimale Faktorallokation), 조정탄력성(Anpassungs- flexibilität), 기술발전(technischer Fortschritt)로 구분하였는데, 앞의 3가지 기능은 정태적 기능, 나머지 2가지 기능은 동태적 기능으로 구분한 수 있다.[95] Herbert Giersch는 경쟁의 기능을 사회정책적 기능(gesellschaftspolitische Funktionen), 경기정책적 기능(konjunkturpolitische Funktionen) 그리고 구조정책적 기능(strukturpolitische Funktionen)으로 구분하였다.[96] 경쟁정책과 소비자정책 간에는 깊은 관련성이 있다.

[경쟁기능 및 목표]

	Kantzenbach		Jöhr/Röpke[97]	Giersch	Hoppmann
1. 경제적 행위 자유보장	개인적 자유의 계발 보장 (1971년부터)	사회정책적 기능		사회정책적 기능(경제적 힘의 통제)	경쟁의 자유(부당한 힘의 부존재)
2. 소득분배	정태적인 기능		분배기능		
3. 공급구성	정태적인 기능		조종 또는 질서기능	경기기능 및 구조정책적 기능	개인적, 경제적 이익
4. 생산조절					
5. 조정탄력성	동태적인 기능		추진 즉 성과기능		
6. 기술발전					

출처: Ingo Schmidt, Wettbewerbspolitik und Kartellrecht, S. 32

95) Ingo schmitt, Wettbewerbspolitik und Kartellrecht(2001), S. 11~12.
96) Ingo schmitt, Wettbewerbspolitik und Kartellrecht(2001), S. 29.

경쟁의 기능은 사회의 근본가치와의 연관성 속에서 파악할 수 있다.[98] 우선 시장경제에서 사회의 근본가치는 자유(Freiheit), 후생(Wohlstand), 공정(Gerechtigkeit)의 실현에 있다. 이러한 근본가치를 실현하기 위한 경제정책의 목표가 도출되는데, 자유로부터 경제적 자유(Wirtschaftliche Freiheit), 후생으로부터 경제성장(Wirtschaftswachtum), 최적자원배분(Optimal Allokation) 및 분배공정성(Verteilungsgerechtigkeit)의 목표가 도출이 된다. 그리고 공정 관련해서는 분배공정성(Verteilungsgerechtigkeit)이 도출된다. 분배공정성은 공정과 후생에 공통되는 요소가 된다. 이를 실현하는데 기여하는 경쟁은 네가지 기능, 즉 경제적 자유 관련해서는 행위와 선택의 자유(자유기능), 경제성장과 관련해서는 기술발전의 실현(발견/발전기능), 최적 자원배분에 관련해서는 수요변화에 따른 공급구조 및 요소투입조정(조정 및 배분기능), 분배공정성 관련해서는 성과에 합당하지 않은 소득의 형성 방지 및 분배기능을 가진다. 실제 경쟁정책을 집행함에 있어서 이러한 목표들 간에는 상호 갈등을 일으키기도 한다. 이를 표로 나타내면 다음과 같다.

[사회의 근본가치, 경제정책의 목표 및 경쟁기능]

사회의 근본가치	자유	후생			공정
경제정책의 목표	경제적 자유	경제성장	최적배분	분배공정	분배공정
경쟁의 기능	행위 및 선택의 자유	기술발전의 실현	수요변화에 따른 공급구조 및 요소투입조정 (소비자주권)	성과에 부합하지 않은 소득형성방지	성과에 부합하지 않은 소득형성방지
	자유기능	발견 즉, 발전기능	조정 즉, 배분기능	분배기능	분배기능

출처: Klaus Herdzina, Wettbewerbspolitik, S. 32

---

97) 이봉의 교수도 경쟁의 경제정책적 기능으로 '조정내지 질서기능(Steuerungs-oder Ordnungsfunktion)', '배분기능(Verteilungsfunktion)' 및 '자극하는 기능(Antriebsfunktion)'으로 구분하여 설명하고 있다. 이봉의, 공정거래법(2022), 53면.
98) Klaus Herdzina, Wettbewerbspolitik(1999), S. 31.

3. 현행 공정거래법상 경쟁의 의의와 기능

가. 공정거래법의 목적조항

공정거래법 제1조(목적)에서는 "이 법은 사업자의 시장지배적지위의 남용과 과도한 경제력의 집중을 방지하고, 부당한 공동행위 및 불공정거래행위를 규제하여 공정하고 자유로운 경쟁을 촉진함으로써 창의적인 기업활동을 조장하고 소비자를 보호함과 아울러 국민경제의 균형있는 발전을 도모함을 목적으로 한다"고 규정하고 있다. 공정거래법은 독과점적 시장구조나 사업자의 경쟁제한적인 행위를 규제함으로써 자유롭고 공정한 경쟁질서를 유지하기 위한 법규범으로 정의되고 있다.[99] 여기에서의 규제는 일반적인 경제규제와는 다른 의미로 이해된다. 즉, 경제규제는 시장기능에 의하여 결정되는 변수를 정부가 직접 개입하여 규제하는 것을 의미하는데 반해 공정거래는 시장의 구조와 행동에 영향을 미쳐 경쟁을 촉진하는 간접적 치유방식을 의미하는 것이다.

나. 경쟁의 의의

우선 공정거래법 목적 규정에서 "이 법은 사업자의 시장지배적지위의 남용과 과도한 경제력의 집중을 방지하고, 부당한 공동행위 및 불공정거래행위를 규제하여 공정하고 자유로운 경쟁을 촉진함으로써"라고 한 부분은 공정거래법이 추구하는 경쟁의 의의 및 1차적 목적을 밝힌 것이다. 우선 '공정하고 자유로운 경쟁'을 추구하고 있고 그 수단으로 '사업자의 시장지배적지위의 남용과 과도한 경제력의 집중을 방지하고, 부당한 공동행위 및 불공정거래행위를 규제'를 들고 있다. 이는 시장구조, 시장행동 및 시장성과 규제를 통하여 경쟁을 도모하는 것으로 유효경쟁이론과 일맥상통하는 것으로 볼 수 있다. 첫째, 시장지배적지위 남용금지를 들고 있다. 여기서는 경쟁제한적인 행동에 대한 규제 외에서도 시장성과에 해당하는 과도한 가격남용행위에 대해서도 규제하고 있다. 둘째, 과도한 경제력 집중의 방지이다. 여기에는 일반집중에 대한 규제나 기업결합 규제가 포함된다. 이는 공정거래법이 시장구조에 대한 높은 관심을 가지고 있음을 의미하는 것이다. 셋째, 부당한 공동행위를 규제하

99) 권오승, 경제법(2019), 78면.

고 있다. 일반적으로 카르텔 또는 기업연합으로 불리며 시장에서 경쟁을 통해서 결정되어야 할 가격, 수량 등 등 경쟁조건을 제약하는 것이므로 경쟁제한행위 중에서도 경쟁저해성이 가장 명백한 것이다. 이는 시장행동에 대한 규제의 일환으로 이루어지는 것이다. 넷째로는 불공정거래행위 규제인데 공정한 거래를 저해할 우려가 있는 부당한 거래거절행위, 차별적 취급행위 등을 말한다. 역시 시장행동에 대한 규제에 해당하는 것이다.

이러한 점을 종합해 보면 공정거래법이 추구하는 경쟁은 유효경쟁을 의미하는 것으로 볼 수 있을 것이다. 그러나 규범적으로 특정한 시장구조를 전제로 한 유효경쟁을 추구하는 것이 아니라, 경쟁제한적인 시장행태를 규제하는 행동기준 방식을 원칙으로 하고, 동시에 독과점규제, 경제력집중억제, 기업결합규제 같은 구조기준도 사용하고 있다고 할 수 있다. 그리고 경쟁을 적극적으로 정의하기보다는 경쟁제한적인 행동규제를 원칙으로 하고 있다는 점에 있어서는 자유경쟁의 기본적 사고를 수용하고 있다고 볼 수 있다.

한편 우리나라 공정거래법에서는 공정하고 자유로운 경쟁촉진을 직접적인 목적으로 규정함으로써 공정을 자유보다 우선하는 가치로 보고 있다. 자유로운 경쟁은 시장지배적지위 남용 금지, 부당한 공동행위, 경제력집중 방지를 통하여 구현되며, 공정한 경쟁은 불공정거래행위규제를 통하여 달성된다. 공정은 경쟁을 제한하는 것이고 자유는 경쟁을 촉진하는 개념으로 본다면 상호모순되는 것으로 보이지만 공정은 경쟁수단과 거래내용의 불공정성을 제거함으로써 경쟁의 자유를 보완해 주는 개념으로 본다면 동일한 목표를 향하고 있는 것이다. 미국의 「셔먼법(Sherman Act)」의 출발은 사회정의의 이념, 즉 인민주의적 뿌리가 강하였으나, 그 후 경제적 효율성을 중시하는 방향으로 발전하게 되었다. 경제적 효율성을 달성하는 방법으로 1940년대 이후에 구조주의 학파의 '구조(Structure) ─ 행동(Conduct) ─ 성과(Performance) 모형(이른바 'SCP모형')'이 등장하였고, 1970년대 들어서 경제적 자유를 중시하는 Chicago학파가 득세하게 된 것이다.

한편 미국 「셔먼법(Sherman Act)」이나 유럽 「EU기능조약(The Treaty of the Functioning of the European Union)」, 독일 「경쟁제한방지법(GWB)」 등 대표적인 경쟁법에서 위와 같은 규정을 두고 있지 않다. 그러나 정부법안 이유서에서 제시되는 경우가 있다. 예를 들어 독일 「경쟁제한방지법(GWB)」 제정이유서에 다음과 같이 서

술되어 있다: 「경쟁제한방지법(GWB)」은 시장경제의 촉진과 유지를 위한 중요한 기반이다. 이는 유효경쟁 그리고 성과제고 경향에 악영향을 미치고, 최대한의 소비자보호를 의심스럽게 하는 경제적 힘을 제거하고 경쟁의 자유를 보장하여야 한다."[100]

그리고 이에 대하여는 사회정책적 동기(의회민주주의 기본질서의 한 부분인 경제법적 의미에서의 경제적 자유) 이외에 성과에 따른 소득분배(leistungsgerechte Einkommensverteilung), 공급에 있어서의 소비자주권(Konsumenten Souveränität) 그리고 경제적 후생[wirtschaftlicher Wohlstand: 적정한 생산요소할당(optimale Faktorallokation), 조정탄력성(Anpassungsflexibilität), 기술발전(technischer Fortschritt)]이라는 경제적 목적이 강하게 나타나고 있다고 해석한다.[101]

경쟁정책적 기본입장에서 판단해 봤을 때 우리나라 공정거래법은 후생경제학적 접근을 기본으로 하고 있다고 해석할 수 있다. 법 제116조~제118조에서 법적용이 제외되는 규정을 두고 있을 뿐 아니라, 법 제1조에서 '창의적인 기업활동을 조장하고 소비자를 보호과 아울러 국민경제의 균형있는 발전을 도모함을 목적으로 한다'고 선언하고 있는 점, 시장지배적지위의 남용에 대한 규제뿐만 아니라 법 제3조에서 국가의 독과점적 시장구조의 개선의무를 부과하고, 법 제40조 제2항에서 부당한 공동행위 인가제도를 운영하는 점 등에 비추어 보면, 후생경제학적 접근을 폭넓게 수용하고 있다고 볼 수 있다.

다. 경쟁의 기능

공정거래법 제1조 목적규정에서는 궁극적 목적으로 '창의적인 기업활동을 조장하고 소비자를 보호함과 아울러 국민경제의 균형 있는 발전을 도모함'을 규정하고 있다. 이와 같이 경쟁법에서 국민경제적 목적을 규정하는 경우는 대단히 드물다. 이는 법문상 법의 목적으로 되어 있어서 '공정하고 자유로운 경쟁의 촉진'은 법의 직접적 목적, '창의적인 기업활동을 조장하고 소비자를 보호함과 아울러 국민경제의 균형 있는 발전을 도모함'은 법의 궁극적인 목적으로 구분을 하기도 한다.[102]

---

100) BT−Drucksache 1158, Begründung zu dem Entwurf eines Gesetzes gegen Wettbewerbs-beschränkungen(1955). S. 21.
101) Ingo Schmidt, Wettbewerbspolitik und Kartellrecht(2001), S. 164~165.
102) 신동권, 독점규제법(2020), 17~25면.

현행법의 목적을 규정한 부분은 위에서 설명한 '기능적 경쟁(funktionsfähiger Wettbewerb)' 관점에서 해석할 수도 있다. 즉, Erhard Kantzenbach가 5가지 경쟁의 기능을 제시하였고, Klaus Herdzina는 경제정책과 경쟁의 기능을 연결하여 설명하였는데, 경쟁의 기능을 통해 경제정책의 목표인 자유, 경제성장, 자원의 최적배분, 분배공정이 실현되는 것이다. 현행법이 제시하는 기업의 창의는 기업의 자유에 해당하고 소비자보호는 최적 배분, 국민경제의 균형 있는 발전은 분배공정에 해당되는 내용이다. 현행 공정거래법은 '기능적 경쟁(funktionsfähiger Wettbewerb)'이론을 입법적으로 제시해 주고 있다.[103]

공정거래법 제1조가 규정하고 있는 "창의적인 기업활동의 조장"과 헌법 제119조 제1항에서의 "대한민국의 경제질서는 개인과 기업의 경제상의 자유와 창의를 존중함을 기본으로 한다"는 규정은 동전의 양면과 같은 관계에 있다. 관련하여 창의적 기업활동의 조장은 공정거래법의 목적이라기보다는 시장경제의 기본원칙 선언한 것이라는 지적이 있다. 이에 대해서는 공정거래법의 궁극적 목적을 기능이라는 경제적 측면에서 이해하면 합리적으로 해석될 수 있다.

그리고 소비자보호와 경쟁도 동전의 양면관계에 있는 것이다. 만약 이를 소비자복지 또는 소비자주권의 실현의 의미로 해석하면 공정거래법의 궁극적 목적이 될 수 있지만 소비자피해 예방·구제와 같은 좁은 의미로 해석하는 경우에는 공정거래법의 목적이라 할 수 없다. 즉, 헌법 제124조의 "국가는 건전한 소비행위를 계도하고 생산품의 품질향상을 촉구하기 위한 소비자보호운동을 법률이 정하는 바에 의하여 보장한다"는 의미와는 다르다. 과정으로서의 경쟁을 강조하는 Chicago학파(특히 R. Bork 판사)에서는 소비자보호를 경쟁법의 유일한 목적으로 해석하고 있다.[104] 소비자보호 역시 경쟁정책의 기능으로 해석할 수 있다. Robert R. Bork는 미의회가 셔먼법을 논의하면서 소비자 후생모델과 일치하는 카르텔, 독점적 기업결합, 약탈적 행위의 세가지 현상을 법의 목표로 삼았다고 한다.

마지막으로 국민경제의 균형 있는 발전을 궁극적 목적으로 하고 있다. 한편 헌

---

103) 박준영, 공정거래절차의 법리(2020), 137면 이하.
104) Adam Smith는 "소비야말로 생산활동의 유일한 목표이자 목적이며, 생산자의 이익은 소비자의 이익을 증진시키는데 필요한 한에서만 고려되어야 한다. 그러나 중상주의에서는 소비자의 이익이 거의 언제나 생산자의 이익에 희생되고 있으며, 중상주의는 소비가 아니라 생산을 상공업의 궁극적인 목표이자 목적으로 삼고 있는 듯이 보인다"고 설명하고 있다. 애덤스미스(김수행 역), 국부론(상)(2003), 4.8.49.

법에서도 국가는 균형있는 국민경제의 성장 및 안정과 적정한 소득 분배의 유지를 규정하고 있는데 이러한 조항과 공정거래법상의 국민경제의 균형 있는 발전과 어떻게 관계되는가? 헌법의 하위법으로서 공정거래법의 위치를 보아 시장지배와 경제력 남용 방지라는 차원에서 해석하는 것이 타당하리라고 본다.[105] 헌법재판소도 중소기업 보호 역시 경쟁질서의 범주내에서 이루어져야 한다고 판시하고 있다. 즉, <주세법 제38조의7 등 위헌제청 건>(헌법재판소, 1996)에서 소주구입명령제와 관련하여 "비록 소주시장에서 이미 시장지배적지위가 형성되었거나 또는 형성될 우려가 있다고 하더라도, 자도(自道) 구입명령제도는 독점화되어 있는 시장구조를 경쟁적인 시장구조로 전환시키기 위하여 적정한 수단으로 볼 수 없으므로 위 법률조항은 비례의 원칙에 위반된다"고 판시하였다. 미국의 「Robinson-Patman법」상 가격차별금지(클레이튼법 제2조 수정)도 중소유통업체를 보호하기 위한 법이다. 즉, 경쟁법상의 수단으로 통해 중소기업을 보호하고자 한 것이다.

<주세법 제38조의7 등 위헌제청 건, 헌재 1996. 12. 26. 96헌가18>

(3) 구입명령제도와 독과점규제

경쟁의 회복이라는 독과점규제의 목적을 달성할 수 있는 방법이 되도록 균등한 경쟁의 출발선을 형성함으로써 경쟁을 가능하게 하고 활성화하는 방법이어야 한다. 비록 소주시장에서 이미 시장지배적지위가 형성되었거나 또는 형성될 우려가 있다고 하더라도, 구입명령제도는 독점화되어 있는 시장구조를 경쟁적인 시장구조로 전환시키기 위하여 적정한 수단으로 볼 수 없으므로 위 법률조항은 비례의 원칙에 위반된다.

---

105) 이에 대하여 이러한 해석은 규범적 효력을 부인하는 것으로 비판하고, 궁극적 목적에 규범적 우선순위를 둠으로써 산업정책이나 중소기업 정책, 소비자정책과의 모순·충돌 문제를 해결하려는 것이 제1조의 입법취지라는 주장이 있다. 이봉의, 공정거래법(2022), 73~75면 참조; 그러나 이러한 해석은 다음과 같은 문제가 있다. 첫째, 유사한 문구가 공정거래법 이외에도 하도급법 등 거래공정화법, 소비자 보호 관련 법 등에 대부분 포함되어 있는데, 해당 법의 경우에도 같은 해석을 하는 것은 법목적을 넘어서는 지나친 해석이라고 생각된다. 둘째, 창의적 기업활동 조장, 소비자 보호와의 규범적 우선순위는 어떻게 보아야 할 지가 불분명하다. 셋째, 만약 규범적 우선순위를 둔 것이라면 개별 조항에서는 경쟁원칙의 예외는 일체 두지 않는 것이 합리적인 방법일 것이다. 만약 개별조항에서 이러한 점을 고려할 수 있다면, 제1조는 선언적 의미 밖에 없기 때문이다. 따라서 이는 경쟁의 기능을 표현한 정도로 해석하는 것이 타당하다. 그리고 만약 이를 고려한다 하더라도 헌법상의 국민경제의 성장 및 안정과 적정한 소득분배 같은 포괄적인 내용으로 해석할 수는 없고, 경쟁법의 범주내에서 고려하라는 의미로 해석하는 것이 합리적인 해석일 것이다. 제1조에 규범적 효력을 인정하지 않더라도 각 위반행위의 유형별로 개별조항에 근거해서 경제적 효율성, 소비자보호, 국민경제적 파급효과 등을 충분히 심사할 수 있다고 본다.

(5) 구입명령제도와 중소기업의 보호

중소기업의 보호는 넓은 의미의 경쟁정책의 한 측면을 의미하므로, 중소기업의 보호
는 원칙적으로 경쟁질서의 범주내에서 경쟁질서의 확립을 통하여 이루어져야 한다. 중
소기업육성이라는 공익을 경쟁질서의 테두리 안에서 실현해야 한다는 것은 독점규제법
도 간접적으로 표현하고 있다. 즉 능력에 의한 경쟁을 원칙으로 하는 공정거래법에서는
단지, 제19조 제1항 단서 및 제26조 제2항에서 중소기업의 경쟁력향상을 위한 경우에
한하여 공동행위와 사업자단체의 경쟁제한행위를 예외적으로 허용할 뿐, 중소기업을
경쟁으로부터 직접 보호하는 지원조치는 이를 찾아볼 수 없다.

한편 헌법 제119조 제2항은 경제법의 이념적 근거가 되는 것이다. 경제법의 이념
을 '경제생활의 정당한 질서를 가능하게 하는 국민경제적 정당성(gesamtwirtschaftliche
Richtigkeit)'에 둔다면, 경제법은 광의의 경제규제 및 조정법을 포괄하는 것이며, 공
정거래법은 경제법의 일부, 그러나 시장경제의 근본가치를 유지하는 질서유지법으
로 볼 수 있는 것이다.[106) 국민경제의 균형 있는 발전 역시 공정거래법의 경제적 기
능을 표현한 것이다. 경쟁은 국민경제에서 홀로 존재하는 개념이 아니다. 전체 경제
의 틀 속에서 기능하여야 한다. "경제성장에는 광범위하고 잘 설계된 시장이 필요하
다. 재산권과 계약을 보호할 수 있는 메커니즘, 접근가능한 금융시장, 경쟁환경, 정
부지출의 한계, 사업의 불확실성을 제거할 수 있는 정치안정과 저인플레, 운송 및
통신을 위한 공공인프라 등이 그런 예이다"라는 주장[107)도 이런 맥락에서 이해할
수 있다.

위와 같은 내용을 현행법 규정과의 관련성 속에서 도식화해 보면 다음과 같다.
다만 이는 절대적 구분기준이라기 보다는 상호 중첩되고 연결되어 있는 개념으로
해석하는 것이 바람직하다.

[현행법상 경쟁의 기능과 경제정책의 목표]

사회의 근본가치	자유	후생			공정
경제정책의 목표	경제적 자유	경제성장	최적배분	분배공정	분배공정
헌법 제119조	개인과 기업의	개인과 기업의		적정한 소득	균형 있는 국

106) 신동권, 독점규제법(2020), 25면.
107) 존 맥밀런(이진수 옮김), 시장의 탄생(2007), 383면.

	경제상의 자유와 창의(제1항) 시장의 지배와 경제력 남용의 방지(제2항)	경제상의 자유와 창의(제1항)		분배(제2항) 경제주체간 조화를 통한 경제민주화(제2항)	민경제의 성장(제2항) 경제주체간 조화를 통한 경제민주화(제2항)
경쟁의 기능	행위 및 선택의 자유	기술발전의 실현	수요변화에 따른 공급구조 및 요소투입 조정(소비자주권)	성과에 부합하지 않은 소득형성방지	성과에 부합하지 않은 소득형성방지
	자유기능	발견 즉, 발전기능	조정 즉, 배분기능	분배기능	분배기능
공정거래법 제1조 경쟁의 기능(목적)	자유로운 경쟁	자유로운 경쟁	공정한 경쟁	공정한 경쟁	공정한 경쟁
	창의적인 기업활동	창의적인 기업활동	소비자보호	국민경제의 균형 있는 발전	국민경제의 균형 있는 발전
수단	부당공동행위 규제 시장지배적 지위의 남용 방지			경제력집중의 방지	불공정거래행위 규제

　우리나라 헌법재판소와 대법원에서도 경쟁을 시장경제가 제대로 기능할 수 있는 수단으로 인식함으로써 기능주의적인 입장을 취하고 있다.

〈주세법 제38조의7등 위헌제청 건, 헌재 1996. 12. 26. 96헌가18〉
　국가의 경쟁정책은 시장지배적지위의 남용방지, 기업결합의 제한, 부당한 공동행위의 제한 등을 통하여 시장경제가 제대로 기능하기 위한 전제조건으로서의 가격과 경쟁의 기능을 유지하고 촉진하려고 하는 것이다. 따라서 독과점규제의 목적이 경쟁의 회복에 있다면 이 목적을 실현하는 수단 또한 자유롭고 공정한 경쟁을 가능하게 하는 방법이어야 한다.

〈신문업에 있어서의 불공정거래행위 및 시장지배적지위 남용행위 유형 및 기준 제3조 제1항 등 위헌확인 건(동 제10조 제1항·제2항), 헌재 2002. 7. 18. 2001헌마605〉

국가의 경쟁정책은 시장지배적지위의 남용방지, 기업결합의 제한, 부당한 공동행위의 제한, 불공정거래행위의 금지 등을 통하여 시장경제가 제대로 기능하기 위한 전제조건으로서의 가격과 경쟁의 기능을 유지하고 촉진하려고 하는 것이며, 특히 불공정거래행위의 분야에서는, 외관상 일반적 거래행위로 보이는 것이라고 하더라도 실제로는 우월적 경제력의 남용등으로 가격과 경쟁을 왜곡하여 시장경제가 제대로 기능하기 어렵게 만드는 행위는 이를 제한하여 공정한 경쟁상태를 회복시키려고 하는 것이다.

〈포스코 시장지배적지위 남용행위 건, 대법원 2007. 11. 22. 선고 2002두8626 판결〉

헌법 제119조 제2항은 "국가는 … 시장의 지배와 경제력의 남용을 방지하기 위하여 … 경제에 관한 규제와 조정을 할 수 있다"고 규정함으로써, '독점규제와 공정거래유지'라는 경제정책적 목표를 개인의 경제적 자유를 제한할 수 있는 정당한 공익의 하나로 하고 있다. 이는 경제를 자유방임 상태에 둘 경우 경제적 자유에 내재하는 경제력집중적 또는 시장지배적 경향으로 말미암아 반드시 시장의 자유가 제한받게 되므로 국가의 법질서에 의하여 공정한 경쟁질서를 형성하고 확보하는 것이 필요하고, 공정한 경쟁질서의 유지가 자연적인 사회현상이 아니라 국가의 지속적인 과제라는 인식에 그 바탕을 두고 있다.

〈대형마트 영업시간제한 등 건, 대법원 2015. 11. 19. 선고 2015두295 판결〉

우리 헌법상 경제질서는 '개인과 기업의 경제상의 자유와 창의의 존중'이라는 기본원칙과 '경제의 민주화 등 헌법이 직접 규정하는 특정 목적을 위한 국가의 규제와 조정의 허용'이라는 실천원리로 구성되고, 어느 한쪽이 우월한 가치를 지닌다고 할 수는 없다. 따라서 헌법 제119조 제2항에 따라 이루어진 경제규제에 관한 입법의 해석과 적용에 관하여도, 위와 같은 기본 원칙이 훼손되지 않고 실천원리가 그 한계를 벗어나지 않으면서도 기능을 발휘할 수 있도록 하여야 한다.

이 사건 조항은 헌법 제119조 제2항에 따라 입법자에게 부여된 입법 재량에 기한 것으로 '대형마트 등의 시장지배와 경제력 남용의 방지' 및 '대형마트 등과 중소상인 등 경제주체 간의 조화를 통한 경제의 민주화' 등 공익의 실현을 목적으로 한 경제규제에 관한 입법이라는 의미를 갖는다.

즉, 〈주세법 제38조의7 등 위헌제청 건〉에서 헌법재판소가 "시장경제가 제대로 기능하기 위한 전제조건으로서의 가격과 경쟁의 기능을 유지하고 촉진"이라고 표현하였는 바, 시장경제의 기능은 자유, 후생, 공정 등으로 볼 수 있고, 그 전제로서의 가격과 경쟁의 기능, 즉 경쟁정책을 강조한 것으로 보인다.

Adam Smith는 시장경제의 고전인 「국부론(The Wealth of Nations)」에서 이렇게 토로하고 있다: "완전히 자유롭고 공정한 자연적인 체계(natural system of perfect liberty and justice)는 어떤 방식으로 점차 회복되어야 할 것인가? 우리는 이런 문제를 장래의 정치가와 입법가의 지혜에 맡겨둘 수밖에 없다."[108] 그는 국부의 증진을 위해서는 '완전히 자유롭고 공정한 자연적인 체계'가 필수적임을 강조하였던 것이다. Walter Eucken은 경쟁질서의 과제를 "정상적으로 작동하는 그리고 인간존엄적 사회경제적 질서를 건설하는 것"이라고 요약하고 그것은 사회적 문제를 자유정신에서 해결하고, 그것을 통해 자유를 구제하는 것이라고 한다.[109]

II. 공정거래법의 역사

1. 공정거래법의 탄생

독점이나 불공정 문제는 비단 최근의 문제는 아닐 것이다. 일찍이 Aristoteles가 가격의 공정성 문제에 대해 최초로 문제 제기를 하였고,[110] 중세 스콜라 철학을 대표하는 Thomas Aquinas는 "어떤 물건을 그 가치보다 비싸게 팔거나 싸게 사는 것은 그 자체로 불공정하고 불법이다"라고 한 적도 있다. 그러나 현대적 의미의 공정거래법의 맹아는 제1차 산업혁명[111]과 함께 산업자본주의의 등장과 함께 시작되었다고 볼 수 있다. 유럽에서 봉건주의(feudalism)의 종말부터 산업혁명(Industrial

---

108) 애덤스미스(김수행 역), 국부론(상)(2003), 4.7.3.45.

109) 신동권, Walter Eucken의 「경쟁과 독점, 그리고 기업가」, 경쟁저널(2005.5), 56면.

110) "필수적인 관직중에서 첫 번째 것은 시장을 관리하는 관직이다. 이것은 계약관계를 조사하여 질서를 유지하는 관직을 말한다", 아리스토텔레스(손명현 옮김), 니코마코스윤리학/정치학/시학(2019), 480면.

111) 산업혁명(Industrial Revolution)이란 말은 1884년 역사학자 아널드 토인비(Arnold J. Toynbee)의 유고 「영국의 18세기 산업혁명 강의(Lectures On the Industrial Revolution In England)」에서 유래하는데, 그는 산업혁명을 '기술혁신과 그에 수반하여 일어난 사회·경제구조의 변혁'이라고 정의하였다. 제1차 산업혁명이라는 용어도, 1913년 영국의 도시계획가 패트릭 게데스(Patrick Geddes)가 「도시의 진화(Cities in Evolution)」에서 2차 산업혁명을 최초로 이야기하고, 1969년 미국의 경제사학자 데이비드 란데스(David Landes)가 「언바운드 프로메테우스(The Unbound Prometheus)」에서 이를 학술적 용어로 정립하면서 1차라는 수식어가 붙었다고 한다. 김명자, 산업혁명으로 세계사를 읽다(2019), 19면.

Revolution)까지의 기간은 탐험과 상업 확장의 시대였으며, 탐험과 확장의 귀결은 세계의 잔여부분을 서유럽의 팽창하는 경제로 통합하고 모국의 다양한 재산권 구조를 식민지에 부과한 것이었다.[112] 16~18세기에 걸쳐 절대왕정을 통하여 중상주의 시대가 열리게 되는데 자본주의 발전단계로 보면 상업자본주의 시대라 할 수 있다. 중세 훨씬 이전부터 유럽 각국 내의 상업과 유럽 각 국가 간의 상업, 유럽과 지중해 동부간의 상업이 불규칙적으로나마 계속 확대되고 있었다.

중상주의(상인자본주의) 시대에는 국지적 상업이나 원격지 상업이 크게 발달했다.[113] 유럽에서 30년 전쟁이 끝난 후 주요 열강들은 국가건설에 힘을 쏟기 시작했고, 결국 국력은 강력한 군사력과 이를 뒷받침하는 국가의 경제력, 특히 상업에 있다는 생각이 널리 퍼지게 되었다.[114] 1600년에는 영국, 1602년에는 네덜란드가 동인도회사를 설립하여 국가가 무역독점권을 주고 이를 통하여 막대한 부를 축적해 나갔다. 특히 영국에서는 상업의 발달로 국민소득이 증가하여 국내수요가 확대되었고, 아시아와 아메리카 등지에서 새로운 고부가 가치 상품이 발굴되어 무역이 확대됨으로써 국내자본축적이 꾸준히 이루어졌다.[115] 이 시기를 경쟁법 관점에서 보면 국가가 공인한 독점의 시대였다고 볼 수 있다.

중상주의의 공공연한 신조로서 첫째로 들 수 있는 것은 경쟁에 대한 상인의 부정적 태도다. 그들은 경쟁을 좋아하지 않았기 때문에 독점, 즉 가격이나 상품의 독점지배를 시인했다. 둘째 상인은 국가에서 권세를 휘두르고 있었기 때문에 국가 혜택이나 경제에 대한 국가의 간섭을 믿는 경향이 강했다.[116] 상업의 확대가 기술혁신을 촉진하고, 대규모 수요가 창출됨으로써 영국은 18세기 중엽부터 확대재생산 체제로 변모하고, 19세기에 이르러 확대재생산 체제 아래 경제가 가속적으로 성장하는 산업사회의 모습을 드러내게 되었다.[117]

---

112) 이규억, 시장자본주의의 진화:경제철학사적 접근(2014), 45면; 서양을 동양보다 앞서나가게 한 것은 '탐험의 시대'를 움직였던 맹렬한 경쟁이었다. 14세기 유럽에는 대략 1,000개의 정치 조직체가 있었고 20년 후에도 여전히 500개가량이 남아 있었다. 그것은 유럽인들이 멀리 떨어진 곳에서 경제적 · 지리적 · 종교적 기회를 찾아 나서게 된 계기가 되었다. 이규억, 시장자본주의의 진화:경제철학사적 접근(2014), 103면.

113) 갤브레이스(장상환 옮김), 갤브레이스가 들려주는 경제학의 역사(2016), 44면.

114) 김태우 · 김대륜, 패권의 비밀(2017), 176면.

115) 김태우 · 김대륜, 패권의 비밀(2017), 60면.

116) 갤브레이스(장상환 옮김), 갤브레이스가 들려주는 경제학의 역사(2016), 51면.

117) 산업혁명은 생산기술의 혁신이 일어남으로써 주거래상품이 제조업상품으로 바뀌고, 경제구조

한편 경제적인 관점에서 중상주의,[118] 국가 독점주의를 비판하면서 혜성과 같이 등장한 사람이 바로 영국 글래스고우 대학 도덕철학 교수였던 Adam Smith였다. 때는 바야흐로 영국에서 산업혁명이 일어나고,[119] 산업자본주의가 시작되던 18세기 중반기였다. Adam Smith는 1776년 「국부론(The Wealth of Nations)」을 출간하는데, 이는 세계사적 패러다임의 전환을 의미하는 사건이었다. John Kenneth Galbraith는 이 책에 대하여 "사상(思想)이 정책에 대해 사상(史上) 최대의 타격을 가한 사건"이라고 표현할 정도이다.[120] 그는 사적 이익의 추구는 사회전체의 이익에 반하지 않는다[121]고 하고, "우리가 매일 식사를 마련할 수 있는 것은 푸줏간 주인과 양조장 주인, 그리고 빵집 주인의 자비심 때문이 아니라, 그들 사이의 이익을 위한 그들의 고려 때문이다. 우리는 그들의 자비심에 호소하지 않고 그들의 자애심에 호소하며, 그들에게 우리 자신의 필요를 말하지 않고 그들 자신에게 유리함을 말한다[122]"라는 유명한 구절을 통하여 분업과 거래의 기원을 설명하였다. "소비야말로 생산활동의

가 산업사회의 확대재생산사회로 이행하는 사회경제적인 급격한 변화를 의미한다. 즉 제1차 산업혁명은 기계화와 화석연료를 이용하는 기술혁신으로 경제성장이 가속화되는 경제체제를 말한다. 김태우·김대륜, 패권의 비밀(2017), 60~61면.

118) 역사가 Christopher Hill은 17세기 초 영국인들의 생활을 다음과 같이 서술하였다. "누구나 독점벽돌로 지은 집에서 산다. 창문 역시 독점유리로 만든다. 난방은 독점무쇠로 만든 난로에 독점석탄(아일랜드에서는 독점땔감)을 태워 해결한다. 독점비누로 몸을 씻고 독점전분으로 옷에 풀을 먹인다. 독점레이스, 독점섬유, 독점가죽, 독점금실로 지은 옷을 입는다. 독점혁대와 독점단추, 독점옷핀으로 옷을 여민다. 옷감 염색도 독점염료로 한다. 독점버터와 독점포도, 독점청어, 독점연어, 독점가재로 배를 채운다. 독점버터와 독점소금, 독점후추, 독점식초를 사용한다. 글을 쓸 때도 독점종이 위에 독점펜을 사용한다. 독서를 할 때도(독점촛불 아래 독점안경을 쓰고) 독점책을 읽는다." 송병건, 경제사(2019), 250면.

119) 왜 산업혁명은 영국에서 일어났는가? 첫째, 영국은 단순히 상대적으로 부유했다. 더 중요한 사실은 단순히 몇몇귀족들만 부유했던 것이 아니라 상위 중류계급인 부르주아들 또한 부유했다는 것이다. 따라서 영국은 대규모 소비자 시장을 형성한 첫 번째 나라가 된 것이다. 둘째, 영국은 가장 성공적이고 철저하게 봉건사회에서 상업 사회로 변모한 나라이다. 인클로저 운동은 역사적 변화를 암시하는 중요한 단서였다. 셋째, 영국은 과학과 공학에 유별난 열정을 가지고 있었다. 영국의 지주들은 과학적 영농법에 매우 큰 관심을 가지고 있었다. 넷째, 영국은 석탄과 철광이 풍부한 나라 였으며 국가적인 특허제도가 갖춰져 있기도 했다. 이규억, 시장자본주의의 진화:경제철학사적 접근(2014), 31면.

120) 갤브레이스(장상환 옮김), 갤브레이스가 들려주는 경제학의 역사(2016), 57면; 1776년의 두 권의 책과 한 놀라운 문서가 자본주의 역사에 결정적 영향을 주었다. 아담 스미스의 국부론 과 토머스 페인(Thomas Paine)의 상식(Common Sense) 그리고 미국독립선언서(American Declaration of Independence)가 그것이다. 이규억, 시장자본주의의 진화:경제철학사적 접근(2014), 94면.

121) 자기자신의 이익추구는 보이지 않는 손(invisible hand)에 이끌려 전혀 의도하지 않은 목적을 달성하게 된다. 애덤스미스(김수행 역), 국부론(상)(2003), 4.2.9.

122) 애덤스미스(김수행 역), 국부론(상)(2003), 1.2.2.

유일한 목표이자 목적이며, 생산자의 이익은 소비자의 이익을 증진시키는 데 필요한 한에서만 고려되어야 한다"[123]고 함으로써 소비자와 기업이라는 두 경제주체가 등장하고 시장경제의 기본개념이 정립되었다.

이와 같은 자유무역담론이 18세기 후반에 완성되었고, 실제로 영국에서 면직물 제조업자들이 자유무역체제의 도입에 앞장서기도 하였다.[124] 중요한 것은 현재의 신고전파 경제학에 이르는 단초가 된 이 책에서 이미 독점의 폐해나 기업들의 불공정행위에 대한 내용이 강조되고 있다는 점이다. Adam Smith는 독점에 대하여 첫째, 독점은 공급을 제한하여 가격을 부당하게 높이고, 국민소득과 저축을 감소시키고 그 결과 경제성장을 감퇴시킨다고 보았다.[125] "높은 이윤율은 상인의 속성상 매우 자연적인 절약의 미풍을 파괴한다"고 하였고,[126] "동업자들은 오락이나 기분전환을 위해 만나는 경우에도, 그들의 대화는 공중에 반대되는 음모나 가격인상을 위한 모종의 책략으로 끝나지 않을 때가 거의 없다"[127]고 비판하고 있다. 어떻게 보면 Adam Smith는 최초의 자유시장주의 경제학자였으며, 최초의 경쟁법 학자였다고 볼 수 있다. 즉, 경쟁질서는 시장경제시스템이 창안될 당시부터 시장경제의 밖에서 이를 견제하고 기업을 억누르기 위한 제도가 아니라 시장경제의 내재적 한계로서 이미 인정되고 있었던 셈이 되기 때문이다. 즉, 시장경제는 공정거래와 동일체이고 동전의 양면과 같다고 할 수 있다.

제1차 산업혁명 후 약 100년 후 제2차 산업혁명이 시작되었다. 이 시기는 철도, 철강, 화학 산업 등이 비약적으로 발전해 나가는 시기였다.[128] 그러나 자본주의의 자유경쟁 원리는 이윤율 저하의 경향을 더욱 심화시켰고, 기업가들은 이 같은 현상을 극복하고 이윤 총액을 증대시키기 위해 생산규모를 더욱 확대하고, 생산량을

---

123) 애덤스미스(김수행 역), 국부론(상)(2003), 4.8.49.
124) 김태우·김대륜, 패권의 비밀(2017), 226면.
125) 이근식, 애덤스미스의 고전적 자유주의(2006), 150~152면.
126) 애덤스미스(김수행 역), 국부론(상)(2003), 4.7.3.61.
127) 애덤스미스(김수행 역), 국부론(상)(2003), 1.10.2.27.
128) 19세기 말엽에 수력과 전기에 바탕을 둔 새로운 교통·통신시스템이 완성됨에 따라 공정과 제품의 기술혁신의 물결이 반복적으로 계속되었다. 새로운 철도·증기기관 선박·전신·전화망이 초래한 생산·유통량의 전례없는 폭증이 기술진보를 촉진하였다. 신기술은 제조업의 생산성·부가가치 및 다른 성장지표를 현저하게 높였다. 이 의미에서 기술의 변화와 이것이 국민경제와 세계경제에 미친 영향은 제2차 산업혁명 (Industrial Revolution)이라고 하기에 충분하며 18세기 말~19세기 초의 제1차 산업혁명보다 경제적 효과가 훨씬 크게 파급되었다. 이상 이규억, 시장자본주의의 진화:경제철학사적 접근(2014), 522면.

무한히 증대시켜 나가는 과정에서 결국 다수의 산업자본가들은 몰락하게 되었고, 살아남은 소수의 대자본가들은 빠른 속도로 기업의 결합을 도모하여 거대한 독점체를 형성해 나갔다. 독점자본주의, 독점기업이라는 개념이 생겨나고 공정거래 문제가 역사의 전면에 등장하게 되는데 국가독점주의에 대한 Adam Smith의 비판이 시장경제의 영역에서도 현실화된 것이다. 정치적으로는 이런 독점 자본주의가 해외에서의 시장을 확보하기 위한 제국주의 현상으로 발전되어 양차 세계대전으로 비화하는 도화선이 되기도 하였다.

2. 각국의 대응

가. 미국

1865년 미국에서 남북전쟁이 끝나고 석유까지 발견되면서 엄청난 경제적 붐을 이루었다. 그러나 대기업이 본격적으로 등장한 것은 1890년대 후반이었다. 대기업들은 이른바 Alfred D. Chandler의 삼면투자(생산과 유통, 그리고 이를 관리하는 경영진에 대한 투자)를 통해 규모의 경제를 실현하고 기술혁신을 통하여 확대재생산체제가 발전하는 원동력이 되었다.[129] 그런데 경제 활황 속에서 소수의 기업들이 부를 집중시키면서 온갖 무법적인 방법까지 동원해 경쟁자들을 짓밟고 거대한 독점체제를 형성하였다. 사회적 갈등이 증폭되고 '도적귀족(robber baron)'이라는 말이 유행하였다.[130]

---

129) 김태우·김대륜, 패권의 비밀(2017), 313면; 현대적 산업기업을 성립시킨 것은 생산·유통·경영의 3부문 투자다. 슘페터는 기업가를 생산·마케팅·공급원·조직에서 신결합(new combination)을 창조하는 자로 정의했다. 이규억, 시장자본주의의 진화:경제철학사적 접근(2014), 362면, 400면.

130) 김태우·김대륜, 패권의 비밀(2017), 314면; 이는 1934년 매튜 조셉슨이 쓴 <강도 귀족들(RobberBarons)>이란 책에서 유래하였다; 1890년대의 미국시민은 우유 트러스트의 이윤을 위해 태어나서 관트러스트의 이윤을 위해 죽는다는 말이 있었을 정도였다. 이규억, 시장자본주의의 진화:경제철학사적 접근(2014), 37~38면; 슘페터는 이렇게 토로하였다. "자본주의는 생존할 수 있는가. 아니다. 내 생각에는 지본주의는 생존할 수 없다. 즉 자본주의 체제의 현실적·전망적 성과는 자본주의가 경제적 실패의 중압에 의해 붕괴된다는 아이디어를 부정하지만, 자본주의 체제의 바로 그 성공이 오히려 이 체제를 옹호하는 사회제도들의 토대를 침식하여 '불가피하게' 그 존속을 불가능하게 만들며, 그의 추정상속자로서의 사회주의를 강력히 지향하는 상태를 만들어 낸다는 것이 그것이다. 그러나 이러한 결론을 받아들이기 위하여 사회주의자가 될 필요는 없다. 예측은 예측되는 사건의 진로가 소망스러운지에 관해서 어떤 것도 의미하지 않는다. 그것은 마치 의사가 자신의 환자가 곧 사망할 것이라고 예측할 경우에도 이는 의사가

당시 미국 철도를 독점해 철도황제라 불리던 Jay Gould, 미국 철강시장의 4분의 1을 장악하면서 세계 최대 철강 트러스트인 카네기 철강회사를 이끌었던 Andrew Carnegie, 한때 미국 석유시장의 90%까지 지배하면서 세계 최대 트러스트 반열에 올랐던 스탠더드 오일 트러스트의 John Davison Rockefeller는 당대는 물론 후세에까지 이름을 날린 독점 기업가들이다. Rockefeller는 "경쟁은 악이다(Competition is sin)"라고 주장하기까지 하였다. 1873년 기업들의 이윤저하와 과잉생산으로 인한 대규모 경제불황이 도래하였고 특히 미국에서 불황을 극복하기 위한 철강, 철도 등 기업들의 기업연합 현상이 발생하게 되었다.131) 1882년 미국 Rockefeller의 '스탠다드 오일 트러스트'는 이를 상징하는 사건이었다.

위와 같은 혁신주의시대에는 경제활동에 대한 규제가 확대되고, 소득세의 도입 등 재분배정책에 대한 관심이 높아졌으며, 퇴직연금이나 실업보험처럼 초보적인 형태의 사회보장제도가 도입되었으며, 경제활동에 대한 정부규제가 본격화되었다.132) 그 중심에 반독점에 대한 규제가 있었고 최초의 입법적 대응이 1890년 미국의 「불법적인 제한과 독점으로부터 거래 및 통상을 보호하기 위한 법(일명 "「셔먼법(Sherman Act)」")」으로 나타나게 되었다.133) 현대적 의미에서의 경쟁법이 의회에서의 압도적

그의 환자가 그렇게 되기를 바란다는 것을 의미하지 않는다는 것과 마찬가지이다. 조지프 슘페터(변상진 옮김), 자본주의·사회주의·민주주의(2011), 149~150면; 슘페터에 의하면, 자본가 과정은 불가피하게 소규모 생산자·거래자들의 경제적 입지를 공격한다. 이것의 귀결은 산업집중으로 "경쟁의 감퇴"가 초래된다. 다른 한편으로, 자본주의 과정은 그 자신의 제도적 장치 ― 재산과 자유 계약― 도 공격한다. 자본주의 과정은 단순한 주식의 조각으로 공장의 벽이나 기계를 대체함으로써 재산의 관념으로부터 생명을 제거한다. 사회주의의 진정한 페이스메이커는 사회주의를 설교하는 지식인이나 선동자가 아니라 밴더빌트 일가(Vanderbilts)·카네기 일가(Carnegies)·록펠러 일가(Rockefellers)들이다. 이규억, 시장자본주의의 진화:경제철학사적 접근(2014), 713면, 722면, 724면.

131) 대형 생산자들 간의 자살적인 과열경쟁(cutthroat competition)이 출현하면서, 1879년에 스탠더드(Standard) 석유회사의 변호사인 도드(Sam Dodd)가 트러스트의 안을 고안했다. 1888년에 뉴저지(New Jersey) 주 의회는 주 내에서 설립등기를 한 회사가 다른 회사의 주식을 매입하는 것을 허용하는 법을 통과시켰다. 그 결과로 기업합병이 속출하였다. 지주회사(holding company)는 또 다른 효과적인 경쟁제한수단이었다. 이규억, 시장자본주의의 진화:경제철학사적 접근(2014), 38~39면.

132) 김태우·김대륜, 패권의 비밀(2017), 314면.

133) 공화당 상원의원이었던 존 셔먼의원이 발의한 법이다. 당시 대통령은 공화당의 Benjamin Harrison IV이었다; 당시 벌리와 민스(Adolf Berle and Gardiner Means)는 종래의 추세가 견제되지 않고 계속된다면 360년 후에는 국내의 모든 기업의 부가 1개의 초거대기업으로 융해될 것이고 그러면 그것은 로마제국과 같은 기대수명을 갖게 될 것이라고 경고하였다. 이규억, 시장자본주의의 진화:경제철학사적 접근(2014), 40면.

표차로 통과된 것이다.[134] John Sherman 의원은 "트러스트가 반경쟁적인 행위를 야기하고 트러스트를 통한 효율성 증대가 낮은 가격형태로 소비자에게 전이되지 않는다"고 보았다.

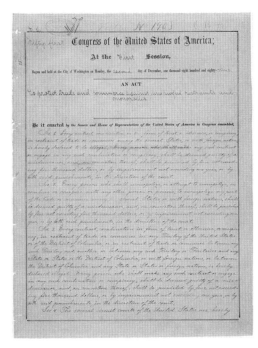

[셔먼법]

출처: google.com

경제학의 역사로 보면 고전파의 전통은 계속 경제학의 주류를 형성하였고, 19세기 말 미국으로 건너가면서 독점에 대한 적극적 대응으로 나타나게 된 것이다.[135] 「셔먼법 (Sherman Act)」이 제정된 배경은 첫째, 19세기 후반의 대대적인 기술혁신, 둘째, 수송수단의 발달이 대규모생산을 수요측면에서 뒷받침, 셋째, 규모의 경제 실현, 넷째, 1870년대와 1880년대에 나타난 경제불황으로 대규모기업의 출현 등이다.[136] 특히 철도 트러스트로 인한 운송요금 인상에 대한 농민들의 반발이 주요 제정 동기로 설명된다.[137] George J. Stigler도 인민주의적 뿌리, 즉 디플레이션, 농업정책의 침체, 독점과 트러스트에 대한 두려움, 그리고 19세기 후반 농민을 중심으로 한 법 제정운동에서 찾고 있다.[138]

Joseph E. Stiglitz 역시 이렇게 설명한다: "만일 독점으로 인한 후생손실이 그

---

134) 「셔먼법(Sherman Act)」은 1890. 2.27~3.9일 사이 불과 7일간 상원의원 간 토론과 하루 하원에서의 토론을 거쳐 입법되었으며, 하원에서는 242:0, 상원에서는 52:1의 표결로 압도적으로 통과되었다. 「셔먼법(Sherman Act)」이 경쟁(Competition)이라는 용어를 담고 있지 않지만 경쟁을 촉진하고 유지하는 것을 의도하였다, Stephan Martin, "The Goals of Antitrust and Competition Policy", Issues in Competition Law and Policy Volume I(2008) p. 27.

135) 갤브레이스(장상환 옮김), 갤브레이스가 들려주는 경제학의 역사(2016), 200면.

136) 최정표, 산업조직경제학(2016), 434면.

137) 이승철, 공정거래경제학(1999), 49면.

138) 이승철, 공정거래경제학(1999), 50면.

리 크지 않다는 하버거의 분석이 미국최초의 경쟁정책인 셔먼법을 놓고 논쟁을 벌이던 사람들에게 알려 졌다면 사정이 달라졌을까? 나는 그렇지 않다고 생각한다. 쟁점이 되었던 것은 효율성 손실에 대한 계산 이상의 것이었다. 경제의 기능방식을 바라보는 시각, 경쟁조건을 같게 만들기(level playing field)와 공정한 게임(fair game)에 대한 인식이었다. 적은 사람이 덩치큰 불량배에게 맞서 경쟁하는 것은 불리하다는 생각이었다."[139] 이를 인민주의적 뿌리라고 한다.

　　이와 같이 「셔먼법(Sherman Act)」의 입법 목적은 소비자후생의 극대화, 소비자로부터의 부의 이전 방지, 거대기업으로부터의 중소기업의 보호, 경제적·정치적 힘의 축적에 대한 저지 등 다양한 측면으로 해석되고 있다.[140] 즉 경쟁을 촉진하여 자원배분의 효율성과 경제의 진보성을 추구함으로써 경제적 복지를 극대화시키려는 경제적 목적과 함께, 모든 형태의 견제되지 않는 힘의 출현을 우려하여 경제에 있어서 의사결정권을 가능한 한 다수에게 분산시키려는 정치적·경제적 목적도 갖고 있다.[141] 「셔먼법(Sherman Act)」이 제정된 1890년에 Alfred Marshall의 「경제학 원론」이 출간되었다. 이는 셔먼법이 경제적 효율성을 위해 제정되었다는 논리를 간접적으로 부정하는 것이라고 한다.[142]

　　처음에는 「셔먼법(Sherman Act)」이 제대로 집행되지 않았다. 1895년의 <Sugar trust 사건>(미연방대법원, 1895)에서 대법원은 제조(manufacture)와 통상(commerce)을 구분하여 「셔먼법(Sherman Act)」은 주간(州間)의 통상(Commerce)에만 적용된다고 판결하였고, 그 이후 한동안 「셔먼법(Sherman Act)」은 사문서로 인식되었으나, 20세기에 진입하면서 John Bates Clark은 기업행동에 대한 규제에 관심을 가지고 트러스트는 투자자의 이익을 저해하고 동시에 소비자의 이익을 저해하는 것이며 경쟁을 왜곡하는 트러스트의 핵심적 능력으로서 약탈적 가격차별을 지적하였다.[143] 최초로 1897년에 18개 철도회사의 운임담합사건인 <Trans-Missouri 사건>(미연방대법원, 1897)에서 연방대법원은 「셔먼법(Sherman Act)」 위반으로 판결하기도 하였

---

139) 조지프, E. 스티글리츠(강신욱 역), 시장으로 가는 길(2003), 200면.
140) 이규억·이성순, 기업과 시장(2005), 32면.
141) 공정거래위원회·한국개발연구원, 공정거래 10년 - 경쟁정책의 운용성과와 과제(1991.4), 348면.
142) 이승철, 공정거래경제학(1999), 68면.
143) Stephan Martin, "The Goals of Antitrust and Competition Policy", Issues in Competition Law and Policy Volume I(2008) p. 29.

다. 동 사건에서 법원은 거래나 통상을 제한할 목적을 입증할 필요도 없이 위법으로
판단하였다.

<United States v. E. C. Knight Co., 156 U.S. 1>

On appeal, the court affirmed and found that there was nothing which
indicated any intention by defendants to put a restraint upon trade or commerce.
"The act only authorized the courts to restrain violations in respect to
contracts, combinations, or conspiracies in restraint of interstate or international
trade or commerce."

<United States v. Trans-Missouri Freight Asso., 166 U.S. 290>

In reversing, the Court concluded that plaintiff government could maintain its
suit without proof that defendants entered into the agreement for the purpose of
restraining trade or for maintaining rates above that which was reasonable. The
necessary effect of the agreement was to restrain trade or commerce, regardless of
the intent of the parties to the agreement.

「셔먼법(Sherman Act)」의 제정에도 불구하고 트러스트는 계속 증가되었고,
1901년 취임한 Theodore Roosevelt 대통령은 1903년 통상노동성을 설치하는 등
트러스트 통제에 노력하였다. 한편 「셔먼법(Sherman Act)」의 코몬로(common law)식
해석에서 벗어나 소위 경쟁원칙(the principle of competition) 이 시작된 것이 1904년
<Nothern Securities 사건>(미연방대법원, 1904)이었는데 동 사건에서 대법원은 두
독립적인 철도회사에 대한 지배력 확보 목적의 지주회사 설립을 「셔먼법(Sherman
Act)」 위반으로 보았다.[144]

1911년 <Standard Oil 사건>(미연방대법원, 1911)은 대법원으로 하여금 왜
「셔먼법(Sherman Act)」이 의회에서 통과되었는지에 대해 판단할 수 있는 기회를 제
공하였다. 동 사건에서 대법원은 소비자잉여의 생산자에로의 이전, 기업규모 자체에
대한 반대, 소비자복지의 감소 등을 지적하였다. 대법원은 경쟁원칙을 재확인하였고
가격인상을 반독점법 적용의 동기로 언급하였다. 이 사건에서 합리의 원칙(rule of

---

144) Stephan Martin, "The Goals of Antitrust and Competition Policy", Issues in Competition
Law and Policy Volume I(2008) p. 32.

reason)이 탄생하였으며 적정한 시기에「셔먼법(Sherman Act)」집행의 궁극적인 기준이 되었다.[145]

⟨Northern Sec. Co. v. United States, 193 U.S. 197(1904)⟩

The court affirmed and held that petitioner company was formed by two railroad companies simply to enable one railroad to take control over the other competing railroad because it was against state law for one railroad to directly control another competing railroad.

"Congress has the power to establish rules by which interstate and international commerce shall be governed, and, by the Anti-Trust Act, 26 Stat. 209, has prescribed the rule of free competition among those engaged in such commerce."

⟨Standard Oil Co. v. United States, 221 U.S. 1(1911)⟩

The decision finding that the combining of defendant oil companies' stock constituted a restraint of trade and an attempt to monopolize the oil industry was affirmed because plaintiff government established prima facie intent on the part of defendants to exclude others from the trade and to control the movement of petroleum in the channels of interstate commerce.

그러나 1890년「셔먼법(Sherman Act)」의 집행이 지지부진하자, Thomas Woodrow Wilson 대통령은 1914년에는「연방거래위원회법(FTC Act)」을 제정하고 1915년에는 연방거래위원회(Federal Trade Commission)가 출범하였다. 1938년에는「휠러-리법(Wheeler-Lea Act)」에 의해 개정되어 불공정하거나 사행적인 행위, 관행을 금지하였다. 이는 오늘날 전 세계 경쟁당국의 모범이 되고 있다.

1914년에는「클레이튼법(Clayton Act)」도 제정하였는데, 이 법은「셔먼법(Sherman Act)」을 보완하기 위한 법으로서 가격차별, 끼워팔기 및 구속조건부거래, 기업결합 등을 규제하였다.

미국이 다른 나라보다 일찍 강도 높은 독점금지법을 가지게 된 것은 시장규모가 커서 독점기업에 의한 피해가 광범위할 수 있고, 정부의 역할보다는 기업들의 치

---

145) Stephan Martin, "The Goals of Antitrust and Competition Policy", Issues in Competition Law and Policy Volume I(2008) pp. 31~33.

열한 경쟁을 통해 시장규모가 커졌기 때문에 경쟁에서 이기기 위해 극단적인 수단
과 방법이 동원되어 이에 대해 엄격한 입장을 취할 수밖에 없었다.[146]

나. 유럽

제2차 세계대전 후 독일을 비롯한 유럽에서도 경쟁법이 속속 도입되면서 독
점과 불공정거래행위에 대한 대응이 본격화되기 시작하였다. 프랑스 외상이었던
Robert Schuman이 1951년 석탄철강공동체(ECSC)를 제창하였고, Jean Monnet는
조약내용을 정교화하였는데, 이는 독일 루르지방 석탄철강 카르텔을 깨고 프랑스기
업을 진출시킬 목적이었다고 한다. 그리고 미국의 협조를 얻고자 하는 과정에서 미
국의 반독점 전문가인 Robert Bowie가 중요한 역할을 하게 되고 미국「셔먼법
(Sherman Act)」과 유사한 조항을 넣게 되는데 유럽에서의 최초의 경쟁법이 탄생하게
되었다.

즉 유럽에서의 경쟁법은 1951년 석탄철강공동체(ECSC),[147] 1958년 로마조약
(EEC), 원자력공동체(Euratom)에서 출발하였는데, 1967년 EC로 통합되고 1992년에
마하스트리트조약으로 발전하여 EU가 탄생하였고, 그 후 암스테르담, 니스조약으로
발전하다가, 2009년 리스본 조약에서「EU기능조약(The Treaty of the Functioning of
the European Union)」으로 명칭이 변경되어 현재에 이르고 있다. 유럽경쟁법은 유럽
통합을 위한 방편으로 인식되고 있다. 1963년 EC경쟁위원인 Hans von Groeben은
EC경쟁정책의 목적을 "첫째, 기업과 회원국으로 하여금 EC에서 제거된 거래장벽을
설치하는 것을 금지하고, 둘째, 통합을 촉진하고, 셋째, 기업가, 소비자 및 노동자를
위해 자유에 입각한 경제적 및 사회적 질서를 보장하는" 것이라고 밝힌 바 있다. 그
는 세 가지의 목표-경쟁, 통합, 그리고 자유가 상호 공존하는 것으로 보았다. Hans
von Groeben의 주장은 EU경쟁정책이 질서자유주의에 강하게 영향을 받았음을 보
여주고 있다.[148]

---

146) 공정거래위원회·한국개발연구원, 공정거래 10년-경쟁정책의 운용성과와 과제(1991.4), 374면.
147) 2002년 폐지되었다.
148) Stephan Martin, "The Goals of Antitrust and Competition Policy", Issues in Competition
　　 Law and Policy Volume I(2008) p. 67. 1978년 <United Brands 사건>에서 ECJ는 제102조는
　　 "역내시장에서 경쟁이 왜곡되지 않는 시스템을 보장하는" 공동체 목표에 기여한다고 판시하였다.

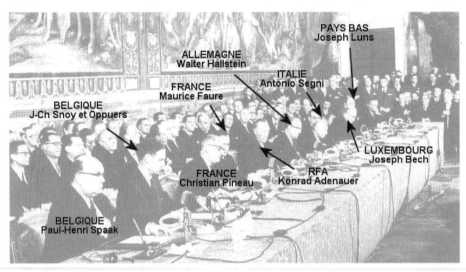

[로마조약(1958)]

출처: www.google.com

EU경쟁법은 「EU기능조약(TFEU)」 제101조 이하로 구성되는데, 협정, 결의 또는 동조적 행위를 통한 경쟁제한 그리고 시장지배적지위의 남용을 위한 실체적 규정을 갖고 있다. 매우 부족한 1차적 법은 실질적으로 「EU기능조약(TFEU)」 제103조의 권한부여에 의한 많은 2차법에 의하여 보충되는데 「합병규칙(FKVO)」, 제101조 제3항의 의미에서의 일괄면제규칙 그리고 규칙 1/2003호의 카르텔 절차법 등이 있다.

독일에서는 중세부터 내려오던 상업과 영업에 대한 제한(1794년 프로이센 일반란트법)으로부터 벗어나 경제에서 자유주의가 실현되었다.[149] 그중 중요한 것이 1810년 프로이센의 「영업세칙령」과 1869년 북독일연맹의 「영업조례」였는데, 이를 통해서 영업자유가 확립되었고 길드나 중상주의적 정책이 극복되었다. 그러나 영업의

---

149) Bernhard Rieger에 따르면 "19세기 중반 이후 산업혁명이 속도를 더 하면서 길드는 오랫동안 유지하던 힘을 빼앗겼다. 길드제도는 더는 시대에 적합한 제도가 아니었다. 이런 흐름이 가장 강하게 나타난 곳이 19세기 초반 프로이센이었다. 나폴레옹에게 엄청나게 충격적인 패배를 당한 프로이센은 1810년 무렵 상당히 많은 개혁을 추진하였다. 경제발전을 위해 프로이센이 취한 조치 중의 하나가 길드의 권한을 폐지하는 것이었다. 이것이 프로이센에서 산업혁명을 일으킨 토대가 되었다. 길드세력을 와해하자 누구든 자유롭게 사업을 시작할 수 있었다. 기본적으로 기업의 자유가 보장되었으며, 19세기 내내 이런 흐름이 이어졌다"고 한다. 닐 맥그리거(김희주 옮김), 독일사 산책(2016), 350면.

자유가 경제불황과 겹치면서 오히려 카르텔을 양산하는 결과를 가져오기도 하였다.[150]

독일에서는 1878년 이후 카르텔과 신디케이트의 성장이 의도적 정책에 의해 체계적으로 육성되었는 바 독일정부는 가격과 판매의 규제를 위해 독점을 창출했으며, 이를 위해 산업보호정책뿐만 아니라 직접적 유인책, 그리고 궁극적으로는 강제와 같은 방법들을 동원하였다. 바로 이곳 독일에서 국가의 도움에 의해 '과학적 계획(scientific planning)'과 '산업의 의도적 조직화(conscious organization of industry)'라는 최초의 대규모 실험이 행해지고, 그 결과 거대 독점기업들을 출현시키게 되었다.[151]

그러다 보니 1905년 경에는 벽돌, 철도, 화학, 석유, 석탄, 칼리 등 약 400여 개의 카르텔이 형성되었고, 그 밖에 느슨한 형태의 수많은 카르텔이 조직되었다.[152] 카르텔의 불안정성이 I.G.(Interessengemeinschaft:이익공동체)와 콘체른(Konzern)이라는 2개의 새로운 형태의 산업조직을 형성하는 계기가 되었다.[153]

미국의 입법기관과 행정부가 기업연합(트러스트)을 파괴하는 일에 참여했던 때와는 거의 같은 시기에 독일 법정은 대규모 합병과 기업연합을 승인했다. 예를 들어 1925년에는 독일 최대 화학회사인 대기업 <바이엘(Bayer)>, <획스트(Hoechst)> 그리고 <BASF(Badische Analin und Soda Fabrik>가 <IG 파르벤 인더스트리>라는 이름으로 합병했다.[154] 그 다음 몇 년간 독일 철강산업의 대부분이 <독일 철강연합(철강회사들의 콘체른 형식)>이라는 단일한 기업연합으로 조직되었다.[155]

카르텔은 바이마르 공화국에서 계속 문제가 되었고 1923년 「카르텔규칙

---

150) 카르텔을 '불황의 자식(Kinder der Not)'이라고 한다. Kleinwächter, Die Kartelle(1883), S. 210(이봉의, 독일경쟁법(2016), 15면 재인용).

151) 프리드리히 A. 하이에크(김이석 역), 노예의 길(2007), 90면.

152) Rittner/Dreher, Europäisches und deutches Wirtschaftsrecht(1987), S. 340 Rn. 12.

153) 이규억, 시장자본주의의 진화:경제철학사적 접근(2014), 394~395면. 이윤풀(profit pool)로서의 I.G.는 협약한 가격과 생산량을 기만할 유인을 줄였고, 기능적 활동의 협력에 의하여 구성기업들이 외국시장에서 자기 산업의 위치를 높였다. 콘체른은 흔히 중심 기업에 원료공급원과 제품판매경로를 확보해 주는 방어적 목적을 위해 설립되었기 때문에 좀더 수직적으로 통합된 것이었다. I.G.와 콘체른이 1914년 이전에 나타났지만 1차 대전에서 독일이 패배한 후 위기에 처했던 기간에 훨씬 널리 사용되게 되었다. 이 두 조직이 자본의 풀과 아울러 공급과 판매의 경로를 제공함으로써 많은 기업들이 생존하도록 도움을 주었다. 이것들은 대산업만 아니라 마가린, 설탕, 석유, 고무, 자동차 등 소산업에서도 나타났다.

154) 프랜시스 후쿠야마(구승회 옮김), 트러스트(1996), 278~279면.

155) 프랜시스 후쿠야마(구승회 옮김), 트러스트(1996), 279면.

(kartellverordnung)」을 제정하였는데, 이는 독일에서 최초의 공정거래 관련 법령이었다.[156] 이는 1923년 여름 이후 독일에서 심화된 인플레이션의 결과로 발생한 극도의 위기상황에 대한 대처수단의 하나로 제정되었고, 카르텔의 형성을 허용하되, 제국경제성에 등록토록 하고, 카르텔법원이 카르텔의 무효를 선언하거나 특정사업자의 탈퇴를 허가할 수 있게 되었다.[157] 그러나 1933년 나치가 「강제카르텔법(Zwangskartellgesetz)」[158]을 만들면서 전시경제로 들어가고 카르텔은 경제조종의 수단

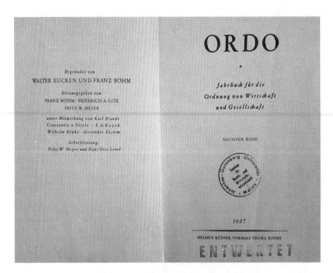

[ORDO]

으로 전락하게 된다.[159] 제2차 세계대전 후 전후 독일의 새로운 경제질서를 모색하면서 프라이부르크 대학 교수였던 Walter Eucken은, Franz Böhm과 함께 1948년 <ORDO>라는 잡지를 창간하고, 독일 전후의 경제질서로서 질서자유주의(Ordoliberalism)의 이론적 기초를 제공하였다.

질서자유주의는 1920~1930년대 Walter Eucken, Franz Böhm. Alexander Rüstow 그리고 Wilhelm Röpke[160] 등에 의해 자유방임주의와 독일의 조직자본주

---

156) 독일에서 경쟁제한방지법은 일명 카르텔법으로 불리워지며 경쟁의 제한행위에 투쟁하는 법규범을 담고 있다. Rittner/Dreher, Europäisches und deutches Wirtschaftsrecht(1987), S. 338 Rn. 6.

157) 이봉의, 독일경쟁법(2016), 19~20면.

158)「1933년 7월 15일자 강제카르텔의 설치에 관한 법률」제1조 ① 제국경제성장관은 해당기업의 이익 및 국민경제와 공익을 고려할 때 기업간 통합이나 결합체에 대한 가입이 필요하다고 인정할 경우에는 시장을 규율할 목적으로 신디케이트, 카르텔 협정이나 그와 유사한 약정으로 기업들을 통합하거나 기존에 존재하는 그러한 기업결합체에 가입하도록 명할 수 있다. 이봉의, 독일경쟁법(2016), 22면.

159) E. S. Mason 교수는 "카르텔이 히틀러를 만들었고, 히틀러는 전쟁을 일으켰다"고 하였다. 이성복, 담합이야기(2019), 49면.

160) 경쟁경제의 최후 수단은 법정 집행관(bailiff)인 반면, 계획 경제의 최종적 제재는 교수형 집행

의에 대한 대항 논리로 개발되었다.[161] 이는 나치시대의 통제경제를 청산하고 시장경제질서를 회복하는 과정에서 역할을 하였으며, 독일 경쟁제한방지법의 근거가 된 이론이었다. 몇 년간의 준비를 거쳐 전문위원회가 1949. 7월 경제부 장관인 Ludwig Erhard 에게 '능률경쟁의 보장을 위한 법률과 독점당국의 설치에 관한 법률 초안'을 제출하였는데, 이른바 「요스텐초안(Josten-Entwurf)」으로 불리는 이 안은 독점의 절대적 금지와 독점에 대한 광범위한 감독 및 아주 엄격한 해체규정을 가지고 있었다.[162] 그것은 그러나 극단적으로 교조적이고 거기다 엄격하고 제한적이어서 입법자에 대한 모범으로서 주목을 끌지 못하였다.[163] 연합군의 카르텔해체법률과 요스텐초안의 질서자유주의적인 사고는 현대 독일 카르텔법의 양대줄기를 형성하였다.

질서자유주의가 유럽경쟁법에 미친 영향에 대해서는 찬반이 존재한다. 1979년 <Hoffman-Ra Roche 사건>(EU사법재판소, 1979)에서는 유통업자에 대한 가격차별을 시장지배력의 남용으로 보았는데, 여기에서는 「EU기능조약(TFEU)」 제102조하에서는 가격차별을 할 수 없도록 충분히 경쟁적인 시장에서와 같이(as if) 행동할 것을 요구하였다. 이러한 해석은 질서자유주의의 'as-if' 접근방식과 관련되는 것이다.[164] 즉 유럽 경쟁법도 독일의 질서자유주의의 강한 영향을 받았다고 볼 수 있다. 그러나 질서자유주의가 유럽통합에 미친 영향이 매우 적다는 견해도 있다.[165]

인(hangman)이다. W. Röpke, Die Gesellschaftkrisis der Gegenwart, 1942(프리드리히 A. 하이에크(김이석 역), 노예의 길(2007), 192면 재인용).

161) Josef Hien & Christian Joerges, Dead man walking: Current European interest in the ordoliberal tradition(2018). Walter Eucken은 2가지 원칙에 입각하여 구체적으로 질서(Ordo) 프로그램을 제시하였는데, 경제질서를 형성하는 '구성적 원칙(konstituierende Prinzipien)'과 이 질서를 관리하는 '규제적 원칙(regulierende Prinzipien)'이 그것이다. 구성적 원칙은 ① 경제질서로서 완전경쟁적 가격체계(Preissystem vollständiger Konkurrenz)의 구축, ② 안정적 통화정책, ③ 자유로운 시장진입의 보장, ④ 사유재산보장, ⑤ 계약의 자유, ⑥ 소유자의 무한책임, 그리고 ⑦ 경제정책의 일관성(Konstanz der Wirtschaftspolitik) 등 7가지를 요구한다. 구성적 원칙의 실제적 보완장치로서, 경쟁 질서를 기능적으로 유지하기 위하여 '규제적 원칙'이 요청되었다. 즉, ① 국가의 일관된 독점통제·감독, ② 소득정책을 통한 사회적 생산의 분배에 대한 수정, ③ 최저가격제 도입을 통한 시장에서의 비정상적 공급반응 수정(특히, 최저임금제도입), 그리고 ④ 외부비용에 대한 국가적 규제 등 4가지가 그 내용을 구성한다. W. Eucken, Grundsätze der Wirtschaftspolitik. 6. Aufl., Mohr: Tübingen(「1952」1990), S. 254~304. 민경식·송태수, "독일 연방헌법(Grundgesetz)과 사회적 시장경제 질서", 중앙법학 14(4)(2012.12).

162) Fritz Rittner·Meinrad Dreher, Wirtschaftsrecht(1987), S. 342 Rn. 18.

163) Fritz Rittner·Meinrad Dreher, Wirtschaftsrecht(1987), S. 342 Rn. 18.

164) Stephan Martin, "The Goals of Antitrust and Competition Policy", Issues in Competition Law and Policy Volume I(2008) p. 68.

165) Josef Hien & Christian Joerges, Dead man walking: Current European interest in the

독일 「경쟁제한방지법(GWB)」과 EU경쟁법은 경쟁제한적인 협정, 결의과 동조적 행위의 원칙적 금지, 시장지배적지위의 남용, 기업결합 규제 등 비슷한 내용을 가지고 있다. 그러나 규율방식에 있어서 EU경쟁법은 다른 길을 걸어갔다. 「EU기능조약(TFEU)」 제101조 이하의 1차적 법은 소수의 일반조항적 규정으로 만족하고 모든 것을 2차법, 그리고 위원회와 법원의 실무에 넘긴다. 그 범위에서 EU경쟁법은 미국 반독점법과 병행하는 것은 보여준다. 그에 반해 「경쟁제한방지법(GWB)」의 규정기술은 근원적으로 매우 구제적인 구성요건으로 특징지워지고 실무적 측면에서 법적 안정성을 제공한다.[166]

질서자유주의는 기본적으로 고전파 내지 신고전파의 전통을 계승한 이론이다.[167] 그러나 독점에 대한 접근방식에 있어서는 Ludwig v. Mises, Friedrich. A. Hayek, Wilhelm Röpke 등 Austria학파와는 차이를 보이고 있다. Austria학파에서는 독점에 대한 국가의 개입에 반대하는 입장이다. 제1차 세계대전 후의 오스트리아는 사회주의적 · 노동자계급적인 경향을 띠고 있었는데, 이러한 상황에서도 경제학자 중에서 순수한 형태의 고전파 정통에 가장 심취한 사람들이 양 대전 사이의 시기에 나타났다. 그들은 Ludwig v. Mises, Friedrich. A. Hayek, 비교적 온건한 Fritz Machlup 등이다.[168]

사회적[169]시장경제는 질서자유주의를 실제 정책에서 구현했던 개념이다.[170]

---

ordoliberal tradition(2018).

166) Fritz Rittner · Meinrad Dreher, Wirtschaftsrecht(1987), S. 345 Rn. 27.
167) 세계적인 新自由主義運動(neoliberale Bewegung)의 독일적 형성체인 프라이 부르크학파(Freiburger Schule)는 경쟁의 원칙과 질서에 대한 思考(Denken in Ordnung)를 중심으로 '秩序自由主義(Ordo−Liberalismus; 이하 오르도자유주의)'를 주창했다. 이 학파는 국민경제학의 원조인 아담스미스에 정신적으로 연결되어 있으면서도, 그의 이론의 다양한 구성요소들 속에서 —價格理論과 市場理論에서부터, 균형이론은 물론 복지이론에 이르기까지—고전적 시장개념을 분석하고 발전시켰다. 질서자유주의의 중심사상은 경제정책의 과제로서 경제 발전을 위하여 아주 분명한 질서틀의 모습을 구축한다는 의미에서 하나의 실정적(positive) 질서정책이다. 이 秩序−思想(Ordo−Gedanke)은 물론 몰가치적인 것이 아니라 자유를 위해 형성된 질서를 세우는 목표정립과 연관되어 있다. 따라서 오이켄은 개인과 집단의 권력이 가능한 낮게 유지된 경쟁질서의 창출에 역점을 두었다. 왜냐하면 경쟁이야말로 '역사적으로 가장 특출한 脫權(Entmachtung)手段'이기 때문이다(F. Böhm). 이상 민경식 · 송태수, "독일 연방헌법(Grundgesetz)과 사회적 시장경제 질서", 중앙법학 14(4)(2012.12), 45~46면.
168) 갤브레이스(장상환 옮김), 갤브레이스가 들려주는 경제학의 역사(2016), 235면.
169) '사회적' 이란 개념은 시장이 사회와 고립되어 있지 않다는 의미이며, 배급국가 또는 사회국가와 같은 형태의 경제질서를 의미하는 것이 아니다. '사회적 시장경제'는 실질적 의미의 법치국가적 이념의 경제적 측면이다. 이는 일반적−추상적 행동규율의 성격을 가진 법에 의한 통치를 의미한다. 이상 민경국, "사회적 시장경제와 헌법적 현실", 62면.

Konrad H. Adenauer총리(1949년부터 1963년까지 재임)하에서 Ludwig W. Erhard 경
제부 장관은 1949년부터 1963년까지 14년간(그 후 3년간 아데나워 후임으로 총리 역
임) 재임하면서 사회적 시장경제를 구체화하였다.171) 그는 "카르텔이 번창했을 때
처럼 실업이 많았던 적이 없었다"고 주장하였다. 사회적 시장경제는 Alfred Müller
Armack이 1946년 "경제조종과 시장경제(Wirtschaftslenkung und Marktwirtschaft)"란
논문에서 최초로 사용하였는데,172) 그는 사회적 시장경제를 '사회적 형평성을 고려
한 시장의 자유원칙(das Prinzip der Freiheit des Marktes mit einer Politik des sozialen
Ausgleichs)'으로 정의하였다.173) 질서자유주의와 사회적 시장경제는 전후 독일경제

---

170) 질서자유주의는 완전경쟁 내지는 유효경쟁을 추구한 이론으로 볼 수 있다. 그러나 사회적 시
    장경제 질서에서의 경쟁정책은 자유경쟁 개념에 입각한 것으로 보는 견해가 있다. 즉 경쟁은
    적극적으로 정의할 수 없고, 경쟁정책도 행동규율에 주안을 두고 있으며, 따라서 사회적 시장경
    제의 경쟁질서 정책을 위한 법 규율은 민법 및 형법과 같은 사법질서(Privatrechtsordnung),
    Chicago학파나 Harvard학파의 접근법에 따른 법 규율은 공법질서의 계속으로 파악하고 있다.
    한편 사회적 시장경제 질서에는 경쟁정책 외에도 통화가치의 안정, 경제정책의 일관성 등 국가
    정책이 포함된다. 이상 민경국, "사회적 시장경제와 헌법적 현실", 51~56면.
171) 그는 스승인 Franz Oppenhermer의 영향을 받았다. Franz Oppenheimer was the teacher of
    German chancellor Ludwig Erhard who rejected his collectivism, but attributed to his
    professor his own vision of a European society of free and equal men. In 1964 Ludwig
    Erhard declared that: Something has impressed me so deeply that it can not be lost for me,
    namely the analysis of the socio-political issues of our time. He recognized that
    "capitalism" leads to inequality, that it creates inequality outright, although he certainly did
    not advocate dreary sameness. On the other hand, he hated communism, because it
    inevitably leads to a lack of freedom. There must be a way - a third way - which
    preserves a successful synthesis, a resort. Almost on his behalf I have tried to delineate the
    social market economy as a not sentimental, but realistic way. Ludwig Erhard, "Franz
    Oppenheimer, dem Lehrer und Freund", in: Karl Hohmann, Ludwig Erhard, Gedanken aus
    fünf Jahrzehnten, Reden und Schriften, pp. 858~864. https://en.wikipedia.org/wiki/Franz_
    Oppenheimer.
172) "역사는 반복하지 않는다. 가장 강력하고 사회적이며 변혁적인 문화적 신념의 시기에 자유주
    의의 경제적 세계관은 가망성없는 모험일 것이다. 오늘날 우리는 현명한 선택을 해야 한다. 즉,
    이제까지의 경제정책은 순수자유시장 경제와 조정경제라는 두가지 사이에서 움직여 왔지만,
    그것은 이미 내부적으로 다 써서 낡아버렸다. 우리에게 진정 중요한 것은 이제 하나의 새로운
    제3의 형태를 발전시키는 것이다. 그것은 막연한 혼합이나 정당의 타협으로서가 아니고 우리
    시대에 대한 총체적인 통찰로부터 얻어지는 통합을 표현하는 것이어야 한다. 우리는 '사회적 시
    장경제' 라는 말로써 이러한 제3의 경제정책 방식을 표현하고자 한다. 그것은 필경 시장경제가
    미래경제질서의 근본적인 골격으로 나타나는 것을 의미하며, 이러한 골격은 방임적인 자유시장
    경제가 아니라 의식적으로 조정되는, 즉 사회적으로 조정되는 시장경제이어야 함을 의미한다."
    A. Müller-Armack, "Wirtschaftslenkung und Marktwirtschaft", Hamburg 1946, S. 88. 민경식·송
    태수, "독일 연방헌법(Grundgesetz)과 사회적 시장경제 질서", 중앙법학 14(4)(2012.12), 48면
    에서 재인용.
173) Walter Eucken의 질서자유주의와는 달리 '시장순응성'의 조건하에 사회정책적 과정정책을 인

의 기초가 되었고 독점규제는 이를 뒷받침하는 중요한 제도적 장치가 되었다. 그러한 배경에서 1957년 「경쟁제한방지법(Gesetz gegen Wettbewerbsbeschränkungen)」이 제정되었다.

다. 일본 및 중국

세계적으로 미국 다음으로 가장 먼저 반독점법을 만든 나라는 일본이었다. 1929년 세계경제공황이 일본에 영향을 미치면서 1931년 쇼와공황대책으로서 「중요산업의 통제에 관한 건」을 제정하여 주무대신이 카르텔통제 명령권을 가졌으며, 제2차 세계대전이 발발하면서 1938년 「국가총동원법」, 1941년 「중요사업 단체령」, 1943년 「군수회사법」을 제정하였다. 특히 1941년 법은 독일의 강제카르텔법의 성격을 가졌다. 전후 미국정부가 「일본의 점령 및 관리에 관한 항복 후 초기의 기본적 지령」을 발표하였고, 이를 구체화하기 위해 군국주의 발생의 원천을 제거하는 정책으로서 재벌해체, 경제헌법인 독점금지법의 제정, 과도경제력집중배제법, 사업자 단체법을 제정하게 되었다.[174]

1946년 3월 일본재벌조사 사절단보고서(에드워즈조사단 보고서)가 미국 국무성에 제출되고, 미군 총사령부는 동년 8월 카임(Posey Kime)시안이라 불리는 입법안을 제시하였다[미국 「셔먼법(Sherman Act)」, 「클레이튼법(Clayton Act)」, 「연방거래위원회법(FTC Act)」, <Alcoa 판결>을 종합한 내용].[175] 그리고 일본 간의 수차례의 협의를 거쳐 1947년 「사적독점의 금지 및 공정거래의 확보에 관한 법률(私的独占の禁止及び公正取引の確保に関する法律)」을 제정하였다. 동 법에서는 사적독점, 부당한 거래제한의

정하고 있다는 점에서 넓게 정부개입의 가능성을 인정하였다. 그 후 '독일의 사회적 시장경제'는 1966년 사회민주당의 쉴러(Karl Schiller)에 의해 시작된 '계몽된 시장경제(aufgeklärte Marktwirtschaft)' 노선에 이르면 거시경제적 총제적 조정의 과정정책적 국가개입으로 나타난다. 민경식·송태수, "독일 연방헌법(Grundgesetz)과 사회적 시장경제 질서," 중앙법학 14(4)(2012.12), 51~54면.

174) 고토아키라 외1(정병휴 역), 일본의 경쟁정책(2000), 23~26면; 메이지 기간에 상인 및다른 기업가 가족들이 국가의 장려를 받아 여러 산업에서 기업을 설립·취득한 대규모기업집단을 구성하기 시작하였다. 1차 대전 전 출현한 대규모기업집단, 특히 三井 (미츠이)·三菱(미츠비시)·安田(여스다)·住友(스미토모)는 財閥(자이바츠)이라고 불리었다. 이 용어는 주로 법적으로 별개이지만 단일 자본단위로서 조정되는 기업들의 집합에 대한 동족의 엄격한 지배를 내포하는 대기업구조를 나타내기 위하여 사용된다. 이규억, 시장자본주의의 진화:경제철학사적 접근(2014), 296면.

175) 고토아키라 외 1(정병휴 역), 일본의 경쟁정책(2000), 28~29면.

금지, 주식보유·임원겸임·합병 및 영업양수, 불공정한 거래방법 등을 규정을 규정
하였다. 독점금지법은 재벌해체, 농지개혁, 노동개혁과 아울러 일본 민주화정책의
마지막 기둥으로서 경제헌법으로서의 자리매김하게 되었다.[176]

일본시장의 폐쇄에 불만을 가진 미국의 제안으로 개최된 1989~1990년의 미일
구조조정 장벽협의(structural impediments initiatives)에서는 일본의 경쟁정책이 주요
의제에 올라, 일본은 독점금지법의 강화를 약속하였다.[177]

중국은 1978년 12월 공산당 11기 3차 중앙위원회 전체회의(3중전회)에서 '개혁
개방'노선을 채택하였고, 1993년 11월 제14기 3중전회에서 사회주의 시장경제체제
의 기본구조 확정하였다. 1980년대 들어서 「사회주의 경쟁의 발전과 보호에 관한
임시규정」(1980), 「가격관리조례」(1987) 제정하였고 1990년대 들어서 「반부정당경
쟁법」(1993), 「소비자권익보호법」(1993), 「국가전력법」(1995), 「가격법」(1997), 2000
년대 들어서 「수정대외무역법」(2004), 「반독점법(反壟斷法)」(2007)을 제정하게 되었
다. 「반독점법(反壟斷法)」은 독점협의, 시장지배적지위 남용, 지재권 남용, 경영자집
중 등 경제독점행위뿐만 아니라 행정독점행위에 대해서도 규제하고 있으며, 「반부
정당경쟁법」(1993)은 부당한 경쟁행위를 규제하고 있다.

라. 우리나라

우리나라에서 공정거래의 시초는 1963년 '삼분(밀가루, 시멘트, 설탕) 사건'에서
시작되었다. 삼분이란 설탕, 밀가루, 시멘트를 의미하는데 설탕에서는 제일제당, 밀
가루에서는 대한제분, 시멘트에서는 동양시멘트와 대한양회 등 재벌회사들이 폭리
를 취해서 사회적으로 물의를 일으킨 사건이었다. 제1차 경제개발 5개년 계획이 본
격 추진되어 1년째 되던 1963년 설탕, 밀가루, 시멘트 등 소위 삼분의 사재기 열풍
이 일어났고, 당시 밀가루 폭리가 가장 심해, 외국에서 들여온 원맥을 배정받은 10
여개 제분업체들은 원맥을 가공해 출고하면서 고시가격의 3배까지 올려 받아 1백억
원 이상의 폭리를 취하였다. 5·16 군정이 끝나고 민정이 들어선 뒤 1964년 1월 15
일 제6대 국회의 임시국회에서 삼분폭리사건은 정치쟁점화된 것이다.

그 후 1964년[178]과 1966년[179]에 공정거래법안은 제출하였으나 무산되었다.

---

176) 고토아키라 외1(정병휴 역), 일본의 경쟁정책(2000), 31면.
177) 이규억·이성순, 기업과 시장(2005), 56~57면.

1969년[180])에는 '신진자동차의 코로나 자동차폭리문제'가 발생하였다. 해외에서는 한 대에 800달러(당시 22만 원 정도)에 판매하던 것을 국내에서는 87만 원에 판매함으로써 엄청난 폭리를 취한 것이다. 당시 정부는 공정거래법안을 만들어 제출하라는 박정희 대통령의 지시로 1969년 2월 국회에 제출되었으나 회기종료로 자동폐기되면서 다시 공정거래법안을 제출하였으나 재계의 반대로 무산되었다.

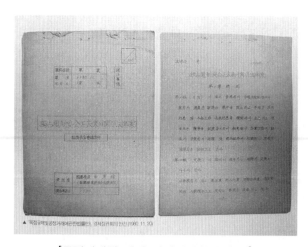

▲ 독점규제및공정거래에관한법률(안), 경제장관회의 안건(1980.11.20)

[공정거래법 제정 경제장관회의 안건]

출처: 공정거래위원회 40년사

그 후 1차 오일쇼크로 물가가 폭등하자 1973년에 물가안정법을 제정하였고, 2차 오일쇼크로 1975년에는 이를 보완하여 「물가안정 및 공정거래에 관한 법률」을 제정하였으나 기본적으로 이는 물가를 안정시키기 위한 법률이었지만 공정거래법이라고 보기는 어렵다는 것이 일반적인 견해이다. 1980년 「독점규제 및 공정거래에 관한 법률」이 국가

178) 경제기획원 종합계획국 물가과를 중심으로 소비자보호와 물가억제 및 부당거래규제 등을 위한 독과점규제방안을 모색해 오다가 1964년 3월 당시 서울대학교 상과대학의 한국경제연구소에 공정거래제도에 관한 연구를 위촉하였다. 동 연구소는 주로 네덜란드의 경쟁법을 참고로 하여 공정거래법 시안을 작성하여 그 해 7월에 보고하였고, 이를 토대로 경제기획원은 공정거래법 기초위원회를 구성하여 9월 24일에 공정거래법초안을 발표하였다. 공정거래위원회, 공정거래위원회 40년사(2021), 124면.
179) 1964년부터 이른바 '개발인플레이션'의 조짐이 나타나기 시작하여 물가가 급등하였고 정부는 1966년 4월에 다시 전문 44개조의 공정거래법안을 작성하여 국무회의를 거쳐 국회에 제출하였다. 이 법안은 공정하고 자유로운 경쟁을 확보하여 일반소비자의 이익을 보호함과 동시에 국민경제의 건전한 발전에 기여함을 목적으로 하고 있는데, 폐해규제원칙에 원인금지주의를 가미한 성격이었다. 공정거래위원회, 공정거래위원회 40년사(2021), 125면.
180) 제1차 경제개발5개년계획이 성공리에 끝나고 제2차 5개년계획이 착수되던 시점의 우리 경제는 고도성장과 수출증대를 통해 경제의 규모가 상당히 확대되었고, 경제구조의 근대화 및 재정자립도 면에서도 큰 개선이 있었다. 그러나 분배·형평 등 질적인 면에 있어서는 오히려 새로운 도전에 직면하였다. 도농격차·빈부격차·대기업과 중소기업간의 격차 등이 확대되었으며, 인플레이션의 만연으로 자원배분의 왜곡, 기업체질의 약화 등이 심각한 문제로 등장하기 시작한 것이다. 공정거래위원회, 공정거래위원회 40년사(2021), 125면.

보위입법회의에서 통과가 되는데[181] 이는 우리나라의 경제시스템이 정부주도의 계획관권 경제에서 민간경제로의 전환을 의미하는 한국경제의 paradigm－shift라고 할 수 있다. 공정거래법 제정이유는 "경제운용의 기본방향을 정부주도에서 민간주도로 점차 전환하되, 민간기업의 공정하고 자유로운 경쟁체제를 통하여 창의적 활동을 조장하고, 소비자 권익도 보호하는 건전한 경제질서의 확립을 위하여 '독과점의 폐단은 적절히 규제'한다는 헌법 정신에 따라 이 법을 제정하려는 것"임을 밝히고 있다.

3. 경쟁규범의 글로벌화

정부는 대한민국의 법률 및 이익에 반하지 아니하는 범위에서 외국정부와 이 법의 집행을 위한 협정을 체결할 수 있고, 공정위는 협정에 따라 외국정부의 법집행을 지원할 수 있다. 공정위는 협정이 체결되어 있지 아니한 경우에도 외국정부의 법집행 요청 시 동일하거나 유사한 사항에 관하여 대한민국의 지원요청에 따른다는 요청국의 보증이 있는 경우에는 지원할 수 있다(법 제56조). 상호주의에 입각한 규정이다.

경쟁법은 글로벌규범으로 발전해 가고 있다. 국경을 넘어 발생하는 국제카르텔 등 경쟁제한행위에 적극 대처하기 위해 외국의 경쟁당국 및 국제기구 등과 다양한 협력방안의 모색이 필요하다. 세계경제의 글로벌화와 통합화로 외국기업의 국내에서의 영업활동이 자국시장에 영향을 미칠 가능성이 커지고 외국기업간 합병 등 경쟁법 역외적용 및 외국기업에 대한 법집행 사례가 증가하고 있다. 따라서, 이러한 문제를 극복하기 위해 각국의 경쟁당국은 외국 경쟁당국 및 국제기구 등과 경쟁법 집행에 필요한 자료와 정보를 상호 교환하고, 법집행 과정에서의 상호 조율과 협력

---

181) 대통령에게 보고하기 위하여 1979년 10월에 한국개발연구원에서 '재벌대책'이라는 보고서를 작성하였으며, 경제과학심의회의 요청으로 서울대학교 정병휴 교수팀이 '한국산업의 독과점구조와 규제방안에 관한 연구'란 보고서를 1979년 12월에 작성·제출하였다. 당시 정치여건도 공정거래제도 도입에 유리한 방향으로 전개되었다. 1980년에는 10·26 사태 이후 정치적 변환기로 새로운 입법을 신속하게 추진할 수 있었다. 민간업계도 공정거래제도의 도입·시행 자체를 반가워하지 않았지만 정부주도의 경제운영이 아닌 좀 더 자율적인 경제체제로의 변환을 기대하고 있었다. 1980년 6월 18일에 경제기획원의 물가관리실에 소속된 공정거래정책과에서 공정거래법(안)을 작성한 후 김재익 국보위 경제과학위원장을 설득하여 국보위 운영위원회(전문위원 문희갑)에 보고하였으며, 9월에 이르러 대통령의 최종결재를 얻어내게 되었다. 공정거래위원회, 공정거래위원회 40년사(2021), 130~131면.

등 경쟁당국간 협력관계 구축을 적극 추진하고 있다.[182]

　　양자 간 협력으로 첫째, 자유무역협정(FTA)이 있다. 상품·서비스 등의 무역자유화 효과를 극대화하고 우리 기업의 안정적인 해외 진출을 지원하기 위하여, 경쟁제한적 행위에 대한 집행 원칙 등을 내용으로 하는 자유무역협정 내 경쟁 규범에 관한 협상을 진행하였다. 예를 들어 칠레('04), 싱가포르('06), EFTA('06), 인도('10), EU('11), 페루('11), 미국('12), 터키('13), 호주('14), 캐나다('15), 중국('15), 뉴질랜드('15), 베트남('15), 콜롬비아('16), 중미 5개국('19)과 체결한 FTA에 경쟁챕터가 포함되었다. 둘째, 양자협력협정이 있다. 글로벌 기업들의 경쟁제한행위에 효과적으로 대응하기 위한 목적으로 외국 경쟁당국과의 체계적인 협력관계 구축을 위한 양해각서, 협력협정 등 체결해 오고 있다. 예를 들어 러시아('99), 루마니아('02), 호주('02), 멕시코('04), 터키('05), 캐나다('06), 브라질('14), 일본('14), 미국('15), 중국('19) 등 주요국 경쟁당국과 협력을 위한 양해각서(Memorandum of Understanding)를 체결하고, EU와 반경쟁적 행위에 관한 협력협정('09)을 체결한 바 있다.

　　다자간 협력체제로는 첫째, OECD 경쟁위원회가 있다. OECD의 26개 분야별 위원회 중 경쟁정책을 담당하는 위원회로서 본회의와 산하 작업반으로 나뉘어 매년 2회 정기회의를 개최하며 주요 활동은 사무국이 작성한 특정 이슈에 관한 분석 보고서에 대하여 회원국들이 발표 및 토론하는 라운드테이블(Roundtable) 논의와 OECD Recommendation 제정이다. OECD(Organization for Economic Co-operation and Development)는 회원국 상호간 정책조정 및 협력을 통해 경제발전을 모색하고 세계경제문제에 공동으로 대처하기 위해 1961년 설립되었고 현재 회원국은 37개국이다(한국 1996년 가입). 둘째, ICN(국제경쟁네트워크; International Competition Network)은 세계 각국의 경쟁법과 제도를 조화·수렴시키기 위해 2001년 출범한 경쟁당국 간 협의체로 2002년부터 매년 국제회의를 개최하고 있다. ICN은 운영그룹, 1개 위원회 및 7개 작업반으로 구성되어 있으며, 현재 129개국 140개 경쟁당국이 가입하고 있다.

---

182) 이하 내용은 공정위 홈페이지 참조.

III. 공정거래법과 사회적 시장경제

1. 공정거래법의 헌법적 의의

공정거래법의 뿌리는 제5공화국 헌법에서부터 시작하였다. 제5공화국 헌법 제 120조는 "① 대한민국의 경제질서는 개인의 경제상의 자유와 창의를 존중함을 기본 으로 한다. ② 국가는 모든 국민에게 생활의 기본적 수요를 충족시키는 사회정의의 실현과 균형있는 국민경제의 발전을 위하여 필요한 범위안에서 경제에 관한 규제와 조정을 한다. ③ 독과점의 폐단은 적절히 규제·조정한다"고 규정하였고,[183] 개정이 유는 "경제질서에 관하여는 자유경제체제의 원리를 근간으로 하면서 적정한 소득의 분배, 지역경제의 균형발전, 중소기업과 농·어민 보호등을 통하여 모든 국민의 복 리를 증진시키고, 국민생활의 기본적 수요를 충족시키는 사회정의를 실현"하는 데 있었다.

현행 헌법에서는 제23조에서 "① 모든 국민의 재산권은 보장된다. 그 내용과 한계는 법률로 정한다. ② 재산권의 행사는 공공복리에 적합하도록 하여야 한다."고 규정하고 있고, 제119조에서 "① 대한민국의 경제질서는 개인과 기업의 경제상의 자유와 창의를 존중함을 기본으로 한다. ② 국가는 균형있는 국민경제의 성장 및 안 정과 적정한 소득의 분배를 유지하고, 시장의 지배와 경제력의 남용을 방지하며, 경 제주체간의 조화를 통한 경제의 민주화를 위하여 경제에 관한 규제와 조정을 할 수 있다."고 규정하고 있다.

이와 같이 공정거래법은 헌법에 근거규정을 두고 있으므로 경제질서의 기본법 또는 경제헌법[184]으로 불리기도 하고, '기업활동의 마그나 카르타(Magna Carta)'로

---

183) 제헌헌법에서는 독일 바이마르공화국 헌법을 참고하여 "대한민국의 경제질서는 모든 국민에 게 생활의 기본적 수요를 충족할 수 있게 하는 사회정의의 실현과 균형있는 국민경제의 발전을 기본으로 삼는다. 각인의 경제상의 자유는 이 한계내에 보장한다"고 규정하는 등 사회주의적 색채가 강하였으나, 1954년 제2차 개정시 자유주의적 시장경제질서로 전환되었다. 1962년의 제 5차 개헌을 통하여 제헌헌법 제84조를 개정하여 헌법 제111조에서 "대한민국의 경제질서는 개 인의 경제상의 자유와 창의를 존중함을 기본으로 한다. 국가는 모든 국민에게 생활의 기본적 수요를 충족시키는 사회정의의 실현과 균형있는 국민경제의 발전을 위하여 필요한 범위 안에서 경제에 대한 규제와 조정을 한다"라고 규정하여 자본주의 시장경제원리를 규정하고 현재로 이 어지고 있다.

칭해지기도 한다. 이는 <Topco 사건>(미연방대법원, 1972)에서 미국 연방대법원 판결에서 유래한다.

> **〈United States v. Topco Assocs., 405 U.S. 596(1972)〉**
>
> "Antitrust laws in general, and the Sherman Act in particular, are the Magna Carta of free enterprise. They are as important to the preservation of economic freedom and our free−enterprise system as the Bill of Rights is to the protection of our fundamental personal freedoms."

　　우리나라 <주세법 제38조의 7 등 위헌제청 건>(헌법재판소, 1996) 등에서 헌법재판소와 <(주)포스코 시장지배적지위 남용행위 건>(대법원, 2007)에서 대법원은 첫째, '독점규제와 공정거래'라는 경제정책적 목표를 개인의 경제적 자유를 제한할 수 있는 정당한 공익의 하나로 보고 있고, 둘째, 국가가 법질서에 의하여 공정한 경쟁질서를 형성하고 확보하는 것이 필요하고, 공정한 경쟁질서의 유지가 자연적인 사회현상이 아니고 국가의 지속적인 과제라고 인식하고 있다. 이는 독일의 질서자유주의(Ordoliberalism)와 비슷한 인식을 하고 있는 것이다. Franz Böhm, Leonard Miksch, Walter Eucken을 대변되는 질서자유주의에서는 "경쟁은 사적자치의 제한 특히 시장력에 대항하여 보호되어야 하며, 국가적으로 제도화(staatliche Veranstaltungen)

---

184) 라이저(L. Raiser)는 경제헌법의 개념을 개방적으로 이해하여 경제헌법을 정치적 결단을 통하여 확정된 경제질서의 총체개념으로 보아 그 자체로서 법규성을 가진 것이 아니라 이러한 질서를 실현시키고 보장하기 위하여 위와 같은 총체 개념에 속하는 법규범을 창출해 내야 한다고 하고 있다. 이와 반대로 대부분의 학자들의 경제헌법에 대한 개념정의는 그 내용이 규범적이라는 점에서 공통성을 보이고 있다. 바두라(P. Badura)는 좁은 의미로는 경제생활의 질서에 대한 기본법의 규정, 넓은 의미로는 경제의 조직과 과정을 기본적으로 확정짓는 법원칙으로 보고 있다. 발러슈테트(K. Ballerstedt)는 경제헌법은 사회적 법치국가 내에서만 가능한 개념이라는 것을 전제로 하여 경제공동체의 기본질서를 말한다고 하며, 뵘(F. Böhm)은 슈미트(C. Schmitt)의 헌법개념을 수용하여 공동체의 경제적·사회적 협력과정의 종류와 형태에 관한 총체적 결단을 의미한다고 한다. 이상 이한태, "경제헌법과 경제민주화의 헌법적 가치", 서울대학교 법학 제20권 제3호(2013.2.28), 5~6면; 경제헌법의 개념을 광의로 볼 경우 실질적 헌법개념에 따라 경제생활과 관계되어 있는 모든 규범을 의미하며, 이에는 헌법 이외에도 법률과 행정입법을 포함한다. 협의로 경제헌법을 사용할 때 형식적 헌법개념에 따라 경제헌법이란 헌법전 내에 규정되어 있는 경제에 관한 규범의 총체를 의미한다. 즉, 경제에 관한 제9장뿐만 아니라 제23조의 재산권, 제15조 직업선택의 자유 등 경제관련 조항들 역시 경제헌법의 범주에 들어 갈 것이다. 여기서 더 나아가 경제헌법을 최협의로 이해한다면 헌법 제9장 경제의 장만을 경제헌법으로 이해할 수 있을 것이다. 이상 이한태, "경제헌법과 경제민주화의 헌법적 가치", 서울대학교 법학 제20권 제3호(2013.2.28), 5~6면.

되어야 한다"고 보았다.

셋째, 공정거래법의 목적은 '경쟁자 보호'가 아니라 '경쟁 보호'라는 점을 명백히
하였다. 이는 미국의 연방대법원에 의해 판시된 바 있는데, <Brown Shoe 사건>
(미연방대법원, 1962)에서 Warren E. Burger 대법관은 "congressional concern with
the protection of competition, not competitiors"라고 판시하였고, <Brunswick
사건>(미연방대법원, 1977)에서 John Marshall 대법관은 "the antitrust law were
enacted for the protection of competition, not competitors"라고 함으로써 반독
점법의 목적을 경쟁보호라고 명백히 하였다. <Spectrum Sports 사건>(미연방대법
원, 1993)에서 연방대법원도 「셔먼법(Sherman Act)」의 목적을 경쟁자체를 보호하는
것이라고 다음과 같이 설시하였다. 그러나 이는 실무적으로는 구분이 어렵고 절대
적 기준이라고 보기는 어렵다.

<Spectrum Sports v. McQuillan, 506 U.S. 447(1993)>

The Supreme Court reversed the appellate court's judgment, finding that
defendants committed attempted monopolization where plaintiff failed to prove
that there was a dangerous probability defendants would monopolize a particular
market and defendants' specific intent to monopolize. Intent could not be inferred
by evidence of unfair or predatory conduct alone.

"The purpose of the [Sherman] Act is not to protect businesses from the
working of the market; it is to protect the public from the failure of the market.
The law directs itself not against conduct which is competitive, even severely so,
but against conduct which unfairly tends to destroy competition itself."

---

2. 헌법상의 경제질서와 공정거래법

가. 우리나라의 경제질서

헌법재판소 및 대법원은 원칙적으로 우리 헌법이 사적자치의 원칙을 기초로 하
는 자본주의 시장경제질서를 기본으로 하고 있다고 본다. 이는 사회주의적 경제질
서와는 다르다는 점을 명백히 밝힌 것이다.[185]

185) 자본주의적 자유시장경제질서란, 자유방임적 경제질서로서 경제에 대한 국가의 관여는 최소한
의 질서유지를 위해서만 허용되는 경제질서를 말한다. 반면 사회주의적 계획경제질서는 인간에

<**신문업에 있어서의 불공정거래행위 및 시장지배적지위남용행위 유형 및 기준 제3조 제1항 등 위헌확인 건(동 10조 제1항·제2항), 헌재 2002. 7. 18. 2001헌마605**>

헌법 제23조 제1항 전문은 "모든 국민의 재산권은 보장된다"라고 규정하고, 제119조 제1항은 "대한민국의 경제질서는 개인과 기업의 경제상의 자유와 창의를 존중함을 기본으로 한다"고 규정함으로써, 우리 헌법이 사유재산제도와 경제활동에 관한 사적 자치의 원칙을 기초로 하는 자본주의 시장경제질서를 기본으로 하고 있음을 선언하고 있다.

그러나 헌법재판소와 대법원이 '독점규제와 공정거래'라는 경제정책적 목표를 개인의 경제적 자유를 제한할 수 있는 정당한 공익의 하나로 보고 있고, 공정한 경쟁질서의 유지가 자연적인 사회현상이 아니고 국가의 지속적인 과제라고 인식하고 있는 점을 보면 순수한 자유시장경제를 채택하고 있다고 보기는 어렵다.

헌법재판소는 <여객자동차운수사업법 제73조의2 등 위헌확인 소송>에서 "우리 헌법은 전문 및 제119조 이하의 경제에 관한 장에서 '균형있는 국민경제의 성장과 안정, 적정한 소득의 분배, 시장의 지배와 경제력남용의 방지, 경제주체간의 조화를 통한 경제의 민주화, 균형있는 지역경제의 육성, 중소기업의 보호육성, 소비자보호' 등 경제영역에서의 국가목표를 명시적으로 규정함으로써 국가가 경제정책을 통하여 달성하여야 할 공익을 구체화하고 있다. 이와 같이 우리 헌법의 경제질서는 사유재산제를 바탕으로 하고 자유경쟁을 존중하는 자유시장 경제질서를 기본으로 하면서도 이에 수반되는 갖가지 모순을 제거하고 사회복지·사회정의를 실현하기 위하여 국가적 규제와 조정을 용인하는 사회적 시장경제질서로서의 성격을 띠고 있다. 그러나 경제적 기본권의 제한을 정당화하는 공익이 헌법에 명시적으로 규정된 목표에만 제한되는 것은 아니고, 헌법은 단지 국가가 실현하려고 의도하는 전형적인 경제목표를 예시적으로 구체화하고 있을 뿐이므로 기본권의 침해를 정당화할 수 있는 모든 공익을 아울러 고려하여 법률의 합헌성 여부를 심사하여야 한다"고 판시하였다(헌법재판소, 2001).

<포스코 시장지배적지위 남용행위 건>(대법원, 2007) 관련 대법원 판결 소수

의한 인간의 경제적 착취의 배제와 전체인민의 복리와 수요의 충족을 이념으로 표방한 경제질서를 말한다. 한편 사회적 시장경제질서는 1919년 바이마르헌법에서 처음 규정된 것으로 자본주의 시장경제질서에 계획경제 내지 통제경제가 가미된 경제질서를 말한다. 이상 이한태, "경제헌법과 경제민주화의 헌법적 가치", 서울대학교 법학 제20권 제3호(2013.2.28), 8~9면.

의견에서도 "우리 헌법은 제119조 제1항에서 경제활동에 관한 자유와 창의를 존중함을 기본으로 하고 있음을 선언하면서도, 그 제2항에서는 경제에 관한 규제와 조정을 통하여 국민경제의 성장 및 안정과 적정한 소득의 분배를 유지하고 시장의 지배와 경제력의 남용을 방지하며 경제주체 간의 조화를 통한 경제의 민주화를 도모할 수 있다고 규정하고 있다. 이는 사유재산권을 보장하면서도 자유시장경제에 수반되는 모순을 제거하고 정의사회와 경제민주화를 실현하기 위하여 국가적 규제와 조정들을 광범위하게 인정하는 사회적 시장경제질서를 헌법적 이념으로 선언한 것이다"라고 밝히기도 하였다.186)

헌법 제119조 제1항과 제2항의 관계를 어떻게 볼 것인다. 대법원은 <대형마트 영업시간제한 등 건>(대법원, 2015)에서 '어느 한쪽이 우월한 가치를 지닌다고 할 수는 없다'고 판시하였는데, 이는 사회적 시장경제의 개념과 맞지 않는 점이 있다.187) 이는 경제질서에 대한 국가의 개입을 넘어 사적 자치에 대한 직접적 개입을 정당화하는 근거로 작용할 수 있고, 헌법 제119조 제1항 "대한민국의 경제질서는

---

186) 그 외에도 헌법재판소는 헌법 제119조 제1항과 관련하여 헌법상의 경제질서는 '자유시장경제질서', '시장경제원리에 입각한 경제체제'라고 판시하거나(헌재결 1998.8.27. 96헌가22; 1994.7. 29. 92헌바49.52(병합) 등), '자본주의 시장경제질서를 기본'으로 한다고 판시하거나(헌재결 1993.7.29. 92헌바20; 1997.6.26. 93헌바49, 95헌바64(병합) 등), '사회적 시장경제질서'라고 판시하기도 한다(헌재결 1995.7.21. 94헌마125; 1996.8.29. 94헌마113 등). 또한 헌법재판소는 헌법 제119조 제1항과 제2항을 종합적으로 고찰하여 '자유시장 경제질서를 기본으로 하면서 사회국가원리를 수용하여 실질적인 자유와 평등을 달성하려는 것을 근본이념'으로 한다고 판시한 예도 발견된다(헌재결 1987.5.28. 96헌가4 등). 이상, 이병철, "경제헌법상 '사회적 시장경제'라는 관념에 대하여", 법률신문 연구논단(2006.9.11).

187) 헌법 제119조 제1항과 제2항의 관계에 대해서는 목적과 수단의 관계[송석윤, "경제민주화와 헌법질서", 서울대학교 *法學* 제58권 제1호(2017.3), 99면], 원칙과 예외[성낙인, "대한민국 경제헌법사 소고", 서울대학교 *法學* 제54권 제3호(2013.9), 154면; 김민호, "경제관련 헌법조항의 발전방향에 관한 연구", 미국헌법연구(2015.4), 81면], 체(體)와 용(用의 관계)[김용섭, "헌법 제119조 경제질서와 경제민주화에 관한 법적 쟁점 − 경제헌법조항의 개정논의를 겸하여", 전북대 법학연구 55(2018.2), 8면; 이부하, "경제와 헌법의 관계 − 경제 민주화 담론에 대한 소견을 겸하여", 경제규제와 법 6(2)(2013.11), 96면]로 보는 것이 다수이지만, 양 조항을 합쳐서 하나의 조항으로 해석하는 견해[길준규, "경제질서에 대한 우리 헌법재판소의 가치정향", 법과 정책연구 제8집 제2호(2008.12), 8면], 헌법 제119조 제1항과 제2항의 관계를 비롯하여, 헌법의 어느 부분을 의식적으로 강조하거나 배제하지 않으면서 헌법을 전체적으로 파악하여 통일적으로 해석하는 것이 중요하다는 견해[이장희, "경제에 대한 국가의 법적 기본질서로서 경제헌법", 공법학연구 제14권 제2호(2013.5), 75~110면], 헌법상 경제질서를 시장 원리와 사회 원리의 결합으로 이해하고 이를 사회적 시장경제론으로 구성할 경우에, 동등한 규범적 가치를 가진 원리 간의 결합이며, 구체적인 형량의 과정을 통하여 적용 원리가 선택된다는 점이 사회적 시장경제론의 핵심적인 구성 원리가 되어야 한다는 견해[홍명수, "헌법상 경제질서와 사회적 시장경제론의 재고", 서울대학교 *法學* 제54권 제1호(2013.3), 103~104면]도 있다.

개인과 기업의 경제상의 자유와 창의를 존중함을 기본으로 한다"는 기본원칙의 보완이 아니라 잠식하는 내용이 될 수 있기 때문이다.

〈대형마트 영업시간제한 등 건, 대법원, 2015. 11. 19. 선고 2015두295 판결〉

우리 헌법상 경제질서는 '개인과 기업의 경제상의 자유와 창의의 존중'이라는 기본 원칙과 '경제의 민주화 등 헌법이 직접 규정하는 특정 목적을 위한 국가의 규제와 조정의 허용'이라는 실천원리로 구성되고, 어느 한쪽이 우월한 가치를 지닌다고 할 수는 없다. 따라서 헌법 제119조 제2항에 따라 이루어진 경제규제에 관한 입법의 해석과 적용에 관하여도, 위와 같은 기본 원칙이 훼손되지 않고 실천원리가 그 한계를 벗어나지 않으면서도 기능을 발휘할 수 있도록 하여야 한다.

사회적 시장경제(soziale Marktwirtschaft)라는 개념은 독일에서 유래하는데,[188] 그 주요 내용은 사유재산제의 보장, 자유경쟁의 시장경제유지 그리고 사회정의를 지향하는 세 가지 요소를 내포하며, 사회정의는 시장경제원리의 이상적인 요소로서 시장경제에서 독과점규제, 효율적 자원배분이나 공정한 소득배분의 시행은 경제규제정책에 의하여 실현될 수 있다고 한다.[189] 자유시장 경제질서를 근간으로 하는 상생적 혼합경제질서라는 주장[190]도 비슷한 접근으로 볼 수 있다.

그러나 우리나라 헌법상 경제질서를 위와 같이 독일식 사회적 시장경제로 해석하는데 비판적 견해도 있다. 즉 독일은 경제질서를 규제하는 데 반해 우리나라는 경

---

188) 1880년대 유럽에 처음으로 사회보장 제도를 시행한 사람은 비스마르크(Otto Bismarck)였다. 사회적 시장경제는 실제로 여러 가지 노동법이 도입되었던 1920년대의 바이마르(Weimar) 공화국 시대에서 기원을 찾을 수 있다. 1930년대와 1940년대에 독립적인 노조설립을 금지한 나치 정권이 물러나고 나서 전후의 독일 지도자들은 더욱 협력적인 체제가 설립될 필요가 있다는 데 광범하게 의견을 같이했다. 사회적 시장경제의 주요 요소가 공동결정 (Mitbestimmung)인데 이 제도하에서 노동자 대표가 회사의 이사회에 참가했다. 독일의 제도화된 상호성은 고전파 및 신고전학파 경제학의 원자화하는 개인주의적 함의에 불편을 감지해 왔던 독일의 지적 풍토의 산물이기도 하다. 19세기 독일에는 리스트(Friedrich List)로 대표되는 민족주의-중상주의 경제 사상이 있었다. 전후의 "질서-자유(ordo-liberal)" 학파는 사회적 시장경제의 전개에 영향을 주었고 자유방임주의로의 단순회귀를 반대했다. 이 학파는 국가가 시장을 규제하기 위한 엄격한 규칙을 정하고 시장에 참여한 집단들의 이익을 보호하기 위해 개입해야 한다고 주장했다. 사회적 시장경제 자체는 기독교민주당 수상인 에르하르트(Ludwig Erhard)가 순수한 시장지향적 자본주의와 사회주의 사이에서 제3의 길을 모색하려는 시도로서 도입되었다. 이규억, 시장자본주의의 진화:경제철학사적 접근(2014), 503면.

189) 정영화, "헌법에 있어서의 경제민주주의에 대한 고찰", 홍익법학 제13권 제2호(2012), 75면.

190) 김용섭, "헌법 제119조 경제질서와 경제민주화에 관한 법적 쟁점-경제헌법조항의 개정논의를 겸하여", 전북대 법학연구 55(2018.2).

제질서뿐만 아니라 경제과정에까지 개입을 하기 때문이라고 한다.[191] 따라서 사회조화적 시장경제라는 견해도 있다.[192] 혼합경제질서라는 주장[193]도 독일식 사회적 시장경제보다는 더 넓게 국가의 개입을 용인하는 것으로 인식하는 것으로 볼 수 있다. 반대로 헌법 제119조 제1항에 따라 자유주의 시장경제로 보는 시각도 존재한다.

그러나 우리 헌법상의 경제질서를 사회적 시장경제질서라고 해석할 때 군이 독일식 사회적 시장경제와 동일시해서 그러한 용어가 적절한지 여부를 비교할 필요는 없다고 본다.[194] 사회적 시장경제가 유래하는 독일의 경우 헌법상으로는 규정이 존재하지 않는다. 독일 헌법에서는 제20조 제1항에서 독일의 국체를 "민주적, 사회적 연방국가"로, 제28조 제1항은 "사회적 법치국가"로 규정하고 있을 뿐이다. 독일 헌법재판소에서도 독일의 경제체제는 자유시장경제이며, 사회적 시장경제는 현실경제의 프로그램적 성격이라고 판시하고 있다. 사회적이라는 의미는 다양한 스펙트럼이 있고, 군이 독일식 용어라기보다는 일반적인 의미를 가질 수도 있다. 우리 헌법에서 사회적이라는 의미를 어떻게 해석할 것인가가 문제일 것이다.

나. 경제민주화 개념에 대한 논란

경제적 자유는 정치적 자유를 위한 필수요건이다.[195] 그러나 경제민주주의는 정치적 민주주의를 위한 필수요건으로 볼 수 있는가? 양자의 상관관계에 대해서는 의문이 제기된다.

---

191) 정순훈, 경제헌법(1993), 229~230면.

192) 권오승, 경제법(2019), 52면.

193) 김형성, "경제헌법과 경제정책의 헌법적 한계", 저스티스 통권 79호(2004.6).

194) 독일에서의 사회적 시장경제도 시대마다 그 내용을 달리하였다. 우리나라 헌법의 경제질서를 독일과 비교하지면 질서자유주의 초기의 사회적 시장경제라기 보다는 1966년의 '계몽적 사회적 시장경제'에 가깝다고 본다: 1966년 에르하르트에 이어 경제장관에 취임한 쉴러는 이른바 '계몽된 사회적 시장경제'라는 새로운 경제노선을 채택하고 이는 1967년에 통과된 「경제안정및성장촉진법」으로 나타났다. 쉴러의 새로운 경제노선은 "가능한 만큼의 경쟁, 필요한 만큼의 계획"("Wettbewerb soweit wie möglich, Planung soweit wie nötig.")이라는 공식에 따라 미시적인 조정은 시장에 맡기되 거시경제적 목표는 정부의 개입정책, 즉 '과정정책'을 통하여 달성하려는 것으로서, 이는 종래 사회적 시장경제노선이 추구하던 '질서정책'과는 그 차원을 달리하는 것이었다. 이상, 이병철, "경제헌법상 '사회적 시장경제'라는 관념에 대하여", 법률신문 연구논단(2006.9.11).

195) 이규억, 시장자본주의의 진화:경제철학사적 접근(2014), 594~595면. 경제적 자유는 사람들이 강제나 중앙의 지시 없이 서로 협력할 수 있게 만들어 정치권력이 미치는 범위를 축소시킨다. 게다가 자유시장은 권력을 분산시켜 정치권력의 집중이 발생시키는 결과를 상쇄시키는 역할을 한다.

우리나라 헌법 제119조 제2항에서는 경제주체간의 조화를 통한 경제의 민주화를 규정하고 있다. 1987년 헌법개정시 경제민주화 조항을 도입한 장본인으로 알려진 김종인 전 의원에 따르면 경제민주화는 민주주의와 자본주의의 공생원리로서 어느 특정 경제세력이 나라를 지배하지 않도록 하는 것이 경제민주화의 의미라고 보면서도 재벌기업을 지나치게 규제하기 위한 것이 아니라 양극화 등으로 경제·사회적 긴장이 고조되어 정부가 나서서 자본주의와 민주주의의 붕괴를 막기 위해 원용할 수 있는 비상안전장치를 염두에 둔 것이라고 한다.[196]

우리나라에서 경제민주화는 선거때 마다 이슈가 되어 왔다. 그러나 원래 의미의 경제민주화는 '경제의 탈정치화' 또는 '경제의 탈관료화'로부터 출발하였다는 점이 경제 전반의 분배와 평등을 요구하는 현재의 경제민주화 논의와는 완전히 다른 것이다.[197] 초기 경제민주화론자들의 슬로건도 지금의 '재벌규제'보다는 '관치경제 타파' 또는 '금융 자율화' 등 '경제의 정치로부터의 독립'이 대세였지만, 2000년대 들어 참여연대 등 시민단체를 중심으로 벌어진 소액주주 운동이 경제민주화의 대표적인 핵심 쟁점으로 부상하게 되었고, 그 후에는 경제민주화의 표적이 '재벌'로 집중되었다.[198] 이와 같이 경제민주화는 객관적이고 투명한 개념이 없이 정치적 상황에 따라 편의대로 사용되어 왔다.

과연 경제민주주의라는 개념이 성립할 수 있는가? Francis Y. Fukuyama가 "자유주의와 민주주의는 밀접한 관계가 있지만, 개념적으로는 별개의 것이다. 정치적 자유주의란, 일정한 개인적 권리나 자유가 정부의 통제를 받지 않는다는 사실을 인정한 법칙을 말하며, 민주주의란, 모든 시민이 보편적으로 갖고 있는 정치적 권력을 공유할 권리, 즉 모든 시민의 투표권과 참정권을 말한다"[199]라고 하며, "경제적 측면에서 말하면, 사유재산과 시장을 기반으로 한 자유로운 경제활동이나 거래의 권리를 인정하는 것이 자유주의이다"[200]라고 말하고 있듯이, 정치적 민주주의와 같은 경제적 민주주의라는 개념이 성립할 수 있는지가 문제이다.

---

196) 김종인, 「지금 왜 경제민주화인가」, 동화출판사, 2012, 39~41면.
197) 지성우, "경제민주화 논의의 규범적 의의와 실천적 지향점에 대한 헌법적 관점에서의 재해석", 법학논총 제36권 제2호, 62~63면.
198) 지성우, "경제민주화 논의의 규범적 의의와 실천적 지향점에 대한 헌법적 관점에서의 재해석", 법학논총 제36권 제2호, 63면.
199) 프랜시스 후쿠야마(이상훈 옮김), 역사의 종말(1992), 81~82면.
200) 프랜시스 후쿠야마(이상훈 옮김), 역사의 종말(1992), 84면.

이에 대하여 "경제민주화 내지 경제민주주의는 경제영역에 정치적 민주주의의 침투현상이라고 할 수 있는데, 이러한 개념을 극단화 한다면 정치영역에서 통용되는 1인1표의 원칙이 경제영역에서도 그대로 적용되는 결과가 되어, 1원 1표(one dollar, one vote)의 경제원칙과의 갈등이 유발될 수 있으므로 경제영역에 정치민주주의가 그대로 적용될 수는 없다"는 주장,[201] "일반적인 민주주의원리를 경제영역에서 헌법적으로 목표로 하는 경제의 민주화에 대한 이해와 동일시 시킬 수는 없다. 국민주권사상에서부터 정치적 평등과 자유로운 다수의사결정원칙을 전제로 하고, 대의제원리를 통한 권력분립원칙과 법치주의원칙 등의 다양하고 입체적인 실현구조와 실현원리들에 대해 고찰해 볼 때, 자유로운 시장경제질서의 영역에서 민주주의원칙이 과연 어떤 전제와 실현구조를 통해 그 내용과 의미를 갖는지에 대한 의문이 제기된다"는 주장,[202] "경제 영역에 일정한 경제주체가 존재하고 있으며, 일방적인 독점과 경제력 남용 억제와 경제적 약자를 위한 재분배가 필요하다면 국가는 적극적으로 개입하여 이를 조정할 수 있어야 한다. 경제의 민주화와 관련하여, 단순히 민주주의에 입각한 평등한 주체로서 절대적 평등을 요구할 수는 없지만, 일정한 정도의 상대적 평등은 경제 영역에도 적용될 수 있음을 의미한다"는 견해[203]도 있다.

우선 독일의 질서자유주의에 입각하여, 경제민주주의를 사회주의의 중간단계로 인식하는 견해가 있다. 즉, 독일에서의 사회적 시장경제는 기독교민주당(CDU)에서 표방했던 이념임에 반하여 경제민주화는 1920년대 사회민주당(SPD)와 노동조합연맹에서 지향했던 개념이라고 한다. 이는 Fritz Naphtali가 독일전국노동조합총연맹(ADGB)의 위탁을 받아 저명한 학자들과 '경제민주화프로그램작성위원회'를 구성하여 공동으로 개발되었는데, 여기서의 경제민주주의 프로그램은 1928년 함부르크 노동조합총회에서 강령으로 채택되었고, 사회주의로 가는 이행프로그램으로 간주되었다.[204] 그는 경제민주주의와 사회주의가 서로 배타적인 전략이 아니라 보완적이며

---

201) 김용섭, "헌법 제119조 경제질서와 경제민주화에 관한 법적 쟁점 – 경제헌법조항의 개정논의를 겸하여", 전북대 법학연구 55(2018.2), 10면; 민경국 교수도 시장과 민주주의는 상이한 패러다임을 가지고 있다고 지적한다. 민경국, "시장이 민주주의인가?", 브릿지 경제(2020.12.7).
202) 이세주, "헌법구조에서의 경제와 경제질서", 세계헌법연구, 제18권 제2호, 379면.
203) 이부하, "경제와 헌법의 관계 – 경제 민주화 담론에 대한 소견을 겸하여", 경제규제와 법 6(2)(2013.11), 95면.이부하, "경제와 헌법의 관계 – 경제 민주화 담론에 대한 소견을 겸하여", 경제규제와 법 6(2)(2013.11), 97면.
204) 김호균, 독일의 사회적 시장경제(2018), 109면.

사회주의 경제체제는 경제민주화의 완성이라고 선언하였다.[205] 그 후에는 공동결정제(Mitbestimmung)와 동일시되기도 하였다.[206] Joseph Schumpeter는 이러한 입장에서 "산업민주주의 또는 경제적 민주주의는 용어가 매우 많은 준 공상적 사회개혁들에서 나타났기 때문에 이 용어는 그의 정확한 의미를 거의 유지하지 못했다. 나는 이 용어가 의미하는 것이 두 가지라고 생각한다. 첫째, 산업관계를 노동조합이 지배한다는 것과 둘째, 노동자대표가 공장이사회에 참여함으로써, 또는 기술개선의 도입, 비즈니스정책 일반과 특히 공장에서의 규율은 물론 '고용과 해고'의 방법을 포함하는 규율에 대해 확실히 노동자가 영향력을 행사하게 하는 계획된 방책을 써서 군주적 공장을 민주화한다는 것이 그것이다. 이윤을 공유하는 것은 도식들의 하부그룹의 묘약의 하나이다. 이러한 경제민주주의는 대부분의 사회주의 체체에서는 사라질 것이라고 말할 수 있다"고 설명한 바 있다.[207]

한편 Robert Dahl은 법인자본주의에서 기업의 소유와 통제로 인해 나타나는 불평등을 줄임으로써 정치적 평등과 민주주의를 강화하는 데 도움을 줄 수 있는 대안적 경제구조를 경제민주화로 파악하고 있다.[208] 그는 19세기에는 '부의 복음(Gospel of wealth)'이라는 논리가, 20세기에는 '적하효과(trickle down)'이론과 같은 논리가 미국에서 경제적 불평등을 이데올로기적으로 옹호해 왔다고 하면서,[209] "기업의 소유와 통제는 서로 다르지만 밀접하게 연관된 두 가지 방식으로 정치적 불평등을 야기한다. 첫째, 소유와 통제는 부, 소득, 지위, 기술, 정보와 정치적 선전에 대한 통제권, 정치지도자에 대한 접근권, 그리고 대체로 예측가능한 삶의 기회 등에서 노소를 막론하고 시민들 간에 상당한 차이를 유발한다. 둘째, 훨씬 더 명백한 문제인데, 극소수 예외를 제외하면 기업의 내부통치는 법적으로나 실제로나 매우 비민주적이다. 이런 이유로 기업의 소유와 통제는 기업의 통치에 참여할 수 있는 능력과 기회의 측면에서 시민들 간에 커다란 불평등을 초래한다"고 한다.[210]

---

205) 김호균, 독일의 사회적 시장경제(2018), 110면.
206) 독일 사회적 시장경제에서의 노사공동결정제는 사회민주당 정부가 1976년 '공동결정법'을 제정하여 완성하였지만, 그 이전에 기독교민주연합 정부가 1951년 '몬탄-공동결정법', 1952년 '경영조직법'을 제정한 바 있다; 최근 우리나라에서 공공기관의 노동이사제를 도입하였는바, 독일식 경제민주화의 일환으로 해석될 수 있다.
207) 조지프 슘페터(변상진 옮김), 자본주의·사회주의·민주주의(2011), 528면.
208) 로버트 달(배관표 옮김), 경제민주주의에 관하여(2015), 11면.
209) 로버트 달(배관표 옮김), 경제민주주의에 관하여(2015), 113면.
210) 로버트 달(배관표 옮김), 경제민주주의에 관하여(2015), 65면.

경제 민주주의 또는 경제민주화를 독점이나 대중소기업 간의 문제로까지 확장하는 견해도 있다. 또한 더 나아가 독점은 경제적 측면뿐만 아니라 정치·사회적인 측면에서 민주주의 질서에 영향을 미치며, 자본주의 경제의 토대인 자유로운 기업활동을 저해한다고 한다.[211) 즉, 독점기업이 여타 경제주체에 비해 우월한 정치적 결정권을 갖게 됨으로써 정치권력의 분산을 원리로 하는 민주주의에 배치된다고 한다.[212)

1955년 독일 경쟁제한방지법(GWB) 제정이유서에서 경쟁경제가 경제질서의 가장 경제적이고 민주적인 형태라고 하고, 정치적 민주주의와 대치시키면서 정치적 민주주의를 각 시민의 정치적 결정권으로서, 경쟁질서가 노동 및 소비자선택의 자유의 경제적 기본권을 보장한다고 한다.[213)

<Begründung zu dem Entwurf eines Gesetzes gegen Wettbewerbsbeschränkungen>

A. I. Einleitung
Das Gesetz geht von der durch die wirtschaftswissenschaftliche Forschung erhärteten wirtschaftspolitischen Erfahrung aus, daß die Wettbewerbswirtschaft die ökonomischste und zugleich demokratischste Form der Wirtschaftsordnung ist

IV. Die Wettbewerbsordnung
Eine derart geordnete Wirtschaftsverfassung bildet das wirtschaftspolitische Gegenstück zur politischen Demokratie. Während deren Inhalt als das politische Mitbestimmungsrecht jedes Staatsbürgers anzusehen ist, stellt die Wettbewerbsordnung die wirtschaftlichen „Grundrechte" der Freiheit der Arbeit und der Verbrauchswahl sicher.

일본의 경우에도 제2차 세계대전 후 독점금지법 제정을 재벌해체, 농지개혁, 노동개혁과 아울러 경제민주화정책 마지막 기둥으로서 경제헌법으로서의 자리매김하게 되었다고 보았다.[214)

---

211) 공정거래위원회·한국개발연구원, 공정거래 10년 - 경쟁정책의 운용성과와 과제(1991.4), 339면.
212) 공정거래위원회·한국개발연구원, 공정거래 10년 - 경쟁정책의 운용성과와 과제(1991.4), 339면.
213) BT Drucksache 1158, Begründung zu dem Entwurf eines Gesetzes gegen Wett-bewerbsbeschränkungen(1955). S. 21~22.
214) 상공성 기획실(1947), 고토아키라 외1(정병휴역), 일본의 경쟁정책(2000), 31면.

우리나라 헌법 제119조 제2항이나 헌법재판소나 대법원이 인용하고 있는 경제민주화의 개념이 독일에서의 사회주의의 중간단계로서 경제민주화 개념과는 다른 개념이다. 그리고 Robert Dahl과 같이 법인자본주의에서 기업의 소유와 통제로 해석하기도 어렵다. 법 제119조 제2항은 경제에 관한 규제와 조정하에 그 수단으로 균형있는 국민경제의 성장 및 안정과 적정한 소득의 분배를 유지, 시장의 지배와 경제력의 남용을 방지, 경제주체 간의 조화를 통한 경제의 민주화가 각자 자리하고 있는 것이다.

우리나라 헌법상의 경제민주화 조항에 대하여는 다양한 해석들이 존재한다. 대부분 경제민주화의 내용에 대하여 나름대로 그 의미를 부여하고 있다. 예컨대 경제의 민주화를 사회적 시장경제의 추상성을 구체화해 주는 규정이라고 보는 견해,215) "경제의 민주화"란 경제활동에 관한 의사결정권이 한 곳에 집중되지 아니하고 분산됨으로써 경제주체 간에 견제와 균형이 이루어지고, 시장기구가 정상적으로 작동되는 상태를 말한다고 보는 견해,216) '경제주체간의 조화를 통한 경제민주'라는 이념이 소득재분배나 독과점규제의 공정성·형평성에만 초점을 맞추어진 것이 아니라, 오히려 정부가 개입하여 거시경제안정을 달성하여 거시성장을 이루고 자원배분의 효율성을 제고하되, 필요한 경우에 소득분배의 형평성 및 균형 발전을 이룰 수 있도록 정책을 수행해 줄 것이 요구되는 것으로 분석하는 견해,217) 헌법의 이념인 자유와 평등이 경제관계에서도 실현될 수 있도록 민주적인 경제질서를 구축하도록 하고, 그 안에서 '경제와 주변가치들' 혹은 '경제를 둘러싼 다양한 가치들'이 서로 갈등할 수 있는 여지를 최소화하고 모든 경제 주체가 서로 조화를 이룰 수 있게 국가가 일정한 역할을 하도록 하고 있다고 이해하는 견해,218) '경제민주화'란 '자유시장경제를 기본으로 하되 그 문제점을 보완하려는 노력의 일환으로 경제주체 간의 조화를 통한 경제적 불평등을 해소하기 위한 정부의 움직임으로서의 규제와 조정' 정도로 보는 견해,219) 민주주의의 목표인 각 사람의 자유와 평등을 경제적 영역에서도 달

---

215) 노진석, "한국헌법상 경제민주화의 의미", 민주법학 제50호(2012.11).
216) 이부하, "경제와 헌법의 관계−경제 민주화 담론에 대한 소견을 겸하여", 경제규제와 법 6(2)(2013.11), 95면.
217) 한손엔 현미경, 다른 손엔 망원경을−경제헌법해석에서의 거시경제이론의 도입 연구: '경제민주화' 조항을 중심으로−이영대·최경규, 일반논단, 100면.
218) 이장희, "경제에 대한 국가의 법적 기본질서로서 경제헌법", 공법학연구 제14권 제2호 (2013.5), 306면.

성해야 한다는 요청이 경제민주주의이며, 헌법 제119조 제2항의 경제민주화의 적용
범위는 시장경제의 가격기구에 위임하는 경우에 불공정경쟁과 독과점의 폐해를 방
지하는 데 방점을 두어야 한다는 견해,[220] 경제민주주의란 자유주의와 시장경제에
서 경제주체 각자는 자신의 경제활동의 목표와 수단 및 노력(기여도)에 따른 정당한
경제성과, 즉 경제활동의 정당한 기여도에 부합하는 경제적 배분의 몫을 받는 것이
라고 정의하는 견해,[221] 경제민주화란 단지 공정거래법을 통하여 실현가능한 것이
아니라 다른 여러정책과 통일적으로 추진됨으로써 비로소 달성될 수 있는 고도의
정치이념 내지 사회이념의 영역에 속한다는 견해[222] 등이 있다. 반면 경제주체간의
조화를 경제민주화의 핵심적 내용으로 보고, 헌법 제119조 제2항은 헌법 제37조 제
2항, 특히 '공공복리'의 내용 중 일부를 다시 한번 나열하고 있어서 폐지가 바람직하
다는 주장[223]도 있다.

한편으로는 헌법 제119조 제2항에서의 경제민주화를 경제주체 간의 조화로 한
정하는 입장과 헌법 제119조 제2항 전체에 걸치는 것으로 해석하는, 즉 사회적 시
장경제질서로 해석하고, 사회적 경제질서가 추구하는 바를 '경제민주화'로 보고, 다
시 '국민경제의 성장 및 안정', '적정한 소득분배', '시장의 지배와 경제력의 남용의
방지', '경제주체 간의 조화'라고 열거하고 있다는 주장[224]이 있는데, 법문구조상 전

219) 이한태, "경제헌법과 경제민주화의 헌법적 가치", 서울대학교 법학 제20권 제3호(2013.2.28),
    1면.
220) 정영화, "헌법에 있어서의 경제민주주의에 대한 고찰", 홍익법학 제13권 제2호(2012), 70면.
221) 정영화, "헌법에 있어서의 경제민주주의에 대한 고찰", 홍익법학 제13권 제2호(2012), 73면.
222) 이봉의, 공정거래법(2022), 515면.
223) 김민호, "경제관련 헌법조항의 발전방향에 관한 연구", 미국헌법연구(2015.4).
224) 길준규, "경제질서에 대한 우리 헌법재판소의 가치정향", 법과 정책연구 제8집 제2호
    (2008.12); '균형 있는 국민경제의 성장 및 안정', '적정한 소득의 분배를 유지', '시장의 지배와
    경제력의 남용을 방지'라는 표현들은 공통적으로 경제주체간의 경제적 불평등을 해소 하기 위
    한 것들로 이것들 또한 경제민주화의 개념에 포함된다고 할 수 있다. 이한태, "경제헌법과 경제
    민주화의 헌법적 가치", 서울대학교 법학 제20권 제3호(2013.2); "경제주체간의 조화를 통한 경
    제의 민주화"라는 규정의 경제주체간에는 대기업과 중소기업, 그리고 소비자, 사용자와 노동자
    라는 의미를 다 내포하고 있고, "균형있는 국민경제의 성장 및 안정과 적정한 소득의 분배를
    유지하고, 시장의 지배와 경제력의 남용을 방지"라는 의미는 경제주체간의 모든 문제를 포함하
    기에 이들 개념 간에는 독자적 별개적 의미라기보다는 경제민주화가 상위이자 이러한 모든 경
    제문제의 해결을 위한 포괄적인 넓은 개념으로 해석하는 것이 타당하다고 보이며 실제 우리나
    라에서 대기업과 중소기업의 상생을 전제로 한 하도급문제와 골목상권의 문제는 대표적인 시장
    지배력남용의 문제이고 이 문제가 가장 많이 논의되는 경제 민주화의 논쟁의 주제라는 점을
    보면 경제민주화가 상위이자 이러한 모든 경제문제의 해결을 위한 포괄적인 넓은 개념으로 해
    석하는 것이 타당하다고 본다. 장용근, "경제민주화논쟁에 대한 헌법적 고찰", 세계헌법연구 제

자가 타당하다고 생각된다. 대법원도 <대형마트 영업시간제한 등 건>(대법원, 2015)에서 '시장지배와 경제력 남용의 방지'와는 다른 개념으로 보고 있다.

〈대형마트 영업시간제한 등 건, 대법원 2015. 11. 19. 선고 2015두295 판결〉

입법자에게 부여된 입법 재량에 기한 것으로 '대형마트 등의 시장지배와 경제력 남용의 방지' 및 '대형마트 등과 중소상인 등 경제주체 간의 조화를 통한 경제의 민주화' 등 공익의 실현을 목적으로 한 경제규제에 관한 입법이라는 의미를 갖는다.

경제민주화라는 개념은 매우 중요하지만 너무나 불확정한 개념이어서 국가의 기본질서를 정하고 있는 헌법에 규정하기는 적합하지 않은 면이 있다. '국민경제의 성장 및 안정', '적정한 소득분배', 그리고 헌법 제120조 이하 경제조항으로도 경제민주화의 목표는 충분히 달성될 수 있다. 그리고 헌법 규정상 '시장의 지배와 경제력의 남용의 방지'는 직접적으로 경제민주화와 연결시키기는 어렵다. 경제민주화는 경제에 대한 규제와 조정을 의미하는데, 공정거래의 근거가 되는 '시장의 지배와 경제력의 남용의 방지'는 경제규제성격보다는 질서정책이기 때문이다.

IV. 공정거래법의 적용범위

1. 공정거래법의 적용대상

가. 사업자

공정거래법의 적용대상은 기본적으로 사업자(enterpriser:entrepreneur)[225]이다.[226]

18권 제3호, 76~77면.

225) entrepreneur라는 단어는 13세기 프랑스어의 동사로 "무엇을 하다" 또는 "착수하다"를 의미하는 "entreprendre"에서 파생되었다고 한다. 16세기에는 이 동사의 명사형인 "entrepreneur"가 사업을 수행하는 사람을 지칭했다. 캉티용(Richard Cantillon)은 1730년에 경제학자로서 이 단어를 처음으로 학문적으로 사용했는데 그는 사업에 내포된 개인의 금전적 위험을 부담하려는 의사를 기업가를 정의하는 특성으로 보았다. 19세기에는 세이(Jean Baptiste Say)와 밀(John Stuart Mill)이 이 단어의 학문적 사용을 더욱 보급시켰다. 이규억, 시장자본주의의 진화:경제철학사적 접근(2014) 207면.

226) 『공정거래위원회 회의 운영 및 사건절차 등에 관한 규칙』(이하 "사건처리 절차규칙") 제20조

이에 대하여 1980년 법 제정 당시에는 열거식으로 "제조업, 도소매업, 운수창고업, 건설업 기타 대통령령이 정하는 사업을 영위하는 자"로 규정되었다가, 1999년 법 개정시 "제조업, 서비스업, 기타 사업을 행하는 자"로 규정함으로써 업종 제한없이 적용되게 되었다. 사업자의 개념은 "경제활동에 참가하는 사업자 중에서 경제활동과 관련된 결정을 자신의 의사에 기하여 독자적으로 할수 있는 자"를 의미하며 영리성은 불문한다. 〈서울지하철공사 거래상지위 남용행위 건〉 관련 민사소송에서 서울고법은 서울시와 전동차제작회사(현대차량 주식회사)간의 전동차 납품계약에 있어서 서울시(지방자치단체)의 사업자성을 부인하였으나, 대법원(1990)은 "국가나 지방자치단체도 사경제의 주체로서 타인과 거래행위를 하는 경우에는 그 범위 내에서위 법률 소정의 사업자에 포함된다"고 보았다. 학설에서도 타인에게 일정한 경제적 이익을 제공하고 이에 상응하는 반대급부를 받는 행위, 즉 경제활동을 계속적 반복적으로 하는 것을 의미한다고 보고 있다. 이는 독일의 국민경제학에서 소비단위로서의 가계와 대비되는 개념으로 생산단위로서의 사업자(Undertaking; Unternehmen)개념을 사용한 것이며 상인과는 다른 의미이다.[227]

경제적 활동은 넓게 해석해야 한다. 예를 들어 EU의 <Ambulanz Glöckner 사건>(EU사법재판소, 2001)에서는 응급 및 환자수송활동도 경제적 활동으로 인정한 바 있다.

〈Judgment of the Court (Fifth Chamber) of 25 October 2001. - Firma Ambulanz Glöckner v Landkreis Südwestpfalz. - Case C-475/99〉

The concept of an undertaking, in the context of competition law, covers any entity engaged in an economic activity, regardless of the legal status of the entity or the way in which it is financed. Any activity consisting in offering goods and services on a given market is an economic activity.

In that connection, entities such as medical aid organisations providing emergency transport services and patient transport services must be treated as undertakings within the meaning of the competition rules laid down by the Treaty.

(심사절차를 개시하지 아니할 수 있는 경우) 1. 공정거래법 제2조제1호의 규정에 의한 "사업자" 요건을 충족하지 아니하는 경우; 부당지원, 사익편취의 경우 자연인인 특수관계인은 사업자는 아니지만 법 위반행위의 주체가 될 수 있다. 이봉의, 공정거래법(2022), 1219면.

227) Fritz Rittner · Meinrad Dreher, Wirtschaftsrecht(1987), S. 381 Rn. 6.

사업자의 범위에는 소비자단체, 국가·지방자치단체, 노동조합은 불포함되며,[228] 1인 사업자 또는 자유직업 예를 들어 의사, 변호사, 변리사, 건축사 등도 사업자의 범주에 해당한다. 미국 「클레이튼법(Clayton Act)」(제6조)에서는 명시적으로 노동조합을 독점금지법에서 적용제외하고 있다.[229]

EU에서도 노동조합에 관하여 <Becu 사건>(EU사법재판소, 1999), 자유직업에 대하여 <Wouters 사건>(EU사법재판소, 2002)에서 마찬가지로 판시하고 있다.

〈Judgment of the Court (Sixth Chamber) of 16 September 1999. - Criminal proceedings against Jean Claude Becu, Annie Verweire, Smeg NV and Adia Interim NV. - Case C-22/98〉

Even taken collectively, the recognised dockers in a port area cannot be regarded as constituting an undertaking for the purposes of Community competition law.

〈Judgment of the Court of 19 February 2002. - J. C. J. Wouters, J. W. Savelbergh and Price Waterhouse Belastingadviseurs BV v Algemene Raad van de Nederlandse Orde van Advocaten, intervener: Raad van de Balies van de Europese Gemeenschap. - Case C-309/99〉

Members of the Bar carry on an economic activity and are, therefore, undertakings for the purposes of Articles 85, 86 and 90 of the Treaty (now Articles 81 EC, 82 EC and 86 EC), and the complexity and technical nature of the services they provide and the fact that the practice of their profession is regulated cannot alter that conclusion.

공기업도 공공성과 기업성을 모두 가지므로 사업자에 해당하고 국가·지방자치단체도 사경제의 주체로서 타인과 거래행위를 하는 경우 그 범위 안에서 사업자로 인정되는데<서울지하철공사 거래상지위 남용행위 건>(서울고법, 1989), 이를 학술적으로 기능적 사업자개념이라고 한다.[230] 독일 「경쟁제한방지법(GWB)」에서는 명

---

228) 소비자와 노동조합의 경우에도 공정하고 자유로운 경쟁질서를 해치는 경우 사업자성을 인정할 수 있다는 견해가 있다. 플랫폼 종사자도 사업자성을 인정한다. 이봉의, 공정거래법(2022), 100~104면.

229) 트러스트를 규제하기 위해 제정된 셔먼법이 초기에는 1984년 풀만(Pullman)철도파업 사건 등 노동조합에 다수 적용되었고, 이에 미국 노동총연맹의 요구로 1914년 「클레이튼법」에서 적용제외가 규정되게 되었다. 자세한 내용은 지철호, 독점규제의 역사(2020), 45~48면 참조.

시적으로 "전부 또는 부분적으로 국가(öffentliche Hand)의 소유에 있는 또는 그로부터 관리되거나 경영되는 사업자에 적용된다"고 규정하고 있다(동 법 제130조 제1항).231) 그러나 민사절차에 있어서는 문제가 없으나 행정절차나 형사절차의 경우 집행가능성이 있느냐의 문제가 제기된다.232)

EU에서는 <Höfner u. Elser 사건>(EU사법재판소, 1991)에서는 독일 연방노동청을 통한 직업알선행위를 경제적 활동으로 보아 경쟁규범의 적용대상이 된다고 보았다. <Ambulanz Glöckner 사건>(EU사법재판소, 2001)에서는 국가에서 특권을 부여받은 경우 법 적용대상이 된다고 보았다. 그리고 EU에서 필수설비이론의 대표적 사례인 <Hafen von Rödby 사건>(EU집행위원회, 1994)에서 사건 당사자인 DSB는 교통부장관의 감독을 받고 예산이 재정관련 법령에 의해 공표되는 공기업이었다.

국가의 경제적 행위와 고권적 행위의 구분은 어렵다. EU사법재판소는 <Italien/Kommission 사건>(EU사법재판소, 1987)에서 이용규정에 따른 장거리 우편요금의 결정행위를 경제적 활동으로, <ADP 사건>(EU사법재판소, 2002)에서는 항공사에 대해 사용료를 받고 공항시설을 사용하게 하는 것, 그리고 다양한 서비스를 제공하게 하는 것을 경제적 활동으로 보았다. 이에 반해 <SAT 사건>(EU사법재판소, 1994)에서는 국가의 영공감시활동을 전형적인 고권행위로 보았다.233) 한편 사회적 성격의 기관에까지 적용할 수 있느냐에 대하여 EU에서는 <INAIL 사건>(EU사법재판소, 2002)에서 법적으로 산업재해나 직업병에 대한 보험시스템을 위임받은 기관의 사업자성을 부정한 바 있다.

---

230) 이는 절대적 사업자와 상대적 사업자의 구분에서 나오는 개념인데, 절대적 사업자는 그 활동이 하나의 사업자 운영에 소진하는 모든 사업자를 말한다. 공정거래법에서는 상대적 사업자개념을 사용하는데, 특정한 영역에서 그의 활동이 법적으로 문제가 된다. 즉 사업자적인 목적을 추구하지 않는 법인과 사법상의 법인격 없는 사단이라도 부분적으로 영업적인 또한 경제적 활동을 펼치는 경우 사업자로서 문제된다. Fritz Rittner·Meinrad Dreher, Wirtschaftsrecht(1987), S. 382 Rn. 8.~S. 383 Rn. 12.
231) 그러나 독일 중앙은행과 재건은행은 법 적용에서 제외된다.
232) 이봉의, 공정거래법(2022), 107~109면.
233) 신동권, EU경쟁법상의 『사업자』, 경쟁저널(2004).

〈Judgment of the Court (Fifth Chamber) of 25 October 2001. - Firma Ambulanz Glöckner v Landkreis Südwestpfalz. - Case C-475/99〉

Where the extension of the dominant position of an undertaking to which the State has granted special or exclusive rights results from a State measure, such a measure constitutes an infringement of Article 90 of the Treaty (now Article 86 EC) in conjunction with Article 86 of the Treaty.

〈Judgment of the Court (Sixth Chamber) of 23 April 1991. - Klaus Höfner and Fritz Elser v Macrotron GmbH. - Case C-41/90〉

A public employment agency engaged in the business of employment procurement may be classified as an undertaking for the purpose of applying the Community competition rules since, in the context of competition law, that classification applies to every entity engaged in an economic activity, regardless of its legal status and the way in which it is financed.

〈Judgment of the Court (Fifth Chamber) of 22 January 2002. - Cisal di Battistello Venanzio & C. Sas v Istituto nazionale per l'assicurazione contro gli infortuni sul lavoro (INAIL). - Case C-218/00〉

Such a body fulfils an exclusively social function. Accordingly its activity is not an economic activity for the purposes of competition law.

사업자단체도 정부조달계약이나 단체수의계약 같이 거래당사자로 거래에 참여한 경우에는 사업자로 보며, 사업자의 이익을 위해 일하는 임원·종업원·대리인 기타의 자도 사업자단체에 대한 규정의 적용에 있어서는 사업자로 본다(법 제2조 제1호).

두 개 이상의 사업자를 경제적 동일체로 보는 경우도 있다. 이를 사업자개념의 목적론적 제한이라고 하는데,234) 그 대안은 경쟁개념에서 산출된다. 즉, 하나의 지도하에 있는 사업자간에는 제한될 수 있는 경쟁이 없다는 것이다. <(주)신동방 시장지배적지위 남용행위 건>(서울고법, 1999)에서 서울고법은 신동방의 100%출자회사인 해표를 하나의 사업자로 보았고, <인텔 시장지배적지위 남용행위 건>(공정위, 2008)에서는 인텔코퍼레이션, 인텔세미콘덕트, 인텔코리아를 하나의 사업자로 인정한 적이 있다. 그러나 <(주)서울신문 부당지원행위 건>(서울고법, 2004)에서는

---

234) Fritz Rittner·Meinrad Dreher, Wirtschaftsrecht(1987), S. 391 Rn. 34.

53.44%의 지배주주, <엘지반도체(주) 외 18 부당지원행위 건>(대법원, 2004)에서
는 100% 자회사인 경우에도 경제적 동일체를 부인하였다.[235]

> **<엘지반도체(주) 외 18 부당지원 건, 대법원 2004. 11. 12. 선고 2001두2034 판결>**
>
> 모회사가 주식의 100%를 소유하고 있는 자회사(이하 '완전자회사'라 한다)라 하더라
> 도 양자는 법률적으로는 별개의 독립한 거래주체라 할 것이고, 부당지원행위의 객체를
> 정하고 있는 법 제45조 제1항 제9호의 '다른 회사'의 개념에서 완전자회사를 지원객체
> 에서 배제하는 명문의 규정이 없으므로 모회사와 완전자회사 사이의 지원행위도 법 제
> 45조 제1항 제9호의 규율대상이 된다.

이를 종합하면 100% 모자관계인 경우 하나의 사업자로 볼 수 있는 여지가 있
으나, 단순히 모자회사라는 관계만으로는 부족하며 "자회사의 판매나 마케팅 조종"
과 같은 행동적 측면이 중요하다.[236] 별도로 자기책임과 계산하에 독립적으로 사업
을 하는지 여부도 중요한 판단요소이다. 경제적 독립성이 없는 사업자도 사업자 개
념에 포함되지만, 하나의 지배하에 있는 경우는 경제적 단일체로서 같은 사업자로
본다는 의미이다.

한편 시장지배적사업자 판단 및 추정에 있어서 당해 사업자와 계열사를 하나의
사업자로 보지만(영 제2조 제2항) 추정규정 외에 계열사를 하나의 사업자로 보기는
어렵다. 『기업결합 심사기준』은 기업결합의 경쟁제한성을 심사함에 있어서 당사회
사에 다른 계열사도 포함한다.

나. 외국사업자

국내사업자뿐만 아니라 외국사업자도 공정거래법의 적용대상이 된다. 외국사업
자란 외국에서 설립된 사업자를 의미하며, 국내기업도 외국에서 설립되었으면 외국
사업자에 해당한다. 공정거래법의 역외적용규정은 고권적 영역 밖에 소재하는, 그러
나 국내시장에 영향을 주는 사업자 역시 수범자로 규정하고 있다(법 제3조). 기업결
합의 경우 외국기업 간 기업결합도 일정한 자산규모(신고회사 3,000억 원, 상대회사

---

235) 이는 이들 행위를 규제하는 취지가 단순히 시장에서의 경쟁보호에 국한되지 않고 기업집단에
    의한 일반집중의 심화 또는 총수일가의 부당이득과 경영권 편법승계를 방지하는 데 있기 때문
    이라고 한다. 이봉의, 공정거래법(2022), 124면.
236) Fritz Rittner·Meinrad Dreher, Wirtschaftsrecht(1987), S. 392 Rn. 35.

300억 원), 국내매출액이 300억 원 이상인 경우 신고대상이 된다.

　미국의 역외적용 사례는 다음과 같다. <American Banana 사건>(미연방대법원, 1908)에서는 <Underhill v. Hernandez 사건>(미연방대법원, 1897)에서 나타난 고전적 주권이론을 근거로 역외적용을 부정하였다. 그러나 캐나다에 본사를 둔 알미늄제련회사의 국제카르텔 사건이었던 <Alcoa 사건>(미연방항소법원, 1945)에서 영향이론(effect theory) 적용하여 이를 인정하였으며, <Timberlane 사건>(미연방항소법원, 1976)에서는 영향이론을 부정하고 3단계 이익형량이론(관할권 합리의 원칙)을 적용하였다. 그 후 <Hartford 사건>(미연방대법원, 1993)에서는 국제예양 또는 이익형량적용을 적용하지 않았으며, <Nippon paper 사건>(미연방항소법원, 1997)에서는 일본기업을 대상으로 다시 영향이론이 적용되어 형사책임이 인정되었다. 그리고 1995년 『독점금지법의 국제적 집행지침(Antitrust Enforcement Guidelines for International Operations)』에서 미국통상에 영향을 미치면 법 위반으로 인정하였다.

<Underhill v. Hernandez, 168 U.S. 250(1897)>

　On certiorari, the Court held, in affirming the lower courts' decisions, that the U.S. citizen was not entitled to recover because the acts of the general were the acts of the government of Venezuela and not subject to adjudication in the U.S.

<American Banana Co. v. United Fruit Co., 166 F. 261(1908)>

　Decision of the lower court was affirmed because the acts which resulted in the injury to plaintiff's business and property were those of the government of Costa Rica, for which defendant could not be held responsible under the applicable federal antitrust statute.

<United States v. Aluminum Co. of America, 148 F.2d 416(1945)>

　"Both agreements would clearly have been unlawful, had they been made within the United States; and it follows from what we have just said that both were unlawful, though made abroad, if they were intended to affect imports and did affect them."

<Timberlane Lumber Co. v. Bank of America, N.T. & S.A., 549 F.2d 597(1976)>

　"We conclude, then, that the problem should be approached in three parts:

Does the alleged restraint affect, or was it intended to affect, the foreign commerce of the United States? Is it of such a type and magnitude so as to be cognizable as a violation of the Sherman Act? As a matter of international comity and fairness, should the extraterritorial jurisdiction of the United States be asserted to cover it?"

⟨Hartford Fire Ins. Co. v. Cal., 509 U.S. 764(1993)⟩

The court affirmed the appellate court's holding that it was error for the district court to dismiss plaintiffs' complaint of antitrust violations under the Act because the boycott exception to antitrust immunity was applicable. The court reversed the holding of the appellate court that defendant domestic insurers were bereft of the Act's exemption simply because they acted with foreign defendant insurers. The cases were remanded.

⟨United States v. Nippon Paper Indus. Co., 109 F.3d 1(1997)⟩

The court reversed the dismissal of plaintiff United States' indictment of defendant Japanese corporation for price−fixing activities in violation of the Sherman Act and remanded because the Sherman Act applied to wholly foreign conduct which had an intended and substantial effect in the United States. The court reinstated the indictment and remanded for further proceedings.

EU에서도 역외적용을 긍정하고 있으며, ⟨Dyestuffs 사건⟩(EU사법재판소, 1972)에서는 '경제적 동일체 이론(economic unit doctrine)'으로, ＜Woodpulp 사건＞(EU집행위, 1985)에서 EU집행위원회가 영향이론을 적용하였으나, EU사법재판소에서는 실행지이론을 적용하였다＜Ahlström 사건＞(EU사법재판소, 1988). 기업결합사건 중 ＜Boeing/MacDonnel 사건＞(EU집행위, 1997), ＜GE/Honeywell 사건＞ (EU집행위, 2001), ＜Gencor/Lonrho 사건＞(EU집행위, 1999)에서 실행지주의에 입각해서 역외적용을 인정하였고, ＜LCD패널 사건＞(EU사법재판소, 2015)에서 EU는 EU 밖에서의 담합합의라도 자회사를 통해 EU시장에 최종제품을 직접 판매할 경우 관할권 인정하였다. 독일에서는 「경쟁제한방지법(GWB)」 제130조 제2항에서 역외적용을 입법화하였다.

〈Judgment of the Court of 14 July 1972. - Imperial Chemical Industries Ltd. v. Commission of the European Communities. - Case 48-69(Dyestuffs)〉

Where an undertaking established in a third country, in the exercise of its power to control its subsidiaries established within the community, orders them to carry out a decision to raise prices, the uniform implementation of which together with other undertakings constitutes a practice prohibited under article 85 (1) of the EEC treaty, the conduct of the subsidiaries must be imputed to the parent company.

〈Judgment of the Court of 27 September 1988. - A. Ahlström Osakeyhtiö and others v. Commission of the European Communities. Joined cases 89, 104, 114, 116, 117 and 125 to 129/85)

The Community's jurisdiction to apply its competition rules to such conduct is covered by the territoriality principle as universally recognized in public international law. Under the rules against agreements, decisions or concerted practices, the decisive factor is where the agreement, decision or concerted practice is implemented rather than where it is formed.

〈COMMISSION DECISION of 30 July 1997 declaring a concentration compatible with the common market and the functioning of the EEA Agreement(Case No IV/M.877 - Boeing/McDonnell Douglas, Council Regulation (EEC) No 4064/89)〉

The Commission subsequently concluded that the proposed concentration falls within the scope of the Merger Regulation and raised serious doubts as to its compatibility with the common market.

〈Commission Decision of 03/07/2001 declaring a concentration to beincompatible with the common market and the EEA Agreement(Case No COMP/M.2220. General Electric/Honeywell)〉

On 1 March 2001, the Commission decided in accordance with Article 6(1)(c) of the Merger Regulation and Article 47 of the EEA Agreement to initiate proceedings in this case.

〈Judgment of the Court of First Instance (Fifth Chamber, extended composition) of 25 March 1999. - Gencor Ltd v. Commission of the European Communities. Regulation (EEC) No 4064/89〉

the undertakings in question must be established within the Community or that the production activities covered by the concentration must be carried out in Community territory.

〈LG Display Co. Ltd and LG Display Taiwan Co. Ltd v. European Commission(Judgment of the Court (Eighth Chamber) of 23 April 2015〉.

In order to set the fines imposed by the contested decision, the Commission used the Guidelines on the method of setting fines. Pursuant to those Guidelines, the Commission established the value of the sales of cartelised LCD panels directly or indirectly concerned by the infringement. To that end, it established the following three categories of sales made by the participants in the cartel:

— the category of 'direct EEA sales', namely sales of cartelised LCD panels to another undertaking within the EEA;

— the category of 'direct EEA sales through transformed products', namely sales of cartelised LCD panels incorporated, within the group to which the producer belongs, into finished products then sold to another undertaking within the EEA; and

— the category of 'indirect sales', namely, sales of cartelised LCD panels to another undertaking situated outside the EEA, which then incorporates the panels in finished products which it sells within the EEA.

우리나라의 경우 영향이론을 입법화하였다(법 제3조). 법원에 따르면 여기에서 영향은 '직접적 영향'으로 족하며 '중대한 영향' 불필요하다고 보고＜에프 호프만 라로슈(주) 부당동동행위 건＞(서울고법, 2004), 직접적이라 해도, '직접적, 상당하며 합리적으로 예측가능한 범위'로 제한적으로 해석하고 있다＜26개 항공화물운송사업자 부당공동행위 건＞(대법원, 2014). 즉, 대법원은 외국사업자가 외국에서 다른 사업자와 공동으로 경쟁을 제한하는 합의를 하였더라도, 그 합의의 대상에 국내시장이 포함되어 있어서 그로 인한 영향이 국내시장에 미쳤다면 그 합의가 국내시장에 영향을 미친 한도에서 공정거래법이 적용된다고 판시하고 공정거래법 제3조에서 말하는 '국내시장에 영향을 미치는 경우'는 문제된 국외행위로 인하여 국내시장에 직접적이고 상당하며 합리적으로 예측가능한 영향을 미치는 경우로 제한 해석해야 하며, 그

해당 여부는 문제된 행위의 내용·의도, 행위의 대상인 재화 또는 용역의 특성, 거래
구조 및 그로 인하여 국내시장에 미치는 영향의 내용과 정도 등을 종합적으로 고려
하여 구체적·개별적으로 판단하되, 다만 국외에서 사업자들이 공동으로 한 경쟁을
제한하는 합의의 대상에 국내시장이 포함되어 있다면, 특별한 사정이 없는 한 그 합
의가 국내시장에 영향을 미친다고 판시하였다.

『지식재산권 부당한 행사 심사지침』에서도 "외국사업자가 국내외에서 행한 계
약·결의나 그 밖의 행위를 통해 국내시장에 영향을 미치는 경우에도 적용한다"고
명시하고 있다. 우리나라에서도 외국사업자에 대하여 법적용을 한 사례가 다수 있
다. 예를 들어 이미 법 제3조 규정 전에 <비타민 부당공동행위 건>(서울고법,
2004), <흑연전극봉 부당공동행위 건>(대법원, 2006)을 처리하였고, 법 규정 후에
는 <복사용지 부당공동행위 건>(공정위, 2009), <마린호스 부당공동행위 건>(공
정위, 2009), <26개 항공화물사업자 부당공동행위 건>(공정위, 2010), <웨스턴디지
털/비비티테크놀로지 기업결합제한규정 위반행위 건>(공정위, 2012) 등을 처리한
바가 있다. <웨스턴디지털/비비티테크놀로지 기업결합제한규정 위반행위 건>(공
정위, 2012)은 외국기업간 M&A에 대하여 공정거래법 제9조의 경쟁제한적 기업결합
규정을 적용하여 시정조치한 최초의 사례이다.

<26개 항공화물사업자 부당공동행위 건>(공정위, 2010)은 세계 최초로 우리나
라 공정거래위원회가 처리한 국내최대의 국제카르텔 사건이었으며, 최초의 외국경
쟁당국 공조사례로도 기록되고 있다. 국제카르텔에 최초로 포렌식 기법을 활용하였
고, 최초의 로거트리 레터(외국당국간 자료협조절차) 활용, 프랑스법원으로부터 피심
인 자료를 징구하였으며, 해외주재 한국대사관을 진술조서 서명장소로 활용하였다.
서울고법은 외국발 한국행 노선에 대한 역외적용 요건을 제시하였는데, 행위 대상
에 한국이 포함되고, 국내시장에 직접 영향을 미치고 국내시장 경쟁과 무관하지 않
을 것을 요건으로 판시하였다.

<에프 호프만 라 로슈(주) 부당동동행위 건, 서울고법 2004. 11. 24. 선고 2003누
9000 판결>
  외국사업자가 다른 사업자와 공동으로 경쟁을 제한하는 합의를 하고, 그 합의의 대
상에 한국의 시장까지 포함되어 있다면 그 행위가 국내에서 행해졌는지 국외에서 행해

겼는지 여부에 불구하고 위와 같은 합의가 대한민국의 시장에 직접 영향을 미친 한도 내에서 대민국의 독점규제법을 적용하여 심판할 수 있는 관할권이 있다고 봄이 상당하고, 반드시 한국의 시장에 중대한 영향을 미쳤음이 입증되는 경우에 한하여 재판관할권을 인정할 수 있는 것은 아니다

〈6개 흑연전극봉 생산업체 부당공동행위 건, 대법원 2006. 3. 23. 선고 2003두11124 판결〉

외국사업자가 외국에서 다른 사업자와 공동으로 경쟁을 제한하는 합의를 하였더라도, 그 합의의 대상에 국내시장이 포함되어 있어서 그로 인한 영향이 국내시장에 미쳤다면 그 합의가 국내시장에 영향을 미친 한도 내에서 공정거래법이 적용된다.

〈26개 항공화물사업자 부당공동행위 건, 대법원 2014. 5. 16. 선고 2012두5466 판결〉

공정거래법 제3조에서 말하는 '국내시장에 영향을 미치는 경우'는 문제된 국외행위로 인하여 국내시장에 직접적이고 상당하며 합리적으로 예측 가능한 영향을 미치는 경우로 제한 해석해야 하고, 그 해당 여부는 문제된 행위의 내용·의도, 행위의 대상인 재화 또는 용역의 특성, 거래 구조 및 그로 인하여 국내시장에 미치는 영향의 내용과 정도 등을 종합적으로 고려하여 구체적·개별적으로 판단하여야 할 것이다. 다만 국외에서 사업자들이 공동으로 한 경쟁을 제한하는 합의의 대상에 국내시장이 포함되어 있다면, 특별한 사정이 없는 한 그 합의가 국내시장에 영향을 미친다고 할 것이어서 이러한 국외행위에 대하여는 공정거래법 제40조 제1항 등을 적용할 수 있다

2. 시장의 획정

공정거래법에서 가장 기초적인 개념중의 하나로 '일정한 거래분야'가 있다. 이를 통상적으로 '시장획정'이라 칭한다. 공정거래법 규정에서는 시장지배적 사업자의 의의(법 제2조 제3호), 경쟁을 실질적으로 제한하는 행위(법 제2조 제5호), 시장지배적 사업자의 추정(법 제6조), 경쟁제한적 기업결합의 금지(법 제9조 제1항), 기업결합의 경쟁제한성 추정(법 제9조 제3항), 부당한 공동행위의 금지(법 제40조 제1항 제9호), 부당한 공동행위의 합의의 추정(법 제40조 제5항) 등 규정이 일정한 거래분야를 전제로 규정하고 있다. 이는 "거래의 객체별·단계별 또는 지역별로 경쟁관계에 있거나 (실제적 경쟁) 경쟁관계가 성립될 수 있는(잠재적 경쟁) 분야"(법 제2조 제4호)를 의미한다.

산업(industry)은 동일상품을 생산하는 기업들로만 구성된 생산부문을 하나의

산업으로 규정하는데, 산업의 범위를 정할 때는 상품 간의 대체성을 고려한다.[237]
모든 산업영역의 경제활동을 그 유사성에 따라 체계적으로 유형화한 것이 표준산업
분류(standard industrial classification)이다.[238] 산업은 생산을 중심으로 정의되지만,
시장은 생산과 소비를 연결시켜 주는 과정인 거래를 중심으로 정의되는 개념이다.
산업조직론에서는 산업이 곧 시장이다.[239]

　　Alfred Marshall은 산업(industry)의 개념을 대표한 학자였는데, 그에 있어서 산
업의 개념이 단순한 물리적－기술적으로만 획정되는지, 대체가능성을 고려하는지
분명하지 않았다.[240] 그러나 경쟁과정에 있어서 물리적－기술적인 측면보다는 경제
적 동질성, 즉 대체가능성의 범위가 관련된다.

　　EU의 『관련시장의 정의 고시』에서는 다음과 같이 규정하고 있다. 실무에서도
시장의 획정은 필수적인 요소이다＜Continental Can 사건＞(EU사법재판소, 1973).

〈COMMISSION NOTICE on the definition of relevant market for the purposes of Community competition law(97/C 372/03)〉

　　Market definition is a tool to identify and define the boundaries of competition between firms.

〈Judgment of the Court of 21 February 1973. - Europemballage Corporation and Continental Can Company Inc. v. Commission of the European Communities. - Case 6-72.〉

　　The definition of the relevant market is of essential significance, for the possibilities of competition can only be judged in relation to those characteristics of the products in question by virtue of which those products are particularly apt to satisfy an inelastic need and are only to a limited extent interchangeable with other products.

---

237) 최정표, 산업조직경제학(2016), 45면.
238) 동 분류는 공급측면의 대체성을 기준으로 하고 있으며, 수요의 대체성을 반영하지 못하고 있
　　다고 한다. 이봉의, 공정거래법(2022), 44면.
239) 최정표, 산업조직경제학(2016), 50면.
240) Ingo Schmidt, Wettbewerbspolitik und Kartellrecht(2001), S. 49.

가. 대상적 관련시장(상품시장)

첫째로는 대상적 관련시장(상품시장 획정)이다. 이를 위해서 대부분의 국가들이 수요시장 개념(Bedarfsmarktkonzept)에 입각하고 있는데, 수요자, 제품의 성질, 사용목적이나 가격수준 등의 관점에서 특정 수요를 충족시키기에 적합한 교환가능성을 기준으로 판단한다.

『시장지배적지위 남용행위 심사기준』에 의하면 "거래대상(상품 또는 용역시장)에 따른 일정한 거래분야는 거래되는 특정상품의 가격이나 용역의 대가(가격)가 상당기간 어느정도 의미있는 수준으로 인상(인하)될 경우 동 상품이나 용역의 대표적 구매자(판매자)가 이에 대응하여 구매(판매)를 전환할 수 있는 상품이나 용역의 집합"을 의미한다. 『기업결합 심사기준』에서도 "거래대상(상품)별 일정한 거래분야는 거래되는 특정상품의 가격이 상당기간 어느정도 의미있는 수준으로 인상될 경우 등 상품의 구매자 상당수가 이에 대응하여 구매를 전환할 수 있는 상품의 집합"으로 정의하고 있다. 대법원이나 공정위도 마찬가지로 판단하고 있다. 개념적으로 시장지배적지위 남용행위의 경우 과거지향적이고, 기업결합 심사의 경우에는 미래지향적으로 판단해야 하지만 실무적으로 큰 차이를 발견하기는 어렵다.

〈(주)포스코 시장지배적지위 남용행위 건, 대법원 2007. 11. 22. 선고 2002두8626 판결〉

관련상품시장은 일반적으로 시장지배적 사업자가 시장지배력을 행사하는 것을 억제하여 줄 경쟁관계에 있는 상품들의 범위를 말하는 것으로서, 구체적으로는 거래되는 상품의 가격이 상당기간 어느 정도 의미 있는 수준으로 인상 또는 인하될 경우 그 상품의 대표적 구매자 또는 판매자가 이에 대응하여 구매 또는 판매를 전환할 수 있는 상품의 집합을 의미한다.

〈롯데인천개발(주) 기업결합제한규정 위반행위 건, 공정위 2013. 4. 29. 의결 제2013-078호〉

SSNIP테스트는 각국 경쟁당국이 시장획정시 사용하는 대표적인 방법론의 하나로, 그 핵심은 "반복 과정에 의한 최소 시장 원칙(smallest market principle through an iterative process)"이다. 즉, SSNIP 테스트는 결합 당사회사가 시장지배력을 행사하지 못하도록 억제하는 상품군의 범위를 파악하기 위해 최소 범위의 시장에서 출발하여 점차 시장의 범위를 넓히며 추가되는 시장이 동일한 시장으로 획정가능한지 여부를 판단하는 분석방법이다. 가령, 백화점을 운영하는 모든 기업들이 하나의 '가상적인 독점 기업(hypothetical monopolist)'을 형성하여 백화점에서 판매하는 모든 제품 가격을 "1~2년 정도의 기간 동안 5%~10% 정도 인상"할 때 과연 그 가상적 독점기업이 이윤을 증가시킬 수 있는지를 분석하는 것이다. 예컨대, 가상적 독점 백화점이 가격인상시 소비자가 대형마트로 구매를 전환하지 않아 가상적 독점 백화점이 판매가 많이 줄지 않는다면, 가상적 독점 백화점은 이윤을 증가시킬 수 있게 된다. 이 경우 관련 상품시장은 백화점 시장으로 획정된다. 반대로, 가격인상으로 대형마트로의 수요 대체가 상당히 일어나서 가상적 독점 기업의 이윤이 감소한다면, 관련시장의 범위를 대형마트로 확대해야 한다."

이는 미국 2010년 『수평적 기업결합 심사지침(Horizontal Merger Guidelines)』상의 SSNIP 테스트를 수용한 것인데 "작지만 의미 있고 일시적이지 않은 가격인상(Small but Significant and Nontransitory Increase in Price)"이라고 표현하고 있다.

〈Horizontal Merger Guidelines U.S. Department of Justice and the Federal Trade Commission Issued: August 19, 2010〉

4.1 Product Market Definition

When a product sold by one merging firm (Product A) competes against one or more products sold by the other merging firm, the Agencies define a relevant product market around Product A to evaluate the importance of that competition.

4.1.1 The Hypothetical Monopolist Test

Specifically, the test requires that a hypothetical profit−maximizing firm, not subject to price regulation, that was the only present and future seller of those products ("hypothetical monopolist") likely would impose at least a small but significant and non−transitory increase in price ("SSNIP") on at least one product in the market, including at least one product sold by one of the merging firms.

4.1.2 Benchmark Prices and SSNIP Size

The SSNIP is intended to represent a "small but significant" increase in the prices charged by firms in the candidate market for the value they contribute to the products or services used by customers.

EU의 『관련시장의 정의 고시』에서는 다음과 같이 규정하고 있으며 실무에서도 유사한 기준으로 판단하고 있다.

〈COMMISSION NOTICE on the definition of relevant market for the purposes of Community competition law(97/C 372/03)〉

A relevant product market comprises all those products and/or services which are regarded as interchangeable or substitutable by the consumer, by reason of the products' characteristics, their prices and their intended use.

〈Judgment of the Court of 13 February 1979. - Hoffmann-La Roche & Co. AG v. Commission of the European Communities. - Case 85/76.〉

If a product could be used for different purposes and if these different uses are in accordance with economic needs, which are themselves also different, there are good grounds for accepting that this product may, according to the circumstances, belong to separate markets which may present specific features which differ from the standpoint both of the structure and of the conditions of competition.

〈Judgment of the Court of 9 November 1983. NV Nederlandsche Banden Industrie Michelin v. Commission of the European Communities. Abuse of a dominant position - Discounts on tyre purchases. Case 322/81.1.〉

For the purpose of investigating the possibly dominant position of an undertaking on a given market, the possibilities of competition must be judged in the context of the market comprising the totality of the products which, with respect to their characteristics, are particularly suitable for satisfying constant needs and are only to a limited extent interchangeable with other products.

SSNIP 테스트를 적용하는 방법으로 '임계매출감소분석'이 활용된다. '임계매출감소분석'은 가상적인 독점사업자가 해당 지역에서 '작지만 의미있고 일시적이지 않은 가격인상(SSNIP)'을 하였으나, 갤럽설문 조사 등을 통한 실제 매출감소율이 그러한 가격인상에 상응하는 임계매출감소율보다 적을 경우 가격인상을 통하여 이윤증대를 도모하는 등 독점력을 행사할 수 있는 것으로 보아 그 해당지역을 지역시장으로 획정하는 경제분석 방법인데, 이는 해당 지역에서 가상적인 독점사업자가 가격을 X% 인상하였을 경우 매출이 얼마나 감소하면 이윤이 감소하는가를 따져보는 분석도구로서, 'X% 가격인상에 상응하는 임계매출감소율'이란 바로 X% 가격인상 시에 이윤감소를 야기하지 아니하는 매출감소율 중 최대치로 정의된다. 〈7개 BMW자동차딜러 부당공동행위 건〉(서울고법, 2015)에서 공정위는 이러한 방법을 사용하여 국내에서 판매되는 BMW자동차의 신차종 판매시장으로 획정한 바 있다.

〈7개 BMW자동차딜러 부당공동행위 건, 서울고법 2015. 5. 7. 선고 2012누11241(파기환송심) 판결〉

　단일 브랜드인 렉서스 자동차 판매시장을 하나의 시장으로 상정하고 렉서스 자동차의 가격을 1%, 2%, 5%, 10% 인상하는 경우 실제 매출감소율이 임계 매출감소율보다 높은 것으로 나타났는데, 이는 관련시장을 단일 브랜드인 렉서스 자동차 판매시장으로 획정할 수 없는 것을 의미한다. 이에 BMW, 벤츠, 아우디, 렉서스, 인피니티 및 볼보 자동차를 포함한 6개의 고급 수입차 판매시장을 하나의 시장으로 상정하고 그 시장에서의 가격인상률을 1%, 2%, 5%, 10%로 한 결과 실제 매출감소율이 임계 매출감소율보다 낮은 것으로 나타났고 이는 관련상품시장의 범위를 추가적으로 확장할 필요가 없음을 의미한다.

　참고로 최근 공정위에서 실제 임계매출분석방법을 활용한 사례를 소개한다.

〈딜리버리히어로 에스이 등 4개 배달앱 사업자 기업결합제한규정 위반행위 건, 공정위 의결 2021. 2. 2. 제2021-032호〉

　이 사건에서는 관련 상품시장의 후보군을 '배달의민족 및 요기요'로 상정하고 후보시장내 모든 배달앱의 가격(소비자 : 쿠폰할인, 음식점 : 수수료) 5~10% 인상을 기준으로 임계매출감소 분석을 실시한 결과, 소비자 측면에서는 쿠폰할인 5~10% 감소시 실제 가격탄력성이 임계 가격탄력성보다 낮고, 음식점 측면에서는 수수료 5% 인상시 실제마진율이 임계마진율보다 낮아 상품시장은 후보시장인 '배달의민족 및 요기요'시장으로 획정되는 것으로 나타났다.

　다른 SSNIP테스트의 방법론으로 '총전환율분석'을 들 수 있다. 이는 일정수준의 가격인상으로 인한 총전환율(Aggregate Diversion Ratio)의 크기와 임계전환율(Critical Diversion Ratio)의 크기를 비교하여 시장을 획정하는 분석방법이다. 이에 따르면 총전환율 ≤ 임계전환율 이면 시장확대가 필요하다고 판단한다. 총전환율은 가격인상시 내부점포로 구매전환율을 의미하며, 임계전환율은 가격인상 시 이윤증가를 담보해 주는 총전환율중 최소치를 의미하는 것이다. 위와 같은 설명은 수요시장에도 그대로 적용된다.

즉, 가상적 수요독점사업자가 '작지만 의미있고 일시적이지 않은 가격인하'를
할 수 있는지 여부로 판단한다. 즉, '작지만 의미있고 일시적이지 않은 가격인하'로
공급이 다른 상품으로 전환된다면 그 상품을 관련시장으로 보는 것이다. 참고로 최
근 공정위에서 실제 총전환율 분석방법을 활용한 사례를 소개한다.

> **〈딜리버리히어로 에스이 등 4개 배달앱 사업자 기업결합제한규정 위반행위 건, 공정위
> 의결 2021. 2. 2. 제2021-032호〉**
> 　배달의민족에서 요기요로의 전환, 요기요에서 배달의민족으로의 전환 모두에 있어
> 서 임계전환율이 실제전환율보다 상당히 낮은 것으로 나타나 소비자측면의 상품시장은
> 후보시장인 '배달의민족 및 요기요'에서 확대될 필요가 없다.

　유통시장의 경우 개별상품별로 SSNIP테스트를 적용하기 어려우므로 유통업에
있어서의 시장획정은 소비자 및 사업자의 대체가능성 판단에 중요한 각 유통업태
의 핵심적인 특성이 동일한지 여부 및 현재 시점에서의 경쟁관계가 어디에서 발생
하고 있는지를 기준으로 판단하여야 한다＜(주)신세계 기업결합제한규정 위반행위
건＞(공정위, 2006; 서울고법, 2008).[241]

　일정한 거래분야를 판단하는 데 있어서의 판단기준으로는 『시장지배적지위 남
용행위 심사기준』에서는 ① 상품이나 용역의 기능 및 효용의 유사성, ② 구매자들
의 대체가능성에 대한 인식 및 그와 관련한 구매행태, ③ 판매자들의 대체가능성에
대한 인식 및 그와 관련한 경영의사결정, ④ 한국표준산업분류를, 『기업결합심사기
준』에서는 ① 상품의 기능 및 효용의 유사성, ② 상품의 가격의 유사성, ③ 구매자
들의 대체가능성에 대한 인식 및 그와 관련한 구매행태, ④ 판매자들의 대체가능성
에 대한 인식 및 그와 관련한 경영의사결정 행태, ⑤ 한국표준산업분류, ⑥ 거래단
계(제조, 도매, 소매 등), ⑦ 거래상대방 등을 고려한다. 양자가 동일하지만 기업결합
의 경우에는 ⑥ 거래단계(제조, 도매, 소매 등), ⑦ 거래상대방등을 추가로 고려한다.
기업결합의 경우 결합 후 미래 시장구조에 대한 예측이 필요하기 때문이다.

---

241) 동 사건에서 공정위는 관련 상품시장을 '3,000m² 이상의 매장면적을 갖추고 식품·의류·생활
　　용품 등 one-stop shopping이 가능한 다양한 구색의 일상 소비용품을 통상의 소매가격보다
　　저렴하게 판매하는 유통업태인 '대형 할인점 시장'으로 획정하였다; 이는 군집시장(cluster
　　market)을 인정한 것이 아니라 대형마트가 제공하는 서비스의 특성에 기초하여 합리적 대체가
　　능성을 적용한 것이라고 해석한다. 이봉의, 공정거래법(2022), 179면.

그동안 법원 등에서 별개의 시장으로 본 경우는 다음과 같다.[242]

> 승용차/버스/트럭, 소주/맥주, 경쟁입찰/수의계약, 할부금융/신용카드, 유선통신/무선통신, 대형할인점/백화점/슈퍼마켓, 신품피아노/중고피아노, 프로그램송출/프로그램송출서비스, 오픈마켓/일반(종합)쇼핑몰, 신규분양아파트/기존아파트 또는 분양후 입주전 아파트, 식량작물용 화학비료/원예용 화학비료, 수신/여신/외환, MP3폰을 디바이스로 하는 이동통신서비스/MP3파일 다운로드서비스, 과실음료/탄산음료/기타음료, X86계열 CPU/비X86계열 CPU 및 PC용 CPU, 현대·기아차 정비용부품/전체 완성차업체 정비용부품, 컵커피/기타커피, 콘택트렌즈/안경렌즈 및 안경테, 유료방송/이동통신소매/이동통신도매, CT 및 MRI/CT 및 MRI 유지보수, 배달앱/음식배달대행/공유주방

반대로 법원 등이 동일한 시장으로 본 경우는 다음과 같다.[243]

> 일반 열연코일/자동차냉연강판용 열연코일, 군납/일반우유, 타이어용 카본블랙/산업고무용 카본블랙, 농협비료유통/일반비료유통, 시중판매우유/방문판매우유, 실크벽지/합지벽지, 화학비료시장 전체, 종합유선방송/위성방송/IPTV 등

디지털경제의 특징인 플랫폼에서의 시장획정이 문제가 된다. 플랫폼은 양면시장 내지는 다면시장으로 되어 있으므로 가격에 입각한 전통적인 시장획정방식이 유효한가의 문제가 대두된다. 전통적으로는 SSNIP(small but significant non transitory increase in price)을 사용하기 어려워 그 대안으로 SSNDQ(small but significant non transitory decrease in quality)가 논의되고 있다. 독일에서는 2017년 「경쟁제한방지법(GWB)」 제9차 법개정을 통해 무료로 서비스를 제공하는 사업자를 시장지배적 사업자로 판단할 수 있다고 명시하였다(제18조 제2a항). 그리고 다면시장의 경우 시장지배력은 직접 및 간접네트워크효과, 다양한 서비스 이용과 이용자의 전환 비용, 네트워크효과에 따른 규모의 경제, 경쟁관련 정보 접근, 혁신에 대한 경쟁압력을 고려하도록 하였다(제18조 제3a항).

그간 우리나라에서 플랫폼에서의 시장획정 사례를 소개하면 다음과 같다.

---

242) 자세한 내용은 신동권, 독점규제법(2020), 93~101면 참조.
243) 자세한 내용은 신동권, 독점규제법(2020), 101~103면 참조.

  우리나라 공정위나 법원은 기본적으로 양면시장을 별개의 시장으로 판단한다. 오픈마켓 시장 관련하여 공정위는 <이베이-지마켓 기업결합제한규정 위반행위 건>(공정위, 2009)에서 양면을 각각 별개의 시장으로 파악하였다. 그리고 소비자측면 시장으로서 인터넷 쇼핑시장과 판매자측면 시장으로서 오픈마켓 시장을 별도로 나누어 획정하였다. 공정거래위원회가 오픈마켓과 일반(종합)쇼핑몰을 판매자 측면에서 별개의 시장으로 본 것은 오픈마켓의 양면시장적 성격을 고려한 것이다.

[양면시장에서의 시장획정원칙 및 실제 관련시장획정도]

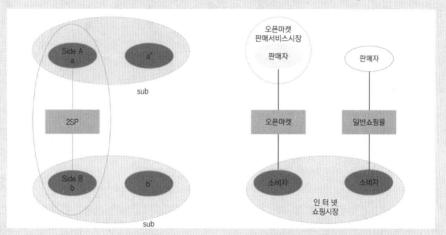

출처: 이베이 케이티에이(유케이) 리미티드 등 기업결합제한규정 위반행위 건(공정위, 2009)

  양면시장(two-sided markets)은 네트워크를 통하여 두 개(이상)의 구분되는 집단(end-user)을 상호 연결될 수 있도록 하는 시장을 의미한다. <NHN 시장지배적지위 남용행위 건>(공정위, 2008)에서 공정위는 양면시장의 요건을 다음과 같이 적시하였다. 첫째, 양면성으로 상호 연결을 필요로 하는 둘 이상의 구분되는 고객군(two distinct groups)이 존재해야 한다. 둘째, 적어도 한 면(side)의 고객군은 다른 면(the other side)의 고객군 규모가 클수록 더욱 높은 효용을 얻을 수 있어야 한다. 이를 '교차 네트워크 효과(cross network effect)' 또는 '간접 네트워크 효과(indirect network effect)'[244]라고 한다. 하지만, 자신이 속해 있는 면의 네트워크의 크기에 의해 효용이 증가되는, 즉 '직접 네트워크 효과(direct network effect)' 또는 '동일면 네트워크 효과(same-side effect)'가 반드시 존재할 필요는 없다. 셋째, 높은 거래비용 등으로 서로 다른 고객군들이 자체적인 노력(직접 거래)으로 교차 네트워크 외부성을 내면화하기 어렵고 이를 용이하게 하기 위해 플랫폼을 이용하여야 한다. 예를 들어 인터넷포털은 최종소비자인 이용자와 광

---

244) 적어도 한 면의 고객군은 다른 면의 고객군 규모가 커질수록 더 높은 효용을 얻게 되는 효과를 말하며 이를 교차 네트워크 외부성(Cross Network Externalities)이라고 부르기도 한다.

고주, 이용자와 CP 또는 이용자와 e-쇼핑몰을 연결해 주는 전형적인 양면시장이다.

공정위는 오픈마켓의 경우도 이러한 경우에 해당한다고 본 것이다. 오픈마켓은 다음과 같은 점에서 양면시장의 성격을 보유하고 있다<이베이 케이티에이(유케이) 리미티드 등 기업결합제한규정 위반행위 건>(공정위 2009). 첫째, 판매자는 상품을 등록해 판매하고 소비자는 등록된 상품을 구매하므로 판매자와 소비자라는 상이한 두 고객그룹(two distinct user groups)이 존재한다. 둘째, 두 그룹간 간접적 네트워크 효과가 존재한다. 즉, 판매자의 수가 증가할수록 상품종류가 다양해지고 판매자간 경쟁이 심화되어 판매가격이 하락하므로 소비자의 효용이 증가하고, 이용하는 소비자의 수가 증가할수록 판매가능성이 높아지므로 판매자의 효용이 증가한다. 셋째, 판매자와 소비자가 직접 거래하기 위해서는 탐색비용이 지나치게 크기 때문에 간접 네트워크효과를 내면화하기 어려워, 거래를 위해서는 판매자와 소비자를 연결하는 오픈마켓서비스사업자 등 별도의 플랫폼사업자(2SP: two sided platform)가 필요하다. 즉, 판매자가 직접 판매한다면 홍보비용, 판촉비용을 부담해야 하고 소비자는 상품검색을 위해 시간과 비용을 들이고 상품거래의 위험을 감수해야 하지만 오픈마켓서비스를 이용하면 판매자, 구매자 모두 이 같은 비용을 크게 절감할 수 있다. 한편 일반쇼핑몰의 경우 쇼핑몰 운영자가 조달한 상품을 직접 구매자에게 판매하는 것이므로 중개 사업자가 아닌 직접 판매자로서 플랫폼사업자(2SP)의 성격은 약하다. 구체적인 상품시장은 판매자측면시장에서는 오픈마켓 시장, 소비자측면에서는 오픈마켓과 일반쇼핑몰로 획정할 수 있다.

공정위는 오픈마켓 중에서도 온라인 비교쇼핑서비스 시장을 별도의 시장으로 획정하고 이 역시 양면시장으로 파악하였다<네이버(주)[쇼핑 부문] 시장지배적지위 남용행위 등 건>(공정위, 2021).[245]

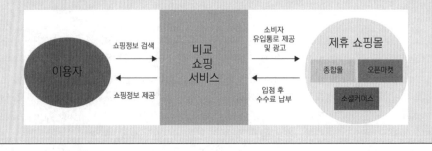

---

245) EU 경쟁위원회는 구글이 인터넷 일반검색 결과에서 자사 비교쇼핑서비스를 상위에 노출시킨 행위와 관련하여 비교쇼핑서비스에 대해 아래와 같이 정의하였다. (Google Search(Shopping) Case. at.39740, 2017.6.27)

"Comparison shopping services are specialised search services that: (i) allow users to search for products and compare their prices and characteristics across the offers of several different online retailers (also referred to as online merchants) and merchant platforms (also referred to as online marketplaces); and (ii) provide links that lead (directly or via one or more successive intermediary pages) to the websites of such online retailers or merchant platforms."

미국에서는 미국의 ＜Amex 사건＞(미연방대법원, 2018)은 Amex카드가 가맹점에 대하여 Amex 카드보다 수수료율이 낮은 다른 신용카드 사용을 권유하는 행위를 금지하는 계약조항이 「셔먼법(Sherman Act)」제1조(수직적 거래제한)에 위반되는지 문제된 사건인데, 미국 연방대법원은 신용카드시장은 양면시장인데, 개별 면을 별도로 볼 것이 아니라, 대가맹점 및 대고객 측면에서의 경쟁제한효과를 종합적으로 고려하여 판단하여야 한다고 판시하였다. 기본적으로 양면시장을 하나의 시장으로 파악한 것이다.[246]

> **＜Ohio v. Am. Express Co., 138 S. Ct. 2274(2018)＞**
> "Applying the rule of reason generally requires an accurate definition of the relevant market. In this case, both sides of the two−sided credit−card market−cardholders and merchants−must be considered." "Accordingly, the two−sided market for credit−card transactions should be analyzed as a whole."

나. 지리적 시장

두 번째로는 지리적 관련시장(지역시장 획정)이다. 이 역시 수요시장 개념에 입각하고 있는데, 수요자인 고객이 가격상승에 대응하여 구매를 다른 지역으로 전환하는지 여부로 판단한다. 공급측면에서의 교환가능성(공급탄력성)도 한 요소가 된다. 『시장지배적지위 남용행위 심사기준』에서는 "일정한 거래분야는 다른 모든 지역에서의 가격은 일정하나 특정 지역에서만 상당기간 어느 정도 의미 있는 가격인상(가격인하)이 이루어질 경우 당해 지역의 대표적 구매자(판매자)가 이에 대응하여 구매(판매)를 전환할 수 있는 지역전체"라고 정의하고 있다. 판단기준은 ① 상품이나 용역의 특성(상품의 부패성, 변질성, 파손성) 및 판매자의 사업능력(생산능력, 판매망의 범위 등), ② 운송비용, ③ 구매자의 구매지역 전환가능성에 대한 인식 및 그와 관련한 구매자들의 구매지역 전환행태, ④ 판매자의 구매지역 전환가능성에 대한 인식 및 그와 관련한 경영의사 결정행태, ⑤ 시간적, 경제적, 법제적 측면에서의 구매지역

---

[246] 이에 대하여 하나의 이용자집단에 대한 가격인상시 다른 측면의 이용자집단에 나타나는 이탈현상은 시장획정에 있어서 하나의 고려사항일 뿐, 시장획정의 근본적 방법론에 변화를 요구하지 않는다는 반론이 있다. 타당한 주장이라 생각된다. 이봉의, 공정거래법(2022), 187면.

전환의 용이성 등이다. 『기업결합 심사기준』에서도 동일한 판단기준을 사용하며, 다만 ② 운송비용은 고려대상에서 제외되어 있다.

> **〈(주)포스코 시장지배적지위 남용행위 건, 대법원 2007. 11. 22. 선고 2002두8626 판결〉**
>
> 관련지역시장은 일반적으로 서로 경쟁관계에 있는 사업자들이 위치한 지리적 범위를 말하는 것으로서, 구체적으로는 다른 모든 지역에서의 가격은 일정하나 특정 지역에서만 상당기간 어느 정도 의미 있는 가격인상 또는 가격인하가 이루어질 경우 당해 지역의 대표적 구매자 또는 판매자가 이에 대응하여 구매 또는 판매를 전환할 수 있는 지역 전체를 의미하고, 그 시장의 범위는 거래에 관련된 상품의 가격과 특성 및 판매자의 생산량, 사업능력, 운송비용, 구매자의 구매지역 전환가능성에 대한 인식 및 그와 관련한 구매자들의 구매지역 전환행태, 판매자의 구매지역 전환가능성에 대한 인식 및 그와 관련한 경영의사결정 행태, 시간적·경제적·법적 측면에서의 구매지역 전환의 용이성 등을 종합적으로 고려하여 판단하여야 할 것이며, 그 외에 기술발전의 속도, 관련 상품의 생산을 위하여 필요한 다른 상품 및 관련 상품을 기초로 생산되는 다른 상품에 관한 시장의 상황 등도 함께 고려하여야 할 것이다.

미국 2010년 『수평적 기업결합 심사지침(Horizontal Merger Guidelines)』에서도 소비자의 대체가능성, 생산자의 대체가능성, 운송비용 등 기준을 제시하고 있다.

> **〈Horizontal Merger Guidelines U.S. Department of Justice and the Federal Trade Commission Issued: August 19, 2010〉**
>
> 4.2 Geographic Market Definition
>
> The arena of competition affected by the merger may be geographically bounded if geography limits some customers' willingness or ability to substitute to some products, or some suppliers' willingness or ability to serve some customers. Both supplier and customer locations can affect this.
>
> The scope of geographic markets often depends on transportation costs. Other factors such as language, regulation, tariff and non-tariff trade barriers, custom and familiarity, reputation, and service availability may impede long-distance or international transactions.

EU의 『관련시장의 정의 고시』에서는 다음과 같이 규정하고 있다.

<COMMISSION NOTICE on the definition of relevant market for the purposes of Community competition law(97/C 372/03)>

The relevant geographic market comprises the area in which the undertakings concerned are involved in the supply and demand of products or services, in which the conditions of competition are sufficiently homogeneous and which can be distinguished from neighbouring areas because the conditions of competition are appreciably different in those area.

SSNIP 테스트를 적용하는 방법으로 소위 '임계매출감소분석(critical loss analysis)'이 활용된다. '임계매출감소분석'에 대해서는 상품시장획정에서 자세히 설명을 하였다.

한편 지리적 시장획정을 위한 도구로 Elzinga-Hogarty("E-H") 테스트를 사용하기도 한다. E-H 테스트란, 관련상품이 동질적인 경우에 특정지역의 LIFO(Little In Form Outside: 지역 내 생산/지역 내 총소비)와 LOFI(Little Out From Inside: 지역 내 소비/지역 내 총생산)가 모두 75% 이상인 경우, 즉 지역 내에서 소비되는 제품의 대부분이 지역 내에서 생산되고 지역 내에서 생산된 제품의 대부분이 지역 내에서 소비되는 경우 당해 지역은 독립된 지리적 시장으로 확정될 수 있다는 이론이다. <(주)포스코 시장지배적지위 남용행위 건>(대법원, 2007)에서 포스코는 E-H 테스트에 따른 LIFO 및 LOFI 지수 및 SSNIP 테스트의 적용방법인 임계매출분석 결과를 제시하면서 지리적 시장을 국내로 한정할 수 없다고 주장하였으나 법원에서 받아들여지지 않았다.

공정위에서 실제 Elzinga-Hogarty 테스트를 활용한 사례를 소개하면 다음과 같다.

<하이트맥주(주) 기업결합제한규정 위반행위 건, 공정위 2006.1.24. 의결 제2006-009호>

Elzinga-Hogarty 테스트란, 특정지역의 LIFO(Little In From Outside: 지역 내 생산소비/지역 내 총소비)와 LOFI(Little Out From Inside: 지역내 생산소비/지역 내 총생산)가 모두 75% 이상인 경우 즉, 지역내에서 소비되는 제품의 대부분이 지역 내에서 생산되고 지역 내에서 생산된 제품의 대부분이 지역내에서 소비되는 경우 당해 지역은 독립된 지리적 시장으로 획정될 수 있다는 이론으로 미국 판례에서 자주 이용되고 있다. 본건에서 전북지역은 LIFO=42.5%, LOFI=89.7%이므로 동 요건을 충족하지 못하는 것으로 나타난다.

한편 유통시장의 경우 SSNIP 방법론을 적용하기 어려우므로 <(주)신세계 기업결합제한규정 위반행위 건>(서울고법, 2008)에서는 '피취득회사의 지점을 중심으로 일정거리(반경 5km 또는 10km)의 원에 포함된 모든 할인점을 기준으로 다시 동일한 거리의 원을 중첩시켜 이 중첩원에 포함된 지역"으로 획정하였다. 이른바 '중첩원의 합집합(a union of overlapping circles)'개념을 사용하였다.

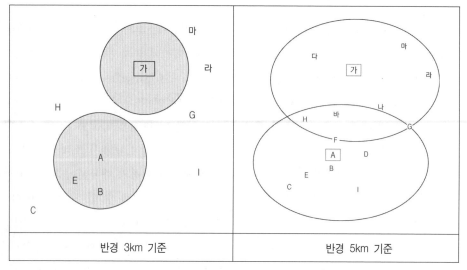

반경 3km 기준	반경 5km 기준

출처: 신세계 기업결합제한규정 위반행위 건(공정위, 2006)

한편 공정위는 EU『관련시장의 정의 고시』에서 규정하고 있는 '연쇄적 대체관계(chains of substitution)'라는 개념을 인정하고 있다. EU의『관련시장의 정의 고시』에서는 '연쇄적 대체관계(chains of substitution)'라는 개념을 인정하고 있는데 "연쇄적 대체관계가 존재하는 경우에는 시장의 양극단에 있는 상품이나 지역이 직접적으로 대체 가능하지 않아도 관련시장에 포함되는 것으로 획정될 수 있다"고 규정하고 있다.

⟨COMMISSION NOTICE on the definition of relevant market for the purposes of Community competition law(97/C 372/03)⟩

In certain cases, the existence of chains of substitution might lead to the definition of a relevant market where products or areas at the extreme of the

> market are not directly substitutable. Even if products A and C are not direct
> demand substitutes, they might be found to be in the same relevant product
> market since their respective pricing might be constrained by substitution to B.

　온라인 유통업의 경우 국경 없는 거래가 이루어져 시장획정이 문제가 된다. 관련하여 〈이베이 케이티에이(유케이) 리미티드 등 기업결합제한규정 위반행위 건〉(공정위, 2009)에서 공정위는 소비자 측면에서는 언어적 한계, 공급자 측면에서는 전상법상의 규제 등을 이유로 국내시장을 획정한 바 있다.

> **〈이베이 케이티에이(유케이) 리미티드 등 기업결합제한규정 위반행위 건, 공정위 2009.
> 6. 25. 의결 제2009-146호〉**
>
> 　우선 소비자 측면의 인터넷쇼핑시장의 경우 등록상품의 구색 및 종류, 판매가격 등이 지역적으로 차별화 됨이 없이 웹사이트를 통하여 전국적으로 동일하게 운영되고 있으며 인터넷 쇼핑시 언어적 한계가 존재하는 점 등을 고려하여 지리적 시장을 국내 시장으로 획정한다.
> 　또한 판매자 측면의 오픈마켓시장의 경우, 현재 G마켓, 옥션, 11번가, 인터파크 등 오픈마켓은 국내 판매자를 대상으로 오픈마켓 서비스를 제공하고 있으며 모든 판매자들은 전자상거래법에 따른 통신판매업자 신고를 해야 한다는 점, 모든 판매자들은 국내 운송업체를 이용해 판매한다는 점 등에 비추어 지리적 시장을 역시 국내시장으로 획정한다.

　배달앱시장의 경우 전국시장으로 획정하고 있다〈딜리버리히어로 에스이 등 4개 배달앱 사업자 기업결합제한규정 위반행위 건〉(공정위, 2021).

> **〈딜리버리히어로 에스이 등 4개 배달앱 사업자 기업결합제한규정 위반행위 건, 공정위
> 의결 2021. 2. 2. 제2021-032호〉**
>
> 　배달앱 시장의 경우 ① 결합당사회사가 전국 단위로 배달앱 사업을 영위하고 있고 전국 사업자를 중심으로 경쟁이 이루어지고 있는 점, ② 배달앱 서비스 지역과 관련한 법·제도적 규제가 없어 어떤 사업자라도 전국적으로 배달앱 서비스를 제공할 수 있는 점, ③ 배달앱 서비스의 품질이 전국적으로 차이가 없고, 광고 마케팅, 수수료 정책 등의 주요 경영의사결정도 전국 단위로 결정되는 점, ④ 소비자들의 구매전환 가능성 및 구매행태가 지역별로 차별화 되어 있지 않은 점[247] 등을 고려하여 전국시장으로 획정한다.

---

247) 개별 소비자나 음식점의 관점에서 보면 물리적으로 배달음식 거래가 가능한 지역적 범위가 이

　　지리적 시장은 전국으로 본 경우가 대부분이지만 지역으로 본 경우<(주)무학 외 1 기업결합제한규정 위반행위 건>(서울고법, 2004)도 있다. 동 건에서는 부산 및 경남지역을 지리적 시장으로 보았다.

　　크게는 세계시장의 성립가능성이 문제된다. 첫째, 시장지배적지위 남용행위 분야에서 <MS 시장지배적지위 남용행위 건>(공정위, 2006)에서 공정위는 끼워팔기 행위 관련하여 주된 시장인 PC서버운영체제, 윈도우(인텔호환) PC운영체제는 세계시장으로, 종된 시장인 미디어서버프로그램, 스트리밍 미디어플레이어, 일반용메신저시장은 국내로 획정한 바 있다. <포스코 시장지배적지위 남용행위 건>(대법원, 2007)에서 대법원은 열연코일에 관한 동북아시아를 관련시장으로 볼 수 없다고 판시하였다. <인텔 시장지배적지위 남용행위 건>(공정위, 2008)에서 공정위는 관련시장을 국내시장으로 보았다.

　　둘째, 기업결합 분야에서도 세계시장의 성립가능성이 문제된다. <삼익악기 기업결합제한규정 위반행위 건>(서울고법, 2008)에서 서울고법은 수입실적, 운송비·유통망구축비·관세 등 비용, 국가별 소비자의 브랜드 선호도, 제품가격의 차이를 고려하여 국내시장으로 보았다. 공정위가 세계시장으로 본 기업결합사건도 있다. 즉 <두산인프라코어/Ingersol Rand 기업결합제한규정 위반행위 건>(공정위, 2009), <Eastern Chemical/에스케이 케미컬 기업결합제한규정 위반행위 건>, <웨스턴디지털 기업결합제한규정 위반행위 건 건>(공정위, 2012), <퀄컴/엔엑스피 기업결합제한규정 위반행위 건>(공정위, 2018), <다나허 코퍼레이션 기업결합제한규정 위반행위 건>(공정위, 2020) 등이다. EU의 「합병규칙(FKVO)」에서는 기업결합의 위법성 판단시 고려요소의 하나로 공동체 내외에 소재하는 사업자의 실제적·잠재적 경쟁을 고려하도록 규정하고 있다.

룬차로 30분 거리 이내 등으로 한정되지만, 수많은 소비자와 음식점들이 중첩적으로 전국에 걸쳐 분포하고 있고 소비자들의 구매행태가 지역별로 크게 다르지 않으므로 연쇄적으로 소비자들의 구매전환이 이루어질 수 있다.; EU의 '연쇄적 대체관계(Chains of Substitution)' 개념을 인정한 것으로 보인다.

⟨Council Regulation (EC) No 139/2004 of 20 January 2004 on the control of concentrations between undertakings(the EC Merger Regulation)⟩

Article 2 Appraisal of concentrations

1. Concentrations within the scope of this Regulation shall be appraised in accordance with the objectives of this Regulation and the following provisions with a view to establishing whether or not they are compatible with the common market.

In making this appraisal, the Commission shall take into account:

(a) the need to maintain and develop effective competition within the common market in view of, among other things, the structure of all the markets concerned and the actual or potential competition from undertakings located either within or outwith the Community;

다. 거래단계별·거래상대방별 시장 등

셋째, 거래단계별 시장에서는 제조, 도매, 소매 등 시장을 말한다. 예를 들어 ⟨인텔 시장지배적지위 남용행위 건⟩(서울고법, 2013)에서 법원은 대리점을 제외한 직판채널로 획정한 바 있다.

넷째, 거래상대방별 시장은 상품이나 용역, 지역 또는 거래단계별로 특정한 구매자군(판매자군)이 존재하는 경우에 성립한다. 마지막으로 시간적 관련시장은 박람회, 대규모 행사가 하나의 시장으로 획정될 수 있다.

3. 공정거래법의 적용제외

경쟁정책은 경쟁을 보호하고 촉진하는 데 그 목적이 있다. 그러나 경쟁정책이 모든 국가정책에 우선하는 절대적 위치를 가지고 있는 것은 아니다. 다른 주요 국가정책 예를 들어 산업정책, 금융정책, 지식재산권 보호 등 기타의 정책과의 조화가 필요하다. 이를 경쟁정책의 기본입장에 비추어 보면 경쟁의 자유도 중요하지만 사회전체의 후생증가도 중요하다는 인식에 기반을 둔 것이다.

가. 법령에 따른 정당한 행위

1) 의미

공정거래법은 사업자 또는 사업자단체가 다른 법률 또는 그 법률에 의한 명령에 따라 행하는 정당한 행위에 대해서는 적용되지 않는다(법 제116조). 여기에서 법률은 당해 사업의 특수성을 경쟁제한이 합리적이라고 인정되는 사업 또는 인가제 등에 의하여 사업자의 독점적 지위가 보장되는 반면 공공성의 관점에서 고도의 공적규제가 필요한 사업 등에 있어서 자유경쟁의 예외를 인정하고 있는 법률 또는 그 법률에 의한 명령의 범위 내에서 행하는 필요 최소한의 행위를 말한다(대법원, 1996 등). 정당한 행위의 해석기준에 대하여 크게 공정거래법을 기준으로 판단하는 견해와 당해 법률을 기준으로 파악하는 견해가 있을 수 있다. 전자는 예를 들면 경쟁제한을 인정해야 할 합리적인 근거가 있는 경우로 한정하는 견해이다. 즉, 정당성의 기준을 공정거래법상 경쟁제한성을 기준으로 판단하는 것이다. 후자는 당해 법률에 근거해서 정당성을 판단해야 한다는 입장이다. 그러나 정당한 행위는 공정거래법의 해석 기준으로 보아 정당한 행위라는 의미는 아니며 당해 법률 또는 명령에서 정하고 있는 정당성이라고 해석하여야 한다.

예를 들어 「보험업법」 제125조에 의한 상호협정의 인가이다. 즉, "보험회사는 그 업무에 관한 공동행위를 하기 위하여 다른 보험회사와 상호협정을 하고자 하는 경우에는 대통령령이 정하는 바에 따라 금융위원회의 인가를 받아야 한다"고 규정하고 있다. 여기서 '그 업무에 관한'의 해석관련 < (사)대한손해보험협회 외 10 부당공동행위 건>(대법원, 2006)에서 법원은 "'기타 응급조치' 서비스 폐지의 합의가 특별이익 제공에 해당하지 않는 보험계약의 거래조건에 관한 것으로서 자동차손해보험의 거래조건에 관한 경쟁을 제한하는 행위에 해당하는 이상 위 보험업법 제17조에 따라 행하는 정당한 행위로서 법 제116조에 해당한다고 할 수 없다"고 함으로써 보험업 고유의 업무에 관한 것으로 한정하여 해석하고 있다.

〈(사)대한손해보험협회 외 10 부당공동행위 건, 대법원 2006. 11. 23. 선고 2004두 8323 판결〉

원고들의 '기타 응급조치' 서비스 폐지 합의가 법 제116조에 의한 '사업자 또는 사업

> 자단체가 다른 법률 또는 그 법률에 의한 명령에 따라 행하는 정당한 행위'에 해당한다
> 고 할 수 없다고 보고, 나아가 위 보험업법 제17조가 보험사업자에게 그 사업에 관한
> 공동행위를 하기 위한 상호협정을 허용한 취지는 보험사업자가 자율적으로 건전한 보
> 험거래질서를 확립할 수 있도록 하기 위함이므로 위 상호협정의 특별이익 제공금지에
> 관한 세부적용기준에 의거한 공동행위라 하더라도 이러한 보험업법의 취지에 부합하지
> 않는 공동행위는 허용되지 않는다 할 것이므로, 원고들의 '기타 응급조치' 서비스 폐지
> 의 합의가 특별이익 제공에 해당하지 않는 보험계약의 거래조건에 관한 것으로서 자동
> 차손해보험의 거래조건에 관한 경쟁을 제한하는 행위에 해당하는 이상 위 보험업법 제
> 17조에 따라 행하는 정당한 행위로서 법 제116조에 해당한다고 할 수 없다.

미국에서 보험업을 독점금지법적용에서 제외하는 「맥커렌-퍼거슨법(McCarren-Ferguson Act)」에서도 보험회사의 영업행위 전체가 아니라, 보험사업의 경우에만 면제가 가능하다고 규정하고 있다.

〈15 USC Ch. 20: REGULATION OF INSURANCE〉

§1013. Suspension until June 30, 1948, of application of certain Federal laws; Sherman Act applicable to agreements to, or acts of, boycott, coercion, or intimidation

(a) Until June 30, 1948, the Act of July 2, 1890, as amended, known as the Sherman Act, and the Act of October 15, 1914, as amended, known as the Clayton Act, and the Act of September 26, 1914, known as the Federal Trade Commission Act [15 U.S.C. 41 et seq.], and the Act of June 19, 1936, known as the Robinson-Patman Anti-Discrimination Act, shall not apply to the business of insurance or to acts in the conduct thereof.

한편 「해운업법」 제29조 제1항에서는 "외항화물운송사업자는 다른 외항화물운송사업자와 운임·선박배치, 화물의 적재, 그 밖의 운송조건에 관한 계약이나 공동행위("협약")를 할 수 있다. 다만, 협약에 참가하거나 탈퇴하는 것을 부당하게 제한하는 것을 내용으로 하는 협약을 하여서는 아니 된다"고 규정한다. 그러나 일정한 단서를 두고 있는 바, 협약을 해양수산부장관에게 신고하고(제2항) 부당하게 운임이나 요금을 인상하거나 운항 횟수를 줄여 경쟁을 실질적으로 제한하는 경우에는 공정거래위원회에 통보의무를 부과하며(제5항), 화주단체와 충분한 협의를 하도록 의무화하고 있다(제6항). 동 법은 일부 제한이 있으나, 원칙적으로 공정거래법이 금지

하는 부당공동행위를 전면적으로 허용하는 보기 드문 입법례에 해당한다. 전통적으로 해운산업에서는 해운동맹의 특수성이 인정되어 왔으며, 미국, 일본 등에서도 우리나라와 유사한 제도를 운영하고 있다. 다만 EU에서는 2008. 10. 정기선 해운동맹(liner shipping conference)에 대한 경쟁법 적용제외제도를 폐지하였다.

「항공법」의 경우에도 일정한 예외가 규정되어 있다. 즉, 동 법 제117조 제1항에서 항공협정에서 정하는 바에 따라 국제항공노선의 여객 또는 화물(우편물은 제외)의 운임 및 요금을 정하여 국토교통부장관의 인가를 받거나 국토교통부장관에게 신고하여야 한다고 규정하고 있다. 그러나 <26개 항공화물사업자 부당공동행위 건>(대법원, 2014)에서 인가제도와 법령상 적용제외가 문제가 되었다. 대법원은 "지정항공사들 사이의 운임 등에 관한 합의내용이 단순히 운임의 체계에 관한 사항을 변경하는 것을 넘어 일정한 항목에 대한 할인을 제한하는 내용까지 포함하고 있다면, 이러한 합의는 구 항공법과 항공협정이 허용하는 범위를 벗어나는 것으로서 '자유경쟁의 예외를 구체적으로 인정하고 있는 법률 또는 그 법률에 의한 명령의 범위 내에서 행하는 필요·최소한의 행위'에 해당하지 아니한다"고 판시하였다.

또한 상기 건에서는 외국법률에 따른 행위가 공정거래법 적용제한의 대상이 되는지가 문제가 되었다. 이에 대하여 대법원은 "당해 행위에 대하여 공정거래법 적용에 의한 규제의 요청에 비하여 외국 법률 등을 존중해야 할 요청이 현저히 우월한 경우에는 공정거래법의 적용이 제한될 수 있다고 보며 그러한 경우에 해당하는지는 당해 행위가 국내시장에 미치는 영향, 당해 행위에 대한 외국 정부의 관여 정도, 국내 법률과 외국 법률 등이 상충되는 정도, 이로 인하여 당해 행위에 대하여 국내 법률을 적용할 경우 외국 사업자에게 미치는 불이익 및 외국 정부가 가지는 정당한 이익을 저해하는 정도 등을 종합적으로 고려하여 판단한다"고 하고, "이 사건 합의 중 일본발 국내행 부분이 공정거래법의 적용이 제한되는 경우에 해당된다고 볼 수 없다"고 판시하였다. 이는 역외적용에 있어서 이익형량론에 입각한 것이다.

「보험업법」, 「해운법」 및 「항공법」상 공동행위를 할 수 있는 일정한 예외가 규정되어 있지만, 서로 다소간의 차이가 있다. 즉, 「보험업법」의 경우 업무에 관한 상호협정을 위한 공동행위로 한정되어 있고, 금융위원회의 인가를 받도록 되어 있다. 「해운법」의 경우 운임·선박배치, 화물의 적재, 그 밖의 운송조건에 관한 계약이나 공동행위로 명시적으로 밝히고 있고, 해양수산부장관에게 신고하도록 하고 있다.

「항공법」의 경우 항공협정이 정하는 바에 따라 여객 또는 화물의 운임 및 요금을 정하여 국토교통부장관의 인가를 받거나 국토교통부장관에게 신고하여야 한다. 일반적으로 인가(認可)는 제3자의 법률행위를 보충하여 그 법률상 효력을 완성시키는 형성적 행정행위로서 법률행위의 효력요건이다. 따라서 무인가 행위는 법률상 무효이다. 그러나 신고(申告)는 법률의 규정에 따라 행정관청에 법률사실이나 어떠한 사실에 대해 진술하거나 보고하는 행위이다. 동법상의 신고는 통지함으로써 의무가 끝나는 수리를 요하지 않는 신고이다. 신고를 행하지 아니하더라도 행정법상 무효로 되는 것은 아니며, 다만 과태료 부과 또는 영업정지 처분의 대상이 될 수 있다. 위와 같은 점을 종합적으로 보았을 때, 내용적인 면에서 부당공동행위의 가장 광범위한 예외를 인정하고 있는 경우는 「해운법」이라고 할 수 있다.

〈보험업법〉

제125조(상호협정의 인가) ① 보험회사가 그 업무에 관한 공동행위를 하기 위하여 다른 보험회사와 상호협정을 체결(변경하거나 폐지하려는 경우를 포함한다)하려는 경우에는 대통령령으로 정하는 바에 따라 금융위원회의 인가를 받아야 한다. 다만, 대통령령으로 정하는 경미한 사항을 변경하려는 경우에는 신고로써 갈음할 수 있다.

〈해운법〉

제29조(운임 등의 협약) ① 외항화물운송사업의 등록을 한 자(이하 "외항화물운송사업자"라 한다)는 다른 외항화물운송사업자(외국인 화물운송사업자를 포함한다)와 운임·선박배치, 화물의 적재, 그 밖의 운송조건에 관한 계약이나 공동행위(외항 부정기 화물운송사업을 경영하는 자의 경우에는 운임에 관한 계약이나 공동행위는 제외하며, 이하 "협약"이라 한다)를 할 수 있다. 다만, 협약에 참가하거나 탈퇴하는 것을 부당하게 제한하는 것을 내용으로 하는 협약을 하여서는 아니 된다.

② 외항화물운송사업자(국내항과 외국항에서 해상화물운송사업을 경영하는 외국인 화물운송사업자를 포함한다)가 제1항의 협약을 한 때에는 해양수산부령으로 정하는 바에 따라 그 내용을 해양수산부장관에게 신고하여야 한다. 협약의 내용을 변경한 때에도 또한 같다.

〈항공법〉

제117조(운임 및 요금의 인가 등) ① 국제항공운송사업자는 해당 국제항공노선에 관련된 항공협정에서 정하는 바에 따라 국제항공노선의 여객 또는 화물(우편물은 제외한

> 다. 이하 같다)의 운임 및 요금을 정하여 국토교통부장관의 인가를 받거나 국토교통부
> 장관에게 신고하여야 한다. 이를 변경하려는 경우에도 또한 같다.

행정지도의 경우 다른 법령에서 허용하는 경우, 행정지도의 목적, 수단, 내용, 방법 등이 근거법령에 부합하고, 사업자들이 그 행정지도 범위 내에서 행위를 한 경우 적용이 제외된다.

2) 미국에서의 이론

미국에서의 이론을 소개하면 다음과 같다. 첫째, 묵시적 적용제외 이론(implied exemptions)은 연방기관이 특정영역에서 규제권한을 가진다면, 법원은 그 기관이 1차적 관할권을 가진다고 인정하고 그 기관이 그 사안을 다룰 때까지 판단을 유보하는 것이다. 1932년 「노리스-라가디아 법(Norris-LaGuardia Act)」에 의해 노동조합은 독점금지법 적용영역에서 제외되어 있다. 1914년 「클레이튼법(Clayton Act)」 제6조에서도 노동단체, 농업단체 등에의 독점금지법 적용이 제외되어 있다. 노동조합에 대한 포괄적 적용제외는 단체협상을 위해 조직화된 노동조합과 단체교섭권은 노동시장과 노사관계에 있어서 협상력의 불균형을 해소할 수 있기 때문이고, 농업부문에도 노동조합과 같이 거래 또는 계약 상대방이 독점력을 상쇄할 수 있는 대항력을 제공한다는 취지 때문이다.[248]

일찍이 <Loewe v. Lawlor 사건>(미연방대법원, 1908)에서 북미 모자연맹이 미국 노동총연맹과 연합하여 모피모자 제조업자들에게 모자 도매상이나 소매상들이 사업을 보이콧함으로써 가입하도록 강요한 행위에 대하여, 연방대법원은 노동조합에 대해서도 셔먼법이 적용된다고 보고 3배 배상을 인용하였다. 그 후 1932년 「노리스-라가디아 법(Norris-LaGuardia Act)」, 1914년 「클레이튼법(Clayton Act)」에 따라 적용면제가 되었고, 예를 들어 <United States v. Hutcheson 사건>(미연방대법원, 1941)에서는 셔먼법 적용이 인정되지 않았다. 동 판결에서는 목적달성을 위해 자신의 이익을 위해 행동할 것과 비노동단체와 연합되지 아니할 것("acts in its self interest and does not combine with non-labor groups")을 요구하고 있다.

---

248) 이승철, 공정거래경제학(1999), 458~459면.

⟨Clayton Act⟩

§ 6. Antitrust laws not applicable to labor organizations

The labor of a human being is not a commodity or article of commerce. Nothing contained in the antitrust laws shall be construed to forbid the existence and operation of labor, agricultural, or horticultural organizations, instituted for the purposes of mutual help, and not having capital stock or conducted for profit, or to forbid or restrain individual members of such organizations from lawfully carrying out the legitimate objects thereof; nor shall such organizations, or the members thereof, be held or construed to be illegal combinations or conspiracies in restraint of trade, under the antitrust laws.

⟨ACT OF MARCH 23, 1932 ["Norris-LaGuardia Act"]⟩

SEC. 5. No court of the United States shall have jurisdiction to issue a restraining order or temporary or permanent injunction upon the ground that any of the persons participating or interested in a labor dispute constitute or are engaged in an unlawful combination or conspiracy because of the doing in concert of the acts enumerated in section 4 of this Act.

⟨Loewe v. Lawlor, 208 U.S. 274 (1908)⟩

Organizations of farmers and laborers were not exempted from its operation, notwithstanding the efforts which the records of Congress show were made in that direction.

⟨United States v. Hutcheson, 312 U.S. 219 (1941)⟩

In determining whether trade union conduct violates the Sherman Act, that Act should be read with § 20 of the Clayton Act and with the Norris—LaGuardia Act.

Labor union activities enumerated in §20 of the Clayton Act, which that section declares shall not be "considered or held to be violations of any law of the United States," are not punishable as criminal under the Sherman Act.

「클레이튼법(Clayton Act)」제7조에서는 기업결합에 있어서 다른 국가기관 소관 사항에 대해서는 적용을 제외하고 있다.

> **〈Clayton Act〉**
>
> § 7. Acquisition by one corporation of stock of another
> Nothing contained in this section shall apply to transactions duly consummated pursuant to authority given by the Secretary of Transportation, Federal Power Commission, Surface Transportation Board, the Securities and Exchange Commission in the exercise of its jurisdiction under section 79j of this title, the United States Maritime Commission, or the Secretary of Agriculture under any statutory provision vesting such power in such Commission, Board, or Secretary.

우리나라의 경우 〈하림 외 15 부당공동행위 건〉(서울고법, 2008)에서 농안법 및 축산법상 농수산업자 및 축산업자 보호제도의 근거로 주장되었으나 법원이 인정하지 않았다.

둘째, 주행위 면제이론(State Action Immunity)이다. 주공무원과 '주행위'에 준하는 사경제주체의 경쟁제한행위에 대하여는 독점금지법을 면제한다.

셋째, 청원행위(Petitioning)이다. 〈Noerr Motor Freight 사건〉(연방대법원, 1961)에서 연방대법원이 24개 철도회사와 철도협회가 경쟁하는 트럭회사에게 불리한 입법과 행정행위를 얻으려는 공동노력에 대하여 독점금지법 적용을 면제하였다(이른바 "노어-페닝턴 면제법리(Noerr-Pennington Doctrine)").

> **〈Eastern R. Presidents Conference v. Noerr Motor Freight, Inc., 365 U.S. 127(1961)〉**
>
> The Court characterized the nature of the case as a "no-holds-barred fight" between two industries seeking to control a profitable source of income. Each group appeared to have utilized all the political power it could muster in an attempt to bring about the passage of laws that would help it and injure the other. These activities fell within the freedom to petition protected by the First Amendment.

노어면제의 법리가 우리나라 공정거래법에 적용가능한지 문제된 몇몇 사례가 있다.

〈5개 은행 수출환어음 매입수수료 관련 부당공동행위 건〉(공정위, 2008), 〈8개 은행 뱅커스 유산스 인수수수료 관련 부당공동행위 건〉(공정위, 2008)에서 노어

면제 법리를 배척하였다. <26개 항공화물사업자 부당공동행위 건>(대법원, 2014)에
서도 법원은 "이 사건 공동행위는 유류할증료 도입, 그 시기 및 수준 등에 관한 사
업자 간 합의를 그 내용으로 하므로 그 도입과정에서 정부의 인가절차가 수반된다
하더라도 이를 정부규제에 관한 공동청원으로 볼 수 없고, 노어면제법리는 '입법부
를 포함한 국가기관에 영향을 미쳐 자신에게 유리한 정책을 유도하는 행위의 경우
그 의도가 경쟁제한적이고 그 결과로서 경쟁제한적인 내용의 정책이 초래되더라도
경쟁법 적용을 배제'함으로써 정치적 기본권의 행사를 본질로 하는 행위에는 경쟁법
적용을 배제한다는 것인데 이 사건 공동행위의 내용에 비추어 그 법리를 적용할 수
없다"고 판시하였다.

한편 <14개 생명보험사 및 10개 손해보험사 부당공동행위 건>(대법원, 2012)
에서 대법원은 "이 사건 합의가 금융감독원의 정책에 영향을 끼치려는 의도 아래
이루어진 것이라고 볼 수도 없으며, 단순한 의견수집 및 제시 행위가 아니라 공정거
래법상 부당한 공동행위에 해당하는 요건을 구비하였다"고 하고, "정부의 정책 또는
법집행에 영향력을 행사하기 위한 사업자의 행위가 헌법상 표현의 자유 및 청원권
의 행사로 인정된다는 이유만으로 공정거래법의 적용이 배제될 수 없다"고 판시함
으로써, 노어면제법리를 정면으로 부인하였다.

3) EU

EU의 경우 「EU기능조약(TFEU)」 제101조 제3항에 의한 일괄면제제도가 있다.
2021년 12월 EU집행위원회는 경제의 디지털화가 급속히 진전되면서 플랫폼을 통해
노동력을 제공하는 플랫폼노동자들의 소득수준 등 근로조건개선을 위한 정책을 발
표하였는데, 경쟁정책 차원에서 플랫폼노동자 등 1인자영업자가 근로조건개선을 위
해 사용자와 체결하는 단체협약에 대해서는 카르텔규제를 면제하는 가이드라인을
발표하였다.[249] 독일의 경우 「경쟁제한방지법(GWB)」 제28조(농업), 제30조(신문과
잡지 재판매가격구속) 등 적용제외규정이 있고, 도서정가제, 금융·보험, 운송, 통신
등 분야는 특별법에 규정이 있다.[250]

---

249) 김문식, EU경쟁법의 이해(2022), 149~152면 참조.
250) 이봉의, 독일경쟁법(2016), 67면.

나. 무체재산권 행사

1) 지식재산권과 공정거래법

특허제도의 기원은 1474년 베니스공화국까지 거슬러 올라갈 수 있는데,[251] 현 선진국들 대부분은 1790년에서 1850년 사이에 각자의 특허법을 제정했고, 19세기 후반까지는 (1709년에 영국이 처음으로 도입한) 저작권법과 (1862년에 영국이 처음으로 도입한) 상표권을 포함한 지식재산권 제도를 확립했다.[252]

공정거래법은 저작권법, 특허법, 실용신안법, 디자인보호법 또는 상표법에 의한 권리의 행사라고 인정되는 행위에 대해서는 적용하지 아니한다(법 제117조). 저작권 은 지적소유권이라고 하는 것으로 예술작품이나 문학작품 등의 저작자에게 그 상품 의 판매권 등을 배타적으로 인정해 주는 제도, 특허권은 발명특허라고도 하는 것으 로 새로운 물건을 발명한 사람에게 그 발명품에 대한 권한을 배타적으로 인정하는 것, 상표권은 기업의 명칭이나 상징물을 배타적으로 인정해 주는 제도이다.[253]

관련하여 『지식재산권 심사지침』을 운영하고 있다. 지식재산권과 공정거래법은 상호 모순된 법이 아니라 상호보완 관계에 있다는 것이 일반적 견해(혁신촉진효과)이 다. 특허 등의 지식재산 제도는 혁신적인 기술에 대한 정당한 보상을 통해 새로운 기술혁신의 유인을 제공함으로써 창의적인 기업 활동을 장려하고 관련 산업과 국민 경제의 건전한 발전을 도모한다. 이러한 점에서 지식재산 제도와 이 법은 궁극적으 로 공통의 목표를 추구한다.

2) 지식재산권의 한계

법 제117조의 규정에 따른 지식재산권의 정당한 행사라 함은 관련 법률에 따 라 허여받은 지식재산권의 배타적 사용권 범위 내에서 행사하는 것을 말하며, 이러 한 경우에는 법 제117조의 규정에 따라 이 법의 적용이 배제된다(『지식재산권 심사지 침』 II. 1). 그러나 외형상 지식재산권의 정당한 행사로 보이더라도 그 실질이 지식재 산 제도의 취지를 벗어나 제도의 본질적 목적에 반하는 경우에는 정당한 지식재산 권의 행사로 볼 수 없어 이 법 적용 대상이 될 수 있다. 이는 법 제117조의 적용제

---

251) 최정표, 산업조직경제학(2016), 346면.
252) 장하준 지음(이종태·황해선 옮김), 국가의 역할(2006), 186면.
253) 최정표, 산업조직경제학(2016), 345면.

외 규정이 없더라도 당연한 내용으로 볼 수 있다.

<남대문시장 7개 아동복상가운영회 경쟁제한행위 및 구성사업자에 대한 사업활동제한행위 건>(공정위, 1997)이 최초의 사례인데, 공정위는 공유상표를 쓰는 피심인이 동대문상인 등 특정거래상대방에 대한 판매를 금지하도록 한 행위와 정상적인 할인판매까지 금지한 행위에 대하여는 위법성이 인정되나, 각 사업자들이 생산한 제품에 대한 철저한 품질관리가 이루어진다는 전제하에서 과도한 할인판매를 하지 못하도록 한 행위는 상표법에 의한 정당한 권리의 행사의 범위로 봄이 타당하다고 판단하였다.

〈남대문시장주식회사 7개 아동복상가운영회 경쟁제한행위 및 구성사업자에 대한 사업활동제한행위 건, 공정위 1997. 2. 18. 의결 제97-25호〉

과도한 할인판매를 스스로 규제하지 아니할 경우 상표가치의 하락과 함께 상표의 기능유지가 어려워지고 정상적인 제품을 생산. 판매하는 구성사업자들에게 그 피해가 돌아갈 수 있으므로, 이를 방지하기 위하여 구성사업자에 대하여 과도한 할인판매를 금지한 행위는 상표법에 의한 권리의 행사로서 그 정당성이 인정된다 할 것이다. 그러나 구성사업자 스스로 경영합리화, 기술향상 등 원가절감을 통하여 양질의 제품을 낮은 가격으로 판매하거나, 거래의 규모나 빈도, 거래상대방의 신용도 및 거래기간 등을 감안하여 특정 거래상대방에 대하여 일정한 할인을 하여 주거나, 재고상품을 처리하기 위한 목적으로 일정한 할인율을 적용하여 판매하는 것은 정당한 상거래상의 관행이라 할 것이므로 이러한 할인판매까지 금지하는 것을 상표법상의 정당한 권리행사로 볼 수는 없으므로 피심인이 동대문상인 및 창고할인업자에 대한 판매를 금지하고 구성사업자들에게 이를 준수하도록 한 행위는 거래상대방을 제한하는 행위로서 부당하다 것이다.

『지식재산권 심사지침』 기준으로 지식 재산권 행사와의 한계 관련하여 개괄적으로 살펴보면 다음과 같다.

첫째, 특허권의 취득 관련, 주요 영업부분에 해당하는 특허권의 양도·양수 계약을 체결하는 경우 기업결합의 제한 규정을 적용할 수 있다. 실시허락 계약을 체결함에 있어 실시권자가 실시허락과 관련된 기술을 개량하는 경우 개량된 기술을 특허권자에게 양도 또는 실시허락 하도록 하는 그랜트백(grant back)의 경우 배타적인 경우 등 실시권자가 연구개발을 할 유인을 감소시키고 관련시장에서 경쟁을 제한할 수 있다(『지식재산권 심사지침』 III. 1).

둘째, 소송을 통한 특허권의 행사 관련, 특허침해소송 등의 법적 절차는 특허권자의 중요한 권리보장 수단이지만 기만적으로 취득했거나 특허무효인줄 알면서 특허침해소송을 제기하는 경우 등에는 특허권의 정당한 권리범위를 벗어난 것으로 판단할 수 있다(『지식재산권 심사지침』 III. 2).

셋째, 실시허락 관련, ① 실시료 부과 행위는 특허권에 의한 정당한 권리 행사로 볼 수 있지만, 다른 사업자와 공동으로 실시료를 결정·유지 또는 변경하거나, 부당하게 거래상대방 등에 따라 실시료를 차별적으로 부과하는 행위 등의 경우에는 특허권의 정당한 권리범위를 벗어난 것으로 판단할 수 있다. <퀄컴 시장지배적지위 남용행위 건>(대법원, 2019)에서 대법원은 기술료를 부당하게 차별적으로 부과한 행위를 사업활동방해행위로 판단하였다.

> **<퀄컴인코퍼레이티드 등 시장지배적지위 남용행위 건, 서울고법 2013. 6. 19. 선고 2010누3932 판결; 대법원 2019. 1. 31. 선고 2013두14726 판결>**
>
> 단순히 '거래상대방'이라고만 하고 있을 뿐이어서 그 문언상 반드시 복수의 거래상대방을 전제하고 있다고 볼 수는 없으며, 또 같은 거래상대방에 대하여 구체적인 조건에 따라 가격을 차별적으로 할인하는 방법에 의하여도 경쟁사업자의 사업활동을 방해하여 경쟁제한의 효과를 유발할 수 있는 것이므로, 여기서의 가격차별행위란 반드시 둘 이상의 구매자 사이에서 가격을 차별하는 경우에 한정되지 않고, 하나의 구매자에 대하여 구체적 조건에 따라 가격을 차별적으로 할인하는 경우도 포함된다
>
> 그런데 이 사건 로열티 차별적 부과행위는 휴대폰 제조사가 원고 퀄컴이 판매하는 CDMA 모뎀칩을 장착한 경우와 그렇지 않은 경우(다른 경쟁사업자가 공급하는 CDMA 모뎀칩을 장착한 경우)를 구별하여 로열티를 달리 적용하는 것이므로 거래상대방에 대하여 가격을 차별하는 행위에 해당함은 명백하다.

② 특허권자가 자신의 권리보장을 위해 합리적인 범위에서 실시허락을 거절하는 행위는 특허권에 의한 정당한 권리 행사로 볼 수 있다. 그러나 정당한 이유없이 자기와 경쟁관계에 있는 다른 사업자와 공동으로 특정사업자에 대하여 실시허락을 거절하거나 부당하게 특정사업자에 대하여 실시허락을 거절하는 행위 등의 경우 예외적으로 특허권의 정당한 권리범위를 벗어난 것으로 판단할 수 있다.

③ 특허권자는 정당한 범위에서 실시허락을 거절할 수 있을 뿐만 아니라, 다른 사업자에게 특허발명의 이용 범위를 한정하여 부분적으로 실시를 허락할 수도 있지

만 특허권자와 실시권자가 거래수량, 거래지역, 그 밖의 거래조건에 부당하게 합의하거나, 실시수량, 지역, 기간 등을 차별적으로 제한하는 행위 등의 경우 특허권의 정당한 권리범위를 벗어난 것으로 판단할 수 있다.

④ 특허권자가 해당 특허발명의 효과적 구현, 계약상품의 안전성 제고, 기술의 유용 방지 등을 위해 합리적인 범위에서 실시허락 시 조건을 부과하는 행위는 특허권에 의한 정당한 권리행사로 볼 수 있다. 그러나 실시허락 시 계약상품 가격의 제한, 원재료 등의 구매상대방 제한, 판매상대방 제한, 끼워팔기, 부쟁의무 부과, 기술개량과 연구활동의 제한, 권리소멸 후 이용제한, 일방적 계약해지 규정 등 행위는 특허권의 정당한 권리범위를 벗어난 것으로 판단할 수 있다(『지식재산권 심사지침』 III. 3).

넷째, 특허풀(Patent Pool)과 상호실시허락(Cross License) 관련, ① 특허풀이란 복수의 특허권자가 각각 보유하는 특허를 취합하여 상호 간에 또는 제3자에게 공동으로 실시하는 협정으로써 보완적인 기술을 통합적으로 운영함으로써 관련 기술분야에 대한 탐색비용, 복수의 특허권자에 대한 교섭비용 등을 절감하고, 침해소송에 따른 기술이용의 위험을 감소시켜, 관련시장의 효율성을 제고하고 기술의 이용을 촉진시키는 친경쟁적 효과를 발생시킬 수 있다. 그러나 특허풀 운영과정에 거래가격, 수량, 지역, 상대방, 기술개량의 제한 등의 조건에 부당하게 합의하거나, 특허풀에 참여하지 않은 다른 사업자에 대한 실시를 거절하거나, 차별적인 조건으로 실시계약을 체결하는 행위 등의 경우 특허권의 정당한 권리범위를 벗어난 것으로 판단할 수 있다.

② 상호실시허락이란 복수의 특허권자가 각각 보유하는 특허에 대하여 서로 실시를 허락하는 협정으로 특히 특허 분쟁과정의 합의 수단으로 이용되는 경우가 많다. 특허풀과 유사하게 특허권의 정당한 권리범위를 벗어난 것으로 판단할 수 있다(『지식재산권 심사지침』 III. 4).

다섯째, 표준기술 관련, ① 표준기술 선정을 위한 협의와 표준필수특허권의 행사는 관련 기술의 이용을 촉진하고, 효율성 창출을 통해 소비자 후생증대에 기여할 수 있다는 점에서 친경쟁적인 효과를 발생시킬 수 있으나 표준기술 선정을 위한 협의과정에서 이와 관련된 거래가격·수량, 거래지역, 거래상대방, 기술개량의 제한 등의 조건에 부당하게 합의하는 행위, 표준기술로 선정될 가능성을 높이거나 실시조건의 사전 협상을 회피할 목적 등으로 부당하게 자신이 출원 또는 등록한 관련 특허 정보를 공개하지 않는 행위, 관련시장에서의 독점력을 강화하거나 경쟁사업자를 배제하기 위하여 FRAND[254] 조건으로의 실시허락을 부당하게 회피우회하는 행위 등 표준화 절차를 악용하거나, 표준기술로 채택된 이후 부당한 조건을 제시하는 등의 행위는 특허권의 정당한 권리범위를 벗어난 것으로 판단할 수 있다. 특허 미공개 행위는 특허매복행위(Patent Ambush)라고 한다. 대표적인 사례로는 <Rambus 사건>(연방항소법원, 2003)을 들 수 있다.

〈Rambus Inc. v. Infineon Techs. AG, 318 F.3d 1081(2003)〉

"Further, assuming that the developer had a duty to disclose its patents to the council based on council policy, the duty was limited to disclosure of issued or pending claims which were needed to practice the proposed standard. Thus, the developer had no duty to disclose patent applications which the evidence showed had no claims that read on one standard, nor any duty to disclose applications reading on another standard proposed after the developer's withdrawal from the council."

---

② 표준필수특허권자는 자신의 특허권 침해를 방지하고 이로 인한 손해의 회복을 위하여 침해금지청구권과 손해배상청구권 등을 행사할 수 있다. 그러나 침해금지청구가 아무런 제한없이 이루어진다면 표준필수특허권자가 경쟁사업자를 시장에서 배제하거나 사업활동을 방해하기 위하여 또는 잠재적 실시권자에게 과도한 실시료를 부과하거나 실시허락 시 부당한 조건을 부과하기 위하여 침해금지청구를 하는 특허억류(Patent hold-up)가 발생할 수 있다. 따라서 FRAND 조건으로 실시허락할 것을 확약한 표준필수특허권자가 실시허락을 받을 의사가 있는 잠재적 실시권자(willing licensee)에 대하여 침해금지청구를 하는 행위는 특허권의 정당한 권리 범위를 벗어난 것으로서 관련시장의 경쟁을 제한할 우려가 있는 행위로 판단할 수 있다 (『지식재산권 심사지침』 III. 5).

---

254) FRAND(Fair, Reasonable and Non-Discriminatory)는 '공정하고, 합리적이고, 비차별적인'을 줄인 말이다. 표준이 된 특허기술의 권리자가 경쟁사에게 차별적인 사용조건을 적용하여 발생할 수 있는 불공정 행위를 방지하는 것을 목적으로 한다. ETSI(유럽전기통신표준협회)가 제정한 특허기술 사용에 관한 조항에 포함되면서 널리 쓰이게 되었다. https://ko.wikipedia.org/wiki/FRAND

삼성전자와 애플 간 특허분쟁을 해결하기 위한 협상진행 도중 애플이 2011. 4. 15. 미국에서 삼성전자를 상대로 '디자인권 및 비표준특허의 침해금지 및 손해배상'을 구하는 소송을 제기하자, 삼성전자는 2011. 4. 21. 서울중앙지방법원에 애플을 상대로 '제3세대 이동통신 기술과 관련한 4개 표준특허 및 1개 비표준특허의 침해금지 및 손해배상'을 구하는 소송을 제기하였다. 그리고 2012. 4. 3. 미국 애플 본사(Apple Inc.)와 애플코리아(유)는 삼성전자가 표준특허에 근거하여 금지청구를 제기함으로써 시장지배적 사업자가 특허침해 소송을 부당하게 이용하여 사업활동을 방해하였다고 공정위에 신고하였다. 아울러, 이러한 행위는 필수요소에 관한 접근 거절에도 해당하고 삼성전자는 기술표준화 과정에서 특허정보의 공개의무를 위반했으므로 이는 사업활동방해 등에 해당한다고 주장하였다.

이에 대해 2012. 8. 서울중앙지법은 삼성전자가 FRAND 선언에 위반한 행위로서 권리남용에 해당하지 않는다고 판단하고, 공정거래법상 시장지배적지위 남용행위나 불공정거래행위에도 해당되지 않는다고 판시하였다. 한편 공정위도 삼성전자가 표준화과정에서 특허정보의 공개를 고의로 지연함으로써 적시공개의무를 위반했다고 볼 수 없다고 판단하였으며, 사업활동 방해행위에 해당하지 않는다고 판단하였다.

여섯째, 특허분쟁과정에서의 합의 관련, 특허무효심판, 특허침해소송 등의 특허분쟁 과정에서 부당하게 시장 진입을 지연하는 데 합의하는 등의 행위는 특허권의 정당한 권리 범위를 벗어난 것으로 판단할 수 있다(『지식재산권 심사지침』 III. 6). 이는 '역지불합의(Reverse payment or Pay-for-delay)'를 예시한 것이다. <글락소 리미티드 및 동아제약 부당공동행위 건>(대법원, 2014)에서 대법원은 특허제도의 본래의 취지에 부합하는지 여부 및 관련시장의 경쟁상황과 공정한 거래질서에 미치는 영향을 종합적으로 고려하여 판단하는 것으로 해석하고 동아제약이 글락소의 특허 신약인 온단세트론제제("조프란")의 복제약("온다론")을 출시하였다가 글락소로부터 상당한 수준의 경제적 이익을 제공받으면서 온다론의 생산 판매를 중단하기로 한 이 사건 합의는 '특허권의 정당한 행사라고 인정되지 아니하는 행위'에 해당하여 공정거래법의 적용대상이라고 하고, 특허권자가 그 합의를 통하여 자신의 독점적 이익의 일부를 상대방에게 제공하는 대신 자신의 독점적 지위를 유지함으로써 공정하고 자유로운 경쟁에 영향을 미치는 것이라고 판시하였다.

> **〈글락소 리미티드 및 동아제약(주) 부당공동행위 건〉, 대법원 2014. 2. 27. 선고 2012 두24498 판결〉**
>
> 이 사건 합의는 원고들이 자신들의 특허권을 다투면서 경쟁제품을 출시한 동아제약에게 특허 관련 소송비용보다 훨씬 큰 규모의 경제적 이익을 제공하면서 그 대가로 경쟁제품을 시장에서 철수하고 특허기간보다 장기간 그 출시 등을 제한하기로 한 것으로서 특허권자인 원고들이 이 사건 합의를 통하여 자신의 독점적 이익의 일부를 동아제약에게 제공하는 대신 자신들의 독점력을 유지함으로써 공정하고 자유로운 경쟁에 영향을 미친 것이라고 할 수 있으므로, 이는 '특허권의 정당한 행사라고 인정되지 아니하는 행위'에 해당하여 공정거래법의 적용대상이 된다고 할 것이다.

끝으로 특히 언론 등에서 '특허괴물(Patent Troll)'로도 불리는 특허관리전문사업자는 제3자로부터의 특허권 매입을 통해 강력한 특허 포트폴리오를 구축하고 이를 기반으로 다른 기업에 대한 실시허락이나 특허소송을 통해 수익을 실현하는 것을 주된 사업방식으로 한다. 그러나 통상적인 거래관행에 비추어 볼 때 현저히 불합리한 수준의 실시료를 부과하는 행위, 제3자로부터 취득한 특허권에 대해 통상적인 거래관행에 비추어 볼 때 불합리한 수준의 실시료를 부과하면서 종전 특허권자에게 적용되던 FRAND 조건의 적용을 부인하는 행위 등의 경우 특허권의 정당한 권리범위를 벗어난 것으로서 관련시장의 경쟁을 제한할 우려가 있는 행위로 판단할 수 있다.

다. 일정한 조합의 행위

① 소규모사업자 또는 소비자의 상호부조를 목적으로 할 것, ② 임의로 설립되고, 조합원이 임의로 가입 또는 탈퇴할 수 있을 것, ③ 각 조합원이 평등한 의결권을 가질 것, ④ 조합원에 대하여 이익배분을 하는 경우에는 그 한도가 정권에 정하여져 있을 것의 요건을 갖춘 조합의 행위는 법 적용이 제외된다(법 제118조). 다만 불공정거래행위 또는 부당하게 경쟁을 제한하여 가격을 인상하게 되는 경우는 예외이다.255) <남대문시장 7개 아동복상가운영회 경쟁제한행위 및 구성사업자에 대한 사업활동제한행위 건>(공정위, 1997)에서 공정위는 단순히 상표를 공동으로 사용하고 있다는 점만으로는 피심인을 조합이라고 보기는 어렵다고 판단하였다. 판례는

---

255) 단서조항의 해석과 관련하여 사업자단체 성격을 가지는 사업자조합에 대해서만 단서조항이 적용되고, 소비자조합의 경우 예외적으로 소비자가 사업자상을 갖는 경우에 소비자조합에 대해 적용가능하다고 해석한다. 이봉의, 공정거래법(2022), 1181면.

한국재생유지공업협동조합, 중소기업협동조합연합회, 한국상업용조리기계공업협동조합, 전국학생복발전중앙협의회는 법적용제외 조합이 아니라고 판시한 바 있다.

한편 공정위에서는 2020년 『소상공인단체의 행위에 대한 심사지침』을 마련하고 소상공인이 행하는 거래에 적용되는 거래조건의 실질적인 결정주체가 유력사업자인 경우 가맹점사업자 및 대리점으로 구성된 조합이 거래조건에 대해 소상공인을 대신하여 개별적인 유력사업자와 협의하는 행위에 대해서는 법 제118조(일정한 조합의 행위)에 따라 법 적용이 배제되도록 규정하였다.

구체적으로 소상공인이 유력사업자로부터 제공받는 상품의 가격을 협의하는 행위, 판매수수료, 판매장려금 등 소상공인이 유력사업자로부터 수령하거나 유력사업자가 소상공인으로부터 수취하는 금액에 관해 협의하는 행위, 점포환경개선 점포환경 개선 비용, 매장 인테리어 비용, 위약금 비용, 광고·판촉행사 비용 등에 관해 협의하는 행위, 영업시간, 영업지역 등에 관해 협의하는 행위, 손해배상, 계약갱신요건 등에 관해 협의하는 행위 등을 예시하고, 다만 소상공인이 소비자에게 공급하는 상품의 가격을 조합이 결정·유지 또는 변경하는 행위, 소상공인이 소비자에게 공급하는 상품의 생산량, 판매량, 출고량 등을 조합이 제한하는 행위, 그 밖에 조합이 소상공인들의 경쟁을 부당하게 제한하여 소비자에게 판매되는 상품의 가격 상승을 초래할 수 있는 행위에 대해서는 법 제40조(부당한 공동행위의 금지) 제1항 및 법 제51조(사업자단체의 금지행위) 제1항 제1호의 규정이 적용되도록 규정하였다. 유력사업자 사업자간의 힘의 불균형을 해소하는 차원에서 법적용의 예외를 두려는 취지이지만 소비자와의 거래에서 소비자피해를 유발할 수 있는 행위는 금지한 것으로 볼 수 있다.

제 2 장

시장행동에 대한 규제

I. 공동의 경쟁제한적 시장지배 행동과
   경쟁정책적 대응
II. 단독의 경쟁제한적 시장지배 행동과
   경쟁정책적 대응

제 2 장
시장행동에 대한 규제

공정거래법이 규제하고 하는 경쟁제한행위의 구분에 대해서는 공인된 일반적인 이론은 없다. 가장 보편적으로 공동의 제한행위(협정, 결정 등)와 단독의 제한행위(시장지배적지위 남용행위, 불공정거래행위)로 구분된다. 단독의 제한행위는 계약적인 규정으로도 성공할 수 있지만 주로 일방적 행위방식과 관계된다.[1) 본장에서는 먼저 공동의 경쟁제한적 행동을 다루고, 이어서 단독의 경쟁제한적 행동에 대하여 설명하고, 제3장에서는 경쟁제한적 행동을 유발할 수 있는 시장구조의 문제를 살펴보고자 한다.

I. 공동의 경쟁제한적 시장지배 행동과 경쟁정책적 대응

1. 부당한 공동행위의 금지

가. 제도의 취지

일반적으로 카르텔(Kartell)은 '시장경제의 적' 또는 '암적 존재'로 표현되고 있으며, 시장에 다수의 사업자가 존재하지만 실질적으로는 독점사업자가 독점력을 남용

---

1) Fritz Rittner·Meinrad Dreher, Wirtschaftsrecht(1987), S. 357 Rn. 58.

하는 상태를 인위적으로 만드는 행위이므로 그 폐단이 매우 크다고 볼 수 있다. 첫째, 주로 독점이윤을 목표로 하기 때문에 대부분의 경우 대부분의 경우에 가격 상승을 초래하고, 둘째, 참가사업자들이 가격, 품질, 서비스 등 면에서 경쟁의 위협을 느끼지 않기 때문에 당해 산업 분야에서의 효율성, 즉 원가절감이나 경영합리화를 기대할 수 없어 결국 소비자가 피해를 보게 되며, 셋째, 참가사업자들이 자체 결속을 통하여 잠재적 경쟁자의 시장진입을 방해하며, 넷째, 궁극적으로 시장의 경직성과 불균형을 초래한다.[2] 카르텔은 가격을 인상하거나 생산량을 조절하는 등 행위를 통하여 공정거래법상의 어떤 행위보다도 시장경쟁을 직접적으로 제한하는 행위라고 할 수 있다. 우리나라의 경우 가격담합사건의 평균 가격인상률을 18% 정도로 본 연구결과가 있으며,[3] 한편 OECD는 회원국 Survey 결과 카르텔로 인한 피해액을 관련매출액의 15%~20%에 달하는 것으로 추정한다.[4]

카르텔은 참여자수가 적을수록, 산업집중도가 높을수록 그리고 제품 간 동질성이 높을수록 형성이 용이하다.[5] 그리고 카르텔은 형성뿐만 아니라 잘 유지하는 것이 무엇보다 중요하다. 일반적으로 첫째, 시장수요가 비탄력적일수록, 둘째, 처벌이 엄하지 않을수록, 셋째, 기업수가 적을수록, 넷째, 집중률이 높을수록, 다섯째, 동질적 상품을 생산할수록, 여섯째, 사업자단체가 존재할수록 카르텔의 형성이 쉬워지고, 반면에 첫째, 진입장벽이 낮을수록, 둘째, 기술진보가 빠를수록, 셋째, 수요가 감소하는 산업일수록 카르텔이 유지되기 어렵다.[6]

그리고 첫째, 참여기업수가 적을수록, 둘째, 산업의 수요가 안정적이거나, 생산에 사용되는 생산요소의 가격이 일정할수록, 셋째, 담합에 참여하는 사업자가 같은 유통단계의 사업자일 경우 속임수에 대한 적발이 용이해진다.[7] 입찰담합 같이 한꺼번에 대량 거래가 이루어지는 경우 약정위반의 동기가 크므로, 통상의 방식보다는 낙찰자의 순번을 정하여 적발을 용이하게 하는 방법을 사용한다.[8] 카르텔을 포기하고 다시 가격경쟁을 시작할 수 있도록 한 가격을 '방아쇠가격(trigger price)'이라고

---

2) 이승철, 공정거래경제학(1999), 535면.
3) 신광식, "카르텔규제와 강제조사권", 공정경쟁(2003.8).
4) 공정위 보도자료(2007.2.21).
5) 강대형, 독점규제법과 경제학(2018), 229~230면.
6) 최정표, 산업조직경제학(2016), 153면.
7) 강대형, 독점규제법과 경제학(2018), 231~232면.
8) 강대형, 독점규제법과 경제학(2018), 233면.

하는데, 가격을 기준으로 각 기업은 가격을 낮추어 시장을 확장하므로, 과점시장에서도 시장가격이 경쟁시장 수준으로 내려갈 수 있다고 본 베르뜨랑 모델(Bertrand Model)은 방아쇠가격의 원리를 잘 설명해 주고 있다.[9] 즉, 가격경쟁이 계속되어 베르뜨랑 과점 균형으로 귀착된다.

카르텔에 대해서는 자유주의 경제학에서도 그 폐해를 인정하고 있다. 즉, Milton Friedman이 독점의 원인은 세 가지인데 '기술적 요인', '직접 또는 간접적 정부지원', 그리고 '사적담합'이라고 하거나,[10] Friedrich A. Hayek는 사회적 조직의 원천으로서 경쟁을 성공적으로 활용하기 위해서는 경제활동에 대한 특정유형의 강제적 간섭을 배제해야 하지만, 경쟁의 작동을 상당히 도와줄 수 있는 다른 유형의 간섭은 인정하며, 심지어 특정한 종류의 정부행태는 필요한 것이기도 하다고 한다.[11] 독점에 대한 정부의 개입을 반대하는 Chicago학파에서도 카르텔에 대한 규제는 인정하고 있다.

그러나 산업정책의 중요성을 강조하면서 카르텔에 대한 규제를 비판하는 견해도 있다. 즉, "통념적으로 카르텔은 소비자잉여를 생산자에게 이전시키는(즉, 독점이윤을 창출하는)과정에서 배분적 비효율성을(즉, 경제적 순손실을) 창출하는 기제로 알려져 있다. 하지만 다음과 같이 카르텔의 비용을 카르텔로 인한 잠재적 수익과 비교해볼 필요가 있다. 첫째, 특수자산을 포함하는 기업들간의 경쟁은 일부기업의 파산으로 귀결될 수밖에 없다. 둘째, 파산에 따른 사회적 낭비가 발생하지 않아도 불황카르텔이 필요할 수 있다. 셋째, 가장 중요한 것은 기업들이 가격전쟁에 뛰어드는 것을 방관했다가는 장기적으로 생산성 성장의 지체라는 재앙을 초래할 수 있다"고 한다.[12] 시장균형의 부재에 따른 파괴적 경쟁에 의한 가격폭락과 가격폭등의 연속, 기업간의 담합에 의한 가격안정, 그리고 기업결합에 의한 완전한 균형 달성 중 어느 것을 선택할 것인가의 문제가 대두된다.[13]

그중 담합은 시장균형이 존재하지 않거나 불안정한 시장에서 안정적인 균형을

9) 최정표, 산업조직경제학(2016), 155면.
10) 밀턴 프리드먼(심준보·변동일 옮김), 자본주의와 자유(2007), 207~208면. 다만, 사적담합은 정부의 지원을 얻을 수 없다면 불안정하고, 오래 지속될 수 없다고 한다.
11) 프리드리히 A. 하이예크(김이석 역), 노예의 길(2006), 79면.
12) 장하준 지음(이종태·황해선 옮김), 국가의 역할(2006), 278면.
13) 이승철, 공정거래경제학(1999), 278면.

찾아주는 효율성을 창출한다고 볼 수 있고,[14] 어느 정도 수요가 회복될 가능성이 있는 경우에는 복구가 어려운 퇴출이나 생산설비폐기 같은 것보다는 비록 단기 비용을 감수하더라도 불황카르텔을 선택하는 것이 현명하다고도 한다.[15] 공정거래법에서는 이러한 점을 감안하여 예외적으로 공동행위 인가제도를 운영하고 있다. 그러나 거의 사문화되고 있는 실정이다.

나. 공정거래법의 규정

공정거래법 제40조 제1항에서는 "① 사업자는 ② 계약, 협정, 결의 기타 어떠한 방법으로도 ③ 다른 사업자와 공동으로 ④ 부당하게 경쟁을 제한하는 행위를 ⑤ 합의하거나, 다른 사업자로 하여금 이를 행하도록 하여서는 아니된다"고 규정하고 있다. 그리고 부당하게 경쟁을 제한하는 행위로 가격결정, 거래조건결정, 거래제한, 시장분할, 설비·장비도입제한, 종류·규격제한, 공동회사설립, 입찰담합, 사업활동방해, 정보교환행위의 10가지 유형을 규정하고 있다.

다. 카르텔의 유래

부당한 공동행위는 일반적으로 카르텔이라고 한다. 카르텔은 중세때 휴전협정을 의미하는 '카르타(carta)'라는 라틴어에서 Kartell(독일어), Cartel(영어)로 발전한 것이다. '카르타'의 어원은 종이를 의미하는 그리스어 '카르테스(καρτές)'라고 한다. 독일의 경우 Kartell은 사업자들의 모임을 의미하였다. 미국에서는 공모(conspiracy)라는 표현을 주로 사용한다. 고대 상업국가에서는 협정을 통한 귀금속, 향유, 양모 등 독점을 규제하는 법이 있었고, 로마에서는 카르텔 남용에 대항하는 법(301년 「가격통제령」)이 존재하였다.[16]

Adam Smith도 1776년 「국부론(The Wealth of Nations)」에서 "동업자들은 오락

---

14) 이승철, 공정거래경제학(1999), 278면.
15) 장하준 지음(이종태·황해선 옮김), 국가의 역할(2006), 285면; "단순히 가격경쟁에 관한 암묵적 이해에 기초를 두는 거래제한과 더불어 카르텔 타입의 '거래제한'도 불황이라는 조건 아래서는 효과적인 구제수단이 될 수 있다." 조지프 슘페터(변상진 옮김), 자본주의·사회주의·민주주의(2011), 195면.
16) 기원전 수천년 전 페니키아에서 카르텔 등 독점조직이 존재하였고, 기원전 3,000년경 이집트에서는 양모나 모직물에 대한 가격협정기록이 파피루스에 기록되어 있다. 곡물가격의 담합인상을 규제하기 위해 기원전 50년에 제정된 유리아곡물법도 있었다. http://id-id.facebook.com/notes.

이나 기분전환을 위해 만나는 경우에도, 그들의 대화는 공중에 반대되는 음모나 가격인상을 위한 모종의 책략으로 끝나지 않을 때가 거의 없다"[17]고 비판한 바 있다. 1873년 세계적 경제불황이 시작되었고 카르텔이 성행하게 되었다. 이러한 맥락에서 '카르텔은 불황의 자식'이라고 부른다.

유럽의 경우 독일에서는 계약으로 인정하였으나 두 차례의 전쟁이 끝나면서 금지되는 과정을 겪었다. 즉, 법적으로는 19세기 당시에는 카르텔에 대하여 계약과 동일한 법적 근거가 인정되었는데, 1888년 바바리아 대법원의 <Bricksmaker 판결>에서 "위기(crisis) 카르텔은 독일법의 건전한 풍속에 반하지 아니한다"고 판결하였고, 1897년 독일 제국법원은 <Saxon Woodpulp 판결>에서 "공모는 사회적으로 유용하다"고까지 판결하였다.[18] 그 과정에서 여러 논쟁이 제기되었는데, 카르텔을 옹호했던 Friedrich v. Kleinwächter는 '카르텔은 과잉생산을 방지하며 가격의 안정화를 도모하고 경기불황에 공동으로 대처하여 서로가 손해보는 경쟁을 예방할 수 있다'고 평가한 반면(시장질서 가설), Karl Bücher는 시장지배 가설을 주장하였다.[19] 실제 독일에서는 지역의 동업자끼리 비공식적으로 아침식사를 하면서 서로의 애환을 나누는 '아침식사카르텔(Frühstückkartell)' 관행이 있었다고 한다.[20]

바이마르 헌법 제정 논의과정에서는 석탄산업이 공동경제(Gemeinschaft)로 편입되었는데, 개별 광산을 지역단위 카르텔로 묶어 강제 카르텔 단체를 만들고 이를 '제국석탄연맹(Reichkohlenverband)'이라는 제국차원의 거대 카르텔로 통합하였다.[21] 독일에서는 석탄, 칼륨(potash) 등 수백 개의 카르텔이 형성되었다. 특히 양차대전의 전시경제에서 카르텔전성시대가 전개되었다. 카르텔을 규제하려는 최초의 시도로 1923년 「카르텔규칙(Kartellverordnung)」을 제정하였다.

Franz Böhm은 고전적인 국민경제학 이론으로부터 경쟁이념을 도출하여 이를 법률적 형식으로 재구성하였는데, 경제실체의 한 요소로서의 카르텔을 경쟁이념의 도움을 받아 개편하고자 하였다.[22] 그가 이러한 생각을 발전시켰을 당시에는 경쟁

---

17) 애덤스미스(김수행 역), 국부론(상)(2003), 1.10.2.27.
18) Stephan Martin, "The Goals of Antitrust and Competition Policy", Issues in Competition Law and Policy Volume I(2008), 57~58면.
19) 이성복, 담합이야기(2019), 44~45면.
20) 이성복, 담합이야기(2019), 44면.
21) Wolfgang Nörr(이준섭 역), "경제헌법(Wirtschaftsverfassung)의 관념에 대하여 — 독일 역사상의 한 장", 고려대학교 법학연구소 초정강연(1996.10.11), 법학논집 제32집, 169면.

은 오로지 조직화된 경제의 폐해를 시정하는 수단 중의 하나로 취급되었으나, 점차 사람들은 경제질서의 기초를 이루고 그 경제질서를 형성하는 원리로 파악하였다.23)

나치정권은 1933년 경제조종의 수단으로 「강제카르텔법(Zwangskartellgesetz)」을 제정하였다. 그러나 제2차 세계대전 이후 1945. 8. 2. 포츠담협정 제3장 제12조에서 "독일경제는 가장 빠르게 실행할 수 있는 날짜에 특히 카르텔, 신디케이트, 트러스트 및 다른 독점계약과 같은 경제권력의 과도한 집중이 제거될 수 있도록 분권화되어야 한다"고 규정하였으며, 미국과 영국의 점령정부는 합의를 통해 1947. 1. 28. 「독일경제력의 과도한 집중방지(prohibition of excessive concentration of german economic power)」 규칙을 제정하였다. 그 후 「경쟁제한방지법(GWB)」이 1957. 7. 27. 제정되었고 1958. 1. 1. 발효되었다. 독일의 「경쟁제한방지법(GWB)」을 일명 카르텔법(Kartellgesetz)이라고 하는 데는 이러한 역사적 배경이 있는 것이다.

우리나라에서는 1980년 법제정 당시 등록되지 않은 공동행위는 금지하는 공동행위 등록제를 채택하였으나 1986년 제1차 법개정에서 경쟁을 제한하는 공동행위의 원칙금지/예외인가로 변경하였고, 1999년 제7차 개정시 "일정한 거래분야에서 경쟁을 실질적으로 제한하는"을 "일정한 거래분야에서 경쟁을 제한하는"으로 완화하였다.

미국에서는 코먼로(common law)상의 거래의 제한을 불법으로 보았고, 그 후 1882년 록펠러의 스탠드더드 오일, 철강, 철도, 설탕 등 산업에서 신탁(trust) 방식이 등장하게 되었다. 이에 대항하기 위하여 1890년에 「셔먼법(Sherman Act)」이 제정되는데, 제1조에서 "주간 또는 외국간의 거래를 제한하는 모든 계약, 트러스트, 기타 형태에 의한 결합, 공모는 위법한 계약을 체결하거나 결정 또는 공모에 가담한 자는 중죄(guilty of felony)를 범한 것으로 간주된다"고 규정하였다.

〈Sherman Act〉

Section 1

Every contract, combination in the form of trust or otherwise, or conspiracy, in restraint of trade or commerce among the several States, or with foreign nations, is declared to be illegal. Every person who shall make any contract or engage in

---

22) Wolfgang Nörr(이준섭 역), "경제헌법(Wirtschaftsverfassung)의 관념에 대하여 ─ 독일 역사상의 한 장", 고려대학교 법학연구소 초청강연(1996.10.11), 법학논집 제32집, 171면.

23) Wolfgang Nörr(이준섭 역), "경제헌법(Wirtschaftsverfassung)의 관념에 대하여 ─ 독일 역사상의 한 장", 고려대학교 법학연구소 초청강연(1996.10.11), 법학논집 제32집, 171~172면.

any combination or conspiracy hereby declared to be illegal shall be deemed guilty of a felony, and, on conviction thereof, shall be punished by fine not exceeding $10,000,000 if a corporation, or, if any other person, $350,000, or by imprisonment not exceeding three years, or by both said punishments, in the discretion of the court.

EU의 경우 「EU기능조약(TFEU)」 제101조에서 "회원국 간의 통상에 영향을 줄 우려가 있고, 역내시장 내에서의 경쟁을 방해, 제한 또는 왜곡하는 것을 목적으로 하거나, 그러한 효과를 야기하는 사업자 간의 합의, 사업자단체에 의한 결정 및 동조적 행위는 역내시장과 양립할 수 없는 것으로서 금지된다"고 규정하였다. 구체적으로는 『수평적 협력 지침(Horizontal Cooperation Guidelines)』[24]을 운영하고 있다.

〈TFEU〉

Article 101 (ex Article 81 TEC)

1. The following shall be prohibited as incompatible with the internal market: all agreements between undertakings, decisions by associations of undertakings and concerted practices which may affect trade between Member States and which have as their object or effect the prevention, restriction or distortion of competition within the internal market, and in particular those which:

(a) directly or indirectly fix purchase or selling prices or any other trading conditions;

(b) limit or control production, markets, technical development, or investment;

(c) share markets or sources of supply;

(d) apply dissimilar conditions to equivalent transactions with other trading parties, thereby placing them at a competitive disadvantage;

(e) make the conclusion of contracts subject to acceptance by the other parties of supplementary obligations which, by their nature or according to commercial usage, have no connection with the subject of such contracts.

2. Any agreements or decisions prohibited pursuant to this Article shall be automatically void.

---

24) Guidelines on the applicability of Article 101 of the Treaty on the Function of the European Union to horizontal co-operation agreements.

일괄적용면제 관련 「EU기능조약(TFEU)」 제101조 제3항 집행에 관한 위원회 규칙으로는, 수직적 합의,[25] 연구개발 합의,[26] 기술이전 합의,[27] 전문화 합의[28] 등을 운영하고 있다.[29] 보험 분야는 2017년에 폐지되었다. 해운 분야에서 EU의 경우 운임에 관한 공동행위를 포함하는 해운동맹은 폐지하였지만, 선사 간 공급능력의 조절, 선박 공동운항 등 컨소시엄 형태의 선사 간 공동행위는 허용하고 있으며, 컨소시엄의 독점금지법 일괄 적용면제를 2024년 4월까지 연장하였다.[30]

독일의 경우 「경쟁제한방지법(GWB)」 제1조에서 경쟁의 방해, 제한 또는 왜곡을 목적으로 하거나 그러한 효과를 야기하는 사업자 간의 합의, 사업자단체의 결정 및 동조적 행위를 금지한다. 제2조에서는 제1조 적용면제, 제3조에서는 중소기업카르텔을 규정하고 있다. 한편 「EU기능조약(TFEU)」 제101조와 제102조를 적용함에 있어 회원국 법규정과 어떻게 조화하는가 하는 점이 문제된다.

회원국이 제101조에 해당하는 법을 적용함에 있어서는 국내법과 「EU기능조약(TFEU)」 제101조를 동시에 적용할 수 있다. 회원국이 자국 경쟁법뿐만 아니라 EU 경쟁법도 집행할 수 있는데, 자국 경쟁법으로 규제하려면 반드시 EU경쟁법을 함께 적용해야 한다.[31] 제101조에 위반되지 않거나 적용면제되는 경우에는 회원국 법위반으로 되지 않도록 한다. 반대로 제101조가 회원국보다 더 엄격한 경우에는 EU법 위반으로 본다. 즉, 제101조 위반에 대해서는 'EU법 우선원칙'이 적용된다. 제102조의 경우에도 동시 적용하도록 하고 있으나, 규칙 제2003/1호 제3조 제2항 제2문에 따라 단독행위에 대해서는 회원국법을 EU법보다 더 엄격하게 규정할 수 있도록 허

---

25) Commission Regulation 2022/720 of 10 May 2022 on the application of Article 101(3) of the Treaty on the Function of the European Union to categories of vertical agreements and concerted practices(Vertical Blook Exemption Regulation).

26) Commission Regulation No 1217/2010 of 14 December 2010 on the application of Article 101(3) of the Treaty on the functioning of the European Union to categories of research and development agreements.

27) Commission Regulation(EU) No 316/2014 of 21 March 2014 on the application of Article 101(3) of the Treaty on the Functioning of the European Union to categories of technology transfer agreements.

28) Commission Regulation No 1218/2010 of 14 December 2010 on the application of Article 101(3) of the Treaty to categories of specialization agreements.

29) 수평적 일괄 면제규칙(Horizontal Block Exemption Regulation) 개정 동향에 대하여 김문식, EU경제법의 이해(2022), 142~143면 참조.

30) 한국해운협회 보도자료(2021.8.4.).

31) 김문식, EU경제법의 이해(2022), 18면.

용하고 있다. 즉, EU법 우선원칙이 적용되지 않는다. 「합병규칙(FKVO)」의 경우 EU 기준에 해당하는 경우 EU집행위원회에 신고하도록 규정하고 있다.

일본의 「사적독점금지법」에서는 부당한 거래제한을 금지하고 있으며, 중국 「반독점법」에서도 독점협의를 금지하고 있다.

[각국의 공동행위 관련 규정 비교]

국가	관련 규정
한국 (공정거래법)	제40조(부당한 공동행위의 금지) ① 사업자는 계약·협정·결의 또는 그 밖의 어떠한 방법으로도 다른 사업자와 공동으로 부당하게 경쟁을 제한하는 다음 각 호의 어느 하나에 해당하는 행위를 할 것을 합의(이하 "부당한 공동행위"라 한다)하거나 다른 사업자로 하여금 이를 하도록 하여서는 아니 된다. 　1. 가격을 결정·유지 또는 변경하는 행위 　2. 상품 또는 용역의 거래조건이나, 그 대금 또는 대가의 지급조건을 정하는 행위 　3. 상품의 생산·출고·수송 또는 거래의 제한이나 용역의 거래를 제한하는 행위 　4. 거래지역 또는 거래상대방을 제한하는 행위 　5. 생산 또는 용역의 거래를 위한 설비의 신설 또는 증설이나 장비의 도입을 방해하거나 제한하는 행위 　6. 상품 또는 용역의 생산·거래 시에 그 상품 또는 용역의 종류·규격을 제한하는 행위 　7. 영업의 주요 부문을 공동으로 수행·관리하거나 수행·관리하기 위한 회사 등을 설립하는 행위 　8. 입찰 또는 경매를 할 때 낙찰자, 경락자, 입찰가격, 낙찰가격 또는 경락가격, 그 밖에 대통령령으로 정하는 사항을 결정하는 행위 　9. 그 밖의 행위로서 다른 사업자(그 행위를 한 사업자를 포함한다)의 사업활동 또는 사업내용을 방해·제한하거나 가격, 생산량, 그 밖에 대통령령으로 정하는 정보를 주고받음으로써 일정한 거래분야에서 경쟁을 실질적으로 제한하는 행위 ② 제1항은 부당한 공동행위가 다음 각 호의 어느 하나에 해당하는 목적을 위하여 하는 경우로서 대통령령으로 정하는 요건에 해당하고 공정거래위원회의 인가를 받은 경우에는 적용하지 아니한다. 　1. 불황극복을 위한 산업구조조정 　2. 연구·기술개발 　3. 거래조건의 합리화 　4. 중소기업의 경쟁력향상 ③ 제2항에 따른 인가의 기준·방법·절차 및 인가사항변경 등에 관하여 필요한 사항은 대통령령으로 정한다.

④ 부당한 공동행위를 할 것을 약정하는 계약 등은 해당 사업자 간에는 그 효력을 무효로 한다.

⑤ 제1항 각 호의 어느 하나에 해당하는 행위를 하는 둘 이상의 사업자가 다음 각 호의 어느 하나에 해당하는 경우에는 그 사업자들 사이에 공동으로 제1항 각 호의 어느 하나에 해당하는 행위를 할 것을 합의한 것으로 추정한다.
  1. 해당 거래분야, 상품·용역의 특성, 해당 행위의 경제적 이유 및 파급효과, 사업자 간 접촉의 횟수·양태 등 제반 사정에 비추어 그 행위를 그 사업자들이 공동으로 한 것으로 볼 수 있는 상당한 개연성이 있을 때
  2. 제1항 각 호의 행위(제9호의 행위 중 정보를 주고받음으로써 일정한 거래분야에서 경쟁을 실질적으로 제한하는 행위를 제외한다)에 필요한 정보를 주고받은 때

⑥ 부당한 공동행위에 관한 심사의 기준은 공정거래위원회가 정하여 고시한다.

미국	〈셔먼법〉 제1조. 거래를 제한하는 트러스트 등은 위법; 처벌 주 간 또는 외국과의 거래 또는 통상을 제한하는 모든 계약, 트러스트 등의 형태에 의한 결합 또는 공모는 위법이다. 이 법에 의하여 위법으로 선언된 계약을 체결하거나 결합 또는 공모에 참가하는 모든 자는 중죄를 범한 것으로 간주되며, 유죄로 결정되면 법인의 경우 1억달러 이하의 벌금, 법인 외의 자인 경우에는 100만 달러 이하의 벌금이나 10년 이하의 징역에 처하거나 또는 법원의 재량으로 이를 병과한다.

EU
(기능조약)
	제101조(구 제81조)
	1. 회원국간의 거래에 영향을 줄 우려가 있고, 역내시장내에서의 경쟁을 방해, 제한 또는 왜곡하는 것을 목적으로 하거나, 그러한 효과를 야기하는 사업자 간의 합의, 사업자단체에 의한 결정 및 동조적 행위는 역내시장과 양립할 수 없는 것으로서 금지된다. 특히
	  (a) 직접 또는 간접으로 불공정한 구입 또는 판매가격이나 기타 불공정한 거래조건을 고정하는 경우;
	  (b) 생산, 판로, 기술개발 또는 투자를 제한하거나 통제하는 경우;
	  (c) 시장이나 공급원을 공유하는 경우;
	  (d) 동일한 거래조건에 대하여 거래상대방에 따라 다른 거래조건을 부여하고, 그 결과 그들에게 경쟁상의 불이익을 제공하는 경우;
	  (e) 거래상대방이 그 성질이나 거래관행에 비추어 당해 계약의 목적과 상관없는 부수적인 의무를 부담할 것을 조건으로 하여 계약을 체결하는 경우
	
	2. 이 조에 따라 금지되는 합의나 결정은 무효로 간주된다.
	3. 다만, 제1항의 규정은 이하의 경우에는 적용될 수 없다고 선언될 수가 있다.
	  - 사업자간의 합의 또는 합의와 유사한 행태

	- 사업자단체에 의한 결정 또는 결정과 유사한 행태
	- 동조적 행위(concerted practice) 또는 동조적 행위와 유사한 행태가
	
	상품의 생산이나 유통을 향상시키거나 또는 기술이나 경제적 진보를 촉진하는데 기여하면서, 소비자들에게 그 결과적 이익의 공평한 몫을 허용하고:
	  (a) 관련 사업자에게 이들 목적의 달성에 필수불가결한 제한만을 부과하는것으로
	  (b) 이러한 사업자에게 문제된 상품의 상당한 부분에 있어서 경쟁을 제한할가능성을 부여하지 않는 경우

독일 (경쟁제한 방지법)	**제1조 경쟁제한적 합의의 금지** 경쟁의 방해, 제한 또는 왜곡을 목적으로 하거나 그러한 효과를 야기하는 사업자간의 합의, 사업자단체의 결정 및 동조적 행위는 금지된다. **제2조 면제되는 합의** (1) 발생한 이익의 소비자에 대한 적정한 배분하에 상품생산 및 분배의 개선이나기술적 또는 경제적 발전의 촉진에 기여하는 사업자간 합의, 사업자단체의결정 또는 동조적 행위는 제1조의 금지로부터 면제된다. 다만 1. 목적 실현에 필수적이지 않은 제한이 부과된 경우 또는 2. 해당 상품의 중요 부분에 대하여 경쟁을 배제할 가능성이 있는 경우는 그러하지 아니하다. (2) 제1항의 적용에 있어 특정한 집단의 합의, 사업자단체의 결정 및 동조적 행위에 대한 EU기능조약 제101조 제3항의 적용에 관한 이사회 또는 EU집행위원회규칙(일괄면제규칙)이 준용된다. 또한 이는 상기의 합의, 결정 및 행위가 EU 회원국 상호간의 통상을 침해하기에 적합하지 않은 경우에 적용된다. **제3조 중소기업카르텔** 상호 경영협업을 통한 경제과정의 합리화를 대상으로 하는 상호 경쟁관계에 있는 사업자간의 합의와 사업자단체의 결정은 1. 그것을 통해 시장에서의 경쟁이 실질적으로 침해를 받지 않는 경우 그리고 2. 합의나 결정이 중·소사업자의 경쟁력 향상에 기여하는 경우 제2조 제1항의 요건을 충족한다.
일본 (사적독점 금지법)	**제2조 ⑥** 이 법률에서 「부당한 거래 제한」이란, 사업자가 계약, 협정 그 외 어떠한 명의를 가지고 하는가를 불문하고 다른 사업자와 공동으로 대가를 결정하고, 유지하고, 혹은 인상 또는 수량, 기술, 제품, 설비 혹은 거래의 상대방을 제한하는 등 서로 그 사업활동을 구속 또는 수행하는 것에 의거 공공의 이익에 반하고, 일정한 거래분야에 있어서 경쟁을 실질적으로 제한하는 것을 말한다. **제3조** 사업자는 사적독점 또는 부당한 거래제한을 해서는 아니 된다.

중국
(반독점법)
	제13조 ① 경쟁관계에 있는 경영자가 아래에서 열거하는 독점협의를 하는 것을 금지한다.
	  1. 상품가격을 고정 또는 변경하는 행위
	  2. 상품의 생산수량 또는 판매수량을 제한하는 행위
	  3. 판매시장 또는 원재료 구매시장을 분할하는 행위
	  4. 신기술·신설비 구입을 제한하거나 신기술·신제품 개발을 제한하는 행위
	  5. 연합하여 거래를 저지하는 행위[32]
	  6. 기타 국무원 반독점법 집행기구가 인정하는 독점협의
	
	② 이 법에서의 독점협의는 경쟁을 배제·제한하는 협의, 결정 또는 기타 협동행위를 말한다.

　　미국의 경우 우리나라와 달리 공동의 거래거절행위, 끼워팔기, 구속조건부거래행위 및 재판매가격유지행위에 대하여 단독행위를 규제하는 「셔먼법(Sherman Act)」 제2조가 아닌 합의를 기초로 하는 제1조에 근거하여 규율하고 있다.

[미국 「셔먼법(Sherman Act)」 제1조의 적용범위]

〈공동의 거래거절〉

　　우리나라와 달리 미국의 경우 공동의 거래거절행위에 대해서 「셔먼법(Sherman Act)」 제1조를 적용한다. 미국에서는 〈Eastern Lumber 사건〉(연방대법원, 1914) 목재소매상협회가 소매상 겸업 도매상의 목록을 작성하여 회원들에게 배포한 행위에 대하여 당연위법으로 보았으나, 오늘날은 많은 사건에서 합리의 원칙을 적용하고 있다. 〈Nortwest Wholesale Stationers 사건〉(연방대법원, 1985)에서는 문구류협동구매체인 Nortwest Wholesale Stationers 회원사인 Pacific문구사가 도매업까지 진출하자 정당한 절차 없이 제명한 행위에 대하여 합리의 원칙을 적용하였으며, 〈Indiana Federation of Dentist〉(연방대법원, 1986)에서도 치과의사 협회가 환자의 X-Ray 필름을 보험회사에 제공하지 않기로 합의한 행위에 대하여 합리의 원칙을 적용하여 위법을 인정하였다.

> **〈Eastern States Retail Lumber Dealers' Ass'n v. United States, 234 U.S. 600(1914)〉**
>
> 　　The judgment enjoining defendant lumber associations from conspiring to prevent wholesale dealers from selling directly to consumers of lumber

---

32) 공정거래법상의 불공정거래행위의 유형 중 '공동의 거래거절'과 유사하다고 판단된다.

was affirmed. The retailers went beyond their individual right to refuse to deal with another, and conspired and combined with others of like purpose, seeking to obstruct the free course of interstate trade and commerce and to unduly suppress competition.

⟨Northwest Wholesale Stationers, Inc. v. Pacific Stationery & Printing Co., 472 U.S. 284(1985)⟩

The Court reversed, holding that the lack of procedural safeguards was not dispositive of whether the expulsion constituted a per se violation, and remanded for review of the district court's analysis of whether the expulsion was a group boycott or concerted refusal to deal which could constitute a per se antitrust violation.

⟨FTC v. Indiana Federation of Dentists, 476 U.S. 447(1986)⟩

The Court reversed the judgment and held that the evidence supported a finding that the practice did constitute an unfair method of competition because it had the effect of suppressing competition among dentists, with respect to cooperation with the requests of insurance companies.

⟨끼워팔기⟩

끼워팔기에 대해서도 미국에서는 기본적으로 「셔먼법(Sherman Act)」 제1조 또는 「클레이튼법(Clayton Act)」 제3조("substantially lessen competition or tend to create a monopoly in any line of commerce")에서 규제하고 있다. 다만 「클레이튼법(Clayton Act)」은 판매자의 행위, 상품에 대해서만 적용되며 나머지는 「셔먼법(Sherman Act)」으로 규제된다. 주된 상품시장에서 시장지배력이 없는 경우는 「클레이튼법」하에서 합리의 원칙에 따라 판단하며, 충분한 시장지배력이 있고, 종된 시장에서 '상당한(substantial)' 거래가 제한되는 경우 당연위법으로 본다⟨Times-Picayune Publishing 사건⟩(미연방대법원, 1953).

⟨Times-Picayune Pub. Co. v. United States, 345 U.S. 594(1953)⟩

The Supreme Court reversed and held that petitioner's advertising practice did not violate the Sherman Act because the government failed to establish that the advertising contracts were illegal tying arrangements.

Moreover, the government failed to prove an attempt to monopolize because there was no evidence of specific intent.

"When the seller enjoys a monopolistic position in the market for the "tying" product, or if a substantial volume of commerce in the "tied" product is restrained, a tying arrangement violates the narrower standards expressed in § 3 of the Clayton Act because from either factor the requisite potential lessening of competition is inferred. And because for even a lawful monopolist it is unreasonable, per se, to foreclose competitors from any substantial market, a tying arrangement is banned by § 1 of the Sherman Act, 15 U.S.C.S. § 1, whenever both conditions are met."

"The essence of illegality in tying agreements is the wielding of monopolistic leverage; a seller exploits his dominant position in one market to expand his empire into the next. Solely for testing the strength of that lever, the whole and not part of a relevant market must be assigned controlling weight."

"The common core of the adjudicated unlawful tying arrangements is the forced purchase of a second distinct commodity with the desired purchase of a dominant "tying" product, resulting in economic harm to competition in the "tied" market."

끼워팔기 규제의 논거로 지렛대이론, 진입장벽이론, 가격규제 회피 등이 논의된다. 미국에서 최초의 끼워팔기 사건은 <Motion Pictures Patent 사건>(미연방대법원, 1917)인데 영사기특허업자가 영사기면허계약에 자사 영화 상영까지 끼워서 계약한 것이 문제되었고 법원은 지렛대이론을 수용하게 되었다. 미국에서는 끼워팔기 요건으로 세 가지 기준이 확립되었다. 첫째, 두 개의 서로 다른 별개의 상품이다. 이는 <Times-Picayune Publishing 사건>(미연방대법원, 1953)에서 확립되었는데, 조간신문과 석간신문은 독립된 상품이 아니므로 끼워팔기가 성립되지 않는다고 판단하였다. 둘째, 주상품시장에서 독점력이 인정되어야 한다. <Jefferson Parish Hospital 사건>(미연방대법원, 1974)에서는 마취전문의들이 Jefferson 병원을 상대로 일반의료서비스와 마취서비스를 끼워팔았다고 소송을 제기한데 대하여, 항소법원이 당연위법 결정을 하였는데, 대법원은 30%의 점유율을 불충분하다고 판단하였다. 주상품시장에서 독점력을 '충분한 경제력(sufficient economic power)'라고 표현하기도 한다<Fortner Enterpreisers 사건>(미연방대법원, 1969). 셋째, 부상품시장에서 상당한 거래량이 필요하다<International Salt 사건>(미연방대법원, 1947).

독점사업자의 끼워팔기는 「셔먼법(Sherman Act)」 제2조의 독점화금지나 독점화의 기도로도 다루어진다<Fortner Enterpreisers 사건>(미연방대법원, 1969).

〈Motion Picture Patents Co. v. Universal Film Mfg. Co., 243 U.S. 502(1917)〉

The Court affirmed the judgment of the court of appeals because a patentee could not, by a mere notice attached to a patented moving picture machine, limit the machine's use by the purchaser to films which were not a part of the patented machine. Further, the patentee or assignee of a patent could not, by notice affixed to the patented machine, reserve the right to fix other terms regarding the use of the machine.

〈Jefferson Parish Hosp. Dist. No. 2 v. Hyde, 466 U.S. 2(1974)〉

The decision below, which found a tying arrangement that was illegal "per se," was reversed and remanded based on the court's holding that petitioner hospital did not have sufficient market power to force patients to purchase the anesthesiology services under its exclusive contract as opposed to using other anesthesiology services at a competing hospital.

"Not every refusal to sell two products separately can be said to restrain competition. If each of the products may be purchased separately in a competitive market, one seller's decision to sell the two in a single package imposes no unreasonable restraint on either market, particularly if competing suppliers are free to sell either the entire package or its several parts."

"The essential characteristic of an invalid tying arrangement lies in the seller's exploitation of its control over the tying product to force the buyer into the purchase of a tied product that the buyer either did not want at all, or might have preferred to purchase elsewhere on different terms. When such "forcing" is present, competition on the merits in the market for the tied item is restrained and the Sherman Act is violated."

〈Fortner Enters. v. United States Steel Corp., 394 U.S. 495(1969)〉

On certiorari, the Court held that because respondent lender's advantageous loan terms and ability to offer substantial loans gave it substantial economic power so that the prohibitions against tying applied to it and because credit could be a tied product like any other, petitioner's allegations were sufficient to overcome respondents' motion for summary judgment.

〈Int'l Salt Co. v. United States, 332 U.S. 392(1947)〉

The Court held that the lease agreements on the patented machinery violated the Sherman and Clayton Antitrust Acts. The Court held that the agreements were forbidden because they tended to create a monopoly and it was unreasonable, per se, to foreclose competitors from any substantial market.

〈구속조건부거래행위〉

미국에서는 구속조건부거래행위에 대하여 「셔먼법(Sherman Act)」 제1조 및 「클레이튼법(Clayton Act)」 제3조("substantially lessen competition or tend to create a monopoly in any line of commerce")에서 규제하고 있다. 클레이튼법은 판매자의 행위, 상품에 대해서만 적용되며 나머지는 「셔먼법(Sherman Act)」으로 규제된다. 먼저 배타조건부거래에 관한 최초의 사건은 <Standard Fashion 사건>(미연방대법원, 1922)에서는 실질적 경쟁제한의 개연성 또는 독점화의 경향을 형성하여야 한다고 판시하였고, <Standard Oil 사건>(미연방대법원, 1949)에서는 양적 상당성 기준(봉쇄비율)을 적용하였는데, 7% 정도의 봉쇄율에도 불구하고 시장 전체적으로 65%가 봉쇄된 점을 고려하여 위법으로 보았다. <Tampa Electric 사건>(미연방대법원, 1961)에서는 경쟁에 미치는 질적 요소를 고려하는 질적 상당성 기준을 채택하였다. 즉, 20년간의 장기배타조건부거래계약에 대하여 비중이 1%에 불과하여 경쟁제한성이 없다고 보았다.

〈Standard Fashion Co. v. Magrane-Houston Co., 258 U.S. 346 (1922)〉

The judgment of the appellate court was affirmed, as the restrictive covenant contained in the parties' agreement tended to lessen competition and to create a monopoly in violation of the Clayton Act.

〈Standard Oil Co. v. United States, 337 U.S. 293(1949)〉

The Supreme Court affirmed a decree that enjoined appellant from entering into and enforcing its supply contracts with independent petroleum dealers, because the trial court properly found the contracts to be violative of the antitrust laws. The qualifying clause of the applicable Clayton Act provision was satisfied by the proof that competition had been foreclosed in a substantial share of the line of commerce affected by appellant's contracts.

⟨Tampa Electric Co. v. Nashville Coal Co., 365 U.S. 320(1961)⟩

The court held that petitioner's contract did not violate the Act because its contract requirements were for less than one percent of the total marketed production of the 700 coal producers who could serve petitioner's contract needs. Also, coal producers in the relevant competitive market were eager to sell more coal within that market area. Therefore, in the relevant marketing area involved, the contract sued upon did not tend to foreclose a substantial volume of competition.

그리고 거래지역이나 거래상대방을 제한하는 것은 제조업자가 유통업자의 무임승차를 방지하기 위하여 이루어진다. 미국에서 <White Motor 사건>(미연방대법원, 1963)에서 법원은 영업지역제한과 고객제한행위에 대하여 당연위법으로 취급해서는 안된다고 판시하였다. 그러나 <Schwinn 사건>(미연방대법원, 1967)에서 법원은 영업지역제한과 고객제한행위를 당연위법으로 판시하였다. <GTE Sylvania 사건>(미연방대법원, 1977)에서 법원은 다시 합리의 원칙을 적용하여 위법으로 판단하였다.

⟨White Motor Co. v. United States, 372 U.S. 253(1963)⟩

The Court held that it could not extend a prior ruling banning horizontal arrangements to divide territory among competitors to appellant's vertical arrangement restricting its dealers' territory.

⟨United States v. Arnold, Schwinn & Co., 388 U.S. 365(1967)⟩

The Court reversed the district court's judgment and held that appellant's sale to a distributor, subject to a territorial restriction upon resale, was a per se violation of the Sherman Act, 15 U.S.C.S. § 1.

⟨Cont'l T.V. v. GTE Sylvania, 433 U.S. 36(1977)⟩

The Court held that because such restrictions were widely used, and because there was no showing that the restrictions had a pernicious effect on competition or that the restrictions lacked any redeeming virtue, the per se rule was the incorrect standard under which to analyze the restrictions. Instead because such could be adequately policed under the rule of reason, that standard applied, and the judgment of the appellate court was affirmed.

〈재판매가격유지행위〉

미국에서 재판가격유지행위는 「셔먼법(Sherman Act)」제1조를 적용하는데, <Dr. Miles 사건>(미연방항소법원, 1911)에서 당연위법원칙이 적용되었다. <Colgate 사건>(미연방대법원, 1919)에서는 재판매가격유지행위금지가 적용되기 위해서는 계약(agreement)이 필요하다고 보았는데, <Parke Davis 사건>(미연방대법원, 1960)에서는 Colgate 판결의 적용범위를 축소하여, 최저재판매가격유지행위 실시 공지 및 거래거절의 범위를 넘어서는 적극적 행위를 취하거나 재판매가격유지에 영향을 주는 다른 수단을 사용하는 경우 당연위법이라고 판시하였다. 그러나 <Monsanto 사건>(미연방대법원, 1984)에서 법원은 합의가 필요하다는 입장을 보였다.

〈Miles Medical Co. v. John D. Park & Sons Co., 220 U.S. 373 (1911)〉

The court affirmed the decision of the court below, which dismissed complainant's action charging defendant with unlawfully and fraudulently procuring remedies from complainant's agents, on the grounds that complainant's price−fixing plan created an illegal combination that destroyed competition and injured the public interest.

〈United States v. Colgate & Co., 250 U.S. 300(1919)〉

As the court interpret the district court's opinion, the indictment in this case was interpreted as not charging the defendant with selling to dealers under agreements obligating them not to resell at prices other than those fixed by defendant.

〈United States v. Parke, 362 U.S. 29(1960)〉

The Supreme Court reversed a judgment dismissing appellant's antitrust action against appellee drug manufacturer because appellant was entitled to relief where the record showed that, in an effort to force compliance with its suggested resale prices, appellee organized an unlawful combination or conspiracy among wholesalers to deny appellee's products to retailers who refused to comply with the set retail price.

Appellee's actions went beyond the mere announcement of its policy regarding resale prices and a simple refusal to deal with any retailers who disregarded that policy.

〈Monsanto Co. v. Spray-Rite Serv. Corp., 465 U.S. 752(1984)〉

"There is the basic distinction between concerted and independent action, a distinction not always clearly drawn by parties and courts. Section 1 of the Sherman Act, 15 U.S.C.S. § 1, requires that there be a contract, combination or conspiracy between the manufacturer and other distributors in order to establish a violation. Independent action is not proscribed. A manufacturer of course generally has a right to deal, or refuse to deal, with whomever it likes, as long as it does so independently. The manufacturer can announce its resale prices in advance and refuse to deal with those who fail to comply. And a distributor is free to acquiesce in the manufacturer's demand in order to avoid termination. The second important distinction in distributor—termination cases is that between concerted action to set prices and concerted action on nonprice restrictions. The former have been per se illegal since the early years of national antitrust enforcement. The latter are judged under the rule of reason, which requires a weighing of the relevant circumstances of a case to decide whether a restrictive practice constitutes an unreasonable restraint on competition."

최고가격지정에 관하여 <Kiefer−Stewart 사건>(미연방항소법원, 1951)〉, <Albrecht 사건>(미연방대법원, 1968)에서 당연위법을 적용하였으나, <Kahn 사건>(미연방대법원, 1997)에서는 주유소의 최고가격지정에 대하여 합리의 원칙이 적용되었다. <Leegin 사건>(미연방대법원, 2007)에서 최저가격유지행위에 대해서도 합리의 원칙을 적용하였다.

〈Kiefer-Stewart Co. v. Joseph E. Seagram & Sons, Inc., 340 U.S. 211(1951)〉

On certiorari review, the United States Supreme Court reviewed the record and not only concluded that the agreement to fix maximum resale prices violated the Act, but also that the evidence was sufficient to support the jury's finding that respondents had conspired to fix maximum resale prices, even though there was other testimony that price policies were arrived at independently.

〈Albrecht v. Herald Co., 390 U.S. 145(1968)〉

The United States Supreme Court, disagreeing with the court of appeals, reversed its judgment because it found that the evidence made it clear that a combination in restraint of trade had existed.

〈State Oil Co. v. Khan, 118 S. Ct. 275(1997)〉

A decision reversing summary judgment for petitioner and holding that a vertical maximum price fixing scheme was a per se antitrust violation was vacated and the case was remanded. Ruling that vertical maximum price fixing was not a per se Sherman Act violation and that such price fixing arrangements should be evaluated under the rule of reason, the court overruled a prior opinion holding that vertical maximum price fixing was per se unlawful.

〈Leegin Creative Leather Prods. v. PSKS, Inc., 127 S. Ct. 2705 (2007)〉

The United States Supreme Court decided to overrule the per se rule and determined that vertical price restraints were to be judged according to the rule of reason. The rule of reason was the appropriate standard to judge vertical price restraints and vertical minimum resale price maintenance agreements because (1) procompetitive justifications existed for a manufacturer's use of resale price maintenance, (2) the primary purpose of the antitrust laws was to protect interbrand competition, (3) administrative advantages were not sufficient in themselves to justify the creation of per se rules, and (4) stare decisis did not compel the Court's continued adherence to the per se rule.

<General Electric 사건>(미연방대법원, 1926)에서 재판매가격유지행위는 위탁판매의 경우에는 적용되지 않는다고 판시한 바 있다. 위탁판매는 수탁자가 위탁자의 계산으로 자기명의로써 상품 또는 용역을 판매하고 그 법적 효과는 위탁자에 귀속하는 법률행위를 말하는데, 실질적인 소유권의 귀속주체와 실질적인 위험의 주체가 위탁자인지, 수탁자인지 여부에 따라 위탁판매 여부가 결정된다. <Simpson 사건>(미연방대법원, 1964)에서 법원은 위험부담을 소매상이 지고 있으므로 재판매가격유지행위 금지의 예외가 될수 없다고 보았다.

〈United States v. GE Co., 272 U.S. 476(1926)〉

The Court affirmed the lower court's decision that dismissed the United States' bill for want of equity when the Court found the genuine contracts of agency did not violate the Antitrust Act. The Court held that an owner of an article did not violate the common law or the Act by seeking to dispose of his article directly to the consumer and fixing the price by which his agents transferred the title from him directly to such consumer.

〈Simpson v. Union Oil Co., 377 U.S. 13(1964)〉

The Court reversed the judgment and held that there was an actionable wrong because the consignment agreement injured petitioner by coercing petitioner into an arrangement in which respondent was able to impose noncompetitive prices on thousands of dealers who might otherwise set competitive prices.

EU의 경우에도 수직적 제한에 대해서 「EU기능조약(TFEU)」 제101조를 적용하고 있다. 그리고 수직적 제한에 대해서 적용이 제외되는 경우와 '일괄면제제도(Block Exemption)'도 운영하고 있다. 독일의 경우 1998년 제6차 개정에서 「경쟁제한방지법(GWB)」 제1조를 '상호경쟁관계에 있는 사업자'로 하였다가, 2005년 제7차 개정으로 EU와 같이 수평적, 수직적 제한의 구분을 폐지하였다.[33]

『수직적 일괄면제 규칙(Vertical Block Exemption Regulation)』과 『수직적 제한지침(Vertical Restraints Guidelines)』[34]의 경우 전자상거래, 온라인 플랫폼의 급성장을

---

33) 이를 기능적 카르텔 개념으로 해석한다. 이봉의, 독일경쟁법(2016), 73면.
34) Guidelines on Vertical Restraints, 10. 5. 2022.

반영하여 2022년 6월부터 규제면제범위를 일부 조정했다.[35]

『수직적 제한 지침(Vertical Restraints Guidelines)』은 다음과 내용을 포함하고 있다.

Guidelines on vertical restraints(2022/C 248/01)

3. Vertical agreements that generally fall outside the scope of Article 101(1) of the Treaty

   3.1. No effect on trade, agreements of minor importance and small and medium sized undertakings

   3.2. Agency agreements

      3.2.1. Agency agreements that fall outside the scope of Article 101(1) of the Treaty

      3.2.2. Application of Article 101(1) of the Treaty to agency agreements

      3.2.3. Agency and the online platform economy

   3.3. Subcontracting agreements

4. Scope of Regulation (EU) 2022/720

   4.1. Safe harbour established by Regulation (EU) 2022/720

   4.2. Definition of vertical agreements

      4.2.1. Unilateral conduct falls outside the scope of Regulation (EU) 2022/720

      4.2.2. The undertakings operate at different levels of the production or distribution chain

      4.2.3. The agreement relates to the purchase, sale or resale of goods or services

   4.3. Vertical agreements in the online platform economy

   4.4. Limits to the application of Regulation (EU) 2022/720

      4.4.1. Associations of retailers

      4.4.2. Vertical agreements containing provisions on intellectual property rights(IPRs)

      4.4.3. Vertical agreements between competitors

      4.4.4. Vertical agreements with providers of online intermediation services that have a hybrid function 28

   4.5. Relationship with other block exemption regulations

   4.6. Specific types of distribution system

      4.6.1. Exclusive distribution systems

---

35) 주요 내용은 김문식, EU경제법의 이해(2022), 148~149면 참조.

라. 부당한 공동행위의 성립요건

경쟁법에 있어서 개입(침해) 구성요건에서는 개념이 하나의 고양된 한계설정기능을 갖는다: 그것은 당국의 행위의 전제조건과 가능성을 정한다. 그래서 경쟁법적인 개념형성의 독자성의 원칙을 고려한 기능적인 해석이 요구된다.[36]

1) 행위의 주체

첫째, 부당한 공동행위의 금지에 해당하기 위해서는 2 이상의 사업자가 존재하여야 한다(『공동행위 심사기준』 II. 1). 사업자는 독립성을 전제로 하는 개념이며 경제활동과 관련한 결정을 독자적으로 할 수 있는 자를 의미한다. 프로야구구단, 사립대학, 외국사업자도 사업자에 해당한다. 그리고 잠재적 사업자도 사업자에 해당한다<글락소 리미티드 및 동아제약 부당공동행위 건>(대법원, 2014). 법원은 조합체의 이름으로 입찰에 참여한 경우에도 합의를 인정하였고<기계식 전력량계 구매입찰 담합 건>(서울고법, 2015), 수주가능성이 낮다 하더라도 합의를 인정한 사례<장보고 III 입찰담합 건>(대법원, 2016), 합의에 의해 입찰참가 자체를 포기한 경우에도 합의를 인정한 사례<에스티엑스 부당공동행위 건(대법원, 2015)>가 있다.

> **<장보고-III 전투체계 및 소나체계 입찰 관련 4개 사업자 부당공동행위 건, 대법원 2016. 2. 18. 선고 2013두19004 판결>**
>
> LIG의 전투체계에서의 수주가능성과 원고의 소나체계에서의 수주가능성이 낮다고 하더라도 그 입찰참가는 향후 동종 입찰에 참가하는 데에 대한 대비로서의 의미를 가지거나 경쟁사에게 낙찰가격을 낮추도록 강제하는 효과가 있을 수 있어 이를 두고 경쟁 전략적 차원에서 무의미하다고 볼 수도 없다.
>
> **<에스티엑스 부당공동행위 건, 대법원 2015. 7. 9. 선고 2013두26804 판결>**
>
> 사업자들 사이의 합의에 의하여 낙찰예정자를 사전에 결정한 결과 낙찰예정자가 아닌 사업자들이 입찰참가 자체를 포기하게 되었다면, 경쟁이 기능할 가능성을 사전에 전면적으로 없앤 것이 되어 입찰과정에서의 경쟁의 주요한 부분이 제한된 것으로 보아야 하므로, 특별한 사정이 없는 한 부당하다고 볼 수밖에 없다.

---

36) Fritz Rittner·Meinrad Dreher, Wirtschaftsrecht(1987), S. 379 Rn. 1.

수직적 공동행위 성립 여부가 문제된다.[37) <3개 학생복 제조사 부당공동행위 건>(대법원, 2004), <7개 영화배급사 부당공동행위 건>(대법원, 2010), <온나라 시스템 부당공동행위 건>(대법원, 2015), <원적지 담합사건>(대법원 2015), <5개 복수종합유선방송사업자(MSO) 부당공동행위 건>(대법원, 2015) 등에서 법원은 수직적 공동행위를 인정하였다. 예를 들어 <5개 복수종합유선방송사업자(MSO) 부당공동행위 건>(대법원, 2015)에서 대법원은 부당한 공동행위가 성립하기 위해 반드시 공동행위 참여자들 사이에 수평적 경쟁관계가 있어야 한다고 볼 수 없다고 하고, 5개 MSO들이 유료방송서비스시장에 신규 진입한 IPTV(인터넷멀티미디어방송) 사업자에게 방송프로그램을 공급한 온미디어(PP)의 방송채널을 축소하고, 씨제이미디어(PP)에게는 IPTV사업자에게 방송프로그램을 공급하지 아니하는 조건으로 금전적 지원을 하기로 합의한 행위를 부당한 공동행위로 판단하였다. 재판매가격유지행위는 수직적 공동행위와 유사한 측면이 있으나 강제하거나 규약 기타 구속조건을 붙여 거래하는 행위이므로 합의를 전제로 하는 부당한 공동행위와는 구별된다.

<7개 영화 배급·상영업자 부당공동행위 건, 서울고법 2009. 10. 7. 선고 2009누 2483 판결; 대법원 2010. 1. 28. 2009두19700 판결>

수평적 경쟁관계에 있지 아니한 사업자도 다른 사업자와 공동하여 법 제40조 제1항 소정의 부당한 공동행위를 할 수 있다. 이러한 법리에 따르면, 영화배급업자인 원고도 수직적 관계에 있는 영화상영업자와 공동하여 법 제40조 제1항의 소정의 '부당한 공동행위'를 할 수 있다

---

37) 이에 대하여 우리나라에서 수직적 공동행위의 성립을 부정하는 견해가 있다[이봉의, 공정거래법(2022), 623~624면]. 미국의 경우 우리나라에서 시장지배적지위 남용행위 또는 불공정거래행위의 일종으로 규제하는 끼워팔기, 구속조건부거래, 재판매가격유지행위에 대하여 수직적 합의로서 「셔먼법」 제1조로 규제하고 있고, EU의 경우에도 차별적 취급행위(apply dissimilar conditions to equivalent transactions with other trading parties, thereby placing them at a competitive disadvantage), 끼워팔기(making the conclusion of contracts subject to acceptance by the other parties of supplementary obligations which, by their nature or according to commercial usage, have no connection with the subject of such contracts) 등 행위는 「EU기능조약(TFEU)」 제102조뿐만 아니라 수직적 합의로서 제101조에 해당한다. 우리나라의 경우 수직적 합의는 원칙적으로 일방적 행위로 규정되어 있는 시장지배적지위 남용행위나 불공정거래행위 및 재판매가격유지행위로 규율하기 어렵다는 점에서 수직적 공동행위를 별도로 인정할 실익이 있다고 본다.

> **〈5개 복수종합유선방송사업자(MSO) 부당공동행위 건, 대법원 2015. 9. 10. 2015두 23297 판결〉**
>
> 부당한 공동행위가 성립하기 위해 반드시 공동행위 참여자들 사이에 수평적 경쟁관계가 있어야 한다고 볼 수 없다고 하고, 5개 MSO들이 유료방송서비스시장에 신규 진입한 IPTV(인터넷멀티미디어방송)사업자에게 방송프로그램을 공급한 온미디어(PP)의 방송채널을 축소하고, 씨제이미디어(PP)에게는 IPTV사업자에게 방송프로그램을 공급하지 아니하는 조건으로 금전적 지원을 하기로 합의한 행위를 부당 공동행위이다.

미국의 경우 <Interstate Circuit 사건>(미연방대법원, 1939)에서 영화배급사와 상영업자 간의 수직적 공동행위가 인정되었다.

> **〈Interstate Circuit v. United States, 306 U.S. 208(1939)〉**
>
> The decree below was affirmed because the court agreed that appellants' contracts restricting the pricing and showing of certain movies constituted a combination and conspiracy violating the Sherman Anti−Trust Act.
>
> "The court concluded as matters of law that the agreement of the distributors with each other and those with Interstate to impose the restrictions upon subsequent−run exhibitors and the carrying of the agreements into effect, with the aid and participation of Hoblitzelle and O'Donnell, constituted a combination and conspiracy in restraint of interstate commerce in violation of the Sherman Act.

EU의 경우 <Costen/Grundig 사건>(EU사법재판소, 1966)에서 수직적 합의를 인정하였다.

> **〈Judgment of the Court of 13 July 1966. - Établissements Consten S.à.R.L. and Grundig-Verkaufs-GmbH v Commission of the European Economic Community. - Joined cases 56 and 58-64〉**
>
> Sole distributorship contracts made between producer and independent concessionnaire do not necessarily, as such, fall under the prohibition of article 85(1). Nevertheless an agreement between producer and distributor which might tend to restore the national divisions in trade between member states might be such as to frustrate the most fundamental objectives of the community.

둘 이상의 사업자라도 예외적으로 경제적 동일체인 경우는 공동행위가 성립되지 아니한다. 즉 다수의 사업자를 실질적·경제적 관점에서 '사실상 하나의 사업자'로 볼 수 있는 경우에는 그들 간에 이루어진 법 제40조 제1항 각 호의 사항(입찰담합은 제외)에 관한 합의에는 법 제40조 제1항을 적용하지 아니한다. 다만, 그 합의에 다른 사업자가 참여한 경우는 그러하지 아니한다. 사업자가 다른 사업자의 주식을 모두 소유한 경우(법 제2조 제11호의 동일인 또는 시행령 제4조제1호의 동일인 관련자가 소유한 주식을 포함), 당해 사업자들 모두를 사실상 하나의 사업자로 본다. 사업자가 다른 사업자의 주식을 모두 소유하지 아니한 경우라도 주식 소유 비율, 당해 사업자의 인식, 임원겸임 여부, 회계의 통합 여부, 일상적 지시 여부, 판매조건 등에 대한 독자적 결정 가능성, 당해 사안의 성격 등 제반사정을 고려할 때 사업자가 다른 사업자를 실질적으로 지배함으로써 이들이 상호 독립적으로 운영된다고 볼 수 없는 경우에는 사실상 하나의 사업자로 본다. 다만, 관련시장 현황, 당해 사업자의 활동 등을 고려할 때 경쟁관계에 있다고 인정되는 경우에는 그러하지 아니하다(『공동행위 심사기준』 II. 1).

경제적 동일체 여부는 주로 주식소유 위주로 판단한다. 미국의 <Copperweld 사건>(미연방대법원, 1984)에서는 100% 모자회사인 경우 경제적 동일체로 인정하였다.

<**Copperweld Corp. v. Independence Tube Corp., 467 U.S. 752(1984)**>
The U.S. Supreme Court reversed and remanded, and held that petitioner parent and petitioner subsidiary were incapable of conspiring with each other for purposes of the applicable statute.

EU에서는 <Viho 사건>(EU사법재판소, 1996)에서 100%를 하나의 경제적 동일체로 인정하여 「EU기능조약(TFEU)」 제101조 제1항의 적용을 부인한 바 있다. 독일의 경우 하나의 콘체른(Konzern)에 속하는 회사는 '단일한 지휘(einheitliche Leitung)'하에 있으므로 경제적 동일체로서 「경쟁제한방지법(GWB)」 제1조에 적용되지 않는다.

〈Judgment of the Court (Sixth Chamber) of 24 October 1996. Viho Europe BV v Commission of the European Communities. Case C-73/95 P.〉

When a parent company and its subsidiaries form a single economic unit within which the subsidiaries do not enjoy real autonomy in determining their course of action in the market, but carry out the instructions issued to them by the parent company which wholly controls them, the fact that the parent company's policy, which consists essentially in dividing various national markets between its subsidiaries, might produce effects outside the ambit of the group which are capable of affecting the competitive position of third parties cannot make Article 85(1) applicable, even when it is read in conjunction with Article 2 and Article 3(c) and (g) of the Treaty. On the other hand, such unilateral conduct could fall under Article 86 of the Treaty if the conditions for its application were fulfilled.

그러나 우리나라 대법원은 100% 자회사의 경우라도 부당지원행위의 경우 부인한 사례가 있다. 그리고 법원이 일체화된 영업판매시스템을 갖추어도 경제적 동일체로 인정하지 않은 사례가 있다＜주파수 공용통신장치 구매입찰 담합 건＞(서울고법, 2009). 입찰담합의 경우는 인정되지 않는다＜옥외자동검침시스템 입찰담합 건＞(대법원, 2016).

〈옥외자동검침시스템 입찰담합 건, 대법원 2016. 4. 12. 선고 2015두50061 판결〉

이 사건 공동행위를 통해 원고 또는 자스텍이 실질적인 경쟁 없이 투찰금액으로 낙찰을 받은 반면, 다른 사업자들은 유찰 후 재입찰 등의 절차에 참가하여 경쟁을 할 기회를 제한받은 것이므로, 결국 이 사건 각 입찰에서의 경쟁이 감소하여 가격·수량·품질 기타 거래조건 등의 결정에 영향을 미치거나 미칠 우려가 있었고, 나아가 입찰에 이르는 과정에서의 경쟁 자체도 제한되었다고 봄이 상당하다.

2) 합의의 존재

둘째, 부당한 공동행위가 성립하려면 계약, 협정, 결의 기타 어떠한 방법으로든지 사업자간에 공동행위를 하기로 하는 합의가 있어야 한다. 부당한 공동행위를 인정하기 위한 합의는 계약, 협정, 협약, 결의, 양해각서, 동의서 등과 같은 명시적 합의뿐만 아니라 사업자 간의 암묵적 양해와 같은 묵시적 합의까지 포함한다. 합의는 일정한 거래분야나 특정한 입찰에 참여하는 모든 사업자들 중에서 일부의 사업자들 사이에만 이루어진 경우에도 성립될 수 있다(『공동행위 심사기준』 II. 2).

그러나 어떤 경쟁제한행위가 경쟁법에 중립적인 제도나 계약체결에 필수불가결하게 결부되어 있거나 합의의 당사자 사이에 제한 가능한 경쟁자체가 존재하지 않는 경우 카르텔 금지가 적용될 수 없다.[38] 그 예로 내재성이론(Immanenztheorie)으로 불리우는 기업양도계약 등의 부수적 합의로서의 경업금지, 조합계약, 이익보장계약,[39] 콘체른 내부의 경쟁제한의 경우 카르텔 금지가 제한된다.[40]

합의는 사업자들 간의 교환계약이 아니라 경쟁제한적인 행위의 실행이라는 동일한 방향의 의사표시를 내용으로 한다.[41] 합의에는 명시적 합의, 묵시적 합의(암묵적 양해)<7개 온라인음악서비스사업자 부당공동행위 건>(대법원 2013), 합의의 추정이 있다. 명시적 합의는 말 그대로 합의문건이 있거나 합의의 명백한 증거가 있는 경우이다. 묵시적 합의는 외형의 일치와 함께 '의사연결의 상호성'이 인정되어야 한다<만트럭버스코리아 등 7개 대형 화물상용차 제조판매업자 부당공동행위 건>(대법원, 2016). 의사연결의 상호성이 결여된 경우 의식적 병행행위(conscious parallelism)라고 한다.

〈7개 온라인음악서비스사업자 부당공동행위 건, 대법원 2013. 11. 28. 선고 2012두 17773 판결〉

'부당한 공동행위'가 이루어지고 있는 영업을 양수한 사업자가 기존의 합의 사실을 알면서도 이를 받아들여 양도인과 동일하게 기존 합의를 실행하는 행위를 하였으며, 기존의 합의 가담자들도 양수인의 영업을 기존 합의에서 배제하는 등의 특별한 사정이 없이 종전과 마찬가지로 양수인과 함께 합의를 실행하는 행위를 계속하였다면, 양수인도 기존 합의 가담자들 사이의 '부당한 공동행위'에 가담하여 그들 사이에서 종전

---

38) 이봉의, 독일경쟁법(2016), 75면.
39) 예를 들어 제조자에게 판매서비스를 제공하는 중개서비스 시장(용역시장), 사업자의 생산물을 일부 다른 사람 이름으로(대리상), 일부 자신의 이름으로(위탁판매인, 계약상 대부분 프랜차이즈업자도) 판매하는 시장이다. Fritz Rittner·Meinrad Dreher, Wirtschaftsrecht(1987), S. 443 Rn. 78.
40) Fritz Rittner·Meinrad Dreher, Wirtschaftsrecht(1987), S. 439 Rn. 64~S. 447 Rn. 90.
41) 이봉의, 공정거래법(2022), 615면; 예를들어 대부분의 이익보장계약은 말하자면, 그가 판매중개인(Absatzmittler)으로 하여금 대가를 받고 그의 계약파트너를 위하여 중개하거나 계약을 체결하는 의무를 지우는 경우, 그 범위에서 교환계약이다. Fritz Rittner·Meinrad Dreher, Wirtschaftsrecht(1987), S. 442 Rn. 78.

과 같은 '부당한 공동행위'를 유지·계속한다는 묵시적 의사의 합치가 있다고 봄이 타당하다.

> **〈만트럭버스코리아 등 7개 대형 화물상용차 제조판매업자 부당공동행위 건, 대법원 2016. 12. 29. 선고 2016두31098 판결〉**
>
> '부당한 공동행위'는 '부당하게 경쟁을 제한하는 행위에 대한 합의'로서 이때 '합의'에는 명시적 합의뿐 아니라 묵시적 합의도 포함된다고 할 것이지만(대법원 2003. 2. 28. 선고 2001두1239 판결 등 참조), 이는 둘 이상 사업자 사이의 의사의 연락이 있을 것을 본질로 하므로 단지 위 규정 각 호에 열거된 '부당한 공동행위'가 있었던 것과 일치하는 외형이 존재한다고 하여 당연히 합의가 있었다고 인정할 수는 없고 사업자 간 의사연결의 상호성을 인정할 만한 사정에 대한 증명이 있어야 하며, 그에 대한 증명책임은 그러한 합의를 이유로 시정조치 등을 명하는 피고에게 있다고 할 것이다(대법원 2013. 11. 28. 선고 2012두17421 판결 등 참조).

한편 어느 한쪽의 사업자가 당초부터 합의에 따를 의사도 없이 진의아닌 의사표시에 의하여 합의한 경우라고 하더라도 다른 쪽 사업자는 당해 사업자가 합의에 따를 것으로 신뢰하고 당해 사업자는 다른 사업자가 위와 같이 신뢰하고 행동할 것이라는 점을 이용한 경우에는 당해 합의가 경쟁을 제한하는 행위가 되는 것은 마찬가지이다. 따라서, 진의 아닌 의사표시라 하여 부당한 공동행위의 성립에 방해가 되는 것은 아니다(『공동행위 심사기준』 II. 2).

합의를 조장하는 행태도 있다. 즉, 최저가격보장제(most favored customer clause)인데, 일정 기간 내에 이 가격보다 낮게 판매하는 다른 판매자를 발견하거나 다른 구매자에게 이 가격보다 낮게 판매하는 사례를 발견하면 그 차액을 보상하는 것은 물론 덤으로 추가할인까지 해 주겠다는 것을 판매자가 보장하는 제도이다.[42] 이 제도는 가격을 최저수준으로 낮추게 하는 제도이고 소비자 보호를 위한 제도인 것처럼 보이지만 조금만 파고들면 판매자들끼리의 가격경쟁을 억제시키는 담합 보완장치라는 것을 알 수 있다.[43]

미국의 〈Esco 사건〉(미연방항소법원, 1965)에서 법원은 극단적으로 '의식적 윙크(Knowing wink)'만으로도 합의가 인정될 수 있다고 판시하였다.

---

42) 최정표, 산업조직경제학(2016), 157~158면.
43) 최정표, 산업조직경제학(2016), 158면.

<ESCO v. UNITED STATES, 340 F.2d 1000(9th Cir.1965)>

Denial of motions for acquittal and new trial were affirmed because sufficient evidence existed to go to the jury on the question of conspiracy and defendant corporation's participation in it, and corporation's involvement in only two of several conspiratorial situations did not absolve it from participation in the entire conspiracy.

"A knowing wink can mean more than words. Let us suppose five competitors meet on several occasions, discuss their problems, and one finally states—'I won't fix prices with any of you, but here is what I am going to do—put the price of my gidget at X dollars; now you all do what you want.' He then leaves the meeting. Competitor number two says—'I don't care whether number one does what he says he's going to do or not; nor do I care what the rest of you do, but I am going to price my gidget at X dollars.' Number three makes a similar statement—'My price is X dollars.' Number four says not one word. All leave and fix 'their' prices at 'X' dollars"

EU의 경우 「EU기능조약(TFEU)」 제101조의 합의에 해당하기 위해서는 진정한 '의사의 합치(concurrence of wills)'가 있어야 한다고 판시하였다<Volkswagen 사건>(EU사법재판소, 2006) <Bayer 사건>(EU사법재판소, 2000). 즉, 합의의사가 없는 일방적인 행위에 대해서는 제101조를 적용할 수 없다<Bayer 사건>(EU사법재판소, 2000). 신사협정(gentleman's agreements)도 시장경쟁에 영향을 미치면 합의에 해당할 수 있다<Toshiba 사건>(EU사법재판소, 2016).

<Judgment of the Court (Third Chamber) of 13 July 2006. Commission of the European Communities v Volkswagen AG. Case C-74/04 P.>

Those judgments all confirm that, for an agreement within the meaning of Article 81(1) EC to be found to exist, it is necessary to prove a concurrence of wills. In addition, that concurrence of wills must cover particular conduct, which must, therefore, be known to the parties when they accept it.

<Judgment of the Court of First Instance (Fifth Chamber, extended composition) of 26 October 2000. - Bayer AG v Commission of the European Communities. - Case T-41/96.>

It is clear from the wording of the first paragraph of Article 85(1) of the Treaty (now the first paragraph of Article 81(1) EC) that the prohibition which it proclaims concerns exclusively conduct that is coordinated bilaterally or multilaterally, in the form of agreements between undertakings, decisions by associations of undertakings and concerted practices. Thus, if a decision by an undertaking constitutes unilateral conduct on its part, that decision escapes the prohibition in Article 85(1) of the Treaty.

The proof of an agreement between undertakings within the meaning of Article 85(1) of the Treaty (now Article 81(1) EC) must be founded upon the direct or indirect finding of the existence of the subjective element that characterises the very concept of an agreement, that is to say a concurrence of wills between economic operators on the implementation of a policy, the pursuit of an objective, or the adoption of a given line of conduct on the market, irrespective of the manner in which the parties' intention to behave on the market in accordance with the terms of that agreement is expressed.

⟨Judgment of the Court (Second Chamber) of 20 January 2016. Toshiba Corporation v European Commission. Case C-373/14 P.⟩

By the decision at issue, the Commission found that Toshiba had participated, from 9 June 1999 to 15 May 2003, in an unlawful cartel covering the entire EEA and Japan. That cartel consisted of an oral agreement between European producers of power transformers and Japanese producers to respect the markets in the territories of each of those two groups of producers of transformers and to refrain from selling in those markets ('the Gentlemen's Agreement').

The Commission characterised the Gentlemen's Agreement as a 'restriction of competition by object'.

역지불합의(Reverse Payment or Pay-for-delay)는 복제약의 시장진입을 지연시키는 합의이며 특허권의 남용과도 관련된다. <글락소그룹 리미티드 및 동아제약(주) 부당공동행위 건>(대법원, 2014)에서 대법원은 의약품의 특허권자가 자신의 특허권을 침해할 효력이나 권리범위를 다투는 자에게 가능성이 있는 의약품의 제조·판매를 시도하면서 그 특허의 효력이나 권리범위를 다투는 자에게 그 행위를 포기 또는 연기하는 대가로 일정한 경제적 이익을 제공하기로 하고 특허 관련 분쟁을 동결하는 합의를 한 사례가 문제되었다. 이에 대해 대법원은 합의를 통해 자신의 독점적 이익의 일부를 제공하는 대신 자신들의 독점력을 유지함으로써 공정하고 자유로운 경쟁에 영향을 미친 것이라고 할 수 있으므로 이는 '특허권의 정당한 행사라고 인정되지 아니하는 행위'에 해당하여 공정거래법의 적용대상이 된다고 판시하였다.

정보교환이 합의로 인정될 수 있는가가 실무적으로 문제된다. 이는 정보교환으로 '의사연결의 상호성'을 인정할 수 있느냐의 문제이다. 정보교환은 명시적 합의로 인정되는 경우<16개 생명보험사업자 부당공동행위 건>(공정위, 2011) 및 묵시적 합의로 인정되는 경우<5개 치즈 제조·판매 사업자 부당공동행위 건>(공정위, 2011) 및 <3개 두유 제조·판매사업자 부당공동행위 건>(공정위, 2011)도 있다. 한편 <5개 음료 제조·판매사업자 부당공동행위 건>(서울고법, 2010)에서 서울고법은 "정보교환은 시장의 구조와 성격, 정보의 대상, 내용, 교환시기와 방법, 주체에 따라 합의의 유력한 증거가 될 수 있다고 한다. 시장의 구조 관련 과점화 내지 집중화되어 있는 시장, 제품의 품질이나 규격의 동질성이 큰 시장에서 정보교환을 통해서 해당 시장을 더욱 투명하게 하는 경우, 정보의 대상 관련 기업의 비밀, 경쟁의 핵심 요소 (가격인 상계획이나 인상내역 등 민감한 정보), 정보교환의 시기와 방법 관련하여 각 제품의 품목, 가격 인상율(폭) 등이 구체화·세분화, 가격인상을 확정하기 이전이거나 시장에 정보가 공개되기 이전에 규칙적, 지속적 그리고 빈번한 정보교환, 그리고 정보교환의 주체와 관련하여 소비자를 배제하고 일부 경쟁사업자 사이에서 은밀하게 폐쇄적으로 교환, 영업활동에 종사하는 지점의 직원 간에 이루어지는 경우 합의로 인정될 가능성이 크다"고 하여 정보교환을 합의 인정 근거에 대한 요건을 설시하였다.

그러나 <LPG 공급회사 부당공동행위 건>(대법원, 2014)에서 외형이 일치한다고 하여 당연히 합의가 있었다고 인정할 수 없지만, 사업자 사이에서 의사연결의 상호성이 인정할 만한 사정이 증명되면 합의를 인정할 수 있다고 하였고, <16개 생명보험사업자 부당공동행위 건>(대법원, 2014)에서 대법원은 "가격 등 주요 경쟁요소에 관한 정보교환은 사업자 사이의 의사연결의 상호성을 인정할 수 있는 유력한 자료가 될 수 있지만, 정보교환 사실만으로 부당하게 경쟁을 제한하는 행위에 대한 합의가 있다고 단정할 수는 없다"고 판시하였다.

<4개 라면 제조·판매사업자 부당공동행위 건>(서울고법, 2013; 대법원, 2015)에서 서울고법은 "정보교환은 합의를 추정할 수 있는 간접사실(정황증거)의 하나로 합의사실을 추인할 수 있는 다양한 간접사실이 추가되는 경우 합의가 인정될 수 있으며, 이 사건의 경우 과점시장, 외형상의 일치, 농심의 선제적 가격인상과 나머지

사업자들의 동조, 지속적인 회합 및 가격인상의 필요성 공유 등에 비추어 원고들간의 출고가를 동일·유사하게 인상하기로 한 명시적 내지 묵시적 합의가 있었음을 인정할 수 있다"고 인정하였다. 그러나 대법원은 합의를 인정한 서울고법의 판단에 법리오해 등의 위법이 있다며 파기환송하였다.

〈LPG 공급회사 부당공동행위 건, 대법원 2014. 6. 26. 선고 2012두4104 판결〉

　과점시장에서 시장점유율이 높은 업체가 독자적인 판단에 따라 가격을 먼저 결정한 뒤에, 그 밖의 경쟁 사업자들이 그 가격을 추종하고 있고, 그와 같은 가격 결정 관행이 상당한 기간 누적되어 사업자들이 이러한 사정을 모두 인식하고 있는 경우에, 가격 결정과 관련된 의사 연락이 증명되거나, 추가적인 여러 사정들에 비추어 그 의사 연락을 추인할 수 있다면, 부당하게 경쟁을 제한하는 행위에 대한 합의가 있다고 인정할 수 있다.

〈16개 생명보험사업자 부당공동행위 건, 대법원 2014. 7. 24. 선고 2013두16951 판결〉

　경쟁 사업자들이 가격 등 주요 경쟁요소에 관한 정보를 교환한 경우에, 그 정보 교환은 가격 결정 등의 의사결정에 관한 불확실성을 제거하여 담합을 용이하게 하거나 촉진할 수 있는 수단이 될 수 있으므로 사업자 사이의 의사연결의 상호성을 인정할 수 있는 유력한 자료가 될 수 있지만, 그렇다고 하더라도 그 정보 교환 사실만으로 부당하게 경쟁을 제한하는 행위에 대한 합의가 있다고 단정할 수는 없고, 관련시장의 구조와 특성, 교환된 정보의 성질·내용, 정보 교환의 주체 및 시기와 방법, 정보 교환의 목적과 의도, 정보 교환 후의 가격·산출량 등의 사업자 간 외형상 일치 여부 내지 차이의 정도 및 그에 관한 의사결정 과정·내용, 그 밖에 정보 교환이 시장에 미치는 영향 등의 모든 사정을 종합적으로 고려하여 위 합의가 있는지를 판단하여야 한다.

〈4개 라면 제조·판매사업자 부당공동행위 건, 대법원 2015. 12. 24. 선고 2013두 25924 판결〉

　따라서 1 가격인상에 관한 합의가 있었더라도 그 내용이 불분명할 뿐 아니라 장기적으로 경쟁에 영향을 미칠 수 있는 명확한 합의가 있었다고 보기도 어려우므로, 이를 두고 향후 정보 교환의 기초가 되는 명시적 합의에 해당한다고 볼 수 없다. 따라서 이후의 정보 교환 및 각 가격인상에 관한 합의가 있다고 하여 곧바로 이 사건 1 합의의 연장선상에 있다고 평가할 수는 없고, 단순한 정보 교환만으로 묵시적 합의가 성립한다고 볼 수도 없으므로, 이 사건 2 내지 6 합의에 관한 각 의사연결의 상호성이 증명되어야 이 사건 합의의 성립이 인정될 수 있을 것이다.

　그런데 다음에서 보는 바와 같이 합의의 유인 등에 관하여는 합의를 전제로 하지 않고도 충분히 설명이 가능하고, 합의와 양립하기 어려운 사업자의 행동 또는 합의의 존재에 반하는 듯한 사정들도 일부 나타나며, 각 업체별 가격의 평균인상율도 다소간 차이가 있고 개별 상품의 가격인상폭도 다양하여 '외형상 일치'가 인정될 수 있는지도 불분명하다. 이러한 점에서 각 정보 교환에 관한 증거에 피고가 2 내지 6 가격인상에 관한 합의의 증거라고 제출한 다른 자료들을 보태어 보아도 원고 등의 2 내지 6 가격인상에 관한 상호 의사연결을 추단하기에는 부족하다.

위와 같은 정보교환행위에 대한 법 적용의 어려움을 감안하여, 2020. 12. 29. 법 전부개정 시 법 제40조 제1항 제9호에 '가격, 생산량, 그 밖에 대통령령으로 정하는 정보를 주고받는' 행위를 추가함으로써 정보교환행위에 대하여 규제할 수 있는 근거를 명문화하였다(법 제40조 제1항 제9호 후단). 그리고 시행령에서는 '① 원가, ② 출고량, 재고량 또는 판매량, ③ 거래조건 또는 대금·대가의 지급조건'을 규정하였다(영 제44조 제2항). 또한 제40조 제5항 추정조항에서도 기존의 규정 외에 '제1항 각 호의 행위에 필요한 정보를 주고받은 때'를 추가하였다. 따라서 정보교환행위에 대해서도 합의를 추정을 할 수 있는 근거가 마련된 것이다. 다만, 제9호의 행위 중 정보를 주고받음으로써 일정한 거래분야에서 경쟁을 실질적으로 제한하는 행위는 제외하였다. 정보교환행위에 대하여 규정에 해당하면 바로 합의가 인정되므로 추정조항을 적용할 필요가 없기 때문으로 해석된다.

개정 내용에 대해서는 해석상, 체계상의 문제가 있다.[44] 첫째, 정보교환행위를 내용이 전혀 다른 사업활동방해행위와 같은 호에 규정한 이유가 불분명하다. 정보교환행위는 제40조 제1항 각 호의 행위에 모두 관련되는 내용이고, 이를 별도의 공동행위의 유형으로 볼 수 없으므로 규정하려면 본문에 삽입하는 것이 적절해 보인다. 더구나 정보교환을 통해 실질적 경쟁을 제한하는 행위라는 의미는 합의의 경우는 경쟁제한성, 정보교환의 경우는 실질적 경쟁제한성을 요건으로 하는데 그 차이를 두는 이유를 알기 어렵다. 둘째, 법 제40조 제5항 제2호의 추정조항도 제1호의 사업자간 접촉과 중복되는 측면이 있으며, 제1항 각 호의 행위에 필요한 정보를 주고 받은 때 합의가 추정된다고 하면, 모든 정보교환행위는 위법으로 판단될 가능성이 있다. 즉, 법 제40조 제1항 제9호 후단과 제5항 제2호의 추정조항을 결합하면 모든 정보교환행위는 위법하다는 결론에 이르게 된다. 이는 과도한 법 집행이 될 수밖에 없다. 따라서 제2호의 추정조항은 삭제하는 것이 바람직하다.

---

44) 이봉의, 공정거래법(2022), 650면에서도 법집행상의 난점을 지적하고 있다.

한편 법 개정을 반영하여 공정위는 『사업자간 정보교환이 개입된 부당한 공동행위 심사지침』을 제정하였다(2021.12.28). 지침에 따르면 정보교환 합의란 사업자간 법 제40조 제1항 제9호 본문 및 시행령 제44조 제2항 각 호의 정보, 즉 가격, 생산량, 상품·용역의 원가, 출고량, 재고량, 판매량, 상품·용역의 거래조건 또는 대금·대가의 지급조건(거래조건 및 지급조건의 구체적 의미는 『공동행위 심사기준』 Ⅳ. 2.에 준한다)을 교환하기로 하는 상호 간의 의사의 합치(meeting of mind)가 있는 것을 의미한다. 동 지침은 정보를 주고받는 행위의 의미, 규정의 성격 및 정보교환 합의의 위법성 성립요건, 정보교환 합의의 성립, 정보교환 합의가 부당하게 경쟁을 제한하였는지 여부의 평가, 정보교환 합의의 효율성 증대효과, 법 제40조 제5항 제2호(정보교환에 의한 합의추정)의 적용 등에 대하여 상세히 규정하고 있다.

미국 법원은 경쟁사업자 간의 가격정보교환에 대하여는 더 엄격한 입장을 취하고 있다. <Container 사건>(미연방대법원, 1969)에서 남동부의 포장용 마분지 상자 공급량의 90%를 차지하는 18개 회사들이 비공식적인 가격정보교환을 실시하여, 서로 특정한 고객에 대한 자신의 최근 판매가격정보 교환을 제공하도록 하였고, 고객은 이들 사업자들 사이에 주문량을 배분한 것이 문제되었는데, 연방대법원은 문제가 된 가격정보의 교환은 사업자들의 가격인하 행동을 조장하기 보다는 가격을 안정화시키는 효과가 있는데, 이 역시 가격조정의 한 형태라는 이유로 「셔먼법(Sherman Act)」 제1조 위반이라고 판시하였다. 다만 합리의 원칙을 적용하였다. <Cement 사건>(미연방대법원, 1925)에서는 합리의 원칙을 적용하여 법 위반을 인정하지 않았다.

<**United States v. Container Corp., 393 U.S. 333(1969)**>

The United States Supreme Court reversed the order of the trial court because appellees, through a reciprocal exchange of prices, were stabilizing prices, and stabilizing prices was within the statutory ban. The Court found that the inferences were irresistible that the exchange of price information had an anticompetitive effect in the industry, chilling the vigor of price competition. Interference with price setting was unlawful per se.

<**Cement Mfrs. Protective Asso v. United States, 268 U.S. 588(1925)**>

Reversing the injunction, the Court held that the gathering and reporting of information, through the cooperation of defendants, with reference to production, price of cement in actual closed specific job contracts and of transportation costs from chief points of production in the cement trade, was not an unlawful restraint of commerce even though it be assumed that the result of the gathering and reporting of such information tends to bring about uniformity in price.

EU의 경우 『수평적 합의 지침』에서 정보교환에 대해 자세히 규정하고 있다. <Thyssen 사건>(EU사법재판소, 2003)에서 1994년 EU집행위원회는 17개 유럽철강 회사 및 협회가 EU의 빔(beams)시장에서 가격고정, 시장분할 및 비밀정보교환을 목적으로 협정, 결의 및 동조적 행위를 한 행위를 「유럽석탄철강공동체(ECSC)」 제65조 제1항 위반으로 판단하고 14개 업체에 대하여 벌금을 부과하였는데, 이에 대해 EU 사법재판소는 문제된 정보교환시스템은 정상적인 경쟁의 위험성 대신에 실질적인 협력을 대체시킴으로써 참가사업자들의 결정의 독립성을 감소시켰다고 판단하였다.

거래자는 독립적으로 정책을 채택하여야 하고 고객들에 제공하는 거래조건을 결정하여야 한다. 법원은 진정한 경쟁이 존재하는 시장에서는 거래자 간의 투명성이 공급자들 간의 경쟁을 심화시킬 수 있으나 고도로 집중화된 과점시장에서의 정보교환은 기업으로 하여금 경쟁자의 시장지위와 전략을 인식할 수 있게 하고 그래서 거래자들 간의 경쟁을 감지가능하게 손상시킬 수 있다고 판시하였다. 그러나 고도로 집중화된 과점시장이 아니더라도 정보교환은 경쟁법에 위반될 수 있다고 보았다. <John Deere 사건>(EU사법재판소, 1998)에서도 고도로 집중화된 과점시장에서 정보교환은 시장의 불확실성을 감소시켜 경쟁을 저해할 수 있다고 보았다.

〈Thyssen Stahl AG v. Commission of the European Communities. Case C-194/99 P(Judgment of the Court (Fifth Chamber) of 2 October 2003)〉

An agreement on the exchange of information is incompatible with the rules on competition, even where the relevant marketis not a highly concentrated oligopolistic market, if it reduces or removes the degree of uncertainty as to the operation of that market with the result that competition between undertakings is restricted. The criteria of coordination and cooperation necessary for determining the existence of a concerted practice, far from requiring an actual 'plan' to have been worked out, are to be understood in the light of the concept inherent in the provisions of the EC and ECSC Treaties on competition, according to which each trader must determine independently the policy which he intends to adopt on the common market and the conditions which he intends to offer to his customers. While it is true that this requirement of independence does not deprive traders of the right to adapt themselves intelligently to the existing or anticipated conduct of their competitors, it does, however, strictly preclude any direct or indirect contact between such traders, the object or effect of which is to create conditions of competition which do not correspond to the normal conditions of the market in question, regard being had to the nature of the products or services offered, the size and number of the undertakings and the volume of the said market.

⟨Judgment of the Court (Fifth Chamber) of 28 May 1998. - John Deere Ltd v. Commission of the European Communities. - Case C-7/95 P.⟩

On a highly concentrated oligopolistic market, an agreement providing for an information exchange system among the undertakings on that market reduces or removes all uncertainty as to the operation of the market and is such as to impair competition between traders if the information exchanged

— consists of business secrets allowing the undertakings which are parties to the agreement to know the sales made by their dealers within and beyond their allocated territory, and also the sales made by the other competing undertakings and their dealers who are parties to the agreement;

— is disseminated systematically and at short intervals, and

— is shared between the main suppliers, for their sole benefit, to the exclusion of other suppliers and of consumers.

최근 온라인 플랫폼시장에서의 경쟁제한행위가 이슈가 되고 있다. 플랫폼이란 서로 구분되는 이용자 그룹들, 예를 들어 판매자와 구매자를 연결해 주어 상품이나 서비스 거래, 정보 교환 등의 상호작용이 일어나게 하는 매개체(intermediary)를 의미한다.[45] 디지털 경제에서 경쟁법 집행와 관련된 논의의 출발점은 이른바 신사업 모델로서의 '플랫폼'과 무서운 속도로 축적되어 가는 '데이터'에 있다.

---

45) 이화령·김민정, 플랫폼 경제의 시장기제와 정부정책, 연구보고서 2017-07, 8~9면. 대표적으로 Google, Yahoo, Bing, 네이버, 다음 등의 일반 검색 엔진, Amazon, Ebay, Alibaba, Baidu, 지마켓, 옥션 등의 오픈 마켓(online marketplace), TripAdvisor, Yelp, SkyScanner 등 이용후기, 가격비교, 광고 등의 특정 역할에 집중하는 전문 사이트, Facebook, Twitter 등의 SNS (social networking site), Apple iTunes, Google Play Store 등의 앱스토어, Netflix, Spotify 등의 스트리밍 사이트, Airbnb, Uber 등과 같은 공유경제 기업이 있다. 이화령·김민정, 플랫폼 경제의 시장기제와 정부정책, 연구보고서 2017-07, 3~4면.

첫째, 디지털 플랫폼은 공급자와 소비자가 만나 가치를 교환하는 '가상의 디지털 공간'을 의미한다.[46] 세계 최대의 택시회사인 Uber는 자동차를 한 대도 소유하지 않으며, 세계 최대의 숙박업자인 Airbnb는 부동산을 소유하지 않고 있다. Netflix는 극장을 소유하지 않으며 Alibaba도 매장이 없다.[47]

디지털 플랫폼은 사용자그룹의 수에 따라 단면적 플랫폼과 다면적 플랫폼으로 나눌 수 있다. 다른 말로 '디지털 서비스 플랫폼(digital service platform)'과 '디지털 비즈니스 플랫폼(digital business platform)'으로 나눌 수 있다.[48] 단면적 플랫폼인 '디지털 서비스 플랫폼(digital service platform)'은 카카오톡의 초기 메신저 서비스를 예로 들 수 있다. 각 플랫폼은 다시 '수평적 산업 서비스(horizontal vertical industrial services)'와 '수직적 산업 서비스(vertical industrial services)'로 구분할 수 있다.

수평적 디지털 플랫폼은 예를 들어 Google, Apple, Facebook, Amazon, SAP, 그리고 네이버 등에 의해 개발된 인공지능, 블록체인, 가상현실 그리고 클라우드와 같은 첨단기술을 통하여 전체 산업을 디지털화하는 것을 촉진하는 플랫폼이며, 수직적 디지털 플랫폼은 Uber, Airbnb, Netflix와 같이 특정산업 분야에 서비스를 제공하는 것이다.[49] 디지털 플랫폼은 온라인 플랫폼으로 불려지기도 한다. 온라인 플랫폼은 둘 이상의 상호 구분되면서도 상호의존적인 사용자군(기업 또는 개인) 사이에 거래를 활성화하는 디지털 서비스를 의미한다.[50]

David S. Evans에 따르면 플랫폼은 세 가지 요소를 포함한다. 첫째, 양면성(Two−sided)이다(The antitrust economics of multi−sided platform markets, 2003). 상호 연결을 필요로 하는 둘 이상의 구분되는 고객군이 존재해야 한다. 둘째, 교차네트워크 외부성(Cross Network Externalities 또는 Indirect Network Effect)이다. 적어도 한쪽 면 고객군은 다른 쪽 고객군의 규모가 클수록 더 높은 효용을 얻어야 한다. 예를 들어 검색서비스 이용자가 많을수록 광고주 수요가 늘어나는 현상을 말한다. 셋째, 플랫폼을 통한 내부화(Internalized by Platform)이다. 높은 거래비용으로 서로 다른 고객군들이 자체적인 노력(직접거래)으로 교차 네트워크 외부성을 내면화하기 어렵고, 이를 용이하게 하기 위해 플랫폼을 이용하여야 한다.

디지털 플랫폼은 '관심 플랫폼(an attention platform)'과 '중개플랫폼(a matching platform)'으로 나누기도 한다.[51] '관심 플랫폼(an attention platform)'은 검색엔진이나 사회관계망 서비스를 예로 들 수 있는데, '클릭' 단위로 판매되는 광고수입을 받아 무료로 서비스를 제공한다. 이는 단면플랫폼이다. '중개플랫폼(a matching platform)'은 판매자와 구매자, 고용자와 피고용자, 혹은 온라인 데이트 사이트에서의 개인들과 같이

---

46) 이성렬·양주성, 디지털 비즈니스의 미래(2019), 61면.
47) 강태진, Artificial Surrogate Intelligence, 서울대 최고산업전략과정(2020.9.16).
48) 이성렬·양주성, 디지털 비즈니스의 미래(2019), 73면.
49) 이성렬·양주성, 디지털 비즈니스의 미래(2019), 75면.
50) OECD, Big Data: Bring Competition Policy to the Digital Era, DAF/COMP(2016).
51) OCED, Big Data: Bring Competition Policy to the Digital Era, DAF/COMP(2016).

서로 다른 종류의 참여자들 간에 거래를 할 수 있도록 시장공간을 제공하는 것이다. 중개플랫폼은 거래플랫폼과 비거래플랫폼으로 구분할 수 있는데, '중개플랫폼(a matching platform)' 중 거래플랫폼은 전자상거래로 표현할 수 있다. 비거래플랫폼은 예를 들어 온라인 데이팅플랫폼처럼 거래는 일어나지 않으나 이용자그룹 간 매칭을 촉진하는 플랫폼을 의미한다.

[양면시장의 구조]

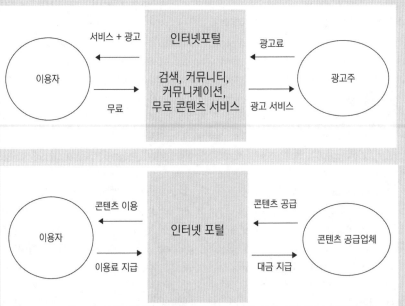

출처: '인터넷포털산업의 특성과 경쟁정책적 시사점', 공정위(2008)

디지털 플랫폼에서는 전자상거래는 폭발적으로 증가하고 있다. 광의의 전자상거래의 정의는 전자네트워크에서 일어나는 모든 거래행위, 즉 상품과 서비스의 판매, 자금의 이동, 온라인마케팅, 그리고 데이터의 수집과 처리 등을 포괄한다. 다면 디지털 플랫폼에서는 플랫폼 제공자(예를들어 Google, Apple, Facebook 등), 플랫폼에 상품이나 용역을 공급하는 공급자, 콘텐츠 제공자(언론, 웹사이트, 앱개발자 등), 광고주, 소비자 등 다양한 거래주체들이 등장한다.

최근 입법추진되었던 우리나라의 「온라인 플랫폼 중개거래의 공정화에 관한 법률안」에서는 "온라인 플랫폼"이란 '둘 이상 집단의 이용자들 간에 재화 또는 용역(일정한 시설을 이용하거나 용역을 제공받을 수 있는 권리를 포함)의 거래, 정보 교환 등 상호작용을 목적으로 하는 인터넷 홈페이지, 모바일 응용프로그램 및 이에 준하는 전자적 시스템'을 말한다(법안 제2조 제1호)고 규정하고, "온라인 플랫폼 중개서비스"란 온라인 플랫폼을 통하여 재화 또는 용역(이하 "재화 등"이라 한다)에 관한 정보제공, 소비자(「전자상거래 등에서의 소비자보호에 관한 법률」 제2조 제5호에 따른 소비자)의 청약 접수 등 대통령령이 정하는 방식으로 온라인 플랫폼 이용사업자와 소비자 간 재화 등의 거래의 개시를 알선하는 서비스를 말한다(법안 제2조 제2호)고 규정하고 있다.

[온라인 플랫폼의 구조]

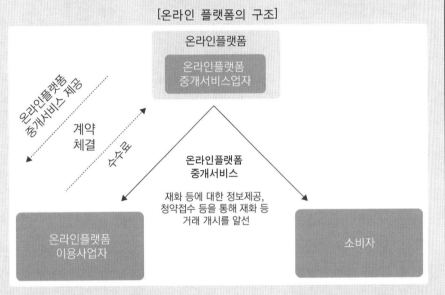

출처: 공정위 보도자료(2020.9.28)

둘째, 빅데이터 관련해서 가장 통상적으로 사용되는 정의는 다음과 같다: ① 방대한 규모의 데이터정보, 그리고 ② 방대한 규모의 컴퓨터 사용 파워, 비정형적 소프트웨어 그리고 합리적 시간에 데이터에서 가치를 추출하는 방법이 그것이다.[52] 빅데이터를 일반적인 데이터와 구별하는 기준은 다음과 같다. 첫째, 데이터의 양, 둘째, 데이터가 수집되고, 사용되고 전파되는 속도, 셋째, 수집되는 정보의 종류, 넷째, 데이터의 가치이다. 디지털 경제에서 빅데이터는 디지털 플랫폼상에서의 거래과정에서 다양한 채널과 다양한 면에서 축적되고 사용된다. 다면 디지털 플랫폼과 데이터가 수집되고 교환되는 구조를 아래 그림과 같이 '빅데이터 생태계(Big Data Ecosystem)'라 한다.

---

52) OCED, Big Data: Bring Competition Policy to the Digital Era, DAF/COMP(2016).

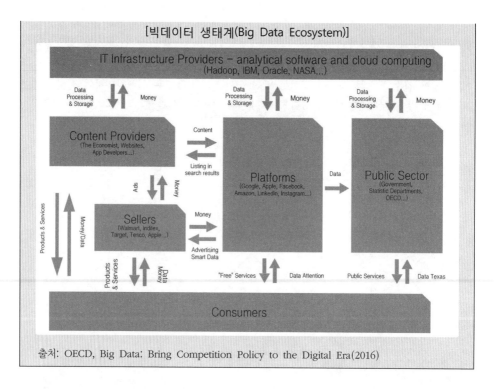

[빅데이터 생태계(Big Data Ecosystem)]

출처: OECD, Big Data: Bring Competition Policy to the Digital Era(2016)

　위와 같은 온라인 플랫폼상에서는 수평적, 수직적 담합이 복합적으로 일어날 가능성이 있다. 특히 플랫폼상에서 일어나기 쉬운 담합의 유형을 살펴보면 다음과 같다.

① 알고리즘 담합

　알고리즘은 8세기경 페르시아의 수학자 알 콰리즈미(Al－khwarizmi)의 이름에서 유래했다고 한다.[53] 디지털 경제에서 알고리즘이란 말은 일상적으로 사용되고 있다. 알고리즘 조작 문제는 수직적 관계에서 시장지배적지위의 남용 문제로 다루어지지만(예를 들어 최근 공정위는 네이버의 알고리즘 조작행위에 대하여 제재한 사실이 있음), 주로 담합과 관련하여 논의가 된다. 알고리즘 담합은 디지털 경제에서 서로 다른 알고리즘 간의 수평적 관계에서 문제가 된다. 알고리즘은 특정한 임무수행을 위해 특정한 순서에 따라 수행되는 순차적인 규칙을 의미하는데, 크게 '모니터링 알고리즘(monitoring algorithm)', '병행 알고리즘(parallel algorithm)', '신호 알고리즘(signal algorithm)', '자가학습 알고리즘(self－learning algorithm)'으로 구분할 수 있다.[54]

---

53) 이선희, "알고리즘을 이용한 담합의 규제", 경쟁법연구 제40권(2019.11).

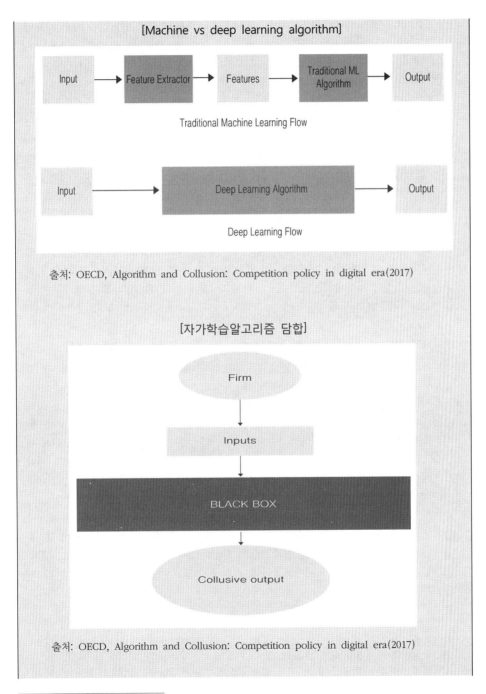

출처: OECD, Algorithm and Collusion: Competition policy in digital era(2017)

출처: OECD, Algorithm and Collusion: Competition policy in digital era(2017)

---

54) OECD, Algorithm and Collusion: Competition policy in digital era, DAF/COMP(2017).

알고리즘을 이용한 담합의 경우 법 적용이 용이하지 않다. 공정거래법 제40조(부당한 공동행위의 금지)에서는 공동행위의 성립요건으로 '합의(agreement)'를 요구하는데, 알고리즘이 합의를 실행하는 것이라면 묵시적 담합으로 될 수 있다. 그러나 자가학습 알고리즘이 더욱 발전하는 경우에는 법 적용이 더욱 어려워질 수 있다.

2015년 미국 법무부(DOJ)는 Amazon Marketplace에서 Topkins 등의 포스터에 대한 가격담합혐의를 조사하여 관련자를 고발하였으며, 2016. 10. 뉴욕연방지방법원은 Uber가 탑승객의 수요와 운전기사의 공급에 따라 가격이 바뀌는 가격알고리즘(Surge Pricing)을 사용하는 행위에 대하여 Uber와 운전기사들이 가격알고리즘을 바탕으로 요금을 담합했다고 판단한 바 있다.[55] 예를 들어 Uber의 알고리즘은 수백 명의 경쟁운전사들을 위하여 특정 승차 건에 대한 표준가격 및 할증요금의 적용시기·지역·기간·범위 등을 결정해 주는 역할을 하였던 것이다. 뉴욕연방지방법원은 Uber의 다른 운전자들이 가격을 낮추지 않을 것이라는 것을 알고 있음으로써 경쟁을 포기하고 수평적 담합을 한 점을 인정하였다. <Etras 사건>에서 법원은 Eturas UAB와 여행사들에게 리투아니아 경쟁당국이 내린 처분에 대하여 할인율 제한사항을 알고도 묵인한 회사에 대해서는 위법성을 인정하였는데, 이는 가격알고리즘에 의한 담합이라도 사업자의 동의가 필요하다는 점으로 해석된다.[56]

② 수레바퀴(Hub and spoke)형 카르텔

수레바퀴(Hub and spoke)형 카르텔은 수평적 관계에 있는 유통업체들이 카르텔 실행도구로 공통의 거래관계에 있는 제조업체 등 제3자를 활용하는 형태의 카르텔을 의미하는데, 이것이 성립하기 위해서는 첫째, A유통업체가 제공한 가격인상 정보를 B제조업체가 다른 C유통업체에게 전달할 것이라는 점을 정보제공 당시에 알아야 하고, 둘째, 실제 전달행위가 있어야 하고 C유통업체는 해당 정보가 A로부터 B에게 제공된 것임을 인식한 정황이 있어야 한다. 셋째, C유통업체는 B로부터 받은 정보를 자신의 가격설정에 활용한 정황이 인정되어야 한다<Tesco v. OFT 사건>.

특히, 플랫폼과 관련하여 아래 그림과 같이 수레바퀴형(Hub-Spoke) 담합이 이루어질 수 있다. 이는 수직적, 수평적 담합에 해당하는 것으로 플랫폼(Hub)이 경쟁사업자(Spoke) 간의 정보교환이나 합의를 조정하는 역할을 하는 형태이다. 즉 첫째, 공급업자가 유통업자의 마진이나 판매가격의 인상이나 안정화 요청에 응답하고, 둘째, 공급업자가 전가하고자 하는 비용증가에 직면해 있고, 셋째, 공급업자의 담합행위가 있고, 넷째, 강력한 유통업자가 공급업자 단계에서의 담합을 촉진하는 구조를 가지고 있다.[57]

---

55) 최난설헌, "AI 등을 활용한 사업자간 담합과 경쟁법적 평가", 한국경쟁법학회 동계학술대회-4차산업혁명과 경제법의 대응(2018.11.23).

56) 최난설헌, "AI 등을 활용한 사업자간 담합과 경쟁법적 평가", 한국경쟁법학회 동계학술대회-4차산업혁명과 경제법의 대응(2018.11.23).

57) OECD, Hub and Spoke Arrangements, DAF/COMP(2019).

[Hub-Spoke의 구조]

출처: www.google.com

⟨United Kingdom - the Toys case⟩

In 2003, the Office of Fair Trading (OFT) fined Hasbro, Argos and Littlewoods for entering into a price−fixing agreement concerning certain Hasbro toys and games. The decision was challenged before the UK Competition Appeal Tribunal (CAT), and the Court of Appeal, which both upheld the OFT infringement decision. Hasbro was one of the largest toys and games manufacturers in the UK, while Argos and Littlewoods were the two largest catalogue retailers, directly competing with each other. After receiving complaints from Argos and Littlewoods about their low margins on these products, Hasbro decided to launch a "pricing initiative". This consisted in persuading retailers to charge a recommended retail price (RRP) in order to increase their margins. However, both Argos and Littlewoods, as the main price makers on the market, feared that, if one of them charged the RRP, the other would undercut it in order to gain market shares. This is where Hasbro played a key role in acting as a hub for the purposes of the anticompetitive agreement. Hasbro held separate discussions with Argos and Littlewoods in order to identify common products in their catalogues, and to check whether the retailers had objections to matching the RRP for those common products. Hasbro communicated to each of the retailers that the other had agreed to charge the RRP on the products in question. Hasbro also played a major role in continuously monitoring the retailers' conduct, both directly or through information received from the retailers: "*Argos monitored other retailers' prices. If they found out that a retailer was not at the Hasbro RRP, they contacted me [Mr. Wilson, Hasbro's Account Manager for Argos] to find out why there was a difference [···] The understanding was that if Hasbro could give Argos an assurance that* the other retailer would put the price back up to the RRP, Argos would also remain at the RRP." The three companies were fined a total of GBP 22.65 million, with Hasbro receiving full leniency for co−operating with the OFT.

출처: OECD, Hub and Spoke Arrangements(2019)

일찍이 <Interstate Circuit 사건>(미연방대법원, 1939)에서 Hub and spoke 공모 법리가 적용되었다.[58] 예컨대 상품제조업자와 개별유통업자 사이에는 수직적 합의가 존재하지만 유통업자 사이에는 직접적 의사소통이 존재하지 않는 경우, 개별유통업자 와 수직적 합의를 한 상품제조업자를 매개로 하여 유통업자 사이에 수평적 합의가 간 접적으로 이루어진 것으로 추론하는 방식이다.

〈Interstate Circuit v. United States, 306 U.S. 208(1939)〉.

Interstate Circuit was one of the largest US exhibitors of motion picture movies and operated both first−run theatres, which showed newly released movies, and second−run theatres, which showed movies sometime after release for a lower price. Due to the stiff competition from second−run theatres that showed movies for less than 25 cents (as opposed to 40 cents for first−run theatres), Interstate Circuit lost sales in its firstrun theatres. For this reason, it agreed with distributors that they should require second−run theatres to charge no less than 25 cents for showing their movies. In case of non−compliance with the agreement, Interstate Circuit threatened not to show the distributors' movies in its theatres. The plan could only work if most distributors adhered, as, otherwise, (i) an adhering distributor would lose sales to its non−adhering competitors, and (ii) Interstate Circuit's threat would not be credible, as retaliation against too many distributors would be costly and thus unrealistic. In order to bring as many distributors as possible on board, the manager of Interstate Circuit sent an identical letter to all distributors explaining the plan. The letter named "on its face as addressees the eight local representatives of the distributors, [⋯] so from the beginning each of the distributors knew that the proposals were under consideration by the others", and explained that without unanimous

---

58) 홍대식, "합리적인 부당공동행위 추정", 한국경제연구원(2010), 238면.

cooperation the plan would result in significant business losses. Interstate Circuit, by acting as a hub, managed to bring the upstream distributors to agree with the plan to raise the prices of the competing second−run theatres, thus limiting competition from them, without any direct communication actually having occurred among the distributors. The Supreme Court concluded that "acceptance by competitors [i.e., the upstream distributors], without previous agreement, of an invitation to participate in a plan the necessary consequence of which, if carried out, is restraint of interstate commerce is sufficient to establish an unlawful conspiracy under the Sherman Act."

출처: OECD, Hub and Spoke Arrangements(2019)

최근에는 ＜Apple 사건＞(미연방항소법원, 2013)에서도 미연방항소법원은 Hub and spoke 법리를 적용하였다.

〈United States - e-books - the incentives〉

On 10 July 2013, the US District Court for the Southern District of New York found Apple liable of a per se violation of Section 1 of the Sherman Act for engaging in a conspiracy with five publishers to fix the retail price of e−books. The Court described the motivation of the publishers:Publisher Defendants, however, feared that the Amazon−led $9.99 price for e−books would significantly threaten their long−term profits. ··· would lead to the erosion over time of hardcover book prices and an accompanying decline in revenue. They also worried that if $9.99 solidified as consumers' expected retail price for e−books, Amazon and other retailers would demand that publishers lower their wholesale prices, again compressing their profit margins. Publisher Defendants also feared that the $9.99 price would drive e−book popularity to such a degree that digital publishers could achieve sufficient scale to challenge the Publisher Defendants' basic business model. The publishers had met in private, to discuss what they perceived as a threat to the publishing industry. At the same time, they were all afraid of engaging in unilateral action against Amazon. The co−ordination was not successful before Apple entered the e−books market: It was Apple's entry into the e−book business, however, that provided a perfect opportunity collectively to raise e-book prices. In December 2009, Apple approached each Publisher Defendant with news that it intended to sell e-books through its new iBookstore in conjunction with its forthcoming iPad device. Publisher Defendants and Apple soon recognized that they could work together to counter the Amazon-led $9.99 price. Apple presented a viable alternative to Amazon, and a welcome opportunity to decrease the publishers' dependence on Amazon.

출처: OECD, Hub and Spoke Arrangements(2019)

③ 최혜국 대우 조항(MFN: Most-Favoured Nation)

이른바 '최혜국 대우 조항(MFN: most-favoured nation)' 또는 온라인 동등대우조항이 문제된다. '최혜국 대우 조항'은 플랫폼 제공자가 공급자 자신의 인터넷사이트보다 가격이나 거래조건에서 유리하게 강제하는 좁은 의미의 조항(Narrow MFN)과 모든 인터넷사이트보다 유리하게 하는 광의의 조항(Broad MFN)으로 나눌 수 있다.[59] 이는 공급업자들이 무임승차를 방지하기 위하여 긍정적인 측면이 있지만, 경쟁법상 이슈를 야기하는데 첫째, 플랫폼이 공급자에 부과하는 수수료경쟁을 약화시키고(상표내 경쟁), 품질에 의한 경쟁을 감소시키며, 둘째, 새로운 플랫폼이 낮은 가격으로 진입하는 것을 방해하며, 셋째, 공급업자와 플랫폼간 또는 플랫폼간 담합을 촉진하는 역할을 한다.[60] 예를 들면 아래 그림과 같다.

[MFN의 구조]

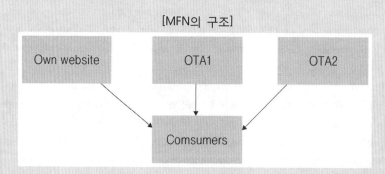

최근 유럽 등에서 MFN조항과 관련한 사례들이 주목을 받고 있다.[61] 첫째, Amazon이 공급자가 다른 플랫폼(공급자 홈페이지 포함)에서 Amazon Market place보다 더 낮은 가격으로 판매하지 못하도록 한 행위에 대하여 2012년 영국의 OFT(Office of Fair

---

59) OECD, Implication of E-commerce for Completion Policy, DAF/COMP(2018).

60) OECD, Competition and Cross Platform Parity Agreements, DAF/COMP(2015).

61) 이하 사례 소개는 박상원, "플랫폼과 수직제한:MFN을 중심으로", 2019 산업조직학회/공정거래위원회 공동정책세미나(2019.10.11).

Trading), 독일 연방카르텔청이 조사를 시작하자 2013년 Amazon이 자발적으로 MFN 조건을 철회하였다. 둘째, OTA(Online Travel Agent) 관련하여, 독일이 2013년에 HRS 의 가격 Platform MFN, 2015년에는 연방카르텔청이 Narrow MFN도 금지시켰으며, OTA의 반경쟁적행위를 조사했던 프랑스, 이탈리아, 스웨덴은 2015년 Booking.com과 Expedia가 Broad MFN을 Narrow MFN으로 전환하는 조치를 수용하였고, 2015년 8월 프랑스는 모든 가격 APPA 무효화법을 제정하였다. 영국에서는 2010. 10. 조사를 시작 해서 InterContinental Hotels group(IHG)과 Booking.com 및 Expedia와의 계약에서 OTA가 room−only hotel accomodation 가격할인을 해 주지 못하도록 한 것에 대하 여(MFN과 RPM의 결합) commitment를 수용하였다.

[독일 사례]

⏱ Amazon. In November 2013 the Bundeskartellamt closed its proceedings against Amazon after the company agreed to remove a price parity clause from its contracts. Under the price parity clause sellers were prohibited from selling products they offered on Amazon cheaper through any other sales channel. Amazon is the largest online retailer in Germany and directly competes with sellers on its Marketplace platform. Since Amazon is primarily active as a dealer itself, the horizontal effects of the clause at retail level were the main concern in the case.

⏱ Verivox. In June 2015 Verivox, a comparison website for electricity and gas prices, also accepted to remove all best price clauses that it had agreed upon with energy providers from its existing and future contracts. This decision followed an investigation by the Bundeskartellamt. Energy comparison websites generally have a positive effect on competition as they enable consumers to switch provider more easily. According to the Bundeskartellamt, the best parity clause applied by Verivox could have reduced this effect by restricting the freedom of the suppliers to set their prices.

⏱ OTAs. In December 2013 the Bundeskartellamt issued a decision prohibiting HRS to use an APPA whereby hotels were obliged to offer HRS the best booking conditions, i.e. their lowest room prices, their maximum room capacity and the most favorable booking and cancellation conditions. HRS appealed the decision. In January 2015 the Düsseldorf Higher Regional Court confirmed the assessment of the

> Düsseldorf Higher Regional Court confirmed the assessment of the
> Bundeskartellamt. A proceeding against Booking.com for similar clauses
> is ongoing. In July 2015 Booking.com introduced the so called "narrow"
> MFN, whereby hotels are free to differentiate prices across platforms but
> cannot offer better prices on their own online distribution channel. The
> Bundeskartellamt has issued a Statement of Objections (SO), in which it
> expressed the view that this modified version of the clause does not fully
> address the authority's concerns about the restrictive effects of the MFNs.

출처: OECD, ACROSS PLATFORM PARITY AGREEMENTS(2015)

2014년 미국의 <Hotel Booking 사건>(미연방항소법원, 2014)에서 MFN조항은 free-riding을 방지하기 위한 목적이라고 판시하였다. <E-Book 사건>(미연방항소법원, 2013)에서는 2010년 Apple이 e-books retail service(ibookstore)를 통해 시장에 진입하면서, 5개 대형 publisher와 agency 계약(30% commission) 체결하였는데, 이때 MFN 의무를 부과(Amazon의 기존가격보다 비싸게) 하였다. 법원은 이 계약이 publisher들로 하여금 Amazon과의 계약을 agency 모델로 전환할 동기를 제공하였고, 이에 따라 가격인상을 초래하였다고 판단하였다. EU에서도 2017년 MFN을 제거한다는 약속을 수용하고 조사가 종결되었다. 위와 같은 MFN조항은 수직적 제한의 형태이지만 수평적 담합의 결과를 야기한다.

> **⟨In re Online Travel Co. (OTC) Hotel Booking Antitrust Litig., 997 F. Supp. 2d 526(2014)⟩**
>
> The second relevant term—known as the most favored nation ("MFN") clause—"provided that the published rates offered by the [OTA] would be as favorable as the published rate offered to (a) any [OTA] competitor and (b) the rates published on the internet site operated by the hotel itself."
>
> **⟨United States v. Apple Inc., 952 F. Supp. 2d 638(2013)⟩**
>
> "The MFN clause required publishers to match in Apple's iBookstore any lower retail price of a New Release offered by any other retailer. The proposed MFN read: "If, for any particular New Release in hardcover format, the then-current Customer Price at any time is or becomes higher than a customer price offered by any other reseller ("Other Customer

Price"), then Publisher shall designate a new, lower Customer Price to meet such lower Other Customer Price." Customer Price was defined as "the price displayed to the [customer] on the [Apple] Online Store, as designated by [the] Publisher for each eBook by selecting from the prices set forth" in an exhibit to the contract."

3) 합의의 추정

구체적 합의의 증거가 없이 합의를 추정하는 경우도 있다(법 제40조 제5항). 부당한 공동행위에 대한 규제가 강화되면서 사업자 간의 합의는 명시적으로 드러나거나 증거를 남기지 않고 암묵리에 이루어지기 때문에 '합의의 존재'를 입증하기가 용이하지 않다. 이런 점을 감안하여 법 제40조 제5항에 추정제도를 두고 있다. 추정이란 사실관계가 명확하지 않거나 간접적인 사실만 있는 경우 직접적인 사실이 있는 것으로 일단 정하여 그에 따라 법률효과를 발생시키는 것이다. 둘 이상의 사업자가 법 제40조 제1항 각 호의 어느 하나에 해당하는 행위를 하는 경우에 이들 사업자 간의 합의에 관한 직접적 증거가 없을 지라도 합의한 것으로 추정한다(『공동행위 심사기준』 II. 2).

첫째, 해당 거래분야 또는 상품·용역의 특성, 해당 행위의 경제적 이유 및 파급효과, 사업자 간 접촉의 횟수·양태 등 제반 사정에 비추어 사업자가 공동으로 할 수 있는 상당한 개연성이 있는 경우이다. 여기에서 개연성이 있는 추가적 정황증거는 ① 직·간접적인 의사연락이나 정보교환 등의 증거가 있는 경우, ② 공동으로 수행해야만 사업자들의 이익에 기여할 수 있고 개별적으로 수행되었다면 당해 사업자 각각의 이익에 반하리라고 인정되는 경우, ③ 당해 사업자들의 행위의 일치를 시장 상황의 결과로 설명할 수 없는 경우, ④ 당해 산업구조상 합의가 없이는 행위의 일치가 어려운 경우를 들 수 있다(『공동행위 심사기준』 II. 2). 〈4대강살리기 사업 부당공동행위 건〉(서울고법, 2014) 관련 행정소송에서 서울고법은 원고 등 8개사는 이 사건 공구배분 합의를 하였거나, 적어도 공구배분·결정 행위를 공동으로 할 것을 합의한 것으로 볼 수 있는 상당한 개연성이 있다고 인정되어 그러한 행위를 할 것을 합의한 것으로 추정된다고 판시하였다.

> **〈4대강살리기 사업 부당공동행위 건, 서울고법 2014. 4. 24. 선고 2012누27741 판결 등〉**
>
> 이 사건 공구배분 합의를 하였거나, 적어도 공구배분·결정행위를 공동으로 할 것을 합의할 수 있는 것으로 볼 수 있는 상당한 개연성이 있다고 인정되어 그러한 합의를 한 것으로 추정된다.

둘째, 정보교환의 경우이다. 정보를 주고받음으로써 일정한 거래분야에서 경쟁을 실질적으로 제한하는 행위를 제외)에 필요한 정보를 주고받은 때, 필요한 정보를 주고받았는지 여부에 대한 판단기준 및 구체적 사례는 「사업자 간 정보교환이 개입된 부당한 공동행위 심사지침」 V. 3.에 의한다(『공동행위 심사기준』 II. 2).

'둘 이상의 사업자가 법 제40조 제1항 각 호의 어느 하나에 해당하는 행위를 하는 경우"라 함은, 가격, 생산량, 거래조건, 지급조건, 설비의 규모, 상품 또는 용역의 규격 등 경쟁변수의 외형상 일치가 나타남을 의미한다. 외형상 일치에 대해서는 어느 정도의 동일한 외관이 있으면 외형상 일치가 있다고 본다. 외형상 일치를 판단하는 기준은 다음과 같다. 즉, ① 가격 등 경쟁변수의 변동률, 변동폭, 변동시점 등이 동일 또는 유사한 경우 외형상 일치가 있다고 볼 수 있다. ② 가격 등 경쟁변수의 변동률, 변동폭 등에 다소 차이가 있더라도 그로 인한 소비자의 상품 또는 용역들 간 구매대체의 정도가 미미한 경우에는 외형상 일치가 있는 것으로 볼 수 있다. ③ 입증하려는 합의의 내용이 다소 느슨한 형태의 합의(예: 가격을 특정 수준으로 인상하는 합의가 아닌, 가격을 인상하자는 등의 방향만 공동으로 결정하는 합의)라면 가격 등 경쟁변수의 변동률 등에 다소 차이가 있더라도 외형상 일치가 있는 것으로 볼 수 있다(『공동행위 심사기준』 II. 2).

> **〈삼성카드(주) 부당공동행위 건, 대법원 2006. 10. 12. 선고 2004두9371 판결〉**
>
> 카드 4사 간의 위 각 요율의 인상시기나 현금서비스수수료율에 대한 신용공여기간, 할부기간의 차이를 감안하더라도 카드 4사의 위와 같은 현금서비스 수수료율, 할부수수료율, 연체이자율의 각 인상행위에는 각 그 외형상 일치가 있다.
>
> **〈동양화재보험(주) 외 10 부당공동행위 건, 2015. 11. 28. 2002두12052 판결〉**
>
> 비록 원고들별로 그 인상을 결정한 시기가 다소 상이하기는 하지만, 원고들이 1999.

> 11. 1.부터 책임이 개시되는 자동차보험 계약분에 대하여 그 책임이 개시되기 전 1달 여에 걸쳐 특별할증률을 동일하게 인상함으로써 행위가 외형상 일치되었다.

그러나 의사의 연락은 없지만, 동일한 행위가 사실상 병행적으로 이루어지고 있는 것에 대한 상호인식이 있는 경우는 의식적 병행행위(conscious parallelism)로 합의로 인정하지 않는다. '의식적 병행행위(conscious parallelism)'는 미국 판례법에서 형성된 이론이다. 의식적 병행행위로는 공동행위가 성립되지 않고 간접증거(indirect evidence) 내지는 정황증거(circumstancial evidence)가 필요하다. 이를 묵시적 공모(tacit collusion) 내지는 동조적 행위(concerted conduct)라고 한다.

미국의 경우 <Interstate Circuit 사건>(미연방대법원, 1939)에서 연방대법원은 "이 사건과 같은 상황에서 재개봉상영업자에 대하여 제한조건을 부과하기로 하는 합의가 불법적인 공모의 전제조건은 아니다. 배급업자들이 동조적 행위가 고안되어 권유되었음을 알면서 그와 같은 계획에 참여하였다면 충분하다"고 판시하였다. 그러나 <Theater Enterprises 사건>(미연방대법원, 1954)에서는 합의의 존재를 인정하지 않음으로써 종전의 판례와 달리 정황증거를 기초로 한 합의의 추정을 제한적으로 인정하는 입장을 취하였다. 이 판결 이후 하급심판결들은 일관되게 의식적 병행행위 자체로는 위법성을 인정할 수 없다고 판시하였다. <Monsanto 사건>(미연방대법원, 1984)에서 연방대법원은 합의를 인정하기 위해서는 '불법적인 목적을 달성하기 위한 공통의 계획에 대한 의식적 참가(conscious commitment to a common scheme designed to achieve an unlawful objective)'가 입증되어야 하며, 따라서 참가자들이 독립적으로 행동하였을 가능성을 배제하는 직접 또는 정황증거가 존재하여야 한다고 판시하였다. <Hotel Booking 사건>(미연방대법원, 2014)에서도 의식적 동조행위(parallel busuness behavior)는 위법하지 않다고 판단하였다.

⟨Interstate Circuit v. United States, 306 U.S. 208(1939)⟩

"Acceptance by competitors, knowing that concerted action is contemplated, of an invitation to participate in a plan the necessary consequence of which, if carried out, is restraint of interstate commerce is sufficient to establish an unlawful conspiracy under the Sherman Act."

⟨Theater Enterprises v. Paramount Film Distributing Corp., 346 U.S. 537(1954)⟩

"Proof of parallel business behavior does not conclusively establish agreement, nor does such behavior itself constitute a Sherman Act offence."

"additional evidence was required to relate the prior Paramount conspiracy to Baltimore and to the claimed damages period."

⟨Monsanto Co. v. Spray-Rite Service Corp., 465 U.S. 752(1984)⟩

The court affirmed the judgment but held that the correct standard for determining whether § 1 of the Sherman Act, 15 U.S.C.S. § 1, was violated was whether direct or circumstantial evidence existed that reasonably tended to prove that the manufacturer and others had a conscious commitment to a common scheme designed to achieve an unlawful objective. The court held that the evidence must be sufficient to exclude the possibility of independent action by the manufacturer and distributor.

⟨In re Online Travel Co. (OTC) Hotel Booking Antitrust Litig., 997 F. Supp. 2d 526(2014)⟩

"Like in Twombly, the real "nub" of the Complaint in this case is Defendants' parallel business behavior—the adoption of similar RPM agreements seen across pairs of OTA and Hotel Defendants. And like in Twombly, Defendants' parallel adoption of similar business strategies is not suspicious or suggestive of an agreement."

「EU기능조약(TFEU)」 제101조, 독일 「경쟁제한방지법(GWB)」 제1조에서는 명시적으로 합의 외에 동조적 행위도 금지하고 있다. EU집행위원회 및 EU사법재판소에 의하면 동조적 행위는 "고유한 의미에서 계약의 체결에는 미치지 못하지만 고의적으로 위험과 결부된 경쟁이 실질적인 협력으로 대체되는 사업자간 협조의 한 형태"를 의미한다<『수평적 합의 지침』>, <Dyestuffs 사건>(EU사법재판소, 1972). 구체적으로 동조적 행위에 해당하려면 서로 간의 의사의 합치, 시장에서의 행위의 일치, 그리고 둘 사이의 인과관계를 요한다<Hüls 사건>(EU사법재판소, 1999).

〈Guidelines on the applicability of Article 101 of the Treaty on the Functioning of the European Union to horizontal co-operation agreements, 2011/C 11/01〉

Concerted practice

In line with the case-law of the Court of Justice of the European Union, the concept of a concerted practice refers to a form of coordination between undertakings by which, without it having reached the stage where an agreement properly so-called has been concluded, practical cooperation between them is knowingly substituted for the risks of competition.

〈Judgment of the Court (Sixth Chamber) of 8 July 1999. - Hüls AG v Commission of the European Communities. - Case C-199/92 P.〉

The concept of a concerted practice, as it results from the actual terms of Article 85(1) of the Treaty (now Article 81(1) EC), implies, besides undertakings' concerting with each other, subsequent conduct on the market, and a relationship of cause and effect between the two.

　　〈12개 유제품사업자 부당공동행위 건〉(서울고법, 2012)에서는 의도적으로 가격정보를 교환하며 서로 교환된 정보를 이용하여 각자 행위 내용을 조정하고 그 결과 일정한 행위가 외형상 일치하는 경우에는 단순한 의식적 병행행위가 아닌 '동조적 행위'에 해당하여 합의 존재한다고 보았다. '동조적 행위'는 합의추정의 복멸을 불허하는 사유로 제시되기도 한다〈모나리자 외 3사 부당공동행위 건〉(대법원, 2002). 동조적 행위는 우리나라의 경우 법에 규정되어 있지 않지만 묵시적 합의 내지는 합의의 추정과 유사한 개념으로 이해할 수 있다. 실무적으로 묵시적 합의와 추정은 정확하게 구별되지 않는다.

〈12개 유제품사업자 부당공동행위 건, 서울고법 2012. 1. 12. 선고 2011누18467 판결〉

　　우유시장과 같이 상호의존성이 강한 과점시장에서 경쟁사업자의 영업정책을 예측하고 이에 대응하여 독자적으로 자신의 행위를 결정한 결과 우연히 외형상 일치가 나타나는 '의식적 병행행위'의 경우 공동행위가 인정되지 아니하며, 이와 달리 사업자들이 여러 경로를 통하여 의도적으로 가격정보를 교환하며 서로 교환된 정보를 이용하여 각자 행위내용을 조정하고 그 결과 일정한 행위가 외형상 일치하는 경우에는 단순한 의식적 병행행위가 아닌 '동조적 행위(concerted action)'에 해당되어 공동행위의 합의가 존재한 것으로 봄이 상당하다.

> **〈모나리자 외 3사 부당공동행위 건, 대법원 2002. 5. 28. 선고 2000두1386 판결〉**
>
> 과점적 시장구조하에서 시장점유율이 높은 선발 업체가 독자적인 판단에 따라 가격을 결정한 뒤 후발 업체가 일방적으로 이를 모방하여 가격을 결정하는 경우에는, 선발 업체가 종전의 관행 등 시장의 현황에 비추어 가격을 결정하면 후발 업체들이 이에 동조하여 가격을 결정할 것으로 예견하고 가격 결정을 하였다는 등의 특별한 사정이 없는 한, 법 제40조 제5항에 따른 공동행위의 합의 추정은 번복된다. 다만, 이때 후발 업체들이 서로간의 명시적이거나 묵시적인 합의 또는 양해에 따라 선발 업체의 가격을 모방한 경우에는 그 후발 업체들 상호간의 공동행위가 문제되나, 후발 업체들 상호간의 공동행위 성립 여부는 그들의 시장점유율 등 가격결정 영향력 등에 따라 별도로 판단되어야 한다
>
> 1차 인하 및 1차 인상은 단순한 가격모방행위에 불과하다고 보이므로, 이 부분 화장지 3사의 공동행위 합의의 추정은 번복되었다고 보아야 한다.
>
> 2차 인상과 3차 인상은 후발 업체인 모나리자와 대한펄프가 선발 업체인 쌍용제지나 유한킴벌리의 가격 결정을 일방적으로 모방한 것으로는 보기 어렵고, 달리 부당한 공동행위의 추정을 번복할 만한 다른 사정을 인정할 수도 없다.

합의가 추정된다 하더라도 외형상 일치가 없었다는 점, 합의가 있었을 상당한 개연성이 없다는 점 또는 외형상 일치를 창출하는데 필요한 정보가 교환된 적이 없었다는 점을 입증함으로써 추정을 복멸할 수 있다(『공동행위 심사기준』 II. 2).

추정이 복멸되는 경우로 각자의 독자적인 경영판단에 따라 이루어졌음에도 마침 우연한 일치를 보게 된 경우, 경쟁관계에 있는 사업자와 공통적으로 관련된 외부적 요인(예컨대, 원가인상요인)이 각자의 가격결정 판단에 같은 정도의 영향을 미침으로써 부득이 동일 유사한 시기에 동일 유사한 행태를 할 수밖에 없었던 경우, 특히 과점시장의 경우 후발업체가 일방적으로 선도업체의 가격을 단순히 모방한 경우 등을 들 수 있다<동부제강(주) 외 3사 부당공동행위 건>(서울고법, 2000). 합의추정이 복멸된 사례로 첫째, "과점적 경쟁시장에서, 유사한 원가상승압력에 따른 외부적 요인에 대응하기 위한 독자적 경영판단에 따라 가격을 인상 또는 인상행위를 모방한 것에 불과하므로 외관적 행위 일치에 따른 부당한 공동행위의 추정은 깨어졌다"고 한 사례<시멘트제조 7개사 부당공동행위 건>(서울고법, 2000), 둘째, 행정지도에 의한 행위를 이유로 추정이 복멸된다고 본 사례이다.

행정지도가 있는 경우 합의를 인정할 수 있는가? 행정지도가 법령의 근거 범위 내에서 실행된 경우 법 적용에서 제외된다. 그러나 행정지도를 근거로 별도의 합의를 한 경우에는 원칙적으로 위법으로 본다. 행정지도는 합의추정을 복멸하는 사유가 될 수 있다. <맥주3사 부당공동행위 건>(대법원, 2003)에서는 국세청과의 협의를 기화로 그 행정지도에 따른 인상율을 동일하게 유지하기로 하는 별도의 합의를 한 것으로는 인정되지 않는 점 등을 종합하여 볼 때, 합의추정은 복멸된다고 보았다. <동양화재보험 외 10 부당공동행위 건>(대법원, 2005)에서는 보험사업자의 신고에 대한 심사과정에서 금융감독원장이 행정지도를 통하여 사실상 보험료결정에 관여하였고 그 결과 보험료가 동일하게 유지되었다면, 위와 같은 사정은 공동행위의 합의추정을 복멸시킬 수 있는 정황으로서 참작될 수 있다고 보았다. 즉, 그동안 주류나 보험 분야에서 행정지도에 의해 추정이 복멸된 사례가 있다. 그리고 <모나리자 외 3사 부당공동행위 건>(대법원, 2002)에서도 대법원은 가격모방의 경우 합의 추정이 번복되지만 가격선도와 같은 특별한 사정이 있는 경우에는 추정이 복멸되지 않는다고 판시하였다. 출혈경쟁방지같은 사유는 복멸사유가 될 수 없다.

> **<맥주3사 부당공동행위 건, 대법원 2003. 2. 28. 선고 2001두1239 판결>**
> 맥주 3사의 이 사건 가격인상은 결과적으로 맥주 3사의 가격인상률이 동일하게 되었다고 하더라도 맥주 3사 간의 의사의 연락에 의한 것이 아니므로 맥주 3사 사이에 부당한 공동행위의 합의가 있었다는 추정은 복멸된다.

J. W. Markham은 담합적 가격선도가 나타나는 조건으로 ① 시장이 과점 구조일 것, ② 각 기업의 상품들이 매우 높은 대체도를 가질 것, ③ 생산비 곡선들이 비슷할 것, ④ 신규진입에 대한 장벽이 있을 것, ⑤ 수요탄력성이 매우 낮을 것을 제시하고 있다.[62] 그 외에도 과점기업의 조정기능으로 Thomas C. Schelling의 초점이론(theory of focal points)이 있는데, 이는 과점기업들이 상호간의 의견교환 없이도 초점에서 모두 받아들일수 있는 가격을 정하게 현상을 말한다.[63] 예를 들어 정부의 행정지도로 가격상한선을 정하는 경우 대부분 상한가격을 기준으로 초점을 형성하게 된다.

---

62) 최정표, 산업구조경제학(2016), 189면.
63) 최정표, 산업구조경제학(2016), 199면.

법원은 합의의 증거와 행정지도 간의 영향력을 평가하여 별도의 행위인지 행정지도에 따른 행위인지 여부를 판단한다. <11개 소주제조·판매업체 부당공동행위 건>(대법원, 2014)에서 대법원은 소주회사들이 1차 및 2차 소주출고가격을 인상한 행위에 대하여 합의를 인정한 서울고법의 판결을 배척하고 지역별로 진로와 해당 지역업체가 시장을 과점하는 시장구조에서 국세청이 진로를 통하여 전체 소주업체의 출고가격을 실질적으로 통제·관리하고 있는 소주시장의 특성에 따라 나머지 업체들이 국세청의 방침과 시장상황에 대처한 정도에 불과한 것으로 볼 수 있으므로 합의가 있다고 단정하기 어렵다고 판시하였다. 즉, 명시적 합의의 증거와 행정지도 간의 영향력을 평가하여 의사연결의 상호성을 부인한 것이다.

<11개 소주제조·판매업체 부당공동행위 건, 대법원 2014. 2. 13. 선고 2011두16049 판결>

비록 원고들이 사장단 모임에서 가격 인상에 관하여 논의한 사실이 있었고, 원고 진로의 가격 인상 후 곧이어 나머지 원고들도 가격을 인상하였으며, 그 인상률이나 인상 시기가 원고 진로와 유사하여 가격 인상에 관한 합의가 있었던 것처럼 보이는 외형이 존재하지만, 이는 각 지역별로 원고 진로와 해당 지역업체가 시장을 과점하는 시장구조에서, 국세청이 원고 진로를 통하여 전체 소주업체의 출고가격을 실질적으로 통제·관리하고 있는 소주시장의 특성에 따라 나머지 원고들이 국세청의 방침과 시장상황에 대처한 정도에 불과한 것으로 볼 수 있으므로, 위와 같이 겉으로 드러난 정황만으로 원고들 사이에 공동행위에 관한 합의가 있었다고 단정하기는 어렵다 할 것이다. 피고가 1, 2차 가격 인상에 관한 합의의 증거라고 제출한 그 밖의 자료들을 살펴보아도 원고들 등 주요업체 사이에 소주 출고가격의 인상 여부, 인상률, 인상 시기 등에 관하여 합의하였음을 추단할 만한 내용을 발견하기 어렵다.

지금까지의 논의 내용을 종합하면 다음과 같이 요약해 볼 수 있다.

<행위의 직접증거가 있는 경우>
◇ 명시적 담합

<직접적 증거가 없는 경우>
◇ 행위의 외형상일치가 있고 의사연락의 상호성이 인정되는 경우 묵시적 담합
◇ 행위의 외형상일치가 있고 정황증거가 있는 경우 공동행위 추정

> √ 다만, 행위의 외형상일치가 의식적 병행행위, 단순 가격모방, 행정지도에 의해 이
> 루어진 경우에는 추정복멸

4) 경쟁제한성

셋째 성립요건은 경쟁제한성이다. 관련하여 우선 부당성과 경쟁제한성의 관계
가 문제된다. <7개 신용카드사업자 부당공동행위 건>(대법원, 2009)에서는 경쟁제
한성과 부당성을 동일하게 보았다. 그러나 <(주)케이티 부당공동행위 건>(대법원,
2009)에서는 소비자 후생증대효과, 국민경제의 균형있는 발전을 별도의 부당성 기준
으로 파악하고 있다. <13개 음원유통사업자(CP) 부당공동행위 건>(대법원, 2013)에
서는 "공동행위의 부당성은 소비자를 보호함과 아울러 국민경제의 균형있는 발전을
도모한다는 공정거래법의 궁극적인 목적(제1조) 등에 비추어 당해 공동행위에 의하
여 발생될 수 있는 경쟁제한적인 결과와 아울러 당해 공동행위가 경제전반의 효율
성에 미치는 영향 등을 비롯한 구체적 효과 등을 종합적으로 고려하여 그 인정 여
부를 판단하여야 한다"고 판시함으로써 부당성을 경쟁제한성보다는 포괄적인 개념
으로 판단하고 있다. <26개 항공화물사업자 부당공동행위 건>(대법원, 2014)에서
도 법원은 경쟁제한성과 부당성을 별도로 파악하고 있다.[64]

그러나 법 제1조는 구체적인 부당성의 판단기준이 아니라 경쟁의 보호와 촉진
이 추구하는 목적, 즉 경쟁의 기능에 대한 것으로 이해하여야 한다. 경쟁을 통한 창
의적 기업활동 조장, 소비자 보호 및 국민경제의 균형있는 발전을 말하는 것이다.
그러나 경쟁이 모든 국가정책의 절대적인 기준이 될 수는 없다. 따라서 공정거래법
에서도 경쟁제한성이 문제되는 유형의 행위인 경우에는 경쟁제한성 보다 경제적 효
율성이 큰 경우 위법으로 보지 않는 가능성을 열어두고 있으며, 법 적용제외나 공동
행위 인가 등 개별적인 제도를 통하여 큰 틀에서 경쟁정책과 다른 정책적 목적을
조화하는 장치가 마련되어 있는 것이다. 따라서 이러한 문제를 법 제1조의 목적에
비추어 구체적인 위법성 판단기준으로 생각하는 것은 타당하지 않다. '부당하게 경
쟁을 제한한다'는 문구 자체가 부당성을 경쟁제한성과 연계시킬 수밖에 없는 측면도
있다.

---

64) 그러나 사업자들의 공동행위는 특별한 사정이 없는 한 부당하다고 볼 수밖에 없다고 함으로써
경쟁제한성과 부당성을 같은 의미로 사용하기도 한다.

〈7개 신용카드사업자 부당공동행위 건, 대법원 2009. 3. 26. 선고 2008두21058 판결〉

사업자들이 공동으로 가격을 결정하거나 변경하는 행위는 그 범위 내에서 가격경쟁을 감소시킴으로써 그들의 의사에 따라 어느 정도 자유로이 가격의 결정에 영향을 미치거나 미칠 우려가 있는 상태를 초래하게 되므로, 그와 같은 사업자들의 공동행위는 특별한 사정이 없는 한 부당하다고 볼 수밖에 없다(대법원 2005. 8. 19. 선고 2003두9251 판결, 대법원 2007. 9. 20. 선고 2005두15137 판결 등 참조).

〈(주)케이티 부당공동행위 건, 대법원 2008. 12. 24. 선고 2007두19584 판결〉

사업자들의 공동 가격결정 행위로 인하여 일정한 거래분야의 경쟁이 감소하여 사업자들의 의사에 따라 어느 정도 자유로이 가격결정에 영향을 미치거나 미칠 우려가 있는 상태가 초래된 이상, 이로 인하여 경쟁이 제한되는 정도에 비하여 공정거래법 제19조 제2항 각 호에 정해진 목적 등에 이바지하는 효과가 상당히 커서 소비자를 보호함과 아울러 국민경제의 균형 있는 발전을 도모한다는 법의 궁극적인 목적에 실질적으로 반하지 않는다고 인정되는 예외적인 경우에 해당하지 않는 한, 위와 같은 가격결정 행위는 부당하다고 볼 수밖에 없다(대법원 2005. 8. 19. 선고 2003두9251 판결 등 참조).

〈13개 음원유통사업자(CP) 부당공동행위 건, 대법원 2013. 11. 28. 선고 2012두 17773 판결〉

동행위의 부당성은 소비자를 보호함과 아울러 국민경제의 균형있는 발전을 도모한다는 공정거래법의 궁극적인 목적(제1조) 등에 비추어 당해 공동행위에 의하여 발생될 수 있는 경쟁제한적인 결과와 아울러 당해 공동행위가 경제전반의 효율성에 미치는 영향 등을 비롯한 구체적 효과 등을 종합적으로 고려하여 그 인정 여부를 판단하여야 한다.

〈26개 항공화물사업자 부당공동행위 건, 대법원 2014. 5. 16. 선고 2012두5466 판결〉

이 사건 합의로 인한 경쟁감소와 공동행위 가담자들에 의한 항공화물운송의 가격에 대한 통제력이 증대하는 외에 달리 소비자를 보호함과 아울러 국민경제의 균형 있는 발전을 도모한다는 공정거래법의 궁극적인 목적에 실질적으로 반하지 않는다고 인정되는 예외적인 사정을 찾기 어려우므로 그 경쟁제한성과 부당성이 모두 인정된다고 판단하였다.

한편 경쟁제한성 분석이 반드시 필요한가? 공동행위는 일반적으로 경성(hard core) 공동행위(가격 결정·변경, 산출량 결정·조정, 거래지역 또는 거래상대방 제한·할당, 입찰 담합 등)와 연성공동행위(공동회사설립, 공동구매, 사업활동 방해 및 정보교환행위)로 구분한다. 다른 말로는 경쟁제한효과만 발생시키는 것이 명백한 경우와 효율성증대효과와 경쟁제한효과가 동시에 생길 수 있는 경우로 볼 수 있다. 연성공동행위의 경우에는 경쟁제한성 분석이 반드시 필요하며, 점유율 20% 이하는 경쟁제한 효과가 없다고 본다(『공동행위 심사기준』 V. 2).

그러나 경성공동행위의 경우에는 논란이 있는데 미국의 경우 가격고정, 생산량 제한, 입찰담합, 시장분할 등 경성카르텔 유형에 대해서는 당연위법 원칙을 적용하는데, 『경쟁사업자 간 협력에 관한 지침』에서 항상 또는 거의 항상 가격을 올리거나 생산을 제한하는 유형의 합의는 당연위법이라고 규정하고 있다(3.2). 다만, 효율성을 증대하는 경제통합행위인 경우 합리원칙으로 심사하는 예외를 두고 있다.

⟨Antitrust Guidelines for Collaborations Among Competitors, FTC & DOJ (2000. 4)⟩

3.2 Agreements Challenged as Per Se Illegal

Agreements of a type that always or almost always tends to raise price or reduce output are per se illegal.

If, however, participants in an efficiency—enhancing integration of economic activity enter into an agreement that is reasonably related to the integration and reasonably necessary to achieve its procompetitive benefits, the Agencies analyze the agreement under the rule of reason, even if it is of a type that might otherwise be considered per se illegal.

당연위법원칙은 <Addyston Pipe 사건>(미연방대법원, 1899>에서 노골적 제한과 부수적 제한을 구별한데서 유래하며,[65] 반면 <Standard Oil 사건>(미연방

---

65) 다만 법원은 판매지역을 분할하고 가격을 고정시키는 계약은 본래의 목적이며, 부수적 계약으로 볼 수 없다고 하였다. EU에서 부수적 제한의 법리가 적용된 사건으로 <TPS 사건>(EU집행위원회, 1999)을 들 수 있는데, 주된 부분에서 경쟁제한성이 없어서 3년 동안 제101조 제3항이 적용된다고 결정하였는데, 법원은 EU집행위원회의 경쟁제한성이 없다는 판단은 잘못되었다고 판시하였다.

> <1999/242/EC: Commission Decision of 3 March 1999 relating to a proceeding pursuant to Article 85 of the EC Treaty (Case No IV/36.237-TPS)>
> No elimination of competition in respect of a substantial part of the products in question.
> Far from eliminating competition, the TPS agreements are pro—competitive. Development of the pay—TV market has been strongly stimulated, particularly through the emergence of keen competition between CanalSatellite and TPS, competition which would not have developed between CanalSatellite and AB—Sat: as mentioned earlier, given its programming policy AB—Sat is not in head—on competition with Canal+ and Canal—Satellite.

대법원, 1911)에서는 합리의 원칙을 채택하였다. 그 후 <Chicago Board of Trade> (미연방대법원, 1918)에서 개장 외 거래가격을 그날의 마감가격으로 고정시킨 시카고 현물거래소 회원들의 협약에 대하여 합리의 원칙을 적용하여 법위반으로 인정하지 않았으며, <Appalachian Coals 사건>(미연방대법원, 1933)에서도 합리의 원칙을 적용하여 공동판매회사설립의 목적을 판매촉진을 통한 수지개선으로 보았다.

  <National Society of Professional Engineers 사건>(미연방대법원, 1978)에서는 경제적인 측면에서 합리의 원칙을 적용하여 경쟁입찰을 금지하는 협회 윤리강령에 대하여 상품이나 서비스의 질 향상을 위해 가격경쟁을 제한하는 것을 불법으로 보았다. <Broadcast Music 사건>(미연방대법원, 1979)에서는 일반 상업적 면허계약까지 합리의 원칙을 적용하여 BMI사의 '포괄적 라이센스(Blanket licence)' 협정을 통한 저작권 등 권리행사에 대하여 거래비용을 낮추고 대량마켓팅을 가능케 한다는 이유로 이를 인정하였다. <NCAA 사건>(미연방대법원, 1984)에서 대법원은 대학스포츠연맹과 방송사간 방송시간수 제한에 관한 협정에 대하여 합리의 원칙을 적용하였으나, 경쟁제한효과를 상쇄할 만한 효율성 증진효과가 없어 위법이라고 판시하였다.

⟨Addyston Pipe & Steel Co. v. United States, 175 U.S. 211(1899)⟩

  The court of appeals' finding that appellants had violated the Anti—Trust Act was affirmed, as Congress was empowered, under the Commerce Clause, to make laws respecting the regulations of interstate commerce.

  "No conventional restraint of trade can be enforced unless the covenant embodying it is merely ancillary to the main purpose of a lawful contract, and necessary to protect the covenantee in the enjoyment of the legitimate fruits of the contract, or to protect him from the dangers of an unjust use of those fruits by the other party"

  "A contract for the sale of property or of business and good will, or for the making of a partnership or a corporation, is not saved from invalidity if it can be shown that it was only part of a plan to acquire all the property used in a business by one management with a view to establishing a monopoly. In such cases the actual intent to monopolize must appear. It is not deemed enough that the mere tendency of the provisions of the contract should be to restrain competition. In such cases the restraint of competition ceases to be ancillary, and becomes the main purpose of the contract, and the transfer of property and good will, or the partnership agreement, is merely ancillary and subordinate to that purpose."

〈Standard Oil Co. v. United States, 221 U.S. 1(1911)〉

"If the criterion by which it is to be determined in all cases whether every contract, combination, etc., is a restraint of trade within the intendment of the law, is the direct or indirect effect of the acts involved, then of course the rule of reason becomes the guide, and the construction which we have given the statute, instead of being refuted by the cases relied upon, is by those cases demonstrated to be correct.This is true, because as the construction which we have deduced from the history of the act and the analysis of its text is simply that in every case where it is claimed that an act or acts are in violation of the statute the rule of reason, in the light of the principles of law and the public policy which the act embodies, must be applied. From this it follows, since that rule and the result of the test as to direct or indirect, in their ultimate aspect, come to one and the same thing, that the difference between the two is therefore only that which obtains between things which do not differ at all."

〈Board of Trade v. United States, 246 U.S. 231(1918)〉

The court reversed, ruling that limiting after−hours purchases to the closing bid price was a reasonable regulation that did not adversely affect competition.

〈Appalachian Coals, Inc. v. United States, 288 U.S. 344(1933)〉

The Court reversed a decree granting plaintiff government an injunction against defendants and remanded the cause to enter a decree dismissing the bill of complaint without prejudice. Defendants' efforts to remove abuses, make competition fairer, and promote the essential interests of commerce in light of the unfortunate state of the coal industry were not precluded by the Anti−Trust laws.

〈National Soc. of Professional Engineers v. United States, 435 U.S. 679(1978)〉

The Court held that, pursuant to the Sherman Act, 15 U.S.C.S. § 1 et seq., the society of engineers could not require that its members adhere to a code of professional ethics that disallowed competitive bidding. The court found that the society's claim that competition would result in poor designs did not justify a complete ban on competition. Even though the society's directive was not price fixing on its face, the court reasoned that it operated to restrain trade within the meaning of the Sherman Act.

⟨Broadcast Music, Inc. v. Columbia Broadcasting System, Inc., 441 U.S. 1 (1979)⟩

The court held because the blanket license provided an acceptable mechanism for a large part of the market for the performing rights to copyrighted compositions, the licenses should not automatically be declared illegal in all of the licenses many manifestations. Instead, when attacked, the license should be subjected to a more discriminating examination under the rule of reason.

⟨National Collegiate Athletic Ass'n v. Board of Regents, 468 U.S. 85(1984)⟩

The order finding that petitioner's conduct violated the Sherman Act was affirmed because petitioner's actions were a horizontal restraint in trade. Petitioner's conduct decreased output and raised prices; televised football was a separate market that petitioner solely controlled and over which it had a monopoly. Petitioner's rules were not per se illegal because petitioner did foster competition in other sports, but not for televised football.

EU나 독일의 경우 목적에 의한 제한(경성제한행위)과 효과에 의한 제한행위를 구분하고 있고, 경쟁의 방해, 제한 또는 왜곡을 목적으로 하는 경성제한행위의 경우에도 경쟁제한성을 명시하고 있지만 실무에서는 엄격한 경쟁제한성 분석을 요하지 않는다.

EU의 경우 '경쟁제한의 충분한 개연성(sufficient degree of probability)', 즉 상당성(appreciable effect on competition)을 기준으로 하고 있다<Völk/Vervaecke 사건>(EU사법재판소, 1969). 『수평적 협력 지침(Horizontal Cooperation Guidelines)』에서 목적에 따른 경쟁제한은 성격상 경쟁제한성이 잠재되어 있어 시장에 대한 실제적, 잠재적 영향을 심사할 필요가 없다고 규정하고 있고, 『비중요합의에 관한 고시(De Minimis Notice)』에서 수평적 합의의 경우 시장점유율 10%, 수직적 합의의 경우 시장점유율 15%, 그리고 판단이 어려운 경우에는 10% 미만인 경우 경쟁을 제한하지 않는다고 보고, 그러나 가격고정, 상품 또는 판매제한, 시장 또는 고객분할 같은 경성 제한(hardcore restriction)에는 위 규정이 적용되지 않는다고 규정하고 있다(II.

11). 『수직적 제한 지침(Vertical Restraints Guidelines)』의 경우 공급자와 구매자의 시장점유율이 각 30% 이하인 경우 경쟁제한을 포함하지 않는 한 적용 면제된다. 한편 독일의 경우에도 『비중요합의에 관한 고시(Bagatellbekanntmachung)』에서 EU와 유사하게 규정하고 있다(C).

⟨Judgment of the Court of 9 July 1969. - Franz Völk v. S.P.R.L. Ets J. Vervaecke. - Reference for a preliminary ruling: Oberlandesgericht München - Germany. - Case 5-69.⟩

If an agreement is to be capable of affecting trade between member states it must be possible to foresee with a sufficient degree of probability on the basis of a set of objective factors of law or of fact that the agreement in question may have an influence, direct or indirect, actual or potential, on the pattern of trade between member states, in such a way that it might hinder the realization of the objectives of a single market between states.

⟨Guidelines on the applicability of Article 101 of the Treaty on the Functioning of the European Union to horizontal co-operation agreements, 2011/C 11/01⟩

1.2.1. Article 101(1)

Article 101(1) prohibits agreements the object or effect of which is to restrict (26) competition.

(i) Restrictions of competition by object

Restrictions of competition by object are those that by their very nature have the potential to restrict competition within the meaning of Article 101(1) (27). It is not necessary to examine the actual or potential effects of an agreement on the market once its anti−competitive object has been established.

According to the settled case−law of the Court of Justice of the European Union, in order to assess whether an agreement has an anti−competitive object, regard must be had to the content of the agreement, the objectives it seeks to attain, and the economic and legal context of which it forms part. In addition, although the parties' intention is not a necessary factor in determining whether an agreement has an anti−competitive object, the Commission may nevertheless take this aspect into account in its analysis. Further guidance with regard to the notion of restrictions of competition by object can be obtained in the General Guidelines.

(ii) Restrictive effects on competition

If a horizontal co-operation agreement does not restrict competition by object, it must be examined whether it has appreciable restrictive effects on competition. Account must be taken of both actual and potential effects. In other words, the agreement must at least be likely to have anti-competitive effects.

〈Notice on agreements of minor importance which do not appreciably restrict competition under Article 101(1) of the Treaty on the Functioning of the European Union (De Minimis Notice) 2014/C 291/01〉

4. Agreements may also fall outside Article 101(1) of the Treaty because they are not capable of appreciably affecting trade between Member States. This Notice does not indicate what constitutes an appreciable effect on trade between Member States. Guidance to that effect is to be found in the Commission's Notice on effect on trade, in which the Commission quantifies, with the help of the combination of a 5% market share threshold and a EUR 40 million turnover threshold, which agreements are in principle not capable of appreciably affecting trade between Member States. Such agreements normally fall outside Article 101(1) of the Treaty even if they have as their object the prevention, restriction or distortion of competition.

8. The Commission holds the view that agreements between undertakings which may affect trade between Member States and which may have as their effect the prevention, restriction or distortion of competition within the internal market, do not appreciably restrict competition within the meaning of Article 101(1) of the Treaty:

   (a) if the aggregate market share held by the parties to the agreement does not exceed 10% on any of the relevant markets affected by the agreement, where the agreement is made between undertakings which are actual or potential competitors on any of those markets (agreements between competitors); or

   (b) if the market share held by each of the parties to the agreement does not exceed 15% on any of the relevant markets affected by the agreement, where the agreement is made between undertakings which are not actual or potential competitors on any of those markets (agreements between non-competitors).

9. In cases where it is difficult to classify the agreement as either an

> agreement between competitors or an agreement between non-competitors the 10% threshold is applicable.
> 11. The Commission also holds the view that agreements do not appreciably restrict competition if the market shares of the parties to the agreement do not exceed the thresholds of respectively 10%, 15% and 5% set out in points 8, 9 and 10 during two successive calendar years by more than 2 percentage points.
>
> **⟨Bekanntmachung Nr. 18/2007 des Bundeskartellamtes ueber die Nichtverfolgung von Kooperationsabreden mit geringer Wettbewerbsbeschraenkung der Bedeutung vom 13, März 2007⟩**
>
> Das Bundeskartellamt wird daher regelmäßig von der Einleitung eines Verfahrens auf der Grundlage von § 1 GWB, Art. 81 EG absehen, wenn
> a) der von den an einer horizontalen Vereinbarung beteiligten Unternehmen insgesamt gehaltene Marktanteil auf keinem der betroffenen Märkte 10% überschreitet oder
> b) der von jedem an einer nicht-horizontalen Vereinbarung beteiligten Unternehmen gehaltene Marktanteil auf keinem der betroffenen Märkte 15% überschreitet.
> Ist zweifelhaft, ob eine horizontale oder nicht-horizontale Vereinbarung getroffen wurde, so gilt die 10%-Schwelle.

우리나라의 경우 경쟁제한성을 성립요건으로 하고 있으며, 경성공동행위라 하더라도 미국과 같은 당연위법원칙을 적용할 수 없다. '경쟁제한성'을 가지는지 여부는 당해 상품의 특성, 소비자의 제품선택 기준, 당해 행위가 시장 및 사업자들의 경쟁에 미치는 영향 등 여러 사정을 고려하여, 당해 공동행위로 인하여 일정한 거래분야에서의 경쟁이 감소하여 가격·수량·품질 기타 거래조건 등의 결정에 영향을 미치거나 미칠 우려가 있는지를 살펴, 개별적으로 판단하여야 할 것이다. 대법원은 단순한 공공의 이익이나, 사업상의 필요 또는 거래상의 합리성, 원재료값 인상으로 인한 불가피한 제품가격인상을 이유로 공동행위의 적용(부당성)을 배제할 수 없다고 한다.

<9개 렉서스자동차딜러 부당공동행위 건> 및 <7개 BMW 딜러 부당공동행위 건>(대법원, 2012)에서 대법원은 공정거래법 제40조 제1항은 그 각 호 소정의 행

위 유형들에 대한 합의의 존재만으로 곧바로 위법성이 인정되는 것이 아니라 그러한 합의가 부당하게 경쟁을 제한하는지 여부를 다시 심사하여 비로소 그러한 합의의 위법성을 판단하는 구조로 되어 있고 여기서 부당하게 경쟁을 제한하는지 여부는 일정한 거래분야를 전제로 하는 것으로 해석되는 점 등을 종합적으로 고려하면, 법 제40조 제1항의 '부당한 공동행위'는 일정한 거래분야에서 이루어지는 것을 당연한 전제로 하는 것이라고 하여 경쟁제한성의 분석이 필요하다고 보았다.

<9개 렉서스자동차딜러 부당공동행위 건>(대법원, 2010)에서 서울고법이 관련시장을 렉서스자동차와 대체관계에 있는 수입승용차 및 국산고급승용차시장으로 획정하고 렉서스딜러 점유율이 15%여서 경쟁제한성을 부인한 데 대해 파기환송하였고 파기환송심에서는 6개수입차판매시장으로 좁게 획정하고 경쟁제한성을 인정하였다(서울고법, 2015). <7개 BMW 딜러 부당공동행위 건>(대법원 2010)에서 대법원은 시장획정 판단기준과 경쟁제한성 판단기준은 다르다는 점을 명백히 하였다. 즉, 원심에서 인정한 공동행위의 대상 및 사업자의 의도, 공동행위가 이루어진 영역 또는 분야, 공동행위의 수단과 방법, 그 영향 내지 파급효과 등은 경쟁제한성의 평가요소이지 시장 획정의 기준은 아니라고 판단하였다. 파기환송심에서 서울고법은 다음과 같이 판단하였다.

〈9개 렉서스자동차딜러 부당공동행위 건, 서울고법 2015. 5. 7. 선고 2012누11241 판결〉

피고 측 경제분석에 의하면, 이 사건 공동행위의 관련상품시장은 BMW, 벤츠, 아우디, 렉서스, 인피니티 및 볼보 자동차를 포함한 6개의 고급 수입차 판매시장이라고 봄이 상당하다.

〈7개 BMW자동차딜러 부당공동행위 건, 대법원 2012. 4. 26. 선고 2010두18703 판결〉

이 사건 공동행위의 관련시장을 획정함에 있어서 원심이 고려해야 한다고 들고 있는 것들은 주로 관련시장 획정 그 자체를 위한 고려요소라기보다 관련시장 획정을 전제로 한 부당한 공동행위의 경쟁제한성을 평가하는 요소들에 해당하므로, 만약 원심과 같은 방식으로 관련시장을 획정하게 되면 관련시장을 획정한 다음 경쟁제한성을 평가하는 것이 아니라 거꾸로 경쟁제한 효과가 미치는 범위를 관련시장으로 보게 되는 결과가 되어 부당하다.

　　<글락소그룹 리미티드 및 동아제약(주) 부당공동행위 건>(대법원, 2014)에서
도 대법원은 "어떠한 합의가 공정거래법상 부당한 공동행위에 해당하기 위하여는
합의의 존재만으로 곧바로 위법성이 인정되는 것이 아니라 그러한 합의가 부당하게
경쟁을 제한하는지 여부를 다시 심사하여 판단하여야 하고, 여기서 부당하게 경쟁
을 제한하는지 여부는 관련상품시장의 획정을 전제로 당해 합의가 경쟁에 미치는
영향 등을 고려하여 개별적으로 판단하여야 한다"고 판시하였다. 이에 합의 중에서
발트렉스 경쟁제품을 취급하지 말라고 한 부분은 공정위가 그 관련 상품을 획정하
지 아니하였을 뿐만 아니라 그 부분 합의가 경쟁에 미치는 영향 등에 대하여 아무
런 근거를 제시하지 아니하여 경쟁제한성이 인정되지 아니하고 부당한 공동행위에
해당한다고 볼 수 없다고 판시하였다.

> **〈글락소그룹 리미티드 및 동아제약(주) 부당공동행위 건, 대법원 2014. 2. 27. 선고 2012두27794 판결〉**
>
> 　　이러한 합의가 부당한 공동행위에 해당하기 위하여는 별도로 경쟁제한성이 인정되
> 어야 함에도 피고가 위 '□□□□' 관련 합의가 어떤 관련상품시장에서 어떻게 경쟁에
> 영향을 미쳤는지 등에 관하여 아무런 근거를 제시하지 아니하였음을 이유로 피고의 시
> 정명령 중 '당해 특정신약의 특허와 관련 없는 다른 신약의 복제약 내지 경쟁제품'에 관
> 한 부분을 취소하였다.

　　그러나 <26개 항공화물사업자 부당공동행위 건>(대법원, 2014)에서 법원은 사
업자들이 공동으로 가격을 결정하거나 변경하는 행위는 그 범위 내에서 가격경쟁을
감소시킴으로써 그들의 의사에 따라 어느 정도 자유로이 가격의 결정에 영향을 미
치거나 미칠 우려가 있는 상태를 초래하게 되므로, 그와 같은 사업자들의 공동행위
는 특별한 사정이 없는 한 부당하다고 볼 수밖에 없다고 판단하고 있다.

　　<13개 비료판매사업자 부당공동행위 건>(대법원, 2014)에서는 공동행위의 관
련상품시장을 획정할 때 반드시 실증적인 경제분석을 거쳐야만 한다고 요구할 수는
없고, 공정위가 이를 거치지 아니한 채 관련상품시장을 획정하였더라도 문제가 된
공동행위의 유형과 구체적 내용, 그 내용 자체에서 추론할 수 있는 경제적 효과, 공
동행위의 대상인 상품이나 용역의 일반적인 거래현실 등에 근거하여 그 시장 획정
의 타당성을 인정할 수 있다고 판단하였다. 그리고 <7개 자동차운전전문학원 부당

공동행위 건〉(대법원, 2015)에서는 관련시장획정이 경쟁제한성판단에 영향을 준 특별한 사정이 없다면 관련시장획정이 잘못되어도 다른 사정을 종합하여 경쟁제한성을 인정할 수 있다고 판시하였다.

〈7개 자동차운전전문학원 부당공동행위 건, 대법원 2015. 10. 29. 선고 2013두8233 판결〉

경쟁사업자 사이에서 가격을 결정·유지 또는 변경하는 행위를 할 것을 합의하는 가격담합은 특별한 사정이 없는 한 그 합의의 내용 자체로 합의에 경쟁제한적 효과가 있다는 점이 비교적 쉽게 드러나게 되므로, 이러한 경우 관련지역시장을 획정하면서 공동행위 가담자들의 정확한 시장점유율을 계량적으로 산정하지 않았다고 하더라도 예상되는 시장점유율의 대략을 합리적으로 추론해 볼 때 경쟁을 제한하거나 제한할 우려가 있음이 인정되지 않을 정도로 그 시장점유율이 미미하다는 등의 특별한 사정이 없다면, 위에서 본 경쟁제한성 판단의 구체적 고려 요소를 종합하여 경쟁제한성을 인정할 수도 있다.

〈4개 금융자동화 기기(ATM-CD) 제조사업자 부당공동행위 건, 대법원 2016. 5. 27. 선고 2013두1126 판결〉

부당한 공동행위에 해당하는지 여부를 판단하기 위해서는, 먼저 경쟁관계가 문제 될 수 있는 일정한 거래분야에 관하여 거래의 객체인 관련시장을 구체적으로 정하여야 하는데, 부당한 공동행위의 다양성과 그 규제의 효율성 및 합리성 등을 고려하면 어느 공동행위의 관련시장을 획정할 때 반드시 실증적인 경제 분석을 거쳐야만 하는 것은 아니다.

〈에스티엑스 부당공동행위 건〉(대법원, 2015)에서 경쟁제한성 판단방법으로 합의에 가담한 사업자들이 합의가 없었다면 서로 유효하게 경쟁할 수 있었는지를 판단하는데, 가상적 비교기준인 반사실(Counterfactual)과 비교하여 판단하는 것으로 사업자들 사이의 경쟁의사의 유무, 각 사업자들의 존재나 그들의 시장성과가 서로에게 경쟁압력 내지 경쟁상 제약으로 작용하는지 중심으로 판단하며, 각 사업자가 보유한 생산능력이나 기술력, 공급의 대체가능성과 신규시장 진입가능성, 시장의 구체적 현황 등의 사정까지 종합적으로 고려한다고 판시하였다.

〈에스티엑스 부당공동행위 건, 대법원 2015. 7. 9. 선고 2013두26804 판결〉

합의에 가담한 사업자들이 합의가 없었더라면 서로 유효하게 경쟁할 수 있었는지는 사업자들 사이의 경쟁의사의 유무, 각 사업자들의 존재나 그들의 시장성과가 서로에게 경쟁압력 내지 경쟁상 제약으로 작용하는지를 중심으로 판단하되, 각 사업자가 보유한 생산능력이나 기술력, 공급의 대체가능성과 신규 시장진입 가능성, 시장의 구체적 현황 등의 사정까지 종합적으로 고려하여야 할 것이다. 한편 입찰담합에 관한 공정거래법 제40조 제1항 제8호는 입찰 자체의 경쟁뿐 아니라 입찰에 이르는 과정에서의 경쟁도 함께 보호하려는 데 그 취지가 있다. 따라서 사업자들 사이의 합의에 의하여 낙찰예정자를 사전에 결정한 결과 낙찰예정자가 아닌 사업자들이 입찰참가 자체를 포기하게 되었다면, 경쟁이 기능할 가능성을 사전에 전면적으로 없앤 것이 되어 입찰과정에서의 경쟁의 주요한 부분이 제한된 것으로 보아야 하므로, 특별한 사정이 없는 한 부당하다고 볼 수밖에 없다.

수요독점시장에서 공급자카르텔, 즉 대항카르텔의 경우에도 담합으로 볼 것인가? 그러나 법원은 수요독점자를 상대로 한 과도한 가격하락을 방지하기 위한 담합이라 해도 경쟁제한성을 인정하고 있다. 즉, 대항카르텔을 인정하고 있지 않다.

〈일진전기 등 11개사 컷아웃스위치 입찰담합행위 건, 서울고법 2007. 11. 8. 선고 2005누19759 판결〉

중간재인 컷아웃스위치를 생산하는 원고들이 수요독점 사업자를 대상으로 하는 공동행위를 하는 경우 그것이 반드시 경제적 효율성을 증진시킨다고 보기 어렵고, 원고들의 위와 같은 행위가 장기적으로는 원가절감을 위한 기술개발의 유인을 약화시키고 산업경쟁력을 저하시킬 수도 있다고 보이는 점, 원고들의 주장과 같이 수요독점시장의 경우 공급자들이 출혈경쟁과 손실을 장비하기 위하여 담합을 허용하는 경우 국가나 지방자치단체 또는 공기업이 독점적으로 발주하는 수요독점품목의 입찰에 대하여는 담합이 공공연하게 이루어지게 되는 점, 비록 수요독점자인 한국전력공사가 입찰 당시의 예정가격을 컷아웃 스위치의 제조원가이하로 정해 놓았고 이에 원고들을 포함한 11개사들이 과다출혈방지를 막기위하여 담합을 한 사실이 인정된다 하더라도 이로 인하여 11개사가 영업상 손실을 보았다고 단정하기 어려운 점 등 이 사건에 나타난 제반사정을 고려해 보면, 원고들을 포함한 11개사 사이의 이 사건 합의는 부당한 공동행위에 해당한다.

〈한국수출포장공법 등 16개 골판지상자 제조판매사업자 부당공동행위 건, 서울고법 2017. 7. 12. 선고 2016누57474 판결〉

대항카르텔이 반드시 경제적 효율성을 증진시킨다거나 소비자 후생 증대효과를 발생시킨다고 보기 어렵고, 오히려 이는 장기적으로 원가절감을 위한 기술개발 유인을 약화시키고 산업경쟁력을 저하할 가능성이 있다.

한편 공정위는 거래상의 지위가 열등한 소상공인인 가맹점사업자 및 대리점으로 구성된 조합의 행위에 대해 법 제60조(일정한 조합의 행위)에 따라 법 제40조(부당한 공동행위의 금지) 제1항 및 법 제51조(사업자단체의 금지행위) 제1항 제1호의 규정을 배제하는 『소상공인단체의 행위에 대한 심사지침』을 운영하고 있는바, 대항카르텔의 취지가 반영되어 있다고 볼 수 있다.

『공동행위 심사기준』에서는 공동행위의 경쟁제한성 판단에 관하여 아래와 같이 상세히 규정하고 있다. 먼저 공동행위의 성격상 경쟁제한 효과만 발생시키는 것이 명백한 경우(경성공동행위)의 경우 행위 자체가 직접적으로 경쟁을 제한하여 가격상승·산출량 감소를 초래하기 때문에 구체적인 시장분석이 없더라도 시장 상황에 대한 개략적인 분석을 통하여 위법한 공동행위로 판단할 수 있는 것이라고 하고, 효율성을 증대시키는 경제적 통합과 합리적으로 연관되어 추진되고, 효율성증대 효과의 목적을 달성하기 위해 합리적으로 필요하다고 인정되는 경우에는 연관되는 경제적 통합의 경쟁제한 효과와 효율성증대 효과 등을 종합적으로 고려하여 위법성 여부를 판단한다(『공동행위 심사기준』 5). "경제적 통합"이라 함은 생산, 판매, 구매 또는 연구개발 등의 통합을 의미한다. <비씨카드(주) 외 11 부당공동행위 건>(대법원, 2008) 대법원은 "원고들 사이의 제휴업무 수행에 필요한 경제적 효율성이나 통일성을 달성하는 데 유용한 점이 있다는 등의 사정을 감안"한 것을 그 예로 들 수 있다.

그러나 대법원은 경제적 효율성을 법 제1조의 국민경제차원에서의 균형발전으로까지 확대하고 있다<13개 음원유통사업자(CP) 부당공동행위 건>(대법원, 2013). <12개 컨테이너 사업자 부당공동행위 건>(대법원, 2009)에서도 "일정한 거래분야의 경쟁을 실질적으로 제한하는 행위('가격제한행위')에 해당하더라도, 경제전반의 효율성 증대로 인한 친경쟁적 효과가 매우 큰 경우와 같이 특별한 사정이 있는 경우에는 부당하다고 할 수 없다"고 한다. 그러나 경쟁촉진효과와 비교형량하기 위하여 경제적 효율성이나 소비자후생증대효과를 고려하는데, 법 제1조를 근거로 하는 것은 타당하지 못하다. 이러한 태도는 개별조항별로 된 고려요소를 뛰어 넘는 것으로 위법성 판단에 있어서 자의적인 해석으로 흐를 위험이 있다.[66]

〈비씨카드(주) 외 11 부당공동행위 건, 대법원 2008. 8. 11. 선고 2007두4919 판결〉

원고들의 이 사건 합의가 가격(가맹점수수료율)담합 행위에 해당한다는 점과 아울러 관련시장인 신용카드업 분야 국내 결제서비스 시장에서의 원고들의 시장점유율, 당해 관련시장의 특성, 당해 행위가 관련시장 및 사업자들의 경쟁에 미치는 영향 등 기록에 나타난 여러 사정을 종합하여, 원고들의 이 사건 합의로 인해 관련시장에서 경쟁이 감소하여 가맹점수수료의 결정에 영향을 미치거나 미칠 우려가 있는 상태를 초래하였다고 인정하고, 나아가 원고들 사이의 업무제휴 및 가맹점의 공동 관리와 같은 비씨카드의 구조적 특성과 이 사건 합의가 원고들 사이의 제휴업무 수행에 필요한 경제적 효율성이나 통일성을 달성하는 데 유용한 점이 있다는 등의 사정을 감안한다 하더라도 그러한 점만으로 이 사건 합의의 경쟁제한성이 부정될 수는 없다

〈12개 컨테이너 사업자 부당공동행위 건, 대법원 2009. 7. 9. 선고 2007두26117 판결〉

사업자들이 공동으로 가격을 결정하거나 변경하는 행위는 그 범위 내에서 가격경쟁을 감소시킴으로써 그들의 의사에 따라 어느 정도 자유로이 가격 결정에 영향을 미치거나 미칠 우려가 있는 상태를 초래하게 되므로 원칙적으로 부당하고(대법원 2009. 3. 26. 선고 2008두21058 판결 참조), 다만 그 공동행위가 법령에 근거한 정부기관의 행정지도에 따라 적합하게 이루어진 경우라든지 또는 경제전반의 효율성 증대로 인하여 친경쟁적 효과가 매우 큰 경우와 같이 특별한 사정이 있는 경우에는 부당하다고 할 수 없다.

'컨테이너 운임 적용률 및 운송관리비 징수에 관한 합의' 중 운수회사들이 화주로부터 지급받는 컨테이너 운임의 적용률을 인상하는 내용의 합의 부분은 화물연대 파업사태를 해결하는 과정에서 정부의 행정지도가 있었다고 볼 여지가 있고, 화물연대의 요구사항 중 하나인 하불료를 인상해 주기 위하여는 화물 운수회사들이 화주들로부터 받는 운송료가 인상되어야 하는 등 어느 정도의 수익 증가가 화물 운수회사들에게 필요하다고 보이는 점 등에 비추어, 친경쟁적 효과가 매우 커 공동행위의 부당성이 인정되지 않을 여지가 있다

〈13개 음원유통사업자(CP) 부당공동행위 건, 대법원 2013. 11. 28. 선고 2012두 17773 판결〉

공동행위의 부당성은 소비자를 보호함과 아울러 국민경제의 균형있는 발전을 도모한다는 공정거래법의 궁극적인 목적(제1조) 등에 비추어 당해 공동행위에 의하여 발생될 수 있는 경쟁제한적인 결과와 아울러 당해 공동행위가 경제전반의 효율성에 미치는 영향 등을 비롯한 구체적 효과 등을 종합적으로 고려하여 그 인정 여부를 판단하여야 한다.

---

66) 같은 취지로 이봉의, 공정거래법(2022), 682면.

둘째, 공동행위의 성격상 효율성증대 효과와 경쟁제한 효과가 동시에 생길 수 있는 경우에는 경쟁제한효과분석과 경제적 효율성과의 비교형량이 필요하다. 경쟁제한효과 및 효율성증대효과의 비교형량을 함에 있어서 먼저 경쟁제한효과 분석이 이루어져야 하는데, 관련시장 획정, 시장점유율 산정(20% 기준), 시장지배력 심사, 참여사업자간 경쟁제한 수준 심사(합의이행에 대한 모니터링 시스템 및 제재수단, 공동행위 종속기간, 재무적 이해관계 수준, 참여사업자간 경쟁 허용 수준)를 실시한다. 효율성증대 효과 분석에 있어서는 규모의 경제, 범위의 경제, 위험 배분, 지식·경험의 공동 활용에 다른 혁신 속도 증가, 중복비용 감소 등을 분석한다(『공동행위 심사기준』 5).

『공동행위 심사기준』의 위법성 판단기준으로 보았을 때, 경성공동행위와 연성공동행위의 차이가 명확하게 나타나지는 않는다. 즉, 경성공동행위의 경우도 경제적 통합의 경쟁제한 효과와 효율성증대 효과 등을 종합적으로 고려하며, 연성공동행위의 경우도 경쟁제한효과분석과 경제적 효율성과의 비교형량을 하기 때문이다. 따라서 연성공동행위의 경우 공정위가 이를 입증해야 하는 반면에, 경성공동행위의 경우 효율성 증대효과를 입증하는 것으로 해석할 수도 있지만 경쟁제한성은 경쟁당국이 입증하게 되어 있는 우리나라에서 이렇게 해석하기 어렵다. 결국에는 미국 『경쟁사업자간 협력에 관한 지침』에 따라 당연위법 행위에 대하여 '약식(Quick look)' 합리원칙을 적용하는 것과 유사한 구조로 보는 것이 합리적이다. 즉 경성공동행위의 경우 효율성증대효과에 대한 전면적인 심사보다는 효율성 증대와 연관되는 경제적 통합이란 관점에서 약식의 심사를 하는 것으로 해석할 수 있다.

마. 공동행위의 유형

공정거래법 제40조 제1항에 공동행위의 10가지 유형을 다음과 같이 규정하고 있다. 『공동행위 심사기준』에 따르면 공동행위 유형은 공동행위의 성격상 경쟁제한효과만 발생시키는 것이 명백한 경우로서, 경쟁관계에 있는 사업자 간에 가격을 결정 혹은 변경하는 행위, 산출량을 결정 혹은 조정하는 행위, 거래지역 또는 거래상대방을 제한·할당하는 행위, 입찰가격 또는 낙찰예정자를 사전에 결정하는 행위를 들고 있다. 공동행위의 성격상 효율성증대 효과와 경쟁제한 효과가 동시에 생길 수 있는 경우로 공동마케팅, 공동생산, 공동구매, 공동연구·개발, 공동표준개발 등을 예로 들고 있다. 통상 학술적으로 전자를 경성(hardcore) 공동행위, 후자를 연성공동행위로 부른다.

이러한 기준에 따르면 경성공동행위에 가격의 결정·유지·변경행위, 거래조건 등의 결정행위, 상품생산 등의 제한행위, 거래지역·상대방 제한행위, 입찰담합이, 연성공동행위에는 설비신설 등의 방해행위, 상품 또는 용역의 종류·규격 제한행위, 공동회사의 설립행위, 다른 사업자의 사업활동방해행위, 정보교환행위가 이에 해당한다.

[공동행위 구분]

경성행위	가격의 결정·유지·변경행위, 거래조건 등의 결정행위, 상품생산 등의 제한행위, 거래지역·상대방 제한행위, 입찰담합
연성행위	설비신설 등의 방해행위, 상품 또는 용역의 종류·규격 제한행위, 공동회사의 설립행위, 다른 사업자의 사업활동방해행위, 정보교환행위

〈〈경성공동행위〉〉

1) 가격의 결정·유지·변경행위

첫째, 가격의 결정·유지·변경행위(가격담합)이다(제1호). 여기에서 '가격'이란 사업자가 거래의 상대방에게 상품 또는 용역을 제공하고 반대급부로 받는 일체의 경제적 대가를 의미하며, 권고가격, 기준가격, 표준가격, 수수료, 임대료, 이자 등 명칭 여하를 불문한다. 가격을 '결정·유지 또는 변경'하는 행위에는 가격을 인상하는 행위뿐만 아니라 가격을 인하하거나 현행가격을 유지하는 행위, 최고가격이나 최저가격범위를 설정하는 행위도 포함된다. 인상률, 할인율, 할증률, 이윤율 등과 같이 가격에 영향을 미치는 요소를 결정·유지·변경하는 행위, 일률적인 원가계산 방법을 따르도록 함으로써 실질적으로 가격을 결정·유지·변경하는 행위 등과 같이 가격에 영향을 미치는 행위도 포함된다(『공동행위 심사기준』 IV. 1)

가격유지와 관련해서는 "10개 손해보험사가 8개 일반 손해보험에 관하여 순율은 보험개발원이 마련한 참조순율을 사용하고, 부가율은 일정한 범위에서 차별하되, 그 차이는 할인·할증률에 의하여 상쇄하는 내용으로 합의하여 영업 보험료와 실제 적용보험료를 일정범위 내에서 유지시킨 행위"<10개 손해보험사 부당공동행위

건>(대법원, 2011)를 들 수 있다.

실제 사례에서 "상품이나 서비스 가격", "가격인상율", "가이드라인설정", "리베이트율", "마진율", "기준가격표", "수수료율", "협회 단가표의 일정비율", "할인율", "단체보험료의 영업보험료 할인, 환급율, 공동위험율", "유류할증료" 등에 가격담합이 적용되었다.

가격 변경과 관련해서는 가격을 인하하는 합의도 해당된다. <(주)케이티 부당공동행위 건(시외전화)>(서울고법, 2007)에서 법원도 "합의로 인하여 국제전화시장에서의 가격경쟁이 완화되어 그 요금이 적게 인하됨으로써 결국 국제전화의 이용자인 선량한 소비자들이 피해를 입게 된 것"이라고 판시하였다. 저가합의도 가격을 지배하는 힘을 발휘하는 것으로 위법하다<4개복사용지 부당공동행위 건>(서울고법, 2010).

미국에서는 <Trans-Missouri Freight Association 사건>(미연방대법원, 1897>, <Trenton Potteries 사건>(연방대법원, 1933),[67] <Scony Vaccum 사건>(미연방대법원, 1940)[68]에서 당연위법으로 판결하였다. <Maricopa County medical Society 사건>(미연방대법원, 1982)에서는 최고가격지정에 대하여도 당연위법으로 처리하였다.

⟨United States v. Trans-Missouri Freight Asso., 166 U.S. 290(1897)⟩

The Court concluded that plaintiff government could maintain its suit without proof that defendants entered into the agreement for the purpose of restraining trade or for maintaining rates above that which was reasonable. The necessary effect of the agreement was to restrain trade or commerce, regardless of the intent of the parties to the agreement.

⟨United States v. Trenton Potteries Co., 273 U.S. 392(1933)⟩

"An agreement of those controlling over 80% of the business of manufacturing and distributing sanitary pottery in the United States, to fix and maintain uniform prices, violates the Sherman Act whether the prices in themselves were reasonable

---

67) "the aim and result of every price-fixing agreement, if effective, is the elimination of one form of competition."
68) 독점력 여부나, 실행 여부와 관계없이 위법으로 보았다.

or unreasonable."

〈United States v. Socony-Vacuum Oil Co., 310 U.S. 150(1940)〉

"A combination formed for the purpose and with the effect of raising, depressing, fixing, pegging, or stabilizing the price of a commodity in interstate or foreign commerce is illegal per se under the Act."

〈Arizona v. Maricopa County Medical Society, 457 U.S. 332, 102 S.Ct.2466 (1982)〉

"The agreements do not escape condemnation under the per se rule against price—fixing agreements because they are horizontal and fix maximum prices. Horizontal agreements to fix maximum prices are on the same legal ⋯ even if not economic ⋯ footing as agreements to fix minimum or uniform prices."

「EU기능조약(TFEU)」 제101조 제1항에서도 "직접 또는 간접으로 불공정한 구입 또는 판매가격이나 기타 불공정한 거래조건을 고정하는 경우"를 공동행위의 유형으로 규정하고 있다.[69]

2) 거래조건 등의 결정행위

둘째, 거래조건 등의 결정행위(거래조건담합)이다(제2호). 이는 상품 또는 용역의 거래조건이나, 그 대금 또는 대가의 지급조건을 정하는 행위이다. '거래조건'이란 위탁수수료, 출하장려금, 판매장려금 등의 수준, 무료 상품·서비스 제공 여부, 특정 유형의 소비자에 대한 상품·서비스 공급방식, 운송조건 등과 같이 상품 또는 용역의 거래와 관련된 조건을 의미한다. '대금 또는 대가의 지급 조건'이란 지급 수단, 지급 방법, 지급 기간 등과 같이 대금 또는 대가의 지급과 관련된 조건을 의미한다(『공동행위 심사기준』 IV. 2).

<(사)대한손해보험협회 외 10 부당공동행위 건>(대법원, 2006)에서는 무료 긴급출동서비스를 거래조건으로 보았다. <13개 음원유통사업자 부당공동행위 건>(대법원, 2013)에서는 월 정액제 Non—DRM 상품에 음원을 공급하되 곡수 무제한 상품에는 공급하지 않고 월 40곡 5,000원, 월 150곡 9,000원 상품에만 음원을 공급하기로 합의한 행위를 거래조건 합의로 보았다.

---

69) "(a) directly or indirectly fix purchase or selling prices or any other trading conditions."

〈(사)대한손해보험협회 외 10 공동행위 건, 대법원 2006. 11. 23. 선고 2004두8323 판결〉

무료 긴급출동 서비스는 자동차손해보험 사업자가 자동차손해보험 계약자에게 제공하는 서비스로서 자동차손해보험에 있어서 구 독점규제 및 공정거래에 관한 법률 (2004. 12. 31. 법률 제7315호로 개정되기 전의 것, 이하 '법'이라 한다) 제40조 제1항 제2호 소정의 '거래조건'에 해당하고, 위 서비스가 보험약관이나 사업방법서에 명시되어 있지 않거나 보험계약의 체결 또는 모집을 유인하기 위한 것이라는 점만으로 이를 구 보험업법(2003. 5. 29. 법률 제6891호로 전문 개정되기 전의 것) 제156조 제1항 제4호에서 금지하는 '특별이익 제공'에 해당한다고 볼 수 없다.

〈13개 음원유통사업자 부당공동행위 건, 대법원 2013. 11. 14. 선고 2012두19298 판결〉

작사자·작곡자·실연자·음반제작자 등의 저작권 등을 신탁받아 관리하는 사단법인 한국음악저작권협회, 사단법인 한국음악실연자연합회, 사단법인 한국음원제작자협회 (이하 '신탁 3단체'라고 한다)가 마련한 사용료 징수규정의 개정으로 곡수 무제한 월 정액제 논디알엠(Non-DRM) 상품이 도입될 가능성이 커지자, 원고가 음원 사업자들의 모임인 디지털음악산업발전협의회(이하 '디발협'이라고 한다)의 회원사로 회의에 참석하면서 다른 외국계 음원사업자들과 달리 Non-DRM 상품에 음원 제공의사를 밝혀 왔던 점, 먼저 온라인 음악서비스 사업자와 음원사업자의 지위를 겸하는 엠넷미디어 주식회사 등 주요 4개사가 월 정액제 Non-DRM 상품에 음원을 공급하되 곡수 무제한 상품에는 공급하지 않고 월 40곡 5,000원, 월 150곡 9,000원 상품에만 음원을 공급하기로 합의하였고, 그 후 개최된 디발협 회의에서 원고를 포함한 다른 음원사업자들도 위 합의에 가담하기로 하여 이 사건 합의가 이루어졌던 점, 원고가 그 후 이 사건 합의대로 온라인 음악서비스 사업자들과 음원 공급계약을 체결하였던 점 등 그 판시와 같은 사정들을 근거로, 원고가 이 사건 합의에 가담하였고 본 피고의 이 사건 처분을 정당하다.

기타 "판매에 따른 포장, 운송 및 판매계약을 조합에서 일괄 처리하기로 하는 공동사업약정", "위탁수수료·판매장려금·출하장려금의 요율을 동일하게 유지·인상하는 합의", "덤행사 중단 합의" 등에 거래조건 공동행위가 적용되었다.

3) 상품생산 등의 제한행위

셋째, 상품의 생산·출고·수송 또는 거래의 제한이나 용역의 거래를 제한하는 행위이다(제3호). 상품 또는 용역의 거래에서 생산량, 판매량, 출고량, 거래량, 수송량 등을 일정한 수준 또는 비율로 제한하거나 사업자별로 할당하는 행위가 포함된다. 가동률, 가동시간, 원료구입 여부 또는 비율 등을 제한함으로써 실질적으로 생산·출고·수송을 제한하는 행위도 포함된다(『공동행위 심사기준』 IV. 3). <4대강살리기 사업 부당공동행위 건>(대법원, 2014)에서는 지분율합의 및 공구배분합의를 예로 들 수 있다.

〈4대강살리기 사업 부당공동행위 건, 서울고법 2014. 4. 24. 선고 2012누27741 판결 등〉

　이 사건 공구배분 합의를 하였거나, 적어도 공구배분·결정행위를 공동으로 할 것을 합의할 수 있는 것으로 볼 수 있는 상당한 개연성이 있다고 인정되어 그러한 합의를 한 것으로 추정된다.

　기타 시장점유율 합의, 구매비율합의, 생산수량합의, 출고량 조절, 지분율합의 및 공구배분합의, 낙찰물량배분 등에 적용되었다.

4) 거래지역·상대방 제한행위

　넷째, 거래지역·상대방 제한행위이다(시장분할 카르텔)(제4호). 사업자별로 거래지역을 정하는 행위, 특정 지역에서는 거래하지 않도록 하거나 특정 지역에서만 거래하도록 하는 행위 등과 같이 거래지역을 제한하는 행위가 포함된다. 사업자별로 거래상대방을 정하는 행위, 특정사업자와는 거래하지 않도록 하거나 특정사업자와만 거래하도록 하는 행위 등과 같이 거래상대방을 제한하는 행위가 포함된다(『공동행위 심사기준』 IV. 4). <그락소리미티드 및 동아제약(주) 부당공동행위 건>(대법원, 2014)에서 국내지역에서 복제약거래 금지합의를 예로 들 수 있다. 그 외에도 음반을 특정 업체를 통해서만 판매하기로 합의, 아파트 관리 전산업무에 대한 영업지역 분할, 경쟁사거래처 침범 금지 및 시장점유율 유지합의 등 사례에 적용되었다.

　미국에서는 <Addyston Pipe 사건>(미연방대법원, 1899>, <Topco 사건>(미연방대법원, 1972),[70] <Palmer 사건>(미연방대법원, 1990)을 예로 들 수 있다. 시장분할행위에 대하여 합리의 원칙을 적용하여 적법한 것으로 판단한 사례는 <Forest City Enterprises 사건>(연방대법원, 1985)이다.[71]

---

[70] 25개의 중소슈퍼마켓이 공동으로 'Topco'를 설립하고 그 이름으로 공동구매·포장·유통을 한 행위에 대하여 지역제한을 이유로 당연위법으로 인정하였다.

[71] Polk Bros.사가 건물을 설립하고 Forest City사에 임대하되 만약 Forest City사가 원하면 점포의

〈Addyston Pipe & Steel Co. v. United States, 175 U.S. 211(1899)〉

"In the Addyston case six companies, engaged in the manufacture and sale of iron pipe, had formed a combination whereby competition in the sale of pipe throughout the United States was practically destroyed. In the exercise of the power thus posessed, the combination had allocated to its several member companies the territory within which each should have the excluse right to sell its products."

〈United States v. Topco Assocs., 405 U.S. 596(1972)〉

"One of the classical example of a per se violation of §1 is an agreement between competitor at the same level of the market structure to allocate territories in oder to minimize competition."

〈Palmer v. BRG of Georgia, Inc., 498 U.S. 46(1990)〉

The Court reversed the judgment of the lower court, and remanded for further proceedings. An agreement between respondent bar review companies was unlawful on its face, where each company agreed not to compete in the other's territories.

〈Polk Bros., Inc. v. Forest City Enterprises, Inc., 776 F.2d 185(1985)〉

The district court held that the covenants constituted a per se violation of the state's antitrust law and that appellant was not entitled to equitable relief based on the doctrine of unclean hands. The court reversed, holding appellant was entitled to injunctive relief because its transgressions were not legally substantial and it was entitled by law to specific performance of covenants running with the land.

「EU기능조약(TFEU)」 제101조 제1항에서도 "시장 또는 공급원을 공유하는 경우"를 공동행위의 유형으로 규정하고 있다.[72]

5) 입찰담합

여덟째, 입찰담합행위이다(제8호). 입찰담합은 ① 입찰 또는 경매에 있어서, ②

구매도 가능하도록 하고, 그들의 공동사업의 이익을 극대화하기 위해 상대방이 취급하는 품목을 중심으로 각 사업자가 그 건물 안의 점포에서 취급해서는 안 되는 품목을 정한데 대하여, Forest City사가 무임승차를 못하도록 하기 위한 Polk Bros의 행위를 합법적이라고 보았다.

72) "(c) share markets or sources of supply."

낙찰자, 경락자, 투찰가격, 낙찰가격 또는 경락가격, ③ 낙찰 또는 경락의 비율, 설계 또는 시공의 방법 그 밖에 입찰 또는 경매의 경쟁요소가 되는 사항을 합의하는 것을 말한다(영 제44조 제1항). 낙찰예정자 또는 경락예정자를 사전에 결정하고 그 사업자가 낙찰 또는 경락받을 수 있도록 투찰 여부나 투찰가격 등을 결정하는 행위, 낙찰가격 또는 경락가격을 높이거나 낮추기 위하여 사전에 투찰여부나 투찰가격 등을 결정하는 행위가 포함된다. 또한 다수의 입찰 또는 경매에서 사업자들이 낙찰 또는 경락받을 비율을 결정하는 행위, 입찰 또는 경매에서 사전에 설계 또는 시공의 방법을 결정하는 행위, 그 밖에 입찰 또는 경매의 경쟁요소를 결정하는 행위가 포함된다(『공동행위 심사기준』 IV. 8). 『입찰에서의 부당공동행위 심사지침』에서는 입찰가격 담합, 낙찰예정자 사전결정, 경쟁입찰을 수의계약으로 유도, 수주물량 등 사전결정, 경영간섭 등을 예시하고 있다.

입찰담합은 주로 건설업과 제조업 분야에서 빈발하고 있다. 건설시장의 입찰제도는 다양하며 경쟁제한적 요소의 정도도 다르게 나타나는데, 특히 턴키(설계·시공일괄)·대안입찰 제도하에서는 다양한 형태의 경쟁제한적 요소가 크다고 할 수 있지만, 발주처 혹은 조달관리자가 특정 입찰자와 공모하여 해당 입찰에서 낙찰을 유도한 수직적 담합의 경우는 최저가 낙찰제하에서 발생할 가능성이 더 클 수 있다.[73] 제조업 분야에서의 담합은 출혈경쟁을 방지하거나 안정적인 이익을 확보하는 것을 주목적으로 하고 있으며, 그 결과는 상대적으로 높은 낙찰률로 확인할 수 있다.[74] 즉, 우리나라에서 담합이 빈번히 발생하고 있는 건설업과 제조업의 사례를 통해 입찰담합이 발생하는 요인을 크게 두 가지로 제시할 수 있는데, 첫째, 기술력 혹은 생산능력의 보유, 설계비용 발생 등 입찰에 참여할 수 있는 참여자가 제한될 수밖에 없는 구조적인 상황을 들 수 있고, 둘째, 사업자단체·협회 혹은 컨소시엄의 구성으로 인해 담합을 용이하게 하는 조율기구가 존재하는 상황이 있다.[75]

입찰담합의 징후는 입찰가격면에서 동일물자에 대한 입찰에 있어서 장기간동안 낙찰가격이 동일하게 유지되는 경우, 비용인상유발요인이 없는 상태에서 가격이 인상된 경우, 낙찰자 결정 면에서는 특정 업체가 특정 조달사업이나 특정 지역에서

---

73) 송은지외, 입찰담합의 효과적인 규제방안 연구(KDI 연구보고서 2013), 34면.
73) 송은지외, 입찰담합의 효과적인 규제방안 연구(KDI 연구보고서 2013), 34면.
74) 송은지외, 입찰담합의 효과적인 규제방안 연구(KDI 연구보고서 2013), 34면.
75) 송은지외, 입찰담합의 효과적인 규제방안 연구(KDI 연구보고서 2013), 35면

항상 낙찰을 받는 경우, 동일한 참가업체 군이 매번 입찰에 참가하여 순차적으로 낙찰을 받는 경향이 있는 경우, 낙찰업체가 동일한 입찰에서 높은 가격을 제출한 회사들과 반복적으로 하도급 계약을 체결하는 경우에 문제된다. 그리고 탈락자와 설계비용의 차이가 나는 점도 중요한 징후에 해당한다("B설계"). 법원은 입찰담합에서 발생하는 정형화된 사실로 첫째, 낙찰가가 경쟁입찰에 비하여 높고, 둘째, 최고투찰율과 최저투찰율과의 편차가 경쟁입찰에 비하여 작으며, 셋째, 입찰참여자의 수가 경쟁입찰에 비하여 많다는 점을 들고 있다<6개사 무인교통감시장치 구매입찰 담합 건>(서울고법, 2013).

투찰가격 등 가격에 관한 공동행위를 금지하는 이유는 합의된 가격의 고저 및 이로 인한 소비자들의 일시적인 이익의 유무를 불문하고 사업자가 자의적으로 가격을 지배하는 힘을 발휘하는 것을 허용하지 아니한다는 것이다<한진중공업(주) 원주~강릉 철도건설 노반신설 기타공사 4개 공구 입찰 관련 4개 사업자 부당공동행위 건>(대법원, 2018).

관련하여 형법(입찰방해죄), 건설산업기본법, 국가계약법 등에도 규정되어 있다.

〈형법〉

제315조(경매, 입찰의 방해) 위계 또는 위력 기타 방법으로 경매 또는 입찰의 공정을 해한 자는 2년 이하의 징역 또는 700만 원 이하의 벌금에 처한다.

〈건설산업기본법〉

제95조(벌칙) 건설공사의 입찰에서 다음 각 호의 어느 하나에 해당하는 행위를 한 자는 5년 이하의 징역 또는 2억 원 이하의 벌금에 처한다.

1. 부당한 이익을 취득하거나 공정한 가격 결정을 방해할 목적으로 입찰자가 서로 공모하여 미리 조작한 가격으로 입찰한 자

〈국가를 당사자로 하는 계약에 관한 법률(국가계약법)〉

제27조(부정당업자의 입찰 참가자격 제한 등) ① 각 중앙관서의 장은 다음 각 호의 어느 하나에 해당하는 자(이하 "부정당업자"라 한다)에게는 2년 이내의 범위에서 대통령령으로 정하는 바에 따라 입찰 참가자격을 제한하여야 하며, 그 제한사실을 즉시 다른 중앙관서의 장에게 통보하여야 한다. 이 경우 통보를 받은 다른 중앙관서의 장은 대통령령으로 정하는 바에 따라 해당 부정당업자의 입찰 참가자격을 제한하여야 한다.

2. 경쟁입찰, 계약 체결 또는 이행 과정에서 입찰자 또는 계약상대자 간에 서로 상

의하여 미리 입찰가격, 수주 물량 또는 계약의 내용 등을 협정하였거나 특정인의
낙찰 또는 납품대상자 선정을 위하여 담합한 자

입찰방해죄 관련하여 담합이 있고 그에 따른 담합금이 수수되었다 하더라도 입
찰시행자의 이익을 해함이 없이 자유로운 경쟁을 한 것과 동일한 결과로 되는 경우
에는 입찰방해죄가 성립하지 않는다(대법원, 1983). 그리고 예산회계법 시행령, 계약
사무처리규칙상의 입찰무효사유로서의 담합 관련하여 단지 기업이윤을 고려한 적정
선에서 무모한 출혈경쟁을 방지하기 위하여 일반거래 통념상 인정되는 범위 내에서
입찰자 상호 간에 의사의 타진과 절충을 할 경우에는 담합에 포함되지 않는다(대법
원, 1994).

미국의 경우 입찰담합은 「셔먼법(Sherman Act)」 제1조의 위반으로 다루어지고
있다. EU의 경우 입찰담합을 포함한 경성카르텔은 「EU 기능조약(TFEU)」 제101조
를 위반하는 행위로 다루어지고 있다. EU 경쟁법상 입찰담합은 통상 고객할당
(customer allocation)의 일종으로 간주되고 있다.[76] EU는 EU 회원국 정부 또는 그
산하기관이 사업을 발주하는 경우 자국의 업체뿐만 아니라 회원국의 업체에게 동등
한 기회를 부여함을 목적으로 『공공분야 조달절차에 관한 지침(Directive 2014/24/
EU)』을 운영하고 있다. 독일의 경우 「경쟁제한방지법(GWB)」 제1조에 적용이 된다.
한편 동법 제4장에서 경쟁제한방지법에 공공조달계약의 대상자 선정절차에 관한 상세
한 규정을 두고, 특히 경쟁당국인 연방카르텔청(Bundeskartellamt)에 발주기관의 공
공조달계약의 대상자 선정절차의 적정성을 심사하는 공공조달심판부(Vergabekammern)
를 설치하도록 하고 있는 점이 특징적이다.[77] 그리고 형법에 공공입찰에서 담합을
통하여 경쟁을 제한하는 행위를 별도의 범죄로 규정하고 있다.

일본의 경우 입찰담합은 「사적독점금지법」 제2조의 부당한 거래제한으로 규제
된다. 1994년에 제정한 『공공입찰에 관한 사업자 및 사업자단체의 활동에 관한 독
점금지법상의 지침(公共的な入札に係る事業者及び事業者団 体の活動に関する独占禁止法上
の指針)』에서는 공공 조달절차상 발생하는 입찰담합행위들을 ① 수주자의 선정에 관
한 행위, ② 입찰가격에 관한 행위, ③ 수주수량 등에 관한 행위, ④ 정보의 수집·

---

76) 송은지외, 입찰담합의 효과적인 규제방안 연구(KDI 연구보고서 2013), 159면
77) 송은지외, 입찰담합의 효과적인 규제방안 연구(KDI 연구보고서 2013), 166면.

제공, 경영지도 등의 네 유형으로 구분하고, 각 유형별로 종래 공정위의 법집행 사례 등을 참고하여 '원칙적으로 법위반이 되는 것', '법위반이 될 우려가 있는 것', '원칙적으로 법위반이 되지 않는 것'으로 구분하여 상세히 설명하고 있다.[78]

입찰담합의 특성은 일반적 카르텔과는 달리 입찰을 하나의 시장으로 보고, 공구분할(건설), 물량배분(제조) 등과 연계되어 발생하며, 정부재정낭비라는 심각한 폐해를 초래한다. 조달품질확보, 유찰방지를 위해 관제담합이 발생하는 경우도 있으며, 대규모 발주처(수요독점적 지위)가 있는 경우가 많다. 관제담합 관련해서 일본에서는 2002년 「입찰담합관여방지법」이 제정되었다. 동 법에서는 입찰담합관여행위를 국가나 지방공공단체의 직원 또는 특정 법인의 임·직원의 ① 담합의 명시적인 지시, ② 수주자에 관한 의향의 표명, ③ 발주에 관한 비밀정보의 누설, ④ 특정한 담합의 방조 등 네 유형으로 규정하고 있다(동 법 제2조 제5항).

입찰담합의 경우에도 시장획정이 필요한 것으로 해석된다. 개별 입찰을 하나의 시장으로 볼 수도 있고, <13개 비료판매사업자 부당공동행위 건>(대법원 2014)처럼 전체 시장, 즉 '일반화학비료 전체를 관련상품으로 하는 입찰시장'으로 보는 경우도 있다.

입찰담합 사례는 열거할 수 없을 정도로 많다. 입찰 담합의 주체 관련하여 법원은 사업자단체가 사업자로서 행위한 경우에도 입찰담합을 인정하였다<삼성카드(주) 부당공동행위 건>(대법원, 2014). 법원은 임직원이 회사의 이익을 위하여, 회사의 업무에 관하여 한 행위는 회사의 행위에 해당한다고 판시하였다<에스케이건설 등 인천도시철도 2호선 턴키공사 입찰 관련 21개 건설업자 부당공동행위 건>(대법원, 2016). 그리고 최저가 방식의 입찰에서 일부 공종의 입찰금액을 합의한 것만으로도 입찰담합에 해당한다고 보았고<주공 인천지역본부사옥 건설공사 1공구 입찰참가 18개 건설사 부당공동행위 건>(대법원, 2012), 들러리 업체들이 담합요청자의 요청에 따라 개별적으로 투찰가격을 제출한 경우 들러리업체들 사이에 명시적 합의는 없었더라도, 묵시적으로 투찰금액에 관한 합의가 이루어졌다고 보았다(대법원, 2012).

공동수급체 구성행위는 그 자체가 위법하지는 않은 것으로 본다. 즉 국가계약법 제25조 제1항 및 동법 시행령 제72조 제2항에 의하여 국가를 당사자로 하는 계약에서 공동수급체를 구성하는 행위 그 자체가 위법한 것은 아니라고 본다<서울지

---

78) 송은지외, 입찰담합의 효과적인 규제방안 연구(KDI 연구보고서 2013), 176면.

하철7호선 연장(701공구~706공구) 건설공사 입찰참가 6개 건설사 공동행위 건>(대법원, 2011).

〈서울지하철7호선 연장(701공구~706공구) 건설공사 입찰참가 6개 건설사 공동행위 건, 대법원 2011. 5. 26. 선고 2008두6341 판결〉

여러 회사가 공동수급체를 구성하여 입찰에 참가하는 경우 해당입찰시장에서 경쟁자의 수가 감소되는 등으로 경쟁이 어느정도 제한되는 것은 불가피하나, 사실상 시공실적, 기술 및 면허 보유 등의 제한으로 입찰시장에 참여할 수 없거나 경쟁력이 약한 회사의 경우 공동수급체 구성에 참여함으로써 경쟁능력을 갖추게 되어 실질적으로 경쟁이 촉진되는 측면이 있다. 나아가 공동수급체의 구성에 참여한 회사들로서는 대규모 건설공사에서의 예측불가능한 위험을 분산시키고 특히 중소기업의 수주기회를 확대하며 대기업의 기술이전을 받을 수 있을 뿐만 아니라, 도급인에게는 시공의 확실성을 담보하는 기능을 하는 등 효율성을 증대하는 효과가 있다.

당해 입찰의 종류 및 태양, 공동수급체를 구성하게 된 경위 및 의도, 공동수급체 구성원들의 시장점유율, 공동수급체 구성원들이 아닌 경쟁사업자의 존재 여부, 당해 공동수급체 구성행위가 입찰 및 다른 사업자들과의 경쟁에 미치는 영향 등을 제대로 심리하여 단해 공동수급체의 구성행위로 입찰에서의 경쟁이 감소하여 낙찰가격이나 기타 거래조건 등의 결정에 영향을 미치거나 미칠 우려가 있는지 여부를 판단하여야 한다.

〈건설산업기본법 위반·독점규제 및 공정거래에 관한 법률 위반 건, 서울중앙지방법원 2008. 6. 27. 선고 2008노862 판결〉

국가계약법의 내용은 계약담당공무원 등이 계약상대자를 2인 이상으로 하는 공동계약을 체결하는 것이 가능하고 가급적 이를 원칙으로 한다는 것에 불과하므로, 이는 피고인들과 같이 공동수급체를 구성하여 입찰에 참가하는 것을 가능하게 하는 규정이 될 뿐이지 사업자의 독점적 지위가 보장되는 반면 공공성의 관점에서 고도의 공적 규제가 필요한 사업 등에 있어서 자유경쟁의 예외를 구체적으로 인정하고 있는 규정이라고는 볼 수 없다. 따라서 국가기관 등이 발주하는 입찰에 참가하면서 공동수급체를 구성하는 행위가 국가계약법에 근거규정이 있다는 이유만으로 법령에 따른 정당한 행위가 되어 공정거래법이 적용되지 않는다고 할 수 없다.

공정위는 국가·지방자치단체 또는 공기업이 발주하는 공공기관의 장에게 입찰 관련 자료의 제출과 그 밖의 협조를 요청할 수 있다(법 제41조 제1항). 그리고 공공기관의 장은 입찰공고를 하거나 낙찰자가 결정되었을 때에는 입찰 관련 정보를 공정위에 제출하여야 한다(법 제41조 제2항). 입찰 관련 정보의 제출은 해당 입찰에 참가

한 사업자의 수가 20개 이하이고, 추정가격이 건설공사 입찰 50억 원, 공사입찰 5억 원, 물품구매 또는 용역입찰 5억 원 이상에 해당하는 경우에 한한다. 입찰 관련 정보는 ① 발주기관과 수요기관, ② 입찰의 종류와 방식, ③ 입찰공고의 일시와 내용, ④ 추정가격, 예정가격과 낙찰하한율, ⑤ 입찰참가자의 수, ⑥ 입찰참가자별 투찰내역, ⑦ 낙찰자에 관한 사항, ⑧ 낙찰금액, ⑨ 유찰횟수와 예정가격 인상횟수, ⑩ 그 밖에 입찰담합징후분석을 위하여 공정위가 요청하는 정보를 말한다.

입찰담합의 징후를 조기에 발견하기 위해 공정위는 입찰담합징후분석시스템 (BRIAS: Bid Rigging Indicator Analysis System)을 운용하고 있다. 이는 2006년에 구축된 시스템으로 조달시스템 보유기관 11개 포함 전체 322개 기관의 입찰정보를 온라인으로 전송 받아 담합징후를 분석하고 있다. 낙찰율, 입찰참가자 수, 예가초과 업체수 및 경쟁방법 등 4개 평가지표(factor)를 적용·평가하여 85점 이상이면 담합이 의심된다고 판단한다.

《〈연성공동행위〉》

6) 설비신설 등의 방해행위

다섯째, 설비신설 등의 방해행위이다(제5호). 이는 생산 또는 용역의 거래를 위한 설비의 신설 또는 증설이나 장비의 도입을 방해하거나 제한하는 행위를 말한다. 업계 전체 또는 개별 사업자별로 설비 총량 또는 신·증설 규모를 정하는 행위, 특정한 장비 도입을 제한하거나 또는 유도하는 행위 등이 포함된다(『공동행위 심사기준』 IV. 5). <7개 버스사업자 부당공동행위 건>(대법원, 2010)에서의 노선연장제한, 사업계획변경신청 및 운행차량 증가 등 일체의 행위를 제한하는 합의가 그 예이다.

7) 상품 또는 용역의 종류·규격 제한행위

여섯째, 상품 또는 용역의 종류·규격 제한행위이다(제6호). 이는 상품 또는 용역의 생산·거래시에 그 상품 또는 용역의 종류·규격을 제한하는 행위이다. 특정 종류 또는 규격의 상품 또는 용역을 생산 또는 거래하지 않도록 하는 행위, 사업자별로 상품 또는 용역의 종류 또는 규격을 할당하는 행위, 새로운 종류 또는 규격의 상품 또는 용역의 생산 또는 공급을 제한하는 행위가 포함된다(『공동행위 심사기준』 IV. 6). 번들상품출시를 금지한 행위<(주)데이콤 부당공동행위 건>(서울고법, 2006),

<7개 온라인음악서비스사업자 부당공동행위 건(대법원, 2013) 등을 예로 들 수 있다.

> **〈7개 온라인음악서비스사업자 부당공동행위 건, 대법원 2013. 11. 28. 선고 2012두 17773 판결〉**
>
> 원고들이 이 사건 합의에서 다른 사업자들과 논의한 사항은 Non-DRM 상품의 가격 및 곡수, 복합상품의 가격, 변칙상품 출시 금지 및 신규 업체의 출시에 대한 대응, 신규상품의 출시일정, 체험 프로모션의 금지 등으로서 이는 단순히 상품 구성에 관한 사항을 정한 것이라 볼 수 없고 상품의 종류와 규격 등을 제한하는 내용의 합의에 해당한다.

8) 공동회사의 설립

일곱째, 공동회사의 설립이다(제7호). 이는 영업의 주요부문을 공동으로 수행·관리하거나 수행·관리하기 위한 회사 등을 설립하는 행위를 말한다. 상품 또는 용역의 생산, 판매, 거래, 원자재의 구매, 기타 영업의 주요 부분을 공동으로 수행하거나 관리하는 행위, 이를 위해 회사 등을 설립하는 행위가 포함된다(『공동행위 심사기준』 IV. 7). 이는 기업결합과의 구별되며, 넓은 의미에서 전략적 제휴[79]의 한 형태이다. 그간 공정위의 심결에서는 주로 <LP가스판매업자들 공동회사 운영 건>(공정위, 2012, 2016) 및 <정화조 제조판매업자 공동회사 설립 건>(공정위, 2013) 등 사례가 있다. 그간의 사례를 보면 공동회사설립을 통한 판매대금 공동관리, 영업지역 조정, 이익금 분배, 가격합의, 생산제한 합의 등 행위에 대하여 제재하였다. 한편 중소기업 보호를 위해 「중소기업협동조합법」에서는 협동조합의 업무 중의 하나로 '생산, 가공, 수주, 판매, 구매, 보관, 운송, 환경개선, 상표, 서비스 등의 공동사업과 이를 위한 단지 및 공동 시설의 조성·관리 및 운영'을 규정하고 있다(동 법 제35조 제1항 제1호).

9) 다른 사업자의 사업활동방해행위

위의 행위 외의 행위로서 다른 사업자의 사업활동 또는 사업내용을 방해함으로써 일정한 거래분야에서 경쟁을 실질적으로 제한하는 행위이다(제9호 전단).

전단은 영업장소의 수 또는 위치를 제한하는 행위, 특정한 원료의 사용비율을

---

79) 전략적 제휴의 개념적 특징은 법적·경제적 독립성, 한시적 성격, 연구·개발이나 생산, 판매, 조달 등 일정부분에 국한되는 점이다. 이봉의, 공정거래법(2022), 704면.

정하거나 직원의 채용을 제한하는 행위, 자유로운 연구·기술개발을 제한하는 행위 등과 같이 위 1) 내지 8)에 해당하지 않는 행위로서 다른 사업자의 사업활동 또는 사업내용을 방해하거나 제한하는 행위가 포함된다. 공동행위 참여 사업자들이 공동행위에 참여하지 않은 다른 사업자의 사업활동 또는 사업내용을 방해하거나 제한하는 경우뿐만 아니라, 공동행위에 참여한 사업자 자신들의 사업활동 또는 사업내용을 제한하는 경우도 포함된다. 예를 들어 영업장의 수 또는 위치 제한, 특정 원료 사용비율을 정하거나 직원 채용 제한행위, 자유로운 연구·기술개발을 제한하는 행위 등이다. 공동행위 참여 사업자들이 공동행위에 참여하지 않은 다른 사업자의 사업활동 또는 사업내용을 방해하거나 제한하는 경우뿐만 아니라, 공동행위에 참여한 사업자 자신들의 사업활동 또는 사업내용을 제한하는 경우도 포함된다(『공동행위 심사기준』 IV. 9).

그 예로써 "5개 복합유선방송사업자가 인터넷멀티미디어방송사업자('IPTV사업자')의 유료방송서비스 시장에 대한 신규 진입이 예상되자 이에 대응하여 방송채널사용사업자('PP사업자')들로 하여금 IPTV사업자에게 방송프로그램을 공급하지 못하도록 할 의도로, PP사업자 중 IPTV사업자와 방송프로그램 공급계약을 체결한 온미디어에 대하여는 방송채널을 축소하는 방식으로 불이익을 주는 제재를 가하면서 씨제이미디어에 대하여는 IPTV사업자에게 방송프로그램을 공급하지 아니하는 것을 조건으로 250억 원을 지원하기로 하는 합의"<5개 복수종합유선방송사업자 등 부당공동행위 건>(대법원 2015)를 들 수 있다.

10) 정보교환행위

가격, 생산량, 그 밖에 대통령령으로 정하는 정보를 주고받음으로써 일정한 거래분야에서 경쟁을 실질적으로 제한하는 행위이다(제9호 후단). 이는 2020. 12. 29. 법 전부개정 시 '가격, 생산량, 그 밖에 대통령령으로 정하는 정보를 주고받는' 행위를 추가함으로써 정보교환행위에 대하여 규제할 수 있는 근거를 명문화하였다. 시행령에서 "대통령령으로 정하는 정보"란 상품 또는 용역에 대한 ① 원가, ② 출고량, 재고량 또는 판매량, ③ 거래조건 또는 대금·대가의 지급조건으로 규정하였다(영 44조 제2항).

사업자 간 정보를 '주고받는'(이하 "정보교환") 행위는 사업자가 다른 사업자에게 가격, 생산량, 상품 또는 용역의 원가, 출고량·재고량 또는 판매량, 상품·용역의 거래조건 또는 대금·대가의 지급조건 관련 정보(이하 "경쟁상 민감한 정보")를 알리는 행위를 의미한다. 우편, 전자우편(이메일), 전화통화, 회의 등 알리는 수단은 불문한다. 사업자단체(협회, 협동조합 등), 제3의 사업자 등 중간 매개자를 거쳐 간접적으로 알리는 행위도 포함된다. 간접적으로 알리는 행위가 성립하기 위해서는 특정 사업자의 정보가 중간 매개자를 거쳐 다른 경쟁사업자에게 전달되어야 한다. 사업자단체 등 중간 매개자에게 일방적으로 정보가 전달되기만 하는 경우는 정보교환이 이루어진 것으로 보지 아니한다. 사업자가 불특정 다수에게 경쟁상 민감한 정보를 공개적으로 공표 또는 공개하는 행위는 포함하지 아니한다. 공개적인 공표 또는 공개 여부를 판단함에 있어서는 공표 또는 공개매체의 성격 및 이용자의 범위, 접근 비용의 유무·수준 및 경제주체별 차등 여부, 공표 또는 공개의 양태 및 의도 등을 종합적으로 고려하여 판단한다. 사업자 간 비공개적으로 정보교환 행위를 한 후 그 정보를 사후적으로 공개적으로 공표 또는 공개한 경우는 정보교환 행위로 본다(『정보교환 공동행위 심사지침』 III).

바. 공동행위 인가제도

부당한 공동행위는 원칙적으로 금지되지만 일정한 요건에 해당하면 신청에 의거 공정위가 공동행위를 허용하는 공동행위 인가제도가 있다(법 제40조 제2항). 부당한 공동행위는 경쟁정책상 경쟁의 자유를 제한하는 시장행동이고 이를 금지하는 것은 핵심적인 경쟁정책이다. 그러나 모든 경우에 예외 없이 이러한 공동행위를 금지한다면 사회후생을 저해할 우려가 있다. 따라서 예외적으로 공동행위를 인가하는 제도를 운영하고 있다. 구체적으로는 ① 불황극복을 위한 산업구조조정, ② 연구·기술개발, ③ 거래조건의 합리화, ④ 중소기업의 경쟁력향상을 위한 공동행위 인가제도가 운영되고 있다.

첫째, 불황극복을 위한 산업구조조정은 불황으로 인한 사업활동 곤란, 공급능력의 현저한 과잉, 생산시설·생산방법의 낙후로 인한 생산능력이나 국제경쟁력의 현저한 저해, 기업합리화를 통한 불황 극복의 불가능, 산업구조조정 효과, 둘째, 연구·기술개발은 산업경쟁력강화, 자금조달, 위험분산 등을 위하여 필요한 경우, 셋째, 거래조건 합리화는 생산능률의 향상, 거래의 원활화 및 소비자의 편익증진에 기여하는 경우, 넷째, 중소기업의 경쟁력향상은 공동행위에 의한 중소기업의 품질·기술향상 등 생산성 향상이나 거래조건이나 교섭력 강화효과가 명백한 경우, 참가사업자 모두가 중소기업자인 경우 공동행위 이외의 방법으로 대기업과의 효율적인 경쟁이나 대기업에 대항하기 어려운 경우에 인가된다(영 제45조 제1항). 공동행위 인가제도는 1986년 도입 이래 7건의 인가가 있었고, 현재는 사례가 없다.

일본「사적독점금지법」에서는 불황카르텔에 대한 상세한 규정을 두고 있는데, 우선 불황카르텔을 경기순환적 불황에 대한 긴급피난적 조치, 즉 '특정의 상품의 수급이 현저하게 균형을 잃어 당해 상품의 가격이 그 평균생산비를 밑돌고, 당해 사업자의 상당부분의 사업의 계속이 곤란하게 될 우려가 있고, 기업 합리화에 의해서는 이를 극복하기 곤란한 사태'로 보고, 공동행위 인가는 생산수량, 판매수량 또는 설비의 제한에 관계되는 공동행위에 국한하며, 대가에 관계되는 공동행위를 하려는 경우에는 생산수량을 제한하는 것이 현저하게 곤란한 경우에만 인정된다(동 법 제24조의3).

공동행위 인가제도와 유사한 제도가 EU의 '일괄면제(block exemption) 제도'이다. 이는「EU기능조약(TFEU)」제101조 제3항에 근거를 두고 있으며, 집행에 관한 가이드라인 그리고 합의·결정 및 동조적 행위(agreements, decisions and concerted practices), 연구개발 합의(research and development agreements), 전문화 합의(specialization agreements) 등 분야에서 집행위원회 규칙을 제정하여 운영하고 있다. 「EU기능조약(TFEU)」제101조 제3항에 해당하기 위해서는 합의가 상품이나 서비스의 생산이나 유통을 향상시키거나 기술적 혹은 경제적 발전에 기여하여야 하고(효율성증대 효과), 소비자가 공정하게 이익의 일부를 향유하여야 하며, 제한이 이러한 목적을 달성하기 위하여 불가결한 경우여야 하며, 합의가 문제된 상품의 본질적 부분과 관련하여 경쟁을 제거할 가능성이 없어야 하는 네 가지 요건이 중첩적으로 해당하여야 한다<Métropole Télévision 사건>(EU사법재판소, 2002).

그러나「EU기능조약(TFEU)」제101조와「EU기능조약(TFEU)」제102조는 별개의 제도이므로「EU기능조약(TFEU)」제101조 제3항에 따른 적용면제요건에 해당하더라도「EU기능조약(TFEU)」제102조의 시장지배적지위 남용행위에 해당할 수 있다<Tetra Pack 사건>(EU사법재판소. 1996).

〈Guidelines on the application of Article 81(3) of the Treaty (2004/C 101/08)〉

2.3. The exception rule of Article 81(3)

The application of the exception rule of Article 81(3) is subject to four cumulative conditions, two positive and two negative:

(a) The agreement must contribute to improving the production or distribution of goods or contribute to promoting technical or economic progress,

(b) Consumers must receive a fair share of the resulting benefits,

(c) The restrictions must be indispensable to the attainment of these objectives, and finally

(d) The agreement must not afford the parties the possibility of eliminating competition in respect of a substantial part of the products in question.

When these four conditions are fulfilled the agreement enhances competition within the relevant market, because it leads the undertakings concerned to offer cheaper or better products to consumers, compensating the latter for the adverse effects of the restrictions of competition.

Article 81(3) can be applied either to individual agreements or to categories of agreements by way of a block exemption regulation.

〈Judgment of the Court of First Instance (Second Chamber, extended composition) of 8 October 2002. - Métropole Télévision SA (M6) (T-185/00), Antena 3 de Televisión, SA (T-216/00), Gestevisión Telecinco, SA (T-299/00) and SIC - Sociedade Independente de Comunicação, SA (T-300/00) v Commission of the European Communities.- Joined cases T-185/00, T-216/00, T-299/00 and T-300/00.〉

Since the Commission's decision to grant individual exemption assumes that the agreement or the decision of the association of undertakings satisfies all four conditions laid down in Article 81(3) EC and that an exemption must be refused if any of the four conditions is not met.

또한 EU의 경우 『경미한 합의 고시(De Minimis Notice)』에서는 수평적 합의의 경우 공동행위 참가자들의 시장점유율의 합계가 10%, 수직적 합의의 경우에는 15%를 최소 허용기준으로 제시하고, 동 기준의 적용에 있어서 경성공동행위와 연성공동행위를 구별하지는 않고 있지만, 경성공동행위로 분류되는 가격고정, 시장분할 공동행위에 대한 위원회의 규제 가능성을 열어 놓고 있다. 또한 일정한 규모 미만의 중소기업 간의 합의에 대해서는 조약 제101조의 적용을 면제하고 있는데, 제4조 제 3문에서는 중소기업의 공동행위는 회원국 간의 거래에 거의 영향을 미치지 않는다 는 규정을 두고, 시장점유율이 5%를 넘지 않고 매출액이 4천만 유로를 넘지 않는 사업자의 협정 등은 원칙적으로 회원국 간 거래에 상당한 영향을 미치지 않는 것으로 본다고 규정하여 직접적으로 양적인 기준을 채택하고 있다.

독일의 경우 EU의 '일괄면제(block exemption) 제도'를 수용하여 「경쟁제한방지 법(GWB)」제2조(면제되는 합의) 제1항에서 "발생한 이익의 소비자에 대한 적정한 배 분 하에 상품생산 및 분배의 개선이나 기술적 또는 경제적 발전의 촉진에 기여하는 사업자간 합의, 사업자단체의 결정 또는 동조적 행위는 제1조의 금지로부터 면제된 다. 다만 ① 목적 실현에 필수적이지 않은 제한이 부과된 경우, 또는 ② 해당 상품 의 중요 부분에 대하여 경쟁을 배제할 가능성이 있는 경우는 그러하지 아니하다"라 고 규정하고 있다.

또한 제3조 중소기업카르텔에서는 "상호 경영협업을 통한 경제과정의 합리화 를 대상으로 하는 상호 경쟁관계에 있는 사업자간의 합의와 사업자단체의 결정은 ① 그것을 통해 시장에서의 경쟁이 실질적으로 침해를 받지 않는 경우, 그리고 ② 합의나 결정이 중·소사업자의 경쟁력 향상에 기여하는 경우 제2조 제1항의 요건을 충족한다"고 규정하고 있다.

중소기업 간 협력에 관한 조항은 1973년 「경쟁제한방지법(GWB)」제2차 개정 때 처음으로 등장하였으며, 카르텔에 대한 예외규정의 목적은 구조적으로 불리한 중소기업들이 대기업과 대등하게 경쟁할 수 있게 하는 것이다.[80] 2005년 이후부터 중소기업간 담합을 위해서 관할 카르텔청에 신고나 허가가 불필요해졌다. 따라서 독일에서는 중소기업 간 공동 자금조달, 공동 R&D, 공동관리, 공동생산, 공동광고, 공동구매, 공동판매 등 공동행위는 가능하다고 해석된다.[81]

사. 공동행위의 시기, 종기, 수

공동행위의 시기는 합의일이다. 법 제40조 제1항을 적용하는 경우, 참가사업자 전부에 대하여 법 제40조 제1항 각 호의 어느 하나에 해당하는 행위를 할 것을 합

---

80) 한국공정경쟁연합회, 전속고발권제도 개선방안 연구(2020.12), 157면.
81) 한국공정경쟁연합회, 전속고발권제도 개선방안 연구(2020.12), 160면.

의한 날을 위반행위의 개시일로 본다. 합의일을 특정하기 어려운 경우에는 사업자별로 실행개시일을 위반행위의 개시일로 본다(『공동행위 심사기준』 IV. 2). 그러나 명시적으로 장래의 특정일을 공동행위 개시일로 정한 경우에는 그 특정일이 도래하기 전에는 사업자들의 부당한 공동행위가 이루어지지 않으므로 합의된 공동행위 개시일을 위반행위의 개시일로 보아야 할 것이다<7개 폐석면처리사업자 부당공동행위 건>(서울고법, 2015). 공동행위를 추정하는 경우에는 실행개시일을 기준으로 하는데, "해당 거래분야 또는 상품·용역의 특성, 해당 행위의 경제적 이유 및 파급효과, 사업자간접촉의 횟수·양태 등 제반사정에 비추어 그 행위를 그 사업자들이 공동으로 한 것으로 볼 수 있는 상당한 개연성이 있는 때" 또는 "정보교환을 한 때"를 실행개시일로 볼 수 있다. 입찰담합의 경우는 입찰일이다.

부당한 공동행위가 종료한 날은 원칙적으로 그 합의에 기한 실행행위가 종료한 날을 의미한다. 즉, 합의에 정해진 조건이나 기한이 있는 경우로서 그 조건이 충족되거나 기한이 종료한 경우, 공동행위의 구성사업자가 합의 탈퇴의사를 명시적 내지 묵시적으로 표시하고 실제 그 합의에 반하는 행위를 한 경우. 다만, 합의에 반하는 행위를 하는 것이 현저히 곤란한 객관적이고 구체적인 사유가 인정되는 경우에는 합의 탈퇴의 의사표시로 부당한 공동행위가 종료한 것으로 볼 수 있다. 공동행위가 심의일까지 지속되는 경우에는 심의일에 그 공동행위가 종료된 것으로 본다(『공동행위 심사기준』 IV. 2).

<26개 항공화물사업자 부당공동행위 건, 대법원 2014. 5. 16. 선고 2012두5466 판결>
공정거래법 제40조 제1항 제1호에 정한 가격 결정 등의 합의 및 그에 터 잡은 실행행위가 있었던 경우 부당한 공동행위가 종료한 날은 그 합의에 터 잡은 실행행위가 종료한 날이므로, 합의에 참가한 일부 사업자가 부당한 공동행위를 종료하기 위해서는 다른 사업자에 대하여 합의에서 탈퇴하였음을 알리는 명시적 내지 묵시적인 의사표시를 하고 독자적인 판단에 따라 담합이 없었더라면 존재하였을 가격 수준으로 인하하는 등 합의에 반하는 행위를 하여야 한다. 또한 합의에 참가한 사업자 전부에 대하여 부당한 공동행위가 종료되었다고 하기 위해서는 합의에 참가한 사업자들이 명시적으로 합의를 파기하고 각 사업자가 각자의 독자적인 판단에 따라 담합이 없었더라면 존재하였을 가격 수준으로 인하하는 등 합의에 반하는 행위를 하거나 또는 합의에 참가한 사업자들 사이에 반복적인 가격 경쟁 등을 통하여 담합이 사실상 파기되었다고 인정되는 행위가 일정 기간 계속되는 등 합의가 파기되었다고 볼 만한 사정이 있어야 한다

> **〈5개 보일러 제조·판매사업자 부당공동행위 건, 대법원 2015. 11. 26. 선고 2015두 50054 판결〉**
>
> 입찰담합에서 부당한 공동행위의 종기인 그 합의에 기초한 실행행위가 종료한 날이라 함은, 해당 행위의 실행행위로서의 사업활동이 없어진 날을 말하므로 단지 위반행위자 내부에서 위반행위를 중지하기로 하는 결정을 한 것만으로는 충분하지 아니하고 원칙적으로 위반행위자 상호간에 구속상태를 해소시키기 위한 외부적인 징표가 필요하므로 특별한 사정이 없다면 위반행위자 전원이 부당한 거래제한행위의 파기를 명시적으로 합의하여 결정한 시점이나, 그렇지 아니하더라도 일부의 위반행위자가 부당한 거래제한의 합의에서 명시적으로 이탈하여 더는 기본합의를 그대로 유지할 수 없게 되어 입찰담합행위의 동일성이 유지되지 아니하게 되는 시점을 말한다.

> **〈엘지화학 등 5개사 가성소다가격 부당공동행위 건, 대법원 2008. 10. 23. 선고 2007 두12774 판결〉**
>
> 일부 사업자가 다른 사업자들에게 합의에서 탈퇴할 것을 명시하면서 가격을 원래대로 환원하는 경우가 아닌 한, 일부 사업자만의 평균가격이 아니라 원고 등의 전체적인 평균가격이 인하되어 이 사건 각 공동행위에 의하여 형성된 가격이 붕괴된 때에 합의가 존속하지 않게 되었다고 할 것이므로 이 사건 각 가격 결정의 합의는 합의에 참여한 사업자 전부가 가격을 인하하기 시작한 시점에 합의가 파기된 것으로 보아야 한다.

자진신고일을 공동행위의 종기로 판단한 경우도 있다〈11개 초박막액정표시장치(TFT－LCD) 제조·판매사업자 부당공동행위 건〉(서울고법, 2014) 〈3개 두유제조·판매사업자 부당공동행위 건〉(대법원, 2015). 영업을 양도한 경우 양도인의 실행행위는 영업양도 시점에 종료되었다고 할 것이므로, 양도인에 대한 처분시효도 그 때로부터 진행된다〈26개 항공화물운송사업자 부당공동행위 건〉(대법원, 2014).

> **〈11개 초박막액정표시장치(TFT-LCD) 제조·판매사업자 부당공동행위 건, 서울고법 2014. 2. 13. 선고 2011누46417 판결〉**
>
> 자진신고일인 2006. 7. 27. 이후부터 2006. 12. 7.까지 실무자급 다자회의에 계속하여 참석한 사실은 인정되나 원고들의 자진신고에는 진정성이 인정되고 당시 이 사건 공동행위를 종료하려는 의사가 있었던 점, 피고도 관련매출액 산정의 종기를 원고의 자진신고일 전날인 2006. 7. 26.로 판단한 점 등을 고려할 때 이 사건 공동행위를 자진신고일인 2006. 7. 27.경 종료하였다고 봄이 상당하고 이 사건 처분은 그로부터 5년이 경과한 이후에 있었으므로 처분시효 경과로 이 사건 처분은 부적법하다.

<**3개 두유제조·판매사업자 부당공동행위 건, 대법원 2015. 2. 12. 선고 2013두987 판결**>

부당한 공동행위에 가담한 사업자가 공정거래법 제22조의2가 정하는 자진신고자 등에 대한 감면조치를 받기 위하여 공정거래위원회에 적법하게 자진신고를 하였다면, 신고 후에 정당한 사유 없이 공동행위를 중단하지 아니하거나 조사에 성실하게 협조하지 아니하는 등으로 인하여 자진신고자 지위확인이 취소되는 등의 특별한 사정이 없는 이상, 그 자진신고를 부당한 공동행위에서 탈퇴하는 의사표시와 함께 합의에 반하는 행위가 있었던 경우에 준하여 볼 수 있다. 따라서 위와 같은 적법한 자진신고 사업자에 대하여는 감면대상 순위에 해당하는지 여부와 상관없이 자진신고일 시점이 공동행위의 종기가 된다고 보아야 한다.

<**26개 항공화물사업자 부당공동행위 건, 대법원 2014. 12. 24. 선고 2012두6216 판결**>

공정거래법이 금지하는 부당한 공동행위가 종료한 날이라 함은 가격 결정 등의 합의 및 그에 터 잡은 실행행위가 있었던 경우 그 합의에 터 잡은 실행행위가 종료한 날이라 할 것이다. 따라서 합의에 참가한 일부 사업자가 당해 영업을 제3자에게 양도하여 더 이상 그 영업을 영위하지 아니하였다면, 양수인이 영업을 양수한 이후 그 합의에 가담하여 이에 따른 실행행위를 하였다 하더라도, 양도인이 양수인의 위반행위를 교사하였다거나 또는 양수인의 행위를 양도인의 행위와 동일시할 수 있는 등 특별한 사정이 없는 한 양도인의 실행행위는 영업양도 시점에 종료되었다고 할 것이고, 양도인에 대한 처분시효도 그때로부터 진행된다고 보아야 한다.

입찰담합의 경우 합의에 기한 실행종료일을 입찰참가일로 본다. 물량배분 수단으로서 입찰담합이 개입되어 수개의 입찰담합행위가 하나의 공동행위를 구성하는 경우 대법원은 '마지막 입찰계약 체결일 또는 공동행위의 중단을 선언하고 경쟁입찰에 나아간 날'을 종기로 보았다<한전발주 전력선 구매입찰 참가 35개 전선제조사 등 부당공동행위 건>(대법원, 2015).

<**한전발주 전력선 구매입찰 참가 35개 전선제조사 등 부당공동행위 건, 대법원 2015. 2. 12. 선고 2013두6169 판결**>

이 사건 공동행위는 2006년의 입찰계약이 최종 마무리된 시점으로 볼 수 있는 600V 절연전선의 2006년도 공급분에 관한 입찰계약 체결일(2007.9.12) 또는 2007년 전력선 구매입찰에서 공동행위의 중단을 선언하고 경쟁입찰에 나아간 날(2007.11.28)에 종료되었다고 봄이 상당하다.

　　공동행위의 수는 사업자들이 일정한 기간에 걸쳐 수차례의 합의를 하는 경우 부당한 공동행위의 수는 그 개별적인 합의들의 기본원칙을 담거나 토대가 되는 기본합의가 있었는지의 여부 또는 그 개별합의 들이 사실상 동일한 목적을 위해 단절됨없이 계속 실행되어 왔는지의 여부 등을 종합적으로 살펴서 판단하여야 한다(『공동행위 심사기준』 Ⅲ. 1).

　　법원은 기본적 합의가 ① 단일한 의사에 기하여 동일한 목적을 위해 ② 단절 없이 실행되면 1개의 공동행위로 본다. 기본합의의 존재 여부는 문제되지 않는다. 기본적 원칙에 관한 합의 없이 장기간에 걸쳐 여러 차례의 합의를 해 온 경우에도 그 각 합의가 단일한 의사에 기하여 동일한 목적을 수행하기 위한 것으로서 단절됨이 없이 계속 실행되어 왔다면, 그 각 합의의 구체적인 내용이나 구성원 등에 일부 변경이 있었다고 할지라도, 특별한 사정이 없는 한 그와 같은 일련의 합의는 전체적으로 1개의 부당한 공동행위로 봄이 상당하다<2개 합성고무 제조사업자 부당 공동행위 건>(대법원, 2009). 그러나 기본적 합의가 없는 경우 전체를 하나의 공동행위로 보기 어렵다고 한 사례<오존설비구매설치 입찰담합행위 건>(대법원, 2016)도 있다.

〈2개 합성고무 제조사업자 부당공동행위 건, 대법원 2009. 1. 30. 선고 2008두16179 판결〉

　　사업자들이 부당한 공동행위의 기본적 원칙에 관한 합의를 하고 이를 실행하는 과정에서 수차례의 합의를 계속하여 온 경우는 물론, 그러한 기본적 원칙에 관한 합의 없이 장기간에 걸쳐 여러 차례의 합의를 해 온 경우에도 그 각 합의가 단일한 의사에 기하여 동일한 목적을 수행하기 위한 것으로서 단절됨이 없이 계속 실행되어 왔다면, 그 각 합의의 구체적인 내용이나 구성원 등에 일부 변경이 있었다고 할지라도, 특별한 사정이 없는 한 그와 같은 일련의 합의는 전체적으로 1개의 부당한 공동행위로 봄이 상당하다(대법원 2008. 9. 25. 선고 2007두3756 판결 등 참조).

〈오존설비 구매설치 입찰담합행위 건, 대법원 2016. 12. 27. 선고 2016두43282 판결〉

　　원고와 오조니아 사이에 전체 공동행위에 관한 기본적 합의가 존재하지 않는 점, 이 사건 공동행위 기간 중 실시된 29건의 입찰 가운데 14건의 입찰에 관하여만 공동행위가 이루어졌고 나머지 15건의 입찰 또는 수의계약에서는 각 회사의 영업력 등을 바탕으로 치열한 경쟁이 이루어졌던 것으로 보이는 점, 원고와 오조니아가 합의 시마다 발주 예정 상황과 각자 회사의 이해관계 등을 기초로 새로운 합의를 한 것으로 보이는 점

> 등 그 판시 각 사정에 비추어, 제출된 자료만으로 이 사건 공동행위가 단일한 의사에
> 기하여 동일한 목적을 수행하기 위한 것으로서 전체적으로 하나의 부당한 공동행위에
> 해당한다고 보기는 어렵다

이것이 공동행위의 수에 관한 법원의 기본입장이라 할 수 있다. 그러나 법원은
기본합의의 존재만으로 연장계약합의에 관한 합의를 인정하지 않은 사례도 있다
<와사키키센(주) 외 9개 자동차 해상운송사업자의 부당공동행위 건>(서울고법,
2018).

한편 EU의 경우에도 「EU기능조약(TFEU)」 제101조 제1항 위반행위 관련 단독
행위뿐만 아니라 연속된 수개의 행위 전체를 위반행위로 본 사례<Cement Cartel
사건>(EU사법재판소, 2004)가 있다.

> 〈Judgment of the Court (Fifth Chamber) of 7 January 2004. Aalborg Portland
> A/S (C-204/00 P), Irish Cement Ltd (C-205/00 P), Ciments français SA
> (C-211/00 P), Italcementi - Fabbriche Riunite Cemento SpA (C-213/00 P),
> Buzzi Unicem SpA (C-217/00 P) and Cementir - Cementerie del Tirreno SpA
> (C-219/00 P) v Commission of the European Communities. Joined cases
> C-204/00 P, C-205/00 P, C-211/00 P, C-213/00 P, C-217/00 P and C-219/00
> P.〉
>
> An infringement of Article 85(1) of the Treaty (now Article 81(1) EC) may
> result not only from an isolated act but also from a series of acts or from
> continuous conduct, although one or several elements of that series of acts or
> continuous conduct may also constitute in themselves and taken in isolation an
> infringement of that provision.

아. 법위반에 대한 제재

1) 시정명령

부당한 공동행위로 결정이 되면 시정명령으로 행위 중지명령 또는 향후 금지명
령을 명한다. 향후금지명령은 법 위반행위를 최대한 반영하여 향후 이와 동일하거
나 유사한 행위가 발생한 경우 새로운 위법행위가 아니라, 시정조치 불이행으로 판
단할 수 있도록 금지대상이 되는 법 위반행위의 유형을 어느 정도 구체화하여 명하

여야 한다. 다만, 행위금지명령의 내용이 지나치게 구체적이어서 장래에 동일 또는
유사한 법위반 행위가 발생할 가능성이 거의 없게 되지 않도록 한다.

<13개 음원유통사업자(CP) 부당공동행위 건>(서울고법, 2012)에서 '합의와 관
계없이' 조건을 달아 음원을 공급하는 자체를 금지함으로써, 부당공동행위의 반복을
막는 것을 넘어 원고의 계약체결의 자유를 과도하게 제한하므로, 비례의 원칙에 반
한다고 한 사례가 있고, 반대로 <4대강살리기 사업 부당공동행위 건>(대법원,
2015)에서 "'낙찰받을 건설공구에 관한 합의'는 원고의 공정거래법 위반행위로 인정
된 이 사건 공동행위와 동일한 유형의 행위로서 가까운 장래에 반복될 우려가 있다
고 할 것이어서, 피고는 시정명령으로 이러한 유형의 행위에 대한 반복금지까지 명
할 수 있다고 봄이 상당하다"고 본 사례도 있다.

<13개 음원유통사업자(CP) 부당공동행위 건, 서울고법 2012. 7. 15. 선고 2011누 25878 판결>

공정거래위원회는 CP가 OSP(온라인서비스사업자)에게 Non−DRM 월정액 다운로
드 상품 및 복합상품의 음원을 공급할 때 위와 같은 조건을 다는 것에 관하여 '다른 CP
들과 합의하는 것'을 금지하는 것만으로는 법 제21조가 시정명령을 통해 부당공동행위
의 반복을 막고자 한 목적을 충분히 달성할 수 있는데도 이 사건 시정명령은 '합의와
관계없이' 조건을 달아 음원을 공급하는 자체를 금지함으로써, 부당공동행위의 반복을
막는 것을 넘어 원고의 계약체결의 자유를 과도하게 제한하므로, 비례의 원칙에 반한다.

<4대강살리기 사업 부당공동행위 건, 공정위 2012. 8. 31. 의결 제2012-199호>

1. 피심인들은 정부 또는 공공기관이 발주하는 건설공사 입찰에 참여하면서 사전에
   피심인들 사이에 지분이나 낙찰 받을 건설공구를 합의하는 방법으로 부당하게 경
   쟁을 제한하는 행위를 다시 하여서는 아니된다.
2. 피심인들은 향후 정부 또는 공공기관이 발주하는 건설공사 입찰에 참여하면서 시
   장에서 공개되는 정보를 수집하는 외에 피심인들의 내부 입찰참여 의사 및 결정
   사항 등에 관한 정보를 직접 접촉이나 유무선 전화 또는 이메일 등 기타 어떠한
   방법으로도 수집하거나 교환하는 행위를 다시 하여서는 아니된다.

시정명령에는 그 외에도 정보교환금지명령 <8개 밀가루제조판매업체 부당공동
행위 건>(대법원, 2009)을 들 수 있으며, 작위명령으로는 합의파기명령, 독자적 가
격재결정명령(합의전 가격 인하명령은 불가능)을 들 수 있다.

〈8개 밀가루제조판매업체 부당공동행위 건, 대법원 2009. 5. 28. 선고 2007두24616 판결〉

피고가 "8개사는 시장을 통한 정보수집의 경우를 제외하고 직접 또는 협회를 통하는 방법, 기타 여하한 방법으로 상호 간의 가격, 밀가루 판매량 또는 생산량에 관한 정보를 교환하여서는 아니된다"는 정보교환 금지명령을 한 사실을 알 수 있는데, 위 "시장을 통한 정보수집의 경우를 제외하고"라는 문구 및 위 시정명령 전체의 취지에 비추어 보면, 이 사건 정보교환 금지명령은 현재 또는 장래에 관한 공개되지 아니한 정보의 교환만을 금지하는 것임을 알 수 있으므로 명확성과 구체성의 원칙이나 비례의 원칙에 위반되지 아니한다고 할 것이다.

회사를 대표하거나 대리할 권한이 없는 직원이 사전·사후 승인없이 독자적으로 한 행위가 공동행위가 되는지에 대하여 법원은 "법인에 대하여 제재처분이 가능하며, 설령, 그것이 현실적인 행위자의 권한 범위 내에 속하지 않는 것이어서 그 행위의 사법상 효과가 법인에 미치지 않는 경우라도 달리 볼 것이 아니다"라고 판시하였다(서울고법, 2014).

2) 과징금

과징금은 관련매출액의 20% 상한(매출액이 없는 경우 40억 원)이며, 위반행위의 중대성 정도를 고려하여 산정한다(원칙적으로 공정위의 재량이지만 재량권의 일탈·남용에 해당할 수 있음)(법 제44조). 재량권의 일탈·남용은 의결일 당시의 사실상태를 기준으로 한다<인천도시철도 2호선 입찰담합 건>(대법원, 1999). 종래에는 관련매출액의 10%를 상한으로 하였으나, 2020. 12. 29. 법 전부개정에서 20%로 상향되었다.

EU의 경우 『이사회규칙 2003/1』 제23조에서 과징금에 대해 규정하고 있다. 즉 전년도 전체 매출액의 10%를 상한으로 한다.

〈Council Regulation (EC) No 1/2003 of 16 December 2002 on the implementation of the rules on competition laid down in Articles 81 and 82 of the Treaty〉

Article 23 Fines
2. The Commission may by decision impose fines on undertakings and associations of undertakings where, either intentionally or negligently:[82]

---

82) 우리나라의 경우 과징금 부과에 있어서 고의, 과실 요건은 불필요하다.

> (a) they infringe Article 81 or Article 82 of the Treaty; or
>
> (b) they contravene a decision ordering interim measures under Article 8; or
>
> (c) they fail to comply with a commitment made binding by a decision pursuant to Article 9.
>
> For each undertaking and association of undertakings participating in the infringement, the fine shall not exceed 10 % of its total turnover in the preceding business year.

참고로 다른 나라는 공동행위에 대하여 다음과 같이 제재하고 있다.

[각국의 과징금 부과 기준]

국가	과징금(벌금)상한
미국	1. 법인 1억 달러, 개인 100만 달러 *Antitrust Criminal Penalty Enhancement and Reform Act of 2004: ACPERA 2. 카르텔로 인하여 얻은 이익의 2배나 카르텔로 인한 피해액의 2배 중 큰 금액 *The Sentencing Reform Act of 1984
EU	전년도 전체매출액의 10%
일본	3년간 관련매출액의 10%, 3%(소매업), 2%(도매업)
캐나다	천만 캐나다 달러
독일	전년도 전체매출액의 10%(사업자) 또는 100만 유로(개인)
프랑스	전년도 전체매출액의 10% 또는 75만 유로
이탈리아	전년도 전체매출액의 10%

3) 벌칙

법 제40조(부당한 공동행위의 금지) 제1항을 위반하여 부당한 공동행위를 한 자 또는 이를 하도록 한 자는 3년 이하의 징역 또는 2억 원 이하의 벌금에 처한다(법 제124조 제1항 제9호). 시정조치 불이행에 대해서는 2년 이하의 징역 또는 1억 5천만 원 이하의 벌금에 처한다(법 제125조 제1호)

4) 사법적 효력

부당한 공동행위를 할 것을 약정하는 계약 등은 해당 사업자간에는 그 효력을 무효로 한다(법 제40조 제4항). 이는 다른 당사자가 그 계약 등을 준수하지 않는다 해도 이행을 강제하거나 채무불이행 책임을 물을 수 없음을 의미한다. 해당 사업자 간에만 무효이므로 제3자와의 관계에서는 효력에 영향이 없다.

자. 자진신고자 감면제도

1) 의미

공동행위 자진신고자 감면제도는 1996년 법 개정시 도입(1978년 미국에서 최초로 도입)되었다. 2005년 제도의 투명성 및 예측가능성을 높이는 방향으로 제도개선이 이루어진 이후 자진신고가 급증하였다. 자진신고감면제도에 대해서는 많은 오해가 있는데, 증거확보를 용이하게 하기 위한 제도라는 긍정적 측면에 대하여 대기업을 봐주기 위한 제도라는 비판이 그것이다. 특히 주도자를 감면하는 데 큰 반감이 있다. 2005. 4. 시행령 개정시 주도자가 아닐 것의 요건 삭제하였는데 EU나 일본의 경우 우리나라와 같이 감면 대상이 되고 있다.

그러나 강요자에 대해서는 감면대상에서 제외하는 제도를 유지하고 있다. 미국의 경우 '명시적 주도자나 창설자(clearly not the leader in, or originator of, the activity)'에 대하여는 감면대상에서 제외하고 있으나 미국 DOJ에서는 이를 당해회사가 '공동행위의 유일한 조직자(the singular originator)'이거나 '유일한 주도자(the singular ringleader)'로 해석하고 있다. 독일의 경우 명시적으로 '유일한 주도자(alleiniger Anführer)'의 경우 감면대상에서 제외하고 있다.

미국은 기업감면제도(Corporate Leniency Policy)와 개인감면제도(Leniency Policy for Individuals)로 구분 운영하는데, 우리나라의 경우 개인감면제도는 없으며 실무적으로 고발을 면제하고 있다. EU의 경우 감면제도(Leniency Programme)를 운영하고 있다.

〈Corporate Leniency Policy(1993)〉

7. The Division determines that granting leniency would not be unfair to others, considering the nature of the illegal activity, the confessing corporation's role in it, and when the corporation comes forward. In applying condition 7, the primary considerations will be how early the corporation comes forward and whether the corporation coerced another party to participate in the illegal activity or clearly was the leader in, or originator of, the activity. The burden of satisfying condition 7 will be low if the corporation comes forward before the Division has begun an investigation into the illegal activity. That burden will increase the closer the Division comes to having evidence that is likely to result in a sustainable conviction.

〈Notice no. 9/2006 of the Bundeskartellamt on the immunity from and reduction of fines in cartel cases- Leniency Programme〉

3. was not the only ringleader of the cartel nor coerced others to participate in the cartel.

〈Commission Notice on Immunity from fines and reduction of fines in cartel cases (Text with EEA relevance) (2006/C 298/11)〉

(26) The Commission will determine in any final decision adopted at the end of the administrative procedure the level of reduction an undertaking will benefit from, relative to the fine which would otherwise be imposed. For the:

— first undertaking to provide significant added value: a reduction of 30 − 50%,

— second undertaking to provide significant added value: a reduction of 20 − 30%,

— subsequent undertakings that provide significant added value: a reduction of up to 20%.

(36) The Commission will not take a position on whether or not to grant conditional immunity, or otherwise on whether or not to reward any application, if it becomes apparent that the application concerns infringements covered by the five years limitation period for the imposition of penalties stipulated in Article 25(1)(b) of Regulation 1/2003, as such applications would be devoid of purpose.

자진신고자 감면제도는 게임이론에서 죄수의 딜레마(prisoner's dilemma)를 이용한 제도이다. 즉, A, B 둘 다 부인을 하면 무죄나 가벼운 처벌을 받을 수 있음에도 불구하고 상대방만 자백하는 경우에 입을 피해에 대한 두려움 때문에 자백을 하게 되고, 그 결과 자백을 한 사람은 이익을 보게 되는 반면 나머지는 불이익을 보게 되는 상황을 의미한다.

[죄수의 딜레마]

		자백	부인
B 의 선택	**자백**	A : 5년 **B : 5년**	A : 10년 B : 1년
	부인	A : 1년 B : 10년	A : 무죄 B : 무죄

A의 선택

2) 적용요건

부당한 공동행위의 사실을 자진신고한 자(자진신고자), 증거제공 등의 방법으로 공정위의 조사 및 심의·의결에 협조한 자(조사협조자)의 어느 하나에 해당하는 자(소속 전·현직 임직원을 포함)에 대해서는 법 제42조에 따른 시정조치나 법 제43조에 따른 과징금을 감경 또는 면제할 수 있고, 법 제129조에 따른 고발을 면제할 수 있다(법 제44조 제1항).

자진신고제도가 적용되기 위해서는 먼저, 공정위가 관련 증거자료를 확보하기 전에 공동행위 입증에 필요한 증거를 제공한 첫째 및 둘째 사업자(조사개시 전: 자진신고자, 조사개시 후: 조사협조자)여야 한다. 그리고 최초 자진신고자 및 조사협조자는 '공동행위에 대한 정보를 입수하지 못하였거나 입증에 필요한 증거를 충분히 확보하지 못한 상태'에서 자진신고해야 한다(영 제51조 제1항). 여기서 입증에 필요한 증거는 물증뿐 아니라 물증이 없는 경우 진술증거도 포함된다.

> **〈현대중공업(주) 부당공동행위 건, 대법원 2008. 9. 25. 선고 2007두3756 판결〉**
> 법 시행령의 규정이 모법의 위임 없이 법이 예정하고 있지 아니한 내용을 국민에게 불리하게 변경하는 규정이 아니어서 법 시행령의 규정이 모법에 위배된다고 할 수 없는 이상, 부당한 공동행위에 참여한 사업자가 법 시행령의 규정에 따른 감경요건을 충족하는 경우 피고로서는 그 규정에 따라 과징금을 감경하여야 할 것이다. 한편, 법 시행령 제35조 제2항 제3호 (나)목에 규정된 '필요한 증거'라 함은 부당한 공동행위를 직접적 또는 간접적으로 입증할 수 있는 증거를 의미하므로, 여기에는 문서를 비롯한 진술 등도 이에 포함된다고 봄이 상당하다.

그리고 두 번째 자진신고자 및 조사협조자는 '부당 공동행위임을 입증하는데 필요한 증거'만 제출하면 된다(영 제51조 제1항). 여기에서 입증에 필요한 증거는 실행사실 기술자료와 추가자료를 의미하며 추가자료는 관련자 진술도 포함되며 확인이나 보강자료도 포함된다. 반드시 육하원칙에 따라 기술한 공동행위에 참여한 임직원의 확인서나 진술서 등의 형태로 제출한 자료만이 기술자료로서 적격성이 있다고 제한 해석할 것은 아니며, 공동행위를 할 것을 논의하거나 실행한 사실은 추단할 정도로 당해 공동행위 내지 실행사실에 관하여 상당 부분이 육하원칙에 준하는 정도로 기술되어 있으면 족하다.

둘째, 자진신고자나 조사협조자는 성실한 협조를 지속하여야 한다(영 제51조 제1항). 성실협조 여부는 자진신고자 등이 알고 있는 당해 공동행위와 관련된 사실을 지체 없이 모두 진술하였는지 여부, 당해 공동행위와 관련하여 자진신고자 등이 보유하고 있거나 수집할 수 있는 모든 자료를 신속하게 제출하였는지 여부, 사실 확인에 필요한 위원회의 요구에 신속하게 답변하고 협조하였는지 여부, 임직원(가능하다면 전직 임직원 포함)이 위원회와의 면담, 조사 등에서 지속적이고 진실하게 협조할 수 있도록 최선을 다하였는지 여부, 공동행위와 관련된 증거와 정보를 파기, 조작, 훼손, 은폐하였는지 여부, 심사보고서가 통보되기 전에 위원회의 동의 없이 제3자에게 행위사실 및 감면신청 사실을 누설하였는지 여부 등로 판단한다(『자진신고자 감면고시』 제5조).

감면신청사실 누설<BCTC 및 단기체류독신자숙소 건설공사 입찰담합 건>(대법원, 2018), 감면신청인 대표이사의 허위진술<한국유리공업(주) 조사협조자 지위 불인정 건>(대법원, 2015)은 성실협조의무 위반이 될 수 있다. 그러나 임직원이 내부적으로 공정위 조사에 대비한 문건을 작성하였다든가 그 외 외부기관의 감독활동에 대한 각종 대응방안을 마련해 두었다고 하더라도, 성실협조의무 위반으로 보지 않았다<대구시 죽곡2지구 입찰담합행위 건>(서울고법, 2012). 한편 자진신고 또는 조사협조 이전에 증거인멸 행위 등이 이루어졌더라도 그로 인하여 자진신고 또는 조사협조 개시 시점에 불충분한 증거를 제출한 것으로 평가할 수 있다면, 자진신고 또는 조사협조 그 자체가 불성실한 것으로 판단될 수 있다<2개 산업용 화약 제조·판매 사업자 부당공동행위 건>(대법원, 2018). 진술 번복과 관련하여 법원은 처분 취소청구가 인용되었고, 검찰도 무혐의 처분한 점에 비추어 합의과정에서 정확한 진술을 하지 못한 것이 사실에 부합하므로 조사에 성실하게 협조하지 않은 것이라고 볼 수 없다고 판시하였다<고양바이오매스 에너지시설 설치사업 공사 입찰담합행위 건>(대법원, 2017).

〈BCTC 및 단기체류독신자숙소 건설공사 입찰담합행위 건, 대법원 2018. 7. 26. 선고 2016두45783 판결〉

　심사보고서가 송부되기 전에 자진신고자가 공정거래위원회의 동의 없이 다른 사람에게 감면신청 사실을 누설하면, 이를 알게 된 담합 가담자들은 공정거래위원회의 조사에 대한 대응방안을 보다 쉽게 수립할 수 있게 되고, 경우에 따라 관련 증거를 은닉·변조하거나 자진신고 자체를 담합할 여지가 생기게 된다. 결국 감면신청 사실의 누설이 공정거래위원회의 실효적 조사에 대한 방해요인으로서 작용할 수 있게 되고, 그에 따라 담합 가담자 사이에 불신 구조를 형성함으로써 담합의 형성·유지를 어렵게 하려는 자진신고 제도의 도입 취지를 몰각시키는 결과를 가져올 수 있다.

〈대구 죽곡2지구 입찰담합행위 건, 대법원 2013. 5. 23. 선고 2012두8724 판결〉

　원고의 임직원이 내부적으로 피고의 조사에 대비한 문건을 작성하였다든가 그 외 외부기관의 감독활동에 대한 각종 대응방안을 마련해 두었다고 하더라도, 그러한 사정만으로 원고가 이 사건 공동행위와 관련하여 조사가 끝날 때까지 성실하게 협조하지 않은 것이라고 단정할 수는 없다.

　한편 피고는, 원고가 임직원들의 업무수첩을 제공하지 않은 점을 근거로 원고가 성실하게 협조하지 않은 것이라는 주장도 하고 있으나, 이는 원심에서 주장하지 않았던 것일 뿐만 아니라, 위와 같은 업무수첩이 존재함에도 불구하고 원고가 이를 제출하지 않았다고 볼 만한 자료도 없다.

> **〈2개 산업용 화약 제조·판매 사업자 부당공동행위 건, 대법원 2018. 7. 11. 선고 2016두46458 판결〉**
>
> 자진신고자 또는 조사협조자의 위반행위와 관련한 증거인멸 행위 등이 자진신고나 조사협조 개시 이전에 이루어졌더라도 그 증거인멸 행위 등은 공정거래위원회에 제출될 자료나 진술할 내용에 영향을 미치게 되고, 특별한 사정이 없는 한 자진신고 또는 조사협조 행위의 성실성 여하에도 영향을 미칠 수밖에 없다. 그러므로 자진신고 또는 조사협조 이전에 증거인멸 행위 등이 이루어졌더라도 그로 인하여 자진신고 또는 조사협조 개시 시점에 불충분한 증거를 제출한 것으로 평가할 수 있다면, 자진신고 또는 조사협조 그 자체가 불성실한 것으로 판단될 수 있다.
>
> **〈고양바이오매스 에너지시설 설치사업 공사 입찰담합행위 건, 대법원 2017. 4. 13. 선고 2017두31279 판결〉**
>
> 처분취소청구가 인용되었고, 검찰도 무혐의 처분한 점에 비추어 합의과정에서 정확한 진술을 하지 못한 것이 사실에 부합하므로 조사에 성실하게 협조하지 않은 것이라고 볼 수 없다.

마지막으로, 공동행위를 중단하여야 한다(영 제51조 제1항). 공동행위의 중단 여부는 공동행위의 종기와 같은 기준으로 판단할 수 있다. 즉, 실행행위가 종료하였는지 여부에 따라 판단하되, 합의탈퇴의 의사표시로 공동행위를 중단한 것으로 보며, 입찰담합의 경우에는 입찰이 종료되면 실행행위가 종료된 것으로 본다(『자진신고자 감면고시』 제6조). 자진신고일을 공동행위의 중단으로 본 경우도 있다〈3개 두유제조·판매사업자 부당공동행위 건〉(대법원, 2015). 그리고 "자진신고를 하고 적법한 1순위 자진신고자로 인정받은 이상, 다른 사업자가 먼저 공동행위를 중단하였다는 사정만으로 1순위 자진신고자 또는 조사협조자로서의 요건을 갖추었다고 볼 수는 없다"고 본 사례가 있다〈오존주입설비 구매 설치공사 입찰담합 건〉(대법원, 2016).

자진신고 감면제도가 적용제외되는 경우가 있는데, 첫째, 자진신고 감면후 5년 이내에 새로운 부당공동행위를 한 경우(법 제44조 제2항), 부당한 공동행위에 참여나 계속을 강요(영 제51조 제2항 제1호), 일정기간 반복적으로(시정조치와 과징금납부명령을 받은 날부터 5년 이내 다시 부당 공동행위) 부당한 공동행위를 한 경우(영 제51조 제2항 제2호, 감면고시 제6조의3)이다.

한편 2020. 12. 29. 법 전부개정 시 자진신고나 조사협조자가 재판과정에서 이를 번복하는 행위를 방지하기 위해 "시정조치나 과징금을 감경 또는 면제받은 자가 그 부당한 공동행위와 관련된 재판에서 조사과정에서 진술한 내용과 달리 진술하는 등 대통령령으로 정하는 경우에 해당하는 경우에는 제1항에 따른 시정조치나 과징금의 감경 또는 면제를 취소할 수 있다"고 규정하였다(법 제44조 제3항). 시행령에서는 "① 공정거래위원회의 조사등의 과정에서 한 진술이나 제출했던 자료의 중요한 내용을 재판에서 전부 또는 일부 부정하는 경우, ② 공정거래위원회의 조사등의 과정에서 진술한 내용이나 제출했던 자료가 재판에서 거짓인 것으로 밝혀진 경우, ③ 정당한 이유없이 재판에서 공동행위 사실에 대한 진술을 하지 않는 경우, ④ 정당한 이유없이 재판에 출석하지 않는 경우, ⑤ 자진신고한 부당한 공동행위 사실을 부인하는 취지의 소를 제기하는 경우"를 규정하고 있다(영 제51조 제3항).

1번 자진신고자에 해당하면 과징금 및 시정조치가 면제된다. 1번 조사협조자의 경우에는 과징금면제, 시정조치를 감면한다. 2번 자진신고자의 경우 과징금을 50% 감면하고 시정조치는 감경이 가능하다. 2번 조사협조자의 경우 과징금50% 감경하고 시정조치 감경이 가능하다. 고발에 대해서는 논란이 있으나, 현행 공정거래법에는 고발을 면제할 수 있다고 규정하고 있다.

3) 기타제도

먼저, 추가감면제도(Amnesty Plus)가 있다. 추가감면제도는 다른 공동행위(B)를 신고한 경우 본 공동행위(A) 과징금 감경 또는 면제, 시정조치 감경해 주는 제도이다(『자진신고자 감면고시』 제13조). 공동행위가 여러개인 경우 규모를 합하여 비교후 감경율을 산정한다.

둘째, 접수순위와 관련하여 2 이상의 신청이 있는 경우 신청의 취하, 감면요건 미충족 등 경우 다음 신청자가 접수순서를 승계하게 된다(『자진신고자 감면고시』 제12조 제4항). 다만 승계를 하더라도 자동으로 지위를 부여받는 것은 아니며 해당 순위요건 충족 여부를 검토하여야 한다<영월 강변저류지 조성공사 입찰담합행위 건>(대법원, 2016).

> **〈영월 강변저류지 조성공사 입찰담합행위 건, 대법원 2016. 5. 26. 선고 2016두 34516 판결〉**
>
> 1순위 사업자가 지위 확인을 받지 못하는 경우, 2순위 사업자는 1순위 지위를 승계 하여 1순위 요건 충족 여부를 검토하는 것이지, 마치 1순위 사업자가 여전히 존재하는 것을 전제로 2순위 감면요건 충족여부를 검토해야 하는 것은 아니다

셋째, 공동감면신청제도가 있다. 자진신고는 단독신청이 원칙이다. 그러나 공동 으로 신청한 경우에도 단독신청으로 보는 경우가 있다. 즉, 이들이 실질적 지배관계 에 있는 계열회사이거나 회사의 분할 또는 영업양도의 당사회사로서 공정위가 정하 여 고시하는 요건에 해당하면 단독으로 제공한 것으로 본다.

여기에서 "실질적 지배관계"라 함은 ① 감면신청시 사업자가 다른 사업자의 주 식을 모두 소유한 경우, ② 다른 사업자의 주식을 모두 소유하지 아니한 경우라도 주식소유비율, 당해 사업자의 인식, 임원겸임 여부, 회계의 통합 여부, 일상적 지시 여부, 판매조건 등에 대한 독자적 결정 가능성, 당해 사안의 성격 등 제반사정을 고 려할 때, 사업자가 다른 사업자를 실질적으로 지배함으로써 이들이 상호 독립적으 로 운영된다고 볼 수 없는 경우(다만, 관련시장 현황, 경쟁사업자의 인식, 당해 사업자의 활동 등을 고려할 때 경쟁관계에 있다고 인정되는 경우는 제외)를 말한다.[83] 그리고 "공 정위가 정하여 고시하는 요건"은 공동으로 증거를 제공하는 사업자가 분할 또는 영 업양도의 당사회사인 경우 그들이 함께 당해 공동행위에 참여한 사실이 없어야 한 다는 것을 말한다(『자진신고자 감면고시』 제4조의2). 실질적 지배관계는 모자관계를 의미하며 자매관계에 있는 회사는 포함되지 않는다(서울고법, 2012).

> **〈6개 액화석유가스(LPG) 공급회사 부당공동행위 건, 대법원 2015. 9. 24. 선고 2012 두13962 판결〉**
>
> '실질적 지배관계'에 있다고 함은 각 사업자들 간 주식지분 소유의 정도, 의사결정에

---

83) 이는 공동행위 적용이 제외되는 '하나의 사업자' 요건과 동일한데, 하나의 사업자에 대해서는 공동행위 자체가 성립하지 않으므로, 성립을 전제로 하는 자진신고의 공동신청의 경우 실질적 인 지배관계를 엄격하게 해석할 필요가 없다고 한다. 즉 동일인이 지배하는 계열회사 간에도 공동신청을 허용해야 한다고 한다[이봉의, 공정거래법(2022), 758~761면]. 그러나 자진신고의 경우 사건 조사과정에서 발생하는 것인데, 그렇게 넓게 해석하는 경우 기업집단 계열사간 공동 신청은 거의 허용해 줘야 하므로 제도를 남용할 소지가 있다. 추후 의결과정에서 하나의 사업 자로 판단되는 경우에 공동행위의 성립을 부정하는 것이 타당할 것이다. 그리고 입찰담합의 경 우에는 하나의 사업자라도 공동행위 적용이 제외되지 않는다는 점도 고려하여야 할 것이다.

서 영향력의 행사 정도 및 방식, 경영상 일상적인 지시가 이루어지고 있는지 여부, 임원겸임 여부 및 정도, 당해 사업자들의 상호 관계에 대한 인식, 회계의 통합 여부, 사업영역·방식 등에 대한 독자적 결정 가능성, 각 사업자들의 시장에서의 행태, 공동감면신청에 이르게 된 경위 등 여러 사정을 종합적으로 고려하여, 둘 이상의 사업자 간에 한 사업자가 나머지 사업자들을 실질적으로 지배하여 나머지 사업자들에게 의사결정의 자율성 및 독자성이 없고 각 사업자들이 독립적으로 운영된다고 볼 수 없는 경우를 뜻하는 것으로 한정하여 해석해야 한다.

　　한편 자진신고자 보호를 위해 공정거래법은 자진신고자 등이 해당 정보를 제공하는 데 동의한 경우나 해당 사건과 관련된 소송의 제기, 수행 등에 필요한 경우를 제외하고는 자진신고자 또는 조사에 협조한 자의 신원·제보내용 등 자진신고나 제보와 관련된 정보 및 자료를 사건 처리와 관계없는 자에게 제공하거나 누설하여서는 아니 된다고 규정하고 있다(법 제44조 제4항). 사건도 분리심의나 분리의결할 수 있다.

차. 국제카르텔

1) 정의

　　일반적 의미로 외국사업자들이 또는 외국사업자와 국내사업자가 자국의 영토밖에서 또는 국내에서 합의하고 국내시장에 영향을 미치거나 국내에서 실행되는 카르텔행위를 말한다. 세계시장을 과점하는 소수의 기업들의 전 세계 시장을 대상으로 한 가격고정, 물량조절, 시장분할 등의 행위가 그 전형적인 모습이다. 공정거래법 제3조(국외행위에 대한 적용)에서 "이 법은 국외에서 이루어진 행위라도 국내시장에 영향을 미치는 경우에는 적용한다"고 규정하고 있고 2005. 4.에 시행되었다. 법 시행 이전에도 국제카르텔에 대한 제재는 이루어졌으며, 영향이론을 입법화한 것으로 평가된다. 국제카르텔 규제에 대한 이론적 근거로 영향이론, 실행지이론, 경제적 동일체 이론 등이 존재한다.

2) 국제카르텔의 특징

　　국제카르텔 관련해서는 국경이 없는 조사와 처벌이 이루어지고 있다. <26개 화물운송사업자 부당공동행위 건>(대법원, 2014)에서는 2006. 2. 미국, EU, 한국의 카르텔 당국[8개국(미국 DOJ, EU 집행위, 한국 공정위, 호주ACCC, 캐나다 CB, 뉴질랜드

CC, 남아공 CA, 브라질 CADE)의 경쟁법 집행기관]이 동시에 현장조사를 실시하였고, 전세계적으로 약 $33억 불 벌금, 임직원 6명 이상 형벌이 부과되었다. 2020년 말까지 우리나라 기업이 가격담합으로 외국 경쟁당국에 의해 부과받은 과징금 및 벌금은 대략 3조 7천억 원 정도로 집계되며, 일부 기업체 임직원들은 미국에서 징역형을 선고받고 복역하기도 하였다. 2020년 말 기준 우리나라는 23개국 사업자를 대상으로 과징금 약 8,905억 원을 부과하였다.[84]

3) 관할권의 확장

첫째, 중간재 카르텔 사건에서 관할권확장 사례가 있다. 공정위는 <컴퓨터 컬러모니터 브라운관(CDT) 사건>(공정위, 2011), <TFT-LCD 사건>(공정위, 2011) 등 사건에서 직접 매출거래에 한해 국내시장에 영향이 있는 것으로 판단한 바 있다.

그러나 미국 DOJ는 LCD, 자동차 부품 카르텔건에서 외국사업자들이 중간재를 담합하여 외국 완제품업체에 판매를 하고 완제품이 미국으로 수입되었을 경우 모두 '직접적(direct)' 영향이 있다고 보고 제재하였다. <Minn-Chem 사건>(미연방항소법원, 2012)에서 법원은 미국외 국가대상의 potash 수출카르텔을 결정한 캐나다 업체들에 대해 미국 수입가격에 직접적 영향을 준 것으로 판시하였다. '직접적, 상당성, 합리적, 예측가능성(direct, substantial, and reasonably foreseeable)'기준을 적용하여 역외적용을 하고 있다.

> **\<Minn-Chem, Inc. v. Agrium Inc., 683 F.3d 845(2012)\>**
>
> The FTAIA did apply to other allegations, and the purchasers met the requirement that they show direct, substantial, and reasonably foreseeable effects on domestic or import commerce. The purchasers stated a Sherman Act claim with respect to the import transactions, as the producers' actions allegedly kept prices artificially high in the U.S. The purchasers also stated a claim as to allegations that supply restrictions that led to price increases in foreign markets showed up almost immediately in prices of U.S. imports.

<LCD패널 사건>(EU사법재판소, 2015)에서는 EU 밖에서의 담합합의라도 자회사를 통해 EU시장에 최종제품을 직접 판매할 경우 관할권을 인정하였다. 동 사건에

---

84) 공정위, 공정거래백서(2021),

서 LG디스플레이가 LG전자에 LCD패널을 판매하여 LG전자가 LCD패널로 만들어진 TV 등을 EU에 수출한 경우 법적용을 하였다. 여기서는 '변형된 직접판매(transformed product direct sales)'라는 새로운 개념을 도입하였다.

둘째, 동일체 이론을 적용하여 관할을 확장한 사례가 있다. 일본은 <TV브라운관 사건>에서 SDI 말레이시아 현지 법인 등 동남아에 위치한 카르텔 참가기업체가 동일 지역 내 일본 TV 제조업체의 현지 법인에 판매한 거래도 일본시장에 영향이 있는 것으로 판단하였다.[85] 동남아시아 지역 내 일본 TV가 부품을 구매하여 완제품을 일본에 판매하였는지 여부는 불문하였다.

4) 국제카르텔의 조사

국제카르텔 조사는 인지와 전모 파악이 어렵고, 외국당국의 조사, 외국에서의 민사소송, 개인임직원에 대한 형사절차 등 동시다발적으로 진행되며, 증거가 해외에 존재하므로 조사가 어려워 해외경쟁당국과의 공조가 매우 중요하다. 일반적인 조사 절차는 ① 자진신고를 통한 사건인지, ② 국제공조를 통한 현장조사, ③ 국내대리인 지정요청, ④ 피심인 자료제출요청, ⑤ 경쟁당국 간 통지, ⑥ 자진신고자 조사협조 확보, ⑦ 피심인 조사, ⑧ 경쟁당국 간 정보교환, ⑨ 안건상정, 심의 및 의결서 전달, ⑩ 외국 경쟁당국 통지단계를 거쳐 진행된다.

<흑연전극봉 부당공동행위 건>(대법원, 2006)에서는 전세계 흑연전극봉 시장의 80%를 점유하는 6개 업체가 1992. 5.~1998. 2.까지 한국을 포함한 전세계 시장을 대상으로 판매가격 및 시장분할을 합의하고 실행하여 흑연전극봉을 전량 수입에 의존하는 국내제철회사들은 담합 기간 중 553백만 달러를 수입하였으며 담합으로 인해 톤당 가격이 49% 상승하였다. 공정위는 6개 업체에 대해 과징금 112억 원을 부과하였다. 이 사건은 ① 공정위 최초의 국제카르텔 역외적용 사건(아시아 경쟁당국 중에서도 최초)이었고, ② 송달, 관할권 등을 이유로 피심인 중 일부는 위원회 심의에 불참하였으나, 결국 모든 피심인 과징금 납부하였으며, ③ 미국 DOJ로부터 동 사건관련 미국 공판기록을 전달받고 조사과정에서 이미 조치한 경쟁당국과 긴밀히 공조하는 등 모범적인 국제협력 사례를 정립하였다. 그리고 국제카르텔을 제재하는 주요 글로벌 경쟁당국 이너써클에 편입되는 계기를 마련함으로써 이후 공정위를 주

---

85) 신현윤, 경제법(2019), 437면.

요 자진신고처로 인식하게 하는 효과를 가져왔다.

<26개 화물운송사업자 부당공동행위 건>(대법원, 2014)에서는 항공화물운송 사업자들이 한국발 전 세계행 노선과 외국발 한국행 노선에서 1999. 12.~2007. 7. 까지 유류할증료를 신규로 도입, 변경하기로 합의하였다. 담합으로 인해 약 6조 7천 억 원이 영향을 받았으며, 국내 수출산업의 경쟁력을 훼손하고(한국發) 수입화물 가격에 반영되어 국내 소비자에 피해(한국行)를 주었다. 공정위는 16개국 21개 업체에 대해 과징금 1,146억 원을 부과하였다. 이 사건은 ① 담합가담 업체수, 외국인 진술조사 건수, 관련매출액, 과징금 등 규모에서 공정위가 처리한 최대의 국제카르텔 사건이었으며, ② 최초로 외국 경쟁당국과 현장조사를 공조한 사례로 이후 관행으로 정착되는 계기 마련하였다. 이후 CRT, LCD, CRT유리, 자동차부품 등에서 글로벌 조사 공조가 이루어졌다. ③ 해외 한국 영사관을 외국 피심인 진술조서 장소로 활용하고 로거토리레터(당국 간 자료협조절차)를 통해 프랑스 법원으로부터 자료를 입수하는 등 새로운 조사기법 발전의 계기가 되었다.

2. 사업자단체 금지행위

가. 사업자단체의 의의

공정거래법 법 제51조에서는 사업자단체가 하지 말아야 할 금지행위를 규정하고 있다. 예를 들어 법 제40조(부당공동행위 금지) 제1항 각 호의 행위, 사업자수 제한행위, 구성사업자 사업활동방해행위, 법 제45조(불공정거래행위 금지) 및 제46조(재판매가격유지행위 제한) 교사·방조행위 등을 규정하고 있다. 사업자단체는 그 형태가 무엇이든 상관없이 둘 이상의 사업자가 공동의 이익을 증진할 목적으로 조직한 결합체 또는 그 연합체를 말한다(법 제2조 제2호). 사단, 조합, 민법 또는 상법상 회사를 불문하며, 개별사업자와 구분되는 단체성, 조직성이 필요하다(2008, 대법원). 단순 친목, 종교, 학술, 조사, 연구, 사회활동만을 목적으로 하는 단체는 이에 해당되지 않는다.

> **〈(주)텐커뮤니티 외 13 사업자단체금지행위 건, 대법원 2008. 2. 14. 선고 2005두 1879 판결〉**
>
> 사업자단체를 그 형태 여하를 불문하고 2 이상의 사업자가 공동의 이익을 증진할 목적으로 조직한 결합체 또는 그 연합체를 말한다고 규정하고 있는바, 여기서 '공동의 이익'이라 함은 구성사업자의 경제활동상의 이익을 말하고, 단지 친목, 종교, 학술, 조사, 연구, 사회활동만을 목적으로 하는 단체는 이에 해당되지 않는다. 또한, 사업자단체에 참가하는 개별 구성사업자는 독립된 사업자이어야 하므로, 개별 사업자가 그 단체에 흡수되어 독자적인 활동을 하지 않는 경우에는 사업자단체라고 할 수 없고, 사업자단체로 되기 위해서는 개별 구성사업자와는 구별되는 단체성, 조직성을 갖추어야 할 것이다.

그리고 공익적 성격의 단체도 사업자단체 성격을 가진다. ＜(사)제주도관광협회 사업자단체금지행위 건＞(서울고법, 2003)에서는 공익성격이 강한 비영리사단법인도 사업자단체로 보았으며, ＜대구유치원연합회 사업자단체금지행위 건＞(서울고법, 2007)에서는 유아교육이라는 공익적 임무, 기본적 속성에 비영리적인 점이 있더라도 사업자 및 사업자단체로 인정하였다. 그리고 사업자의 이익을 위한 행위를 하는 임원·종업원·대리인 기타의 자의 단체도 사업자단체이다. 임원 등 협의체(건설회사 자재직협의회)도 사업자단체로 보았다(공정위, 1995).

사업자단체가 끼치는 폐단에 대한 비판의 원형을 Adam Smith의 「국부론(The Wealth of Nations)」에서 찾아볼 수 있다. 그는 "동업조합(길드)의 배타적 특권, 도제조례, 그리고 기타 특정 직종에서의 경쟁자수를 그 직종에 진입하고자 원하는 사람의 수보다 적은 수로 제한하는 모든 법률은, 비록 정도는 낮지만, 독점과 동일한 경향을 가지고 있다",[86] "모든 동업조합 및 동업조합법들이 생겨난 것은 자유경쟁을 제한함으로써 이러한 가격인하 및 그에 따른 임금·이윤의 저하를 방지하기 위한 것이다"[87]라고 중세부터 내려오던 동업자조합에 대하여 경쟁을 제한하는 대표적인 조직으로 비판을 가하고 있다.[88]

자유주의 경제학자인 Friedrich A. Hayek도 "업종에 관계없이 진입이 모든 사

---

86) 애덤스미스(김수행 역), 국부론(상)(2003), 1.7.28.
87) 애덤스미스(김수행 역), 국부론(상)(2003), 1.10.2.17.
88) 길드에 대한 긍정적 평가도 있다. 즉, 교통과 통신이 충분히 발전하지 않은 환경에서, 특히 많은 시간과 자본이 소요되는 장거리 무역에 있어서 계약을 체결하고, 상품을 공급하고, 금전거래를 수행하고, 분쟁을 해결하는 과정에서의 불확실성에 대처하기 위해 신뢰(trust)와 같은 사회적 자본(Social Capital)이 필요하였는데 이를 길드가 제공하였다는 주장이다. 송병건, 경제사(2019), 115면.

람에게 동일한 조건으로 자유롭게 개방되어야 한다는 것은 본질적으로 중요하다. 아울러 개인이나 단체가 공개적 혹은 드러나지 않는 힘들을 이용하여 이러한 진입을 제한하려는 것을 법이 용인하지 않아야 한다는 것 또한 본질적으로 중요하다. 특정상품에 대해 가격이나 물량을 통제하게 되면, 개인 각자의 노력을 유효하게 조정하는 경쟁능력은 박탈된다"고 말한다.[89]

Adam Smith는 당시의 현실에서 동업자조합의 부정적 측면을 지나치게 강조한 측면이 있는 것은 사실이다. 원래 사업자단체는 구성사업자의 공동의 이익증진을 목적으로 하는 단체이므로 구성사업자의 사업내용이나 활동을 과도하게 제한하는 것이 아닌 한, 그 목적 달성을 위하여, 단체의 자율적인 의사결정에 의하여 구성사업자의 사업활동에 대하여 일정한 범위의 제한을 하는 것은 어느 정도 허용된다. 그러나 사업 내용이나 활동을 과도하게 제한하는 경우 규제 대상이 된다(대법원, 2010). 그간 우리나라에서도 국가주도의 경제발전 과정에서 정부에서 사업자단체에 각종 권한을 위임하고 활용하는 과정에서 사업자단체의 역할이 커지고 권한이 커진 측면이 있다. 그러한 관행이 계속 남아 사업자단체가 구성사업자의 경쟁을 제한하고 사업활동을 방해하는 일들이 종종 발생하고 있다.

미국이나 EU에서는 사업자단체에 대한 별도의 규정은 존재하지 않으며, 다만 「EU기능조약(TFEU)」 제101조나 독일 「경쟁제한방지법」 제1조(경쟁제한적 합의의 금지)에 행위 주체로 사업자와 같이 규정되어 있다. 기타 독일 「경쟁제한방지법」 에서는 제2조(면제되는 합의), 제3조(중소기업카르텔), 제20조(상대적 또는 우월적 시장력을 가진 사업자의 금지행위), 제21조(보이코트 금지, 기타 경쟁제한적 행위의 금지) 등 규정에도 사업자와 같은 행위주체로 규정되어 있다.[90]

일본의 경우 「사적독점금지법」 제8조에서 사업자단체 금지행위를 규정하고 있다.

〈사적독점금지법〉
제8조 사업자단체의 금지행위, 신고의무
사업자단체는 다음 각 호의 어느 하나에 해당하는 행위를 하여서는 아니 된다.
1. 일정한 거래분야에서의 경쟁을 실질적으로 제한하는 것

---

89) 프리드리히 A. 하이예크(김이석 역), 노예의 길(2006), 79면.
90) 우리나라의 경우에도 사업자단체에 대한 별도의 규정 없이 해당 부분에 사업자와 같이 규정하는 방법을 고려할 필요가 있다.

2. 제6조에서 규정하는 국제적 협정 또는 국제적 계약을 하는 것
3. 일정한 사업분야에서 현재 또는 장래의 사업자 수를 제한하는 것
4. 구성사업자(사업자단체의 구성원인 사업자를 말함 이하 같음) 의 기능 또는 활동을 부당하게 제한하는 것
5. 사업자에게 불공정한 거래방법에 해당하는 행위를 시키고자 하는 것

나. 적용요건

사업자단체의 행위는 비공식적인 기관에서 한 결정이나 정식결정이라고 할 수 없는 합의 등도 종래의 관행, 경위 등으로 보아 대외적 또는 대내적으로 사업자단체의 행태로 인식될 정도의 통일성이 있는 경우에는 그 결정의 시행 여부와 관계없이 사업자단체의 행위로 인정된다. 그리고 사업자단체의 구성원 간에 그 사업자단체의 의사결정을 준수하여야 한다는 공동 인식이 형성됨으로써 성립하고, 사업자단체의 구성원이 사업자단체의 의사결정에 따른 행위를 현실적으로 하였을 것을 요하는 것은 아니다(대법원, 2006).

다. 금지행위의 유형

법 제51조 제1항의 사업자단체 금지행위는 첫째, 공동행위(법 제40조 제1항)에 의해 부당하게 경쟁을 제한하는 행위를 규정하고 있다(제1호). 예를 들어 가격결정행위의 경우 이에 해당하려면 첫째, 사업자단체의 가격결정행위가 있어야 하고, 둘째, 그와 같은 사업자단체의 가격결정행위를 통하여 구성사업자의 가격 및 거래조건의 형성에 경쟁제한적인 영향을 미쳐야 하며, 셋째, 그 결과 일정한 거래분야에서의 구성사업자 또는 그 사업자단체가 그 의사로 어느 정도 자유로이 가격 기타 거래의 조건을 좌우할 수 있는 시장지배력을 형성함으로써 경쟁을 실질적으로 제한할 수 있어야 한다(서울고법, 2000). 구성사업자를 직접적으로 구속할 정도에 이르는 경우뿐만 아니라 요청, 권고 등의 형태에 그치는 경우는 물론 구성사업자가 그 이익을 위하여 자발적으로 참여한 경우도 모두 여기에 해당한다.

부당성과 관련하여 <(사)제주도관광협회 사업자단체금지행위 건>(대법원, 2005)에서는 사업자단체의 가격결정행위라도 소비자를 보호함과 아울러 국민경제의 균형 있는 발전을 도모한다는 법의 궁극적 목적에 실질적으로 반하지 않는 경우에는 부

당성의 예외를 인정하고 있다. 이에 대한 비판은 공동행위의 금지에서 상술한 바 있다. 가격결정행위는 사업자가 소비자나 다른 사업자에게 공급하는 상품·용역의 대가에 관하여 성립할 수 있음은 물론 사업자가 다른 사업자로부터 공급받는 상품·용역의 대가에 관하여도 성립할 수 있다<부산광역시치과의사회 사업자단체 금지행위 건>(대법원, 2005). 사업자단체가 다른 사업자나 사업자단체와 공동행위를 하는 경우도 있을 수 있다. 이 경우 대법원은 사업자단체 금지행위 규정을 적용한다.

기타 나머지 유형의 공동행위 관련해서는 부당한 공동행위의 내용에 준해서 판단한다. '기타 다른 사업자의 사업활동 또는 사업내용 방해 및 제한행위' 관련해서 다른 사업자는 거래단계가 다른 사업자도 될 수 있다<(사)대한약사회 대구시지부 사업자단체금지행위 건>(대법원, 1995). 2020. 12. 29. 법 전부개정 시 공동행위의 유형으로 정보교환행위가 추가됨에 따라 2021년 개정된 『사업자단체 활동지침』에서 사업자단체에 의한 정보교환행위를 규정하였다.

> **〈사업자단체 활동지침〉**
> (9) 가격, 생산량 등의 정보를 주고받음으로써 일정한 거래분야에서 경쟁을 실질적으로 제한하는 행위
> ① 사업자단체가 구성사업자들로부터 경쟁상 민감한 정보(가격, 생산량, 원가, 출고량·재고·판매량 또는 거래조건·지급조건을 의미)를 전달받고 이를 다른 구성사업자들에게 전달하는 행위
> ② 사업자단체가 구성사업자들 간 경쟁상 민감한 정보를 상시 공유하기로 하는 협조체계(회의체, 전산시스템 등 형태는 무관)를 구축하기로 하는 행위
> ③ 사업자단체가 구성사업자들로 하여금 경쟁상 민감한 정보를 교환하도록 하는 행위

둘째, 일정한 거래분야에서 현재 또는 장래의 사업자 수를 제한하는 행위이다(제2호). 사업자단체가 구성사업자의 수를 제한하는 행위는 사업자단체라는 조직적인 힘으로 시장의 경쟁에 영향을 미칠 수 있는 특유한 행위유형이다.[91] 구체적으로 제명이나 과다한 가입비 징수 등이 문제될 수 있다.

독일 「경쟁제한방지법(GWB)」 제20조 제5항에서는 "경제단체, 직업단체 및 품

---

91) 신동권, 독점규제법(2020), 965면.

질표시조합는 가입거부가 객관적으로 정당한 이유없는 차별취급이고 경쟁사업자에게 부당한 손해를 가져오는 경우, 특정 사업자의 가입을 거부해서는 아니된다"고 규정하는데, 사업자단체의 현재 또는 장래의 사업자수를 제한하는 행위와 유사하다.[92]

셋째, 구성사업자의 사업내용 또는 활동을 부당하게 제한하는 행위이다(제3호). 한편 이는 제1항 제1호의 내용 중 '기타 다른 사업자의 사업활동 또는 사업내용을 방해하거나 제한함으로써 일정한 거래분야에서 경쟁을 실질적으로 제한하는 행위'와 유사하다. 구별 기준이 문제인데 사업자단체의 일방적 의사가 강한 경우에는 본 조를, 구성사업자의 공동의 인식이 존재하는 경우 제1호를 적용할 수 있을 것이다. 입법론적 개선이 필요하다고 판단된다. <한국관세사회 구성사업자 사업활동제한행위 건>(대법원, 2001)에서 대법원은 '직무보조자는 다른 관세사무소의 소속으로 채용되어 옮겨갈 때에는 옮기기 전에 근무한 관세사무소의 거래처의 통관업무를 가지고 가거나, 유인하거나, 자기가 사무소를 옮긴 것을 알려서 그 사무소로 유치하는 행위를 하여서는 아니된다'는 내용과 '직무보조자는 통관업무 유치행위를 하거나 통관업경영에 참여할 수 없으며 관세사와 지입식 운영 등을 할 수 없다는 규정'에 대하여 "건전한 통관질서를 확립하고 직무보조자의 부조리를 방지하여 불공정한 거래행위를 예방하고자 하는 것으로 긍정적으로 이해되어야 할 것이므로, 위 복무규정이 관세사의 사업내용 또는 활동을 과도하게 제한하여 관세사들 사이의 공정하고 자유로운 경쟁을 저해하는 것이라고는 할 수 없다"고 판시하였다.

---

92) Adam Smith의 『국부론(The Wealth of Nations)』에 이와 관련되는 내용이 서술되어 있다. 요약하면 "관리회사(regulated company)는 회사가 주식자본을 밑천으로 하지 않고 자격요건을 갖춘 사람들이 입회금을 지불하고 회사의 구성원이 되고 각 구성원은 자기자신의 자본으로, 자기자신의 위험부담으로 무역을 하는데, 유럽 도시들의 동업조합과 유사하며 일종의 확대된 독점조직이다. 가장 오래된 관리회사에서는 도제의 신분의 특권은 동업조합과 마찬가지였다. 현재 영국에 남아있는 외국무역의 관리회사는 옛날의 모험상인이며, 지금은 함부르크회사, 러시아회사, 이스트랜드회사, 터키회사, 아프리카회사라 불리운다. 함부르크 회사의 입회조건은 현재는 간단하지만, 17세기 중반에는 50파운드, 100파운드으로 자유무역업자로부터 독점조직이라고 의회에 고발당했다. 터키회사도 26세 이하의 사람에게는 25파운드, 이상은 50파운드로서 매우 엄격하고 억압적인 독점조직이었다. 즉, 경쟁을 제한하는 것, 즉 새로운 모험상인이 무역에 뛰어드는 것을 막는 것이었다. 1750년에 설립된 관리회사가 현재의 아프리카 회사인데, 관리회사의 이사들에게 자연스럽게 생겨나는 억압적이고 독점적인 정신을 억누르기 위해 입회금이 40실링으로 제한하였다. 조합자격을 거래하는 것, 주식자본으로 거래하는 것이 금지되었고, 공동명의의 차입, 무역을 제한하는 것이 금지되었다. 이를 통해 독점의 정신이 효과적으로 억제되었다." 애덤스미스(김수행 역), 국부론(상)(2003).

관련하여 집단휴업의 경쟁제한성이 여러 차례 문제가 되었다. <(주)대한약사회 경쟁제한행위 건>(대법원, 1995)에서 법원은 "약사회가 집단폐문 결의내용을 그 구성사업자들에게 통보하여 그들의 자유의사에 불문하고 폐문을 실행하도록 한 행위는 이른바 단체적 구속으로서 개별 구성사업자의 사업내용 또는 활동을 부당하게 제한하는 행위에 해당한다고 할 것이다"고 판단하였다. <(사)대한의사협회 구성사업자 사업활동방해행위 건>(대법원, 2003)에서 법원은 "비록 구성사업자인 의사들 모두의 이익을 증진하기 위한 목적에서라고 하더라도 구성사업자들에게 본인의 의사 여하를 불문하고 일제히 휴업하도록 요구하였고 그 요구에 어느 정도 강제성이 있었다고 한다면, 이는 구성사업자인 의사들의 자유의 영역에 속하는 휴업 여부 판단에 사업자단체가 간섭한 것이고, 그 결과 사업자 각자의 판단에 의하지 아니한 사유로 집단휴업 사태를 발생시키고 소비자 입장에 있는 일반 국민들의 의료기관 이용에 큰 지장을 초래하였으니, 그와 같은 집단휴업 조치는 의사들 사이의 공정하고 자유로운 경쟁을 저해하는 것이라고 보지 않을 수 없다"고 판시하였다.

이에 대해서는 동 규정을 경쟁과 관련없는 조항으로 이해하는 입장과 공정거래법의 목적과는 아무런 관련이 없는 사항에 관한 제한, 예컨대 경쟁제한적 요소가 전혀 없는 회비징수, 회의참석, 영업내부의 경영방식(회계방법, 노무관리 등) 등에 관한 제한은, 다른 법에 의한 규제는 별론으로 하고, 그 본질상 공정거래법의 규제대상이 될 수 없다는 반대 의견이 있었다.

2014년 정부의 원격의료 및 영리법원 허용 정책을 반대한다는 이유로 행해진 (사)대한의사협회의 휴폐업이 다시 문제되었는데, 법원은 휴업참여를 강요하거나 불이익, 징계를 고지한 바도 없다는 이유로 강제성이 없다고 보았다<(사)대한의사협회 사업자단체금지행위 건>(대법원, 2021).

〈(주)대한약사회 경쟁제한행위 건, 대법원 1995. 5. 12. 선고 94누13794 판결〉

모든 약사들이 원고 약사회의 구성사업자이어서 위 결의에 반대하는 사업자들에 대하여까지 약국의 폐문을 강제하여 의약품의 판매를 제한한 결과 의약품판매시장인 약국업 분야에서 사업자단체인 원고 약사회가 그 의사대로 시장지배력을 형성한 것으로 보이므로 원고 약사회의 위와 같은 행위는 약국업 분야에서의 경쟁을 실질적으로 제한하는 행위에 해당한다고 할 것이다.

〈(사)대한의사협회 구성사업자 사업활동방해행위 건, 대법원 2003. 2. 20. 선고 2001
두5347 판결〉

[다수의견] 사업자단체인 사단법인 대한의사협회가 의약분업 시행을 앞두고 의료계
의 주장을 관철하기 위하여 개최하는 의사대회 당일 휴업·휴진할 것과 참석 서명 및
불참자에 대한 불참사유서를 징구할 것을 결의하고, 그 결의내용을 문서, 인터넷 홈페
이지 및 신문광고 등을 통해 자신의 구성사업자인 의사들에게 통보하여 대회 당일 휴
업·휴진을 하도록 한 행위는, 이른바 단체적 구속으로서, 내심으로나마 휴업·휴진에
반대하는 구성사업자인 의사들에게 자기의 의사에 반하여 휴업·휴진하도록 사실상 강
요함으로써 구성사업자들의 공정하고 자유로운 경쟁을 저해하는 결과를 가져온다고 할
것이고, 한편, 의료 업무는 그 공익적 성격으로 인하여 여러 가지 공법적 제한이 따르
고 있으나, 그 제한 외의 영역에서 개업, 휴업, 폐업, 의료기관의 운영방법 등은 의료인
의 자유에 맡겨져 있는 것이고, 그와 같은 자유를 바탕으로 한 경쟁을 통하여 창의적인
의료활동이 조장되고 소비자인 일반 국민의 이익도 보호될 수 있는 것인바, 대한의사협
회가 비록 구성사업자인 의사들 모두의 이익을 증진하기 위한 목적에서라고 하더라도
구성사업자들에게 본인의 의사 여하를 불문하고 일제히 휴업하도록 요구하였고 그 요
구에 어느 정도 강제성이 있었다고 한다면, 이는 구성사업자인 의사들의 자유의 영역에
속하는 휴업 여부 판단에 사업자단체가 간섭한 것이고, 그 결과 사업자 각자의 판단에
의하지 아니한 사유로 집단휴업 사태를 발생시키고 소비자 입장에 있는 일반 국민들의
의료기관 이용에 큰 지장을 초래하였으니, 그와 같은 집단휴업 조치는 의사들 사이의
공정하고 자유로운 경쟁을 저해하는 것이라고 보지 않을 수 없으므로, 대한의사협회의
행위는 독점규제및공정거래에관한법률 제51조 제1항 제3호 소정의 '부당한 제한행위'에
해당한다.

[별개의견] 법 제51조 제1항 제3호는 사업자단체가 경쟁과 직접적인 관계없이 구성
사업자의 사업내용 또는 활동을 부당하게 제한하는 행위를 금지하는 내용으로 이해함
이 자연스럽고, 또한, 경쟁 제한행위를 금지한 같은 조 제1항 제1호와 별개로, 그 제3호
에 경쟁제한과 직접 관계없이 사업자단체가 구성사업자의 활동을 부당하게 제한하는
행위를 금지하고 이를 위반한 때 행정제재를 가하도록 규정한 것으로 해석한다 하여,
그러한 해석이 입법목적에 반한다고 볼 것은 아니므로, 같은 법 관련 조항의 합목적적
해석상 같은 법 제51조 제1항 제3호의 해당요건으로서 '부당한 제한행위' 외에 '자유공
정경쟁제한'이라는 요건을 부가할 것은 아니다.

[반대의견] 대한의사협회가 정부의 정책에 대하여 항의의사를 표시하는 과정에서
구성사업자 상당수로 하여금 영업의 기회를 포기하게 하였다는 점을 들어 바로 대한의
사협회의 행위를 구성사업자 사이의 공정하고 자유로운 경쟁을 저해하는 행위로서 허
용될 수 없는 행위라고 단정하기는 어렵다 할 것이고, 나아가 이는 사업자단체에 의하

여 행하여지는 가격, 고객, 설비, 개업, 영업방법 등에 대한 제한 등에도 해당하지 아니한다 할 것이어서, 대한의사협회의 행위는 같은 법 제51조 제1항 제3호에 의하여 금지되는 사업자단체의 행위에 해당한다고 할 수 없다.

[보충의견] 독점규제및공정거래에관한법률의 목적과는 아무런 관련이 없는 사항에 관한 제한, 예컨대 경쟁제한적 요소가 전혀 없는 회비징수, 회의참석, 영업내부의 경영방식(회계방법, 노무관리 등) 등에 관한 제한은, 다른 법에 의한 규제는 별론으로 하고, 그 본질상 독점규제및공정거래에관한법률의 규제대상이 될 수 없으며, 한편, 다수의견은 제한행위의 내용이 경쟁제한과 관련된 것이라면, 즉 반대의견의 표현을 빌린다면 '경쟁정책상 문제가 있는 행위'라면, 그 제한의 정도 여하를 불문하고 일단 위 법규정의 규제대상이 되는 것으로 보고, 다만 그 제한행위의 '부당' 여부를 판단함에 있어서 제한행위의 구체적인 목적이나 효과, 공정하고 자유로운 경쟁을 저해하거나 저해할 우려를 발생시킨 정도 등을 고려하되, 이 경우에도 경쟁의 저해 여부를 유일의 판단요소로 하는 것이 아니고 독점규제및공정거래에관한법률의 목적은 물론 사회통념상 요청되는 여러 판단요소들과 더불어 하나의 판단요소로서 경쟁저해의 정도를 고려하게 된다는 점에서 반대의견과는 약간 취지를 달리한다.

〈(사)대한의사협회 사업자단체금지행위 건, 대법원 2021. 9. 9. 선고 2016두36345 판결〉

위 행위가 경쟁제한성을 가지려면 휴업 실행 결의에 따라 상호 경쟁관계에 있는 구성사업자들 사이에서 경쟁이 제한되어 의료서비스의 가격·수량·품질 기타 거래조건 등의 결정에 영향을 미치거나 미칠 우려가 있어야 하는데, 단 하루 동안 휴업이 진행되었고 실제 참여율이 높지 않으며 응급실과 중환자실 등 필수 진료기관은 휴업에서 제외되는 등 휴업 기간, 참여율, 구체적인 범위와 내용 등에 비추어 보면 휴업으로 의료소비자의 의료서비스 이용에서의 대체가능성에 영향을 미쳤다고 볼 정도에 이르지 않았고 달리 의료서비스의 품질 기타 거래조건 등에 영향을 미쳐 의료서비스 시장에서 경쟁제한성이 인정될 정도라고 단정하기 어려운 점 등을 종합하면, 위 행위가 공정거래법 제51조 제1항 제1호 등에서 금지하는 '부당하게 경쟁을 제한하는 행위'에 해당한다고 볼 수 없고, 갑 사업자단체가 구성사업자들의 투표를 거쳐 휴업을 결의하기는 하였지만 구체적인 실행은 구성사업자인 의사들의 자율적 판단에 맡긴 것이어서 사업자단체인 갑이 구성사업자들인 의사들의 휴업 여부 판단에 간섭하였다고 볼 수 없는 등 위 행위가 공정거래법 제51조 제1항 제3호에서 정한 '부당한 제한행위'에 해당하지 않는다

넷째, 사업자에게 불공정거래행위 또는 재판매가격유지행위를 하게 하거나 방조하는 행위이다(제4호). 단순히 물리적으로 이를 강요하는 것만을 의미하는 것이

아니라 그러한 지위를 이용하여 이러한 불공정거래행위 또는 재판매가격유지행위를 권장하거나 협조를 요청하는 등 어떠한 방법으로든 이를 사실상 강요하는 결과를 가져오는 모든 행위를 말하는 것이다(서울고법, 2002). 교사 또는 방조의 상대방에는 구성사업자도 포함된다.[93]

독일 「경쟁제한방지법(GWB)」 제21조(보이코트 금지, 기타 경쟁제한적 행위의 금지) 제2항에서는 사업자와 사업자단체는 다른 사업자에게 ① 제2조, 제3조 또는 제28조 제1항의 의미에서 합의나 결정에 가담하거나, ② 다른 사업자와 제37조의 의미에서의 결합을 하거나 ③ 경쟁을 제한할 의도로 시장에서 동일한 형태로 행위하는 것을 강요해서는 아니된다고 규정하고 있는바, 유사한 내용으로 볼 수 있다.

라. 법위반에 대한 제재

1) 시정명령

공정위는 법위반행위를 한 사업자단체에 대하여 당해 행위의 중지, 시정명령을 받은 사실의 공표 그 밖의 시정을 위한 필요한 조치를 명할 수 있다(법 제52조). 필요한 경우 법위반행위와 관련된 구성사업자에게도 시정조치를 명할 수 있다. 사업자단체금지행위 규정 위반과 관련하여 부작위 명령으로서 행위 중지명령과 행위금지명령이 있으며, 작위명령으로 합의파기명령, 독자적 가격재결정명령, 시정명령 받은 사실의 공표명령, 기타 보조적 명령으로 교육실시명령, 점검활동 보장명령, 자료보관명령 등이 있다. 금지명령은 장래 동일 유사한 행의의 반복금지를 명하는 것이므로 내용이 명확한지가 실무적으로 문제된다.

> **〈(사)대한의사협회 구성사업자 사업활동방해행위 건, 대법원 2003. 2. 20. 선고 2001두5347 판결〉**
>
> 독점규제및공정거래에관한법률(이하 '공정거래법'이라 한다)에 의한 시정명령이 지나치게 구체적인 경우 매일 매일 다소간의 변형을 거치면서 행해지는 수많은 거래에서 정합성이 떨어져 결국 무의미한 시정명령이 되므로 그 본질적인 속성상 다소간의 포괄성·추상성을 띨 수밖에 없다 할 것이고, 한편 시정명령 제도를 둔 취지에 비추어 시정명령의 내용은 과거의 위반행위에 대한 중지는 물론 가까운 장래에 반복될 우려가 있는 동일한 유형의 행위의 반복금지까지 명할 수는 있는 것으로 해석함이 상당하다 할 것이다.

---

93) 이봉의, 공정거래법(2022), 1147면.

공표명령 관련하여 <(사)대한병원협회 사업자단체금지행위 건>(헌법재판소, 2002)에서는 법위반사실 공표명령에 대하여 일반적 행태의 자유 등 헌법에 열거되지 아니한 자유의 침해, 과잉금지의 원칙, 무죄추정의 원칙 위배, 진술거부권 침해 등을 이유로 위헌결정한 바 있다. 이에 2004년 법 개정시 "법위반 사실의 공표"에서 "시정명령을 받은 사실의 공표"로 개정하였다. 위헌결정과 법 개정 사이에 대법원은 "기타 시정을 위하여 필요한 조치"로서 "시정명령을 받은 사실의 공표"을 인정하였다<한국투자신탁증권 부당광고행위 건>(대법원, 2003).

2) 과징금

사업자단체 금지행위에 대한 과징금은 제1호 위반의 경우 당해 사업자단체에 대해서는 10억 원 이하, 참가사업자에 대해서는 100분의 20 범위(매출액이 없는 경우 20억 원 이하)에서, 제2호부터 제4호의 경우 100분의 10 범위(매출액이 없는 경우 10억 원 이하)에서 과징금을 부과한다(법 제53조).

EU의 경우 『이사회규칙 2003/1』 제23조에서 과징금에 대해 규정하고 있다. 즉 법위반행위가 구성사업자의 활동과 관련된 경우에 벌금의 한도를 개별 구성사업자의 매출액 합계의 10%로 하고, 사업자단체가 지불능력이 없는 경우에는 해당단체가 구성사업자에게 벌금액의 납부를 구할 의무를 지고, 구성사업자가 납부하지 않는 경우, EU집행위원회가 구성사업자 중 누구에게 벌금 납부를 요구한다.

<Council Regulation (EC) No 1/2003 of 16 December 2002 on the implementation of the rules on competition laid down in Articles 81 and 82 of the Treaty>

Article 23 Fines
2. The Commission may by decision impose fines on undertakings and associations of undertakings where, either intentionally or negligently:[94]
   (a) they infringe Article 81 or Article 82 of the Treaty; or
   (b) they contravene a decision ordering interim measures under Article 8; or
   (c) they fail to comply with a commitment made binding by a decision pursuant to Article 9.

---

94) 우리나라의 경우 과징금 부과에 있어서 고의, 과실 요건은 불필요하다.

> For each undertaking and association of undertakings participating in the infringement, the fine shall not exceed 10% of its total turnover in the preceding business year.
>
> Where the infringement of an association relates to the activities of its members, the fine shall not exceed 10% of the sum of the total turnover of each member active on the market affected by the infringement of the association.
>
> 4. When a fine is imposed on an association of undertakings taking account of the turnover of its members and the association is not solvent, the association is obliged to call for contributions from its members to cover the amount of the fine.
>
> Where such contributions have not been made to the association within a time−limit fixed by the Commission, the Commission may require payment of the fine directly by any of the undertakings whose representatives were members of the decision−making bodies concerned of the association.

3) 벌칙

법 제51조(사업자단체의 금지행위) 제1항 제1호를 위반한 자는 3년 이하의 징역 또는 2억 원 이하의 벌금에 처한다(법 제124조 제1항 제12호). 제3호를 위반한 자는 2년 이하의 징역 또는 1억 5천만 원 이하의 벌금에 처한다(법 제125조 제5호). 2020. 12. 29. 법 전부개정 시 나머지 위반행위에 대한 형사처벌이 삭제되었다.

II. 단독의 경쟁제한적 시장지배 행동과 경쟁정책적 대응

1. 시장지배적지위 남용행위의 규제

가. 독과점규제에 대한 논쟁

독점이란 말을 최초로 사용한 사람은 Aristoteles로 알려져 있다.[95] 일찍이 Aristoteles는 「정치학(Politika)」에서 독점에 대한 두 가지 사례를 소개하고 있다.[96]

---

95) 독점(monopolia)은 monos(하나)와 polein(판다)으로부터 만들어진 단어로 판매자가 일인인 상태를 말한다.이규억, 시장자본주의의 진화: 경제철학사적 접근(2014), 128면.
96) 아리스토텔레스(손명현 옮김), 니코마코스윤리학/정치학/시학(2019), 282면.

첫째, 밀레토스의 탈레스 얘기이다. "밀레토스의 탈레스는 기상학의 지식으로 그 해에 올리브 수확이 많을 것으로 예견하고 일찍이 그가 가진 적은 돈으로 밀레투스와 키오스(Chios)섬에 있는 올리브유 짜는 기계를 모두 빌리는데 보증금을 걸어놓았다. 그런데 수확기가 되고 모두 기름짜는 기계가 필요하게 되자, 그는 부르는 것이 값이 된 그 기계를 빌려 주었다. 이것은 탈레스의 지혜를 증명한 이야기로 알려져 있지만, 그가 사용한 계획은 결과적으로 독점의 창조였는데 획득의 기술에 있어서 일반적으로 적용될 수 있는 원칙을 담고 있다. 즉 어떤 국가나 개인은 돈이 필요할 때 이같은 방법을 사용한다. 즉, 물품의 공급을 독점하는 것이다."

둘째, 시칠리아 철물점 얘기이다. "시칠리아에 있는 어떤 사람은 자기가 맡은 돈으로 철물점의 철물들을 모두 매점해서, 소매상들이 철물을 사려고 했을 때 그 사람에서밖에 살 수 없도록 했다. 그는 값을 크게 올려 받지 않았는데도 50탤런트의 비용을 들여 100탤런트의 이윤을 남겼다. 이 투기가 시라쿠사의 지배자인 디오니소스에게 알려지자, 그는 이 사람에게 번 돈은 갖되 시칠리아를 떠나라고 명령하였다. 그 이유는 그가 자신의 이익에 해로운 돈벌이 방법을 발견했기 때문이다. 이 두사람이 한 짓은 사적 독점이었다.

연암 박지원의 「허생전」에서는 당시 조선 경제를 쥐락펴락하던 도고(都賈)[97]의 문제를 풍자하면서 독점 문제를 다르고 있다.[98]

주인공인 허생은 가난한 형편에도 10년 글 읽기를 기약하며 매일 글을 읽고 있었는데 7년째 되는 어느 날 아내가 허생에게 내가 당신 다 먹여살리는건 아냐, 선비 일도 장인 일도 장사도 못 하면 차라리 도둑질이라도 해서 돈을 벌어 오라고 하소연한다. 그러자 허생은 아내의 절절한 말에 글 읽기를 멈추고 집 문 밖으로 뛰쳐나가서는 한양의 갑부인 변씨를 찾아가 당당하게 1만 냥이라는 거금을 빌려 간다. 그리고는 바로 안성시장으로 가서 그 돈으로 과일을 다 싹쓸이해서 10배의 폭리를 취하고 제주도로 가서 말총을 다 싹쓸이해서 망건 값을 10배로 올려 처음 꿨던 돈의 100배로 불린다. 이때 떼돈을 벌어 기쁘지 않냐는 시종에 말에 오히려 "1만냥만 가지면 팔도를 뒤흔들수 있으니 심히 한탄스럽도다!"라면서 원시적이고 전혀 발전하지 못한 조선의 경제체계에 한숨을 내쉬었다.

Adam Smith는 「국부론」에서 독점의 폐해를 강하게 비판하였다. 그는 어떤 특

---

97) 조선시대 시전(市廛)에 대하여는 일종의 상품 독점판매권과 금난전권(禁亂廛權)을 부여하였는데, 정조 때 육의전 이외의 금난전권을 폐지하였다(신해통공). 도고는 조선후기 상품을 매점매석해 가격상승과 매매조작을 노리던 상행위의 형태 또는 그러한 상행위를 하던 상인 또는 상인 조직을 일컫는 말이다(한국민족문화백과대사전).

98) https://namu.wiki.

수한 사건, 자연적 원인, 특수한 행정규제 등이 다수의 상품에 대해 그 시장가격을 장기간 자연가격보다 훨씬 높게 유지하게 할 수 있는데, 고이윤에 대한 정보가 부족하거나, 제조업상의 비법, 개인이나 상사에게 부여된 독점 등을 그 원인으로 파악하였다.99)

그러나 당시만 하더라도 독점은 오직 왕권이나 국가권력으로부터 배타적 권리를 부여받았을 경우에만 가능하다고 생각하였고, 시장 내에는 다수의 기업이 항상 존재하며, 소수의 기업이 존재하는 경우에도 이들 기업은 잠재적 경쟁자를 의식해야 하므로 시장력을 행사할 수 없고 기업들간의 담합도 불가능하다고 보았다.100) 즉, Adam Smith가 그런 생각을 가진 것은, 그 시대에 대부분이 가내 수공업의 형태를 가지고 통상적인 수준보다 높은 이윤이 발생할 경우에는 다른 기업들이 즉각 시장에 참여할 수가 있어서 현실경제여건이 완전경쟁시장과 가까웠기 때문이었다.101) 즉 자유방임적 처방에 의하여 경쟁체제가 유지될 수 있다고 생각되었다.

그 후 그를 계승한 David L. Ricardo나, John S. Mill이 1848년 「경제학원리」를 통하여 독점 문제를 제기하였다. John S. Mill은 그의 「자유론」에서 "상거래는 하나의 사회적 행위이다. 누구든지 공중에게 무슨 종류의 물건을 팔고자 하는 사람은 다른 사람들 및 사회일반의 이해에 영향을 주는 행위를 한다. 그리하여 원칙적으로 그의 행위는 사회의 관할권 아래에 들게 된다. 따라서 중요하다고 생각되는 모든 경우에 가격결정 및 제조과정의 통제는 정부의 의무라고 생각되었던 것이다. 그러나 오늘날, 비록 오랜 투쟁이 있은 뒤이기는 하나, 염가이며 동시에 양질의 상품은 생산자와 판매자를 완전히 자유방임함으로써 가정 효율적으로 제공되고 있음이 승인되고 있다"102)라고 하면서도 "양자 가운데 어느 한쪽을 선택함에 있어 공정한 판단을 내리게 하는 데 도움이 되는 두 가지 공리는 첫째, 개인은 그 행위가 자기자신 이외의 사람의 이해관계에 관련하지 않은 한 사회에 대하여 책임을 질 필요가 없다는 것이다. 둘째, 남의 이익에 해를 미치는 행태에 대해서 개인은 책임져야 하며, 만일 사회가 징벌 혹은 법적 형벌의 어느 쪽이든 자기방위를 위해서 필요하다면, 개인은 그 어느 쪽 벌이든 받아야 마땅하다는 것이다"라고 하였다.103)

---

99) 애덤스미스(김수행 역), 국부론(상)(2003), 1.7.20~26.
100) 공정거래위원회·한국개발연구원, 공정거래 10년 – 경쟁정책의 운용성과와 과제(1991.4), 336면.
101) 공정거래위원회·한국개발연구원, 공정거래 10년 – 경쟁정책의 운용성과와 과제(1991.4), 337면.
102) J. S. 밀(차하순 역), 자유론(1981), 274면.

19세기 중반에 Augustin Cournot, Francis Y. Edgeworth, Alfred Marshall은 독점 및 가격차별이론을 전개하였다. 독점이 나타나게 된 원인은 산업혁명 이후의 자본 집중, 정부에 의한 제도적인 진입장벽 등 여러 원인으로 나타나게 된다. 20세기 초 신고전파 경제학을 정립한 Alfred Marshall을 거쳐 완전경쟁과 순수독점이란 두 개의 극단적 모형을 중심으로 발전하게 되었다.[104)]

[독점시장의 균형]

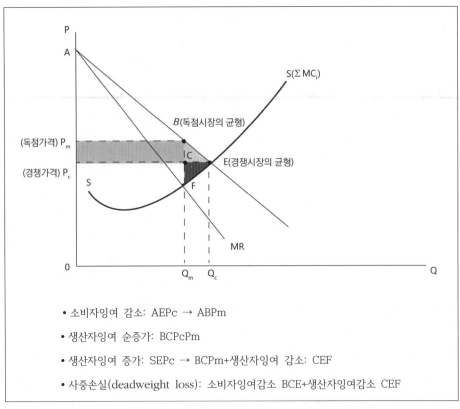

- 소비자잉여 감소: AEPc → ABPm
- 생산자잉여 순증가: BCPcPm
- 생산자잉여 증가: SEPc → BCPm+생산자잉여 감소: CEF
- 사중손실(deadweight loss): 소비자잉여감소 BCE+생산자잉여감소 CEF

출처: https://search.naver.com

103) 그는 올바른 사유제, 경쟁의 원리, 분권(시장)의 원리를 바람직하게 보았고, 잘못된 사유제, 독점의 원리, 집권(계획)의 원리의 종합에 반대하였다. 박세일, J. S. Mill의 사회개혁론, 서울대학교 법학, Vol. 32(1991).
104) 이규억·이성순, 기업과 시장(2005), 1면; 그가 만든 수요공급곡선을 「경제학원리」에서 가위날이라고 표현하였다.

독점에 대해서는 반대론과 옹호론이 존재하고 있다. 독점반대론은 독점기업이 갖는 현실안주성향 및 비효율성을 강조함으로써 경쟁을 통하여 이를 제거해야 한다는 입장인 반면, 독점옹호론 독점이 오히려 동태적 경쟁의 유인을 제공하여 장기적으로는 효율성과 활력을 제고하다고 한다.[105] Fritz Machlup은 독점의 장단점을 다음과 같이 비교하고 있다.

[독점의 장단점]

단 점	장 점
생산자원의 비효율적 배분	동태적 관점에서 생산자원의 보다 효율적인 배분
고가격·저품질	저가격과 고품질을 통해 소비자후생증진에 기여
저임금 및 열악한 근로조건 유발	경쟁압력이 임금의 인하 및 근로조건 열악화를 방지
비효율적이고 방만한 경영	과학적 연구·우수인력 사용 등으로 우수한 경영방법 도입
기술혁신 유인 및 투자유인의 저해	보다 장기적인 안목에서 혁신 및 투자활동
생산시설의 불완전 가동	장기적으로 생산능력 증대

독과점에 대한 처방에 대해서는 완전경쟁이론과 유효경쟁이론으로 나눌 수 있다. 완전경쟁이론은 Walter Eucken, Leonhard Miksch, Franz Böhm, Wilhelm Röpke, Alexander Rüstow 등이 질서자유주의 모델에서 주장한 것으로, 국가의 역할을 강조하고 인위적인 완전경쟁을 추구하였다. Walter Eucken은 독점에 대하여 신랄한 비판을 가하고 있다: "공급자건, 수요자건 가능한 곳이면 어디든 항상 독점적 지위를 획득하여 경쟁을 회피하기 위한 시도를 한다. 경쟁을 제거하려는 깊은 충동이 여러 곳, 모든 시기에 살아 숨쉬고 있다. 보편적으로 '독점의 경향'이 존재한다.", "경쟁가격에 기초한 경제절차에서의 계획과 조종에서 특징적인 것은 그가 전체 경제적인 희소성을 항상 새롭다고 생각할 수 있는 만큼 정확하게 보여주고 다른 면에서는 가격산정이 강제적인 힘에 의해 이루어지지만, 독점의 경우에는 가격인하의 외부적 강제 그리고 내부적인 유인을 현저하게 감소시킨다는 것이다. 또한 경쟁체제에서의 공급자와는 달리 독점사업자는 늘 그의 공급에 대한 반응을 고

---

105) 공정거래위원회·한국개발연구원, 공정거래 10년－경쟁정책의 운용성과와 과제(1991.4), 342면.

려하므로 공급을 확대하는 것이 가치가 없어지고 공급시설은 그래서 적정하게 활용되지 않는다는 것이다."[106] 즉, 가격이 재화의 희소성 정도를 나타내지 못하고 이는 '가격체계의 정상적 기능(Funktionsfähigkeit)'을 해치게 된다는 것이다. 독점가격이 전체 경제적인 희소성을 경쟁가격보다 매우 부정확하게 나타내면서 소비자들은 지배적지위에서 쫓겨나게 된다는 것이 그의 주장이고,[107] 독점이 지난 세기 대부분의 산업국가에서 과소투자의 원인이고, 거기서 과소고용과 실업이 발생한다고 보았다.[108]

완전경쟁이론의 비현실성을 극복하기 위한 이론이 유효경쟁이론인데 Harvard학파, 독일의 Erhard Kantzenbach 등은 시장에서의 적정 수의 기업이 존재하는 시장을 이상적으로 생각하였고 독과점에 대한 규제의 필요성을 인정하였다. 현재 대부분의 국가가 이를 수용하고 있다.

George Stigler, Milton Friedman, Rorbert Bork, Richard A. Posner, Erich Hoppmann의 신보수주의 경쟁정책 이론에서는 진입장애가 없으면 독점에 대한 규제가 불필요하다는 입장을 견지하였고, 이는 Friedrich von Wieser, Ludwig von Mises, Friedrich. A. Hayek, Israel M. Kirzner 등으로 대표되는 Austria학파의 자유경쟁이론의 메시지와 상통하는 것이다. Friedrich. A. Hayek는 사적 독점은 결코 완전하지 않으며, 오래 지속되거나 혹은 잠재적 경쟁을 무시할 수 있는 경우는 드물고, 국가독점은 항상 국가에 의해 보호되는 독점, 즉 잠재적 경쟁뿐만 아니라 효과적 비판으로부터도 보호되는 독점이라고 한다.[109] Joseph Schumpeter 역시 독점은 일시적인 것으로 정부의 개입이 불필요하다고 본다.[110]

고전파의 체계에서 경쟁이란 생산자가 가격에 영향을 미치거나 가격을 지배하지 않는 상태를 가리키며, 독점이란 단일의 판매자가 이윤을 극대화할 수 있도록 가격을 설정할 수 있는 상태를 가리키는데, Edward Chamberlin과 Joan Robinson 모두 경쟁이라는 일반적인 경우와 독점이라는 특수한 경우 사이에 제3의 중간적인 형태가 있을 것이라는 결론에 도달했는데, 이와 같은 모든 경우를 독점적 경쟁이란 개

106) 신동권, Walter Eucken의 「경쟁과 독점, 그리고 기업가」, 경쟁저널(2005.5), 54면.
107) 신동권, Walter Eucken의 「경쟁과 독점, 그리고 기업가」, 경쟁저널(2005.5), 55면.
108) 신동권, Walter Eucken의 「경쟁과 독점, 그리고 기업가」, 경쟁저널(2005.5), 56면.
109) 프리드리히 A. 하이예크(김이석 역), 노예의 길(2007), 278면.
110) 조지프 슘페터(변상진 옮김), 자본주의·사회주의·민주주의(2011), 208~213면.

념으로 규정하였다.[111)]

    그러나 순수경쟁과 독점의 중간에 있는 사례로서 더욱 중요한 것은 동일 산업에 차지하고 있는 기업이 소수인 경우로, 과점이다.[112)] 과점은 Augustin Cournot가 처음으로 분석하였는데, 그는 두 기업만이 존재하는 복점(duopoly) 모형을 설정하여, 판매자수(판매량)가 점점 늘어나면 경쟁시장으로 바뀌는 것으로 보았다. 반면 Joseph Bertrand는 가격을 기준으로 각 기업은 가격을 낮추어 시장을 확장하므로, 과점시장에서도 시장가격이 경쟁시장 수준으로 내려갈 수 있다고 보았다. 결국 베르뜨랑 모형(Bertrand Model)은 과점시장에서도 경쟁균형이 달성될 수 있다는 것이고, 챔벌린 모형(Chamberlin Model)은 과점에서도 독점균형이 달성될 수 있다는 점, 그리고 꾸르노 모형(Cournot Model)은 과점 균형이 독점균형과 경쟁균형의 중간에 있을 수 있다는 점을 보여준다.[113)]

나. 독과점규제에 대한 각국의 태도

    Fritz Machlup은 자본주의 사회에서 독점은 마치 날씨와 같아서 좋던 나쁘던 어느 정도는 반드시 존재하기 마련이며, 모든 사람들이 그에 대해 불평하기도 하고 그 선악을 논하기도 하지만 실제 직접적인 교정을 하기에는 한계가 있다고 한다.[114)] 독과점에 대해서는 각국마다 다소 다르게 대응하고 있다. 예를 들어 미국은 원인금지주의에 가까운 제도를 택하고 있는 바,[115)] 1890년 제정된 「셔먼법(Sherman Act)」 제2조에서 독점화(monopolization), 독점화의 기도(attempt to monopolize), 독점화의 공모(conspiracy to monopolize)를 금지하고 있다.

<Sherman Act>

    Section 2.

    Every person who shall monopolize, or attempt to monopolize, or combine or conspire with any other person or persons, to monopolize any part of the trade

---

111) Ingo Schmidt, Wettbewerbspolitik und Kartellrecht(2001), S. 8.
112) 갤브레이스(장상환 옮김), 갤브레이스가 들려주는 경제학의 역사(2016), 226~227면.
113) 이상, 최정표, 산업조직경제학(2016), 122~127면 참조.
114) 공정거래위원회·한국개발연구원, 공정거래 10년－경쟁정책의 운용성과와 과제(1991.4), 342면.
115) 독과점 자체를 불법시하는 것은 아니므로 원인금지주의로 보기 어렵다는 지적이 있다. 이봉의, 공정거래법(2022), 160면.

> or commerce among the several States, or with foreign nations, shall be deemed guilty of a felony, and, on conviction thereof, shall be punished by fine not exceeding $10,000,000 if a corporation, or, if any other person, $350,000, or by imprisonment not exceeding three years, or by both said punishments, in the discretion of the court.

독점화(monopolization)의 의미에 대해서는 <Grinnel 사건>(미연방대법원, 1966)에서 첫째, 관련시장에서 독점력의 보유, 둘째, 제품의 우수성, 영업감각, 또는 역사적 사건의 결과로서의 성장 또는 발전과 구분되는 독점력의 의도적 획득 또는 유지행위라고 밝히고 있다. 구체적으로는 약탈적 가격설정, 독점을 야기하는 합병, 가격차별, 가격 및 공급압착, 끼워팔기, 특허권남용, 거래거절, 필수설비이론 등 다양한 행위들이 이에 적용된다. 이를 통해 Standard Oil, AT&T 등 기업분할명령을 한 사례도 있다. 독점화의 기도(attempt to monopolize)는 <Alaska Airlines 사건>(미연방항소법원, 1991)에서 그 요건을 적시하고 있는데, 관련시장을 독점화하려는 구체적 의도, 약탈적 혹은 반경쟁적인 행위, 위험한 성공가능성을 들고 있다. 구체적인 의도를 요구한다는 점에서 독점화(monopolization)와 구별된다. 주로 부당염매행위에 적용한다.

<United States v. Grinnell Corp., 384 U.S. 563(1966)>

"The offense of monopoly under the Sherman Act, 15 U.S.C.S. § 2, has two elements: (1) the possession of monopoly power in the relevant market and (2) the willful acquisition or maintenance of that power as distinguished from growth or development as a consequence of a superior product, business acumen, or historic accident."

"Monopoly power is defined as the power to control prices or exclude competition. The existence of such power ordinarily may be inferred from the predominant share of the market."

<Alaska Airlines, Inc. v. United Airlines, Inc., 948 F.2d 536(1991)>

"The traditional claim for attempted monopolization arises when the danger of monopolization is clear and present, but before a full—blown monopolization has necessarily been accomplished. Accordingly, the elements of attempted monopolization, like the elements of monopolization, emphasize monopoly power and the acquisition or perpetuation of this power by illegitimate "predatory" practices. A claim for attempted monopolization has three elements: 1) a specific intent to monopolize a relevant market; 2) predatory or anticompetitive conduct; and 3) a dangerous probability of success."

EU는 「EU기능조약(TFEU)」 제102조에서 폐해규제주의를 채택하고 있다.[116) 「EU기능조약(TFEU)」의 경우 제102조에서 역내시장이나 그 주요부분에 있어서 지배적인 지위를 차지하고 있는 하나 또는 다수의 사업자에 의한 지위의 남용은, 그것이 회원국간의 통상에 영향을 미치는 경우에는 역내시장과 조화되지 않는 것으로 금지된다고 규정하고, 그러한 남용이 있는 것으로 ① 직접 또는 간접으로 불공정한 구입 또는 판매가격이나 기타 불공정한 거래조건을 부과하는 경우, ② 생산, 판매 또는 기술진보를 제한하여 소비자에게 손해를 끼치는 경우, ③ 동일한 거래조건에 대하여 거래상대방에 따라 다른 거래조건을 부여하고, 그 결과 그들에게 경쟁상의 불이익을 제공하는 경우, ④ 거래상대방이 그 성질이나 거래관행에 비추어 당해 계약의 목적과 상관없는 부수적인 의무를 부담할 것을 조건으로 하여 계약을 체결하는 경우를 규정하고 있다.[117)

〈TFEU〉

Article 102

Any abuse by one or more undertakings of a dominant position within the internal market or in a substantial part of it shall be prohibited as incompatible with the internal market in so far as it may affect trade between Member States.

Such abuse may, in particular, consist in:

(a) directly or indirectly imposing unfair purchase or selling prices or other unfair trading conditions;

(b) limiting production, markets or technical development to the prejudice of consumers;

---

116) Michael Walzer는 하나의 가치를 독점소유한다고 할 때, 그 가치를 가지고 있다는 이유 때문에 다른 가치들을 제압할 수 있는 경우 그것을 지배적이라고 설명하고 있다. 독점보다는 지배가 문제라는 시각이다. Michael Walzer(정원섭외 옮김), 정의와 다원적 평등 – 정의의 영역들 –, 1999.

117) ③ 차별적 취급, ④ 끼워팔기 규정은 제101조의 유형으로도 규정되어 있다.

> (c) applying dissimilar conditions to equivalent transactions with other trading
>   parties, thereby placing them at a competitive disadvantage;
> (d) making the conclusion of contracts subject to acceptance by the other
>   parties of supplementary obligations which, by their nature or according to
>   commercial usage, have no connection with the subject of such contracts.

「EU기능조약(TFEU)」 제102조가 열거하고 있는 남용행위의 유형은 제한적 열거가 아니다<Tetra PakⅡ 사건>(EU사법재판소, 1996). 일반적으로 시장지배적지위 남용행위 사건에서는 시장지배적지위에 있는지부터 시작하여 순차적으로 판단한다 <Commercial Solvent 사건>(EU사법재판소, 1974). 「EU기능조약(TFEU)」 제102조는 당초에는 일반적으로 소비자의 이익을 침해하는 시장지배력의 직접적 행사(exploitative abuse)를 금지하려는 취지로 이해되었으나 EU집행위는 이를 확대하여 배제적 남용에 대해서도 적용하였고, EU사법재판소는 <Continental Can 사건>(EU사법재판소, 1973)에서 제102조는 시장에서의 경쟁과정을 악화시키는 지배력의 간접적 행사(anti-competitive conduct)도 포함된다고 판시함으로써 그와 같은 논란을 종식시켰다.[118]

<Hoffmann-La Roche 사건>(EU사법재판소, 1979)에서 남용행위의 개념을 "지배적지위에 있는 사업자가 바로 자신의 존재 때문에 이미 경쟁이 약화되어 있는 시장의 구조에 영향을 미치고, 정상적인 경쟁이 존재하는 경우와는 다른 방법을 통하여 잔존하는 경쟁의 유지 또는 성장을 방해하는 효과를 가지는 행위와 관련된 객관적 개념(objective concept)"이라고 정의를 내린 바 있다.[119] 그리고 <Michelin 사건>(EU사법재판소, 1983)에서 시장지배적 사업자는 특별책임(special responsibility)을 부담한다고 판시한 바 있다. 즉, '진정하게 왜곡되지 않은 경쟁의 침해(conduct to impair genuine undistorted competition on the common market)'를 하지 않을 의무를 진다.

---

118) 공정거래위원회, EU의 경쟁법 판례 분석(2008), 73면.
119) 남용규제의 규범적 목적을 독과점에 따른 비효율성이나 소비자 후생감소를 방지하기 위한 것이 아니라, '제한된 경쟁(restricted competition)', 내지 '잔존 경쟁(Restwettbewerb)'으로부터 보호라고 보는 규범적 목적론을 설명해 주고 있다. 이에 대하여 이봉의, 공정거래법(2022), 162~163면 참조.

〈Judgment of the Court of 6 March 1974. - Istituto Chemioterapico Italiano S.p.A. and Commercial Solvents Corporation v Commission of the European Communities. - Joined cases 6 and 7-73.〉

It is necessary therefore to examine in turn the questions

(a) whether there is a dominant position within the meaning of article 86,

(b) which market must be considered to determine the dominant position,

(c) whether there has been any abuse of such a position,

(d) whether such abuse may affect trade between member states and

(e) whether the applicants have in fact acted as an economic unit .

〈Judgment of the Court (Fifth Chamber) of 14 November 1996. - Tetra Pak International SA v Commission of the European Communities.- Case C-333/94 P.〉

The list of abusive practices set out in the second paragraph of Article 86 of the Treaty is not exhaustive. Consequently, even where tied sales of two products are in accordance with commercial usage or there is a natural link between the two products in question, such sales may still constitute abuse within the meaning of Article 86 unless they are objectively justified.

〈Judgment of the Court of 21 February 1973. - Europemballage Corporation and Continental Can Company Inc. v Commission of the European Communities. - Case 6-72.〉

Article 86 is not only aimed at practices which may cause damage to consumers directly, but also at those which are detrimental to them through their impact on an effective competition structure such as is mentioned in article 3(f) of the treaty. Abuse may therefore occur if an undertaking in a dominant position strengthens such position in such a way that the degree of dominance reached substantially fetters competition, i.e. that only undertakings remain in the market whose behaviour depends on the dominant one.

〈Judgment of the Court of 13 February 1979. - Hoffmann-La Roche & Co. AG v Commission of the European Communities. - Dominant position. - Case 85/76.〉

The concept of abuse is an objective concept relating to the behaviour of an undertaking in a dominant position which is such as to influence the structure of a market where, as a result of the very presence of the undertaking in question, the degree of competition is weakened and which, through recourse to methods different from those which condition normal competition in products or services on the basis of the transactions of commercial operators, has the effect of hindering the maintenance of the degree of competition still existing in the market or the growth of that competition.

〈Judgment of the Court of 9 November 1983. NV Nederlandsche Banden Industrie Michelin v Commission of the European Communities. Abuse of a dominant position - Discounts on tyre purchases. Case 322/81.1.〉

A finding that an undertaking has a dominant position is not in itself a recrimination but simply means that, irrespective of the reasons for which it has such a position, the undertaking concerned has a special responsibility not to allow its conduct to impair genuine undistorted competition on the common market.

독일 「경쟁제한방지법(GWB)」 제19조에서 시장지배적지위의 남용행위에 대해여 규정하고 있고, 제20조에서는 상대적 또는 우월적 시장력을 가진 사업자에 대해서도 시장지배적 사업자에 준해서 차별적 취급행위 및 부당염매의 금지를 규정하고 있다. 동 법 제9차 개정(2017) 및 제10차 개정(2021)에서는 디지털 경제에 대응한 규정이 삽입되었다.[120] 제9차 개정 시 제18조 제2a항 및 제3a항 신설은 무상으로 제공되는 급부를 시장획정 대상에 포섭함으로써 '시장 개념의 규범적 이해를 확대'하는 동시에 다면시장 내지 네트워크산업에서의 지배력 보유 여부 판단을 용이하게 하기 위한 '새로운 시장지배력 판단의 표지를 추가'하였다는 점에 의의가 있다.[121]

제10차 개정을 통하여 제18조 제3항 제3호는 시장지배력 보유 여부 판단을 위한 표지로 '경쟁 관련 데이터에 대한 접근'을 새롭게 규정하였다. 이로써 다면시장 또는 네트워크산업뿐만 아니라 '모든 경제 부문'에서 데이터 접근성이 당해 사업자의 시장 내 지위를 평가하기 위한 유효한 하나의 표지가 될 수 있음을 분명히 하였으며, 동조 제3b항 신설을 통해 또 다른 고려 요소로 플랫폼의 구조적 속성을 직접적으로 보여주는, '중개력' 개념이 명시되었다.[122] 제19조의a는 남용통제에 관한 다

---

120) 이에 대한 자세한 내용은 유영국, "디지털 경제로의 전환에 따른 독일의 경쟁법적 대응과 시사점", 국회입법조사처(2022.6) 참조.
121) 유영국, "디지털 경제로의 전환에 따른 독일의 경쟁법적 대응과 시사점", 국회입법조사처(2022.6), 4면.

른 일반적 조항과 달리 교차시장의 속성(überragende marktübergreifende)을 고려하여, 경쟁에 있어서 우월적이며 시장간 경계와 무관하게 중요한 의미를 갖는, 즉 게이트키퍼(gatekeeper)로서의 거대 디지털 사업자에 대한 보다 효과적인 통제를 가능하도록 마련되었다.[123]

일본 「사적독점금지법」에서는 제3조에서 사적독점을 금지하고 있으며, 독점적 상태에 대한 구조적 조치를 명할 수 있다. 중국 「반독점법」에서도 제17조에서 시장지배적지위의 남용행위를 금지하고 있다. 일본의 경우 독점에 대한 원인금지주의에 가까운 입장을 취하고 있다.

[각국의 시장지배적지위 남용행위 관련 규정 비교]

국가	관련 규정
한국 (공정거래법)	제5조(시장지배적지위의 남용금지) ① 시장지배적사업자는 다음 각 호의 어느 하나에 해당하는 행위(이하 "남용행위"라 한다)를 해서는 아니 된다. 1. 상품의 가격이나 용역의 대가(이하 "가격"이라 한다)를 부당하게 결정·유지 또는 변경하는 행위 2. 상품의 판매 또는 용역의 제공을 부당하게 조절하는 행위 3. 다른 사업자의 사업활동을 부당하게 방해하는 행위 4. 새로운 경쟁사업자의 참가를 부당하게 방해하는 행위 5. 부당하게 경쟁사업자를 배제하기 위하여 거래하거나 소비자의 이익을 현저히 해칠 우려가 있는 행위 ② 남용행위의 유형 및 기준은 대통령령으로 정한다. 제6조(시장지배적사업자의 추정) 일정한 거래분야에서 시장점유율이 다음 각 호의 어느 하나에 해당하는 사업자(일정한 거래분야에서 연간 매출액 또는 구매액이 40억 원 미만인 사업자는 제외한다)는 시장지배적사업자로 추정한다. 1. 하나의 사업자의 시장점유율이 100분의 50 이상 2. 셋 이하의 사업자의 시장점유율의 합계가 100분의 75 이상. 이 경우 시장점유율이 100분의 10 미만인 사업자는 제외한다.
미국 (셔먼법)	제2조. 독점거래는 중범죄; 처벌 주간 또는 외국과의 거래 또는 통상의 일부를 독점화하거나, 독점화를 기도하거나 혹은 독점화하기 위해 타인과 결합이나 공모를 하는 자는 중죄를 범한 것으로 간주되며, 유죄로 결정되면 법인의 경우 1억달러 이하의 벌금, 법인 외의 자

122) 유영국, "디지털 경제로의 전환에 따른 독일의 경쟁법적 대응과 시사점", 국회입법조사처 (2022.6), 8면.

123) 유영국, "디지털 경제로의 전환에 따른 독일의 경쟁법적 대응과 시사점", 국회입법조사처 (2022.6), 10면. 관련 조문 번역도 동 논문을 참조하였다.

	인 경우에는 100만달러 이하의 벌금 또는 10년 이하의 징역에 처하거나 법원의 재량으로 이를 병과한다.
EU (기능조약)	**제102조(구 제82조)** 역내시장 내에서 또는 역내시장의 상당부분에서 하나 이상의 사업자에 의한 지배적지위의 남용은 동 남용이 회원국 간의 무역에 영향을 미칠 수 있는 한 역내시장에 양립 불가능한 것으로 금지되어야 한다. 이러한 남용은, 특히, 다음의 행위에 존재할 수 있다. (a) 직접 또는 간접적으로 불공정한 구매 또는 판매 가격 또는 다른 불공정한 거래조건을 부과하는 경우 (b) 생산, 판매 또는 기술개발을 제한함으로써 소비자에게 피해를 주는 경우 (c) 동일한 거래조건에 대하여 거래상대방에 따라 다른 거래조건을 부여하고, 그 결과 그들에게 경쟁상의 불이익을 제공하는 경우; (d) 거래상대방이 그 성질이나 거래관행에 비추어 당해 계약의 목적과 상관없는 부수적인 의무를 부담할 것을 조건으로 하여 계약을 체결하는 경우
독일 (경쟁제한방지법)	**제18조 시장지배** (1) 사업자가 특정한 종류의 상품이나 용역의 공급자 또는 수요자로서 대상적 및 지리적 관련시장에서 　1. 경쟁자가 없거나 　2. 실질적 경쟁에 처해져 있지 않은 경우 또는 　2. 경쟁자와의 관계에서 우월한 시장지위를 갖는 경우 　시장지배적이다. (2) 이 법에서 지리적 관련시장은 이 법의 적용범위보다 넓을 수 있다. (2a) 하나의 시장으로 인정되기 위한 전제가 급부가 무상으로 제공된다는 점 때문에 무효화되지 않는다. (3) 사업자의 경쟁자에 대한 시장지위를 평가할 때 다음이 고려되어야 한다. 　1. 시장점유율, 　2. 자금력, 　3. 경쟁 관련 데이터에 대한 접근(Zugang zu wettbewerbsrelevanten Daten) 　4. 구매 및 판매시장에의 접근, 　5. 다른 사업자와의 연계, 　6. 다른 사업자의 법적 또는 사실상의 시장진입장벽, 　7. 이 법의 적용범위 내·외에 소재하는 사업자를 통한 실제적 또는 잠재적 경쟁, 　8. 자신의 공급과 수요를 다른 상품이나 용역으로 전환할 수 있는 능력 및 　9. 거래상대방이 타 사업자로 거래처를 전환할 수 있는 가능성. (3a) 다면시장 내지 네트워크산업에 있어서 사업자의 시장지위를 판단하기 위하여 다음의 요소 역시 특별히 고려하여여 한다: 　1. 직·간접적 네트워크효과 　2. 여러 서비스의 병행적 이용 및 이용자의 전환비용

  3. 네트워크효과에서 유발되는 그에 따른 규모의 경제
  4. 경쟁 관련 데이터에 대한 접근
  5. 혁신유발적 경쟁압력
(3b) 다면시장에서 중개인으로 활동하는 사업자의 시장 내 지위를 판단할 때, 특히 공급 및 판매시장 접근을 위하여 당해 사업자가 제공하는 중개서비스 (Vermittlungsdienstleistungen für den Zugang zu Beschaffungs-und Absatzmärkten)의 중요성을 고려하여야 한다.
(4) 한 사업자가 40%이상 시장점유율을 가질 때 시장지배적으로 추정된다.
(5) 둘 또는 다수의 사업자는
  1. 그들 사업자 사이에 특정 종류의 상품이나 용역에 대한 실질적 경쟁이 결여되고
  2. 전체적으로 제1항의 조건을 충족하는 경우.
  시장지배적이다
(6) 사업자전체는
  1. 3 또는 그 이하의 사업자가 합하여 시장점유율 100분의 50에 도달한 경우, 또는
  2. 5 또는 그 이하의 사업자가 합하여 시장점유율 3분의2에 도달한 경우.
  시장지배적인 것으로 추정된다.
(7) 제6항의 추정은
  1. 사업자들 사이의 경쟁조건이 실질적 경쟁을 기대하게 하거나 또는
  2. 사업자전체가 나머지 경쟁자와의 관계에서 우월한 시장지위를 가지지 않는다는 것을 사업자가 입증한 경우.
  복멸될 수 있다
(8) 연방경제에너지성은 이 규정 효력발생후 3년후에 입법기관에 (2a) 및 (3a)의 운영경험을 보고하여야 한다.

제19조 시장지배적지위의 남용
(1) 하나 또는 다수의 사업자에 의한 시장지배적지위의 남용은 금지된다.
(2) 시장지배적사업자는 특정한 종류의 상품이나 용역의 공급자 또는 수요자로서 특히
  1. 다른 사업자를 직접 또는 간접적으로 부당하게 방해하거나 객관적으로 정당한 이유없이 직접 또는 간접적으로 동종의 사업자에 비하여 차별적으로 취급하는 경우
  2. 유효경쟁시 나타날 개연성이 높은 대가 또는 거래조건을 벗어나는 대가 또는 거래조건을 요구하는 행위; 이 경우 특히 유효경쟁이 있는 비교가능한 시장에 있는 사업자의 행위가 고려되어야 한다;
  3. 그 차이가 객관적으로 정당화되는 경우를 제외하고, 시장지배적사업자 자신이 동종의 수요자들의 비교가능한 시장에서 요구하는 대가나 기타의 거래조건보다 불리한 대가 또는 기타의 거래조건을 요구하는 행위;
  4. 그 제공과 접근 보장이 전·후방시장에서 다른 사업자의 사업활동에 객관적으로 필요한 것이고, 이러한 거절이 객관적으로 정당화되지 않는 이상

당해 시장에서의 유효경쟁 제거가 우려되는 경우 적정한 대가로(gegen angemessenes Entgelt) 상품 또는 상업적 서비스의 다른 사업자에 대한 제공, 특히 데이터, 네트워크 또는 그밖에 인프라시설들에 대한 접근을 거절하는 행위;

5. 객관적으로 정당한 이유없이 이익보장을 요구하거나 유인하는 행위;[124] 이 경우, 다른 사업자에게 요구하는데 타당한 이유가 있는지, 요구한 이익이 요구이유에 비례적인지가 고려되어야 한다.

남용행위가 존재한다.

(3) 제2항 제1호 및 제5호와 내지 제1항은 제2조, 제3조와 제28조 제1항, 제30조 제(2a)항과 (2b)항 제31조 제1항 제1호, 제2호 및 제4호의 의미에서의 경쟁 사업자간의 합의에도 적용된다. 제1항 내지 제2항 제1호는 제28조 제2항 또는 제30조 제1항 제1문 또는 제31조 제1항 제3호에 따라 가격을 구속하는 사업자에게도 적용된다.

제19조a 경쟁에 있어서 우월적이며 시장의 경계를 넘어서는 의미를 가지는 사업자의 남용행위

(1) 연방카르텔청은 GWB 제18조 제3a항에 따른 시장에서 상당한 규모의 사업을 영위하는 사업자가 경쟁에 있어서 우월적이며 시장의 경계를 넘어서는 중요한 의미를 가지는지를 처분을 통하여(durch Verfügung) 정할 수 있다. 경쟁에 있어서 우월적이며 시장의 경계를 넘어서는 중요한 의미를 가지는지를 결정함에 있어서 아래 요소들은 특별히 고려되어야 한다:

1. 하나 또는 여러 시장에서의 시장지배적지위
2. 자금력이나 그밖에 다른 자원에 대한 접근
3. 수직적 통합 그리고 기타 상호 연결된 시장에서의 활동
4. 경쟁 관련 데이터에 대한 접근
5. 제3자의 공급 또는 판매시장 접근에 있어서 당해 사업자 활동의 중요성과 그에 따른 제3자의 사업활동에 미치는 영향

제1문에 따른 처분의 효력은 효력 발생 후 5년으로 제한된다.

(2) 연방카르텔청은 제1항의 처분에 따른 사업자에 대하여 다음의 행위를 금지할 수 있다.

1. 공급 및 판매시장에 대한 접근의 허용에 있어서, 경쟁사업자의 상품보다 자사의 상품을 우대하여(bevorzugt) 취급하는 경우, 특히
   a) 상품 제시/노출에 있어서 자사의 상품을 우대하는 행위
   b) 디바이스에 대하여 자사 상품만을 사전 설치(소위, '선탑재')하거나 다른 방식으로 사업자의 상품을 결합하는 행위
2. 당해 사업자의 활동(Tätigkeit)이 이러한 시장에 대한 접근에 있어서 중요한 경우, 공급 및 판매시장에서 다른 사업자의 사업활동을 방해하는 행위, 특히
   a) 사업자의 상품의 배타적 사전 설치 또는 결합을 유도하기 위하여 취하는 조치
   b) 다른 사업자가 자신의 상품을 광고하거나 사업자가 제공하거나 중개하는 접근(통로) 이외의 방법으로 수요자에게 접근하는 것을 방해하거나

> 어렵게 하기 위하여 취하는 조치
>
> 3. 당해 사업자가 시장지배적지위에 있지 않으나 빠르게 그 지위를 확장할 수 있는 시장에서 경쟁사업자를 직·간접적으로 방해하는 행위, 특히
>   a) 사업자 상품의 이용과 이를 위하여 필요하지 않은 사업자의 다른 상품의 자동적 이용을 결합하기 위하여, 상품 이용자에게 다른 상품의 이용 방식에 관하여 충분한 선택가능성을 제공하지 않은 경우
>   b) 사업자의 상품의 이용을 사업자의 다른 상품의 이용에 종속(의존)되도록 하는 경우
> 4. 사업자가 수집한 경쟁 관련 데이터를 처리함으로써 시장의 진입장벽을 형성 또는 현저히 높이거나, 기타의 방법으로 다른 사업자를 방해하거나, 그러한 (데이터) 처리에 대한 승낙을 거래조건으로 요구하는 행위, 특히
>   a) 이용자에게 (데이터) 처리의 범위, 목적 및 방법에 대한 충분한 선택가능성을 제공하지 않은 채, 이용자가 사업자의 다른 서비스 또는 제3자의 서비스로부터 데이터를 처리하는 것에 동의하도록 하여 당해 서비스 이용에 종속(의존)되도록 하는 경우
>   b) 이들 사업자에게 (데이터) 처리의 범위, 목적 및 방법에 대한 충분한 선택가능성을 제공하지 않은 채, 다른 사업자로부터 받은 경쟁 관련 데이터를 이들 사업자에 대한 자신의 서비스 제공에 필요한 목적 이외의 목적으로 처리하는 경우
> 5. 상품 또는 서비스의 상호운용성 또는 데이터이동성을 거부하거나 어렵게 함으로써 경쟁을 방해하는 경우
> 6. 다른 사업자에 제공 또는 위임된 서비스의 품질이나 효과(성능) 관련 정보 제공 범위가 충분하지 않거나 다른 방식으로 당해 서비스의 가치를 평가하기 어렵게 하는 경우
> 7. 다른 사업자의 상품의 취급을 위하여 요구 근거와 합리적인 관계가 없는 이점을 요구하는 행위, 특히
>   a) 그 제시를 위하여 반드시 필요하지 않은 데이터 또는 권리의 이전(Übertragung)을 요구하는 경우
>   b) 이러한 상품 제시의 품질이 그와는 합리적 관계가 없는 데이터와 권리 이전에 종속시키는 경우
>   이는 해당 행위가 객관적으로 정당한 경우에 한하여 적용되지 않는다. 이에 그 설명 및 입증책임은 당해 사업자가 부담한다. 제32조 제2항 및 제3항, 제32a조 및 제32b조가 그에 따라 적용된다. 제2항에 따른 처분은 제1항에 따른 결정에 연계된다.
>
> (3) 제19조 내지 제20조는 영향을 받지 않는다.
> (4) 연방경제에너지성는 제1항 및 제2항 규정 시행일로부터 4년이 경과한 후 당해 규정 관련 경험에 관하여 입법기관에 보고한다.

일본 (사적독점금지법)	제2조 ⑤ 이 법에서 "사적독점"이란 사업자가 단독으로 또는 다른 사업자와 결합하거나 공모하거나 그 밖에 방법의 종류에 관계없이 다른 사업자의 사업활동을 배제하거나 지배함으로써 공공의 이익에 반하여 특정 거래분야에서의 경쟁을 실질적으로 제한하는 것을 말한다.

⑦ 이 법에서 "독점적 상태" 란 동종의 상품(해당 동종 상품과 관련된 통상적인 사업활동의 시설 또는 유형을 실질적으로 변경하지 아니하고 공급할 수 있는 상품을 말한다)(이하 이 항에서 "특정 상품"이라 한다) 및 이와 그 기능 및 효용이 매우 유사한 다른 상품으로서 국내에서 공급된 것(수출된 것을 제외한다)의 가액(해당 상품에 직접 부과되는 조세액에 해당하는 액수를 공제한 금액으로 한다) 또는 국내에서 공급된 동종 서비스의 가액(해당 서비스를 제공받는 자에게 해당 서비스에 관하여 부과되는 조세액에 해당하는 액수를 공제한 금액으로 한다)의 정령으로 정하는 최근 1년 간의 합계액이 1천억 엔을 초과하는 경우의 해당 특정 상품 또는 서비스와 관련된 특정 사업 분야에서 다음의 시장 구조 및 시장의 폐해가 존재하는 상태를 말한다.

1. 해당 1년 간, 하나의 사업자의 사업분야점유율[해당 특정 상품 및 이와 그 기능 및 효용이 매우 유사한 다른 상품으로서 국내에서 공급된 것(수출된 것을 제외한다) 또는 국내에서 공급된 해당 서비스의 수량(수량에 따르는 것이 적당하지 아니한 경우에는 가액으로 한다. 이하 이 호에서 같다) 중 해당 사업자가 공급한 해당 특정 상품 및 이와 그 기능 및 효용이 매우 유사한 다른 상품 또는 서비스의 수량이 차지하는 비율을 말한다. 이하 이 호에서 같다]이 2분의 1을 초과하거나 두 사업자의 각각의 사업분야점유율의 합계가 4분의3을 초과하는 경우
2. 다른 사업자가 해당 사업분야에 속하는 사업을 새로이 경영하는 것을 매우 어렵게 하는 사정이 있는 경우
3. 해당 사업자가 공급하는 해당 특정 상품 또는 서비스에 대하여 상당한 기간 수급의 변동 및 그 공급에 필요한 비용의 변동에 비추어 가격 상승이 현저하거나 그 하락이 경미한 동시에 해당 사업자가 그 기간에 다음의 어느 하나에 해당하는 경우
    가. 해당 사업자가 속하는 정령에서 정하는 업종의 표준적인 정령에서 정하는 종류의 이익률을 크게 초과하는 이율의 이익을 얻은 경우
    나. 해당 사업자가 속하는 사업분야의 사업자의 표준적인 판매비 및 일반관리비를 크게 초과하는 것으로 인정되는 판매비 및 일반관리비를 지출한 경우

제3조 사업자는 사적독점 또는 부당한 거래제한을 해서는 아니 된다.

제8조의4 ① 독점적 상태일 때는, 공정취인위원회는 제8장 제2절에 규정한 절차에 따라 사업자에 대해서 영업 일부의 양도 그 밖에 당해 상품 또는 역무에 대해서 경쟁을 회복시키기 위해서 필요한 조치를 명할 수 있다. 단, 당해 조치에 의거 당해 사업자에게 있어서 그 공급하는 상품 혹은 역무의 공급에 필요한 비용이 현저한 상승을 가져올 정도로 사업규모를 축소하거나, 경리가 불건전하게 되고, 또는 국제경쟁력의 유지가 곤란하게 된다고 인정될 경우 및 당해 상품 또는 역무에 대해서 경쟁을 회복하기에 족하다고 인정될 다른 조치를 강구할 경우는 이에 한하지 않는다.

중국 (반독점법)	제17조 ① 시장지배적지위를 가진 경영자가 아래에서 열거하는 시장지배적지위를 남용하는 행위에 종사하는 것을 금지한다(禁止濫用市場支配地位的行為) 　1. 불공정하게 고가로 상품을 판매하거나 불공정하게 저가로 상품을 구매하는 행위 　2. 정당한 이유없이 원가보다 낮은 가격으로 상품을 판매하는 행위 　3. 정당한 이유없이 거래상대방과의 거래를 거절하는 행위 　4. 정당한 이유없이 거래상대방에게 오로지 자기 또는 자기가 지정하는 경영자와 거래하도록 한정하는 행위 　5. 정당한 이유없이 상품을 끼워 팔거나(搭售行為), 거래 시에 기타 불합리한 거래조건을 부가하는 행위 　6. 정당한 이유없이 조건이 서로 동일한 거래상대방에 대해 거래가격 등 거래조건상 차별대우를 하는 행위 　7. 기타 국무원 반독점법 집행기구가 인정하는 시장지배적지위를 남용하는 행위 ② 이 법에서의 시장지배적지위란 경영자가 관련시장에 있어서 상품의 가격·수량 또는 기타 거래조건을 충분히 통제할 수 있거나, 기타 경영자가 관련시장에 진입하는 것을 충분히 저지 또는 영향을 줄 수 있는 능력을 가지는 시장지위를 말한다

다. 시장지배적 사업자

　　일정한 거래분야의 공급자나 수요자로서 단독으로 또는 다른 사업자와 함께 상품이나 용역의 가격·수량·품질 기타의 거래조건을 결정·유지·변경할 수 있는 시장지위를 가진 사업자를 시장지배적 사업자라 한다(법 제2조 제3호).[125] 여기서 시장점유율은 법 제5조를 위반한 혐의가 있는 행위의 종료일이 속하는 사업연도의 직전 1년 동안에 국내에서 공급되거나 구매된 상품이나 용역의 금액 중 해당 사업자가 같은 기간 동안 국내에서 공급하거나 구매한 상품이나 용역의 금액의 비율로 한다. 다만, 시장점유율을 금액기준으로 산정하기 어려운 경우에는 물량기준 또는 생산능력기준으로 산정할 수 있다(영 제2조 제1항). 그리고 시장지배적 사업자를 판단하는 경우에는 해당 사업자와 그 계열회사를 하나의 사업자로 본다(영 제2조 제2항).

　　시장지배력(market power)을 다른말로 독점력(monopoly power)이라 할 수 있는데 <Du pont 사건>(미연방대법원, 1956)에서 독점력(monopoly power)은 "가격을

---

124) 이를 소극적 차별로 표현하기도 한다. 이봉의, 독일경쟁법(2016), 106면; 황태희, 독일의 거래상지위남용 법제 및 규제현황, 한국법제연구원(2017), 13면.
125) 이 내용은 1953년 일본 동경고등재판소의 東寶·新東寶 판결에서 유래한다고 한다. 이봉의, 공정거래법(2022), 651면~652면.

통제하거나 경쟁을 배제하는 힘"이라고 정의하였다.

⟨United States v. E. I. Du Pont de Nemours & Co., 351 U.S. 377(1956)⟩

"Monopoly power is the power to control prices or exclude competition."

EU에서는 ＜Hoffmann－La Roche 사건＞(EU사법재판소, 1979), ＜Michelin 사건＞(EU사법재판소, 1983)에서 시장지배적지위를 "경쟁자와 그의 고객, 궁극적으로는 소비자에 대하여 감지가능한(appreciable) 정도로 독립적으로 행동할 수 있는 힘을 제공함으로써 관련시장에서 유효경쟁이 유지되는 것을 방해하는 것이 가능한 사업자에 의하여 향유되는 경제력 지위"라고 정의하였다.

⟨Judgment of the Court of 13 February 1979. - Hoffmann-La Roche & Co. AG v Commission of the European Communities. - Case 85/76.⟩

The dominant position referred to in Article 86 of the treaty relates to a position of economic strength enjoyed by an undertaking which enables it to prevent effective competition being maintained on the relevant market by affording it the power to behave to an appreciable extent independently of its competitors, its customers and ultimately of the consumers.

Very large market shares are highly significant evidence of the existence of a dominant position. Other relevant factors are the relationship between the market shares of the undertaking concerned and of its competitors, especially those of the next largest, the technological lead of the undertaking over its competitors, the existence of a highly developed sales network and the absence of potential competition.

⟨Judgment of the Court of 9 November 1983. NV Nederlandsche Banden Industrie Michelin v Commission of the European Communities. Case 322/81.1.⟩

For the purposes of article 86 of the treaty, a dominant position is a position of economic strength enjoyed by an undertaking which enables it to hinder the maintenance of effective competition on the relevant market by allowing it to behave to an appreciable extent independently of its competitors and customers and ultimately of consumers.

> For the purpose of investigating the possibly dominant position of an undertaking on a given market, the possibilities of competition must be judged in the context of the market comprising the totality of the products which, with respect to their characteristics, are particularly suitable for satisfying constant needs and are only to a limited extent interchangeable with other products.
>
> In order to assess the relative economic strength of an undertaking and its competitors on the market of a member state the advantages which those undertakings may derive from belonging to groups of undertakings operating throughout europe or even the world must be taken into consideration. Those advantages may include the lead which a group has over its competitors in the matters of investment and research and the special extent of its range of products.
>
> Temporary unprofitability or even losses are not inconsistent with the existence of a dominant position.

여기에는 시장지배적 수요자도 포함되는데 독일 「독일경쟁제한방지법(GWB)」 제18조 제3항의 자신의 공급과 수요를 다른 곳으로 전환할 수 있는 전환가능성 내지 거래상대방이 타 사업자로 거래처를 전환할 수 있는 회피가능성 기준이 수요지배력을 염두에 두고 규정된 것이다. 대형마트, 공기업 등 대형수요처를 그 예로 들 수 있다. 종전에는 시장지배적 사업자를 지정·고시하였으나 1999년 제7차 법개정 시부터 제도가 폐지되고, 금융업자, 보험업자도 포함되게 되었다.

시장지배는 단독의 시장지배(단독으로)와 공동의 시장지배(다른 사업자와 함께)로 나눌 수 있다. 여기에서 공동의 시장지배의 개념이 무엇인가가 문제된다. <비씨카드(주) 시장지배적지위 남용행위 건>(대법원, 2005)에서 공정위는 비씨카드 및 12개 은행이 수수료율 유지·결정 등 하나의 경제적 행위 동일체로서 영향력을 가지므로 하나의 사업자로 보았는데, 서울고법(2003)은 추정규정 이외에 복수의 사업자의 시장지배를 인정하기 어렵다고 하고 대법원(2005)도 하나의 사업자로는 부인하였으나, 공동의 시장지배 가능성을 인정하였다.

> **〈비씨카드(주) 외 14 시장지배적지위 남용행위 건, 대법원 2005. 12. 9. 선고 2003두 6283 판결〉**
>
> 비씨카드 주식회사(이하 '비씨카드'라 한다)는 자신도 신용카드사업을 하면서 12개 회원은행을 대신하여 신용카드사업 일부를 대행하고 있기는 하지만 비씨카드와 비씨카

드의 12개 회원은행들이 신용카드사업에 따른 수익을 일정한 비율로 분배하는 관계에 있다거나 비씨카드와 그 회원은행들이 실질적으로 단일한 지휘 아래 종속적으로 이 사건 카드사업에 참여하고 있다고 볼 수 없고, 오히려 12개 회원은행들은 각기 위 사업을 자신의 책임과 계산하에 독자적으로 수행하되, 카드발급이나 가맹점 관리 등 일정부분을 비씨카드에게 대행하게 하고 수수료를 지급하는 관계에 있는 사실이 인정되는바, 위 법리에 비추어 보면, 시장지배적 사업자인지 여부를 따짐에 있어 비씨카드와 12개 회원은행들을 각각 독립된 별개의 사업자가 아닌 하나의 사업자로 볼 수는 없다고 할 것이다.

그러나 법원의 해석과는 달리 추정규정에 해당하지 않는 다수 사업자의 시장지배도 인정될 수 있다고 본다.[126] 독일, EU의 경우 추정규정과 관련 없는 과점적 시장지배로 해석하고 있다. 한편 공동의 시장지배와 카르텔은 비슷한 외관을 띠고 있다. 따라서 구체적 사례에서 어떤 조항을 적용할 것인지는 사안의 중점에 따라 판단하여야 한다. 한편 시장지배력의 판단에는 일정한 거래분야, 즉 시장의 획정이 전제되어야 하는데, 이에 대해서는 앞서 설명을 하였다.

시장지배적지위의 판단기준(『시장지배적지위 남용행위 심사기준』 III)은 첫째, 시장점유율이다. 시장지배적지위는 '이윤극대화 가격과 한계이윤 극대화 생산량에서의 한계비용의 차이'[127]로 판단하는 것이 정확하지만 현실적으로는 그 대안으로 시장점유율을 활용하고 있다. 우리나라와 독일의 경우 시장지배적 사업자 추정규정이 존재한다. 우리나라의 경우 점유율 1사업자 50%, 3 이하의 사업자 75% 이상인 경우에 해당한다. 다만 연간매출액 또는 구매액이 40억 원 미만인 경우, 3 이하 사업자 75% 경우 10% 미만 사업자는 적용이 제외된다(법 제6조). 독일의 경우 1사업자 40%, 3 이하 사업자, 50%, 5 이하 사업자 2/3 이상으로 규정되어 있다. 추정요건에 해당하면 시장지배적지위가 추정이 되고, 사업자의 반증에 의해 추정이 복멸되는 것이다.

미국의 경우 <Alcoa 사건>(연방항소법원, 1945)에서 90%는 충분하며(enough), 60~64%는 의심스럽고(doubtful), 33%는 불충분하다고 보았고, <Grinnell 사건>

---

126) 입법론으로 '다른 사업자와 함께' 지배적지위를 갖게 되는 경우를 공정거래법 제6조 제2호의 추정에 포섭될 수 있도록 개정할 필요가 있다는 주장이 있다. 즉 독일 경쟁제한방지법과 같이 반증사유로 "3 이하의 사업자 상호 간에 실질적인 경쟁이 존재하거나, 이들 사업자들이 대외적으로 실질적인 경쟁에 맡겨져 있는 경우에는 적용하지 아니한다"를 추가하는 것이다. 이봉의, 공정거래법(2022), 174면.

127) Lerner Index: $P-MC/P=1/\varepsilon$(P는 가격, MC는 한계비용, ε는 수요의 가격탄력성)

(연방대법원, 1966)에서는 87%에 대하여 독점력 인정한 바 있다.

<United States v. Aluminum Co. of America, 148 F.2d 416(1945)>

"This percentage varied year by year up to and including 1938: in 1913 it was about seventy-two per cent; in 1921 about sixty-eight per cent; in 1922 about seventy-two; with these exceptions it was always over eighty per cent of the total and for the last five years 1934-1938 inclusive it averaged over ninety per cent."

"The percentage we have already mentioned over ninety results only if we both include all "Alcoa's" production and exclude "secondary." That percentage is enough to constitute a monopoly; it is doubtful whether sixty or sixty-four percent would be enough; and certainly thirty-three per cent is not."

<United States v. Grinnell Corp., 384 U.S. 563(1966)>

The affiliates, which had participated in market allocation agreements, discriminatory price manipulation to forestall competition, and the acquisition of competitors, had acquired 87% of the country's insurance company accredited central station protective service market.

EU에서는 <Hoffmann-Roche 사건>(EU사법재판소, 1979) 및 <AKZO 사건>(EU사법재판소, 1991)에서는 50%, <United Brands 사건>(EU사법재판소, 1978)에서는 40~45%를 기준으로 보았다.

<Judgment of the Court of 13 February 1979. - Hoffmann-La Roche & Co. AG v Commission of the European Communities. - Case 85/76.>

(a) Roche's market shares are not only large but there is also a big disparity between its shares and those of its next largest competitors;

(b) Roche produces a far wider range of vitamins than its competitors;

(c) Roche is the world's largest vitamin manufacturer whose turnover exceeds that of all the other producers and is at the head of a multinational group which in terms of sales is the world's leading pharmaceuticals producer;

(d) Although Roche's patents for the manufacture of vitamins have expired roche, since it has played a leading role in this field, still enjoys technological advantages over its competitors of which the highly developed customer information and assistance service which it has is evidence;

(e) Roche has a very extensive and highly specialized sales network;

(f) there is no potential competition.

⟨Judgment of the Court (Fifth Chamber) of 3 July 1991. - AKZO Chemie BV v Commission of the European Communities. - Article 86 - Case C-62/86.⟩

In examining the possibly dominant position of an undertaking in a particular market, the possibilities of competition must be judged in the context of the market comprising the totality of the products which, with respect to their characteristics, are particularly suitable for satisfying constant needs and are only to a limited extent interchangeable with other products.

Save in exceptional circumstances, very large market shares are in themselves evidence of the existence of a dominant position. That is the case where there is a market share of 50%.

⟨Judgment of the Court of 14 February 1978. - United Brands Company and United Brands Continentaal BV v Commission of the European Communities. - Chiquita Bananas. - Case 27/76.⟩

Without going into a discussion about percentages, which when fixed are bound to be to some extent approximations, it can be considered to be an established fact that UBC's share of the relevant market is always more than 40% and nearly 45%.

둘째, 진입장벽의 존재와 정도이다. 시장에 대한 신규진입이 가까운 시일 내에 용이하게 이루어질 수 있으면 시장지배적 사업자일 가능성이 낮아진다. 잠재적 경쟁가능성을 염두에 둔 규정이다. 법적·제도적인 진입장벽의 유무, 필요최소한의 자금규모, 특허권 기타 지식재산권을 포함한 생산기술조건, 입지조건, 원재료조달조건, 유통계열화의 정도 및 판매망 구축비용, 제품차별화의 정도, 수입의 비중 및 변화 추이, 관세율 및 비관세장벽 등을 기준으로 판단한다.

Joe S. Bain은 진입장벽이란 이미 시장에 진입해 있는 기업이 시장 밖의 다른 기업이 시장내로 들어오는 것을 막음으로써 독점이윤을 얻을 수 있게 해주는 수단이라고 정의하였는데,[128] 진입장벽의 요인으로 규모의 경제에 의한 진입장벽, 제품

차별화에 의한 진입장벽 그리고 생산비조건에 의한 진입장벽으로 분류하였다.[129] 또한 구조적 진입장벽(자본시장의 불완전성)과 행태적 진입장벽(광고), 법적인 진입장벽(면허, 인·허가, 특허, 총판권 등)으로 분류할 수도 있다.[130]

셋째, 경쟁사업자의 상대적 규모도 판단 기준의 하나이다. 즉, 경쟁사업자의 규모가 상대적으로 큰 경우에는 시장지배적 사업자일 가능성이 상대적으로 낮아질 수 있다. 경쟁사업자의 시장점유율, 생산능력, 원재료 구매비중 또는 공급비중, 자금력 등이 그 판단기준이다. 예를 들어 3 이하의 사업자가 75% 이상의 시정점유율로 시장지배적 사업자로 추정되더라도 그 중 상대적으로 점유율이 매우 낮은 사업자인 경우에는 시장지배적 사업자로 인정되지 않을 여지가 있다.

넷째, 경쟁사업자 간 공동행위의 가능성도 고려하는데 사업자 간의 가격·수량 기타의 거래조건에 관한 명시적·묵시적 공동행위가 이루어지기 용이한 경우에는 시장지배적 사업자일 가능성이 높아질 수 있다. 가격이 유사상품이나 용역에 비해 높았는지, 수출가격이나 수입가격(관세, 운송비 등 감안) 대비 현저히 높았는지 여부, 경쟁관계의 사업자가 수년간 안정적인 시장점유율을 차지하고 있는지, 경쟁사업자와 상품동질성이 높고, 생산, 판매 및 구매조건이 유사한지, 정보수집이 용이한지, 과거 부당한 공동행위 이력 등을 기준으로 판단한다. 공동행위 가능성과 시장지배적지위의 판단과는 직접적인 연관성은 없지만, 공동행위 가능성이 높다는 것은 과점시장이라는 징표가 될 수 있고 그러한 시장에서는 시장지배적지위가 형성될 가능성이 높아진다는 의미이다.

다섯째, 유사품 및 인접시장의 존재 여부도 중요한데, 유사품 및 인접시장이 존재하여 당해 시장에 영향을 미치는 경우에는 시장지배적 사업자일 가능성이 낮아질 수 있다. 잠재적 경쟁가능성을 염두에 둔 내용이다. 기능 및 효용측면에서 유사하나 가격 등 이유로 별도의 시장을 구성하는 경우에는 유사 상품이나 용역이 당해 시장에 미치는 영향, 거래지역별로 별도의 시장을 구성하고 있는 경우에는 시장 간 지리적 근접도, 운송수단의 존재, 수송기술의 발전가능성, 인접사업자의 규모 등(잠재적 경쟁)이 판단기준이다. <(주)포스코 시장지배적지위 남용 건>(대법원, 2007)에서

---

128) 이승철, 공정거래경제학(1999), 208면.
129) 최정표, 산업조직경제학(2016), 101~104면.
130) 최정표, 산업조직경제학(2016), 104~105면.

"관련지역시장 판단에 관한 여러 고려 요소들을 비롯하여 관련상품시장의 국내외 사업자 구성, 국외 사업자가 자신의 생산량 중 국내로 공급하거나 국내사업자가 국외로 공급하는 물량의 비율, 수출입의 용이성·안정성·지속성 여부, 유·무형의 수출입 장벽, 국내외 가격의 차이 및 연동성 여부 등을 감안하여야 한다"고 판시한 바 있다.

〈(주)포스코 시장지배적지위 남용행위 건, 대법원 2007. 11. 22. 선고 2002두8626 판결〉

관련지역시장 판단에 관한 여러 고려 요소들을 비롯하여 특히 관련상품시장의 국내외 사업자 구성, 국외 사업자가 자신의 생산량 중 국내로 공급하거나 국내 사업자가 국외로 공급하는 물량의 비율, 수출입의 용이성·안정성·지속성 여부, 유·무형의 수출입 장벽, 국내외 가격의 차이 및 연동성 여부 등을 감안하여야 할 것이다.

여섯째, 시장봉쇄력인데 원재료 구매비율이나 공급비율이 시장지배적 사업자인지 여부가 그 기준이다. 시장점유율 외에 원재료 구매비율이나 공급비율이 높은 경우에도 시장지배적지위가 높아질 가능성을 염두에 둔 내용으로 보인다. 그러나 원재료 구매비율이나 공급비율이 높다면 시장점유율이 높을 가능성이 많으므로 시장점유율의 대체 개념이라기보다는 보완적 개념으로 보는 것이 타당할 곳이다.

일곱째, 자금력도 중요한데, 자본 또는 부채의 동원 능력, 매출액, 순이익률, 현금흐름, 자본시장 접근가능성, 계열회사의 자금력 등이 그 기준이다. 기타 거래선 변경가능성, 신기술 개발 및 산업재산권 보유 여부 등도 시장지배적 사업자 여부 판단기준이다. 자금력은 시장점유율과 직접적으로 연결되지는 않는다는 점에서 시장점유율과는 별개의 고려요소가 될 수 있으나, 그 적용에 있어서는 실무적으로 큰 의미는 없다고 판단된다.

〈현대모비스(주) 시장지배적지위 남용행위 건〉(대법원, 2014)에서는 시장점유율 50% 이상, 원고 작성문건의 기재내용, 연구기관 등의 조사결과, 완성차 시장에서 현대·기아차의 시장점유율, 경쟁부품업체의 상대적 규모, 정비용 부품시장의 진입장벽 등을 종합적으로 고려하여 시장지배적 사업자로 판단한 바 있다.

〈현대모비스 시장지배적지위 남용행위 건, 대법원 2014. 4. 10. 선고 2012두6308 판결〉
이 사건 관련상품시장을 전체 차량 정비용 부품시장 또는 현대·기아차용 전체 정비용 부품 시장으로 정할 수 있다고 할 것이다
관련상품시장을 정하고, 나아가 그와 같은 시장을 전제로 원고의 시장점유율, 원고 작성 문건상의 기재 내용, 연구기관 등의 조사결과, 완성차 시장에서 현대·기아차의 시장점유율, 경쟁부품업체의 상대적 규모, 정비용 부품시장의 진입장벽 등을 종합하여 원고가 시장점유율 50% 이상의 시장지배적 사업자에 해당한다고 판단하였다.

시장지배적지위의 추정제도가 운영되고 있다. 구체적으로 시장지배적지위를 추정하는데 있어서 기준으로 1사 집중도(CR1), 상위 3사 집중도(CR3)를 사용하고 있다. 구체적으로는 1사 점유율 50% 이상(독점의 추정), 그리고 3 이하 사업자 점유율 75% 이상(10% 미만 사업자 제외)(과점의 추정)로 나누고 있다(법 제6조). 여기에서의 추정은 법률상 추정이다. 입증책임은 형식적 입증책임과 실질적 입증책임이 모두 사업자에 있고 당국은 추정요건만 입증하면 된다는 견해와 형식적 입증책임은 당국에 있어 당국이 직권탐지주의 원칙에 의해 시장지배적지위가 인정될 수 있다고 판단될 때 절차를 개시할 수 있을 뿐이고, 실질적 입증책임은 사업자에게 있다고 해석하는 견해가 대립되고 있다. 한편 당해 사업자와 계열회사는 하나의 사업자로 보고 있다(영 제4조 제3항). 위의 요건에 해당하더라도 연간매출액 또는 구매액 40억 원 미만인 경우에는 적용제외 된다.

개별 추정요건간의 관계도 문제되는데 예를 들어 A 50%, B 20%, C 20%인 경우 독점추정과 과점추정 어디에 해당하는가의 문제이다. 일률적으로 판단하기는 어렵고 사안의 중점이 어디에 있느냐에 따라 판단하야 한다고 본다.

앞에서 살펴본 바와 같이 Austria학파나 Chicago학파의 주장에 따르면 독과점에 대한 규제는 불필요하다고 보지만, 오늘날 시장경제를 채택하고 있는 대부분의 국가에서 독과점에 대해서는 일정한 규제를 하고 있다. 이러한 규제를 크게 독과점 구조 자체를 문제시 하는 경우와 독과점적 지위를 남용하는 행태에 대하여 규제를 하는 경우로 나눌 수 있는데, EU등 대부분의 국가가 남용행위를 규제하는 행태규제주의를 채택하고 있다. 다만 미국 「셔먼법(Sherman Act)」 제2조에서, 독점화(monopolization)를 금지하고 있고 동 조에 의거하여 기업분할을 한 사례(Stand Oil 해체, AT&T 해체 등)가 있으나 매우 드문 경우이다. 우리나라의 경우에도 위와 같은

행태규제주의에 입각해 있다.

라. 남용행위의 유형 및 기준

시장지배적지위 남용행위는 크게 착취 행위와 방해 행위, 그리고 배제행위로 구분할 수 있는데, 착취 남용행위에는 가격남용행위, 출고조절행위, 소비자이익 저해행위가 있고, 방해 남용행위에는 사업활동방해행위, 시장참가방해행위, 배제 남용행위에는 경쟁사업자 배제행위가 포함된다(법 제5조 제1항). 착취 남용행위는 성과－행동－구조 기준에서 경쟁제한적 시장행동에 대한 규제라기보다는 시장성과테스트에 가까운 내용으로 볼 수 있다.

[시장지배적지위 남용행위 구분]

착취행위	가격남용행위, 출고조절행위, 소비자이익 저해행위
방해행위	사업활동방해행위, 시장참가 방해행위
배제행위	경쟁사업자 배제행위

《《착취남용행위》》

1) 가격남용행위

먼저 가격의 부당한 결정·유지·변경 행위(가격남용행위)는 정당한 이유없이 상품의 가격이나 용역의 대가를 수급변동이나 공급에 필요한 비용(동종 또는 유사업종의 통상적인 수준의 것)에 비하여 현저하게 상승시키거나 근소하게 하락시키는 행위를 말한다(제1호, 영 제9조 제1항). 이는 대표적인 착취남용 규정이다.

'상품의 가격이나 용역의 대가'는 원칙적으로 현금결제에 적용되는 가격을 기준으로 하되, 거래관행상 다른 가격이 있는 경우에는 그 가격을 적용한다. '수급의 변동'은 당해 품목의 가격에 영향을 미칠 수 있는 수급요인의 변동을 말한다. 이 경우 상당기간동안 당해 품목의 수요 및 공급이 안정적이었는지 여부를 고려한다. '공급에 필요한 비용의 변동'은 가격결정과 상관관계가 있는 재료비, 노무비, 제조경비, 판매비와 일반관리비, 영업외비용 등의 변동을 말한다. '동종 또는 유사업종'은 원칙적으로 당해 거래분야를 위주로 판단하되, 당해 거래분야 위주의 판단이 불합리하

거나 곤란한 경우에는 유사시장이나 인접시장을 포함한다. '통상적인 수준의 비용'
인지 여부의 판단에는 각각의 비용항목과 전체 비용을 종합하여 판단하되, 당해 사
업자의 재무상황, 비용의 변동추세, 다른 사업자의 유사항목 비용지출상황 등을 종
합적으로 고려한다. '현저하게 상승시키거나 근소하게 하락시키는 경우'는 최근 당
해 품목의 가격변동 및 수급상황, 당해 품목의 생산자물가지수, 당해 사업자의 수출
시장에서의 가격인상율, 당해 사업자가 시장에서 가격인상을 선도할 수 있는 지위
에 있는지 여부 등을 종합적으로 고려하여 판단한다(『시장지배적지위 남용행위 심사기
준』 IV. 1).

예를 들어 <3개 제과회사 가격남용행위 건>(공정위, 1992)에서의 "시장지배적
지위를 남용하여 자기가 공급하는 비스켓류제품의 가격은 그대로 유지한채 제품의
용량을 감소시킴으로써 실질적으로 가격을 인상한 행위", <비씨카드(주) 외 14 가
격남용행위 건>(공정위, 2001)에서 "자금조달금리는 2.0%p, 연체율은 18.3%p, 대손
율은 0.9%p 하락하였음에도 불구하고, 현금서비스 수수료율은 오히려 0.66%p 인상
하여 유지하고, 할부수수료율과 연체이자율은 거의 동일한 수준으로 유지하는 행
위"를 들 수 있다.[131) 가격결정에 대해서는 법률에 그 규정이 있으나 시행령 규정이
마련되지 않는 점이 문제이다. 유효경쟁의 판단기준의 하나로 성과기준에서는 가격
수준이 하나의 판단기준이 되는데, 비교시장의 부재 등으로 독자적인 기준을 삼기
어렵다는 점을 설명하였다. 따라서 가격남용 여부를 판단하기에는 판단기준의 모호
성 등으로 이러한 규제에 반대하는 주장도 있다.[132)

독일연방카르텔청은 「경쟁제한방지법(GWB)」 제29조에서 에너지 분야에서 시
장지배적 사업자의 가격 및 거래조건 남용행위에 대한 별도의 규정을 두고 있으며,
이를 근거로 에너지 분야 등에서 가격남용규제를 비교적 활발히 하고 있다.[133)

---

131) 다만, 대법원에서 시장지배적 사업자로 볼 수 없다는 이유로 취소되었다.
132) 아리스토텔레스는 가격이 정당하고 공정한가를 문제삼았다. 이러한 관심은 그 후 2천년간에
걸쳐 경제사상의 중심이 되었을 뿐만 아니라 '이 가격은 정말로 공정한가?'는 오늘날에도 제기
되는 질문의 기초가 되고 있다. 갤브레이스(장상환 옮김), 갤브레이스가 들려주는 경제학의 역
사(2016), 21면; 중세 스콜라철학을 대표하는 토마스 아퀴나스도 가격의 공정에 대하여 다음과
같이 말했다: "어떤 물건을 정당한 가격 이상으로 팔려는 목적으로 사기를 범하는 것은 죄악이
라고 나는 대답한다. 어떤 물건을 그 가치보다 비싸게 팔거나 싸게 사는 것은 그 자체로 불공정
하고 불법이다." 공정한 가격은 종교적 의무로서 강요되었다. 갤브레이스(장상환 옮김), 갤브레
이스가 들려주는 경제학의 역사(2016), 35면.
133) 예를 들어 innogy ‒ Missbrauchsaufsicht über Fernwärmepreise(13.02.2017); Stadtwerke

유럽의 경우 「EU 기능조약(TFEU)」 제102조 제2문 (a)호[134]나 독일 「경쟁제한방지법(GWB)」 제19조 제2항 제2호에서는 가격 뿐만 아니라 거래조건까지 포함하고 있다.

　　EU에서는 <General Motors 사건>(EU사법재판소, 1975)에서 병행수입되는 차량에 대한 기술표준 인증서의 발급 대가를 그 경제적 가치(economic value)에 비하여 과도한 수준으로 책정한 것은 불공정한 거래를 야기할 수 있으므로 남용이 될 수 있다고 판시하였다.[135] <United Brands 사건>(EU사법재판소, 1978)에서의 법원 역시 당해 상품의 경제적 가치(economic value)와 합리적인 관련성이 없는 과도한 가격을 책정하는 것은 시장지배적지위의 남용행위가 될 수 있음을 인정하였다.[136]

> **〈Judgment of the Court of 13 November 1975. - General Motors Continental NV v Commission of the European Communities. - Case 26- 75.〉**
>
> 　　This legal monopoly, combined with the freedom of the manufacturer or sole authorized agent to fix the price for its service, leads to the creation of a dominant position within the meaning of article 86 as, for any given make, the approval procedure can only be carried out in belgium by the manufacturer or officially appointed authorized agent under conditions fixed unilaterally by that party.
>
> 　　Such an abuse might lie, inter alia, in the imposition of a price which is excessive in relation to the economic value of the service provided, and which has the effect of curbing parallel imports by neutralizing the possibly more favourable level of prices applying in other sales areas in the community, or by leading to unfair trade in the sense of article 86 (2) (a).

Leipzig - Missbrauchsaufsicht über Fernwärmepreise(15.10.2015) 등.

134) "(a) directly or indirectly imposing unfair purchase or selling prices or other unfair trading conditions."

135) 동 사건은 법적으로 강제되는 발급의무와 이를 제공할 수 있는 독점적 지위와 가격책정권한을 근거로 소위 정부규제(state regulation)에 의한 시장지배적지위를 인정하였다는 점에서 의미가 있다. 그러나 법위반을 인정하지는 않았다.

136) 동 사건 역시 약 20년 동안 물가인상을 감안한 가격이 인상되지 않았고, 주된 경쟁상품의 가격에 비하여 불과 7%의 차이밖에 나지 않는 점 등을 감안하면 불공정한 가격임을 인정할 수 있도록 충분하게 입증하지 않았다고 판시하였다.

〈Judgment of the Court of 14 February 1978. - United Brands Company and United Brands Continentaal BV v Commission of the European Communities. - Chiquita Bananas. - Case 27/76.〉

Charging a price which is excessive because it has no reasonable relation to the economic value of the product supplied may be an abuse of a dominant position within the meaning of subparagraph (a) of article 86; this excess could, inter alia, be determined objectively if it were possible for it to be calculated by making a comparison between the selling price of the product in question and its cost of production, which would disclose the amount of the profit margin.

2) 출고조절행위

둘째, 상품판매 또는 용역제공의 부당한 조절행위(출고조절행위)에는 ① 정당한 이유없이 최근의 추세에 비추어 상품 또는 용역의 공급량을 현저히 감소시키는 경우 ② 정당한 이유없이 유통단계에서 공급부족이 있음에도 불구하고 상품 또는 용역의 공급량을 감소시키는 경우가 있다(제2호, 영 제9조 제2항). 이 유형 역시 착취남용규정에 해당한다.

① 정당한 이유없이 최근의 추세에 비추어 상품 또는 용역의 공급량을 현저히 감소시키는 경우(영 제9조 제2항 제1호) 관련 '최근의 추세'는 상당기간동안의 공급량을 제품별, 지역별, 거래처별, 계절별로 구분하여 판단하되, 제품의 유통기한, 수급의 변동요인 및 공급에 필요한 비용의 변동요인을 감안한다. '공급량을 현저히 감소시킨다' 함은 당해 품목의 생산량이나 재고량을 조절함으로써 시장에 출하되는 물량을 현저히 감소시키는 것을 말한다. ② 정당한 이유없이 유통단계에서 공급부족이 있음에도 불구하고 상품 또는 용역의 공급량을 감소시키는 경우(영 제9조 제2항 제2호) 관련 '유통단계에서 공급부족이 있다' 함은 주로 성수기에 최종 소비자가 소비하기 전의 각 유통과정에서 품귀현상이 있음을 말한다(『시장지배적지위 남용행위 심사기준』 IV. 2).

직영대리점이나 판매회사의 재고량 및 출하량을 합산하여 판단한다. 예를 들어 〈신동방 시장지배적지위 남용행위 건〉(서울고법, 1999)에서 "1997. 11. 대비 27.8%, 직전 기간 대비 38.3%, 직후 기준기간 대비 16.1%로 감소시켰고, 일일 평균재고량은 1997. 11. 말 재고량 대비 413.5%, 직전 기준기간 기말재고량 대비 191.8% 수준으로 증가시킨 행위"를 부당한 출고조절행위로 판단하였다. 그리고 "환차손 등 손실로 인한 경영상의 어려움", "설날 성수기를 앞둔 가수요나 일부대리점의 사재기로 인한 피해 방지" 등은 정당한 이유가 될 수 없다고 판시하였다.

그러나 <남양유업 시장지배적지위 남용행위 건>(대법원, 2001)에서는 관련회사 창고 전부의 출고량과 재고량을 기준으로 판단하여야 한다고 하고, "거래처의 대금결제가 다음달 말일에 행해지는 관계로 항상 월말의 출고량이 월초나 월중에 비하여 현저하게 소량인 점을 알 수 있으므로 월말 출고량의 현저한 감소만으로는 시장지배적지위에 기인한 것이라 보기 어렵다"고 판단하였다. 또한 <제일제당(주) 시장지배적지위 남용행위 건>(대법원, 2002)에서는 "비교기간과 비교해 보아도 현저한 감소라 보기 어렵고, 외환위기라는 비상상황 등을 이유로 출고조절로 보기 어렵다"고 보았다.

최근 공정위는 시장지배적 사업자의 부당한 출고조절 행위에 대한 제재 조치로는 1998년 이후 약 20년 만에, BCG 백신을 독점 수입·판매하고 있던 (주)한국백신 등(한국백신판매(주), (주)한국백신 상사 포함, 이하 한국백신)이 고가의 경피용 BCG 백신 판매 증대를 위해 국가 무료 필수 백신인 피내용 BCG 백신 공급을 중단하여, 부당하게 독점적 이득을 획득한 행위에 시정명령과 과징금(9억 9,000만 원)을 부과하고, (주)한국백신과 관련 임원을 검찰에 고발하였다<피내용 BCG 백신 공급 관련 3개 사업자 시장지배적지위 남용행위 건>(공정위, 2019). ② 정당한 이유없이 유통단계에서 공급부족이 있음에도 불구하고 상품 또는 용역의 공급량을 감소시키는 경우도 출고조절행위에 해당한다.

〈남양유업 시장지배적지위 남용행위 건, 대법원 2001. 12. 24. 선고 99두11141 판결〉

월말 출고량의 현저한 감소만으로는 그것이 원고 회사의 시장지배적지위에 기한 것이라고 보기는 어렵고, 따라서 이 사건 기간은 원고 회사의 출고량 감소 및 그로 인한 재고량 증가가 최근의 추세에 비추어 현저한지 여부를 알 수 있는 '상당한 기간'이라고 볼 수 없다.

〈제일제당(주) 시장지배적지위 남용행위 건, 대법원 2002. 5. 24. 선고 2000두9991 판결〉

출고조절기간 동안에 대두유의 출고를 다소 감소시켰다 하여, 그러한 행위가 법 제5조 제1항 제2호 소정의 부당한 출고조절행위에 해당한다고는 볼 수 없다.

> **〈피내용 BCG 백신 공급 관련 3개 사업자 시장지배적지위 남용행위 건, 공정위 2019. 9. 19. 의결 제2019-2239호〉**
>
> 피심인들은 이 사건 관련시장에서 자신들의 시장지배적 사업자 지위를 이용하여 피심인 한국백신판매의 경피용 백신 판매를 증대시켜 독점적 이윤을 취득할 의도로 피내용 백신의 수입 및 공급을 중단하였으며, 이로 인해 국가의 재정 건전성이 저해되고 소비자들의 선택권이 제한되어 소비자 후생이 감소하였는바, 피심인들의 제2. 가.항의 행위는 법 제5조 제1항 제2호, 법 시행령 제9조 제2항 제1호 또는 제2호의 부당한 출고조절행위에 해당하므로 위법하다.

3) 소비자이익 저해 행위

셋째, 소비자이익을 현저하게 해칠 우려가 있는 경우(제5호 후단)에 대하여 고시에 세부기준을 두고 있지 않은 것이 명확성의 원칙에 반하는가에 대한 의문이 있는데, 대법원은 헌법상 법치주의에서 파생하는 명확성의 원칙에 위반한다고 볼 수 없다고 판시하였다. 소비자이익 저해행위는 착취남용에 해당하는 규정이다. 따라서 '소비자이익'이란 소비자 후생과는 구별되며, 공정거래법상 착취남용 금지의 취지에 맞게 해석하여야 한다.[137]

그 적용요건을 보면 ① 소비자이익의 현저한 저해요건이다. 대법원에 따르면 그 판단기준은 당해 상품이나 용역의 특성, 당해 행위가 이루어진 기간·횟수·시기, 이익이 저해되는 소비자의 범위 등을 살펴, 당해 행위로 인하여 변경된 거래조건을 유사시장에 있는 다른 사업자의 거래조건과 비교하거나 당해 행위로 인한 가격상승의 효과를 당해 행위를 전후한 시장지배적 사업자의 비용변동의 정도와 비교하는 등의 방법으로 구체적·개별적으로 판단한다. <종합유선방송사 시장지배적지위 남용행위 건>(대법원, 2010)에서 대법원은 인기채널의 묶음채널 변경행위가 보급형 상품의 시청자의 이익을 상당히 저해할 우려가 있으나, 그 정도가 현저하다고 볼 수 없다고 판시하였다. <에스케이텔레콤 시장지배적지위 남용행위 건>(대법원, 2011)에서는 MP3폰으로 음악파일을 재생하기 위해서는 멜런사이트에서 파일을 구매하도록 기술적 장치인 DRM을 설치한 행위가 문제되었는데, 소비자가 보유한 Non-DRM의 경우 멜론사이트에서 쉽지 않은 컨버팅 과정을 거치지만 불편할 뿐, 현저한 침해는 아니라고 인정하였다.

---

137) 이봉의, 공정거래법(2022), 306면.

〈종합유선방송사 시장지배적지위 남용행위 건, 서울고법 2008. 8. 20. 선고 2007누 23547 판결〉

　보급형 상품의 지상파 방송 등을 제외한 시청점유율 합계를 11.93%~17.05% 감소시킨 이 사건 채널편성 변경이 보급형 상품의 시청자들의 이익을 상당히 저해할 우려가 있다고 할 수는 있을 것이나, 그 정도가 현저하다고까지는 평가할 수 없다.

〈종합유선방송사 시장지배적지위 남용행위 건, 대법원 2010. 2. 11. 선고 2008두 16407 판결〉

　이 사건 채널편성 변경에 의한 거래조건을 유사 시장에서의 다른 사업자의 거래조건과 비교 등을 하지 아니한 채 단순히 그 정도가 현저하지 않다고 판단한 것은 적절하지 아니하나, 이를 인정할 아무런 자료가 없는 이상 이 사건 채널편성 변경행위에 소비자이익 저해행위의 현저성이 인정되지 않는다.

　② 부당성 요건이다. 대법원에 의하면 시장지배적 사업자의 행위 의도나 목적이 독점적 이익의 과도한 실현에 있다고 볼 사정이 있는지, 상품의 특성·행위의 성격·행위 기간·시장의 구조와 특성 등을 고려하여 소비자이익 저해 효과의 발생 또는 우려가 있는지 등을 살펴 판단하고 소비자 이익저해 정도가 현저하다면, 통상 과도한 이익을 취하고자 하는 행위로서 부당하다고 본다. 기타 사례로는 <MS 시장지배적지위 남용행위 건 등>(2006, 공정위)이 있다.

　「EU기능조약(TFEU)」 제102조 제1항에서도 "생산, 판매 또는 기술개발을 제한함으로써 소비자에게 피해를 주는 경우"를 시장지배적지위 남용행위의 유형으로 규정하고 있다.[138]

〈〈방해남용행위〉〉

4) 사업활동방해행위

　넷째, 다른 사업자의 사업활동에 대한 부당한 방해행위(사업활동방해행위)는 직접 또는 간접적으로 다른 사업자의 사업활동을 어렵게 하는 경우(제3호, 영 제9조 제3항)를 말한다.

　독일 「경쟁제한방지법(GWB)」 제19조 제2항 제1호 전단에서는 시장지배적 사업자의 방해행위를 금지하고 있다. 여기에는 끼워팔기, 배타적 거래행위, 동 법 제

---

138) "b) limiting production, markets or technical development to the prejudice of consumers."

20조 제1항의 상대적 또는 우월적 시장력을 가진 사업자의 금지행위에도 적용된다.

'간접적'이라 함은 특수관계인 또는 다른 자로 하여금 당해 행위를 하도록 하는 것을 말한다. '다른 사업자의 사업활동을 어렵게 하는 경우'를 판단함에 있어서는 다른 사업자의 생산·재무·판매활동을 종합적으로 고려하되, 사업활동이 어려워질 우려가 있는 경우를 포함한다(『시장지배적지위 남용행위 심사기준』 IV. 3).

'다른 사업자'는 시장지배적 사업자와 경쟁관계에 있거나 경쟁관계가 성립할 수 있는 사업자, 전·후방관계사업자, 거래상대방 모두 포함된다. <현대자동차 시장지배적지위 남용행위 건>(대법원, 2010)에서 시장지배적 사업자의 판매대리점을 거래상대방인 다른사업자로 보았다.

〈현대자동차 시장지배적지위 남용행위 건, 대법원 2010. 3. 25. 선고 2008두7465 판결〉

원고의 판매대리점은 자신의 비용과 노력으로 점포 개설, 직원 채용, 판촉 활동 등을 통하여 기본급 없이 판매실적에 따른 수수료를 지급받는 방식으로 독자적인 사업을 하는 독립된 개별사업자로서 자동차 판매시장에서 원고와 판매대리점계약이라는 거래관계에 있는 거래상대방이므로, 공정거래법 제5조 제1항 제3호에 정한 '다른 사업자'에 해당한다

사업활동방해행위에는 ① 정당한 이유없이 다른 사업자의 생산활동에 필요한 원재료 구매를 방해하는 행위가 있다. '원재료 구매를 방해한다' 함은 원재료 구매를 필요량 이상으로 현저히 증가시키거나, 원재료 공급자로 하여금 당해 원재료를 다른 사업자에게 공급하지 못하도록 강제 또는 유인하는 것을 말한다. '원재료'에는 부품, 부재료를 포함한다. ② 정상적인 관행에 비추어 과도한 경제상의 이익을 제공하거나 제공할 것을 약속하면서 다른사업자의 사업활동에 필수적인 인력을 채용하는 행위가 해당된다. '다른 사업자의 사업활동에 필수적인 인력'이라 함은 당해 업체에서 장기간 근속한 기술인력(기능공 포함), 당해 업체에서 많은 비용을 투입하여 특별 양성한 기술인력(기능공 포함), 당해 업체에서 특별한 대우를 받은 기술인력, 당해 업체의 중요산업정보를 소지하고 있어 이를 유출할 가능성이 있는 기술인력을 말한다. '기능공 포함'이란 당해 업체의 생산활동에 커다란 타격을 줄 정도로 다수의 기능공이 스카웃되는 경우를 말한다. ③ 정당한 이유없이 다른 사업자의 상품 또는 용역의 생산·공급·판매에 필수적인 요소의 사용 또는 접근을 거절·중단하거나 제한

하는 행위이다. '다른 사업자'라 함은 필수요소 보유자 또는 그 계열회사가 참여하고 있거나 가까운 장래에 참여할 것으로 예상되는 거래분야에 참여하고 있는 사업자를 말한다. ④ 그 밖에 ①부터 ③까지의 방법 외의 다른 부당한 방법에 따른 행위를 하여 다른 사업자의 사업활동을 어렵게 하는 행위 중 공정위가 정하여 고시하는 행위 등이 이에 해당한다(영 제9조 제3항, 『시장지배적지위 남용행위 심사기준』 IV. 3).

③의 경우가 필수설비이론이라고 하는데, 그 목적은 <한국여신금융협회 사업자단체금지행위 건>(대법원, 2005)에서는 "공동이용망과 같은 필수설비적 성격을 가진 시설의 보유자들에게 경쟁상대방도 그 시설을 이용할 수 있도록 강제하는 것은 그 거래분야에서의 공정한 경쟁을 촉진하고 그러한 시설에 대한 불필요한 중복투자를 방지하여 소비자후생을 기하고 국민경제의 균형있는 발전을 도모함에 있다"고 한다. 필수설비는 그 시설을 이용할 수 없으면 경쟁상대가 고객에게 서비스를 제공할 수 없는 시설을 말하는 것으로서, 경쟁상대의 활동에 불가결한 시설을 시장지배적기업이 전유하고 있고, 그것과 동등한 시설을 신설하는 것이 사실상 불가능하거나 경제적 타당성이 없어 그러한 시설에의 접근을 거절하는 경우 경쟁상대의 사업수행이 사실상 불가능하거나 현저한 장애를 초래하게 되는 설비를 말한다<한국여신금융협회 사업자단체금지행위 건>(대법원, 2005).

> **〈한국여신금융협회 사업자단체금지행위 건, 대법원 2005. 8. 19. 선고 2003두5709 판결〉**
> 공동이용망과 같은 필수설비적 성격을 가진 시설의 보유자들에게 경쟁상대방도 그 시설을 이용할 수 있도록 강제하는 것은 그 거래분야에서의 공정한 경쟁을 촉진하고 그러한 시설에 대한 불필요한 중복투자를 방지하여 소비자후생을 기하고 국민경제의 균형 있는 발전을 도모하고자 함에 있다.

이는 공정거래법 외에도 「철도사업법」 제31조,[139] 「전기통신사업법」 제35조[140]

---

139) 제31조(철도시설의 공동 활용) 공공교통을 목적으로 하는 선로 및 다음 각 호의 공동 사용시설을 관리하는 자는 철도사업자가 그 시설의 공동 활용에 관한 요청을 하는 경우 협정을 체결하여 이용할 수 있게 하여야 한다. 1. 철도역 및 역 시설(물류시설, 환승시설 및 편의시설 등을 포함한다) 2. 철도차량의 정비·검사·점검·보관 등 유지관리를 위한 시설 3. 사고의 복구 및 구조·피난을 위한 설비 4. 열차의 조성 또는 분리 등을 위한 시설 5. 철도 운영에 필요한 정보통신 설비.

140) 제35조(설비등의 제공) ① 기간통신사업자 또는 도로, 철도, 지하철도, 상·하수도, 전기설비,

등에 유사한 규정을 두고 있다.

필수설비이론(Essential facilities doctrine)은 미국에서 출발하였는데 중요 시설의 소유자는 경우에 따라 제3자에게 그 시설을 개방해 줘야 할 의무가 있으며, 이를 거절하는 경우 「셔먼법(Sherman Act)」 제2조 위반이 된다는 이론을 말한다. 이 이론은 연방대법원의 1912년 <Terminal Railroad 사건>(미연방대법원, 1912)에서 출발하였다. 1889년에 세인트루이스의 Terminal Railroad Association(TRA)이 철도, 교량, 터미널 통합하는 계약을 체결하였다. 그 후 이를 통해 Eads교량, Merchants 교량, Original Wiggins 페리회사를 인수하였고 철도역사, 교량, 터널 그리고 세인트루이

[Terminal Railroad 사건]

전기통신회선설비 등을 건설·운용·관리하는 기관(이하 "시설관리기관"이라 한다)은 다른 전기통신사업자가 관로(管路)·공동구(共同溝)·전주(電柱)·케이블이나 국사(局舍) 등의 설비(전기통신설비를 포함한다. 이하 같다) 또는 시설(이하 "설비등"이라 한다)의 제공을 요청하면 협정을 체결하여 설비등을 제공할 수 있다. ② 다음 각 호의 어느 하나에 해당하는 기간통신사업자 또는 시설관리기관은 제1항에도 불구하고 협정을 체결하여 설비등을 제공하여야 한다. 다만, 시설관리기관의 사용계획 등이 있는 경우에는 그러하지 아니하다. 1. 다른 전기통신사업자가 전기통신역무를 제공하는 데에 필수적인 설비를 보유한 기간통신사업자 2. 관로·공동구·전주 등의 설비등을 보유한 다음 각 목의 시설관리기관 가.「한국도로공사법」에 따라 설립된 한국도로공사 나.「한국수자 원공사법」에 따라 설립된 한국수자원공사 다.「한국전력공사법」에 따라 설립된 한국전력공사 라.「국가철도공단법」에 따라 설립된 국가철도공단 마.「지방공기업법」에 따른 지방공기업 바.「지방자치법」에 따른 지방자치단체 사.「도로법」에 따른 지방국토관리청.

스와 서세인트루이스간의 선박교통망을 완전히 장악하였다. 이에 1905년 연방검사가 미주리주 항소법원에 결합을 해소하는 취지의 소를 제기하였고, 1912년 연방대법원은 「셔먼법(Sherman Act)」 제1조 위반으로 판단하고 TRA로 하여금 동일한 조건으로 경쟁자에게 제공하도록 명하였다.

그 후 <Associate Press 사건>(1945), <Griffith 사건>(1978)까지는 「셔먼법(Sherman Act)」 제1조 위반으로 적용이 되다가 <Otter Tail 사건>(1973)에서 「셔먼법(Sherman Act)」 제2조 위반으로 다루게 되었다. <Hecht 사건>(미연방항소법원, 1978)에서 'Essential facilities doctrine'이라는 표현이 등장하였다. <MCI 사건>(미연방항소법원, 1983)에서 그 적용요건이 설시되었는데, 독점사업자가 ① 필수설비를 통제할 것, ② 신설이 불가능할 것, ③ 독점사업자가 필수설비에의 접근을 거부할 것, ④ 공동사용의 기대가능성이 없을 것이라는 적용요건이 설시되었다. <Aspen Skiing 사건>(미연방대법원, 1985)에서는 'All-Aspen-Ticket' 발매를 중단한 행위가 「셔먼법(Sherman Act)」 제2조에 위반하였다고 판단하였다. 그러나 하급심에서 언급한 Essential facility에 대한 판단은 구체적으로 하지 않았다. 그 후 <Verizon 사건>(미연방대법원, 2004)에서 연방대법원은 필수설비이론을 부정하였다. 그동안 주로 프로풋볼 경기장, 스키장 리프트, CRS, 병원시설, 컴퓨터 운영시스템 등에 적용되었다.

⟨United States v. Terminal R. Ass'n, 224 U.S. 383(1912)⟩

The court affirmed in part and held that petitioner was subject to the antitrust regulations for its refusals to deal with municipal power systems in order to prevent or destroy their position in the market. The court held that the Federal Power Act did not exempt petitioner from antitrust regulations, and it vacated and remanded the district court findings with regard to enjoining litigation.

⟨Hecht Pro-Football, Inc., 570 F.2d 982(1978)⟩

"The essential facility doctrine, also called the bottleneck principle, states that where facilities cannot practicably be duplicated by would-be competitors, those in possession of them must allow them to be shared on fair terms. It is illegal restraint of trade to foreclose the scarce facility. To be essential, a facility need not be indispensable; it is sufficient if duplication of the facility would be economically infeasible and if denial of its use inflicts a severe handicap on potential market entrants. Necessarily, this principle must be carefully delimited: the antitrust laws do not require that an essential facility be shared if such sharing would be impractical or would inhibit the defendant's ability to serve its customers adequately."

⟨MCI Communications Corp. v. American Tel. & Tel. Co., 708 F.2d 1081 (1983)⟩

"1. The Essential Facilities Doctrine

The jury found that AT&T unlawfully refused to interconnect MCI with the local distribution facilities of Bell operating companies—an act which prevented MCI from offering FX and CCSA services to its customers. A monopolist's refusal to deal under these circumstances is governed by the so—called essential facilities doctrine. Such a refusal may be unlawful because a monopolist's control of an essential facility (sometimes called a "bottleneck") can extend monopoly power from one stage of production to another, and from one market into another. Thus, the antitrust laws have imposed on firms controlling an essential facility the obligation to make the facility available on non—discriminatory terms. United States v. Terminal Railroad Association, 224 U.S. 383, 410—11, 56 L. Ed. 810, 32 S. Ct. 507 (1912); Byars v. Bluff City News Co., 609 F.2d 843, 856 (6th Cir. 1979).

The case law sets forth four elements necessary to establish liability under the essential facilities doctrine: (1) control of the essential facility by a monopolist; (2) a competitor's inability practically or reasonably to duplicate the essential facility; (3) the denial of the use of the facility to a competitor; and (4) the feasibility of providing the facility.

The Supreme Court in Otter Tail, considered the refusal of a regulated electric utility to sell power wholesale or to transmit power purchased from other sources to municipalities which had chosen to own their own retail distribution systems. This refusal to sell or transmit was held to violate section 2 of the Sherman Act."

⟨Aspen Skiing Co. v. Aspen Highlands Skiing Corp., 472 U.S. 585(1985)⟩

The United States Court of Appeals for the Tenth Circuit affirmed, holding that the multi—day, multi—area tickets in question could be characterized as an "essential facility" which the larger operator had a duty to market jointly with its competitor, and that there was sufficient evidence to support a finding that the larger operator's intent in refusing to continue the marketing arrangement was to create or maintain a monopoly(738 F2d 1509).

On certiorari, the United States Supreme Court affirmed. In an opinion by Stevens, J., expressing the unanimous view of the eight participating members of the court, it was held that the actions of the larger operator were properly held to violate 2 of the Sherman Act since the evidence was sufficient to support a conclusion that they were not taken for legitimate business reasons, but for the purpose of injuring a competitor.

〈Verizon Communs., Inc. v. Law Offices of Curtis V. Trinko, LLP, 540 U.S. 398(2004)〉

"We conclude that Verizon's alleged insufficient assistance in the provision of service to rivals is not a recognized antitrust claim under this Court's existing refusal－to－deal precedents. This conclusion would be unchanged even if we considered to be established law the "essential facilities" doctrine crafted by some lower courts, under which the Court of Appeals concluded respondent's allegations might state a claim."

"To the extent respondent's "essential facilities" argument is distinct from its general § 2 argument, we reject it."

유럽에서는 일찍이 ＜Commercial Solvents 사건＞(EU사법재판소, 1973)에서 원재료의 거래거절행위가 문제되었고,[141] ＜Hafen Von Rödby 사건＞(EU집행위원회, 1992, 1993)에서 미국의 필수설비이론이 도입되었다. 이에 1999년 독일「경쟁제한방지법(GWB)」제19조 제2항 제4호에서 필수설비이론을 명문화하였다.[142] ＜Magill 사건＞에서 EU사법재판소는 TV프로그램 정보에 대하여 필수설비이론의 적용을 긍정하였으며, 지식재산권 관련하여 ＜IMS Health 사건＞(EU사법재판소, 2004)에서는 지역별 약품판매정보(소위 '1860 brick structure')에 대하여 저작권을 주장하면서 이에 대한 이용허가를 요구하는 경쟁자들에 대해서 이를 거부한 행위가 문제되었는데, 필수설비이론의 적용요건을 자세히 설시하였다.

---

141) 원재료 거래거절행위에 대하여 필수설비이론에서의 '설비'의 범위에 포함시키기는 어렵다.
142) 적정한 대가로(gegen angemessenes Entgelt) 상품 또는 상업적 서비스의 다른 사업자에 대한 제공, 특히 데이터, 네트워크 또는 그 밖에 인프라시설들에 대한 접근을 거절하고, 그 제공과 접근 보장이 전·후방시장에서 다른 사업자의 사업활동에 객관적으로 필요한 것이라면, 이러한 거절이 객관적으로 정당화되지 않는 이상 당해 시장에서의 유효경쟁 제거가 우려된다; '데이터에 대한 접근'은 제10차 개정 시 새로 삽입되었다.

그러나 <Bronner 사건>(EU사법재판소, 1988)에서는 Mediaprint와 경쟁관계에 있던 Bronner가 신문 가정배달망(home-delivery scheme)을 자신에게 개방해줄 것을 요청한 행위에 대하여 필수설비이론의 적용을 부정한 바 있다. <Hafen Von Rödby 사건>에서 EU집행위원회는 필수설비(즉 경쟁자가 이를 이용하지 아니하면 그들의 고객에게 서비스를 제공 할 수 없는 시설이나 인프라)의 운영에 있어서, 시장지배적 지위를 갖고, 이러한 설비를 스스로 사용하는 사업자가 객관적 정당화 사유 없이 다른 사업자에 접근을 거부하거나 혹은 자신이 스스로 제공하는 서비스에 비해 불리하게 하는 조건으로 접근을 허용하는 행위는, EU조약 제82조(현재 「EU기능조약(TFEU)」 제102조)의 다른 요건을 충족하는 한 동 규정에 위반된다고 판단하였다.

<Judgment of the Court of 6 March 1974. - Istituto Chemioterapico Italiano S.p.A. and Commercial Solvents Corporation v Commission of the European Communities. - Joined cases 6 and 7-73.>

An undertaking which has a dominant position within the market in raw materials and which, with the object of reserving such raw materials for manufacturing its own derivatives, refuses to supply a customer, which is itself a manufacturer of these derivatives, and therefore risks eliminating all competition on the part of this customer, is abusing its dominant position within the meaning of article 86.

<94/119/EG: Entscheidung der Kommission vom 21. Dezember 1993 zur Verweigerung des Zugangs zu den Anlagen des Hafens von Rødby (Dänemark)>

So mißbraucht ein Unternehmen in beherrschender Stellung seine beherrschende Stellung, wenn es eine wichtige Anlage besitzt oder verwaltet und selbst nutzt, d.h. eine Anlage oder eine Infrastruktur, ohne die seine Wettbewerber ihren Kunden keine Dienstleistungen anbieten können, und wenn es seinen Wettbewerbern den Zugang zu dieser Anlage verweigert.

<Judgment of the Court of 6 April 1995. - Radio Telefis Eireann (RTE) and Independent Television Publications Ltd (ITP) v Commission of the European Communities. - Joined cases C-241/91 P and C-242/91 P.>

However, the exercise of an exclusive right by a proprietor may, in exceptional circumstances, involve abusive conduct. Such will be the case when broadcasting companies rely on copyright conferred by national legislation to prevent another undertaking from publishing on a weekly basis information (channel, day, time and title of programmes) together with commentaries and pictures obtained independently of those companies, where, in the first place, that conduct prevents the appearance of a new product, a comprehensive weekly guide to television programmes, which the companies concerned do not offer and for which there is a potential consumer demand, conduct which constitutes an abuse under heading (b) of the second paragraph of Article 86 of the Treaty; where, second, there is no justification for that refusal either in the activity of television broadcasting or in that of publishing television magazines; and where, third, the companies concerned, by their conduct, reserve to themselves the secondary market of weekly television guides by excluding all competition from the market through denial of access to the basic information which is the raw material indispensable for the compilation of such a guide.

⟨Judgment of the Court (Fifth Chamber) of 29 April 2004. IMS Health GmbH & Co. OHG v NDC Health GmbH & Co. KG. Reference for a preliminary ruling: Landgericht Frankfurt am Main - Germany. Case C-418/01.⟩

The refusal by an undertaking which holds a dominant position and owns an intellectual property right in a brick structure indispensable to the presentation of regional sales data on pharmaceutical products in a Member State to grant a licence to use that structure to another undertaking, which also wishes to provide such data in the same Member State, constitutes an abuse of a dominant position within the meaning of Article 82 EC where the following conditions are fulfilled:

- the undertaking which requested the licence intends to offer, on the market for the supply of the data in question, new products or services not offered by the owner of the intellectual property right and for which there is a potential consumer demand;
- the refusal is not justified by objective considerations;
- the refusal is such as to reserve to the owner of the intellectual property right the market for the supply of data on sales of pharmaceutical products in the Member State concerned by eliminating all competition on that market.

> ⟨JUDGMENT OF THE COURT (Sixth Chamber) 26 November 1998, Case C-7/97,
> Oscar Bronner GmbH & Co. KG⟩
>
> The refusal by a press undertaking which holds a very large share of the daily newspaper market in a Member State and operates the only nationwide newspaperhome−delivery scheme in that Member State to allow the publisher of a rival newspaper, which by reason of its small circulation is unable either alone or incooperation with other publishers to set up and operate its own home−delivery scheme in economically reasonable conditions, to have access to that scheme for appropriate remuneration does not constitute the abuse of a dominant positionwithin the meaning of Article 86 of the EC Treaty.

필수설비 규정을 적용하기 위해서는 적극적, 소극적 요건이 필요하다. ⓐ 시장지배적 사업자가 ⓑ 필수설비를 소유·통제하여야 한다. 필수적인 요소는 네트워크, 기간설비 등 유·무형의 요소로 i) 당해 요소를 사용하지 않고서는 상품이나 용역의 생산·공급 또는 판매가 불가능하여 일정한 거래분야에 참여할 수 없거나, 당해 분야에서 피할 수 없는 중대한 경쟁 열위 상태가 지속(신설의 불가능성), ii) 당해 요소를 사용하거나 이에 접근하려는 자가 당해 요소를 재생산하거나 다른 요소로 대체하는 것이 사실상·법률상 또는 경제적으로 불가능할 것(사용의 불가피성) 등의 요건이 필요하다. 특정 사업자가 당해요소를 독점적으로 소유 또는 통제하고 있어야 한다(『시장지배적지위 남용행위 심사기준』 IV. 3).

기술표준도 필수설비가 될 수 있다. 즉, 표준필수특허(SEP)도 필수설비(서울중앙지법, 2012)라고 한 사례가 있다. 원료는 기간시설이나 망에 해당하지 않으므로 필수설비로 볼 수 없다. 그간의 적용사례를 보면 <에스케이/대한송유관공사 기업결합제한규정 위반행위 건>(공정위, 2001)에서 송유관, <여신금융전문업협회 사업자단체 금지행위 건>(대법원, 2005)에서 신용카드가맹점 공동이용망, <삼성의 애플에 대한 특허침해소송 건>(중앙지법, 2012)에서 3GPP통신표준이 필수설비로 인정된 바 있다. 그러나 <서울동북부지역정보운영위원회 사업자단체금지행위 건>(대법원, 2007)에서 부동산중개공동망, <에스케이텔레콤 시장지배적지위 남용행위 건>(서울고법, 2007)에서 DRM은 필수설비로 인정되지 않았다.

〈에스케이/대한송유관공사 기업결합제한규정 위반행위 건, 공정위 2001. 6. 29. 의결 제2001-090호〉

　송유관시설은 해안에 위치한 정유공장과 내륙지방의 주요 소비지역을 연결하는 수송로로 국내 정유사들이 송유관시설을 이용하지 못할 경우 석유제품의 대량 소비지인 수도권 등 내륙지방으로의 원활한 수송을 달성할 수 없다는 측면에서 필수설비(Essential Facilities)에 해당하거나 이에 준하는 시설로서의 특성을 가진다.

〈한국여신금융협회 사업자단체금지행위 건, 대법원 2005. 8. 19. 선고 2003두5709 판결〉

　공동이용망과 같은 필수설비적 성격을 가진 시설의 보유자들에게 경쟁상대방도 그 시설을 이용할 수 있도록 강제하는 것은 그 거래분야에서의 공정한 경쟁을 촉진하고 그러한 시설에 대한 불필요한 중복투자를 방지하여 소비자후생을 기하고 국민경제의 균형 있는 발전을 도모하고자 함에 있는 것이므로 이러한 시설은 그 독점적 이익이 배제된 적정한 가격에 이용할 수 있도록 해 줄 필요가 있기 때문이다.

〈여신금융전문업협회 사업자단체금지행위 건, 대법원 2007. 3. 30. 선고 2004두8514 판결〉

　서울 노원지역 부동산중개업자들이 원고 한국부동산정보통신 주식회사(이하 '원고 부동산정보통신'이라 한다)의 부동산거래정보망에 가입하지 않더라도 다른 사업자의 부동산거래정보망에 가입하여 부동산중개업을 수행할 수 있다 할 것이므로, 원고 부동산정보통신의 부동산거래정보망은 이 사건 거래거절을 당한 자들이 부동산중개업을 영위하기 위하여 반드시 이용하여야 하는 필수설비라고는 할 수 없음.

〈에스케이텔레콤 시장지배적지위 남용행위 건, 서울고법 2007. 12. 27. 선고 2007누 8623 판결〉

　우리 법에서도 인정되고 있다고 해석되는 이른바 '필수설비'(Essential Facilities) 이론은 시장에서 경쟁하는 데 불가결한 시설(반드시 유형의 시설만을 의미하는 것은 아니다)을 가지는 사람은 그 시설에의 접근을 거절해서는 안 된다'고 하는 이론으로서 다른 사업자에게 사용이나 접근을 거절하는 하는 '필수적 요소'에 해당하는 경우 경쟁당국은 필요한 경우 필수설비를 적정한 가격에 다른 경쟁사에게 개방하도록 의무화하거나 극단적으로는 필수설비 소유자가 필수설비를 이용하는 서비스를 사용하지 못하도록 할 수 있는 정책을 실행할 수 있다는 것이다(독일의 경쟁제한방지법 제40조도 필수설비소유 사업자의 접근거절행위를 시장지배적지위의 남용행위로 규정하고 있으며, 미국에서도 독점사업자가 필수설비의 공유를 거절하는 행위는 「셔먼법(Sherman Act)」 제2조에 위반될 수 있다고 보고 있다).

　원고의 SKT DRM이 위 법령상의 '필수적 설비'에 해당한다고 보기 어렵다고 할 것이며, 따라서 원고의 SKT DRM의 공동사용 거절은 거래상지위를 남용한 부당한 행위라고 볼 수 없다.

> **〈에스케이텔레콤 시장지배적지위 남용행위 건, 대법원 2011. 10. 13. 선고 2008두 1832 판결〉**
>
> DRM이 법령상의 '필수적 설비'에 해당한다고 보기 어려움.

'다른 사업자'는 필수요소의 소유자 또는 그 계열회사가 참여하고 있는 거래분야에 가까운 장래에 참여할 것으로 예상되는 사업자를 의미한다. ⓒ 다른 사업자의 사용 또는 접근의 거절·중단 또는 제한행위가 있어야 한다. '거절·중단·제한하는 행위'라 함은 필수요소에의 접근이 사실상 또는 경제적으로 불가능할 정도의 부당한 가격이나 조건을 제시하는 경우, 필수요소를 사용하고 있는 기존 사용자에 비해 현저하게 차별적인 가격이나 배타조건, 끼워팔기 등 불공정한 조건을 제시하는 경우를 포함하여 실질적으로 거절·중단·제한하거나 이와 동일한 결과를 발생시키는 행위를 말한다(『시장지배적지위 남용행위 심사기준』 IV. 3). <삼성의 애플에 대한 특허침해소송 건>(중앙지법, 2012)에서 법원은 이를 부정하였다.

ⓓ 적정한 대가의 제공이 필요하다. 적정대가의 기준 관련해서는 <여신금융전문업협회 사업자단체금지행위 건>(대법원, 2005)에서는 "이 사건 공동이용망의 이용을 사실상 거절하여 신한은행의 사업활동을 방해하거나 제한하는 부당한 공동행위에 해당하는지 여부는 이 사건 가입비가 객관적으로 보아 위 공동이용망의 이용을 사실상 거절할 정도에 이르는 과다한 것인지 여부에 따라 결정될 것이다"고 하고, "시스템 자체를 구축하는 데 소요된 비용과 유사가맹점망을 구축하고자 할 경우 소요되는 비용을 합한 금액에 신청인의 이용정도, 신청인의 자체 가맹점이 그 시설 내의 가맹점망 형성에 기여할 것으로 예상되는 정도 등을 고려한 적정한 분담비율을 곱하여 산정한 금액＋신청인도 그 시설을 구축한 사업자들과 공동으로 시설을 이용할 수 있도록 하는데 소요되는 추가비용을 합산한 금액"을 기준으로 판단하였다. 투명성, 비차별성, 비용기준 등이 적용된다.

가입신청을 하는 자(이하 '신청인')가 그 시설을 구축한 사업자들과 같은 조건으로 이용하기 위하여 지급하여야 할 적정한 가입비는, (i) 신용카드 가맹점을 상호 공동으로 이용할 수 있도록 하는 시스템 자체를 구축하는 데 소요된 비용과 그 시설

내의 가맹점 망과 유사한 가맹점 망을 구축하고자 할 경우 소요되는 비용을 합한 금액에 신청인의 그 시설에 대한 이용의 정도, 신청인의 자체 가맹점이 그 시설 내의 가맹점 망 형성에 기여할 것으로 예상되는 정도 등을 고려한 적정한 분담비율을 곱하여 산정한 금액과 (ii) 신청인도 그 시설을 구축한 사업자들과 공동으로 시설을 이용할 수 있도록 하는 데 소요되는 추가비용을 합산한 금액이 일응의 기준이 될 수 있을 것이다.

> **〈한국여신금융협회 사업자단체금지행위 건, 대법원 2005. 8. 19. 선고 2003두 5709 판결〉**
> 신한은행이 이 사건 공동이용망 내의 가맹점 망과 유사한 가맹점 망을 구축하는 데 소요되는 비용 자체로 가입비를 산정한 안진회계법인의 가입비 산정방법은 적절한 산정방법이라고 할 수 없다.

ⓒ 정당한 이유가 부존재해야 한다. 정당한 이유는 '가용능력의 부족'이 가장 중요한데 i) 필수요소를 제공하는 사업자의 투자에 대한 정당한 보상이 현저히 저해되는 경우(다만, 경쟁의 확대로 인한 이익의 감소는 정당한 보상의 저해로 보지 아니한다). ii) 기존 사용자에 대한 제공량을 현저히 감소시키지 않고서는 필수요소의 제공이 불가능한 경우, iii) 필수요소를 제공함으로써 기존에 제공되고 있는 서비스의 질이 현저히 저하될 우려가 있는 경우, v) 기술표준에의 불합치 등으로 인해 필수요소를 제공하는 것이 기술적으로 불가능한 경우, v) 서비스 이용고객의 생명 또는 신체상의 안전에 위험을 초래할 우려가 있는 경우 등에는 정당한 이유가 있다고 판단할 수 있다(『시장지배적지위 남용행위 심사기준』 IV. 3).

필수설비이론은 시장지배적지위의 남용행위와 관련되는 것이지만 공정위가 기업결합사건에서 경쟁제한성 판단에서 이를 활용한 사례가 있다<에스케이/대한송유관공사 기업결합제한규정 위반행위 건>(공정위, 2001), <(주)동방 등 5개 사업자 기업결합제한규정 위반행위 건>(공정위 2019).

> **〈에스케이/대한송유관공사 기업결합제한규정 위반행위 건, 공정위 2001. 6. 29. 의결 제2001- 090)**
> 송유관 설비는 사업목적, 자본조달, 주주구성, 관련 법률 등에 비추어 볼 때, 다른

수송수단과는 달리 국가의 전략적인 기간시설이며, 특히, 공공운송수단(common carriers)으로서의 성격이 강하다.

송유관시설은 해안에 위치한 정유공장과 내륙지방의 주요 소비지역을 연결하는 수송로로 국내 정유사들이 송유관시설을 이용하지 못할 경우 석유제품의 대량 소비지인 수도권 등 내륙지방으로의 원활한 수송을 달성할 수 없다는 측면에서 필수설비(Essential Facilities)에 해당하거나 이에 준하는 시설로서의 특성을 가진다.

석유제품 생산판매시장에서 타 정유사와 경쟁하고 있는 피심인이 송유관에 의한 수송시장에서 독점기업인 송유관공사의 경영권을 지배하는 경우 경쟁사에 대한 석유수송 신청의 거부, 수송신청물량의 제한, 수송순위의 차등, 수송요율 및 기타 계약조건의 차별 등 경쟁제한적 효과가 발생할 우려가 있다.

〈(주)동방 등 5개 사업자 기업결합제한규정 위반행위 건, 공정위 2019. 11. 14. 의결 제2019-273호

신설회사의 주식 양도가 주주간 협약서 제8조에 의해서 사실상 불가능하고 신설회사를 결합 당사회사가 공동으로 지배하고 있는 상황을 고려하면, 현재 결합 당사회사가 하방시장(인천항 카페리 터미널 하역시장)의 필수설비를 상방시장(인천항 카페리 터미널 시설 임대시장)의 신설회사를 통해 독점하고 있는 것으로 판단된다.

위와 같은 사실들을 종합해 보면, 결합 당사회사는 새로운 진입자가 인천항 카페리 터미널 하역시장에 진입하는 것을 선호하지 않을 것으로 보이며, 필수 설비를 보유한 신설회사는 인천항 카페리 터미널 하역시장에 진입을 시도하는 경쟁사업자에게 컨테이너 야드와 같은 필수설비를 임차하지 않는 방식으로 관련시장에서 진입장벽을 형성하는 형태의 봉쇄효과를 발생시킬 것으로 판단된다.

④의 기타의 사업활동방해 행위는 위 ① ~ ③ 외의 부당한 방법으로 다른 사업자의 사업활동을 어렵게 하는 행위를 말한다. ⓐ 먼저 부당하게 특정사업자에 대하여 거래를 거절하거나 거래하는 상품 또는 용역의 수량이나 내용을 현저하게 제한하는 행위가 있다. <포스코 시장지배적지위 남용행위 건>(대법원, 2007)에서 대법원은 경쟁제한성이 없다고 판단하였는데, 기존 냉연강판시장의 틀을 유지하겠다는 것이어서 거래거절에 의하여 신규참여가 실질적으로 방해되는 것으로 볼 수 없다고 결론지었다. 즉, 거래거절행위에도 불구하고 참가인은 일본으로부터 열연코일을 자신의 수요에 맞추어 수입하여 냉연강판을 생산·판매하여 왔고 순이익까지 올리는 등 정상적인 사업활동을 영위하여 옴으로써 결국 냉연강판시장의 규모가 확대되었다고 보았다. 이는 시장지배적지위 남용행위의 위법성 요건과 관련하여 많은

논란을 낳았던 사건이었다.

〈포스코 시장지배적지위 남용행위 건, 대법원 2007. 11. 22. 선고 2002두8626 판결〉

원심이 들고 있는 사정들은 모두 원고의 이 사건 거래거절행위에 의하여 참가인이 입게 된 구체적인 불이익에 불과한 것들로서 현실적으로 경쟁제한의 결과가 나타났다고 인정할 만한 사정에 이르지 못할 뿐만 아니라, 오히려 원심에 제출된 증거들에 의하면, 원고의 이 사건 거래거절행위에도 불구하고 참가인은 일본으로부터 열연코일을 자신의 수요에 맞추어 수입하여 냉연강판을 생산·판매하여 왔고, 냉연강판공장이 완공되어 정상조업이 개시된 2001년 이후부터는 지속적으로 순이익을 올리는 등 냉연강판 생산·판매사업자로서 정상적인 사업활동을 영위하여 왔던 사실을 알 수 있으며, 또한 원고의 이 사건 거래거절행위 이후 국내에서 냉연강판의 생산량이 줄었다거나 가격이 상승하는 등 경쟁이 제한되었다고 볼 만한 자료도 나타나 있지 않으므로, 경쟁 저해의 결과를 초래하였다는 원심의 판단을 수긍하기 어렵다.

또한, 이 사건 거래거절행위는 냉연강판시장에 원재료인 냉연용 열연코일을 공급하던 원고가 냉연강판시장에 진입한 이후에도 경쟁사업자에 해당하는 기존의 냉연강판 제조업체들에게는 계속적으로 냉연용 열연코일을 공급하여 오다가 새로이 냉연강판시장에 진입한 경쟁사업자인 참가인에 대하여 신규공급을 거절한 것인바, 비록 원고가 열연코일시장에서의 시장지배적지위를 이용하여 후방시장인 냉연강판시장에서의 신규 경쟁사업자에게 영향을 미칠 수 있는 거래거절행위를 한 것이기는 하나, 이는 원재료 공급업체가 새로이 냉연강판시장에 진입하면서 기존의 냉연강판 제조업체에 대한 원재료의 공급을 중단하여 경쟁사업자의 수를 줄이거나 그의 사업능력을 축소시킴으로써 경쟁을 제한하는 결과를 낳는 경우와는 달리, 원고와 기존 냉연강판 제조업체들에 의하여 형성된 기존의 냉연강판시장의 틀을 유지하겠다는 것이어서 그 거래거절에 의하여 기존 냉연강판시장의 가격이나 공급량 등에 직접적으로 영향을 미치지는 아니하므로, 참가인의 신규 참여에 의하여 냉연강판시장에서 현재보다 소비자에게 유리한 여건이 형성될 수 있음에도 참가인이 원고 외의 다른 공급사업자로부터 열연코일을 구할 수 없어, 거래거절에 의하여 신규 참여가 실질적으로 방해되는 것으로 평가될 수 있는 경우 등에 이르지 않는 한, 그 거래거절 자체만을 가지고 경쟁제한의 우려가 있는 부당한 거래거절이라고 하기에는 부족하다고 보아야 할 것이다. 오히려, 이 사건에서는 앞서 본 바와 같이 원고의 거래거절행위에도 불구하고 참가인은 일본으로부터 열연코일을 자신의 수요에 맞추어 수입하여 냉연강판을 생산·판매하여 왔고 순이익까지 올리는 등 정상적인 사업활동을 영위하여 옴으로써 결국 냉연강판시장의 규모가 확대되었다고 할 것이다. 따라서 이와 같은 사정과 아울러 이 사건 거래거절행위로 인하여 거래거절 당시 생산량 감소나 가격 상승과 같은 경쟁제한 효과가 발생할 우려가 있었다는 사정에 관한 자료도 없는 점에 비추어 보면, 위에서 본 바와 같이 원심이 들고 있는 이 사건 거래거절로 인하여 참가인이 입게 된 불이익에 관한 사정들만으로는 이 사건 거래거절행위를 거래거절 당시 경쟁제한의 효과가 생길 만한 우려가 있는 행위로 평가하기에는 부족하다고 봄이 상당하다.

　　<소수의견>

(1) 다수의견과 같이 공정거래법 제5조 제1항 제3호의 시장지배적 사업자의 거래거절행위의 '부당성'의 의미를 주관적·객관적 측면에서 '경쟁제한의 우려'가 있는 행위로만 파악한다면 시장지배적 사업자가 그 시장지배력을 남용하는 경우를 규제함으로써 독점을 규제하고자 하는 우리 헌법의 정신 및 공정거래법의 입법목적에 반한다.

(2) 공정거래법의 규정 체제 및 내용에 비추어 보아도 공정거래법 제5조 제1항 제3호의 시장지배적 사업자의 지위남용행위로서의 거래거절행위의 '부당성'의 의미를 경쟁제한의 우려로 해석하는 것은 적절하지 아니하다.

(3) 그런데 이와 같이 시장지배적 사업자의 지위남용행위로서의 거래거절행위의 '부당성'을 다수의견이 말하는 '경쟁제한의 우려'의 의미로 평가·해석할 수 없고 시장지배적 사업자의 거래거절이 다른 사업자의 사업활동을 '부당하게' 어렵게 하는 행위에 해당하면 족하다고 하더라도, 구체적으로 어떠한 경우에 시장지배적 사업자의 거래거절행위가 다른 사업자의 사업활동을 '부당하게' 어렵게 함으로써 시장지배적지위를 남용한 행위라고 평가할 수 있을지가 문제된다.

　　그런데 종래 대법원판례에서 제시하고 있는 위와 같은 유형의 거래거절행위의 주체가 시장지배적 사업자인 경우, 그 거래거절행위는 모두 시장지배적지위를 남용하여 다른 사업자의 사업활동을 부당하게 어렵게 한 행위로 평가할 수 있을 것이고, 결국 종래 대법원이 공정거래법 제23조 제1항 제1호의 불공정거래행위로서의 거래거절행위의 부당성 평가와 관련하여 제시하고 있는 판단 기준은 공정거래법 제5조 제1항 제3호의 시장지배적 사업자의 지위남용행위로서의 거래거절행위의 '부당성' 여부를 평가함에 있어서도 그 판단 기준으로 삼을 수 있다고 할 것이다

(4) 한편, 공정거래법은 시장지배적 사업자의 지위남용행위에 대한 과징금 등 그 제재를 불공정거래행위의 경우보다 중하게 하고 있는데, 공정거래법 제5조 제1항 제3호의 시장지배적 사업자의 지위남용행위로서의 거래거절행위의 부당성의 의미를 다수의견과 같이 해석한다면 공정거래법 제5조가 규율하는 시장지배적지위 남용행위가 성립할 여지가 줄어들게 되는 결과를 야기하게 된다. 이는 결국 모든 사업자를 수범자로 하여 그들의 '부당한' 거래거절행위를 규제하고자 하는 공정거래법 제23조 제1항 제1호와 달리, 시장지배적 사업자가 가지는 시장지배력의 남용 가능성을 중시하여 시장지배적 사업자를 수범자로 하여 그들의 '부당한' 거래거절행위를 보다 강하게 규제함으로써 시장지배적 사업자로 인한 폐해를 감소시키려는 공정거래법 제5조의 입법 취지에 반하는 결과를 가져오게 된다.

> 이러한 측면에서도 공정거래법 제5조 제1항 제3호가 규율하는 시장지배적 사업자의 지위남용행위로서의 거래거절행위의 부당성을 공정거래법 제45조 제1항 제1호가 규율하는 불공정거래행위로서의 거래거절행위의 부당성과 전혀 다른 개념으로 파악하여 경쟁제한의 우려가 있는 경우로만 제한하려는 다수의견은 적절하지 않다.

미국의 경우 거래개시 거절행위 관련해서는 <Colgate 사건>(미연방대법원, 1919)에서 미 연방대법원이 독점을 형성하거나 유지하기 위한 목적이 없는 한 기업은 자유롭게 자신의 판단으로 누구와 거래할지 결정할 수 있다는 소위 '콜게이트 룰(Colgate rule)'을 확립하였다.

> **⟨United States v. Colgate & Co., 250 U.S. 300(1919)⟩**
>
> The Court affirmed the trial court's judgment sustaining an objection to petitioner's indictment because the indictment did not charge respondent with violating antitrust law by fixing prices with wholesale and retail dealers.
>
> "In the absence of any intent to create or maintain a monopoly, the Sherman Act doe not prevent a manufacturer engaged in a private business from announcing in advance the prices at which his good may be resold and refusing to deal with wholesaler and retailers who do not conform to such price"

한편 남용행위가 일어나는 시장과 경쟁제한성이 나타나는 시장은 다를 수 있다. 즉 시장지배력의 전이가 일어날 수 있다. <(주)포스코 시장지배적지위 남용행위 건>(대법원, 2007)에서 시장지배적 사업자가 속한 시장에 국한되지 않으며 다른 시장에서의 경쟁제한도 포함된다고 보았고, <에스케이텔레콤 시장지배적지위 남용행위 건>(서울고법, 2007)에서도 'MP3폰을 디바이스로 하는 이동통신시장'의 시장지배적 사업자가 'MP3다운로드시장'의 경쟁을 제한할 수 있다고 보았다. 반면 양면시장 관련 <(주)티브로드 강서방송 시장지배적지위 남용행위 건>(대법원, 2008)에서는 '프로그램 송출시장'의 시장지배력이 '프로그램송출 서비스시장'으로 바로 이전되지 않는다고 보았다.

〈(주)포스코 시장지배적지위 남용행위 건, 대법원 2007. 11. 22. 선고 2002두8626 판결〉

경쟁제한의 효과가 문제되는 관련시장은 시장지배적 사업자 또는 경쟁사업자가 속한 시장뿐만 아니라 그 시장의 상품 생산을 위하여 필요한 원재료나 부품 및 반제품 등을 공급하는 시장 또는 그 시장에서 생산된 상품을 공급받아 새로운 상품을 생산하는 시장도 포함될 수 있다고 할 것이다.

〈에스케이텔레콤 시장지배적지위 남용행위 건, 서울고법 2007. 12. 27. 선고 2007누 8623 판결〉

우선 시장지배적사업자가 자신이 지배하는 시장뿐만 아니라 그 이전 또는 다음 단계의 인접시장에서 자신의 지배력을 전이(전이: leveraging)하여 그 시장에서 다른 사업자의 활동을 부당하게 방해하는 경우도 시장지배적지위의 남용에 해당된다는 것이 현행법의 해석이다. 그런데 다음과 같은 점에 비추어 위 양 시장은 상호 밀접한 관련이 있다고 할 것이므로 원고의 주장을 받아들이지 아니한다.

〈(주)티브로드 강서방송 시장지배적지위 남용행위 건, 대법원 2008. 12. 11. 선고 2007두 25183 판결〉

프로그램 송출시장에서 시장지배적 사업자인 원고의 시장지배력이 프로그램 송출서비스시장으로 전이된다고 볼 만한 근거를 찾아 볼 수도 없다.

최근 〈네이버(주) 시장지배적지위 남용행위 건〉(공정위, 2021)에서 공정위는 시장지배력의 전이를 인정하였다.

〈네이버(주)[쇼핑 부문] 시장지배적지위 남용행위 등 건, 공정위 2021. 1. 27. 의결 제 2021-027호〉

당해 사건에서 피심인 행위의 부당성은 비교쇼핑서비스시장에서의 시장지배력을 전이하여 국내 오픈마켓 시장에서의 경쟁을 제한하고자 했다는 점에 있다.

시장지배력 전이는 하나의 시장에서 시장지배력을 가진 사업자가 그러한 시장지배력을 지렛대(leverage)로 이용해 인접시장에까지 지배력을 확대하는 것을 의미한다.

이에 대해 법원은 '시장지배적 사업자가 자신이 지배하는 시장뿐만 아니라 그 이전 또는 다음 단계의 인접시장에서 자신의 지배력을 전이하여 그 시장에서 다른 사업자의 활동을 부당하게 방해하는 경우도 시장지배적지위의 남용에 해당된다는 것이 현행법의 해석'이라고 하면서 시장지배력 전이를 판단하기 위해서는 '양 시장의 거래내용, 특성, 시장지배적지위 남용행위의 규제목적, 내용 및 범위 등을 비롯한 여러 사정을 종합적으로 고려하여야한다'고 판시하고 있다.

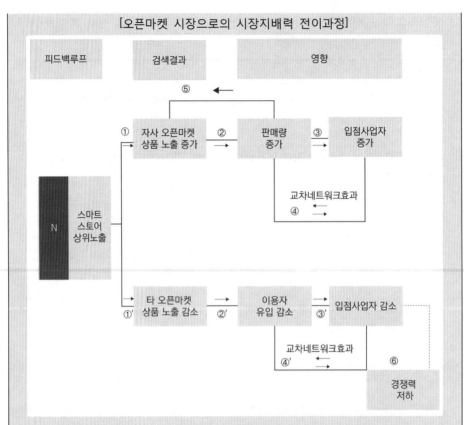

[오픈마켓 시장으로의 시장지배력 전이과정]

한편, 미국법원은 시장지배력 전이와 관련하여 어떤 시장에서 독점력을 가진 기업이 그 시장에서의 독점력을 인접시장에서 경쟁상 유리하게 하기 위해 이용하는 경우 그로 인해 기존의 독점을 유지하거나 또는 인접시장에서도 독점을 획득할 고도의 개연성이 있으면 「셔먼법(Sherman Act)」 제2조 위반에 해당된다고 보고 있다. 또한, 「EU기능조약(TFEU)」 제102조하에서는 어떤 시장에서 지배적지위에 있는 기업이 그 지배력을 시장지배적지위에 있지 않은 인접 시장에서 경쟁상의 이익을 얻기 위하여 시장지배적지위를 이용하는 것은 시장지배적 기업이 그 행위의 정당한 사업상의 이유를 표시하지 않는 한, 제2시장에서 시장지배적지위가 형성될 개연성이 입증되지 않아도 시장지배적지위의 남용에 해당될 수 있다고 보고 있다.

관련하여 EU에서는 <Telemarketing 사건>(EU사법재판소, 1985)에서는 벨기에에서 국내법에 따라 독점적 지위를 가지는 TV 방송사가 자사의 방송채널에서 행하는 홈쇼핑광고에 반드시 자신의 자회사가 제공하는 전화번호를 사용하도록 한 행위가 문제로 되었는데, EU사법재판소는 지배적 사업자가 그 지위를 가지는 시장과 수직적으로 연결된 부수적 시장에서 경쟁상 우위를 획득하기 위한 전형적인 독점력 전이행위라고 판시하였다. <British Plasterboard 사건>(EU사법재판소, 1995)에서는 문제가 된 행위 두개의 시장들은 수직적으로 연결되지 않았으며 단지 인접한 시장 (neighboring markets)이었는데, 현재 지배력을 가지지 않은 시장에서의 행위를 통하여 현재 지배력을 가지고 있는 시장에서 그 지배적지위를 유지하고자 한 경우였다. <Tetra Pak II 사건>(EU사법재판소, 1996)에서는 종래 판례상 인정되던 지배력 전이행위의 범위를 더욱 확장시켜서 행위자가 지배적지위를 가지지 않는 별도의 시장에서 경쟁상 우위를 획득하기 위하여 당해 시장에서 행한 행위 역시 시장지배적지위의 남용행위가 될 수 있다고 판시하였다.

<Judgment of the Court (Fifth Chamber) of 3 October 1985. Centre belge d'études de marché - Télémarketing (CBEM) v SA Compagnie luxembourgeoise de télédiffusion (CLT) and Information publicité Benelux (IPB). Reference for a preliminary ruling: Tribunal de commerce de Bruxelles - Belgium. Dominant position - Telemarketing. Case 311/84.>

An abuse within the meaning of article 86 is committed where, without any objective necessity, an undertaking holding a dominant position on a particular market reserves to itself or to an undertaking belonging to the same group an ancillary activity which might be carried out by another undertaking as part of its activities on a neighbouring but separate market, with the possibility of eliminating all competition from such undertaking.

<Judgment of the Court of First Instance (Second Chamber) of 1 April 1993. - BPB Industries Plc and British Gypsum Ltd v Commission of the European Communities. - Case T-65/89.

The fact that a subsidiary has legal personality separate from that of its parent company is not sufficient to exclude the possibility that its conduct may be attributed to the parent company, in particular where the subsidiary, although having separate legal personality, does not decide independently upon its own conduct in the market but carries out, in all material respects, the instructions given to it by the parent company. A wholly owned subsidiary, in principle, necessarily follows the policy laid down by the parent company.

> ⟨Judgment of the Court (Fifth Chamber) of 14 November 1996. - Tetra Pak International SA v Commission of the European Communities. - Case C-333/94 P.⟩
>
> Application of Article 86 presupposes a link between the dominant position and the alleged abusive conduct, which is normally not present where conduct on a market distinct from the dominated market produces effects on that distinct market. In the case of distinct, but associated, markets, application of Article 86 to conduct found on the associated, non–dominated, market and having effects on that associated market can only be justified by special circumstances.

ⓑ 다음으로 거래상대방에게 정상적인 거래관행에 비추어 타당성이 없는 조건을 제시하거나 가격 또는 거래조건을 부당하게 차별하는 행위가 있다. <퀄컴 시장지배적지위 남용행위 건('퀄컴 I 사건')>(대법원, 2019)에서는 공정위가 CDMA이동통신 핵심기술을 삼성전자, 엘지전자, 팬텍 등 국내휴대폰제조사에 대하여 경쟁사 모뎀칩을 사용하는 휴대폰에 대하여 차별적으로 높은 기술로열티를 부과한 행위에 대해 시정명령 및 과징금 부과처분을 하였고 서울고법에서도 공정위의 결정을 인용하였다. 한편 대법원에서는 서울고법의 판결을 인용하였으나 일부 행위에 대해서는 위법성을 부인하였다.

> ⟨퀄컴 시장지배적지위 남용행위 건(퀄컴 I 사건), 서울고법 2013. 6. 19. 선고 2010누 3932 판결⟩
>
> 이에 의하면, 단순히 '거래상대방'이라고만 하고 있을 뿐이어서 그 문언상 반드시 복수의 거래상대방을 전제하고 있다고 볼 수는 없으며, 또 같은 거래상대방에 대하여 구체적인 조건에 따라 가격을 차별적으로 할인하는 방법에 의하여도 경쟁사업자의 사업활동을 방해하여 경쟁제한의 효과를 유발할 수 있는 것이므로, 여기서의 가격차별행위란 반드시 둘 이상의 구매자 사이에서 가격을 차별하는 경우에 한정되지 않고, 하나의 구매자에 대하여 구체적 조건에 따라 가격을 차별적으로 할인하는 경우도 포함된다고 봄이 옳다.
>
> 그런데 이 사건 로열티 차별적 부과행위는 휴대폰 제조사가 원고 퀄컴이 판매하는 CDMA 모뎀칩을 장착한 경우와 그렇지 않은 경우(다른 경쟁사업자가 공급하는 CDMA 모뎀칩을 장착한 경우)를 구별하여 로열티를 달리 적용하는 것이므로 거래상대방에 대하여 가격을 차별하는 행위에 해당함은 명백하다.

한편 2017년 <퀄컴 시장지배적지위 남용행위 건('퀄컴 II 사건')>(공정위, 2017)
은 현재 대법원에 계류중이다. 즉, ① 경쟁칩셋사에게는 SEP 라이선스를 거절·제한
하고, ② 칩셋 공급과 특허 라이선스 계약을 연계하여, 칩셋 공급을 볼모로 FRAND
확약을 우회하여 부당한 라이선스 계약 체결·이행을 강제한 후, ③ 휴대폰사에 대
해 포괄적인 라이선스만을 제공하면서 정당한 대가 산정 절차 없이 일방적인 라이
선스 조건을 부과하는 한편, 휴대폰사 특허를 자신에게 무상으로 교차 라이선스 하
도록 요구한 행위에 대하여 시정명령과 함께 과징금 1조 300억 원을 부과한 사건이
다. 상기 3가지 행위들은 유기적으로 연결되면서 전체적으로 퀄컴의 경쟁제한적 사
업모델을 완성했다고 판단하였다.

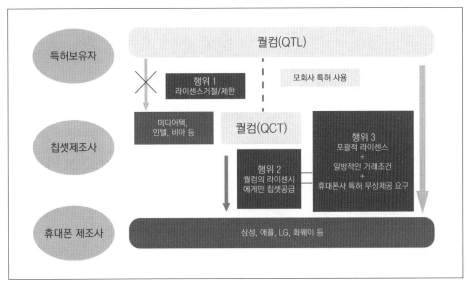

출처: 공정위 보도자료(2016.12.28)

이 사건을 심의하면서 공정위는 2016년 11월 13일 퀄컴사에 심사보고서를 발
송하였고, 동년 7월 이후 동의의결 심의 포함, 총 7차례 전원회의를 개최하여 심층
적인 검토를 진행하였다. 특히 국내 삼성전자·LG전자뿐만 아니라 애플·인텔·엔비
디아(이상, 미국), 미디어텍(대만), 화웨이(중국), 에릭슨(스웨덴) 등 세계 각국 ICT 기
업들이 심의에 참여하는 등 다각도로 쟁점을 심사하였다. 이 사건은 특허 라이선스
시장과 칩셋 시장에서 독점력을 강화하고자 경쟁사인 칩셋 제조사에게는 라이선스

를 거절하면서, 휴대폰사에게 일방적인 라이선스 조건을 강제해 온 퀄컴의 부당한 비지니스 모델을 공정위가 최초로 시정하였다.

퀄컴 등은 이에 불복하여 2017년 2월 21일 서울고등법원에 공정위 처분에 대한 취소 소송 및 집행 정지 신청을 제기했으나 집행 정지 신청은 기각되었으며(대법원, 2017), 본안소송에서 서울고등법원은 2019. 12. 4. 퀄컴 인코포레이티드 외 2명(이하 퀄컴 등)이 제기한 시정명령 등 취소 소송(2017누48)에 대해 퀄컴의 청구를 기각하고, 행위3(포괄적 라이센스 등) 관련 일부 위법 판결외에, 과징금 부과 처분은 모두 정당하다고 판결하였다(서울고법, 2017).[143]

또한 <(주)지멘스 시장지배적지위 남용행위 등 건>(공정위, 2018)에서는 지멘스 주식회사, 지멘스헬스케어 주식회사, 지멘스헬시니어스 주식회사가 지멘스 CT, MRI를 구매한 고객이 자신의 장비를 조립(Assembling), 설치(Installation), 조정(Adjustment), 시험(Testing)하는 등 유지보수하기 위하여 필수적인 서비스 소프트웨어에 접근하는 것을 제한하는 행위 및 지멘스 CT, MRI를 구매한 고객이 독립 유지보수사업자 등 경쟁사업자와 거래하는지 여부에 따라 서비스 소프트웨어 서비스키의 가격, 기능, 발급기간 등의 라이선스 조건을 차별하는 행위를 사업활동방해행위로 판단하였다.

미국의 <Utah Pie 사건>(미연방대법원, 1967)은 대표적인 가격차별 사건인데 '급격하게 인하되는 가격구조'를 이유로 「클레이튼법(Clayton Act)」 제2조[로빈슨 패트먼법(Robinson-Patman Act)] 위반으로 인정한 바 있다. 동 사건은 유타지역에서 전국적인 파이제조업체인 Continental Baking사가 이 지역에 진출하여 Utah Pie의 시장점유율이 66%에서 44%로 떨어진 사건이었는데, 유타지역에서 경쟁을 제한한 판결이라 비판적 견해가 많다. 경쟁을 「로빈슨 패트먼법(Robinson-Patman Act)」에서는 1선 위반행위(primary-line violations)와 2선 위반행위(secondary-line violations)로 나누고 있는데, 전자는 경쟁자를 대상으로, 후자는 구매자의 경쟁자를 대상으로 한 개념이다.

「EU기능조약(TFEU)」 제102조 제1항에서는 "동일한 거래조건에 대하여 거래상대방에 따라 다른 거래조건을 부여하고, 그 결과 그들에게 경쟁상의 불이익을 제공하는 경우"를 시장지배적지위 남용행위의 유형으로 규정하고 있다.[144]

---

143) 공정위 보도자료(2019.12.4).

EU에서는 특히 지역적 가격차별을 엄격하게 금지하고 있다. 즉 단순히 경쟁질서를 유지 및 확보하는 것 이외에 시장통합이라는 목적의 달성을 위하여 회원국별로 상이한 가격을 책정하는 것은 상세한 경제학적 추론없이 엄격하게 금지되어 왔다. 예를 들어 <United Brands 사건>(EU사법재판소, 1978)에서 법원은 대규모 바나나 제공업자가 각 회원국 유통업자들에게 상이한 가격으로 공급하였고 재판매와 관련하여 제약적 조건을 부과한 행위에 대하여 시장상황에 대한 별다른 분석 없이 각 회원국 유통업자들에 대하여 차별적 조건을 적용함으로써 경쟁상 불이익에 처하게 하였으므로 지배적지위의 남용이라고 하였다. <Tetra Pak I 사건>(EU사법재판소, 1994)에서 법원 역시 객관적인 시장조건과 무관하게 차별적인 가격을 책정한 것은 시장지배적지위의 남용이라고 판시하였다. 동 판결에서 EU집행위원회 및 사법재판소는 반드시 제102조 (c)가 규정하고 있는 '경쟁상 불이익(competitive disadvantage)'의 존재를 요구하지도 않았다.

> **〈Judgment of the Court of 14 February 1978. - United Brands Company and United Brands Continentaal BV v Commission of the European Communities. - Chiquita Bananas. - Case 27/76.〉**
>
> The fact that an undertaking forbids its duly appointed distributors to resell the product in question in certain circumstances is an abuse of the dominant position since it limits markets to the prejudice of consumers and affects trade between member states, in particular by partitioning national markets.
>
> The policy of differing prices enabling ubc to apply dissimilar conditions to equivalent transactions with other trading parties, thereby placing them at a competitive disadvantage is an abuse of a dominant position.
>
> **〈Judgment of the Court of First Instance (Second Chamber) of 6 October 1994. - Tetra Pak International SA v Commission of the European Communities. - Case T-83/91.〉**
>
> For an undertaking in a dominant position to apply prices which discriminate between users established in different Member States is prohibited by Article 86(c) of the Treaty. Although that provision does not preclude such an undertaking

---

144) "(c) applying dissimilar conditions to equivalent transactions with other trading parties, thereby placing them at a competitive disadvantage."

> from setting different prices in the various Member States, in particular where the price differences are justified by variations in the conditions of marketing and the intensity of competition, the dominant undertaking has the right only to take reasonable steps to protect its commercial interests in that way. In particular, it may not apply artificial price differences in the various Member States such as to place its customers at a disadvantage and to distort competition in the context of an artificial partitioning of national markets.
>
> Where an undertaking has abused its dominant position by both discriminatory or predatory pricing and loyalty rebates, the Commission, in prohibiting that undertaking, on all the markets where it is subject to Article 86, from granting certain customers any rebate or more favourable condition in whatever form without objective consideration, is within the limits of its power under Article 3(1) of Regulation No 17 to issue orders to bring the infringements to an end.

ⓒ 자사 또는 다른 거래상대방 대비 가격 또는 거래조건을 부당하게 차별하는 행위이다. 이는 최근 문제가 되는 '자사우대(self-preferencing) 행위'를 염두에 두고 규정한 것이다.

ⓓ 마지막으로 부당하게 거래상대방에게 불이익이 되는 거래 또는 행위를 강제하는 행위이다. 이를 끼워팔기라고 하는데 대표적인 사례로 <MS 시장지배적지위 남용행위 건>(공정위, 2006)에서 공정위는 MS의 결합판매행위에 대하여 사업활동방해, 소비자이익저해행위, 끼워팔기(불공정거래행위)로 제재하였다. 동 건에서 공정위는 PC서버운영체제를 주된 시장으로, 미디어서버프로그램을 종된 시장으로, 윈도우(인텔호환)PC운영체제를 주된 시장으로, 스트리밍 미디어플레이어를 종된 시장으로, 윈도우(인텔호환) PC운영체제를 주된 시장으로, 일반용 메신저를 종된 시장으로 판단하였다.

〈MS 시장지배적지위 남용행위 건, 공정위 2006.2.24. 의결 제2006-042호〉
[시정명령의 주요내용]
① 윈도우 미디어 서버 결합판매 관련
  ○ 윈도우 서버 운영체제에서 윈도우 미디어 서버를 분리
    - 시정명령일부터 180일 이후에는 윈도우 서버 운영체제에서 윈도우 미디어 서버(WMS) 프로그램을 분리하여 판매할 것
② 윈도우 미디어 플레이어 및 메신저 결합판매 관련

> ○ 향후 : 2가지 윈도우 PC 운영체제를 공급(180일 이내)
> - 분리된 버전 : 윈도우 PC 운영체제에서 윈도우 미디어 플레이어(WMP)와 메신저를 분리한 버전을 공급할 것
> - 탑재된 버전 : 윈도우 PC 운영체제에 경쟁 미디어 플레이어와 메신저를 다운로드받을 수 있는 링크가 포함된 "미디어 플레이어 센터"와 "메신저 센터"를 설치하고, 소비자들이 모든 경쟁제품을 동일하게 인식할 수 있도록 할 것 등
> ○ 기존 : 윈도우 PC 운영체제에 경쟁제품을 탑재(다만, "탑재된 버전"에 대하여는 앞으로도 계속 아래의 CD를 공급)
> - 시정명령일 현재 이미 판매된 윈도우 PC 운영체제에 대하여는 사용자들에게 CD 공급 및 인터넷 업데이트 등의 방법을 통하여 "미디어 플레이어 센터"와 "메신저 센터"를 설치할 수 있도록 할 것
> * "미디어 플레이어 센터"와 "메신저 센터"에 포함될 경쟁제품의 범위 등은 이행감시기구의 의견을 들어 공정위가 추후 결정

　미국의 경우 끼워팔기는 「셔먼법(Sherman Act)」 제1조 또는 「클레이튼법(Clayton Act)」 제3조 위반으로 다루어지지만 독점사업자의 끼워팔기는 「셔먼법(Sherman Act)」 제2조의 독점화금지나 독점화의 기도로도 다루어진다<Fortner Enterpreisers 사건>(미연방대법원, 1969). <Eastman Kodak 사건>(미연방대법원, 1992)에서는 코닥은 새로운 부품 정책에 따라 복사기와 서비스를 함께 구입하는 고객들에게만 부품을 판매했고, 나머지 고객, 즉 ISO를 통해 부품을 구입하고 그들에게 고장난 기계에 대한 수리를 의뢰하는 고객들에게는 부품을 판매하지 않았다. 이러한 코닥의 부품 및 소프트웨어의 판매거절행위는 「셔먼법(Sherman Act)」 제2조의 독점화(monopolization)에 해당되는 것으로 독점금지법 위반이라고 결정하였다.

　<Microsoft 사건>(미연방항소법원, 2001)에서 법원은 브라우저 운영시스템의 통합과 인터넷 검색사업자와의 배타적 계약을 「셔먼법(Sherman Act)」 위반으로 보았으나, 인터넷 콘텐츠 제공자(Internet content providers), 소프트웨어 판매자(software vendors), 그리고 컴퓨터 제조사(a computer manufacturer)와의 거래에서는 경쟁제한성을 인정하지 않았다.

〈Fortner Enters. v. United States Steel Corp., 394 U.S. 495(1969)〉

On certiorari, the Court held that because respondent lender's advantageous loan terms and ability to offer substantial loans gave it substantial economic power so that the prohibitions against tying applied to it and because credit could be a tied product like any other, petitioner's allegations were sufficient to overcome respondents' motion for summary judgment. The Court therefore reversed the judgment of the appellate court and remanded the case for trial.

〈Eastman Kodak Co. v. Image Tech. Servs., 504 U.S. 451(1992)〉

"There is no support for the view that per se immunity from 1 of the Sherman Act (15 USCS 1), which prohibits unlawful tying arrangements, should be granted to manufacturers competing in the service market in either (1) the United States Supreme Court's jurisprudence, since the Supreme Court has held many times that power gained through some natural and legal advantage such as a patent, copyright, or business acumen can give rise to liability if a seller exploits its dominant position in one market to expand the seller's empire into a derivative aftermarket; or (2) the record in the case, where the record——for purposes of determining whether a manufacturer selling service and parts for its photocopiers and micrographic equipment has engaged in an unlawful tying arrangement prohibited by 1 by unlawfully tying the sale of service to the sale of parts——supports the theory that the manufacturer is able to exploit some customers who in the absence of the tie would be protected from increases in parts prices by knowledgeable customers."

〈United States v. Microsoft Corp., 253 F.3d 34(2001)〉

Exclusion of the company's Internet browser from the a program removal utility and commingling of browser and operating system codes was exclusionary conduct. Exclusionary contracts with Internet access providers also violated the Sherman Act, but dealings with Internet content providers, software vendors, and a computer manufacturer did not, since there was no proof that these deals substantially effected competition. The preferred justification for integrating the operating system and browser was not rebutted so the company was not liable for this design.

「EU기능조약(TFEU)」 제102조 제1항에서도 "(d) 거래상대방이 그 성질이나 거래관행에 비추어 당해 계약의 목적과 상관없는 부수적인 의무를 부담할 것을 조건으로 하여 계약을 체결하는 경우"를 시장지배적지위 남용행위의 유형으로 규정하고 있다.[145] EU의 <Microsoft 사건>(EU일반법원, 2007)에서 법원은 자신의 PC운영체제와 상호 연동하는 데 필요한 정보를 제공하지 않고 이용을 허락하지 않은 행위 및 윈도우 PC운영체제와 윈도우 미디어플레이어를 결합하여 판매한 행위는 제102조를 위반하는 시장지배적지위의 남용행위라고 결정하였다.

〈Judgment of the Court of First Instance (Grand Chamber) of 17 September 2007. Microsoft Corp. v Commission of the European Communities. Case T-201/04.〉

The refusal by an undertaking holding a dominant position to license a third party to use a product covered by an intellectual property right cannot in itself constitute an abuse of a dominant position within the meaning of Article 82 EC.

It is only in exceptional circumstances that the exercise of the exclusive right by the owner of the intellectual property right may give rise to such an abuse and that, accordingly, it is permissible, in the public interest in maintaining effective competition on the market, to encroach upon the exclusive right of the holder of the intellectual property right by requiring him to grant licences to third parties seeking to enter or remain on that market.

The following circumstances, in particular, must be considered to be exceptional: in the first place, the refusal relates to a product or service indispensable to the exercise of a particular activity on a neighbouring market; in the second place, the refusal is of such a kind as to exclude any effective competition on that neighbouring market; in the third place, the refusal prevents the appearance of a new product for which there is potential consumer demand.

Once it is established that such circumstances are present, the refusal by the holder of a dominant position to grant a licence may infringe Article 82 EC unless the refusal is objectively justified.

In order to determine whether the conduct of the dominant undertaking constitutes abusive tying, the Commission is entitled to base its finding on the following factors: first, the tying and tied products are two separate products; second, the undertaking concerned is dominant in the market for the tying product; third, the undertaking concerned does not give customers a choice to

---

145) "(d) making the conclusion of contracts subject to acceptance by the other parties of supplementary obligations which, by their nature or according to commercial usage, have no connection with the subject of such contracts."

> obtain the tying product without the tied product; and fourth, the practice in
> question forecloses competition. The Commission also takes into account the fact
> that the tying is not objectively justified.

<MS 시장지배적지위 남용행위 건>(서울중앙지법, 2009)에서 법원은 "피고들의 결합판매행위는 PC운영체제에서 98%라는 독보적인 시장지배적지위를 차지하고 있는 피고들이 그 지위를 이용하여 메신저시장에서도 PC운영체제의 독점력을 전이하려는 목적을 가지고 결합판매라는 바람직하지 않은 경쟁수단을 사용하여 인터넷 내려받기만으로 메신저를 배포하는 다른 사업자와의 '장점에 의한 경쟁'을 배제하는 것이므로, 경쟁제한성이 인정된다"고 판시하였다. 끼워팔기는 유상/무상을 불문하며, 강제성은 소비자의 거래처 선택 가능성을 기준으로 하고, 경쟁제한성은 추상적 위험으로 족하다고 본다. 그러나 2011년 <에스케이텔레콤 시장지배적지위 남용행위 건>(대법원, 2011) <NHN 시장지배적지위 남용행위 건>(대법원, 2014)에서 대법원은 경쟁제한성을 부정하였는데 포스코 판결취지를 따른 것이었다.

<NHN 시장지배적지위 남용행위 건>(대법원, 2014)에서 공정위는 네이버가 자사 검색결과에 의해 제공되는 동영상서비스에 대해 '동영상 광고전 광고(선광고)'를 금지한 행위에 대해 시정명령을 하였는데, 공정위가 피고가 이 사건 처분의 전제가 되는 관련상품시장에 관하여 인터넷 포털이 대부분 검색(Search) 서비스, 이메일·메신저 등 커뮤니케이션(Communication) 서비스, 홈페이지·온라인카페 등 커뮤니티(Community) 서비스, 스포츠·금융·뉴스·게임 등 각종 콘텐츠(Contents) 서비스, 온라인 쇼핑 등 전자상거래(Commerce) 서비스(이하 위 각 서비스를 통틀어 '1S-4C 서비스')를 기반으로 유사한 서비스를 제공하고 있는 점 등에 근거하여 이 사건 관련시장을 '인터넷 포털서비스 이용자시장'으로 획정한 것에 대하여 다음과 같이 판시하였다.

〈NHN 시장지배적지위 남용행위 건, 대법원 2014. 11. 13. 선고 2009두20366 판결〉
피고가 이 사건 관련상품시장에서의 시장지배력의 추정 기준으로 인터넷 포털사업자의 전체 매출액을 삼은 것은 부당하다.
설령 이 사건 관련시장에서 원고에게 시장지배적 사업자의 지위가 인정된다고 하더라도, 원고의 이 사건 광고제한행위로 인하여 동영상 콘텐츠 공급업체의 광고수익이 줄어들 가능성이 있다는 사정은 원고의 이 사건 광고제한행위로 인하여 동영상 콘텐츠 공급업체가 입게 되는 구체적인 불이익에 불과하여 현실적으로 경쟁제한의 결과가 나타났다고 인정할 만한 사정에 이르지 못하고 경쟁제한의 의도나 목적이 있었던 것으로 보기도 어렵다.

원고가 시장에서의 독점을 유지·강화할 의도나 목적, 즉 시장에서의 자유로운 경쟁을 제한함으로써 인위적으로 시장질서에 영향을 가하려는 의도나 목적을 갖고, 객관적으로도 그러한 경쟁제한의 효과가 생길 만한 우려가 있는 행위로 평가될 수 있는 불이익 강제행위를 했다고 보기 어렵다.

<현대자동차 시장지배적지위 남용행위 건>(대법원, 2010)에서 대법원은 거점이전제한 및 판매인원 채용제한 행위를 판매대리점의 사업활동을 부당하게 방해하는 행위로 인정하였다.[146]

〈현대자동차 시장지배적지위 남용행위 건, 대법원 2010. 3. 25. 선고 2008두7465 판결〉

원고의 이 사건 사업활동 방해행위는 국내 승용차 판매시장 및 5톤 이하 화물차(트럭) 판매시장에서 직영판매점과 판매대리점의 자유로운 경쟁을 제한함으로써 인위적으로 시장질서에 영향을 가하려는 의도나 목적을 갖고, 객관적으로도 그러한 경쟁제한의 효과가 생길 만한 우려가 있는 행위로 평가될 수 있으므로, 그 부당성이 인정된다.

외국에서는 2018년 7월 EU집행위원회가 Google의 시장지배적지위 남용행위에 대하여 역대 최고금액인 총 43억 4,000만 유로(약 5조 6,000억 원)의 과징금을 부과하였다. 구글앱스토어 라이선스조건으로 자사 2개 앱의 선탑재요구(끼워팔기), 배타적 거래를 위한 금전적 인센티브제공, 안드로이드 포크를 기반으로 하는 모바일 기기의 판매금지요구 등 행위가 법위반으로 인정되었다.

〈Commission fines Google €4.34 billion for illegal practices regarding Android mobile devices to strengthen dominance of Google's search engine〉

The European Commission has fined Google €4.34 billion for breaching EU antitrust rules. Since 2011, Google has imposed illegal restrictions on Android device manufacturers and mobile network operators to cement its dominant position in general internet search.

---

146) 동 사건의 성격상 시장지배적지위 남용행위가 아니라 거래상지위 남용행위로 규제하는 것이 타당하다는 견해로 이봉의, 공정거래법(2022), 210~213면.

In particular, Google has required manufacturers to pre—install the Google Search app and browser app (Chrome), as a condition for licensing Google's app store (the Play Store); made payments to certain large manufacturers and mobile network operators on condition that they exclusively pre—installed the Google Search app on their devices; and has prevented manufacturers wishing to pre—install Google apps from selling even a single smart mobile device running on alternative versions of Android that were not approved by Google (so—called "Android forks").

출처: EU Press release(2018.7.18)

ⓔ 기타 거래상대방에게 사업자금을 대여한 후 정당한 이유없이 대여자금을 일시적으로 회수하는 행위, ⓕ 다른 사업자의 계속적인 사업활동에 필요한 소정의 절차의 이행을 부당하게 어렵게 하는 행위, ⓖ 지식재산권과 관련된 특허침해소송, 특허무효심판, 기타 사법적·행정적 절차를 부당하게 이용하여 다른사업자의 사업활동을 어렵게 하는 행위가 기타의 사업활동방해행위에 포함된다.

5) 시장참가 방해행위

넷째, 새로운 경쟁사업자의 시장참가에 대한 부당한 방해행위로서 직접 또는 간접적으로 새로운 경쟁사업자의 신규진입을 어렵게 하는 경우이다(시장참가 방해행위)(제4호, 영 제9조 제4항).

'간접적'이라 함은 특수관계인 또는 다른 자로 하여금 당해 행위를 하도록 하는 것을 말한다. '새로운 경쟁사업자'라 함은 일정한 거래분야에 신규로 진입하려고 하는 사업자 및 신규로 진입하였으나 아직 판매를 개시하고 있지 아니한 사업자를 말한다. '신규진입을 어렵게 하는 경우'를 판단함에 있어서는 다른 사업자의 생산·재무·판매활동 등을 종합적으로 고려하되, 신규진입을 어렵게 할 우려가 있는 경우를 포함한다(『시장지배적지위 남용행위 심사기준』 IV. 4).

여기에는 ① 정당한 이유없이 거래하는 유통사업자와 배타적 거래계약을 체결하는 행위('유통사업자'라 함은 최종소비자가 아닌 거래상대방을 말한다. '배타적 거래계약'이라 함은 유통사업자로 하여금 자기 또는 자기가 지정하는 사업자의 상품이나 용역만을 취급하고 다른 사업자의 상품이나 용역은 취급하지 않을 것을 전제로 상품이나 용역을 공급하는 것을 말한다), ② 정당한 이유없이 기존사업자의 계속적인 사업활동에 필요한 권

리(특허권·상표권 등의 지식재산권, 행정관청 또는 사업자단체의 면허권 등) 등을 매입하
는 행위, ③ 정당한 이유없이 새로운 경쟁사업자의 상품 또는 용역의 생산·공급·판
매에 필수적인 요소의 사용 또는 접근을 거절하거나 제한하는 행위, ④ 기타 부당한
방법으로 새로운 경쟁사업자의 신규진입을 어렵게 하는 행위(정당한 이유없이 신규진
입 사업자와 거래하거나 거래하고자 하는 사업자에 대하여 상품의 판매 또는 구매를 거절하
거나 감축하는 행위), 경쟁사업자의 신규진입에 필요한 소정의 절차(관계기관 또는 단
체의 허가, 추천 등)의 이행을 부당한 방법으로 어렵게 하는 행위, 당해 상품의 생산
에 필수적인 원재료(부품, 부자재 포함)의 수급을 부당하게 조절함으로써 경쟁사업자
의 신규진입을 어렵게 하는 행위, 지식재산권과 관련된 특허침해소송, 특허무효심판
기타 사법적·행정적 절차를 부당하게 이용하여 경쟁사업자의 신규진입을 어렵게
하는 행위)가 포함된다(영 제9조 제4조, 『시장지배적지위 남용행위 심사기준』 IV. 4).

　　미국에서는 <Alcoa 사건>(미연방항소법원, 1945)에서 과잉시설을 유지함으로
써 경쟁자의 신규진입을 막은 행위를 「셔먼법(Sherman Act)」제2조 위반으로 보았
고, <United Shoe machinery 사건>(미연방대법원, 1954)에서는 신발제조기계를 장
기대여하면서 다시 임대하는 경우 위약금을 인하해 주는 행위를 신발제조업체들의
신규진입을 방해하는 행위로 보았다. 또한 <Berky Photo v. Eastman Kodak 사
건>(미연방대법원, 1980)에서 Kodak사가 사전 공표 없이 'Kodak color II'라는 필름
을 개발한 행위가 경쟁사를 부당하게 배제하는 행위인지 문제되었는데, 연방대법원
은 사전공표의무를 부정하였다. 그리고 <Foremost Pro Color v. Eastman Kodak
사건>(미연방대법원, 1984)에서는 Kodak 카메라에서만 사용 가능한 필름을 개발한
행위, Kodak이 만든 인화지에서만 현상이 가능하도록 한 행위가 경쟁자를 카메라
와 사진현상 시장에서 배제한 행위인지가 문제되었는데 법원은 「셔먼법(Sherman
Act)」위반을 부정하였다.

〈United States v. Aluminum Co. of America, 148 F.2d 416(1945)〉

　Size alone did not determine the existence of a monopoly but, rather,
exclusion of competitors, unnatural growth, wrongful intent, and undue coercion
were determinative elements.

<**United Shoe Machinery Corp. v. United States, 98 L. Ed. 910(1954)**>

Violation of the provision of 2 of the Sherman Anti−trust Act (15 USC 2) prohibiting monopolization, or attempted monopolization of interstate commerce, by a corporation engaged in manufacturing shoemaking machinery, is established by proof that the corporation, by distributing the more important types of its machinery under leases containing partnership features, by maintaining contacts with 90 per cent of all shoe factories, and by supplying more than 75 per cent of the demand for shoe machinery, has substantial market power so as to give it effective control of the shoe−machinery market.

<**Berkey Photo, Inc. v. Eastman Kodak Co., 603 F.2d 263(1980)**>

Judgment for plaintiff on the monopoly claim was reversed because defendant did not have a duty to predisclose information about its products to its competitors and plaintiff was not injured. Judgment notwithstanding the verdict on the restraint of trade claim was reversed because defendant's agreements with lamp manufacturers violated the Sherman Act.

<**Foremost Pro Color, Inc. v. Eastman Kodak Co., 1984 U.S.(1984)**>

Development and introduction of a system of technologically interrelated products was not sufficient alone to establish per se unlawful tying, even if the new products were incompatible with then existing products.

《《배제남용행위》》

6) 경쟁사업자 배제행위

다섯째, 경쟁사업자를 배제하기 위한 부당한 거래행위(경쟁사업자 배제행위)(제5호)에는 다음과 같은 행위가 포함된다. ① 부당하게 상품 또는 용역을 통상가격에 비하여 낮은 대가로 공급하거나 높은 대가로 구입하여 경쟁사업자를 배제시킬 우려가 있는 경우("약탈가격"[147])이다(영 제9조 5항).

'낮은 대가의 공급 또는 높은 대가의 구입'은 통상거래가격과의 차이의 정도, 공급 또는 구입의 수량 및 기간, 당해 품목의 특성 및 수급상황 등을 판단기준으로

---

147) 불공정거래행위의 유형으로 부당염매는 기준이 '통상거래가격에 비하여 낮은 경우'가 아니라 '공급에 소요되는 비용보다 현저히 낮은 대가로 계속하여 공급하거나 '부당하게 낮은 대가'라는 점에서 차이가 있다.

한다. '경쟁사업자를 배제시킬 우려가 있는 경우'는 당해 행위의 목적, 유사품 및 인접시장의 존재 여부, 당해 사업자 및 경쟁사업자의 시장지위 및 자금력 등을 기준으로 판단한다(『시장지배적지위 남용행위 심사기준』 IV. 5).

통상거래가격은 자유롭고 공정한 경쟁이 이루어지고 있는 시장에서 정상적으로 이루어지는 거래의 경우 일반적으로 형성될 수 있는 가격, 좀 더 구체적으로는 시장지배적 사업자가 부당하게 경쟁사업자를 배제하기 위하여 거래함으로써 시장지배적 지위를 남용하는 행위가 존재하지 않는 정상적인 거래에서 일반적으로 형성되었을 가격을 뜻한다<(주)엘지유플러스 시장지배적지위 남용행위 건>(대법원, 2021).

여러 업종을 영위하는 복합기업의 경우 '약탈가격(predatory pricing)' 전략을 구사하는데, C. Edwards는 자금력이 충분해야 이 가격정책을 쓸 수 있다고 하여 이를 '충분한 자금가설(deep pocket hypothesis)'이라고 부른다.[148] 복합기업이 A시장에서 약탈가격을 책정하는 것은 다른 시장에서의 경쟁을 미리 예방할 수 있는 과시효과를 가진다.[149]

참고로 미국 판례법상의 약탈가격 설정(predatory pricing)은 「셔먼법(Sherman Act)」 제2조의 독점화(monopolizing) 또는 독점화의 기도(attempt to monopolize)로 규율되는데, <Brooke 사건>(미연방대법원, 1993)에서는 '이익회복의 가능성(reasonable likelihood of profitable recoupment)'을 중요한 판단기준으로 하고 있다. 일찍이 <Standard Oil 사건>(미연방대법원, 1911)에서는 제품가격을 인하하여 중소 경쟁정유사의 사업을 포기하게 하고 이를 인수하는 방식이 문제가 된 바 있다. 미국의 경우 약탈적 가격설정 행위와 관련하여 'Areeda－Turner 기준'이 적용되는데 평균가변비용(Average Variable Costs: AVC)을 기준으로 하는 것이다. 평균가변비용(AVC)은 측정이 용이하다는 장점이 있지만, 평균가변비용보다 낮아지는 경우에 항상 나쁜 의도로 볼 수 없고, 적법한 경쟁가격하에서도 낮아지는 경우가 많다는 점을 간과하고 있다는 비판이 있다.[150]

---

148) 최정표, 산업조직경제학(2016), 242면.
149) 최정표, 산업조직경제학(2016), 243면.
150) 강대형, 독점규제법과 경제학(2018), 87~88면.

⟨Brooke Group v. Brown & Williamson Tobacco Corp., 509 U.S. 209(1993)⟩

The Supreme Court affirmed the judgment of the lower court after determining that there was no evidence of injury to competition. Specifically, it held that the record did not support a finding that respondent's alleged scheme was likely to result in oligopolistic price coordination and sustained supracompetitive pricing in the relevant cigarette market.

Specifically, it held that the evidence did not prove that respondent had a reasonable prospect of recovering its losses from its alleged below−cost pricing scheme through slowing the growth of the generic market.

⟨Martello v. Blue Cross & Blue Shield of Md., 143 Md. App. 462(2002)⟩

Predatory pricing requires: (1) pricing below an appropriate measure of cost; and (2) a likelihood of subsequent recoupment of the investment by means of post−predation, supra−competitive prices and profits. In essence, this means that once the predator has succeeded in eliminating competition, it recovers its earlier losses by raising prices. Whether endeavoring to prove consummated predation, attempted predation, or conspiracy to engage in predation, an indispensable element of the proof is recoupment. A predation strategy involving below−cost prices requires recoupment from monopoly or oligopoly prices that are sufficiently high and of sufficient duration so as to justify the earlier below−cost investment.

EU에서는 ⟨AKZO 사건⟩(EU사법재판소, 1991)에서 법원은 시장지배적 사업자가 평균가변비용(AVC)에 미달하는 가격을 책정하는 행위는 경쟁자를 배제하고 추후에 독점적 지위를 이용하여 가격을 인상하기 위한 것 이외에 아무런 이익이 없으므로 남용행위로 간주되어야 하고, 평균총비용(AVC)에 미달하지만 평균가변비용을 상회하는 가격을 책정하는 행위 역시 당해 행위가 경쟁자를 배제하기 위한 계획의 일부로서 결정된 경우에는 당해 지배적 사업자와 동등하게 효율적이지만(as efficient as the dominant undertaking) 재정적 자원이 부족하여 버틸 수 없는 사업자를 배제할 수 있으므로 남용행위에 해당된다고 판시하였다.

한편 ⟨Tetra Pak II 사건⟩(EU사법재판소, 1996)에서 한편으로 AKZO판결에서 판시한 사항을 재차 확인하고, 나아가 약탈적 가격책정의 인정에서 중요한 것은 경쟁자가 배제되는지 여부이고, 따라서 손실을 만회할 개연성을 입증할 필요가 없다고 판시함으로써 미국 「셔먼법(Sherman Act)」 제2조의 경우와는 달리 장기적으로 손실을 만회할 개연성을 요구하지 않음을 명확하게 하였다.

〈Judgment of the Court (Fifth Chamber) of 3 July 1991. - AKZO Chemie BV v Commission of the European Communities. - Article 86 - Case C-62/86.〉

Prices below average variable costs (that is to say, those which vary depending on the quantities produced) by means of which a dominant undertaking seeks to eliminate a competitor must be regarded as abusive.

Moreover, prices below average total costs, that is to say, fixed costs plus variable costs, but above average variable costs, must be regarded as abusive if they are determined as part of a plan for eliminating a competitor.

〈Judgment of the Court (Fifth Chamber) of 14 November 1996. - Tetra Pak International SA v Commission of the European Communities. - Tied sales - Predatory prices - Case C-333/94 P.〉

It would not be appropriate to require in addition, in order to categorize its pricing as predatory, proof that the undertaking concerned had a realistic chance of recouping its losses. It must be possible to penalize predatory pricing whenever there is a risk that competitors will be eliminated.

한편 시장지배적 사업자가 책정한 가격이 원가에 미달하지는 않지만 경쟁사업자를 배제하기 위하여 의도적으로 행하는 선택적 저가격책정(selective low pricing)을 제102조를 위반하는 남용행위로 인정할 수 있는지의 문제가 제기되었다.[151] 관련하여 〈Companie Maritime Belge 사건〉(EU사법재판소, 1996)에서 해상운송사업자 협회는 동 협회에 소속되지 않은 독립적 운송회사들로부터의 경쟁에 대응하기 위하여 소위 'fightingships' 전략(경쟁사의 운행시간에 근접한 운송편에 대해서 선택적으로 낮은 운임을 책정)을 취하였다. EU집행위원회는 이 사건에서 원가를 산정 하지 않은 채, 문제가 된 운임책정은 경쟁자를 배제하기 위한 집합적 지배력의 남용이라고 결정하였다.

이에 EU사법재판소는 이 사건 운임책정은 해당 협회가 90% 이상의 점유율을 가지고 있으며 문제가 된 대상 사업자가 유일한 경쟁사업자라는 점 등 당해 시장의 특수한 사정에 비추어 남용행위에 해당한다고 판시하였지만, 일반적으로 어떤 경우에 원가 이상의 가격책정이라고 하더라도 경쟁자를 배제하는 의도와 목적을 가지는

---

151) 공정거래위원회, EU의 경쟁법 판례분석(2008), 82면.

경우에 남용행위에 해당하는지에 대해서는 명확하게 판시하지 않았다.

<Irish Sugar 사건>(EU사법재판소, 1999)에서 다시 선택적 저가격책정 또는 가격차별이 문제가 되었다. 이 사건에서 EU집행위원회는 위 사건에서와 마찬가지로 경쟁자를 배제하려는 의도 및 가격할인의 선택적·집중적 성격을 근거로 남용행위로 인정하였다. 즉, 지배적지위를 가진 사업자라 하더라도 자신의 상업적 이익을 보호할 조치를 취할 수 있지만 그러한 행위의 목적이 지배적지위를 강화하여 이를 남용하는 것이라면 금지되고, 이 사건에서 원고의 행위가 적법하기 위해서는 최소한 경제적 효율성의 기준 및 소비자의 이익에 부합하여야 한다고 판시하였다.

<Judgment of the Court of First Instance (Third Chamber, extended composition) of 8 October 1996. - Compagnie maritime belge transports SA and Compagnie maritime belge SA, Dafra-Lines A/S, Deutsche Afrika-Linien GmbH & Co. and Nedlloyd Lijnen BV v Commission of the European Communities. - Joined cases T-24/93, T-25/93, T-26/93 and T-28/93.>

Article 86 is capable of applying to situations in which several undertakings together hold a dominant position on the relevant market. In order for such a collective dominant position to exist, the undertakings in question must be linked in such a way that they adopt the same conduct on the market.

Where a liner conference unilaterally offers shippers only 100% loyalty contracts, covering fob sales, and draws up a 'blacklist' of disloyal shippers with a view to penalizing them, this constitutes an abuse of its dominant position. Such practice taken as a whole has the effect of restricting users' freedom and thereby of affecting the competitive position of competitors.

<Judgment of the Court of First Instance (Third Chamber) of 7 October 1999. - Irish Sugar plc v Commission of the European Communities. - Case T-228/97>

A joint dominant position consists in a number of undertakings being able together, in particular because of factors giving rise to a connection between them, to adopt a common policy on the market and to act to a considerable extent independently of their competitors, customers and, ultimately, consumers.

The existence of a dominant position may derive from several factors which, taken separately, are not necessarily decisive. Amongst these factors, however, extremely large market shares are in themselves, save in exceptional circumstances, evidence of the existence of a dominant position. A market share of over 50% in itself constitutes evidence of the existence of a dominant position on the market in question.

　　Where an undertaking enjoys a dominant position, it is necessary, in order to determine whether a particular pricing policy is abusive, to consider all the circumstances, particularly the criteria and rules governing the grant of discounts, and to investigate whether, in providing an advantage not based on any economic service justifying it, the discount tends to remove or restrict the buyer's freedom to choose his sources of supply, to bar competitors from access to the market, to apply dissimilar conditions to equivalent transactions with other trading parties or to strengthen the dominant position by distorting competition.

　　이윤압착(margin sqeeze)도 경쟁사업자 배제행위가 될 수 있다<(주)엘지유플러스 시장지배적지위 남용행위 건>(대법원, 2021). 이윤압착은 절대적 가격수준을 기준으로 판단하는 약탈가격과는 달리 수직적 통합사업자와 다른 사업자와의 상대적인 가격차이에 주목한다는 점에서 차이가 있다.

〈(주)엘지유플러스 시장지배적지위 남용행위 건, 대법원 2021. 6. 30. 선고 2018두 37700 판결〉

　　하류시장에서 완제품의 소매가격을 낮추는 형태로 이루어지는 시장지배적 사업자의 이윤압착행위가 '부당하게 상품 또는 용역을 통상거래가격에 비하여 낮은 대가로 공급하여 경쟁자를 배제할 우려가 있는 거래'로 평가될 수 있다면 독점규제 및 공정거래에 관한 법률(2020. 12. 29. 법률 제17799호로 전부개정되기 전의 것) 제3조의2 제1항 제5호 전단, 독점규제 및 공정거래에 관한 법률 시행령 제5조 제5항 제1호가 금지하는 시장지배적지위 남용행위로 보아 규제할 필요가 있다.

　　통상거래가격은 자유롭고 공정한 경쟁이 이루어지고 있는 시장에서 정상적으로 이루어지는 거래의 경우 일반적으로 형성될 수 있는 가격, 좀 더 구체적으로는 시장지배적 사업자가 부당하게 경쟁사업자를 배제하기 위하여 거래함으로써 시장지배적지위를 남용하는 행위가 존재하지 않는 정상적인 거래에서 일반적으로 형성되었을 가격을 뜻한다.

　　먼저, 행위자가 수직 통합된(vertically integrated) 사업자로서 상류시장(upstream market)에서 시장지배적지위가 인정되어야 하고, 하류시장(downstream market)에서도 시장지배적지위에 있는지, 각 시장에서 시장지배력의 정도, 상류시장의 원재료 등의 특성과 그 원재료 등이 하류시장에서 판매하는 완제품의 생산·공급·판매에 필수적인 요소이거나 원재료 등에 해당하는지와 그 정도, 원재료 등과 완제품의 기능적 연관성과 비교가능성, 대체가능성, 두 시장의 신규나 재진입에 관한 법률적·제도적 또는 사실적·경제적 진입 장벽의 존재와 정도, 시장지배적 사업자와 경쟁사업자의 시장점유율, 상대적 규모의 차이, 관련 공법적 규제의 내용 등을 고려할 필요가 있다.

다음으로, 원칙적으로 시장지배적 사업자가 설정한 도매가격과 소매가격의 차이와 시장지배적 사업자의 비용을 기초로 하되 특별한 사정이 있는 경우에는 예외적으로 경쟁사업자의 비용을 바탕으로 이윤압착의 정도를 검토해 보아야 한다.

이 사건 행위는 이윤압착행위로서 '부당하게' 통상거래가격에 비하여 낮은 대가로 공급하여 경쟁사업자를 배제시킬 우려가 있는 거래행위에 해당한다고 볼 수 있는 여지가 있다.

미국에서도 <Alcoa 사건>(미연방항소법원, 1945)에서는 '가격압착(price sqeeze)'이 문제되었는데 '원료공급자이면서 경쟁자지위'가 문제가 되었고 법원은 「셔먼법(Sherman Act)」 위반을 인정하였다. 반대로 「셔먼법(Sherman Act)」 제2조 위반을 인정하지 않은 사례도 있다<linkline Communication 사건>(미연방대법원, 2009).

<United States v. Aluminum Co. of America, 148 F.2d 416(1945)>

The plaintiff's theory is that "Alcoa" consistently sold ingot at so high a price that the "sheet rollers," who were forced to buy from it, could not pay the expenses of "rolling" the "sheet" and make a living profit out of the price at which "Alcoa" itself sold "sheet."

<Pacific Bell Telephone Co. v. linkLine Communications, Inc., 555 U.S. 438 (2009)>

The most commonly articulated standard for price squeezes is that the defendant must leave its rivals a "fair" or "adequate" margin between wholesale and retail prices.

But if both the wholesale price and the retail price are independently lawful, there is no basis for imposing antitrust liability simply because a vertically integrated firm's wholesale price is greater than or equal to its retail price.

EU에서는 『배제적 남용행위 심사지침(Exclusionary Conduct Guidelines)』에서는 배제적 행위의 유형을 다음과 같이 열거하고 있다.

〈Guidance on the Commission's enforcement priorities in applying Article 82 of the EC Treaty to abusive exclusionary conduct by dominant undertakings〉

IV. SPECIFIC FORMS OF ABUSE

A. Exclusive dealing

A dominant undertaking may try to foreclose its competitors by hindering them from selling to customers through use of exclusive purchasing obligations or rebates, together referred to as exclusive dealing (23). This section sets out the circumstances which are most likely to prompt an intervention by the Commission in respect of exclusive dealing arrangements entered into by dominant undertakings.

B. Tying and bundling

A dominant undertaking may try to foreclose its competitors by tying or bundling. This section sets out the circumstances which are most likely to prompt an intervention by the Commission when assessing tying and bundling by dominant undertakings

C. Predation

In line with its enforcement priorities, the Commission will generally intervene where there is evidence showing that a dominant undertaking engages in predatory conduct by deliberately incurring losses or foregoing profits in the short term (referred to hereafter as 'sacrifice'), so as to foreclose or be likely to foreclose one or more of its actual or potential competitors with a view to strengthening or maintaining its market power, thereby causing consumer harm (39).

D. Refusal to supply and margin squeeze

When setting its enforcement priorities, the Commission starts from the position that, generally speaking, any undertaking, whether dominant or not, should have the right to choose its trading partners and to dispose freely of its property. The Commission therefore considers that intervention on competition law grounds requires careful consideration where the application of Article 82 would lead to the imposition of an obligation to supply on the dominant undertaking. The existence of such an obligation — even for a fair remuneration — may undermine undertakings' incentives to invest and innovate and, thereby, possibly harm consumers. The knowledge that they may have a duty to supply against their will may lead dominant undertakings — or undertakings who anticipate that they may become dominant — not to invest, or to invest less, in the activity in question. Also, competitors may be tempted to free ride on investments made by the

> dominant undertaking instead of investing themselves. Neither of these
> consequences would, in the long run, be in the interest of consumers.

독일 「경쟁제한방지법(GWB)」 제19조 제2항 제3호에서 "그 차이가 객관적으로 정당화되는 경우를 제외하고, 시장지배적사업자 자신이 동종의 수요자들의 비교가능한 시장에서 요구하는 대가나 기타의 거래조건보다 불리한 대가 또는 기타의 거래조건을 요구하는 행위"를 시장지배적지위 남용행위의 유형으로 규정하고 있다. 제20조 제3항 제3호에서는 중소사업자에 대하여 상대적으로 우월한 시장력(überlegener Marktmacht)을 가진 사업자의 이윤압착행위를 방해행위로 규정하고 있다.

② 부당하게 거래상대방이 경쟁사업자와 거래하지 아니할 것을 조건으로 그 거래상대방과 거래하는 경우이다(영 제9조 제5항). 위법성을 판단하는 기준은 대체거래선 확보의 용이성, 당해 거래의 목적·기간·대상자 및 당해 업종의 유통관행 등이다(『시장지배적지위 남용행위 심사기준』 IV. 5). 배타조건부 거래행위에 대한 규정이다.

<인텔 시장지배적지위 남용행위 건>(공정위, 2008)은 로열티 리베이트 제공행위에 관한 최초의 사건인데 CPU시장의 시장지배적 사업자인 인텔이 경쟁사업자인 AMD와 거래하지 않는 조건으로 리베이트를 제공한 행위에 대하여 제재하였다. <인텔 시장지배적지위 남용행위 건>(공정위, 2008)에서는 국내 CPU시장의 시장지배적 사업자인 인텔이 국내PC 제조회사들에게 경쟁사업자인 AMD와 거래하지 말 것을 조건으로 리베이트를 제공한 행위에 대하여 시정조치와 과징금을 부과하였는데, 이 사건은 시장지배적 사업자의 남용행위와 관련하여 로열티 리베이트 제공행위가 반경쟁적 행위라고 인정한 공정위 최초의 심결이었다. 서울고법은 '경쟁사업자와 거래하지 아니할 것'이란 거래상대방이 경쟁사업자와 거래를 전혀하지 아니하도록 하는 경우뿐만 아니라 거래상대방이 경쟁사업자와는 자신의 총 거래 중 일정비율 이하로만 거래하도록 거래상대방의 자유로운 거래를 제한하는 경우도 포함된다고 하고 경쟁사업자와 거래하지 아니할 것을 조건으로 리베이트를 지급하였음을 인정하였다.

<퀄컴 시장지배적지위 남용행위 건(퀄컴 I 사건)>(대법원, 2019)에서 공정위는 국내휴대폰 제조사에 대하여 모뎀칩 및 RF칩 수요량의 대부분을 자신으로 구매할 것을 조건으로 리베이트를 제공(조건부 리베이트)한 행위에 대하여 제재하였다. 동 사건에서 대법원은 '경쟁사업자와 거래하지 아니할 조건'의 해석과 관련하여 "시장

지배적 사업자에 의하여 일방적·강제적으로 부과된 경우에 한하지 않고 거래 상대
방과의 합의에 의하여 설정된 경우도 포함되며,[152] 또한 '경쟁사업자와 거래하지 아
니할 것을 조건으로 거래하는 행위'는 그 조건의 이행 자체가 법적으로 강제되는 경
우만으로 한정되지는 않고, 그 조건 준수에 사실상의 강제력 내지 구속력이 부여되
어 있는 경우도 포함된다"고 판시하였다.

〈퀄컴 시장지배적지위 남용행위 건, 대법원 2019. 1. 31. 선고 2013두14726 판결〉

위와 같이 다양한 형태의 조건부 리베이트 제공행위를 위 배타조건부 거래행위로
의율하여 그 부당성을 판단할 때에는, 앞서 본 리베이트의 양면적 성격과 배타조건부
거래행위의 부당성 판단 기준을 염두에 두고, 리베이트의 지급구조, 배타조건의 준수에
따라 거래상대방이 얻게 되는 리베이트의 내용과 정도, 구매전환 시에 거래상대방이 감
수해야 할 불이익의 내용과 정도, 거래상대방이 구매전환이 가능한지 여부를 고려하였
는지 여부 및 그 내용, 리베이트 제공 무렵 경쟁사업자들의 동향, 경쟁사업자의 시장진
입 시도 여부, 리베이트 제공조건 제시에 대한 거래상대방의 반응, 거래상대방이 리베
이트가 제공된 상품 내지 용역에 관하여 시장지배적 사업자에 대한 잠재적 경쟁자가
될 수 있는지 여부, 배타조건부 거래행위로 인하여 발생할 수도 있는 비용 절감 효과
등이 최종소비자들에게 미치는 영향 등을 아울러 고려하여야 한다.

'약탈 가격 설정(predation)'과 비교하여 그 폐해가 발생하는 구조와 맥락이 전혀 다
른 조건부 리베이트 제공행위를 그와 마찬가지로 보아 약탈 가격 설정에 적용되는 부
당성 판단 기준을 그대로 적용할 수는 없다. 따라서 이러한 부당성 인정의 전제조건으
로, 리베이트 제공이 실질적으로 비용 이하의 가격으로 판매한 경우에 해당하여야 한다
는 점이나 시장지배적 사업자와 동등한 효율성을 가진 가상의 경쟁사업자 또는 실제
경쟁사업자들이 리베이트 제공에 대하여 가격 및 비용 측면에서 대처하는 데 지장이
없었다는 점 등에 관하여 회계적·경제적 분석(이하 '경제분석') 등을 통한 공정거래위
원회의 증명이 필수적으로 요구되는 것은 아니라고 할 것이다.

로열티 리베이트(충성리베이트, 조건부 리베이트)의 위법성 판단기준으로는 '소비
자 후생기준(consumer welfare standard)', '동등효율 경쟁자 기준(equally efficient

---

152) 이러한 의미에서 시장지배적지위 남용행위를 단독행위로 파악하는데 반대하는 견해가 있다.
즉, 시장지배적지위 남용행위나 불공정거래행위는 차별적취급이나 배타조건부거래 등 '합의' 형
태의 행위가 다수 포함되어 있다는 점에서 단독행위와 공동행위라는 이분법은 정확한 설명으로
보기 어렵다. 이봉의, 공정거래법(2022), 222면 및 814면. 그러나 차별적취급이나 배타조건부거
래 등 '합의' 형태의 행위라 하더라도 진정한 의미에서의 합의라기보다는 대체로 일방적 행위로
봐도 무방하고, 진정한 의미에서의 합의라면 상황에 따라 수직적 공동행위로 규율할 수 있으므
로 이러한 구분이 의미가 없는 것은 아니라고 생각된다.

competitor standard)', '이익희생 기준(profit sacrifice standard)', '비경제적 기준(non economic sense standard)' 등이 있다. '동등효율 경쟁자 기준(equally efficient competitor standard)'은 비효율적인 경쟁자가 아닌 동등하게 효율적인 경쟁자만 보호하는 기준, '이익희생 기준(profit sacrifice standard)'은 경쟁을 제한하거나 감소시키는 경향이 없다면 이익을 희생하는 것이 비합리적인 경우 위법으로는 보는, 비경제적 기준(non economic sense standard)은 경쟁을 제한하거나 감소시키는 경향 외에는 아무런 경제적 의미가 없는 경우 위법하다는 것을 의미한다.[153]

<이베이 지마켓 시장지배적지위 남용행위 건>(대법원, 2011)에서는 타회사 쇼핑몰에서 물건을 내리지 않으면 메인화면에서 빼버린다고 위협한 행위에 대하여 기간, 비중 등에 비추어 부당성을 부인하였고, <현대모비스 시장지배적지위 남용행위 건>(대법원, 2014)에서는 순정품 거래 강요행위, 비순정품 거래 통제 행위가 위법으로 인정되었다. 이는 Aftermarket의 경쟁제한 이슈가 있는 사건이다. Aftermarket에서의 전형적인 경쟁제한이슈는 주상품공급자가 자사 주상품과 연동된 부상품공급을 위해 필요한 부품, 인터페이스, 소프트웨어, 규격문서 등을 통제하여 부상품시장에서의 경쟁을 제한하는 경우이다.

미국에서는 배타조건부 거래행위에 대하여는 「셔먼법(Sherman Act)」 제1조 및 「클레이튼법(Clayton Act)」 제3조("substantially lessen competition or tend to create a monopoly in any line of commerce")에서 규제하고 있다. 그러나 독점력이 있는 경우 「셔먼법(Sherman Act)」 제2조 위반으로 다루는 경우도 있다.

<농협중앙회 시장지배적지위 남용행위 건>(대법원, 2009)에서는 "시장지배적지위 남용행위로서의 배타조건부 거래행위는 거래상대방이 경쟁사업자와 거래하지 아니할 것을 조건으로 상대방과 거래하는 경우이므로, 통상 그러한 행위 자체에 경쟁을 제한하려는 목적이 포함되어 있다고 볼 수 있다"고 판시함으로써 <포스코 시장지배적지위 남용 건>(대법원, 2007)의 입장을 다소 수정 또는 완화하여 판단하였다. <에스케이텔레콤 시장지배적지위 남용행위 건>(대법원, 2011)에서 대법원은 MP3폰으로 음악파일을 재생하기 위해서는 멜론사이트에서 파일을 구매하도록 기술적 장치인 DRM을 설치한 행위에 대하여 소비자가 보유한 Non-DRM의 경우 멜론사이트에서 쉽지 않은 컨버팅 과정을 거치지만 불편할 뿐, 현저한 침해가 아니라고

---

153) OECD, Fidelity rebates and competition, DAF/COMP(2016.6).

판시함으로써 위법성을 부인하였다.

〈이베이 지마켓 시장지배적지위 남용행위 건, 대법원 2011. 6. 10. 선고 2008두 16322 판결〉

원심으로서는 오픈마켓 운영시장의 진입장벽이나 시장진입 초기 우량 판매자 확보의 중요도, 상품 구성의 영향 등의 제반 특성과 엠플온라인의 재무구조의 건전성이나 영업전략의 현실성 등을 심리하여 이 사건 행위가 엠플온라인의 전체 사업활동이나 매출에 어떠한 영향을 미쳤는지 등을 우선적으로 살핀 다음, 이를 전제로 엠플온라인이 이 사건 행위로 인하여 매출 부진을 이기지 못하고 오픈마켓 시장에서 퇴출된 것인지 여부와 이 사건 행위로 나타난 신규 사업자의 시장진입을 봉쇄한 정도나 기간 등을 종합적으로 고려하여 이 사건 행위를 객관적으로 오픈마켓 시장에 경쟁제한의 효과가 생길만한 우려가 있는 행위로 평가할 수 있는지 여부 등을 판단하였어야 할 것이다.

〈현대모비스 시장지배적지위 남용행위 건, 대법원 2014. 4. 10. 선고 2012두6308 판결〉

원고가 품목지원센터에 특정 거래지역 내의 원고 대리점에만 순정품을 공급하도록 정해 놓고 지역별 부품사업소 등을 통해 품목지원센터가 이를 준수하는지를 감시·통제하고 이를 위반한 품목지원센터에 각종 불이익을 줌으로써 품목지원센터의 거래지역 및 거래상대방을 제한하였음을 인정한 다음, 이와 같이 거래지역 및 거래상대방을 제한하는 행위가 단순히 거래상대방의 판매책임지역을 설정한 것이라고 볼 수 없는 구속력이 매우 강한 제한행위이고, 그로 말미암아 원고의 상표 내 경쟁이 제한되어 차량 정비용 부품시장에서 경쟁제한 효과가 발생한 사정 등을 고려하면, 원고의 행위가 거래지역 및 거래상대방을 제한하는 구속조건부 거래에 해당한다.

〈농협중앙회 시장지배적지위 남용행위 건, 대법원 2009. 7. 9. 선고 2007두22078 판결〉

시장지배적지위 남용행위로서의 배타조건부 거래의 부당성은 그 거래행위의 목적 및 태양, 시장지배적 사업자의 시장점유율, 경쟁사업자의 시장 진입 내지 확대 기회의 봉쇄 정도 및 비용 증가 여부, 거래의 기간, 관련시장에서의 가격 및 산출량 변화 여부, 유사품 및 인접시장의 존재 여부, 혁신 저해 및 다양성 감소 여부 등 여러 사정을 종합적으로 고려하여 판단하여야 한다. 다만, 시장지배적지위 남용행위로서의 배타조건부 거래행위는 거래상대방이 경쟁사업자와 거래하지 아니할 것을 조건으로 그 거래상대방과 거래하는 경우이므로, 통상 그러한 행위 자체에 경쟁을 제한하려는 목적이 포함되어 있다고 볼 수 있는 경우가 많을 것이다.

식량작물용 화학비료 유통시장에서 이미 독점적인 구매력과 유통망을 확보하고 있는 원고의 위 배타조건부 거래행위는 위 시장에서의 경쟁을 부당하게 제한하였다고 봄이 상당하다.

배타조건부 거래행위 관련 주요 사례로 <Hoffmann La Roche 사건>(EU사법재판소, 1997)에서 법원은 배타적 구입계약과 동일한 효과를 가지는 할인행위는 별도의 고려 필요 없이 당연히 남용행위로 인정된다고 판시하였다. <Michelin I 사건>(EU사법재판소, 1983)에서는 단순하게 구입량에 연계된 물량할인은 허용되지만 고객에게 재정적 유인을 통하여 경쟁자로부터 구입하지 못하도록 하는 경향이 있는 충성리베이트는 제102조를 위반하는 남용행위에 해당한다고 판시하였다. <Michelin II 사건>(EU 1심법원, 2003)에서는 먼저 각 유통업자별로 전년도의 구입량을 기준으로 이를 증가시킬 경우 지급되는 소위 '누진 보너스(progress bonus)'는 개별화된(individualized) 리베이트로서 Michelin I 사건에서와 같이 위법한 것으로 판단되었다.

이 사건에서 특히 논란이 된 것은 물량리베이트(quantity rebates), 소위 '서비스 보너스(serivce bonus)' 및 'Michelin Friends Club'라는 할인제도였는데, 개별화된 리베이트뿐만 아니라 설령 문제가 된 할인제도가 모든 유통업자에게 공통적으로 적용되는 표준화된 리베이트라고 할지라도 이를 상쇄할 만한 비용절감으로 정당화되지 못하는 한 위법한 충성할인이라고 판시하였으며, 기타 서비스 보너스는 투명하지 못하고 Michelin Friends Club은 유통업자들을 감시하기 위한 것으로서 유통업자들을 원고에 유착시키고 다른 제조업자들로부터의 경쟁을 배제하는 행위로서 위법한 충성리베이트라고 판시하였다. <British Airways 사건>(EU사법재판소, 2007)에서도 충성할인을 인정하였다.

〈Judgment of the Court of 13 February 1979. - Hoffmann-La Roche & Co. AG v Commission of the European Communities. - Case 85/76.〉

An undertaking which is in a dominant position on a market and ties purchasers — even if it does so at their request — by an obligation or promise on their part to obtain all or most of their requirements exclusively from the said undertaking abuses its dominant position within the meaning of article 86 of the treaty, whether the obligation in question is stipulated without further qualification or whether it is undertaken in consideration of the grant of a rebate.

The effect of fidelity rebates is to apply dissimilar conditions to equivalent transactions with other trading parties in that two purchasers pay a different price for the same quantity of the same product depending on whether they obtain their supplies exclusively from the undertaking in a dominant position or have several sources of supply

〈Judgment of the Court of 9 November 1983. NV Nederlandsche Banden Industrie Michelin v Commission of the European Communities.Case 322/81.1.〉

In contrast to a quantity discount, which is linked solely to the volume of purchases from the manufacturer concerned, a loyalty rebate, which by offering customers financial advantages tends to prevent them from obtaining their supplies from competing manufacturers, amounts to an abuse within the meaning of article 86 of the treaty.

〈Judgment of the Court of First Instance (Third Chamber) of 30 September 2003. Manufacture française des pneumatiques Michelin v Commission of the European Communities. Case T-203/01.〉

A rebate system which has a foreclosure effect on the market will be regarded as contrary to Article 82 EC if it is applied by an undertaking in a dominant position. That is the case with a loyalty rebate, which is granted by an undertaking in a dominant position to its customers in return for an undertaking to obtain their stock exclusively or almost exclusively from that undertaking.

Quantity rebate systems applied by an undertaking in a dominant position, linked solely to the volume of purchases made from that undertaking, do not generally have a foreclosure effect on the market prohibited by Article 82 EC.

It follows that a quantity rebate system in which the rate of the discount increases according to the volume purchased from the dominant undertaking will not infringe Article 82 EC unless the criteria and rules for granting the rebate reveal that the system is not based on an economically justified countervailing advantage but tends, following the example of a loyalty and target rebate, to prevent customers from obtaining their supplies from competitors.

The granting of a discount by an undertaking in a dominant position does not have be regarded as abusive within the meaning of Article 82 EC if it is based on an objective economic justification. It follows that a discount system which is applied by an undertaking in a dominant position and which leaves that undertaking a considerable margin of discretion as to whether its customers may obtain the discount must be considered unfair and constitutes an abuse within the meaning of Article 82 EC.

〈Judgment of the Court (Third Chamber) of 15 March 2007. British Airways plc v Commission of the European Communities. Case C-95/04 P.〉

It first has to be determined whether they can produce an exclusionary effect, that is to say whether they are capable, first, of making market entry very difficult or impossible for competitors of the undertaking in a dominant position and, secondly, of making it more difficult or impossible for its co−contractors to choose between various sources of supply or commercial partners. It then needs to be examined whether there is an objective economic justification for the discounts and bonuses granted.

An exclusionary effect may arise from goal−related discounts or bonuses, that is to say those the granting of which is linked to the attainment of sales objectives defined individually, the rate of the bonuses depending on the evolution of the turnover arising from the purchases or sales of the products of the undertaking in a dominant position by each co−contractor during a given period.

Article 82 EC is aimed not only at practices which may cause prejudice to consumers directly, but also at those which are detrimental to them through their impact on an effective competition structure, such as is mentioned in Article 3(1)(g) EC.

A system of goal−related discounts or bonuses granted by an undertaking in a dominant position which, in the event of attainment of the objectives by co−contractors, entails an increase in the rates of those discounts or bonuses not only on the marginal purchases or sales of the products of the undertaking in a dominant position beyond those objectives, but also on the whole of those purchases or sales handled during the period in question, leads to equivalent transactions within the meaning of subparagraph (c) of the second paragraph of Article 82 EC, namely the purchase or sale of an identical quantity of products of the undertaking in a dominant position, being remunerated at different levels according to whether or not the co−contractors have attained their targets by comparison with the reference period.

시장지배적지위 남용행위의 요건 관련하여 <포스코 시장지배적지위 남용행위 건>(대법원, 2007)을 살펴볼 필요가 있다. 동 사건에서 대법원은 ⓐ 일반불공정거래 행위로서의 거래거절행위와 시장지배적지위 남용행위로서의 부당성을 구분하였다. 즉, 전자는 공정거래성(거래거절로 인한 불이익), 후자는 경쟁제한성(시장에서 독점을 유지·강화할 의도나 목적, 즉 시장에서의 자유로운 경쟁을 제한함으로써 인위적으로 시장질서에 영향을 가하려는 의도나 목적을 갖고, 객관적으로 그러한 경쟁제한효과가 생길만한 우려가 있는 행위)로 보았고, 현실적으로 그 효과가 나타났음을 입증한 경우에는 의도와 목적이 사실상 추정, 아닌 경우에는 입증이 필요하다고 한다.

그러나 <4개정유사 등 구속조건부거래행위 건>(대법원, 2013)에서는 배타조건부거래행위의 경우 일반불공정거래행위에서도 경쟁제한성과 거래처선택의 자유 등이 제한됨으로써 자유로운 의사결정이 저해되었거나 저해될 우려가 있는지 여부 등도 아울러 고려하였다. 그리고 배타조건부거래 행위가 문제된 <현대모비스(주) 시장지배적지위 남용행위 건>(대법원, 2014)에서도 시장지배적지위 남용행위(제5조)와 불공정거래행위(제45조)를 동시에 적용하였다.

<포스코 시장지배적지위 남용행위 건, 대법원 2007. 11. 22. 선고 2002두8626 판결>

공정거래법 제5조 제1항 제3호의 시장지배적 사업자의 거래거절행위와 공정거래법 제45조 제1항 제1호의 불공정거래행위로서의 거래거절행위는 그 규제목적 및 범위를 달리하고 있으므로 공정거래법 제5조 제1항 제3호가 규제하는 시장지배적 사업자의 거래거절행위의 부당성의 의미는 공정거래법 제45조 제1항 제1호의 불공정거래행위로서의 거래거절행위의 부당성과는 별도로 독자적으로 평가·해석하여야 한다.

공정거래법 제5조 제1항 제3호의 시장지배적 사업자의 지위남용행위로서의 거래거절의 부당성은 '독과점적 시장에서의 경쟁촉진'이라는 입법목적에 맞추어 해석하여야 할 것이므로, 시장지배적 사업자가 개별 거래의 상대방인 특정 사업자에 대한 부당한 의도나 목적을 가지고 거래거절을 한 모든 경우 또는 그 거래거절로 인하여 특정 사업자가 사업활동에 곤란을 겪게 되었다거나 곤란을 겪게 될 우려가 발생하였다는 것과 같이 특정 사업자가 불이익을 입게 되었다는 사정만으로는 그 부당성을 인정하기에 부족하고, 그 중에서도 특히 시장에서의 독점을 유지·강화할 의도나 목적, 즉 시장에서의 자유로운 경쟁을 제한함으로써 인위적으로 시장질서에 영향을 가하려는 의도나 목적을 갖고, 객관적으로도 그러한 경쟁제한의 효과가 생길 만한 우려가 있는 행위로 평가될 수 있는 행위로서의 성질을 갖는 거래거절행위를 하였을 때에 그 부당성이 인정될 수 있다 할 것이다.

그러므로 시장지배적 사업자의 거래거절행위가 그 지위남용행위에 해당한다고 주장하는 피고로서는 그 거래거절이 상품의 가격상승, 산출량 감소, 혁신 저해, 유력한 경쟁사업자의 수의 감소, 다양성 감소 등과 같은 경쟁제한의 효과가 생길 만한 우려가 있는 행위로서 그에 대한 의도와 목적이 있었다는 점을 입증하여야 할 것이고, 거래거절행위로 인하여 현실적으로 위와 같은 효과가 나타났음이 입증된 경우에는 그 행위 당시에 경쟁제한을 초래할 우려가 있었고 또한 그에 대한 의도나 목적이 있었음을 사실상 추정할 수 있다 할 것이지만, 그렇지 않은 경우에는 거래거절의 경위 및 동기, 거래거절행위의 태양, 관련시장의 특성, 거래거절로 인하여 그 거래상대방이 입은 불이익의 정도, 관련시장에서의 가격 및 산출량의 변화 여부, 혁신 저해 및 다양성 감소 여부 등 여러 사정을 종합적으로 고려하여 거래거절행위가 위에서 본 경쟁제한의 효과가 생길 만한 우려가 있는 행위로서 그에 대한 의도나 목적이 있었는지를 판단하여야 할 것이다. 그리고 이때 경쟁제한의 효과가 문제되는 관련시장은 시장지배적 사업자 또는 경쟁사업자가 속한 시장뿐만 아니라 그 시장의 상품 생산을 위하여 필요한 원재료나 부품 및 반제품 등을 공급하는 시장 또는 그 시장에서 생산된 상품을 공급받아 새로운 상품을 생산하는 시장도 포함될 수 있다고 할 것이다.

〈4개 정유사 등 구속조건부거래행위 건, 대법원 2013. 4. 25. 선고 2010두25909 판결〉

공정거래법 제5조 제1항 제5호 전단의 시장지배적 사업자의 배타조건부 거래행위와 공정거래법 제45조 제1항 제5호 전단의 불공정거래행위로서의 배타조건부 거래행위는 그 규제목적 및 범위를 달리하고 있으므로 공정거래법 제5조 제1항 제5호 전단이 규제하는 시장지배적 사업자의 배타조건부 거래행위의 부당성의 의미는 공정거래법 제23조 제1항 제5호 전단의 불공정거래행위로서의 배타조건부 거래행위의 부당성과는 별도로 독자적으로 평가·해석하여야 한다.

불공정거래행위로 규정하고 있는 배타조건부 거래행위의 '부당성'은 당해 배타조건부 거래행위가 물품의 구입 또는 유통경로의 차단, 경쟁수단의 제한을 통하여 자기 또는 계열회사의 경쟁사업자나 잠재적 경쟁사업자를 관련시장에서 배제하거나 배제할 우려가 있는지 여부를 비롯한 경쟁제한성을 중심으로 그 유무를 평가하되, 거래상대방인 특정 사업자가 당해 배타조건부 거래행위로 인하여 거래처 선택의 자유 등이 제한됨으로써 자유로운 의사결정이 저해되었거나 저해될 우려가 있는지 여부 등도 아울러 고려할 수 있다.

〈현대모비스(주) 시장지배적지위 남용행위 건, 대법원 2014. 4. 10. 선고 2012두 6308 판결〉

원고가 품목지원센터에 특정 거래지역 내의 원고 대리점에만 순정품을 공급하도록 정해 놓고 지역별 부품사업소 등을 통해 품목지원센터가 이를 준수하는지를 감시·통제하고 이를 위반한 품목지원센터에 각종 불이익을 줌으로써 품목지원센터의 거래지역 및 거래상대방을 제한하였음을 인정한 다음, 이와 같이 거래지역 및 거래상대방을 제한하는 행위가 단순히 거래상대방의 판매책임지역을 설정한 것이라고 볼 수 없는 구속력이 매우 강한 제한행위이고, 그로 말미암아 원고의 상표 내 경쟁이 제한되어 차량 정비용 부품시장에서 경쟁제한 효과가 발생한 사정 등을 고려하면, 원고의 행위가 거래지역 및 거래상대방을 제한하는 구속조건부 거래에 해당한다.

ⓑ 거래개시 거절행위의 부당성 판단기준을 제시하였다. 즉, 신규참여로 인하여 냉연강판시장에서 현재보다 소비자에게 유리한 여건이 형성될 수 있음에도 다른

공급사업자로부터 열연코일을 구할 수 없어, 거래거절에 의하여 신규참여가 실질적으로 방해되는 것으로 방해되는 것으로 평가될 수 있는 경우에 이르지 않는 한 부당한 거래거절로 볼 수 없다고 하고, 일본으로부터 열연코일을 자신의 수요에 맞추어 수입하여 냉연강판을 생산·판매하여 왔고 순이익까지 올리는 등 정상적인 사업활동을 영위하였다고 판단하였다.

〈포스코 시장지배적지위 남용행위 건, 대법원 2007. 11. 22. 선고 2002두8626 판결〉

　이는 원재료 공급업체가 새로이 냉연강판시장에 진입하면서 기존의 냉연강판 제조업체에 대한 원재료의 공급을 중단하여 경쟁사업자의 수를 줄이거나 그의 사업능력을 축소시킴으로써 경쟁을 제한하는 결과를 낳는 경우와는 달리, 원고와 기존 냉연강판 제조업체들에 의하여 형성된 기존의 냉연강판시장의 틀을 유지하겠다는 것이어서 그 거래거절에 의하여 기존 냉연강판시장의 가격이나 공급량 등에 직접적으로 영향을 미치지는 아니하므로, 참가인의 신규 참여에 의하여 냉연강판시장에서 현재보다 소비자에게 유리한 여건이 형성될 수 있음에도 참가인이 원고 외의 다른 공급사업자로부터 열연코일을 구할 수 없어, 거래거절에 의하여 신규 참여가 실질적으로 방해되는 것으로 평가될 수 있는 경우 등에 이르지 않는 한, 그 거래거절 자체만을 가지고 경쟁제한의 우려가 있는 부당한 거래거절이라고 하기에는 부족하다고 보아야 할 것이다.

　생각건대, 경쟁제한효과를 기준으로 판단하는 것은 타당하지만 주관적 요건의 타당성에 대하여는 의문이 있다.[154] 미국 「셔먼법(Sherman Act)」의 경우에도 독점(monopolization)에는 일반적 의도, 독점화의 기도(attempt to monopolize)의 경우 구체적인 의도(specific intent) 필요하다고 보고 있고, EU의 경우 주관적 요건이 필요치 않다고 해석되기 때문이다.

〈Judgment of the Court of First Instance (Third Chamber) of 30 September 2003. Manufacture française des pneumatiques Michelin v Commission of the European Communities. Case T-203/01.〉

　An abuse is an objective concept referring to the behaviour of an undertaking in a dominant position which is such as to influence the structure of a market where, as a result of the very presence of the undertaking in question, the degree of competition is already weakened and which, through recourse to methods

---

154) 이에 대하여 주관적 요건의 타당성에 대하여 긍정적인 시각으로는 이봉의, 공정거래법(2022), 243면.

> different from those governing normal competition in products or services on the
> basis of the transactions of commercial operators, has the effect of hindering the
> maintenance of the degree of competition still existing in the market or the
> growth of that competition.

우리나라의 경우 논란이 될 수 있는데, 다만 대법원은 경쟁제한효과가 입증된 경우 의도나 목적은 추정된다고 해석하므로 경쟁제한성 유무가 가장 중요한 요건이다. 대법원은 불이익 강제 건, 가격차별 건, 배타조건부거래행위 건, 부당한 방해행위 건 등에서 동일한 판단기준 사용하고 있다. 거래개시거절의 부당성 요건 관련하여 경쟁상의 불이익이나 소비자에 대한 불리한 여건 조성보다도 기존틀보다 더 불리한 결과가 발생하지 않았다는 점에서 경쟁제한성을 인정하지 않았는데, 그렇다면 거래개시거절행위는 사문화될 것이다. 다만 <농협중앙회 시장지배적지위 남용행위 건>(대법원, 2009)에서는 "다만, 시장지배적지위 남용행위로서의 배타조건부 거래행위는 거래상대방이 경쟁사업자와 거래하지 아니할 것을 조건으로 그 거래상대방과 거래하는 경우이므로, 통상 그러한 행위 자체에 경쟁을 제한하려는 목적이 포함되어 있다고 볼 수 있는 경우가 많을 것이다"고 하고, <티브로드 강서방송 등 시장지배적지위 남용행위 건>(대법원, 2010)에서는 "다만, 시장지배적사업자의 소비자 이익을 저해할 우려가 있는 행위가 존재하고, 그로 인한 소비자 이익의 저해 정도가 현저하다면, 통상 시장지배적사업자가 과도한 독점적 이익을 취하고자 하는 행위로서 부당하다고 볼 경우가 많을 것이다"라고 판시함으로써, <포스코 시장지배적지위 남용 건>(대법원, 2007)의 수정 또는 완화로 해석될 수 있는 여지가 있는 판결을 한 바 있다.

마. 경쟁제한효과의 판단기준

경쟁제한효과의 판단은 경쟁제한 효과를 판단함에 있어서는 일정한 거래분야에서 시장지배적지위 남용 혐의 행위가 없었을 경우의 시장상황과 비교하거나, 유사시장 또는 인접시장과 비교하는 방법을 활용할 수 있다. 구체적으로 가격상승 또는 산출량 감소, 상품·용역의 다양성 제한, 혁신 저해, 봉쇄효과, 경쟁사업자의 비용 상승 효과 등을 고려하여 판단한다(시장지배적지위 남용행위 심사기준」 IV. 6). 이

는 〈포스코 시장지배적지위 남용행위 건〉(대법원, 2007) 등에서의 판결내용을 반영한 것이다.155)

> **〈포스코 시장지배적지위 남용행위 건, 대법원 2007. 11. 22. 선고 2002두8626 판결〉**
>
> 그러므로 시장지배적 사업자의 거래거절행위가 그 지위남용행위에 해당한다고 주장하는 피고로서는 그 거래거절이 상품의 가격상승, 산출량 감소, 혁신 저해, 유력한 경쟁사업자의 수의 감소, 다양성 감소 등과 같은 경쟁제한의 효과가 생길 만한 우려가 있는 행위로서 그에 대한 의도와 목적이 있었다는 점을 입증하여야 할 것이고, 거래거절행위로 인하여 현실적으로 위와 같은 효과가 나타났음이 입증된 경우에는 그 행위 당시에 경쟁제한을 초래할 우려가 있었고 또한 그에 대한 의도나 목적이 있었음을 사실상 추정할 수 있다 할 것이지만, 그렇지 않은 경우에는 거래거절의 경위 및 동기, 거래거절행위의 태양, 관련시장의 특성, 거래거절로 인하여 그 거래상대방이 입은 불이익의 정도, 관련시장에서의 가격 및 산출량의 변화 여부, 혁신 저해 및 다양성 감소 여부 등 여러 사정을 종합적으로 고려하여 거래거절행위가 위에서 본 경쟁제한의 효과가 생길 만한 우려가 있는 행위로서 그에 대한 의도나 목적이 있었는지를 판단하여야 할 것이다.
>
> 원심이 들고 있는 사정들은 모두 원고의 이 사건 거래거절행위에 의하여 참가인이 입게 된 구체적인 불이익에 불과한 것들로서 현실적으로 경쟁제한의 결과가 나타났다고 인정할 만한 사정에 이르지 못할 뿐만 아니라, 오히려 원심에 제출된 증거들에 의하면, 원고의 이 사건 거래거절행위에도 불구하고 참가인은 일본으로부터 열연코일을 자신의 수요에 맞추어 수입하여 냉연강판을 생산·판매하여 왔고, 냉연강판공장이 완공되어 정상조업이 개시된 2001년 이후부터는 지속적으로 순이익을 올리는 등 냉연강판 생산·판매사업자로서 정상적인 사업활동을 영위하여 왔던 사실을 알 수 있으며, 또한 원고의 이 사건 거래거절행위 이후 국내에서 냉연강판의 생산량이 줄었다거나 가격이 상승하는 등 경쟁이 제한되었다고 볼 만한 자료도 나타나 있지 않으므로, 경쟁 저해의 결과를 초래하였다는 원심의 판단을 수긍하기 어렵다.

〈〈플랫폼에서의 시장지배력 남용행위〉〉

최근 들어 특히 플랫폼에서 시장지배력 남용행위가 문제되고 있다. 이는 플랫폼과 판매자 또는 콘텐츠제공자 관계에서 발생하는 문제로 볼 수 있다. 여기에서 판매자에는 제조업자, 도매업자, 전문직 종사자, 부동산업자, 컨설턴트, 금융기관 그리

---

155) 시장지배적지위 남용행위에서의 경쟁제한성은 기업결합이나 카르텔과 달리 '자유로운 경쟁을 제한함으로써 인위적으로 시장질서에 영향을 가하는 것'이라는 해석이 있다. 이봉의, 공정거래법(2022), 242면.

고 자신의 상품을 팔기 위해 플랫폼 마케팅 채널을 이용하여 소비자로 하여금 상품
을 구매하도록 하는 모든 형태의 사업을 포함한다.[156] 시장지배적 사업자의 행위로
서 공정거래법을 위반할 가능성이 있는 행위는 아래와 같다.

첫째, 플랫폼에서 상품이나 서비스를 판매하는 판매자나 앱 등 콘텐츠 사업자에 대
하여 과도한 수수료를 부과하는 경우가 있다. 학술적으로는 통상 착취남용행위라 한다.
공정거래법 제5조 제1항 제1호에서는 '상품의 가격이나 용역의 대가를 부당하게 결정·
유지 또는 변경하는 행위'를 시장지배적지위 남용행위의 하나로 규정하고 있다. 한편
동조 제5호 후단의 소비자이익 저해행위에 해당할 수도 있다. 그간 플랫폼에서 앱마켓
수수료 문제가 관심의 대상이 되어 왔다. 최근 미국 하원의 "디지털시장 경쟁조사
(Investigation of Competition in Digital Market)" 보고서에서도 Apple과 Google의
30% 인앱 수수료에 대하여 경쟁을 제한하고 소비자가격인상을 초래한다고 지적하고
있다. 인앱결제 시스템에 대한 반발이 전 세계적으로 일어나고 있으며 2021. 8. 27.
Apple은 외부결제방식을 허용하였다. 우리나라에서는 인앱결제 강제를 금지하는 내용
의 전기통신사업법이 2021. 9. 14. 시행되게 되었다.

둘째, 플랫폼 사업자가 '부당하게 특정사업자에 대하여 거래를 거절하거나 거래하는
상품 또는 용역의 수량이나 내용을 현저히 제한하는 행위'를 하는 경우가 있다. 이는
공정거래법 제5조 제1항 제3호의 사업활동방해행위에 해당할 수 있다.

셋째, 플랫폼이 필수설비(essential facility)에 해당하는 경우 거래를 거절하거나 제
한하는 경우에도 사업활동방해행위에 해당할 수 있다. 즉, '정당한 이유없이 새로운 경
쟁사업자의 상품 또는 용역의 생산·공급·판매에 필수적인 요소의 사용 또는 접근을
거절하거나 제한하는 행위'를 사업활동방해행위의 유형으로 규정하고 있다. 독일「경쟁
제한방지법(GWB)」제10차 개정(GWB-Digitalisierungsgesetz)에서는 데이터를 필수
설비로 인정하여 접근거절을 금지하도록 규정하고 있다.

넷째, 플랫폼 제공자가 가격이나 거래조건을 차별취급하는 경우가 있다. 이러한 행
위도 공정거래법 제5조 제1항 제3호의 사업활동방해행위에 해당할 수 있다. 예를 들어
합리적 이유없이 특정상품을 플랫폼의 좋은 자리에 배치하는 경우 문제소지가 있다.

다섯째, 플랫폼 사업자가 끼워팔기를 하는 경우가 있다. 이는 소비자가 두 개의 별
개의 상품을 구매하도록 강제되는 경우에 발생한다. 이러한 행위도 '부당하게 거래상
대방에게 불이익이 되는 거래 또는 행위를 강제하는 행위'로서 공정거래법 제5조 제1
항 제3호의 사업활동방해행위에 해당할 수 있다. 관련해서는 2006년 <MS 시장지배
적지위 남용행위 건>에서 공정위가 MS의 결합판매행위(PC 서버운영체제/미디어서
버 프로그램, 윈도우 PC운영체제/스트리밍 미디어 플레이어, 윈도우 PC운영체제/일반
용 메신저)에 대하여 사업활동방해, 소비자이익저해행위, 끼워팔기(불공정거래행위)로

---

156) OECD, Big Data: Bring Competition Policy to the Digital Era, DAF/COMP(2016).

제재하였다.

여섯째, 플랫폼이 단순한 중개자가 아니라 직접 상품과 용역을 공급하는 경우, 예를 들어 '가격압착(margin squeeze)', '스크랩핑(scraping)', '광고순위조작(manipulation of advertising ranking)등 자사우대(self-preferencing)' 등에 개입할 수 있다. 이러한 행위 역시 사업활동방해행위에 해당할 수 있다.

일곱째, 플랫폼 사업자가 배타적 거래행위를 하는 경우가 있다. 멀티호밍(multi-homing)을 제한하는 것이 그 예이다. 이는 공정거래법 제5조 제1항 제5호 전단의 경쟁사업자를 배제하기 위한 행위에 해당될 수 있다. 지난 2018. 7. EU는 Google이 Google 검색앱을 배타적으로 선탑재하는 조건으로, 특정 대규모 제조사와 모바일 이동통신망사업자에게 인센티브를 지급한 행위 등에 시장지배적지위의 남용으로 판단하고 약 43억 원 4천만 유로의 과징금을 부과하였다. 우리나라 공정위도 2021. 9. Google이 삼성 등 스마트폰 제조사에 자사 OS인 안드로이드를 선탑재하도록 강요해 경쟁사를 배제하고 시장에서 독점적인 지위를 구축한 행위에 대하여 2,074억 원의 과징금을 부과하였다. 2011년에는 네이버와 다음이 Google의 검색앱 선탑재행위가 위법하다고 신고를 하였으나 공정위는 Google의 국내시장 점유율이 미미하다는 이유로 무혐의 결정을 한 바 있다.

기타 형태를 불문하고 다른 사업자의 사업활동을 어렵게 하는 행위가 발생할 수 있다. 2008년 <네이버 시장지배적지위 남용행위 건>에서 공정위는 네이버가 판도라티비 등 동영상 제공업체와 이들이 보유하고 있는 동영상 콘텐츠에 대한 색인 데이터베이스 제공 계약을 체결하면서 동영상 내에 광고게재를 금지하는 거래조건을 설정하는 행위가 사업활동방해행위에 대하여 시정명령을 하였다.[157]

한편 검색 중립성에 대한 사례들이 있다. 이는 자사정보/링크를 우선 노출하는 방식과, 검색결과를 조작하는 방식으로 나눌 수 있는데, 첫째, <네이버·다음 시장지배적지위 남용행위 동의의결 건>(공정위, 2014)에서는 네이버·다음이 자사 유료서비스 제공(책, 뮤직, 영화, 가격비교, 부동산)을 명확히 구분하지 않은 행위, 정보검색결과와 키워드광고를 명확하게 구분하지 않은 행위 등 사업활동방해 및 부당고객유인 등 혐의에 대하여 동의의결로 사건을 종결시킨 사례가 있었다. 둘째, <네이버 시장지배적지위 남용행위 건>(공정위, 2021)에서는 네이버가 쇼핑·동영상 분야 검색 서비스를 운영하면서 검색알고리즘을 인위적으로 조정·변경하여 자사 상품·서비스(스마트스토어 상품, 네이버TV 등)는 검색결과 상단에 올리고 경쟁사는 하단으로 내린 행위에 대해 사업활동방해 및 불공정거래행위의 차별적 취급행위로 보고 시정명령과 과징금을 부과하였다.

이는 이중적 지위(dual role)를 가진 플랫폼 사업자가 자사에 유리하게 검색 알고리즘을 조정·변경하는 방식으로 이른바 '자사 우대'를 한 행위에 대해 제재한 최초의 사례이다. 『온라인 플랫폼 사업자의 시장지배적지위 남용행위 심사지침』(공정위, 2023)은 온라인 플랫폼 분야에서 경쟁제한 우려가 있는 주요행위 유형으로 ① 멀티호밍(multi-

---

157) 다만 대법원은 시장획정의 오류, 경쟁제한의 결과가 나타나지 않았다는 이유로 공정위 패소판결을 하였다.

homing) 제한, ② 최혜대우(MFN: Most Favored Nation) 요구 ③ 자사우대(self-preferencing) ④ 끼워팔기를 규정하였다.

외국에서는 이미 2013년 미국 FTC가 Google이 알고리즘을 변경하여 특화된 검색기능을 제공함으로써 다른 사업자들의 노출순위를 강등한 행위에 대하여 조사하였으나 무혐의 판단한 사례가 있고, 반대로 2017. 6. EU 집행위원회가 Google이 인터넷 검색결과에서 자사 비교쇼핑서비스(Google 쇼핑)에 위법한 특혜를 부여한 행위에 대해 시정명령과 24.2억 유로의 과징금을 부과한 사례가 있다. 유럽일반법원에서는 이를 인정하였다.

독일에서는 2019. 2. <Facebook 사건>에서 Facebook이 'Facebook 외 제3자의 웹사이트 등에서의 이용자정보수집 및 사용'을 이용약관에 포함시키고, 미 동의시 Facebook 이용을 불허한 행위에 대하여 연방카르텔청은 시장지배적지위 남용행위로 보고 제재하였는데, 개인정보보호 이슈를 시장지배적지위 남용행위로 본 최초의 사례였다.158) 동 사건에서 연방카르텔청은 디지털 소셜네트워크 시장에서 Facebook의 점유율을 90%로 보았다. 동 사건은 개인정보보호 문제를 단순히 개인정보보호법 차원의 문제가 아니라 소비자에 대한 착취행위로 봄으로써 경쟁법의 관점에서 접근한 것이다.

한편 우리나라 공정위에서는 시장지배적지위의 남용행위 외에 시장지배력에 미치지 못하는 경우에도 불공정거래행위를 규제하고 있다. 위에서 살펴본 시장지배적지위 남용행위에 해당하는 경우 불공정거래행위에도 중첩적으로 적용될 수 있다. 상기 사건에서도 시장지배적지위 남용행위 중 사업활동방해와 불공정거래행위 중 부당고객유인 등 규정을 동시에 적용하였다.

공정거래법 제45조 제1항에서는 불공정거래행위의 유형으로 '부당하게 거래를 거절하거나 거래의 상대방을 차별하여 취급하는 행위', '부당하게 경쟁자를 배제하는 행위', '부당하게 경쟁자의 고객을 자기와 거래하도록 유인하거나 강제하는 행위', '자기의 거래상의 지위를 부당하게 이용하여 상대방과 거래하는 행위', '거래의 상대방의 사업활동을 부당하게 구속하는 조건으로 거래하거나 다른 사업자의 사업활동을 방해하는 행위' 등을 규정하고 있다. EU의 경우 시장지배적지위의 남용행위 외에 우리나라와 같은 불공정거래행위규제 조항을 가지고 있지 않은데, 최근 플랫폼에 대한 사전적인 규제를 규정한 규칙을 발표하였다. 즉, 2019년 「온라인 중개서비스에서의 사용자에 대한 공정성과 투명성 강화를 위한 규칙(EU Regulation on promoting fairness and transparency for business users of online intermediation services)」을 제정하였는데 2020. 7. 발효되었다. 동 규칙은 온라인 플랫폼 시장에서의 투명성과 공정성을 강화하기 위한 수단, 정보공개의무, 내부신고 처리시스템, 분쟁조정 등을 규정하고 있다. EU에서는 사전에

---

158) 동 사건에 대하여 2019. 8. 뒤셀도르프 고등법원은 연방카르텔청의 결정에 대하여 이용자들의 경제적 피해나 데이터 통제권의 손실이 발생하지 않았다는 이유로 효력을 정지시켰으나, 2020. 6. 연방대법원에서는 이를 파기하고, Facebook의 이용자데이터 수집, 이용, 결합행위가 즉시 중단되도록 하였다. 연방대법원은 데이터보호법 위반보다는 이용자들의 '선택권(choice)'이라는 관점에서 접근하였다.

일정 규모 이상의 플랫폼 사업자를 지정하여, 자사우대·차별취급 등 경쟁제한적 행위를 금지하는 디지털시장법(Digital Market Act, DMA) 제정을 추진 중이다.

독일 「경쟁제한방지법(GWB)」 제10차 개정은 GWB 디지털화법(GWB – Digitalisi-erungsgesetz)이라고 하며, 디지털경제에 대비한 관련 규정을 개정을 담고 있다.

- 다면시장의 중개자로서 플랫폼의 역할에 대한 이해를 돕기 위해 시장지배적지위 결정기준으로 중개능력(intermediationsmacht) 개념 도입
- 필수설비원칙을 확대하여 문지기 역할인 데이터에 대한 접근성 향상
  - 시장지배적 기업이 타 기업에게 데이터에 대한 접근을 거절하는 행위가 시장지배적지위 남용행위에 해당할 수 있음.
- 연방카르텔청은 특정 거대 디지털플랫폼을 "여러 시장에 걸쳐 경쟁에 있어 상당히 중요한 기업"으로 지정하고, 나아가 더욱 엄격한 경쟁법 규율을 적용할 수 있음.
  - 연방카르텔청은 특히 다음과 같은 행위를 금지할 수 있음:
    ⅰ) 자사 서비스 우대(self – preferencing)
    ⅱ) 시장지배력을 빠르게 확대할 수 있는 시장에서 경쟁자 방해
    ⅲ) 수집된 경쟁과 관련된 정보를 이용한 타 기업 방해
    ⅳ) 상품·서비스의 상호운용, 데이터 이동 방해를 통한 경쟁 저해
- 시장의 독점화로 이어질 우려가 있는 쏠림현상(Tipping Effect)을 방지하기 위하여 특정 행위를 금지할 수 있음.
- 연방카르텔청은 경쟁을 활성화하기 위한 임시조치를 취할 수 있음.
  - 연방카르텔청이 경쟁에 급박한 위협이 있다고 예비적 판단 시 명백한 증거가 없는 경우에도 선제적으로 대응할 수 있도록 함.

출처: 공정위, 해외경쟁정책동향 제169호(2020.6.1)

일본의 경우 2020. 6. 3. 「특정 디지털 플랫폼의 투명성 및 공정성 향상에 관한 법률」을 제정하였고, 중국에서도 2019. 1. 1. 「전자상거래법」을 시행하여, 전자상거래 플랫폼의 투명성·공정성을 위한 의무 등을 규정하고 있다. 우리나라도 「온라인 플랫폼 중개거래의 공정화에 관한 법률안」 제정이 시도되었다. 한편 이와 별개로 대규모유통업자와 납품업자 및 매장임차인간의 관계를 규율하기 위한 「대규모유통업법」을 운영하고 있는데, 2020. 2. 1. 온라인 쇼핑몰에 적용되는 불공정거래행위 심사를 위한 『온라인쇼핑몰업자의 불공정거래행위 심사지침』을 제정하였다

온라인 플랫폼에 대한 각국의 규제방식은 크게 상기 EU Regulation처럼 '온라인중개서비스(online intermediation services)' 및 '온라인 검색엔진 제공자(online search engine provider)'에게 전면적으로 적용되는 방식과, 일본의 「특정 디지털 플랫폼의 투명성 및 공정성 향상에 관한 법률」이나 우리나라의 「온라인 플랫폼 중개거래의 공정화

에 관한 법률(안)」처럼 우월적 지위가 있는 일정한 규모이상의 사업자에 대하여 선별적으로 규제하는 방식이 있다.[159]

미국에서는 2021. 6. 11. 미국 하원에서 거대 플랫폼을 대상으로 하는 반독점법안 패키지가 초당적으로 발의되고, 23~24일 이틀에 걸쳐 법제사법위원회를 통과하였다. 이는 5개 법안 패키지("미국 온라인 시장 선택과 혁신 법률(American Choice and Innovation Online Act)"; "플랫폼 독점 종식 법률(Ending Platform Monopolies Act)"; "서비스 전환 활성화를 통한 경쟁과 호환성 증진 법률(Augmenting Compatibility and Competition by Enabling Service Switching Act 또는 ACCESS Act)"; "플랫폼 경쟁과 기회 법률(Platform Competition and Opportunity Act)"; "기업 인수합병 신청비용 현대화 법률(Merger Filing Fee Modernization Act)")를 의미한다.

"미국 온라인 시장 선택과 혁신 법률"은 미국 하원 반독점소위원회의 위원장인 David N. Cicilline이 대표 발의한 핵심 법률로, 빅테크의 불법적인 차별행위를 규율한다. 그리고 플랫폼은 이중 역할 때문에 자사에 유리하고 타 이용업체에 불리하게 행동할 유인을 갖는데, "플랫폼 독점 종식 법률"에서는 플랫폼이 이처럼 이해상충을 일으킬 만한 다른 사업을 영위하는 것을 금지한다. 특히 이해상충 여부 판단 시 현재뿐 아니라 잠재적(nascent or potential) 경쟁자도 고려한다는 점에서 더욱 급진적이라 평가된다.

또한 "서비스 전환 활성화를 통한 경쟁과 호환성 증진 법률"은 데이터의 중요성과 이와 관련한 전환 비용에 주목하여, 플랫폼 간 데이터 이동이 원활하게 이루어지도록 보장하는 방식으로 거대 플랫폼을 규율한다. 즉, 법률안은 지정 플랫폼에 FTC가 설정하는 표준에 따라 데이터 이동(portability)과 호환성(interoperability)을 보장할 의무를 부과한다. 또한 지정 플랫폼과 이용업체들이 상업적인 목적으로 이용자 정보를 수집/활용/공유하는 것을 금지한다(sec. 4(f)).

"플랫폼 경쟁과 기회 법률"은 거대 플랫폼이 타 사업자를 인수하는 것을 견제한다. 즉 법률안의 핵심 내용은 지정 플랫폼의 경우 해당 인수합병이 경쟁제한적이지 않음(즉, 인수 대상이 플랫폼의 경쟁자가 아니고, 인수 결과 플랫폼의 시장지배력이 강화되지 않음)을 스스로 증명해야 한다는 것이다(sec. 2(b)). 빅테크가 인수 합병을 통해 시장지배력을 강화·이전하고 있으며, 그 과정에서 혁신을 저해하고 경쟁을 제한하고 있다는 우려를 반영한 것이다.[160]

바. 법위반에 대한 제재

1) 시정조치

시장지배적지위 남용행위에 대하여 작위명령(가격인하, 계약조항 수정·삭제명령, 합의파기명령, 이용강제·거래개시·재개명령, 분리판매, 표시개선, 정보공개, 절차이행 등),

---

159) 임용, 플랫폼규제: 대상과 범위의 획정문제, 한국경쟁포럼(2020.10.15).
160) 이상, 양용현·이화령, "미국의 플랫폼 반독점법안 도입과 시사점", KDI Focus(2021.8.12).

부작위 명령[중지명령, (향후 위반)금지명령], 공표명령, 보조적 명령(통지명령, 보고명령, 교육실시명령 등)을 할 수 있다. 시장지배적지위 남용행위에만 적용되는 시정조치 유형으로 가격인하명령이 있는데 특정가격을 지정하는 것은 어렵지만 상한액이나 하한액(예: 약탈가격)을 정하는 것은 가능하다고 본다.

<제과 3사 시장지배적지위 남용행위 건>(공정위, 1992)에서 공정위는 가격인하 또는 가격인하에 상응하는 용량 증액을 명령하였고, <비씨카드 외 14 시장지배적지위 남용행위 건>(공정위, 2001)에서는 현금수수료율, 할부수수요율 및 연체이자율 조정명령을 한 바 있다. 이용강제·거래개시·거래재개 명령은 예를 들어 필수설비 사용·접근거절행위에 대한 시정조치가 될 수 있고, 분리판매명령은 끼워팔기 행위에 대한 조치가 될 수 있다<MS 시장지배적지위 남용 등 건>(공정위, 2006). 공정위는 분리판매명령을 한 바 있다. 기업분할명령 여부에 대하여 논란이 있는데 현행법 상으로는 어렵다. 시장지배적지위 남용행위로 시정조치를 받는 경우 그 사업자가 상대방과 체결한 계약의 사법적 효력에 대하여는 규정하고 있지 않으나 사법적 효력을 부인하는 것은 아니다.

<제과 3사 시장지배적지위 남용행위 건(해태제과), 공정위 1992. 1. 15. 의결 제92-1호>

　　피심인은 시장지배적지위를 남용하여 자기가 공급하는 비스켓류제품의 가격은 그대로 유지한채 제품의 용량을 감소시킴으로써 실질적으로 가격을 인상한 '에이스' '사브레' 및 '오예스'제품의 가격을 인하하거나 가격의 인하에 상응하는 수준으로 제품의 용량을 중량하여야 한다. 단, 가격의 인하 또는 중량수준 및 이의 시행일자는 이 시정명령을 받은날부터 15일이내에 공정거래위원희와 협의하여야 한다.

<비씨카드 외 14 시장지배적지위 남용행위 건, 공정위 2001. 3. 28. 의결 제2001-040>

　　피심인들은 1998. 1. 15.부터 1998. 3. 1. 중 현금서비스 수수료율, 할부수수료율 및 연체이자율을 인상한 후(비씨카드주식회사의 경우 1998. 8. 1. 신용카드업무를 개시한 후), 자금조달금리, 연체율 및 대손율이 상당기간 하락하였음에도 불구하고 시장지배적지위를 남용하여 더 높거나 거의 같은 수준에서 유지하고 있는 동 요율을 자금조달금리, 연체율 및 대손율의 변동을 감안하여 이 시정명령을 받은 날로부터 60일 이내에 조정하고 그 결과를 공정거래위원회에 보고하여야 한다.

2) 과징금

공정거래법령 및 『과징금부과고시』 등에 따르면 시장지배적지위의 남용금지에 위반되는 행위에 대하여는 원칙적으로 과징금을 부과한다. 다만, 위반사업자의 사정, 위반행위의 동기 및 효과, 시장상황 등 구체적인 사정을 고려할 때 과징금을 부과하지 아니하는 것이 타당하다고 인정되는 경우에는 과징금을 부과하지 아니할 수 있다. 과징금은 위반기간동안 일정한 거래분야에서 판매한 관련 상품이나 용역의 매출액 또는 이에 준하는 금액("관련매출액")의 100분의 6을 상한으로 한다. 매출액이 없거나 산정 곤란한 경우에는 20억 원 이내에서 중대성을 고려하여 부과한다. 관련상품에는 당해 위반행위로 인하여 거래가 실제로 이루어지거나 이루어지지 아니한 상품이 포함된다. 재무제표 등에서 영업수익 등으로 기재하는 사업자의 경우는 매출액 대신 영업수익을 사용한다(예: 보험회사). 관련상품의 범위를 정하기 곤란한 경우에는 당해 위반행위로 인하여 직접 발생하였거나 발생할 우려가 현저하게 된 다른 사업자(사업자단체)의 피해와 연관된 상품을, 다른 사업자의 직접적 피해가 없는 경우에는 소비자의 직접적 피해와 연관된 상품을 관련상품으로 볼 수 있다.

3) 벌칙

법 제5조(시장지배적지위의 남용금지)를 위반하여 남용행위를 한 자는 3년 이하의 징역 또는 2억 원 이하의 벌금에 처한다(법 제124조 제1항 제1호). 시정조치 불이행에 대해서는 2년 이하의 징역 또는 1억 5천만 원 이하의 벌금에 처한다(법 제125조 제1호).

2. 불공정거래행위의 금지

가. 의의 및 연혁

공정한 거래를 저해할 우려가 있는 행위(추상적 위험성)를 하거나 계열사 또는 다른 사업자로 하여금 행하도록 해서는 아니 된다(법 제45조). 이는 독점규제법으로서의 성격과는 다른 불공정거래행위를 규제하는 규정이다. 미국에서는 「연방거래위원회법(FTC Act)」 제5조에서 불공정한 경쟁방법을 금지하고 있는데, 1938년 「휠러─

리법(Wheeler-Lee Act)」은 「연방거래위원회법(FTC Act)」을 개정하여 동 조의 금지
대상을 불공정한 경쟁방법 이외에 불공정한 거래방법(불공정하거나 기만적인 행위 또는
거래관행)까지 확대하였다("Unfair methods of competition in or affecting commerce,
and unfair or deceptive acts or practices in or affecting commerce, are hereby
declared unlawful"). 1931년 연방대법원이 비만치료제 허위광고사건인 <Raladam
사건>(미연방대법원, 1931)에서 경쟁 저해를 요구한 데서 유래를 찾고 있다.[161]

〈FTC Act〉

§ 5. Unfair methods of competition unlawful; prevention by Commission
(a) Declaration of unlawfulness; power to prohibit unfair practices; inapplicability
   to foreign trade
   (1) Unfair methods of competition in or affecting commerce, and unfair or
      deceptive acts or practices in or affecting commerce, are hereby
      declared unlawful.

〈FTC v. Raladam Co., 283 U.S. 643〉

The reviewing court affirmed, holding that petitioner lacked jurisdiction to
make a finding that respondent violated unfair competition laws and to enter a
cease and desist order where petitioner failed to find that respondent injured
competition. Jurisdiction could not be established merely upon allegedly
misleading advertisements for a remedy sold in interstate commerce. Petitioner
was required to show respondent's actions inhibited competition, which petitioner
failed to do.

독일의 경우 「경쟁제한방지법(GWB)」 제20조에서 상대적 또는 우월적 시장력
을 가진 사업자의 금지행위를, 제21조에서 보이코트와 기타 경쟁제한적 행위를 규
정하고 있다. 법 제10차 개정에서는 법 제20조의 상대적 시장력을 판단하는데 있어
서 다면시장에서 중개자로서 활동하는 사업자 및 데이터 접근에 종속적인 경우를
포함시켰다.

일본 「사적독점금지법」 제2조 제9항에서도 불공정한 거래방법을 규정하고 있
다. 이는 1953년 개정법에서 종래의 불공정한 경쟁방법에서 개정된 것으로 우리나

---

161) 이호영, "불공정거래행위의 금지 및 쟁점", 제7기 공정거래법 연수원 강의교재 I, 59면.

라 공정거래법의 불공정거래행위 규정도 이를 참고한 것이다. 공정거래법에서 불공정거래행위를 규제하는 이유는 시장지배적 사업자가 경쟁의 자유를 침해하는 행위에 대한 규제 외에 시장지배력에는 미치지 못하지만 시장에서 유력한 지위를 가지거나 상대적으로 우월한 위치에 있는 사업자의 불공정한 행위에 대한 규제를 함으로써 공정한 경쟁을 촉진하는 데 있다.

[각국의 불공정거래행위 관련 규정 비교]

국가	관련 규정
한국 (공정거래법)	제45조(불공정거래행위의 금지) ① 사업자는 다음 각 호의 어느 하나에 해당하는 행위로서 공정한 거래를 해칠 우려가 있는 행위(이하 "불공정거래행위"라 한다)를 하거나, 계열회사 또는 다른 사업자로 하여금 이를 하도록 하여서는 아니 된다. 1. 부당하게 거래를 거절하는 행위 2. 부당하게 거래의 상대방을 차별하여 취급하는 행위 3. 부당하게 경쟁자를 배제하는 행위 4. 부당하게 경쟁자의 고객을 자기와 거래하도록 유인하는 행위 5. 부당하게 경쟁자의 고객을 자기와 거래하도록 강제하는 행위 6. 자기의 거래상의 지위를 부당하게 이용하여 상대방과 거래하는 행위 7. 거래의 상대방의 사업활동을 부당하게 구속하는 조건으로 거래하는 행위 8. 부당하게 다른 사업자의 사업활동을 방해하는 행위 9. 부당하게 다음 각 목의 어느 하나에 해당하는 행위를 통하여 특수관계인 또는 다른 회사를 지원하는 행위 　가. 특수관계인 또는 다른 회사에 가지급금·대여금·인력·부동산·유가증권·상품·용역·무체재산권 등을 제공하거나 상당히 유리한 조건으로 거래하는 행위 　나. 다른 사업자와 직접 상품·용역을 거래하면 상당히 유리함에도 불구하고 거래상 실질적인 역할이 없는 특수관계인이나 다른 회사를 매개로 거래하는 행위 10. 그 밖의 행위로서 공정한 거래를 해칠 우려가 있는 행위 ② 특수관계인 또는 회사는 다른 사업자로부터 제1항제9호에 해당할 우려가 있음에도 불구하고 해당 지원을 받는 행위를 하여서는 아니 된다. ③ 불공정거래행위의 유형 또는 기준은 대통령령으로 정한다. ④ 공정거래위원회는 제1항을 위반하는 행위를 예방하기 위하여 필요한 경우 사업자가 준수하여야 할 지침을 제정·고시할 수 있다. ⑤ 사업자 또는 사업자단체는 부당한 고객유인을 방지하기 위하여 자율적으로 규약(이하 "공정경쟁규약"이라 한다)을 정할 수 있다. ⑥ 사업자 또는 사업자단체는 공정거래위원회에 공정경쟁규약이 제1항제4호를 위반하는지에 대한 심사를 요청할 수 있다.

미국	〈FTC법〉 제5조. 불공정 경쟁방법의 사용은 위법; 위원회의 금지 (a) 위법선언; 불공정 관행을 금지하는 권한; 외국과의 거래에 부적용 (1) 통상 또는 통상에 영향을 미치는 불공정 경쟁방법, 통상 또는 통상에 영향을 미치는 불공정행위나 관행 또는 기만행위나 관행은 위법이다.

독일
(경쟁제한
방지법)
	제20조 상대적 또는 우월적 시장력을 가진 사업자의 금지행위
	(1) 제19조 제1항 내지 제2항 제1호는 특정한 종류의 상품 또는 용역의 공급자 또는 수요자로서 중소사업자가 다른 사업자로 대체할 수 있는 충분하고 합리적인 가능성이 없도록 사업자와 사업자단체에 종속되어 있는 경우, 그리고 그러한 사업자 및 사업자단체와 다른 사업자간에 중요한 힘의 불균형이 존재하는 경우 그 사업자와 사업자단체에게도 적용된다(상대적인 시장력). 제19조 제1항 내지 제2항 제1호는 다른 사업자가 중개서비스에 종속적이고 공급과 구매시장에의 접근에 충분하고 합리적인 대체가능성이 존재하지 않는 경우 다면시장에서 중개자로서 활동하는 사업자에게도 적용된다. 수요자가 공급자로부터 통상의 가격인하 또는 기타의 급부대가에 추가하여 동종의 다른 수요자에게 제공되지 아니하는 기타의 특별한 이익을 정기적으로 취득하는 경우, 특정한 상품이나 용역의 공급자는 제1문의 의미에서 그 수요자에게 종속된 것으로 추정된다.
	(1a) 제1항의 의미에서의 종속성은 사업자가 그의 활동을 수행하기 있어서 다른 사업자에 의해 통제되는 데이터 접근에 종속적인 경우에도 발생한다. 적정한 보상에도 불구하고 데이터에의 접근을 거절하는 행위는 제1항 및 제19조 제1항 내지 제2항 제1호의 부당한 방해에 해당한다.
	(2) 제19조 제1항 및 제2항 제5호는 그로부터 종속되는 사업자와의 관계에서의 사업자와 사업자단체에도 적용된다.
	(3) 중소사업자에 대해 우월한 시장력을 가진 사업자는 경쟁자를 직접 또는 간접적으로 부당하게 방해함으로써 그의 시장력을 남용하여서는 아니된다. 제1문의 의미에서 부당한 방해는 특히, 사업자가
	  1. 독일 식료품 및 사료법[생필품 및 사료법] 제2조 제2항의 범위에서의 식료품을 원가이하로 제공 또는
	  2. 다른 상품이나 상업서비스을 계속적으로 원가이하로 제공 또는
	  3. 후방시장에서의 상품과 용역의 판매에서 경쟁관계에 있는 중소사업자로부터, 공급에 대하여 스스로 당해 시장에서 공급하는 것보다 높은가격을 요구하는 경우 존재한다.
	각각 객관적으로 정당한 사유가 있는 경우를 제외한다.
	제2문의 의미에서의 원가는 상품 또는 서비스의 제공을 위해 우월한 시장력을 가진 사업자와 그 공급자가 합의한 가격이며, 달리 명시적으로 합의하지 않는 한, 공급이 이루어지는 시점에서 합리적인 확실성을 가지고 예상할 수 있는 일반 할인이 비례적으로 공제되는 가격이다. 식료품을 원가이하로 공급하는 것은 상품의 부패 또는 소매상에서의 비유통성의 우려를 즉시 판매를 통하여 방지하는데 적합하거나 유사한 중요한 경우 객관적으로 정당화된다. 그들의 책임 범위에서의 사용을 위해 자선단체에 식료품을 기부하는 것은 부당한 방해가 되지 아니한다.

(3a) 제3항의 의미에서의 부당한 방해는 제18조 (3a)의 의미에서의 우월한 시장력을 가진 사업자가 경쟁자의 독립적인 네트워크 효과의 취득을 방해하고 장점에 의한 경쟁을 현저히 제한할 심각한 위험을 야기하는 경우에도 존재한다.

(4) 일반적 경험칙상 특정한 사실에 근거하여 사업자가 제3항의 의미에서의 시장력을 남용한 외관이 존재하는 경우 사업자가 외관에 대하여 반증하고 그의 영업범위에서 그러한 주장의 근거가 되는, 해명이 관계되는 경쟁자나 제33조 제2항에 의한 단체에게는 불가능하지만 그러한 주장을 하는 사업자에게는 쉽게 가능하고 기대할 수 있는 상황을 해명해야 할 의무가 있다.

(5) 경제단체, 직능단체 및 품질표시협회는 가입거부가 객관적으로 정당한 이유 없는 불평등한 취급이고 경쟁사업자에게 부당한 손해를 가져오는 경우, 특정 사업자의 가입을 거부해서는 아니된다.

제21조 보이코트 금지, 기타 경쟁제한적 행위의 금지

(1) 사업자와 사업자단체는 다른 사업자나 사업자단체에게 특정 사업자를 부당하게 침해할 의도로 공급차단 또는 구입차단을 요구해서는 아니된다.

(2) 사업자와 사업자단체는 다른 사업자에게 다음의 규정에 따라 계약적 구속의 대상으로 해서는 아니되는 행위를 하게 하기 위하여 불이익을 가할 것을 위협 또는 부가해서는 아니되며, 이익을 약속하거나 보장해서도 아니된다.
  1. 이 법에 따른,
  2. EU 기능조약 제101조 또는 제102조 또는
  3. 이 법 또는 EU기능조약 제101조 또는 제102조에 근거한 EU집행위원회 또는 카르텔당국의 결정에 따라 처분된 것

(3) 사업자와 사업자단체는 다른 사업자에게
  1. 제2조, 제3조 또는 제28조 제1항의 의미에서 합의나 결정에 가담하거나
  2. 다른 사업자와 제37조의 의미에서의 결합을 하거나
  3. 경쟁을 제한할 의도로 시장에서 동일한 형태로 행위하는 것을 강요해서는 아니된다.

(4) 카르텔 당국의 개입을 신청하거나 제안했다는 이유로 다른 사업자에게 경제적 불이익을 부가하는 것은 금지된다.

일본
(사적독점
금지법)
	제2조 ⑨ 이 법에서 "불공정한 거래 방법"이란 다음 각 호의 어느 하나에 해당하는 행위를 말한다.
	 1. 정당한 이유없이 경쟁자와 공동으로 다음 중 어느 하나에 해당하는 행위를 하는 것
	   가. 특정 사업자에게 공급을 거부하거나 공급과 관련된 상품이나 서비스의 수량이나 내용을 제한하는 행위
	   나. 다른 사업자에게 특정사업자에 대한 공급을 거부하게 하거나 공급과 관련된 상품이나 서비스의 수량이나 내용을 제한하게 하는 행위
	 2. 부당하게 지역이나 상대방에 따라 차별적인 대가로 상품이나 서비스를 계속해서 공급하는 행위로서 다른 사업자의 사업활동을 어렵게 할 우려가 있는 것
	 3. 정당한 이유없이 상품이나 서비스를 그 공급에 필요한 비용을 크게 밑도는

대가로 계속하여 공급하는 행위로서 다른 사업자의 사업활동을 어렵게 할 우려가 있는 것

4. 자기가 공급하는 상품을 구입하는 상대방에게 정당한 이유없이 다음 중 어느하나에 해당하는 구속조건을 붙여 해당 상품을 공급하는 행위

가. 상대방에게 그 판매하는 해당 상품의 판매 가격을 정하여 유지하게 하는행위, 그 밖에 상대방의 해당 상품의 판매 가격의 자유로운 결정을 구속하는 행위

나. 상대방이 판매하는 해당 상품을 구입하는 사업자의 해당 상품의 판매 가격을 정하여 상대방으로 하여금 해당 사업자에게 이를 유지하도록 하는행위, 그 밖에 상대방으로 하여금 해당 사업자의 해당 상품의 판매 가격의 자유로운 결정을 구속하게 하는 행위

5. 자신의 우월한 거래상의 지위를 이용하여 정상적인 상관행에 비추어 부당하게 다음 중 어느 하나에 해당 하는 행위를 하는 것

가. 계속해서 거래하는 상대방(새로이 계속해서 거래하려는 상대방을 포함한다. 나에서 같다)에게 해당 거래와 관련된 상품 또는 서비스 외의 상품또는 서비스를 구입하게 하는 행위

나. 계속해서 거래하는 상대방에게 자기를 위하여 금전, 서비스, 그 밖의 경제상 이익을 제공하게 하는 행위

다. 거래 상대방으로부터 거래와 관련된 상품 수령을 거부하거나 거래 상대방으로부터 거래와 관련된 상품을 수령한 후 해당 상품을 해당 거래 상대방에게 인수하게 하거나 거래 상대방에 대한 거래 대가의 지급을 지연시키거나 그 액수를 줄이고, 그 밖에 거래 상대방에게 불이익이 될 수있는 거래 조건을 설정, 변경하거나 거래를 실시하는 행위

6. 제1호부터 제5호까지에 해당하는 것 외에 다음 중 어느 하나에 해당하는 행위로서 공정한 경쟁을 저해할 우려가 있는 것 중 공정거래위원회가 지정하는행위

가. 부당하게 다른 사업자를 차별적으로 대우하는 행위

나. 부당한 대가로 거래하는 행위

다. 부당하게 경쟁자의 고객을 자기와 거래하도록 유인하거나 강제하는 행위

라. 상대방의 사업활동을 부당하게 구속하는 조건으로 거래하는 행위

마. 자기의 거래상지위를 부당하게 이용하여 상대방과 거래하는 행위

바. 자기 또는 자기가 주주나 임원인 회사와 국내에서 경쟁 관계에 있는 다른 사업자와 그 거래 상대방의 거래를 부당하게 방해하거나 해당 사업자가 회사인 경우에 그 회사의 주주나 임원을 그 회사의 불이익이 되는행위를 하도록 부당하게 유인, 교사하거나 강제하는 행위

우리나라와 각국의 시장지배적지위 남용행위 및 불공정거래행위 규정을 대강비교해 보면 다음과 같다.[162]

---

[162] 외국의 경우 법에 근거를 둔 경우만을 기준으로 했으며, 우리나라와의 제도상의 차이로 100%정확한 비교는 어렵다는 점을 점을 밝혀 둔다.

[각국의 시장지배적지위 남용행위 및 불공정거래행위 비교]

시장지배적지위 남용행위			불공정거래행위		
법	시행령	고 시	법	시행령	지 침
부당한 가격남용 (EU, 독)					
부당한 출고조절	정당한 이유없는 추세대비 공급량감소				
	정당한 이유없는 유통단계공급부족 시 공급감소				
부당한 사업활동방해 (독)	정당한 이유없는 원재료구매방해				
	과도한 경제상이익제공 인력채용		부당한 사업활동방해 (독, 일)	부당한 인력채용	
	정당한 이유없는 필수요소 사용·접근거절 (독)				
	기타 부당한 사업활동방해	부당한 거래거절/수량, 내용 제한	부당한 거래거절 (일)	공동(정당한 이유없는)/기타	
		정상적 거래관행 아닌 차별행위 (EU, 독)	부당한 차별적 취급 (미, 독, 일)	부당한 가격/거래조건/계열회사(정당한 이유없는)/집단	
		자사 또는 다른 거래상대방 대비 차별행위 (EU, 독)			
		부당한 불이익제공강제	부당한 거래강제 (일)	부당한 거래강제	

		(끼워팔기) (미, EU)			
		정당한 이유없는 일시적 자금회수			
		부당한 행정절차이행 방해			
		지식재산권 관련 사법, 행정절차 부당이용			
부당한 시장 참가방해	정당한 이유없는 배타적 거래			부당한 구속조건부거래 (일)	부당한 배타조건부거래
	정당한 이유없는 계속사업권리매입				
	정당한 이유없는 필수요소 사용 · 접근거절(새로운 경쟁사업자)				
	기타 부당한 신규진입방해	정당한 이유없는 거래거절/감축	부당한 거래거절 (일)	공동(정당한 이유없는)/기타	
		부당한 절차 이용 방해			
		필수원재료 수급 부당조절			
		지식재산권 관련 사법, 행정절차 부당 이용			
부당한 경쟁 사업자 배제	부당한 약탈가격			부당한 경쟁사업자배제 (독, 일)	부당한 염매, 고가매입
	부당한 배타조건부 거래			부당한 구속조건부거래 (미, 일)	부당한 배타조건부 거래 거래지역 · 거래상대방 제한

부당한 소비자 이익 저해 (EU)					
			부당한 고객유인 (일)		
			거래상지위 남용행위 (독, 일)		

나. 법체계상의 문제

시장지배적지위 남용행위와의 구별이 문제된다. 시장지배적지위 남용행위와의 관계에 대하여 통설은 일반법/특별법의 관계에 있다고 한다.[163] 『불공정거래심사지침』에서도 법 제5조를 우선적으로 적용한다고 규정하고 있다. 그러나 <포스코 시장지배적지위 남용행위 건>(대법원, 2007)에서는 거래거절행위가 문제되었는데, 시장지배적지위 남용행위로서의 거래거절행위는 시장지배적 사업자의 독점유지·강화 의도, 경쟁제한성 우려를, 불공정거래행위로서의 거래거절행위는 주체에 제한이 없고, 특정사업자의 거래기회를 배제하여 사업활동을 곤란하게 하거나 곤란하게 할 우려가 있는 경우, 거래상대방에 대한 부당한 통제 등의 목적 달성을 위한 실효성 확보 등의 수단으로 거래거절이 사용된 경우 등과 같이 시장에 미치는 영향을 고려하지 않고 불이익을 입었는지 여부에 따라 부당성 판단한다고 판단하였다. 그리고 <4개 정유사 등 구속조건부거래행위 건>(대법원, 2013) 관련 행정소송에서도 배타조건부 거래행위를 시장지배적지위 남용행위로 규제하면서도 시장지배적 사업자를 포함한 모든 사업자의 불공정거래행위로 규제하는 이유는 배타조건부 거래행위가 시장지배적지위 남용행위에 해당하는지 여부를 떠나, 공정한 거래를 저해할 우려가 있는 행위라고 평가되는 경우 이를 규제해야 할 필요성이 있기 때문이라고 한다. 이러한 대법원의 태도는 시장적배적 지위 남용행위와 불공정거래행위를 일반법/특별 법의 관계가 아니라 별개의 제도로 파악하고 있는 것으로 보인다.

---

163) 이에 반대하는 견해는 시장지배적지위 남용행위 규제는 잔존경쟁을 보호하는 것이고, 불공정 거래행위의 금지는 시장지배력의 형성을 미연에 방지하는데 있다고 한다. 이봉의, 공정거래법 (2022), 229면.

통설과 같이 양자를 일반법/특별법의 관계로 보는 경우 시장지배적지위의 남용행위와 불공정거래행위 간에는 행위 유형의 불일치 문제가 존재한다. 즉, 행위의 본질은 동일하나 행위유형의 분류측면에서 통일적이지 못한 문제가 있다. 예컨대 거래거절의 경우 시장지배적지위 남용행위에서는 사업활동의 방해로 규정하고 있는 반면, 불공정거래행위에서는 독자적 유형으로 규정되어 있다. 사업활동 방해행위의 내용도 양 규정 간 전혀 다르게 규정되어 있다. 행위 유형에 있어서 양 규정간 정비가 필요하다.

양자를 일반법/특별법의 관계로 보는 경우 그 중요한 구별기준은 시장점유율이 될 것이다. 즉 원칙적으로 일반불공정거래행위 규정을 적용하다가 만약 점유율 등이 시장지배적지위 추정 수준에 도달한다면 시장지배적지위 남용행위를 적용하는 방식이다. 그러나 동일한 행위에 대하여 점유율 등을 기준으로 서로 다른 법 규정을 적용하는 것이 타당한지 의문이다. 대법원도 경쟁제한성과 상대방의 불이익이라는 기준으로 양 제도를 별개로 보고 있다.

생각건대 통설과 같이 일반법/특별법 관계로 볼 수 있는 행위유형도 있고, 그와는 다른 독자적인 별개의 행위로 볼 수 있는 행위도 있다. 불공정거래행위와 경쟁제한성을 둘러싼 이러한 난맥상은 양 제도에 대한 명확한 기준이 없이 입법이 된 결과라고 생각된다. 따라서 경쟁제한성이 문제가 될 수 있는 행위유형은 시장지배적지위 남용행위로 규정하고, 나머지는 불공정거래행위로 규정하는 방식으로 개선하는 것이 필요하다. 예를 들어 현행 불공정거래행위 규정 중 거래거절, 차별적 취급, 거래강제, 구속조건부거래, 경쟁사업자 배제는 시장지배적지위 남용행위로 포섭하는 것이 타당하다. 다만 상대적으로 우월한 지위를 이용한 거래상지위를 이용한 거래거절행위와 차별적 취급행위, 사업활동방해행위는 거래상지위 남용행위로 포섭할 수 있을 것이다. 결국 거래상지위 남용행위와 부당 고객유인정도를 불공정거래행위로 규제하게 된다. 불공정거래행위는 주로 거래당사자 간의 상대적 불균형에서 나오는 불공정거래행위를 규율하는 것으로 충분하다고 본다.

부정경쟁방지법과의 관계도 문제된다. 부정경쟁방지법은 상표·상호 등을 부정사용하는 부정경쟁행위와 타인의 영업비밀을 침해하는 행위를 통하여 사익을 도모하는 행위를 규율하는 반면, 공정거래법은 경쟁방법의 불공정성이나 경쟁제한성 또는 거래내용이나 조건의 불공정성 등을 통하여 공정한 경쟁질서를 침해하는 행위를 규제하는 것이다. 양자간에는 공정거래법이 우선 적용된다(「부정경쟁방지법」제15조 제 2항). 독일의 경우 「경쟁제한방지법(GWB)」외에도 경쟁의 보호를 통하여 공정한 경쟁 질서를 유지하고, 그를 통하여 영업자뿐만 아니라 소비자 기타 시장관련자 및 공중의 이익을 도모하기 위하여 「부정경쟁방지법(Gesetz gegen unlauteren Wettbewerb: UWG」[164])을 마련하고 있는데, 통상 양자를 경쟁법(Wettbewerbsrecht)으로 분류하고 있다.[165] 「경쟁제한방지법(GWB)」제19조와 제20조에 규정된 시장지배적 혹은 거래 상지위 남용행위와 같은 단독의 일방적인 경쟁제한행위의 경우 「부정경쟁방지법 (UWG)」제3조와 같은 불공정거래행위의 일반규정과 중첩되면서, 밀접한 관련성이 존재하는데, 다만 「경쟁제한방지법(GWB)」이 「부정경쟁방지법(UWG)」보다 우선 적 용되는 것이 원칙이다(Grundsatz des Vorrang des Kartellrechts vor dem UWG).[166]

다. 성립요건상의 문제

1) 공정거래저해성

불공정거래행위의 첫 번째 성립요건은 공정거래저해성이다. 공정거래저해성의 개념에 대하여 광의설은 공정한 경쟁보다 넓은 개념(경쟁수단이나 방법이 불공정한 경 우는 물론 거래내용이나 조건이 부당하거나 불공정한 경우 또는 거래를 위한 교섭이나 정보 제공에 있어서 상대방의 합리적인 선택 방해행위까지 포함)으로 보는 데 반해, 협의설에 서는 공정한 경쟁으로 파악하고 있다.

『불공정거래 심사지침』에서는 광의설과 같이 경쟁제한성과 불공정성을 포함하 는 개념으로 보고 있다. 여기에서 경쟁제한성이란 당해 행위로 인해 시장 경쟁의 정 도 또는 경쟁사업자(잠재적 경쟁사업자 포함)의 수가 유의미한 수준으로 줄어들거나 줄어들 우려가 있음을 의미한다. 불공정성(unfairness)이란 경쟁수단 또는 거래내용 이 정당하지 않음을 의미한다. 경쟁수단의 불공정성은 상품 또는 용역의 가격과 질 이외에 바람직하지 않은 경쟁수단을 사용함으로써 정당한 경쟁을 저해하거나 저해 할 우려가 있음을 의미한다. 거래내용의 불공정성이라 함은 거래상대방의 자유로운

---

164) 부정경쟁방지법은 1896년에 제정되었는데, 그 제정배경은 중세의 길드질서속에서의 영업이 경쟁과 상관없이 이루어지다가 1871년 독일제국의 전반에 걸쳐 일반적인 영업의 자유가 인정 되면서 비로소 공정한 경쟁방법 이외에 각종의 부정한 방법이 동원되기 시작한 데서 비롯되었 다. 황태희, 독일의 거래상 지위남용 법제 및 규제현황, 한국법제연구원(2017), 21면.
165) 황태희, 독일의 거래상 지위남용 법제 및 규제현황, 한국법제연구원(2017), 4면.
166) 황태희, 독일의 거래상 지위남용 법제 및 규제현황, 한국법제연구원(2017), 5면.

의사결정을 저해하거나 불이익을 강요함으로써 공정거래의 기반이 침해되거나 침해될 우려가 있음을 의미한다(『불공정거래 심사지침』 III. 1).

저해할 우려는 공정한 거래를 저해하는 효과가 실제로 구체적인 형태로 나타나는 경우뿐만 아니라 나타날 가능성이 큰 경우를 의미한다. 또한, 현재는 그 효과가 없거나 미미하더라도 미래에 발생할 가능성이 큰 경우를 포함한다(『불공정거래 심사지침』 III. 1). 즉, 공정한 거래질서를 유지하기 위하여 바람직하지 아니한 경우로서 공정하고 자유로운 경쟁을 유지·촉진하는 데 장애가 되거나 곤란하게 하는 일체의 행위와 조건(서울고법, 2004)을 의미하며, 우려는 공정거래저해의 위험성을 말하고 추상적인 위험성으로도 족하다.

공정거래저해성은 행위의 효과를 기준으로 판단하며 의도나 주관적 예측은 정황증거로서 작용한다. <(주)에스엠엔터테인먼트 거래상지위 남용행위 건>(서울고법, 2004)에서 법원은 "공정거래저해 여부는 우선적으로 거래주체 사이에서 판단하여야 할 것인바, 신인가수와의 전속계약에서 과다한 손해배상을 약정한 주된 목적이 막대한 비용을 투자하여 키운 가수를 경쟁기획사가 아무런 대가를 치르지 않고 데려가는 무임승차를 방지하기 위한 것이라 하더라도, 그 금액이 과다하여 전속계약의 상대방인 가수의 계약지속여부 등 거래조건을 부당히 구속하는 정도에 이르고 있는 이상 공정한 거래를 저해할 우려가 있는 행위"라고 판시한 바 있다.

불공정거래행위규제에 있어서는 안전지대(safety zone)가 설정되어 있다(『불공정거래 심사지침』 III. 2). 주로 경쟁제한성 위주로 심사하는 불공정거래행위 유형에 규정되어 있는데, 거래거절, 차별적 취급, 경쟁사업자 배제, 구속조건부 거래행위가 이에 해당하고, 시장점유율 10% 미만 또는 연간매출액 합계액 50억 원 미만인 사업자의 경우 법 적용이 배제된다. 불공정성(unfairness) 위주로 심사하는 행위유형에 대해서는 안전지대가 적용되지 아니한다.

『불공정거래 심사지침』 별첨의 『경쟁제한성 판단기준』에 의하면 경쟁제한요건 행위의 위법성은 ① 시장력(market power)을 보유한 사업자가 ② 경쟁제한효과가 있는 경쟁제한요건 행위를 행하고 ③ 동 경쟁제한효과가 효율성 증대 효과보다 큰 경우에 인정된다. 즉 원칙적으로 행위주체가 획정된 시장에서의 시장점유율이 30% 이상인 경우에는 행위주체의 시장력(market power)이 인정되나, 시장점유율이 20%에서 30% 사이인 경우도 시장집중도, 경쟁상황, 상품의 특성 등 제반사정을 고려하여 시장력(market power)이 인정될 수 있다. 시장점유율이 10% 이상인 경우에는 누적적 봉쇄효과에 한하여 시장력(market power)이 인정될 수 있다. 그러나 단독의 거래거절, 차별취급 및 부당염매의 경우 원칙적으로 30% 이상 시장력이 인정되는 경우에 규제한다.

불공정거래행위의 경우에도 경쟁제한성을 따지다 보니 시장획정도 필요하다. 구체적으로는 『기업결합 심사기준』의 '일정한 거래분야 판단기준'을 준용한다(『불공정거래 심사지침』 IV).

앞에서 불공정거래행위와 시장지배적지위 남용행위의 관계를 설명하면서, 현행 제도를 비판적으로 검토하였다. 『경쟁제한성 판단기준』만 보더라도 불공정거래행위 제도를 가능하면 시장지배적지위 남용행위 제도로 근접시키려는 의도로 볼 수 있는데, 그렇다면 시장지배적지위 남용행위로 통합하는 것이 바람직하다.[167] 그렇다면 현행 『경쟁제한성 판단기준』은 불필요하게 될 것이다. 한편 제도운영상의 혼선을 방지하기 위해서 이와 같은 제도개선 전이라도 『경쟁제한성 판단기준』은 폐지하고, 『불공정거래 심사지침』을 개정하여 경쟁제한성보다는 경쟁수단이나 거래내용의 불공정성을 위주로 위법성을 판단하도록 하는 조치가 필요하다.

2) 부당성과 공정거래저해성

부당성과 공정거래저해성의 의미에 대하여 법원과 헌법재판소 공히 동일한 의미로 파악하고 있다. 즉, 부당성의 유무를 판단함에 있어 거래당사자의 지위 내지 법률관계, 상대방의 선택가능성·사업규모 등의 시장상황, 그 행위의 목적 및 효과, 관련 법규의 특성 및 내용 등 여러 사정을 고려하여 그 행위가 공정하고 자유로운 경쟁을 저해할 우려가 있는지 여부를 따라야 한다고 한다(대법원, 1998). 또한 계약자유원칙이 지배하는 시장경제질서 하에서 행위의 주체·태양·효과 등 객관적 측면만으로는 그 부당성을 단정하기는 어려울 것이고, 거절의 의도·목적까지 아울러 고려하여 공정거래저해성 유무를 판단할 필요가 있다고 본다(헌법재판소, 2008). 『불공

---

167) 한편 현행 불공정거래행위제도를 경쟁제한성과 연결시키는 『불공정거래 심사지침』의 태도를 비판하면서, 공정거래저해성을 불공정거래행위의 고유한 기준으로 보는 입장이 있다. 이봉의, 공정거래법(2022), 840~844면. 생각건대 시장지배적지위 남용행위와 불공정거래행위를 별개의 제도로 파악하는 데는 동의하지만 현행 불공정거래행위의 모든 유형에 대하여 시장지배적지위와 다른 제도로서 그 필요성을 인정하기보다는 경쟁제한성을 기준으로 양 제도를 통합·조정하는 것이 바람직하다.

정거래 심사지침』(III. 1)에서도 기본적으로 같은 의미지만, 원칙적으로 경쟁제한성·불공정성과 효율성 증대효과·소비자후생증대효과 등을 종합적으로 판단한다고 규정하고 있다. 부당성과 공정거래저해성은 기본적으로 동일한 의미로 해석된다.

3) '부당하게'와 '정당한 이유없이'의 구별

'부당하게'와 '정당한 이유없이'의 개념에 대해서는 동일설과 구별설이 대립된다. 공정거래법 시행령 [별표2]에서 공동의 거래거절, 계열회사를 위한 차별, 부당염매(계속거래)의 경우 "정당한 이유없이"로 규정되어 있는데, 『불공정거래 심사지침』(III. 1)에서 '부당하게'는 행위 자체만으로 공정거래저해성이 인정되지 않고, 경쟁제한성·불공정성과 효율성 증대효과·소비자후생 증대효과 등을 비교형량하여 경쟁제한성·불공정성의 효과가 보다 큰 경우에 위법(공정거래위원회가 입증책임)한 경우이고, '정당한 이유없이'는 당해 행위의 외형이 있는 경우에 원칙적으로 위법(사업자가 입증책임)하다는 의미로 해석한다. 대법원(2001) 및 헌법재판소(2004, 2006)도 입증책임의 차이로 해석하고 있다.

법에 '부당하게'라고 규정하고 있음에도 불구하고, 시행령에서 '정당한 이유없이'라고 규정하고 있는 데 대해서는 위임한계의 일탈 문제가 제기되고 있다. 그러나 법원은 "행위유형에 따라 사업자에게 사실상 입증책임이 전환된다고 하더라도 하위법령이 '부당성'을 기준으로 행위유형을 규정하고 있는 한에는 모법의 위임한계를 일탈하였다고 보기는 어렵다"고 본다〈SK텔레콤(주) 차별적 취급행위 등 건〉(서울고법, 2002). 그러나 다른 판결에서 대법원은 하위법령에서 입증책임을 전환하는 것은 법규적 효력이 없다고 한 경우도 있다. '정당한 이유없이'라는 표현은 사용을 피하고 '부당한(부당하게)'으로 통일하되, 입증책임을 사업자에게 전가해야 하는 예외적인 경우에는 그 위임근거규정을 상위법령에 두고, 규정형식도 정당한 이유를 사업자가 입증하는 경우 예외로 한다는 단서규정을 두는 형식으로 정비하는 방향이 옳다고 본다.

한편 제45조 제1항 제10호에서는 '제1호~제9호 이외의 행위로서 공정한 거래를 저해할 우려가 있는 행위'라고 규정하고 있는데 시행령에 구체적인 규정이 없어 해석이 문제된다. 그러나 시행령에 규정이 없는 경우는 규율이 어렵다고 본다(대법원, 2008).

라. 일반불공정거래행위

불공정거래행위 유형도 시장지배적지위 남용행위와 마찬가지로 착취행위와 방해행위, 배제행위로 구분할 수 있다. 다만 부당한 고객유인은 유인행위, 구속조건부거래의 경우 거래지역·상대방 제한행위는 구속행위라는 카테고리를 설정하였다. 즉, 우선 거래상지위 남용행위는 거래상대방에게 불이익을 제공하고 행위자가 그 이득을 취하는 행위로서 착취적 행위로 분류할 수 있다. 그리고 거래거절, 차별적 취급, 거래강제, 사업활동방해는 방해행위, 부당한 고객유인은 유인행위, 경쟁사업자 배제, 구속조건부거래(배타조건부거래)는 배제행위, 구속조건부거래(거래지역·상대방)은 구속행위로 분류할 수 있다. 시장지배적지위 남용행위와 불공정거래행위는 비슷한 카테고리로 분류하였지만, 전자는 시장에서 경쟁이 제한되는 모습에 따라 착취행위와 방해행위, 배제행위로 분류한 것이고, 후자는 주로 행위의 성격을 기준으로 착취행위, 방해행위, 유인행위, 배제행위 및 구속행위로 분류한 것이라는 차이가 있다.

[불공정거래행위 구분]

착취행위	거래상지위 남용행위
방해행위	거래거절, 차별적 취급, 거래강제, 사업활동방해
유인행위	고객유인
배제행위	경쟁사업자 배제, 구속조건부거래(배타조건부거래)
구속행위	구속조건부거래(거래지역·상대방제한)

한편 불공정거래행위 유형을 경쟁제한형[거래거절, 차별취급, 경쟁사업자배제, 거래강제(끼워팔기), 구속조건부거래], 경쟁수단 불공정형[부당고객유인, 거래강제(사원판매, 기타), 사업활동방해], 거래내용 불공정형(거래상지위 남용), 부당지원형으로 구분하기도 한다.[168]

---

168) 임영철·조성국, 공정거래법(2018), 74~75면.

〈〈착취행위〉〉

1) 거래상지위의 남용

사업자가 거래상 우월적 지위가 있음을 이용하여 열등한 지위에 있는 거래상대방에 대해 일방적으로 물품 구입강제 등 각종 불이익을 부과하거나 경영에 간섭하는 것은 경제적 약자를 착취하는 행위로서 거래상대방의 자생적 발전기반을 저해하고 공정한 거래기반을 침해하므로 금지된다. 다만, 거래상지위 남용행위는 거래상지위가 있는 예외적인 경우에 한하여 민법의 불공정성 판단기준을 사업자간 거래관계에서 완화한 것이므로 거래상지위는 민법이 예상하고 있는 통상적인 협상력의 차이와 비교할 때 훨씬 엄격한 기준으로 판단되어야 한다(『불공정거래 심사지침』 V. 6).

독일 「경쟁제한방지법(GWB)」 제20조(상대적 또는 우월적 시장력을 가진 사업자의 금지행위) 제1항 및 제2항은 우리나라 공정거래법상의 거래상지위 남용행위와 유사하다. 즉, 제19조 제1항 내지 제2항 제1호(방해[169] 및 차별취급[170])는 특정한 종류의 상품 또는 용역의 공급자 또는 수요자로서 중소사업자가 다른 사업자로 대체할 수 있는 충분하고 기대가능한 가능성이 없도록 사업자와 사업자단체에 종속되어 있는 경우,[171] 그 사업자와 사업자단체에게도 적용된다(상대적 지배력). 그리고 수요자가 공급자로부터 통상의 가격인하 또는 기타의 급부대가에 추가하여 동종의 다른 수요자에게 제공되지 아니하는 기타의 특별한 이익을 정기적으로 취득하는 경우, 특정

---

169) 방해남용의 유형으로 거래거절행위, 배타조건부거래, 리베이트, 약탈적 가격설정, 끼워팔기 등을 들고 있다. 황태희, 독일의 거래상 지위남용 법제 및 규제현황, 한국법제연구원(2017), 11~12면.

170) 우월적 지위남용행위로서 차별취급에 해당하는지의 여부는 그러한 차별이 정당한 이유가 없는 경우에 해당하며, 그 여부는 부당한 사업활동방해와 마찬가지로 개별적 사례에서 이익형량을 하여야 한다. 황태희, 독일의 거래상 지위남용 법제 및 규제현황, 한국법제연구원(2017), 13면.

171) 상대적 지배력의 판단기준은 다음과 같다. 첫째, 상품관련 종속성은 상품의 취급 또는 판매가 매개가 되어 발생하는 의존성이다. 둘째, 사업자기반 종속성은 수요자 내지 공급자와 같이 장기간에 걸친 계약관계로 인하여 자기의 영업이 지나치게 거래상대방에게 의존하는 결과 제3자의 사업자로 거래처를 변경하는 경우에는 현저한 불이익이 발생하기 때문에 이를 변경할 수 없는 경우를 말한다. 셋째, 수요기반 종속성인데, 상당한 정도의 수요를 차지하고 있는 사업자가 존재하는 경우에 그러한 사업자에게 납품하고 있는 중소제조업자는 종속적인 관계에 놓일 수밖에 없다. 넷째, 희소성 기반 종속성은 수직적으로 통합된 사업자가 원재료를 공급함에 있어 자신 또는 계열관계에 있는 사업자에게 우선 공급하여 자기와 경쟁관계에 있는 비통합사업자가 상대적으로 공급받지 못하는 경우에 발생하는 종속성을 말한다. 황태희, 독일의 거래상 지위남용 법제 및 규제현황, 한국법제연구원(2017), 9~10면.

한 상품이나 용역의 공급자는 제1문의 의미에서 그 수요자에게 종속된 것으로 추정된다(제1항). 제19조 제1항 및 제2항 제5호(객관적으로 정당한 이유없이 이익 보장을 요구하거나 유인하는 경우)는 그로부터 종속되는 사업자와의 관계에서의 사업자와 사업자단체에도 적용된다(제2항). 특히 제10차 법 개정 시 "제19조 제1항 내지 제2항 제1호는 다른 사업자가 중개서비스에 종속적이고 공급과 구매시장에의 접근에 충분하고 합리적인 대체가능성이 존재하지 않는 경우 다면시장에서 중개자로서 활동하는 사업자에게도 적용된다.", "1항의 의미에서의 종속성은 사업자가 그의 활동을 수행하는 데 있어서 다른 사업자에 의해 통제되는 데이터 접근에 종속적인 경우에도 발생한다. 적정한 보상에도 불구하고 데이터에의 접근을 거절하는 행위는 제1항 및 제19조 제1항 내지 제2항 제1호의 부당한 방해에 해당한다"고 규정하여 디지털 경제에 대응하여 상대적 지배력의 개념을 보완하였다.[172]

　　거래상지위 남용행위의 대상이 되는 거래가 사업자 간의 거래에 한정되는 것은 아니다. 그러나 거래상지위 남용행위의 상대방이 경쟁자 또는 사업자가 아니라 일반 소비자인 경우에는 단순히 거래관계에서 문제될 수 있는 행태 그 자체가 아니라, 널리 거래질서에 미칠 수 있는 파급효과라는 측면에서 거래상지위를 가지는 사업자의 불이익 제공행위 등으로 인하여 불특정 다수의 소비자에게 피해를 입힐 우려가 있거나, 유사한 위반행위 유형이 계속적·반복적으로 발생할 수 있는 등 거래질서와의 관련성이 인정되는 경우에 한하여 공정한 거래를 저해한 우려가 있는 것으로 해석함이 타당하다<금보개발(주) 거래상지위 남용행위 건>(대법원, 2015).

> **〈금보개발(주) 거래상지위 남용행위 건, 대법원 2015. 9. 10. 선고 2012두18325 판결〉**
>
> 　거래상지위 남용행위의 상대방이 경쟁자 또는 사업자가 아니라 일반 소비자인 경우에는 단순히 거래관계에서 문제 될 수 있는 행태 그 자체가 아니라, 널리 거래질서에 미칠 수 있는 파급효과라는 측면에서 거래상지위를 가지는 사업자의 불이익 제공행위 등으로 인하여 불특정 다수의 소비자에게 피해를 입힐 우려가 있거나, 유사한 위반행위 유형이 계속적·반복적으로 발생할 수 있는 등 거래질서와의 관련성이 인정되는 경우에 한하여 공정한 거래를 저해할 우려가 있는 것으로 해석함이 타당하다.

---

172) 우리나라에서 「온라인 플랫폼 중개거래의 공정화에 관한 법률안」을 추진한 바 있으나. 별도의 입법보다는 독일처럼 공정거래법을 보완하여 규정하는 것도 고려해 볼 만하다.

'거래'의 의미 관련하여 <8개 손해보험사 거래상지위 남용행위 건>(대법원, 2010)에서 대법원은 매매 같은 개별적인 계약에 한정되지 않고 사업활동을 위한 수단 일반 또는 거래질서라는 넓은 의미(손해보험사와 차주 간 거래관계)를 가지는 것으로 보고 있다. 불법행위로 인한 손해배상 채무가 이행되는 과정에서 채무자에 의한 불공정거래행위가 발생할 수 있기 때문이다.

> **〈8개 손해보험사 거래상지위 남용행위 건, 대법원 2010. 1. 14. 선고 2008두14739 판결〉**
> 원고들과 피해차주들 사이에는 피보험자들을 매개로 한 거래관계가 존재한다고 봄이 상당하다.

거래상지위의 판단 시 계속적인 거래관계의 존재(특화된 자본설비, 인적자원, 기술 등 투자 등), 상당한 거래의존도가 있어야 한다. 계속적 거래관계 및 거래의존도를 판단함에 있어 그 구체적인 수준이나 정도는 시장상황, 관련 상품 또는 서비스의 특성 등을 종합적으로 고려하여 판단한다. 본사와 협력업체 또는 대리점, 대형소매점과 입점업체, 제조업체와 부품납품업체 등이 이에 해당한다(『불공정거래 심사지침』 V. 6). 그간의 사례를 보면, 대규모 또는 유력사업자이고 상대방이 상품이나 용역의 특성상 행위자와 거래를 계속해야 할 경우, 상대방이 다른 거래처를 발견하기 어려운 경우, 행위자의 사업능력이나 법률지식이 상대방에 비하여 월등한 경우, 행위자와 상대방 간에 유통계열화(수직적 결합)가 상당히 진척되어 의존성이 높은 경우 등이다.[173] 이 규정으로부터 하도급법, 가맹사업법, 대규모유통업법, 대리점법 등이 파생하게 되었다.

'거래상지위'는 일방이 상대적으로 우월한 지위 또는 적어도 상대방과의 거래활동에 상당한 영향을 미칠 수 있는 지위를 갖고 있으면 이를 인정하기에 족하다고 할 것이고, 거래상지위가 있는지 여부는 당사자가 처하고 있는 시장의 상황, 당사자 간의 전체적 사업능력의 격차, 거래의 대상인 상품의 특성 등을 모두 고려하여 판단하여야 한다<(주)씨제이헬로비전 거래상지위 남용행위 건>(대법원 2011).

---

173) 신동권, 독점규제법(2020), 774면.

<(주)씨제이헬로비전 거래상지위 남용행위 건, 대법원 2011. 5. 13. 선고 2009두 24108 판결>

'거래상지위'는 일방이 상대적으로 우월한 지위 또는 적어도 상대방과의 거래활동에 상당한 영향을 미칠 수 있는 지위를 갖고 있으면 이를 인정하기에 족하다고 할 것이고 (대법원 2002. 1. 25. 선고 2000두9359 판결 참조), 거래상지위가 있는지 여부는 당사자가 처하고 있는 시장의 상황, 당사자 간의 전체적 사업능력의 격차, 거래의 대상인 상품의 특성 등을 모두 고려하여 판단하여야 할 것이다(대법원 2000. 6. 9. 선고 97누 19427 판결 참조).

<대림자동차공업(주) 거래상지위 남용행위 건, 서울고법 2017. 8. 18. 선고 2015누 45528 판결; 대법원 2018. 1. 25. 선고 2017두62237(심리불속행 기각) 판결>

원고의 이사건 대리점에 대한 거래상지위를 인정할 수 있다.

'거래상의 지위를 부당하게 이용하였는지' 여부는 당사자가 처한 시장 및 거래의 상황, 당사자 간의 전체적 사업능력의 격차, 거래의 대상인 상품 또는 용역의 특성, 그리고 당해 행위의 의도·목적·효과·영향 및 구체적인 태양, 해당 사업자의 시장에서의 우월한 지위의 정도 및 상대방이 받게 되는 불이익의 내용과 정도 등을 기준으로 판단한다<티브로드홀딩스 거래상지위 남용행위 건>(대법원, 2013).

<티브로드홀딩스 거래상지위 남용행위 건, 대법원 2013. 11. 28. 선고 2013두1188 판결>

공정거래법 제23조 제1항 제4호와 제2항 및 이에 근거한 공정거래법 시행령 제36조 제1항, [별표 1] 제6호에서 정하고 있는 '거래상의 지위를 부당하게 이용하였는지' 여부는 당사자가 처한 시장 및 거래의 상황, 당사자 간의 전체적 사업능력의 격차, 거래의 대상인 상품 또는 용역의 특성, 그리고 당해 행위의 의도·목적·효과·영향 및 구체적인 태양, 해당 사업자의 시장에서의 우월한 지위의 정도 및 상대방이 받게 되는 불이익의 내용과 정도 등에 비추어 볼 때 정상적인 거래관행을 벗어난 것으로서 공정한 거래를 저해할 우려가 있는지 여부를 판단하여 결정하여야 한다.

거래상지위 남용행위의 위법성 판단은 사업자가 거래상대방에 대해 거래상지위를 가지고 있는지 여부, 거래내용의 공정성을 침해하는지 여부, 합리성이 있는 행위인지 여부를 종합적으로 고려하여 판단한다. 거래내용의 공정성 여부는 당해 행위를 한 목적, 거래상대방의 예측가능성, 당해업종에서의 통상적인 거래관행, 관련 법령 등을 종합적으로 고려하여 판단한다. 합리성이 있는 행위인지 여부는 당해 행위로 인한 효율성 증대효과나 소비자후생 증대효과가 거래내용의 불공정성으로 인한 공정거래저해 효과를 현저히 상회하는지 여부, 기타 합리적인 사유가 있는 여부 등을 종합적으로 고려하여 판단한다. 다만, 거래상지위 남용행위의 속성상 제한적으로 해석함을 원칙으로 한다(『불공정거래 심사지침』 V. 6).

특수형태근로종사자, 즉 골프장 경기보조원, 레미콘 기사, 보험설계사, 학습 지교사, 택배기사, 퀵서비스기사 등은 『특수형태근로종사자에 대한 거래상지위 남용행위 심사지침』에서 별도로 규율하고 있다. 일반적 기준과 달리 특히 지시감독을 위한 구속조건들이 최종 상품·용역의 품질을 확보하기 위해 합리적이고 불가피한 것인지, 보수나 수당 등에 관한 조건은 유사한 업무를 수행하는 근로자로서 사용자로부터 직접 고용된 자의 경우를 감안하여 판단하고, 경제적 종속성으로 인하여 당해 사업자와의 거래를 회피하거나 부당조건을 거절할 수 없었는지 여부를 또한 고려한다.

거래상지위의 남용행위가 공정거래법상 불공정거래행위에 해당하는 것과 별개로 위와 같은 행위를 실현시키고자 하는 사업자와 상대방 사이의 약정이 경제력의 차이로 인하여 우월한 지위에 있는 사업자가 그 지위를 이용하여 자기는 부당한 이득을 얻고 상대방에게는 과도한 반대급부 또는 기타의 부당한 부담을 지우는 것으로 평가할 수 있는 경우에는 민법상 선량한 풍속 기타 사회질서에 위반한 법률행위로서 무효이다< 대성산업주식회사(디큐브백화점) 거래상지위 남용행위 건(민사소송) >(대법원, 2017). 동 사건에서 법원은 대규모소매업자인 갑이 을 회사와 특정매입거래계약을 체결하고 지속적으로 거래해 오다가, 계약일로부터 2년이 지난 시점에 을 회사가 갑 회사에 재고품에 대한 상품대금 반환채무가 있음을 확인하고 이를 분할 상환하기로 하는 확약서를 작성한 사안에서 사회적 타당성이 없어 사회질서에 반한다고 판시한 바 있다.

> **< 대성산업주식회사(디큐브백화점) 거래상지위 남용행위 건(민사소송), 대법원 2017. 9. 7. 선고 2017다229048 판결 >**
>
> 원고는 피고와 이 사건 계약을 특정매입거래계약인 것처럼 체결하고도 직매입거래 방식으로 의류를 납품받아 수익의 극대화를 도모하는 한편, 그 실질이 직매입거래임에도 피고의 부담으로 매장에 판촉사원을 파견받고 특정매입거래계약인 경우에나 가능한 재고품의 반품을 위하여, 그것도 유행에 민감한 의류를 이 사건 계약일로부터 2년이나

> 지난 시점에 반품하는 내용의 이 사건 확약서를 작성하는 등 특정매입거래 방식의 유리한 점 역시 함께 취하려고 함으로써 원고에게는 특히 유리하고 피고에게는 지나치게 불리한 내용의 거래를 주도하였는데, 이러한 거래관계가 형성될 수 있었던 것은 대규모 소매업자인 원고와 의류납품업자에 불과한 피고 사이의 경제력 차이에서 연유하는 원고의 우월한 지위 때문이라고 하지 않을 수 없다.

민사행위와의 구분은 실무적으로 크게 문제되는 점이다. 거래개시 단계에서 거래상대방이 자신이 거래할 사업자를 선택할 수 있었는지와 계약내용을 인지한 상태에서 자신의 판단하에 거래를 선택하였는지 여부를 기준으로 한다. 만약 거래상대방이 자신이 거래할 사업자를 여러 사업자 중 선택할 수 있었고 계약내용을 충분히 인지한 상태에서 자신의 판단에 따라 거래를 개시하였고 계약내용대로 거래가 이루어지고 있다면 이는 공정거래법 적용대상(거래상지위남용)에 해당되지 않는다. 그렇지 아니하고 계속적 거래를 개시하기 위해 특정사업자와 거래할 수밖에 없는 경우에는 공정거래법 적용대상(거래상지위남용)에 해당될 수 있다. 거래계속 단계에서는 사업자가 거래상대방에 대해 거래상지위를 가지고 있는지 여부를 기준으로 한다. 사업자가 거래상지위가 있고 이를 이용하여 각종 불이익을 가한다면 공정거래법 적용대상이 될 수 있다. 그러나, 사업자가 거래상대방에 대해 거래상지위를 가지지 않는다면 각종 불이익을 가하더라도 이는 공정거래법 적용대상에 해당되지 아니한다. 또한, 사업자가 거래상대방에 대해 거래상지위를 갖는다고 하더라도 양 당사자간 권리의무 귀속관계, 채권채무관계(예: 채무불이행, 손해배상청구, 담보권 설정·해지, 지체상금 등) 등과 관련하여 계약서 및 관련 법령 내용 등의 해석에 대해 다툼이 있는 경우에는 공정거래법 적용대상이 되지 아니한다(『불공정거래 심사지침』 V. 6).

원칙적으로 순수한 민사분쟁에 있어서는 공정거래법을 적용할 수 없다<서울특별시 지하철공사 우월적지위 남용행위 건>(서울고법, 1993). 그러나 계약해석에 관한 다툼이 있는 민사사안이라는 이유만으로 법 적용이 배제되지는 않는다<국민은행 거래상지위 남용행위 건>(대법원, 2009). 즉, 다툼 자체가 정상적인 거래관행 등에 비추어 정당하여 순수한 민사상 분쟁에 불과하다고 인정되는 경우가 아닌 한 공정거래질서를 저해할 우려가 있으므로 적용대상이 된다. 그러한 다툼 자체가 불이익으로 작용할 수 있기 때문이다<한국전력 거래상지위 남용행위 건>(서울고법, 2007).

> **〈국민은행 거래상지위 남용행위 건, 대법원 2009. 10. 29. 선고 2007두20812 판결〉**
> 계약의 해석에 관하여 다툼이 있는 민사 사안이라는 이유만으로 공정거래법의 적용
> 이 배제되어야 한다고 볼 수 없다.

① 구입강제

거래상대방이 구입할 의사가 없는 상품 또는 용역을 구입하도록 강제하는 행위
이다(영 [별표2]. 6).

사업자가 거래상대방에게 구입의사가 없는 상품 또는 용역을 구입하도록 강제
하는 행위가 대상이 된다. 구입요청을 거부하여 불이익을 당하였거나 주위의 사정
으로 보아 객관적으로 구입하지 않을 수 없는 사정이 인정되는 경우에는 구입강제
가 있는 것으로 본다. 구입강제의 상대방은 원칙적으로 사업자에 한정되며, 소비자
는 포함되지 않는다. 다만, 불특정 다수의 소비자에게 피해를 입힐 우려가 있거나
유사한 위반행위 유형이 계속적·반복적으로 발생하는 등 거래질서와의 관련성이
인정되는 경우에는 그러하지 아니하다. 구입이 강제되는 상품 또는 용역은 사업자
자신의 것일 수도 있고, 다른 사업자의 것일 수도 있다(『불공정거래 심사지침』 V. 6).

강제행위는 상대방이 구입하지 않을 수 없는 객관적인 상황을 만들어 내는 것
을 포함한다. 거래상지위를 전제한다는 점에서 거래강제(끼워팔기)와 차이가 있다.
대표적으로 본사의 대리점에 대한 '밀어내기'를 예로 들 수 있다. <남양유업 거래
상지위 남용행위 건>(서울고법, 2015)에서 대법원은 유통기한 임박제품, 주문하지
않은 제품 구입강제를 위법하다고 판단하였다. <대림자동차공업(주) 거래상지위
남용행위 건>(대법원, 2018)에서도 대리점의 주문단계에서부터 사업소의 직원들이
대리점주들이 원하는 물량을 초과하는 물량을 주문할 것을 강요한 후 본사 주문시
스템에 강요된 물량주문을 입력하는 방식으로 구입을 강제하는 행위는 위법하다고
보았다. <메가박스 거래상지위 남용행위 건>(서울고법, 2010)에서도 위법성을 인정
하였다. 구속성예금(이른바 '꺾기')은 고객신용도, 영업상태, 금융기관과의 종전의 거
래관계, 당해 예금 외 물·인적담보의 내용과 정도, 총여신액 대비 구속성예금액의
비율 등 종합하여 결정한다<(주)조흥은행 거래상지위 남용행위 건(민사소송)(대법
원, 1999).

〈남양유업 거래상지위 남용행위 건, 서울고법 2015. 1. 30. 선고 2014누1910 판결; 대법원 2015. 6. 11. 선고 2015두38962(심리불속행 기각) 판결〉

원고는 2007년부터 2013년 5월까지 원고제품을 취급하는 1,800여 개 대리점 중 일부에 대하여 유통기한 임박제품, 대리점이 주문하지 않거나 취급하지 않는 제품 등의 구입을 강요하였고, 이는 대리점의 주문 마감 후 영업사원이 주문량을 임의로 수정하거나, 대리점에 임의로 판매목표를 설정하고 주문량을 할당하는 방식으로 이루어졌다. 원고는 2010년 9월경 대리점의 인터넷 발주 전산 주문 프로그램(PAM)을 변경하여 대리점이 최초 주문량을 등을 검색할 수 없도록 하였다.

원고가 4년 여의 기간 동안 대리점 등에 공급한 26개 품목의 전체 물량을 기준으로 피고가 관련 매출액을 산정한 것은 위법하다.

〈대림자동차공업(주) 거래상지위 남용행위 건, 서울고법 2017. 8. 18. 선고 2015누 45528 판결; 대법원 2018. 1. 25. 선고 2017두62237(심리불속행 기각) 판결〉

원고가 대리점들을 상대로 대리점들의 실판매량과 상관없이 여신거래한도나 적정유통재고를 초과하는 추가물량의 구입을 강제함에 따라 원치 않는 물량을 공급받은 대리점으로서는 재고 누적에 따른 관리비용 증가, 재고 장기보관에 따른 상품가치 하락을 감당하여야 할 뿐만 아니라 여신기일 내에 재고를 소진시키지 못함에 따라 누적된 연체이자까지 부담하게 된다. 대리점들은 위와 같은 불이익에도 불구하고 사실상 원고의 전속대리점으로 운영되고 있는 까닭에 원고로부터 대리점계약 해지 등의 불이익을 당할 것을 우려하여 원고의 구입강제에 응할 수밖에 없었다. 위와 같은 점에 비추어 보면 원고의 행위에 부당성을 인정할 수 있고, 유통재고 발생이 정상적인 거래관행이라거나 여신거래한도 증액에 따른 이륜차 구매가 대리점의 의사에 의한 것이었다는 원고의 주장은 이유없으며, 원고의 행위가 소비자 후생을 증대시킨다는 사정도 달리 찾을 수 없다.

〈(주)조흥은행 거래상지위 남용행위 건(민사소송), 대법원 1999. 12. 10. 선고 98다 46587 판결 [손해배상(기)]〉

금융기관이 여신제공과 관련하여 고객의 해약·인출의 자유가 제한된 이른바 구속성 예금을 하게 하였다는 이유만으로 곧바로 독점규제및공정거래에관한법률(이하 독점규제법이라고 한다) 제45조 제1항 제5호에 정한 '자기의 거래상의 지위를 부당하게 이용하여 상대방과 거래하는 행위'에 해당하게 된다고 할 수는 없으며, 그 해당 여부는 ① 고객의 신용도, 영업상태, 금융기관과의 종전의 거래관계, ② 당해 예금 외의 물·인적 담보의 내용과 정도, ③ 총 여신액 대비 구속성 예금액의 비율, ④ 총 실질 여신액의 실질 금리수준(특히 예금 당시의 이자제한법을 고려한), ⑤ 예금 및 인출 제한의 경위, ⑥ 금융환경과 상관습 등을 종합하여 결정하여야 할 것이다.

〈메가박스 거래상지위 남용행위 건, 서울고법 2010. 12. 15. 선고 2009누39065 판결; 대법원 2011. 4. 28. 2011두1207(심리불속행 기각) 판결〉

　　원고가 광고영화상영 재계약 이후 '웰컴 투 동막골'의 예매율을 높이기 위해 극장광고 업자에게 영화표를 구매할 것을 요구하여 극장광고업자가 영화표 대금 5천만 원을 원고에게 송금하게 한 행위는 위 영화표 구입행위의 목적, 극장광고업종에서의 통상적인 모니터 티켓 거래관행, 극장광고업자로서는 5천만 원 상당의 영화표 대금을 지급하고서도 영화표는 수령조차 못하여 동액 상당의 피해가 발생한 점 등을 종합하여 보면, 원고가 거래상의 우월한 지위를 이용하여 거래상대방인 극장광고업자에게 자기가 지정한 영화표를 구매하도록 한 행위는 구입강제행위에 해당한다.

---

　② **이익제공강요**

　　거래상대방에게 자기를 위하여 금전·물품·용역 기타의 경제상의 이익을 제공하도록 강요하는 행위이다(영 [별표2]. 6).

　　거래상대방에게 금전·물품 등의 경제상 이익을 제공하도록 강요하는 행위가 대상이 된다. 경제상 이익에는 금전, 유가증권, 물품, 용역을 비롯하여 경제적 가치가 있는 모든 것이 포함된다. 계열회사의 거래상지위를 이용하여 이익제공을 강요하는 행위도 포함된다. 이익제공강요에는 거래상대방에게 경제상 이익을 제공하도록 적극적으로 요구하는 행위뿐만 아니라 자신이 부담하여야 할 비용을 거래상대방에게 전가하여 소극적으로 경제적 이익을 누리는 행위도 포함된다. 이익제공 강요의 상대방은 원칙적으로 사업자에 한정되며, 소비자는 포함되지 않는다. 다만, 불특정 다수의 소비자에게 피해를 입힐 우려가 있거나 유사한 위반행위 유형이 계속적·반복적으로 발생하는 등 거래질서와의 관련성이 인정되는 경우에는 그러하지 아니하다(『불공정거래 심사지침』 V. 6).

　　병원의 의약품거래 관련하여 보험삭감액에 상당하는 경제적 손실을 제약업체에게 전가하는 행위를 예로 들 수 있다. ＜남양유업 거래상지위 남용행위 건＞(서울고법, 2015)에서 법원은 대형유통업체 진열판촉사원 임금 50%를 대리점에 전가한 행위를 이익제공강요행위로 보았다. ＜메가박스 거래상지위 남용행위 건＞(서울고법, 2010)에서는 위법성이 인정되지 않았다.

> **〈남양유업 거래상지위 남용행위 건, 서울고법 2015. 1. 30. 선고 2014누1910판결; 대법원 2015. 6. 11. 선고 2015두38962(심리불속행 기각) 판결〉**
>
> 원고가 진열판촉사원의 실질적인 채용 및 관리를 하고 있었음에도 대리점에 대하여 거래상 우월한 지위를 이용하여 이 부분 임금을 전가하였고, 이는 부당한 이익제공강요행위에 해당한다.
>
> **〈메가박스 거래상지위 남용행위 건, 서울고법 2010. 12. 15. 선고 2009누39065 판결; 대법원 2011. 4. 28. 2011두1207(심리불속행 기각) 판결〉**
>
> 극장사업자와 극장광고업자는 거래상의 지위에 상대적인 차이가 있다고 하더라도 디지털영상사업으로 인한 광고매출확대 등을 통한 이익증진에 공통의 이해관계를 가지는 면도 있는 점, 극장광고업자가 자신의 제의에 따라 진행된 일련의 계약에 의하여 극장사업자에게 디지털영사기 총 49대를 무상으로 제공할 의무를 부담함에 따라 극장사업자가 지정한 3D 입체영화 상영에 필요한 디지털영사기의 무상제공을 충분히 예측가능할 수 있는 점, 그 영사기가 계약상 공급목록에 포함되어 있는 점 등을 종합하면 이 사건 디지털영사기의 제공이 정상적인 거래관행을 벗어난 것으로 보기 어렵고, 극장사업자와 극장광고업자 사이의 극장광고영화만이 아닌 일련의 디지털영상사업에 관한 협력과정에 비추어 극장사업자가 디지털영사기 제공을 요청한 행위가 거래상지위의 남용행위에 해당한다고 볼 수 없다.

③ **판매목표강제**

자기가 공급하는 상품 또는 용역과 관련하여 거래상대방(사업자)의 거래에 관한 목표를 제시하고 이를 달성하도록 강제하는 행위이다(영 [별표2]. 6).

사업자가 거래상대방에게 판매목표를 정해주고 이를 달성하도록 강제하는 행위가 대상이 된다. 대상상품 또는 용역은 사업자가 직접 공급하는 것이어야 한다. 대체로 상품의 경우 판매량의 할당이, 용역의 경우 일정수의 가입자나 회원확보가 문제된다. 또한 판매목표 강제는 대리점계약서에 명시적으로 규정된 경우뿐만 아니라 계약체결 후 구두로 이루어지는 경우도 포함된다. 판매목표강제의 상대방은 사업자에 한정되며, 소비자는 포함되지 않는다(『불공정거래 심사지침』 V. 6).

거래내용의 공정성 판단 시 판매목표 달성에 강제성이 있는지 여부를 중점적으로 판단한다. 자발적인 협력을 위한 수단으로 판매목표가 사용되는 경우에는 강제성이 인정되지 않으나 다만, 판매장려금이 정상적인 유통마진을 대체하는 효과가 있어 사실상 판매목표를 강제하는 효과를 갖는 경우는 강제성 인정된다(『불공정거래

심사지침』 V. 6). 강제성은 사업자와 상대방의 의사가 합치된 계약의 형식으로 목표
가 설정된 경우도 포함된다<(주)씨제이헬로비전 거래상지위 남용행위 건>(대법원,
2011). <(주)씨제이헬로비전 거래상지위 남용행위 건>(대법원, 2011)에서 대법원은
소속 종합유선방송사인 가야방송을 통해 협력업체들에 케이블방송 및 인터넷의 신
규가입자 유치목표를 설정하고 이를 달성하지 못할 경우 지급할 업무 위탁 수수료
를 감액하는 방법으로 자유로운 의사결정을 저해하거나 불이익을 강요하였다고 인
정하였다.

**<(주)씨제이헬로비전 거래상지위 남용행위 건, 대법원 2011. 5. 13. 선고 2009두
24108 판결>**

   '판매목표강제'에 있어서 '목표를 제시하고 이를 달성하도록 강제하는 행위'에는 상
대방이 목표를 달성하지 않을 수 없는 객관적인 상황을 만들어 내는 것을 포함하고, 사
업자가 일방적으로 상대방에게 목표를 제시하고 이를 달성하도록 강제하는 경우뿐만
아니라 사업자와 상대방의 의사가 합치된 계약의 형식으로 목표가 설정되는 경우도 포
함한다.
   원고는 그 소속 종합유선방송사업자인 가야방송을 통해 협력업체들에 대해 케이블
방송 및 인터넷의 신규가입자 유치목표를 설정하고 이를 달성하지 못할 경우 지급할
업무위탁 수수료를 감액하는 불이익을 주는 방법으로 협력업체들의 자유로운 의사결정
을 저해하거나 불이익을 강요함으로써 공정한 거래를 저해할 우려가 있는 행위를 하였다.

---

④ 불이익 제공

   구입강제, 이익제공강제, 판매목표강제 외의 방법으로 거래상대방에 대하여 불이
익이 되도록 거래조건을 설정 또는 변경하거나 그 이행과정에서 불이익을 주는 행위
이다(영 [별표2]. 6). 거래상지위의 남용행위 중 가장 많은 비중을 차지하는 유형이다.
   '거래상대방에게 불이익이 되도록 거래조건을 설정 또는 변경하는 행위'는 거래
상대방에게 일방적으로 불리한 거래조건을 당초부터 설정하였거나 기존의 거래조건
을 불리하게 변경하는 것을 말한다. 거래조건에는 각종의 구속사항, 저가매입 또는
고가판매, 가격(수수료 등 포함) 조건, 대금지급방법 및 시기, 반품, 제품검사방법, 계
약해지조건 등 모든 조건이 포함된다. '거래상대방에게 거래과정에서 불이익을 주는
행위'는 거래조건을 불이행함은 물론 거래관계에 있어 사실행위를 강요하여 거래상
대방에게 불이익이 되도록 하는 행위를 말한다. 불이익제공은 적극적으로 거래상대

방에게 불이익이 되는 행위를 하는 작위뿐만 아니라 소극적으로 자기가 부담해야 할 비용이나 책임 등을 이행하지 않는 부작위에 의해서도 성립할 수 있다. 다만, 불이익이 금전상의 손해인 경우에는 법률상 책임 있는 손해의 존재는 물론 그 범위(손해액)까지 명확하게 확정될 수 있어야 하며 그렇지 않을 경우에는 민사절차에 의해 이 문제가 우선적으로 해결되어야 거래상지위남용 규정을 적용할 수 있다. 거래상 대방은 원칙적으로 사업자에 한정되며, 소비자는 포함되지 않는다. 다만, 불특정 다수의 소비자에게 피해를 입힐 우려가 있거나 유사한 위반행위 유형이 계속적·반복적으로 발생하는 등 거래질서와의 관련성이 인정되는 경우에는 그러하지 아니하다 (『불공정거래 심사지침』 V. 6).

불이익제공행위에 해당하는지 여부를 판단함에 있어 '거래상지위'는 일방이 상대적으로 우월한 지위 또는 적어도 상대방과의 거래활동에 상당한 영향을 미칠 수 있는 지위를 갖고 있으면 이를 인정하기에 족하다고 할 것이고, 거래상지위가 있는지 여부는 당사자가 처하고 있는 시장의 상황, 당사자 간의 전체적 사업능력의 격차, 거래의 대상인 상품의 특성 등을 모두 고려하여 판단하여야 할 것이다<국민은행 거래상지위 남용행위 건>(대법원 2006).

그리고 불이익에 해당하기 위하여는, 그 행위의 내용이 상대방에게 다소 불이익하다는 점만으로는 부족하고, 구입강제, 이익제공강요, 판매목표강제 등과 동일시할 수 있을 정도로 일방 당사자가 자기의 거래상의 지위를 부당하게 이용하여 그 거래조건을 설정 또는 변경하거나 그 이행과정에서 불이익을 준 것으로 인정되어야 하고, 또한 거래상지위를 부당하게 이용하여 상대방에게 불이익을 준 행위인지 여부는 당해 행위의 의도와 목적, 효과와 영향 등과 같은 구체적 태양과 상품의 특성, 거래의 상황, 해당 사업자의 시장에서의 우월적 지위의 정도 및 상대방이 받게 되는 불이익의 내용과 정도 등에 비추어 볼 때 정상적인 거래관행을 벗어난 것으로서 공정한 거래를 저해할 우려가 있는지 여부를 판단하여 결정하여야 한다<국민은행 거래상지위 남용행위 건>(대법원 2006).

<국민은행 거래상지위 남용행위 건, 대법원 2006. 6. 29. 선고 2003두1646 판결>
불공정거래행위기준 제6호 (라)목이 규정하는 불이익제공행위에 있어서 불이익에 해당하기 위하여는, 그 행위의 내용이 상대방에게 다소 불이익하다는 점만으로는 부족

하고, (가)목 내지 (다)목이 정하는 구입강제, 이익제공강요, 판매목표강제 등과 동일시
할 수 있을 정도로 일방 당사자가 자기의 거래상의 지위를 부당하게 이용하여 그 거래
조건을 설정 또는 변경하거나 그 이행과정에서 불이익을 준 것으로 인정되어야 하고,
또한 거래상지위를 부당하게 이용하여 상대방에게 불이익을 준 행위인지 여부는 당해
행위의 의도와 목적, 효과와 영향 등과 같은 구체적 태양과 상품의 특성, 거래의 상황,
해당 사업자의 시장에서의 우월적 지위의 정도 및 상대방이 받게 되는 불이익의 내용
과 정도 등에 비추어 볼 때 정상적인 거래관행을 벗어난 것으로서 공정한 거래를 저해
할 우려가 있는지 여부를 판단하여 결정하여야 한다(대법원 2000. 6. 9. 선고 97누
19427 판결 참조).

  법원은 거래상대방인 제휴은행들이 신용카드업을 영위하는 데 있어서 핵심적
인 경쟁수단인 가맹점 수수료율과 대금지급주기를 제한하는 것은 신용카드업 시장
에서 제휴은행들의 경쟁력을 크게 제한한다는 점에서 이를 제휴은행들에게 불이익
을 제공하는 것으로 판단하였고<국민은행 거래상지위 남용행위 건>(대법원 2006),
시스템 장애로 인하여 게임이 중단되거나 불가능하게 됨에 따라 스크린 골프연습장
점주들에게 영업손실이 발생하는 경우 점주들의 보상요청에 대하여 객관적인 보상
처리기준을 제시하지 아니한 채 일방적으로 그 손실의 일부만을 보상하거나 전혀
보상해주지 아니함으로써 부당하게 거래상대방에게 불이익을 주는 행위는 불이익
제공행위로 판단하지 않았다<(주)골프존 거래강제행위 및 거래상지위 남용행위
건>(2017, 서울고법).

> **〈국민은행 거래상지위 남용행위 건, 대법원 2006. 6. 29. 선고 2003두1646 판결〉**
> 원고가 제휴은행들에게 자기의 가맹점에 적용되는 수수료율을 일괄적으로 동일하게
> 적용하도록 하고 이를 따르지 않을 경우 업무제휴계약을 해지할 수 있다고 통보함으로
> 써 제휴은행들로 하여금 가맹점 수수료율을 변경하도록 한 행위는 제휴은행들의 시장
> 에서의 경쟁력을 필요 이상으로 제한하는 것으로서 정상적인 거래관행을 벗어나 공정
> 한 거래를 저해할 우려가 있는 부당한 행위라고 판단하였다.

⑤ **경영간섭**
  임직원을 선임·해임함에 있어서 자기의 지시 또는 승인을 얻게 하거나 거래상
대방의 생산품목·시설규모·생산량·거래내용을 제한함으로써 경영활동을 간섭하는
행위이다(영 [별표2]. 6).

거래상대방에는 소비자가 포함되지 않는다(『불공정거래 심사지침』 V. 6). 문제된 행위의 의도와 목적, 효과와 영향 등 구체적 태양과 거래 상품의 특성, 유통 거래의 상황, 해당 사업자의 시장에서의 지위 등에 비추어 우월적 지위의 남용행위로 인정되거나 경쟁제한적 효과가 인정되는 것이라야 한다<한국도로공사 거래상지위 남용행위 건(민사소송)>(대법원, 2000).

그리고 위법성 판단 시 의결권의 행사나 채권회수를 위한 간섭으로서 법적 근거가 있거나 합리적인 사유가 있는 경우로서 투자자 또는 채권자로서의 권리를 보호하기 위해 필요하다고 인정되는 경우에는 법위반으로 보지 않을 수 있으며, 당해 수단의 합목적성 및 대체수단의 유무 등을 함께 고려하여야 한다(『불공정거래 심사지침』 V. 6).

그간 한국도로공사 등과 주유소와의 관계가 문제된 몇 건의 사례가 있었다. 한국도로공사가 고속도로 주유소에 대한 경영권을 임대하면서 자신과 사전에 석유공급계약을 체결한 특정한 회사로부터 유류를 공급하도록 한 행위에 대하여 법원은 경영간섭행위로 인정하지 않았으며<한국도로공사 거래상지위 남용행위 건(민사소송)>(대법원, 2000), 한국도로공사 등이 모든 고속도로 휴게시설 및 주유소 운영업체로 하여금 1999. 6. 1.부터 해당상품 및 유류(휘발유 및 경유)에 대해 일제히 할인판매를 하게 한 행위에 대하여도 대법원은 "고속도로 휴게시설은 진출입이 제한되어 고립된 시장이라는 장소적 특성으로 인하여 그 공공성과 편의성을 유지하여 야 할 남다른 필요성이 있다는 점, 한국도로공사는 공기업으로서 휴게시설을 적절히 관리하여야 할 공적인 책무가 있다는 점 등을 고려하여 부당한 거래제한행위라 볼 수 없다"고 판시하였다<한국도로공사 부당지원행위 등 건>(대법원, 2006). 또한 한국수자원공사가 휴게소·매점을 일반 민간업체에 임대함에 있어, '임차인은 가격 결정시 판매량이 많은 품목에 대하여는 한국수자원공사와 협의하여 결정된 가격을 가격표시판에 부착하여야 한다'고 하고, '임차인이 이를 위반한 때 계약을 해지할 수 있다'고 하는 내용을 임대차계약에 명시한 사실에 대하여 지리적 특성상 다른 경쟁자가 없는 독점적 지위에 있는 점 등을 이유로 경영간섭으로 인정하지 않았다<한국수자원공사 부당지원행위 등 건>(대법원, 2007). 이른바 지리적 위치를 이유로 한 이른바 '상황적 독점'을 이유로 한 판결이다.

〈한국도로공사 거래상지위 남용행위 건(민사소송), 대법원 2000. 10. 6. 선고 99다 30817, 30824 판결〉

고속도로상의 주유소가 가지는 진출입 제한이라는 장소적 특성과 유류라는 거래 상품 및 그 관련시장의 상황과 특성, 고속도로상 주유소의 설치 및 관리주체인 피고가 각 개별 주유소에 관한 운영계약을 체결하게 된 경위 등을 고려할 때, 피고가 원고와 사이에 체결한 이 사건 주유소에 관한 운영계약에서 그 유류 공급 정유사를 피고가 지정하는 것이 우월적 지위의 남용행위로서의 경영간섭이나 경쟁제한적 효과를 수반하는 구속조건부 거래행위 등의 불공정거래행위에 해당한다고 할 수가 없다.

〈한국도로공사 부당지원행위 등 건, 대법원 2006. 6. 2. 선고 2004두558 판결(대법원, 2006)〉

원고가 중앙 일간지 등 언론매체와 국정감사시 건설교통위원회 국회의원들로부터 고속도로 휴게시설의 상품가격이 비싸고 서비스가 저하되어 있다는 취지의 지적을 받게 되자 고속도로 휴게소 및 주유소에 대한 가격인하 등의 내용을 포함한 휴게시설 운영 혁신 대책을 세운 다음 위와 같이 상품가격을 인하하도록 한 점, 위와 같은 가격인하로 인하여 언론기관 등으로부터 1999년 및 2000년의 히트상품으로 연속 선정되는 등 휴게소 및 주유소의 고객들로부터 호평을 받고 있는 점, 위와 같이 인하된 휴게소의 상품판매가격이나 주유소의 유류가격은 시중가격에 비하여 낮지 않은 적정한 가격으로 보이는 점, 원고는 위와 같은 가격인하로 인한 손해를 휴게시설 운영업체들에게 모두 부담시키지 아니하고 물품반입가격 및 임대료의 인하 등으로 상당부분을 보전하여 준 제반 사정과 고속도로 휴게시설은 진출입이 제한되어 고립된 시장이라는 장소적 특성으로 인하여 그 공공성과 편의성을 유지하여야 할 남다른 필요성이 있다는 점, 원고는 공기업으로서 휴게시설을 적절히 관리하여야 할 공적인 책무가 있다는 점 등을 보태어 보면, 비록 원고가 휴게시설운영업체들에 대하여 거래상의 지위를 이용하여 가격인하를 종용함으로써 그들의 거래내용을 제한한 측면이 있다고 하더라도 이를 부당한 거래제한행위라고 볼 수 없다

〈한국수자원공사 부당지원행위 등 건, 대법원 2007. 1. 11. 선고 2004두3304 판결〉

원고는 수자원을 종합적으로 개발·관리하여 생활용수 등의 공급을 원활하게 하고 수질을 개선함으로써 국민생활의 향상과 공공복리의 증진에 이바지함을 목적으로 설립된 법인으로 각종 댐 및 하구둑 등을 건설·운영·관리와 이에 부대되는 사업을 행하고 있고, 원고가 임대차계약을 체결함에 있어 이 사건 조항을 둔 것은 위 휴게소·매점 등의 그 지리적 특성상 다른 경쟁자가 없는 독점적 지위에 있어 운영업체들이 부당하게 비싼 가격을 책정할 우려가 있으므로 이를 사전에 방지하여 소비자를 보호하기 위한 것인 점 등의 사정에 비추어 보면, 원고가 위 휴게소·매점 등에 대한 임대차계약에 이 사건 조항을 두어 운영업체의 자율적인 경영을 다소 제약하였다 하여 이를 두고 거래상지위의 남용행위로서의 경영간섭행위에 해당한다고 볼 수 없다.

<(주)신세계 거래상지위 남용행위 건>(대법원, 2011)에서 '거래내용의 제한'으로 거래상대방의 판매가격을 변경하도록 요구하거나 판매품목을 승인하고 단가를 조정하는 행위, 거래상대방의 지급대금수준과 결제조건을 계약조건에 포함시키는 행위, 거래상대방이 징수하는 수수료율을 직접 결정하거나 출하자에게 지급하는 장려금의 요율결정행위 관여행위 등을 예시하였다. 동 판결에서 법원은 납품업체에게 경쟁백화점에서의 판촉행사나 할인행사에 대응하는 행사를 하도록 구체적으로 강요하거나 이를 거부하는 경우 제재를 가하는 등의 행위로 나아가지 않는 경우라면 납품 업체의 독자적인 의사결정과 경영판단에 대한 구체적이고 직접적인 침해가 있었다고 하기 어렵다고 판단하였다. 동 사건에 앞서 선고된 <5개 대형유통업체 거래상지위 남용행위 건>(대법원, 2011)에서 법원은 납품업체의 매출정보를 취득한 후 매출대비율이 부진한 납품업체에 할인행사를 진행하게 하는 등으로 경쟁백화점과의 매출대비율을 일정하게 유지하도록 강요한 행위는 납품업체들의 자유로운 의사결정을 제한함으로써 경영활동을 부당하게 간섭하는 행위로 인정한 바 있다.

<(주)신세계 거래상지위 남용행위 건, 대법원 2011. 10. 27. 선고 2010두8478 판결>

납품업체에게 경쟁백화점에서의 판촉행사나 할인행사에 대응하는 행사를 하도록 구체적으로 강요하거나 이를 거부하는 경우 제재를 가하는 등의 행위로 나아가지 않는 경우라면 납품업체의 독자적인 의사결정과 경영판단에 대한 구체적이고 직접적인 침해가 있었다고 하기 어렵다.

<5개 대형유통업체 거래상지위 남용행위 건, 대법원 2011. 10. 13. 선고 2010두 8522, 10464 판결>

납품업체의 매출정 보를 취득한 후 매출대비율이 부진한 납품업체에 할인행사를 진행하게 하는 등으로 경쟁백화점과의 매출대비율을 일정하게 유지하도록 강요한 행위는 납품업체들의 자유로운 의사결정을 제한함으로써 경영활동을 부당하게 간섭하는 행위이다.

[거래상지위 남용행위 관련 특별법상의 규정]

법 명	내 용
하도급법	제3조의4(부당한 특약의 금지) 제4조(부당한 하도급대금의 결정 금지) 제5조(물품 등의 구매강제 금지)

	제8조(부당한 위탁취소의 금지 등)
	제10조(부당반품의 금지)
	제11조(감액 금지)
	제12조(물품구매대금 등의 부당결제 청구의 금지)
	제12조의2(경제적 이익의 부당요구 금지)
	제12조의3(기술자료제공 요구 금지 등)
	제13조(하도급대금의 지급 등)
	제16조(설계변경 등에 따른 하도급대금의 조정)
	제16조의2(공급원가 등의 변동에 따른 하도급대금의 조정)
	제17조(부당한 대물변제의 금지)
	제18조(부당한 경영간섭금지)
가맹사업법	제12조(불공정거래행위의 금지) 3. 거래상의 지위를 이용하여 부당하게 가맹사업자에게 불이익을 주는 행위 5. 계약의 목적과 내용, 발생할 손해 등 대통령령으로 정하는 기준에 비하여 과중한 위약금을 부과하는 등 가맹점사업자에게 부당하게 손해배상 의무를 부담시키는 행위 제12조의2(부당한 점포환경개선 강요 등) 제12조의3(부당한 영업시간 구속금지) 제12조의4(부당한 영업지역 침해금지)
대규모유통업법	제3조(적용제외) 1. 대규모유통업자가 납품업자 또는 매장임차인(이하 "납품업자등"이라 한다)에 대하여 거래상 우월적 지위에 있다고 인정되지 아니하는 거래 제9조(상품수령 거부·지체 금지) 제10조(상품의 반품금지) 제11조(판매촉진비용의 부담전가 금지) 제12조(납품업자 등의 종업원 사용 금지 등) 제14조(경영정보제공 요구 금지) 제15조(경제적 이익 제공요구 금지) 제15조의2(부당한 영업시간 구속 금지) 제16조(매장설비비용의 보상) 제17조(불이익 제공행위의 금지) 1. 상품권이나 물품을 구입하게 하는 행위 2. 통상적인 시장의 납품 가격보다 현저히 낮은 가격으로 납품하게 하는 행위 3. 판매촉진행사를 실시하기 위하여 통상의 납품수량보다 현저히 많은 수량을 납품하게 하는 행위 4. 납품업자등의 의사에 반하여 판매촉진행사에 참여하게 하는 행위 5. 한시적으로 인하하기로 약정한 납품 가격을 기한이 경과한 후에도 정상가격으로 환원하지 아니하거나 환원을 지연하는 행위 6. 납품업자등의 의사에 반하여 해당 납품업자등의 상품에 관한 광고를 하게 하는 행위

	7. 일정한 점포의 매장에서 퇴점하는 것을 방해하거나 납품업자등의 의사에 반하여 자기의 다른 점포의 매장에 입점하게 하는 행위 8. 계약기간 중에 납품업자등의 매장 위치·면적·시설을 변경하는 행위 9. 계약기간 중에 판매장려금의 비율 등 대통령령으로 정하는 계약조건을 변경하는 행위 10. 그 밖에 제1호부터 제9호까지의 규정에 준하는 것으로서 납품업자등에게 불이익을 주거나 이익을 제공하게 하는 행위
대리점법	제6조(구입강제행위의 금지) 제7조(경제상 이익제공 강요행위의 금지) 제8조(판매목표강제행위의 금지) 제9조(불이익 제공행위의 금지) 1. 계약서 내용에 관하여 공급업자와 대리점의 의견이 일치하지 아니하는 경우 공급업자의 해석에 따르도록 하는 계약을 체결하는 행위 2. 계약 기간 중에 대리점의 의사에 반하여 거래조건을 추가하여 변경하는 행위 3. 계약의 전부 또는 일부를 해지하더라도 대리점이 손해배상을 청구할 수 없도록 하는 행위 4. 합리적인 이유없이 상품 또는 용역의 공급이나 대리점과 약정한 영업지원을 중단하거나 제한하는 행위 5. 대리점거래 계약서 상의 판매장려금 지급 제한 사유에 해당하지 아니함에도 불구하고 판매장려금을 삭감하거나 지급하지 아니하는 행위 6. 대리점에 임대한 장비나 비품이 대리점의 귀책사유로 손실, 훼손된 경우 감가상각을 고려하지 아니한 가격으로 대리점이 변상하도록 하는 행위 7. 공급업자의 귀책사유로 상품이 파손되거나 훼손되었음에도 불구하고 반품을 거부하는 행위 8. 공급업자의 귀책사유로 인한 반품임에도 불구하고 운송비 등 반품에 드는 비용을 대리점에 부담하게 하는 행위 9. 그 밖에 대리점에 불이익이 되도록 거래조건을 설정 또는 변경하거나 그 이행과정에서 대리점에 불이익을 주는 행위로서 공정거래위원회가 정하여 고시하는 행위 제10조(경영활동 간섭 금지) 제11조(주문내역의 확인요청 거부 또는 회피 금지)

〈〈방해행위〉〉

2) 거래거절

원칙적으로 사업자는 거래를 개시 또는 계속할 것인지 여부와 누구와 거래할 것인지를 자유로이 결정할 수 있다고 할 것이다. 그러나, 거래의 개시나 계속을 거절함으로써 다른 사업자의 사업활동을 현저히 곤란하게 하고 그 결과 당해 시장에

서 경쟁의 정도가 감소하거나, 거래거절이 공정거래법상 금지된 행위의 실효성을
확보하기 위한 수단으로 활용될 경우 이는 관련시장에서 경쟁을 제한하고 시장의
효율성 저하를 초래하게 되므로 금지된다. 행위를 한 사업자들의 시장점유율 합계
가 10% 미만인 경우(단, 관련매출액 산정이 사실상 불가능하거나 현저히 곤란한 경우에는
당해 사업자들의 연간매출액 합계액이 50억 원 미만인 경우)를 안전지대(Safety Zone)로
두고 있다(『불공정거래 심사지침』 V. 1). 독일 「경쟁제한방지법(GWB)」 제21조(보이코
트 금지, 기타 경쟁제한적 행위의 금지)에서는 다른 사업자가 거래거절을 하도록 요구
하는 행위를 금지하고 있다.

① 공동의 거래거절

(정당한 이유없이) 자기와 경쟁관계에 있는 다른 사업자와 공동으로 특정사업자
에 대하여 거래를 중단하거나 거래하는 상품 또는 용역의 수량이나 내용을 현저히
제한하는 행위이다(영 [별표2]. 1).

거래상대방에 대하여 공동으로 거래를 거절하는 행위가 대상이 된다. 거래거절
에는 공급거절과 구입거절, 거래개시의 거절과 거래계속의 거절이 포함된다. 또한,
거래상대방에게 현저히 불리한 거래조건을 제시하거나 거래하는 상품·용역의 수량
또는 내용을 현저히 제한하여 사실상 거래를 거절하는 행위도 포함된다. 거래거절
의 상대방은 특정사업자이다. 따라서, 자기의 생산 또는 판매정책상 합리적 기준을
설정하여 그 기준에 맞지 않는 불특정다수의 사업자와 거래를 거절하는 행위는 원
칙적으로 대상이 되지 아니한다. 사업자가 아닌 거래상대방, 즉 소비자에 대한 거래
거절은 대상이 되지 아니한다(『불공정거래 심사지침』 V. 1).

공동의 거래거절은 경쟁사업자와 공동으로 거래를 거절하여야 한다. 관련하여
<정리회사 인천정유(주) 무혐의처분 취소 건>(헌법재판소, 2004)에서 헌법재판소는
주유소들이 직접 인천정유로부터 석유류제품을 구매하는 거래관계를 맺은 바 없을
뿐만 아니라 현대오일뱅크와 위 주유소들이 경쟁관계도 아니므로 공동의 거래거절
에 해당한다고 볼 수 없다고 판시하였다.

〈정리회사 인천정유(주) 무혐의처분 취소 건, 헌재 2004. 6. 24. 2002헌마496〉
공동의 거래거절이라 함은 자기와 경쟁관계에 있는 다른 사업자와 공동으로 특정사
업자에 대하여 거래를 거절하거나 중단하는 등의 행위를 말하는데, 이 사건 석유류제품

> 판매대리점계약의 당사자는 엄연히 행위자와 상대방으로서 양자 사이의 거래관계 단절로 인하여 상대방이 생산하여 오던 석유류제품이 더 이상 행위자 산하의 주유소들에서 판매되지 않는다고 하더라도 이들 주유소들이 직접 상대방으로부터 석유류제품을 구매하는 거래관계를 맺은 바 없을 뿐 아니라 행위자와 그 산하 주유소들이 경쟁관계에 있는 것도 아니므로, 어느 모로 보나 이 사건 거래거절을 두고 '공동의 거래거절'에 해당한다고 볼 수는 없다.

공동의 거래거절이 관련시장에서 경쟁을 제한하는지 여부를 위주로 판단한다. '관련시장'이라 함은 행위자가 속한 시장 또는 거래거절의 상대방이 속한 시장을 말한다. 공동의 거래거절을 당한 사업자는 여러 사업자와의 거래개시 또는 계속이 제한되므로 사업활동에 어려움을 겪게 되고 그 결과 정상적인 경쟁이 저해될 가능성이 높다. 따라서 공동의 거래거절은 원칙적으로 경쟁제한성이 있는 것으로 본다. 사업자들이 '정당한 이유'를 소명하여야 한다(『불공정거래 심사지침』 V. 1).

<(주)국민은행 외 6 거래거절행위 건>(대법원, 2006)에서 대법원은 (주)국민은행 등이 하나은행으로 하여금 삼성카드 고객의 가상계좌서비스와 연결된 CD공동망을 사용하지 못하도록 단절한 행위는 공동의 거래거절행위이지만 거절에 정당한 이유가 있다고 판시하였다.

> **〈(주)국민은행 외 6 거래거절행위 건, 대법원 2006. 5. 12. 선고 2003두14253 판결〉**
>
> 공동의 거래거절로 인하여 신용카드시장에서 다른 거래처를 용이하게 찾을 수 없어 거래기회가 박탈되었다고는 할 수는 없을 뿐더러, 직접적인 거래거절의 상대방인 하나은행 역시 이로 인하여 다른 거래처를 용이하게 찾을 수 없게 되었다거나 거래상대방 선택의 자유에 부당한 제한을 받게 되었다고는 할 수 없는 점, 전문계 카드사들이 이 사건 가상계좌서비스와 같은 방법으로 이 사건 CD공동망을 전면적으로 이용하는 경우 그 이용 고객 수가 급증하여 전산망 시스템에 적지 않은 부하를 주게 되므로 참가은행들은 향후 시스템 보수와 확대 및 유지에 더 많은 비용을 지출하는 부담을 안게 될 것이 명백하나, 그로 인한 이득은 변칙적인 가상계좌서비스를 제공하는 하나은행 등 일부 참가은행의 수수료 수입에 국한되는 데 비하여 나머지 참가은행들은 그동안 전문계 카드사들과 사이에 개별적으로 체결한 현금서비스 이용계약에 따라 지급받아 온 수수료 수입을 모두 상실하게 되는 결과가 초래되어 오히려 공정한 경쟁을 저해할 우려가 있게 되는 점 등의 제반 사정을 고려해 보면, 원고들의 하나은행에 대한 이 사건 가상계좌서비스에 대한 위와 같은 공동의 거래거절행위는 그 거래거절에 정당한 사유가 있다고 할 것이고, 따라서 이는 공정한 경쟁을 저해할 우려가 있는 부당한 공동거래거절행위에 해당하지 않는다.

부당한 공동행위와의 관계가 문제된다. 공동의 거래거절은 제3자의 거래의 자유를 제한하는 행위이고, 부당한 공동행위는 참여 사업자 간 경쟁을 제한하는 행위인 점에서 차이가 있다. 중복적용되는 경우 부당공동행위를 우선 적용한다(『불공정거래 심사지침』 V. 1).

② 기타의 거래거절

(부당하게) 특정사업자에 대하여 거래개시를 거절하거나, 계속적인 거래관계에 있는 특정사업자에 대하여 거래를 중단하거나 거래하는 상품 또는 용역의 수량이나 내용을 현저히 제한하는 행위이다(영 [별표2]. 1).

사업자가 단독으로 특정사업자와의 거래를 거절하는 행위가 대상이 된다. 거래거절에는 공급거절과 구입거절, 거래개시의 거절과 거래계속의 거절이 포함된다. 또한, 거래상대방에게 현저히 불리한 거래조건을 제시하거나 거래하는 상품·용역의 수량 또는 내용을 현저히 제한하여 사실상 거래를 거절하는 행위도 포함된다. 거래거절의 상대방은 특정사업자이다. 따라서, 자기의 생산 또는 판매정책상 합리적 기준을 설정하여 그 기준에 맞지 않는 불특정다수의 사업자와의 거래를 거절하는 행위는 원칙적으로 대상이 되지 아니한다. 사업자가 아닌 거래상대방, 즉 소비자에 대한 거래거절은 대상이 되지 아니한다(『불공정거래 심사지침』 V. 1).

첫째, 거래개시거절 관련해서는 거래처선택의 자유가 있으므로 위법성이 인정되기 어렵다. 따라서 신규시장진입의 충분한 자격을 갖춘 상대방에 대하여 경쟁제한적인 의도를 가진 경우<하이트맥주 거래거절행위 건>(서울고법, 2006), 독점적 공급자의 지위를 가진 경우<유케이케미팜 거래거절행위 건>(서울고법, 2007) 부당성이 인정될 수 있다. 둘째, 거래의 중단이 해당되는데 계약갱신거절행위도 행위유형에 포함될 수 있다<일반도시가스사업자 대행계약갱신거절 무혐의처분 취소 건>(헌법재판소, 2004). 한편 거래를 하게 한 경우도 포함된다<3개황산대리점 거래거절행위 건>(서울고법, 1999). 거래상지위를 이용한 거래거절, 사업활동방해 목적의 거래거절의 경우 거래상지위남용, 사업활동방해행위에 해당할 수 있다. 한편 '특정사업자'에 대한 거래거절이어야 하므로 모든 동물약국과 도매상을 상대로 한 경우 위법성을 인정하지 않았다<(주)벨벳 시장지배적지위 남용행위 등 건>(서울고법, 2018).

위법성 판단기준은 원칙적으로 경쟁제한성이다. 단독의 거래거절이 관련시장에서 경쟁을 제한하는지 여부를 위주로 판단한다. '관련시장'이라 함은 행위자가 속한 시장 또는 거래거절의 상대방이 속한 시장을 말한다(『불공정거래 심사지침』V. 1). 거래거절의 대상이 되는 물품·용역이 거래상대방의 사업영위에 필수적인지, 대체거래선을 용이하게 찾을 수 있는지 등을 판단한다. 공정거래저해성(경쟁제약·배제효과)이 있는 경우의 기준 관련하여 헌법재판소(2004)는 첫째, 특정사업자의 거래기회를 배제하여 사업활동을 곤란하게 할 우려가 있는 경우, 예를 들어 "계약갱신거절이 실질적으로 인천정유의 거래기회를 배제하여 그 통상의 사업활동의 계속을 곤란하게 함으로써 공정한 거래질서를 저해할 우려가 있는 행위"<정리회사 인천정유(주)의 무혐의처분 취소 건>(헌법재판소, 2004)이다.[174] 그러나 "계약기간이 만료된 상태에서 자산인수에 관한 제시가격의 차이로 협상이 결렬되어 원액공급을 중단한 경우 오로지 이 회사의 사업활동을 곤란하게 할 의도로서 이 사건 거래거절행위를 하였다거나 혹은 그로 인하여 그 회사의 거래기회가 배제되었다고 단정하기도 어렵다"<한국코카콜라(주) 거래거절행위 건>(대법원, 2001)고 한 경우도 있다.

> **<하이트맥주 거래거절행위 건, 서울고법 2006. 4. 27. 선고 2005누2744; 대법원 2006. 8. 31. 선고 2006두9924(심리불속행 기각) 판결>**
>
> 　부산과 경남지역의 주주류시장에서 80% 이상의 점유율을 가진 하이트맥주가 염가판매전략을 한 신규 주류도매업자에게 주류 공급을 거절한 행위는 시장에 진입장벽을 설차하여 기존도매상들의 매출과 이율을 보장해 주고, 염가판매행위로 촉발될 수 있는 가격경쟁을 봉쇄하려는 경쟁제한적 의도에서 비롯되었고, 자신 역시 그 대가로 독점적인 지위를 보장받고자 하는 행위로서 부당하다.
>
> **<정리회사 인천정유(주) 무혐의처분 취소 건, 헌재 2004. 6. 24. 2002헌마496>**
>
> 　이 사건 거래거절의 위법 여부는 그것이 '특정사업자(행위자의 경쟁자 또는 그와 밀접한 관계에 있는 사업자의 경쟁자)의 거래기회를 배제하여 그 사업활동을 곤란하게 할 우려가 있는 개별적 거래거절'에 해당하는지 여부에 달려있다 할 것인바, 석유류제품의 공급과잉으로 인해 과당경쟁을 겪고 있고 폴사인제 등으로 주유소들이 정유회사에게 사실상 전속되어 있는 등 석유류제품의 유통구조가 경직되어 있는 점, 국내 석유류제품 시장을 상위 3개 정유회사가 사실상 과점하고 있는 가운데 행위자가 업계 3위에 해당하는 시장점유율을 차지하는 사업자인 점, 이 사건 거래거절의 상대방이 그 내수판매량의 55% 가량을 행위자에게 판매하여 오는 등 행위자에 대한 거래상·경영상의

---

174) 그러나 관련 민사소송에서 대법원(2006)은 거래기회 제한의 정도가 사업활동을 곤란하게 할 우려가 있다고 보지 않아, 헌법재판소와는 상반된 결정을 하였다.

의존도가 매우 컸던 점, 이 사건 거래거절로 인하여 상대방이 주요 거래처 상실 및 대체거래처 획득의 어려움으로 인해 막대한 영업손실을 입을 것이 예상되는 점등을 종합하여 볼 때 이 사건 거래거절은 실질적으로 상대방의 거래기회를 배제하여 그 통상의 사업활동의 계속을 곤란하게 함으로써 공정한 거래질서를 저해할 우려가 있는 행위로서 위법한 불공정거래행위에 해당한다.

〈한국코카콜라(주) 거래거절행위 건, 대법원 2001. 1. 5. 선고 98두17869 판결〉

비록 원고측이 소외 회사에 비하여 상대적으로 원액공급자라는 우월적 지위에 있었고 또 원고측이 제시한 인수가격이 소외 회사측의 제시가격에 크게 못미쳤다고 하더라도, 이 사건 거래 중단행위가 원고측이 그가 제시한 가격과 조건으로 소외 회사의 자산을 인수하려는 목적 아래 그 실효성을 확보하기 위한 수단으로 이루어진 것이라고 단정할 수가 없을 뿐만 아니라, 나아가 원고측에서 오로지 소외 회사의 사업활동을 곤란하게 할 의도로서 이 사건 거래 거절행위를 하였다거나 혹은 그로 인하여 소외 회사의 거래기회가 배제되었다고 단정하기도 어려우므로, 결국 원고측의 이 사건 거래 중단행위를 들어 부당하게 이루어진 개별적 거래거절행위로서 법상의 불공정거래행위에 해당한다고 할 수가 없다.

둘째, 공정거래법이 금지하는 위법 또는 부당한 목적을 달성하기 위한 수단으로 이용되는 경우, 예를 들어 저가낙찰을 이유로 공급거절〈한일사 불공정거래행위 건〉(서울고법, 1995), 셋째, 유력한 사업자[175]가 거래상대방의 사업활동을 곤란에 빠지게 하는 이외에 특별한 이유도 없이 거래를 거절하는 경우를 들고 있다. 즉, 특정 사업자의 거래기회를 배제하여 그 사업활동을 곤란하게 할 우려가 있거나 오로지 특정사업자의 사업활동을 곤란하게 할 의도를 가진 유력 사업자에 의하여 그 지위 남용행위로서 행하여지거나 혹은 법이 금지하고 있는 거래강제 등의 목적 달성을 위하여 그 실효성을 확보하기 위한 수단으로 부당하게 행하여진 경우라야 공정한 거래를 저해할 우려가 있는 거래거절행위로서 법이 금지하는 불공정거래행위에 해당한다(대법원, 2001 등; 헌법재판소, 2006). 계약갱신거절의 경우 부당성은 더욱 엄격하게 해석한다〈일반도시가스사업자 대행계약갱신거절 무혐의처분취소 건〉(헌법재판소, 2008).

---

175) 유력사업자의 개념은 공정거래법상 존재하지 않는 개념이고, 독일 경쟁제한방지법상의 상대적 지배력(relative Marktmacht)을 가진 사업자가 더 유용한 개념이라고 한다. 이봉의, 공정거래법 (2022), 855면.

> **〈한일사 불공정거래행위 건, 서울고법 1995. 12. 14. 선고 94구34120 판결〉**
>
> 저가낙찰을 이유로 공급을 거절한다는 것은 독점취급품목에 대한 시장가격을 자신의 의도대로 유지하겠다는 경쟁저해적인 목적을 위한 수단으로 거래거절을 한 것이어서 정당하다고 할 수 없다.
>
> **〈일반도시가스사업자 대행계약갱신거절 무혐의처분 취소 건, 헌재 2008. 9. 25. 2006 헌마1083〉**
>
> 이 사건 계약갱신거절로 인하여 청구인이 대체거래선을 확보하기 어렵다고 할지라도 이는 일반도시가스사업자가 자신의 공급권역 내의 도시가스안전관리 대행 용역에 대하여 수요지배력을 갖도록 되어 있는 시장의 구조적 특성에 의한 것이고, 신규 대행사가 이 사건 수요시장에 진입하는데 별다른 장벽이 없다는 점 등을 종합적으로 고려하여 보면, 이 사건 계약갱신거절은 경쟁제한성이 없을 뿐만 아니라, 긴밀한 거래관계를 계속할만한 신뢰관계를 깨뜨린 청구인의 귀책사유에 의한 것으로서 그 합리성이 인정된다. 또한 이 사건 계약갱신거절은 법이 금지하고 있는 거래강제 등의 목적 달성을 위하여 그 실효성을 확보하기 위한 수단으로 이루어진 것이라고 할 수 없을 뿐만 아니라, (주) □□가 오로지 청구인의 사업활동을 곤란하게 할 의도로 이 사건 계약갱신거절을 하였다고 보기도 어렵다.

위법성 판단시 시장상황(시장집중도, 상품의 특성, 제품차별화 정도, 유통경로, 신규진입 난이도 등), 당사자의 거래상지위(쌍방의 관계, 행위자의 시장점유율과 순위, 브랜드이미지 등), 당해 행위가 상대방의 사업활동 및 시장의 거래질서에 미치는 영향(행위의 태양, 상대방의 대체거래처 선택가능성, 경쟁제약·배제효과의 정도 등)을 종합적으로 고려하여야 한다<정리회사 인천정유(주) 무혐의처분 취소 건>(헌법재판소 2004).

위법성 조각사유로서의 사업경영상 필요성은 당해 거래거절이 상대방의 사업활동의 수행에 지장을 초래하는 정도에 머무르는 때에는 일정한 정도 이상의 사업경영상 필요성만으로도 경쟁제한적 효과를 상쇄할 여지가 있으나, 상대방의 사업활동의 계속을 곤란하게 할 정도로 경쟁제한적 효과가 강한 경우에는 어느 정도의 사업경영상의 필요성이 있다는 것만으로는 부족하고 당해 거래거절을 하지 않으면 행위자가 곧 도산할 것이 확실하다고 판단되는 등의 사업경영상 긴절한 필요성이 인정되지 아니하면 거래거절의 위법성을 부인할 수 없다<정리회사 인천정유(주) 무혐의처분 취소 건>(헌법재판소, 2004).[176)]

---

176) 그러나 관련 민사소송에서 대법원은 위법성을 부인함으로써, 헌법재판소와 상반된 판결을 하

<정리회사 인천정유(주) 무혐의처분 취소 건, 헌재 2004. 6. 24. 2002헌마496>

　　이 사건 거래거절은 고도의 경쟁 제약·배제효과를 초래하고 있음이 명백하므로 위 법성 판단요소들 상호간의 비교형량을 함에 있어 이른바 사업경영상의 필요성을 참작 한다고 하더라도 그것은 적어도 행위자가 상대방과의 이 사건 판매대리점계약을 종료 하지 않으면 곧 도산에 이를 것임이 확실하다는 등의 긴급한 사정이 명백히 인정될 정 도는 되어야만 그와 같은 경쟁제한적 효과를 상쇄할 여지가 있다고 할 것인바, 이 사건 거래거절 무렵의 행위자의 경영상태 등에 비추어 보면 이 사건 거래거절 당시 행위자 는 2년간 계속된 대규모 적자국면과 유동성위기를 타개하고 경영상태를 호전시키기 위 하여 내수시장의 점유율을 확대함으로써 영업이익을 증대시킬 필요성에 당면해 있었다 고 보이기는 하지만 그러한 정도의 사업경영상의 필요성만으로써 이 사건 거래거절이 가져오는 뚜렷한 경쟁제한적 효과를 상쇄할 수 있다고 보이지 않으므로, 결국 이 사건 거래거절은 위법하다고 할 것이다.

　　불공정거래행위의 해당성을 조각하기 위한 '정당한 이유'라 함은 전적으로 공정 한 경쟁질서유지라는 관점에서 평가되어야 하고 단순한 사업경영상 필요 또는 거래 상의 합리성 내지 필요성만으로는 '정당한 이유'가 인정되지 아니한다<정산실업 불 공정거래행위 건>(대법원, 1990).

　　경쟁제한성이 있다고 판단되는 경우에도 생산 또는 재고물량 부족, 거래상대방 의 부도 등 신용결함, 명백한 귀책사유, 자신의 도산위험 등 불가피한 사유, 효율성 증대효과나 소비자후생 증대효과가 경쟁제한효과를 현저히 상회하는 경우 등에는 법위반으로 보지 않을 수 있다(『불공정거래행위 심사지침』). 한편 거래상지위를 이용 한 거래거절이나, 사업활동을 곤란하게 할 목적으로 거래거절을 하는 경우에는 거 래상지위남용(불이익제공) 또는 사업활동방해(기타의 사업활동방해)에 해당될 수 있다. 이 경우에는 경쟁제한성 분석이 요구되지 않는다(『불공정거래행위 심사지침』).

[특별법상의 규정]

법 명	내 용
가맹사업법	제12조(불공정거래행위의 금지) 1. 가맹점사업자에 대하여 상품이나 용역의 공급 또는 영업의 지원 등을 부 당하게 중단 또는 거절하거나 그 내용을 현저히 제한하는 행위

였다.

3) 차별적 취급

원칙적으로 사업자는 가격 등 거래조건, 거래내용을 자유로이 설정할 수 있다고 할 것이다. 그러나, 사업자가 단독으로 또는 공동으로 거래지역이나 거래상대방에 따라 가격 등 거래조건·거래내용을 차별적으로 설정함으로써 자기가 속한 시장 또는 거래상대방이 속한 시장에서의 정상적인 경쟁을 저해할 경우에는 시장의 효율성 저하를 초래할 수 있으므로 금지된다(『불공정거래 심사지침』 V. 2). 행위를 한 사업자들의 시장점유율 합계가 10% 미만인 경우(단 관련매출액 산정이 사실상 불가능하거나 현저히 곤란한 경우에는 당해 사업자들의 연간매출액 합계액이 50억 원 미만인 경우)를 안전지대(Safety Zone)로 두고 있다.

미국의 경우 「클레이튼법(Clayton Act)」 제2조에서 가격차별 등 행위에 대하여 규정하고 있다.

① 가격차별

(부당하게) 거래지역 또는 거래상대방에 따라 현저하게 유리하거나 불리한 가격으로 거래하는 행위이다(영 [별표2]. 2).

거래지역이나 거래상대방에 따른 가격차별이 대상이 된다. 이때, 가격이란 상품 또는 용역의 제공에 대하여 상대방이 실제 지불하는 모든 대가를 말한다. 여기에는 할인율 등 가격에 직접 영향을 미치는 거래조건이 포함된다. 거래의 대상인 상품 또는 용역은 실질적으로 동일한 것이어야 한다. 가격차별의 대상이 되는 거래상대방은 사업자 또는 소비자이다(『불공정거래 심사지침』 V. 2).

성립요건은 둘 이상의 거래상대방, 거래상대방이 경쟁사업자, 현격한 가격의 차이, 공정하고 자유로운 경쟁의 제한이다<(주)한국외환은행 차별적 취급행위 건>(서울고법, 2004). 가격차별 규제는 한계비용이 같은 두 상품을 다른 가격에 판매하는 것은 규제하지만, 한계비용이 다른 두 상품을 같은 가격에 판매하는 것은 규제하지 않는다. 따라서 실질적으로는 차별을 규제하는 것이 아니라 서로 다른 가격을 규제하는 것이다.[177)]

일반적인 가격차별화(price discrimination)는 같은 상품에 다른 가격이 매겨지거나 생산비가 다른데도 같은 가격이 매겨지는 것인데, 가격결정에 대하여 여러 가지

---

177) 이승철, 공정거래경제학(1999), 409면.

시도를 가능케 함으로써 시장경쟁을 제고시키는 효과가 있다.[178] 한편 이를 실시하기 위해서는 3가지 조건이 충족되어야 한다고 본다. 즉, 첫째, 판매자가 어느정도의 가격통제력을 가지고 있어야 하고, 둘째, 수요의 기격탄력성 차이에 따라 소비자들을 여러 그룹으로 구분할 수 있어야 하며, 가격이 차별된 시장에서 중간판매의 기회가 완전히 봉쇄되어야 한다는 것이다.[179] 비용구조나 시장수요상의 차별요인이 없는데도 불구하고 이루어지는 가격차별은 독점이윤의 확보하기 위한 노력으로 보이므로 규제의 대상이 된다.[180]

위법성 판단은 가격차별이 행위자가 속한 시장(제1선)[181] 또는 거래상대방이 속한 시장(제2선)에서의 경쟁을 제한하는지 여부를 위주로 판단한다(『불공정거래 심사지침』 V. 2). 가격차별의 정도, 가격차별이 경쟁사업자나 거래상대방의 사업활동 및 시장에 미치는 경쟁제한의 정도, 가격차별에 이른 경영정책상의 필요성, 가격차별의 경위 등 종합적으로 고려한다<(주)외환은행 차별적 취급행위 건>(대법원, 2006). 경쟁제한성이 있다고 판단되는 경우에도 가격차별이 한계비용 차이나 시장상황을 반영하는 경우, 효율성 증대효과(가격할인을 받는 사업자의 이익, 경제적 효율성 증대 등)나 소비자후생 증대효과가 경쟁제한효과를 현저히 상회하는 경우 등에는 법위반으로 보지 않을 수 있다.

<(주)한국외환은행 차별적 취급행위 건 등>(대법원, 2006)에서 대법원은 신용카드업자가 상호경쟁관계에 있는 가맹점인 백화점 업종과 할인점 업종의 가맹점 수수료율에 1% 내지 1.1% 차이를 둔 것은 현저한 가격차이가 존재하는 경우이나, 매출액 대비 이윤율이 높은 점, 경영정책으로 볼 수 있는 점, 경영상 필요 등을 이유로 부당한 가격차별로 볼 수 없다고 판단하였다.

<(주)한국외환은행 차별적 취급행위 건 등, 대법원 2006. 12. 7. 선고 2004두4703 판결>

원고가 백화점 업종에 대한 수수료율을 할인점 업종에 비하여 1% 내지 1.1% 더 높게 책정하였다고 하더라도, 그러한 차이를 둔 것이 공정한 경쟁을 저해하는 부당한 가격차별로서 불공정거래행위에 해당한다고 볼 수는 없다.

---

178) 최정표, 산업구조경제학(2016), 221면.
179) 최정표, 산업구조경제학(2016), 206면.
180) 이승철, 공정거래경제학(1999), 412면.
181) 이는 수평적방해행위의 성격을 가진다.

② **거래조건 차별**

(부당하게) 특정사업자에 대하여 수량·품질 등의 거래조건이나 거래내용에 관하여 현저하게 유리하거나 불리한 취급을 하는 행위를 말한다(영 [별표2]. 2).

가격 이외의 거래조건을 차별하는 행위가 대상이 된다. 이는 가격이나 가격에 직접 영향을 미치는 조건(예: 수량할인 등)을 제외한 계약의 이행방법, 대금의 결제조건 등 거래내용면에서의 차별을 말한다. 거래조건 차별은 특정사업자를 대상으로 하므로 소비자에 대한 차별은 포함되지 않는다. 다만, 차별대상 사업자가 엄격하게 특정될 것을 요하지 않으며, 특정기준을 충족하는 모든 사업자 또는 특정지역에 소재한 모든 사업자에 대한 차별도 특정성이 있는 것으로 본다. 여기서 거래상대방은 특정사업자이다(『불공정거래 심사지침』 V. 2).

위법성 판단은 행위자가 속한 시장(제1선) 또는 거래상대방이 속한 시장(제2선)에서의 경쟁제한성이 문제된다. <한국주택공사 부당지원행위 등 건>(대법원, 2006)에서 대법원은 지체상금과 같은 계약조건을 설정함에 있어 독립된 거래주체인 자회사와 비자회사간에 차별을 둘 합리적인 이유가 없으며, 자회사는 대한주택공사와의 계약에서 지체상금 부과조항을 두지 않아 계약이행과 관련하여 이행지체로 인한 부담을 덜게 됨으로써 경영활동에 유리한 환경이 조성되었으므로 자회사를 유리하게 차별취급한 행위라고 판시하였다. <(주)골프존 차별적 취급행위 등 건>(서울고법, 2019)에서 공정위는 피심인이 자신과 가맹계약을 체결한 스크린골프장에 대하여는 신제품 골프시뮬레이터시스템을 공급하면서 피심인의 골프시뮬레이터시스템을 구입하여 골프존라이브서비스를 이용하고 있는 비가맹점에게는 이를 공급하지 아니하는 행위를 차별적 취급행위로 보고 제재하였는데, 법원은 위법성을 인정하지 않았다.

〈한국토지공사 부당지원행위 등 건, 대법원 2006. 5. 26. 선고 2004두3014 판결〉

원고의 위와 같은 선수협약 체결은 외견상으로는 특정사업자를 유리하게 취급하는 것으로서 거래조건에서 차별취급을 한 것으로 보이기는 하지만, 한편 원고의 내부지침인 선수공급에 관한 지침 및 용지규정 등의 관련조항에 의하면 선수협약 체결 후 공급가격이 10% 이상 상승하는 경우 다른 매수인이 요청하면 협약은 해제될 것으로 보이고, 이러한 사유로 해제되는 경우 원고로서는 위약금 귀속 없이 선수금 및 이에 대한 법정이자를 가산하여 반환해줄 의무가 있다고 할 것이므로, 위와 같은 외형상의 거래조건의 차이가 특정 사업자를 현저하게 유리하거나 불리하게 하는 행위에 해당한다고 보기 어렵다.

〈(주)골프존 차별적 취급행위 등 건, 서울고법 2019. 10. 2. 선고 2018누76721 판결〉

　기존시스템을 매수한 기존사업자들이 매출을 안정적으로 유지하면서 사업활동을 영위할 수 있도록 보호할 의무가 없고, 가맹사업전환이 부당하지도 않다. 또한 공정거래위원회는 차별의 현저성을 판단함에 있어 새 시스템에 대한 가맹사업으로 마리암아 수요측면에서 새 시스템이 기존 시스템을 충분히 대체했다고 보기 어려운 점, 스크린골프 시장에서 경쟁이 의미있게 줄어들었다고 단정하기 어려운 점을 고려할 때, 비가맹점사업자가 사업을 영위하기 위해 반드시 새 시스템을 확보해야 한다거나, 가맹점과 경쟁에서 불리한 상황에 놓인다고 단정하기 부족하다

---

③ 계열회사를 위한 차별

　(정당한 이유없이) 자기의 계열회사를 유리하게 하기 위하여 가격·수량·품질 등의 거래조건이나 거래내용에 관하여 현저하게 유리하거나 불리하게 하는 행위이다(영 [별표2]. 2).

　계열회사를 유리하게 하는 가격 등 거래조건·거래내용 등의 차별행위가 대상이 된다. 차별의 상대방에는 소비자도 포함된다(『불공정거래 심사지침』 V. 2).

　계열회사와 관련하여 주객이 서로 계열회사이면서 자회사인 경우 경제적 동일체에 해당하지 않는가가 문제된 적이 있는데, 공정위는 우리 공정거래법이 특히 계열사 간의 부당지원행위를 엄격히 금하고 있으며 현대자동차(주)만 현대캐피털(주) 지분을 85.57% 소유하고 있을 뿐 기아자동차는 지분이 전혀 없는 상태에서 법인격이 다른 현대캐피털(주)의 행위를 현대자동차(주) 및 기아자동차(주)의 행위와 동일하게 취급하는 것은 부당하다고 보았다＜현대자동차(주) 외 1 차별적 취급행위 건＞(공정위, 2002).

　직접적 차별조건의 설정뿐만 아니라 경제적 효과가 귀속되는 경우도 차별적 취급행위에 해당한다. ＜SK텔레콤(주) 차별적 취급행위 건＞(대법원, 2004)에서 대법원은 "SK텔레콤이 다른 사업자인 대리점과 사이에 설정한 거래조건을 대리점이 이행함으로써 그 경제적 효과가 대리점의 거래상대방인 SKG 및 그 경쟁사업자인 삼성전자 등 사이에 차별적으로 귀속되었다"고 판단하였다. ＜현대자동차(주) 외 1 차별적 취급행위 건＞(대법, 2007)에서도 "현대자동차가 계열사인 현대캐피탈과의

오토할부약정에 기하여 할부오토의 할부금리를 인하하는 것은 자동차를 할부로 구매하려는 고객 중 현대캐피탈을 이용 또는 이용하려고 하는 고객들과 현대캐피탈이 아닌 비계열 할부금융사를 이용 또는 이용하려고 하는 고객들을 차별하는 행위"라고 한다.

〈SK텔레콤(주) 차별적 취급행위 건, 대법원 2004. 12. 9. 선고 판결〉

'계열회사를 위한 차별'에 있어서 다른 사업자로 하여금 그 거래의 상대방을 차별하여 취급하게 하는 거래조건은 이 사건과 같이 원고가 다른 사업자인 대리점과 사이에 설정한 거래조건을 대리점이 이행함으로써 그 경제적 효과가 대리점의 거래상대방인 SKG 및 그 경쟁사업자인 삼성전자 등과 사이에 차별적으로 귀속되는 경우도 포함된다.

그러나 원심의 위 판시 중 차별의 현저성을 판단함에 있어서 관련시장의 범위에 삼성전자 등이 SKG에 사업자모델을 공급하는 거래분야까지 포함시킨 부분은 수긍하기 어렵다.

〈현대자동차(주) 외 1 차별적 취급행위 건, 서울고법 2004. 10. 28. 선고 2002누 16827 판결〉

비계열할부금융사들은 현대자동차와의 사이에 아무런 거래관계가 존재하지 않고 비계열할부금융사의 할부금리 등 거래조건에 아무런 영향력을 행사할 수 없어 비계열할부금융사들이 현대자동차와 종속적 관계에 있다고 할 수 없으므로 이들을 차별적 취급의 대상인 거래상대방으로 볼 수 없다.

〈현대자동차(주) 외 1 차별적 취급행위 건, 대법원 2007. 2. 23. 선고 2004두14052 판결〉

현대자동차가 계열사인 현대캐피털과의 오토할부약정에 기하여 할부오토의 할부금리를 인하하는 것은 자동차를 할부로 구매하려는 고객 중 현대캐피털을 이용 또는 이용하려는 고객들과 현대캐피털이 아닌 비계열 할부금융사를 이용 또는 이용하려고 하는 고객들을 차별하는 행위이다.

현대자동차와 자동차 할부금융을 취급하는 현대캐피털 및 비계열 할부금융사 사이에는 위 고객들을 매개로 하는 실질적인 거래관계가 존재한다고 하고, 이러한 차별로 인하여 현대캐피털에게는 고객의 증가라는 차별효과가 귀속된다.

계열회사를 위한 차별행위가 되려면 주관적 의도가 필요하다. 즉, 자기의 계열회사를 유리하게 하기 위한 목적이 있어야 한다. 〈SK텔레콤(주) 차별적 취급행위

건>(대법원, 2004)에서 대법원은 차별행위의 동기, 그 효과의 귀속주체, 거래의 관행, 당시 계열회사의 상황 등을 종합적으로 고려하여 사업자의 주된 의도가 계열회사가 속한 일정한 거래분야에서 경쟁을 제한하고 기업집단의 경제력 집중을 강화하기 위한 것이라고 판단되는 경우에 한하여 인정된다고 하였다.[182] 이에 따라 주된 의도가 SKG가 속한 일정한 거래분야에서의 경쟁을 제한하고 기업집단의 경제력 집중을 강화하기 위한 것 아니라고 판단하였다.

〈SK텔레콤(주) 차별적 취급행위 건, 대법원 2004. 12. 9. 선고 2002두12076 판결〉

'계열회사를 위한 차별'의 요건으로서 계열회사를 유리하게 하기 위한 의도는, 특정 사업자가 자기의 이익을 위하여 영업활동을 한 결과가 계열회사에 유리하게 귀속되었다는 사실만으로는 인정하기에 부족하고, 차별행위의 동기, 그 효과의 귀속주체, 거래의 관행, 당시 계열회사의 상황 등을 종합적으로 고려하여 사업자의 주된 의도가 계열회사가 속한 일정한 거래분야에서 경쟁을 제한하고 기업집단의 경제력 집중을 강화하기 위한 것이라고 판단되는 경우에 한하여 인정된다고 할 것이다.

불공정거래행위의 한 유형인 '계열회사를 위한 차별'의 위법성을 평가함에 있어서 단순한 사업경영상 또는 거래상의 필요성 내지 합리성이 인정된다는 사정만으로 곧 그 위법성이 부인되는 것은 아니지만, 차별적 취급의 원인이 된 사업경영상의 필요성 등은 다른 사유와 아울러 공정한 거래질서의 관점에서 평가하여 공정거래저해성의 유무를 판단함에 있어서 고려되어야 하는 요인의 하나가 될 수 있다고 할 것이다.

차별의 현저성은 단순히 할인율이나 할인금액의 다과만을 기준으로 획일적으로 결정할 사항이 아니라 공정거래법의 독자적인 입법목적을 고려하여 행위 당시의 시장상황과 그러한 거래조건으로 인한 시장변동의 추이, 소비자들의 구매심리에 미치는 영향, 거래의 당사자에게 귀속되는 이익의 규모와 그 경쟁상대방에게 주는 손해의 정도 등 제반요소를 종합적으로 감안하여 당해 거래조건의 설정으로 인하여 공정한 거래질서가 저해될 우려가 있었는지 여부에 따라 판단되어질 상대적 개념이다〈SK텔레콤(주) 차별적 취급행위 건〉(서울고법, 2002).

위법성 판단은 경쟁제한성 또는 경제력 집중 우려를 위주로 위법성을 판단하되, 가격 등 거래조건·거래내용 등에 관하여 계열회사에 대해 현저하게 유리하거나

---

182) 이에 대하여 차별취급의 효과인 경쟁제한이나 경제력집중을 주관적 의도로 보기 어렵다는 비판이 있다. 이봉의, 공정거래법(2022), 871면.

계열회사의 경쟁사업자에 대해 현저하게 불리하게 취급하였을 경우에는 계열회사를 유리하게 하기 위한 행위로 인정하여 원칙적으로 경쟁제한성 또는 경제력 집중 우려가 있는 것으로 본다. 그러나, 계열회사를 위한 차별취급을 한 사업자가 '정당한 이유'를 소명하여야 한다(『불공정거래 심사지침』 V. 2). 사업경영상 또는 거래상의 필요성 내지 합리성만으로는 위법성이 부인되는 것은 아니지만, 공정거래저해성 판단의 한 요인이 될 수 있다<SK텔레콤(주) 차별적 취급행위 건>(대법원, 2004). 효율성 증대효과나 소비자후생 증대효과가 경쟁제한효과를 현저히 상회하는 경우 등에는 법위반으로 보지 않을 수 있다.

계열회사를 위한 차별은 부당지원행위와 비슷한 외관을 가진다. 전자는 계열회사를 대상으로 하는 데 비해 후자는 특수관계인 또는 비계열회사도 포함되는 점이 차이가 있으며, 전자는 상품·용역 거래에 한정되는데, 후자는 자금·자산·인력 등이 포함되는 점도 차이가 있다. 그리고 전자는 '정당한 이유없이'라고 되어 있는데 비해 후자는 '부당하게'로 규정되어 입증책임의 차이가 있다.

④ **집단적 차별**

집단으로 특정사업자를 (부당하게) 차별적으로 취급하여 그 사업자의 사업활동을 현저하게 유리하거나 불리하게 하는 행위를 말한다(영 [별표2]. 2).

여러 사업자가 공동으로 특정사업자에 대하여 행해지는 차별취급이 대상이 된다. 부당한 공동행위와 달리 집단적 차별취급은 합의가 없더라도 성립될 수 있으며 차별취급에 참가하는 사업자가 반드시 현실적 또는 잠재적 경쟁관계에 있을 필요는 없다. 또한 실제로 차별행위가 행해져야 한다. 차별취급에는 가격 등 거래조건, 거래내용 등의 차별이 포함된다. 차별취급의 상대방은 특정사업자이다. 따라서 불특정 다수의 사업자와 소비자는 대상이 되지 아니한다(『불공정거래 심사지침』 V. 2).

집단적 차별과 부당한 공동행위의 차이는 전자는 특정사업자의 경쟁을 제한하지만 후자는 참가사업자의 경쟁을 제한하는 데 있다. 또한 집단적 차별과 공동의 거래거절의 차이는 전자는 달리 단계를 달리하는 사업자 또는 서로 다른 시장의 사업자간에도 성립하는데 반해 후자는 경쟁관계에 있는 사업자간의 행위라는 점에서 차이가 있다.

집단적 차별행위의 위법성은 가격차별 및 거래조건 차별의 경우에 준하여 판단한다. 다만, 집단적 차별은 여러 사업자에 의해서 행해지므로 원칙적으로 가격차별 및 거래조건 차별의 경우에 비해 위법성이 인정될 가능성이 큰 것으로 본다(『불공정거래 심사지침』V. 2).

4) 거래강제

사업자가 거래상대방 또는 자사 직원 등으로 하여금 본인의 의사에 반하여 자기 또는 자기가 지정하는 자의 상품 또는 용역을 구입(판매)하도록 강제하는 행위는 시장에서의 지위를 이용하여 고객을 확보하는 행위로서, 불합리한 수단으로 시장지배력의 확장을 도모하며 소비자의 자율적 선택권을 제약하므로 금지된다(『불공정거래 심사지침』V. 5). '타 경쟁자의 고객일 수도 있었던 상대방에게 강제력을 행사하여 자기와 거래하도록 하는 행위'가 금지되는 것이다

① 끼워팔기

거래상대방에 대하여 자기의 상품 또는 용역을 공급하면서 (정상적인 거래관행에 비추어 부당하게) 다른 상품 또는 용역을 자기 또는 자기가 지정하는 사업자로부터 구입하도록 하는 행위를 말한다(영 [별표2]. 4).

서로 다른 별개의 상품 또는 용역을 자기 또는 자기가 지정하는 사업자로부터 구입하도록 하는 행위가 대상이 된다. 이때 끼워팔기의 대상이 '서로 다른 별개의 상품 또는 용역'에 해당되는지 여부는 이들이 시장에서 통상 별도로 거래되는지 여부와 더불어 그 상업적 용도나 기능적 특성, 소비자 인식태도, 경우에 따라서는 제품통합과 기술혁신의 추세 등을 종합적으로 고려하여 판단한다. 끼워팔기를 행하는 주체는 주된 상품(또는 용역)과 종된 상품(또는 용역)을 동시에 공급할 수도 있고, 자기가 지정하는 제3자로 하여금 종된 상품(또는 용역)을 공급하게 할 수 있다. 끼워팔기에는 상품 또는 용역을 판매하는 경우 외에 임대하는 경우도 포함된다. 거래상대방에는 사업자뿐만 아니라 소비자가 포함된다(『불공정거래 심사지침』V. 5).

미국에서는 기본적으로 「셔먼법(Sherman Act)」 제1조 또는 「클레이튼법(Clayton Act)」 제3조("substantially lessen competition or tend to create a monopoly in any line of commerce")에서 규제하고 있다. 다만 「클레이튼법(Clayton Act)」은 판매자의 행위, 상품에 대해서만 적용되며 나머지는 「셔먼법(Sherman Act)」으로 규제된다.

끼워팔기가 실시되는 이유는 주상품 및 종상품의 품질 최대화, 비용절감, 주상품 독점력을 이용한 종상품 판매량 확장, 가격차별화, 가격규제 회피 등을 들 수 있

다.[183] 판매자가 가격차별을 하기 위해서는 판매자가 수요탄력성이 다른 소비자 그룹을 확인하고 분류해야 하고, 판매자는 낮은 가격을 지불하는 구매자가 높은 가격을 지불하는 구매자에게 상품을 되파는 것을 막을 수 있어야 하는데, 주상품과 종상품을 끼워파는 비율을 다양하게 조절하는 방법으로 연계판매를 사용함으로써 해결할 수 있다.[184]

끼워팔기 규제의 논거로 지렛대이론, 진입장벽이론, 가격규제 회피 등이 논의된다. 가격규제 회피의 사례로 금융시장의 이른바 '꺾기'를 들 수 있는데, 이는 정부에 의한 금리규제를 회피하기 위해 대출과 예금을 연계하여 판매하는 거래강제의한 형태로서 실질적 대출금리를 시장균형금리에 근접시키는 효과를 가진다.[185]

끼워팔기가 성립하기 위해서는 별개의 독립된 종된 상품이 있어야 한다. 종 상품구분은 구입을 원하는 상품을 기준으로 한다. 상황을 만들어 내는 정도의 지위로 충분하며 시장지배적 사업자일 필요는 없다<한국토지공사 부당지원행위 등 건>(대법원, 2006).

> **〈한국토지공사 부당지원행위 등 건, 대법원 2006. 5. 26. 선고 2004두3014 판결〉**
> 끼워팔기에 해당하기 위하여는 주된 상품을 공급하는 사업자가 주된 상품을 공급하는 것과 연계하여 거래 상대방이 그의 의사에 불구하고 종된 상품을 구입하도록 하는 상황을 만들어낼 정도의 지위를 갖는 것으로 족하고 반드시 시장지배적 사업자일 필요는 없다 할 것이다.

위법성 판단은 경쟁제한성 여부이다. 주된 상품과 종된 상품이 별개의 상품인지 여부, 끼워팔기하는 사업자가 주된 시장에서 시장력(market power)이 있는지 여부, 주된 상품 또는 종된 상품을 같이 구입하도록 강제하는지 여부 등 강제성이 있는지 여부, 끼워팔기가 정상적인 거래관행에 비추어 부당한지 여부, 끼워팔기로 인해 종된 상품시장의 경쟁사업자가 배제되거나 배제될 우려가 있는지 여부를 종합적으로 판단한다(『불공정거래 심사지침』V. 5).

두 상품을 구매하면 추가적으로 경제적인 이익을 제공하는 패키지판매나 번들

---

183) 최정표, 산업조직경제학(2016), 303~304면.
184) 이승철, 공정거래경제학(1999), 3357~358면.
185) 이승철, 공정거래경제학(1999), 365면.

링(bundling)에서는 원칙적으로 강제성이 인정되지 않는다.[186] 정상적인 거래관행에 부합되는 경우는 주된 상품(또는 용역)의 기능에 반드시 필요한 상품을 끼워파는 행위(프린터와 잉크, 자동차와 타이어 등), 두 상품(또는 용역)을 따로이 공급하는 것이 기술적으로 매우 곤란하거나 상당한 비용을 요하는 두 상품을 끼워파는 행위를 예로 들 수 있다(『불공정거래 심사지침』 V. 5).

우리나라에서 가격규제회피 사례로 <한국토지공사의 부당지원행위 등 건> (대법원, 2006)에서 가격규제를 회피할 목적으로 비인기 토지를 인기 토지에 끼워 판 경우 위법이 인정되었다. 주로 예식장, 장례식장 등에서 많이 문제가 되었다. <MS 시장지배적지위 남용행위 건>(공정위, 2006)은 대표적인 끼워팔기 사건이다. PC운영체제에 윈도우 미디어프로그램, 메신저프로그램을 끼워서 판 행위가 문제되었다.

② 사원판매

(부당하게) 자기 또는 계열회사의 임직원으로 하여금 자기 또는 계열회사의 상품이나 용역을 구입 또는 판매하도록 강제하는 행위를 말한다(영 [별표2]. 4).

자기 또는 계열회사의 임직원에게 자기 또는 계열회사의 상품이나 용역을 구입 또는 판매하도록 강제하는 행위가 대상이 된다. 임원이란 이사·대표이사·업무집행사원·감사나 이에 준하는 자 또는 지배인 등 본점이나 지점의 영업 전반을 총괄적으로 처리하는 상업사용인을 말한다. 직원이란 계속하여 회사의 업무에 종사하는 자로서 임원 외의 자를 말한다. 임직원에는 정규직, 계약직, 임시직 등 고용의 형태를 묻지 않는다. 판매영업을 담당하는 임직원에게 판매를 강요하는 행위는 원칙적으로 적용대상이 되지 않는다. 어떤 임직원이 판매영업을 담당하는 자인지 여부는 당해 상품 또는 용역에 관하여 실질적으로 영업 및 그와 밀접하게 관련된 업무를 수행하는지를 기준으로 판단한다. 예컨대, 매장 기타 영업소에서 판매를 담당하는 자, 영업소 외의 장소에서 전기통신의 방법으로 판매를 권유하는 자는 원칙적으로 판매영업을 담당하는 자에 해당되는 것으로 본다(『불공정거래 심사지침』 V. 5).

고용관계상의 지위를 이용하여 상품과 용역의 구입 또는 판매를 강제함으로써 공정한 거래질서를 침해하는 행위이다<(주)대우자동차판매 거래강제행위 건>(대법원, 2001). 판매를 담당하는 임직원에게 판매를 강요하는 행위는 원칙적으로 적용대상이 되지 않는다. 그리고 강제성이 필요하므로 임직원들을 상대로 자기 회사 상

---

186) 이봉의, 공정거래법(2022), 982면.

품의 구매자 확대를 위하여 노력할 것을 촉구하고 독려하는 것만으로는 부족하다 <(주)조선일보사 부당경품류제공행위 건>(대법원, 1998). 공정거래저해의 추상적 위험성으로 족하다. 판매영업을 담당하는 임직원에게 판매를 강요하는 행위는 원칙적으로 적용대상이 되지 않는다.

위법성 판단은 바람직한 경쟁질서를 저해하는 불공정한 경쟁수단에 해당하는 지 여부를 위주로 판단한다. 불공정한 경쟁수단의 판단에 있어서는 강제성 여부, 강제가 경쟁사업자의 고객(잠재적 고객 포함)을 자기 또는 계열회사와 거래하도록 하는 수단으로 사용되는지 여부를 종합적으로 판단한다. 사원판매로 인한 효율성 증대효과나 소비자후생 증대효과가 경쟁수단의 불공정성으로 인한 공정거래저해 효과를 현저히 상회하는 경우나 부도 발생 등 불가피한 사유가 있다고 인정되면 법위반으로 보지 않지만 속성상 제한적으로 해석한다(『불공정거래 심사지침』 V. 5). <(주)대우자동차판매 거래강제행위 건>(대법원, 2001)에서 대법원은 자동차판매회사가 그 관리직 대리급 이상 임직원과 전입직원을 상대로 그 취급차종에 관한 판매행위를 한 경우, 대상임직원들의 차량구입 및 차종에 대한 선택의 기회를 제한하여 그 구입을 강제한 것으로 사원판매행위에 해당한다고 보았다.

〈(주)조선일보사 부당경품류제공행위 등 건, 대법원 1998. 3. 27. 선고 96누18489 판결〉

원고가 '창간 73주년 기념 가족확장대회'라는 이름 아래 자사 및 계열회사의 임직원 1인당 5부 이상 신규 구독자를 확보하도록 촉구하고, 각 부서별로 실적을 집계하여 공고하는 한편 판매목표를 달성한 임직원에게는 상품을 수여하는 등의 신규 구독자 확장 계획을 수립·시행한 것이 사원에 대한 강제판매행위에 해당하지 아니한다.

〈(주)대우자동차판매 거래강제행위 건, 대법원 2001. 2. 9. 선고 2000두6206 판결〉

대우자동차 주식회사 등의 생산 차종을 전담 판매하는 원고가 원심 판시의 1998. 2. 12.자 판매활성화 방안 수립과 같은 해 4. 9.자 지시 및 같은 해 5. 2.자 지역본부장 회의에서의 지시와 그에 이은 결과 점검 등을 통하여 그 관리직 대리급 이상 임직원과 전입 직원들을 상대로 그 취급 차종에 관한 판매행위를 한 것은, 위 각 지시의 내용과 결과 점검 등의 구체적 경위에 관한 원심 판시와 같은 사정에 비추어, 대상 임직원들의 차량 구입 및 차종에 대한 선택의 기회를 제한하여 그 구입을 강제한 법 소정의 사원판매행위로서 불공정거래행위에 해당한다.

③ 기타의 거래강제

(정상적인 관행에 비추어) 부당한 조건 등 불이익을 상대방에게 제시하여 자기 또는 자기가 지정하는 사업자와 거래하도록 강제하는 행위를 말한다(영 [별표2]. 4).

자기 또는 자기가 지정하는 사업자와 거래하도록 강요하는 행위가 대상이 된다. 이에는 명시적인 강요와 묵시적인 강요, 직접적 강요와 간접적 강요를 포함한다. 기타의 거래강제는 행위자와 상대방간 거래관계 없이도 성립할 수 있으나, 거래상지위남용(구입강제)의 경우 행위자와 상대방 간 거래관계가 있어야 성립할 수 있다는 점에서 구별된다. 거래상대방에는 사업자뿐만 아니라 소비자도 포함된다(『불공정거래 심사지침』 V. 5).

위법성 판단은 거래강제행위가 바람직한 경쟁질서를 저해하는 불공정한 경쟁수단에 해당하는지 여부를 위주로 판단한다. 불공정한 경쟁수단에 해당하는지 여부는 사업자가 거래상대방에 대해 불이익을 줄 수 있는 지위에 있는지 여부, 당해 불이익이 정상적인 거래관행에 비추어 부당한지 여부, 거래상대방에 대해 자기 또는 자기가 지정하는 사업자와 거래하도록 강제하는 효과가 있는지 여부 등을 종합적으로 고려하여 판단한다(『불공정거래 심사지침』 V. 5). <(주)대우건설 거래강제행위 건>(서울고법, 2007)에서 법원은 지정법무사에게 등기업무를 위임하는 것을 업무처리의 편의성·효율성 제고와 소비자 후생증대에 기여했으므로 부당하지 않다고 판단하였다.

<(주)대우건설 거래강제행위 건, 서울고법 2007. 9. 13. 선고 2006누27900 판결>

시공사 등이 아파트 등 공동주택을 건설한 후 수분양자들에게 중도금대출을 알선하고 대출세대로 하여금 지정법무사에게 등기업무를 위임하는 행위를 기타의 거래강제행위에 해당하나, 업무처리의 편의성·효율성의 제고와 소비자의 후생 증대에 기여했다는 등 이유로 부당하지는 않다.

---

5) 사업활동방해

사업자가 다른 사업자의 기술을 부당하게 이용하거나 인력을 부당하게 유인·채용하거나 거래처의 이전을 부당하게 방해하는 등의 방법으로 다른 사업자의 사업활동을 심히 곤란하게 할 정도로 방해할 경우 가격과 질, 서비스에 의한 경쟁을 저해하는 경쟁수단이 불공정한 행위에 해당되므로 금지된다(『불공정거래행위 심사지침』 V. 8).

① 기술의 부당이용

다른 사업자의 기술을 부당하게 이용하여 다른 사업자의 사업활동을 상당히 곤란하게 할 정도로 방해하는 행위이다(영 [별표2]. 8).

다른 사업자의 기술을 이용하는 행위가 대상이 된다. 이때 다른 사업자는 경쟁사업자에 한정되지 않는다. 또한, 다른 사업자의 '기술'이란 특허법 등 관련 법령에 의해 보호되거나 비밀로 관리된 생산방법·판매방법·영업에 관한 사항 등을 의미한다. '기술'이란 특허법 등 관련 법령에 의해 보호되거나 상당한 노력에 의하여 비밀로 유지된 생산방법·판매방법·영업에 관한 사항 등을 의미한다(『불공정거래행위 심사지침』 V. 8). 하도급법 제12조의3에서도 기술자료제공요구 금지를 규정하고 있다.

위법성은 바람직한 경쟁질서를 저해하는 불공정한 경쟁수단에 해당하는지 여부로 판단한다. 기술이용의 부당성 여부(기술이용의 목적 및 의도, 당해 기술의 특수성, 특허법 등 관련 법령 위반 여부, 통상적인 업계 관행 등), 사업활동이 상당히 곤란하게 되는지 여부 등을 종합적으로 판단한다(『불공정거래행위 심사지침』 V. 8).

② 인력의 부당유인·채용

다른 사업자의 인력을 부당하게 유인·채용하여 다른 사업자의 사업활동을 상당히 곤란하게 할 정도로 방해하는 행위이다(영 [별표2]. 8).

다른 사업자의 인력을 유인·채용하는 행위가 대상이 된다. 이때 다른 사업자는 경쟁사업자에 한정되지 않는다(『불공정거래행위 심사지침』 V. 8).

위법성은 바람직한 경쟁질서를 저해하는 불공정한 경쟁수단에 해당하는지 여부로 판단한다. 인력 유인·채용의 부당성 여부(인력유인 채용의 목적 및 의도, 해당 인력이 사업활동에서 차지하는 비중, 인력유인·채용에 사용된 수단, 통상적인 업계의 관행, 관련 법령 등), 사업활동이 상당히 곤란하게 되는지 여부 등을 종합적으로 판단한다(『불공정거래행위 심사지침』 V. 8).

③ 거래처 이전방해

다른 사업자의 거래처 이전을 부당하게 방해하여 다른 사업자의 사업활동을 심히 곤란하게 할 정도로 방해하는 행위이다(영 [별표2]. 8).

거래상대방의 거래처이전을 방해하는 행위가 대상이 된다. 이때 다른 사업자는 경쟁사업자에 한정되지 않는다(『불공정거래행위 심사지침』 V. 8).

위법성은 거래처 이전방해가 바람직한 경쟁질서를 저해하는 불공정한 경쟁수단에 해당하는지 여부로 판단한다. 거래처 이전방해의 부당성 여부(거래처 이전방해의 목적 및 의도, 거래처 이전방해에 사용된 수단, 당해 업계에서의 통상적인 거래관행, 이전될 거래처가 사업영위에서 차지하는 중요성, 관련 법령 등), 사업활동이 심히 곤란하게 되는지 여부 등을 종합적으로 판단한다(『불공정거래행위 심사지침』 V. 8).

④ 기타의 사업활동 방해

기술의 부당이용, 인력의 부당유인·채용, 거래처 이전방해 외의 부당한 방법으로 다른 사업자의 사업활동을 심히 곤란하게 할 정도로 방해하는 행위이다(영 [별표 2]. 8).

기타의 방법으로 다른 사업자의 사업활동을 현저히 방해하는 모든 행위가 대상이 된다. 방해의 수단을 묻지 않으며, 자기의 능률이나 효율성과 무관하게 다른 사업자의 사업활동을 방해하는 모든 행위를 포함한다. 이때 다른 사업자는 경쟁사업자에 한정되지 않는다(『불공정거래행위 심사지침』 V. 8).

위법성은 사업활동방해가 바람직한 경쟁질서를 저해하는 불공정한 경쟁수단에 해당하는지 여부이다. 사업활동 방해의 부당성 여부(사업활동방해의 수단, 당해 수단을 사용한 목적 및 의도, 당해 업계에서의 통상적인 거래관행, 관련 법령 등), 사업활동이 심히 곤란하게 되는지 여부 등을 종합적으로 판단한다(『불공정거래행위 심사지침』 V. 8).

<쌍용정유 거래거절행위 건>(대법원, 1998)에서도 법원은 사업활동방해행위로 인정하지 않았고, <세방(주) 및 국보 외 10 사업활동방해행위 건>(대법원, 2012)에서도 부당한 사업활동방해행위에 해당되지 않는다고 판시한 바 있다.

<쌍용정유 거래거절행위 건, 대법원 1998. 9. 8. 선고 96누9003 판결>

우림석유 주식회사에 대하여 석유류제품 공급물량감축, 외상기간단축 등 거래조건의 변경, 그 거래처에 대한 상대방의 부도가능성 고지·거래처이관 요청의 불수용·담보제공요구 등의 행위를 하였음을 인정한 다음, 원고는 위 회사에게 무담보 거래 및 외상기일 연장 특혜를 제공하다가 그 외상대금의 증대에 따른 채권확보대책의 일환으로 종전의 특혜를 배제하고 담보제공 요구나 공급물량감축 및 외상기일 단축 등을 통한 외상대금감축 등의 조치를 취하고 위 거래당사자들 사이의 대리점 계약이 존속함을 전제로 법적 대응을 한 것으로 보여질 뿐, 위와 같은 사실만으로 이러한 원고의 행위가 부당하게 이루어진 것으로서 위 각 규정이 정하는 거래거절, 우월적 지위남용 또는 사업활동 방해에 해당하는 것으로 단정하기 어렵다.

> **〈세방(주) 및 국보 외 10 사업활동방해행위 건, 대법원 2012. 5. 10. 선고 2010두 4896 판결〉**
>
> 원고들이 해상운송회사들로부터 지급받는 컨테이너전용장치장의 조작료와 자가운송업자들로부터 징수하는 이 사건 운송관리비가 중복되는 것이라고 보기 어렵고, 원고들이 컨테이너전용장치장의 설치에 투자된 비용과 운영·관리 비용을 회수하기 위하여 자가운송업자들로부터 이 사건 각 운송관리비를 징수한 행위는 비용 발생의 원인자가 비용을 부담하여야 한다는 시장경제의 기본원리인 수익자부담원칙에 부합하는 것으로서 공정거래법 제23조 제1항 제5호에 규정된 '부당한 사업활동방해 행위'에 해당하지 아니한다고 판단하였다.

〈〈유인행위〉〉

6) 부당한 고객유인

소비자가 만족도를 극대화할 수 있기 위해서는 정확한 정보를 바탕으로 저렴하고 품질 좋은 상품 또는 용역을 구입할 수 있어야 할 것이다. 이를 위해 사업자는 자기가 제공하는 상품 또는 용역의 가격과 품질을 경쟁수단으로 삼아야 할 것이다. 사업자가 부당한 이익제공이나 위계, 거래방해 등의 방법으로 경쟁사업자의 고객을 유인하는 것은 그 경쟁수단이 불공정한 것으로 시장에서의 바람직한 경쟁질서를 저해하고 소비자가 품질좋고 저렴한 상품 또는 용역을 선택하는 것을 방해하므로 금지된다(『불공정거래행위 심사지침』 V. 4). 고객의 자유로운 판단과 선택을 왜곡하는 위계 내지 기만적 '유인행위 자체'를 금지하는 것이다＜한국오라클(주) 부당고객유인행위 건＞(서울고법, 2001).

미국의 경우 주로 허위·과장광고나 비방행위 등을 통하여 소비자를 기만하는 경쟁수단을 사용하는 행위는 위계 또는 기만에 의한 고객유인으로 「연방거래위원회법(FTC Act)」 제5조(불공정한 경쟁방법의 금지)에 의해 금지된다.

① 부당한 이익에 의한 고객유인

(정상적인 관행에 비추어 부당하거나) 과대한 이익을 제공 또는 제공할 제의를 하여 경쟁사업자의 고객을 자기와 거래하도록 유인하는 행위를 말한다(영 [별표2]. 4).

자기와 거래하도록 하기 위해 경쟁사업자의 고객에게 이익을 제공하거나 제공할 제의를 하는 행위가 대상이 된다. 이때, 경쟁사업자의 고객에는 경쟁사업자와 거래를 한 사실이 있거나 현재 거래관계를 유지하고 있는 고객뿐만 아니라 잠재적으로 경쟁사업자와 거래관계를 형성할 가능성이 있는 고객이 포함된다. 이익제공 또는 제의의 방법에는 제한이 없으며, 표시·광고를 포함한다. 제공되는 이익에는 리베이트의 제공이나 가격할인 등 고객에게 유리하도록 거래조건의 설정·변경, 판촉지원금 내지 판촉물의 지급, 경쟁사업자의 제품을 자사제품으로 교환하면서 덤으로 자사제품의 과다한 제공 등 적극적 이익제공과 원래 부과되어야 할 요금·비용의 감면, 납부기한 연장, 담보제공 의무나 설정료의 면제 등 소극적 이익제공 등 모든 경제적 이익이 포함된다. 이익제공(제의)의 상대방에는 소비자뿐만 아니라 사업자도 포함된다(『불공정거래행위 심사지침』 V. 4).

여기에서 정상적인 거래관행이란 원칙적으로 해당 업계의 통상적인 거래관행을 기준으로 판단하되 구체적 사안에 따라 바람직한 경쟁질서에 부합되는 관행을 의미하며 현실의 거래관행과 항상 일치하는 것은 아니다(『불공정거래행위 심사지침』 V. 4).

그 취지는 부당한 이익제공으로 인하여 가격, 품질, 서비스 비교를 통한 소비자의 합리적인 상품 선택을 침해하는 것을 방지하는 한편, 해당 업계 사업자 간의 가격 등에 관한 경쟁을 통하여 공정한 경쟁질서 내지 거래질서를 유지하기 위한 데에 있다〈케이엔엔라이프(주) 부당고객유인행위 건〉(대법원, 2018).

> **〈케이엔엔라이프(주) 부당고객유인행위 건, 대법원 2018. 7. 12. 선고 2017두51365 판결〉**
>
> 부당한 이익에 의한 고객유인 행위를 금지하는 취지는 부당한 이익제공으로 인하여 가격, 품질, 서비스 비교를 통한 소비자의 합리적인 상품 선택을 침해하는 것을 방지하는 한편, 해당 업계 사업자 간의 가격 등에 관한 경쟁을 통하여 공정한 경쟁질서 내지 거래질서를 유지하기 위한 데에 있다. 따라서 사업자의 행위가 불공정거래행위로서 부당한 이익에 의한 고객유인 행위에 해당하는지를 판단할 때에는, 그 행위로 인하여 경쟁사업자들 사이의 상품가격 등 비교를 통한 소비자의 합리적인 선택이 저해되거나 다수 소비자들이 궁극적으로 피해를 볼 우려가 있게 되는 등 널리 거래질서에 대해 미칠 파급효과의 유무 및 정도, 문제 된 행위를 영업전략으로 채택한 사업자들의 수나 규모, 경쟁사업자들이 모방할 우려가 있는지, 관련되는 거래의 규모 등에 비추어 해당 행위가 널리 업계 전체의 공정한 경쟁질서나 거래질서에 미치게 될 영향 등과 함께 사업자가 제공하는 경제적 이익의 내용과 정도, 그 제공의 방법, 제공기간, 이익제공이 계속적·

> 반복적인지 여부, 업계의 거래 관행 및 관련 규제의 유무 및 정도 등을 종합적으로 고
> 려하여야 한다(대법원 2013. 11. 14. 선고 2011두16667 판결, 대법원 2014. 3. 27. 선
> 고 2013다212066 판결 등 참조).

　　그간 문제된 사례는 예를 들어 제약업체의 종합병원에 대한 약품채택비(리베이
트), 처방사례비 기타 경비지원(리베이트), 정유사의 주유소에 대한 영업활동지원금,
주류제조업체들의 주류도매상에 대한 판매장려금 등이 이에 해당한다.[187] 법원은
특정기간동안 이루어진 다수의 고객유인행위 관련하여 대법원은 회사차원의 전체
계획의 일환으로 이루어지는 개별 유인행위를 포괄하여 하나의 고객유인행위로 보
는 입장이다＜(주)중외제약 부당고객유인행위 등 건＞(대법원, 2010), ＜(주)유한양
행 부당고객유인행위 건＞(대법원, 2010) 등. 〈케이엔엔라이프(주) 부당고객유인행위
건〉(대법원, 2018)에서 법원은 상조회사의 최대 36회차 분까지의 납입의무 면제하는
이관할인방식에 의한 고객유인 행위를 위법으로 보았다(대법원, 2018).

> **〈(주)중외제약 부당고객유인행위 등 건, 대법원 2010. 11. 25. 선고 2009두3268 판결〉**
> 　　본사차원에서 판촉계획을 수립하고 그 계획에 따라 실행된 개개의 지원행위를 관련
> 의약품별로 지원시기, 지원기간, 지원금액등을 특정한 후 이를 하나의 고객유인행위로
> 판단하였다.
>
> **〈(주)유한양행 부당고객유인행위 건, 대법원 2010. 11. 25. 선고 2008두23177 판결〉**
> 　　상품권·주유권 등의 제공행위, 병원 의국 회식비, 학회 참가비, 골프비 지원 등과
> 같은 현금성 경비 지원행위는 음성적인 처방사례비로서의 성격이 강하고 어느 한 품목
> 을 특정하지 않은 경우가 대부분이므로, 명백히 품목을 지정하여 지원한 경우를 제외하
> 고는 전체 의약품 중 판촉활동을 수행하는 이 사건 의약품 판매촉진에 직접 또는 간접
> 적인 영향을 주었다고 봄이 상당하고, 이 사건 개별적 유인행위는 본사 차원의 판촉계
> 획에 대한 실행행위로서 이루어진 것으로 그 유형·성격·목적·동기·효과 등에 비추어
> 포괄하여 하나의 위반행위로 볼 여지가 있다.
>
> **〈케이엔엔라이프(주) 부당고객유인행위 건, 대법원 2018. 7. 12. 선고 2017두51365
> 판결〉**
> 　　원고는 면제된 납입금 상당액을 지급받지 않은 채 장래의 상조용역 등 제공 의무를
> 부담하고 그 고객들은 원고로부터 납입금 지급 의무의 일부를 면제받게 되며, 이와 달

---

187) 신동권, 독점규제법(2020), 738면.

리 단순히 신규로 상조거래 계약을 체결한 고객은 다른 고객의 이관에 따른 직접 또는 간접적인 부담을 지게 될 수 있다.

이러한 원고의 경제적·재정적 부담으로 인하여 유발될 수 있는 원고의 장래 의무이 행 능력 및 신뢰성 저하는 결국 아직 원고로부터 상조용역 등을 현실적으로 제공받지 않은 다른 고객들에 대하여도 직접 또는 간접적인 부담이 된다. 이와 같은 상조거래의 특성을 고려할 때, 이관할인방식에 의한 이 사건 고객유인 행위를 단순히 판매자가 소 비자에게 상품 또는 용역의 가격 일부를 할인해 주는 등의 일반적인 가격할인 거래와 같다고 보기는 어렵다.

위법성 판단은 이익제공 또는 제공제의가 가격과 품질 등에 의한 바람직한 경 쟁질서를 저해하는 불공정한 경쟁수단에 해당되는지 여부를 위주로 한다(『불공정거 래행위 심사지침』 V. 4). 부당하거나 과대한 이익제공여부, 유인가능성 등을 종합적으 로 판단한다. 효율성 증대효과나 소비자후생 증대효과가 공정거래저해효과를 현저 히 상회하는 경우 법위반으로 보지 않을 수 있다. <한국오츠카제약(주) 부당고객유 인 건>(서울고법, 2011)에서 법원은 제약회사의 판촉활동에 대하여 투명성, 비대가 성, 비과다성 등의 판단기준을 사용하였다. <케이엔엔라이프(주) 부당고객유인행위 건>(대법원, 2018)에서 법원은 "형사처벌과 달리 제재적 처분의 경우에는 원칙적으 로 행위자에게 그 임무 해태를 정당화할 사정이 없는 이상 그 처분이 가능하고 거 래질서 전반에 미치는 영향 등 다양한 사정을 종합적으로 고려하여 부당성 내지 공 정거래저해성을 판단할 수 있고, 이를 제재적 처분에 관한 엄격해석 원칙, 책임주의 원칙이나 죄형법정주의에 어긋난다고 볼 수는 없다"고 판시한 바 있다.

<한국오츠카제약(주) 부당고객유인 건, 서울고법 2011. 4. 14. 선고 2009누15236 판결>

의사가 의약품을 선택하는 데에 그 품질과 가격의 우위에 근거하지 않고 제약업체 가 제공하는 부적절한 이익의 대소에 영향을 받게 된다면 소비자의 이익은 침해될 수 밖에 없고 의약품 시장에서의 건전한 경쟁도 기대할 수 없게 되므로, 제약회사의 판촉 활동은 투명성, 비대가성, 비과다성 등의 판단기준하에 정상적인 거래관행에 비추어 부 당하거나 과대한 이익의 제공에 해당하는지 여부를 판단하여야 한다.

<케이엔엔라이프(주) 부당고객유인행위 건, 대법원 2018. 7. 12. 선고 2017두51365 판결>

불공정거래행위에서의 '공정거래저해성' 역시 형벌의 객관적 구성요건에 해당하므로

행위자가 인식해야 할 대상으로서 '고의'의 내용을 구성한다. 따라서 불공정거래행위의 유형 중, 제반 사정의 형량과 분석을 거쳐 경쟁에 미치는 효과에 관한 판단까지도 요구되는 경우나 사용된 수단의 성격과 실질이 가격할인과 유사한 측면이 있어 경쟁질서 내지 거래질서 전반에 미치는 파급효과까지 종합적으로 고려해야 하는 경우 등 복잡한 규범적·경제적 분석과 판단이 필요한 경우에는, 행위자에게 범죄의 구성요건인 '공정거래저해성'에 관한 '고의'를 인정하는 데 신중해야 한다. 이처럼 고의의 증명이 제대로 되었는지 여부를 명확하게 심사함으로써 형사절차에서 수범자가 예측하기 어려운 처벌을 받을 우려를 제거할 수 있다. 그러나 형사처벌과 달리 제재적 처분의 경우에는 원칙적으로 행위자에게 그 임무 해태를 정당화할 사정이 없는 이상 그 처분이 가능하다. 따라서 불공정거래행위를 원인으로 한 제재처분을 다투는 행정소송에서는 앞서 본 바와 같이 거래질서 전반에 미치는 영향 등 다양한 사정을 종합적으로 고려하여 부당성 내지 공정거래저해성을 판단할 수 있고, 이를 제재적 처분에 관한 엄격해석 원칙, 책임주의 원칙이나 죄형법정주의에 어긋난다고 볼 수는 없다.

② 위계에 의한 고객유인

(부당한 표시·광고 이외의 방법으로) 자기가 공급하는 상품 또는 용역의 내용이나 거래조건 기타 거래에 관한 사항에 관하여 실제보다 또는 경쟁사업자의 것보다 현저히 우량 또는 유리한 것으로 고객을 오인시키거나, 경쟁사업자의 것이 실제보다 또는 자기의 것보다 현저히 불량 또는 불리한 것으로 고객을 오인시켜 경쟁사업자의 고객을 자기와 거래하도록 유인하는 행위를 말한다(영 [별표2]. 4).

자기와 거래하도록 하기 위해 경쟁사업자의 고객을 기만 또는 위계의 방법으로 유인하는 행위가 대상이 된다. 이때, 경쟁사업자의 고객에는 경쟁사업자와 거래를 한 사실이 있거나 현재 거래관계를 유지하고 있는 고객뿐만 아니라 잠재적으로 경쟁사업자와 거래관계를 형성할 가능성이 있는 고객이 포함된다. 또한, 기만 또는 위계는 표시나 광고(표시·광고의 공정화에 관한 법률 적용) 이외의 방법으로 고객을 오인시키거나 오인시킬 우려가 있는 행위를 말한다. 상품 또는 용역의 내용이나 거래조건 기타 거래에 관한 사항에 대해 기만 또는 위계의 방법을 사용한 행위가 대상이 된다. 상품 또는 용역의 내용에는 품질, 규격, 제조일자, 원산지, 제조방법, 유효기간 등이 포함된다. 거래조건에는 가격, 수량, 지급조건 등이 포함된다. 기타 거래에 관한 사항에는 국산품 혹은 수입품인지 여부, 신용조건, 업계에서의 지위, 거래은행, 명칭 등이 포함된다. 기만 또는 위계의 상대방은 소비자뿐만 아니라 사업자도 포함된다(『불공정거래행위 심사지침』 V. 4).

위계에 의한 고객유인행위를 금지하는 취지는 위계 또는 기만행위로 소비자의 합리적인 상품선택을 침해하는 것을 방지하는 한편, 해당 업계 사업자 간의 가격 등에 관한 경쟁을 통하여 공정한 경쟁질서 내지 거래질서를 유지하기 위한 데에 있다 <에스케이텔레콤(주), 엘지전자(주), 엘지유플러스(주) 부당고객유인행위 건>(대법원, 2019). <한국오라클(주) 부당고객유인행위 건>(대법원, 2002)에서 대법원은 고객유인행위의 객체가 되는 상대방, 즉 경쟁사업자의 고객은 새로운 거래관계를 형성하는 과정에서 경쟁사업자의 고객이 될 가능성이 있는 상대방도 포함하였다. 오인이라 함은 고객의 상품 또는 용역에 대한 선택 및 결정에 영향을 미치는 것을 말하고, 오인의 우려라 함은 고객의 상품 또는 용역의 선택에 영향을 미칠 가능성 또는 위험성을 말한다<한국오라클(주) 부당고객유인행위 건>(대법원, 2002).

〈한국오라클(주) 부당고객유인행위 건, 대법원 2002. 12. 26. 선고 2001두4306 판결〉

위계에 의한 고객유인행위의 객체가 되는 상대방, 즉 경쟁사업자의 고객은 경쟁사업자와 기존의 거래관계가 유지되고 있는 상대방에 한정되지 아니하고, 새로운 거래관계를 형성하는 과정에서 경쟁사업자의 고객이 될 가능성이 있는 상대방까지도 포함된다는 전제 아래 원고와 한국사이베이스 주식회사(이하 '사이베이스사'라 한다)가 서울대학교병원으로부터 통합의료정보시스템재구축사업에 소요되는 데이터베이스관리시스템(Data Base Management System, 이하 'DBMS'라 한다)의 공급업자로 선정되기 위하여 서로 경쟁을 하고 있었던 이상 위 병원은 DBMS의 도급에 관하여 원고의 경쟁사업자인 사이베이스사의 고객이 될 가능성이 있는 상대방으로서 위계에 의한 고객유인행위에 있어서의 경쟁사업자의 고객에 해당한다.

위계에 의한 고객유인행위를 불공정거래행위로 보아 규제하는 입법 취지에 비추어 보면, 위계에 의한 고객유인행위가 성립하기 위해서는 위계 또는 기만적인 유인행위로 인하여 고객이 오인될 우려가 있음으로 충분하고, 반드시 고객에게 오인의 결과가 발생하여야 하는 것은 아니라고 할 것이다. 그리고 여기에서 오인이라 함은 고객의 상품 또는 용역에 대한 선택 및 결정에 영향을 미치는 것을 말하고, 오인의 우려라 함은 고객의 상품 또는 용역의 선택에 영향을 미칠 가능성 또는 위험성을 말한다.

위법성 판단은 기만 또는 위계가 가격과 품질 등에 의한 바람직한 경쟁질서를 저해하는 불공정한 경쟁수단이 되기만 또는 위계가 고객유인을 위한 수단인지 여부를 위주로 판단한다(『불공정거래행위 심사지침』 V. 4). 즉, 사업자의 행위가 불공정거래행위로서 위계에 의한 고객유인행위에 해당하는지를 판단할 때에는, 그 행위로

인하여 보통의 거래 경험과 주의력을 가진 일반 소비자의 거래 여부에 관한 합리적인 선택이 저해되거나 다수 소비자들이 궁극적으로 피해를 볼 우려가 있게 되는 등 널리 업계 전체의 공정한 경쟁질서나 거래질서에 미치게 될 영향, 파급효과의 유무 및 정도, 문제 된 행위를 영업전략으로 채택한 사업자의 수나 규모, 경쟁사업자들이 모방할 우려가 있는지 여부, 관련되는 거래의 규모, 통상적 거래의 형태, 사업자가 사용한 경쟁수단의 구체적 태양, 사업자가 해당 경쟁수단을 사용한 의도, 그와 같은 경쟁수단이 일반 상거래의 관행과 신의칙에 비추어 허용되는 정도를 넘는지, 계속적·반복적인지 여부 등을 종합적으로 살펴보아야 한다<에스케이텔레콤(주), 엘지전자(주), 엘지유플러스(주) 부당고객유인행위 건>(대법원, 2019). 동 건에서 대법원은 제조사와 이동통신 3사가 협의에 의하여 공급가와 출고가를 부풀린 행위에 대하여 위계에 의한 고객유인행위로 인정하였다.

<에스케이텔레콤(주), 엘지전자(주), 엘지유플러스(주) 부당고객유인행위 건, 대법원 2019. 9. 26. 선고 2014두15047, 2014두15740, 2015두59 판결>

사전 장려금을 단말기의 공급가 내지 출고가에 반영하여 출고가를 높인 후 유통망에 사전 장려금을 지급한 다음, 순차적으로 유통망을 통하여 소비자에게 이동통신 서비스 가입을 조건으로 사전 장려금을 재원으로 한 약정외 보조금이 지급되도록 한 점, 이러한 위반행위로 소비자는 실질적인 할인 혜택이 없음에도 할인을 받아 출고가가 높은 단말기를 저렴하게 구매하였고, 그와 같은 할인이 특정 이동통신 서비스에 가입하였기 때문에 이루어졌으며, 할인의 재원이 단말기 출고가 자체에 이미 포함되었던 것이 아니라 자신이 이동통신 서비스에 가입함에 따라 갑 회사가 얻게 되는 수익 중 일부였다고 오인할 우려가 큰 점 등을 종합하면, 갑 회사의 행위는 '상품 등의 거래조건 등에 관하여 실제보다 유리한 것으로 오인시켜 고객을 유인한 행위'에 해당한다.

---

③ 기타의 부당한 고객유인

경쟁사업자와 그 고객에 대하여 계약성립의 저지, 계약불이행의 유인 등의 방법으로 거래를 부당하게 방해함으로써 경쟁사업자의 고객을 자기와 거래하도록 유인하는 행위를 말한다(영 [별표2]. 4).

경쟁사업자와 고객의 거래를 방해함으로써 자기와 거래하도록 유인하는 행위가 대상이 된다. 거래방해의 수단에는 제한이 없으며, 부당한 이익제공이나 위계를 제외한 모든 수단이 포함된다. 거래방해에는 거래성립의 방해와 거래계속의 방해가

있다. 거래방해의 상대방은 경쟁사업자 또는 경쟁사업자의 고객이며, 고객에는 사업
자와 소비자가 포함된다. 이때, 경쟁사업자의 고객에는 경쟁사업자와 거래를 한 사
실이 있거나 현재 거래관계를 유지하고 있는 고객뿐만 아니라 잠재적으로 경쟁사업
자와 거래관계를 형성할 가능성이 있는 고객이 포함된다(『불공정거래행위 심사지침』
V. 4). 위법성 판단기준은 거래방해가 바람직한 경쟁질서를 저해하는 불공정한 경쟁
수단에 해당하는지 여부이다

[부당고객유인 행위 관련 특별법상의 규정]

법 명	내 용
가맹사업법	제12조(불공정거래행위의 금지) 6. 제1호부터 제3호까지 및 제5호 외의 행위로서 부당하게 경쟁가맹본부의 가맹점사업자를 자기와 거래하도록 유인하는 행위 등 가맹사업의 공정한 거래를 저해할 우려가 있는 행위

공정경쟁규약

사업자 또는 사업자단체는 부당한 고객유인을 방지하기 위하여 자율적으로 규
약을 정할 수 있는데 이를 공정경쟁규약이라 한다(법 제45조). 사업자 또는 사업자단
체는 공정위에 공정경쟁규약이 "부당하게 경쟁자의 고객을 자기와 거래하도록 유인
하거나 강제하는 행위"에 해당하는지 여부에 대한 심사를 요청할 수 있다. 공정위는
60일 이내 심사결과를 신청인에게 통보한다.

〈〈배제행위〉〉

7) 경쟁사업자 배제

사업자가 상품 또는 용역을 현저히 낮은 가격으로 공급함으로써 경쟁사업자를
시장에서 배제시킨 후 독점적 지위를 구축하여 독점가격 책정이 가능해질 경우, 이
는 경쟁을 저해하고 궁극적으로 소비자후생 수준의 저하로 귀결될 수 있으므로 금
지된다. 또한, 사업자가 경쟁사업자를 당해 시장에서 배제할 목적으로 경쟁사업자가
필요로 하는 상품·원재료의 상당량을 고가로 매입할 경우 이는 시장에서의 정상적
인 경쟁을 저해하게 되므로 금지된다. 행위 사업자들의 시장점유율 합계가 10% 미
만인 경우(단 관련매출액 산정이 사실상 불가능하거나 현저히 곤란한 경우에는 당해 사업자

들의 연간매출액 합계액이 50억 원 미만인 경우)를 안전지대(Safety Zone)로 두고 있다
(『불공정거래 심사지침』 V. 3).

독일 「경쟁제한방지법(GWB)」 제20조(상대적 또는 우월적 시장력을 가진 사업자의
금지행위) 제3항 및 제4항은 우리나라 공정거래법상의 경쟁사업자 배제행위와 유사
하다. 즉, 중소사업자에 대해 우월한 시장력을 가진 사업자는 경쟁자를 직접 또는
간접적으로 부당하게 방해함으로써 그의 시장력을 남용하여서는 아니된다. 제1문의
의미에서 부당한 방해는 특히, 사업자가 ① 생필품 및 사료법 제2조 제2항의 의미
에서의 생필품을 원가이하로, ② 다른 상품이나 용역을 계속적으로 원가이하로 또
는 ③ 각각 객관적으로 정당한 사유가 있는 경우를 제외하고 후방시장에서의 상품
과 용역의 판매에서 경쟁관계에 있는 중소사업자로부터, 공급에 대하여 스스로 당
해 시장에서 공급하는 것보다 높은가격을 요구하는 경우 존재한다. 다만 생필품을
원가이하로 공급하는 것은 상품의 부패 또는 소매상에서의 비유통성의 우려를 적시
판매를 통하여 방지하는데 적합하거나 유사한 중요한 경우 객관적으로 정당화된다
(제3항). 즉, 제1호와 제2호에서 우월적 지위에 있는 사업자의 부당염매, 즉 원가
(Einstandspreis)이하로 판매하는 것을 금지한다. 한편 제3호에서는 이윤압착행위
(Kosten-Preis-Schere)를 금지하고 있다. 이윤압착행위가 발생할 수 있는 시장구조
는 우선 수직적으로 통합된 사업자가 상품(또는 용역) 시장에 원재료를 공급하면
서, 동시에 자신의 자회사 내지 사업부서, 계약회사 등을 통하여 하부 시장에서도
경쟁하는 시장구조여야 하며, 하부 시장에서 독립된 경쟁사업자가 상품 등을 제공
함에 있어서는 지배력을 갖고 있는 상부시장의 상품 등이 필수요소에 준하는 중요
요소여야 한다.[188] 제4항에서는 정당성에 대한 입증책임을 사업자에게 전환하고
있다.

① 부당염매

자기의 상품 또는 용역을 공급함에 있어 (정당한 이유없이) 그 공급에 소요되는
비용보다 현저히 낮은 대가로 계속하여 공급하거나(계속적 염매) 기타 (부당하게) 상
품 또는 용역을 낮은 대가로 공급함으로써(일시적 염매) 자기 또는 계열회사의 경쟁
사업자를 배제시킬 우려가 있는 행위를 말한다(영 [별표2]. 3).

부당염매에는 계속적 염매와 일시적 염매가 있다. 계속적 염매란 상당기간에

---

188) 황태희, 독일의 거래상지위남용 법제 및 규제현황, 한국법제연구원(2017), 16면.

걸쳐 반복해서 공급비용보다 현저히 낮은 수준으로 상품 또는 용역의 공급이 이루어짐을 말한다. 공급비용보다 현저히 낮은 수준인지 여부는 제조원가나 매입원가를 기준으로 한다. 제조원가는 재료비, 인건비, 기타 제조경비, 일반관리비를 포함하여 산정한다. 매입원가는 실제 구입가격을 기준으로 하되, 계열회사관계나 제휴관계와 같은 특수한 사정이 존재하는 경우에는 일반사업자 간 거래가격을 고려하여 수정된 가격을 기준으로 할 수 있다. 일시적 염매란 일회 또는 단기간(1주일 이내)에 걸쳐 현저히 낮은 대가로 상품 또는 용역의 공급이 이루어짐을 의미한다. 현저히 낮은 대가에 해당되는지 여부는 계속적 염매의 경우와 마찬가지로 제조원가나 매입원가를 기준으로 한다. 염매의 상대방에는 사업자뿐만 아니라 소비자도 포함된다(『불공정거래 심사지침』 V. 3). 계속적 염매를 법원은 다량의 제품을 수회에 걸쳐 나누어 이행한 경우나 장차 거래가 계속될 것으로 예상되는 경우로 보았다 (서울고법, 1997)

부당염매는 유인염매 또는 할인특매와는 구별된다. 유인염매란 사업자가 자신이 취급하는 상품 또는 용역중 소비자에게 잘 알려진 일부 품목에 대해서만 덤핑판매를 하고 나머지 품목에 대해서는 마진율을 종전과 같이 하거나 상향조정하여 판매하는 것을 말한다. 이는 판촉전략의 하나로 경쟁사업자 배제행위와는 구별된다. 한편, 할인특매는 다음과 같은 점에서 부당염매와 구별된다. 첫째, 할인특매는 공시의 방법으로 실시기간이 확정되는 등 기간이 확정적인 점 둘째, 할인특매는 경쟁사업자 배제의도보다는 계절상품의 처리, 불경기 등 시장상황 변화에 대응하기 위한 경우가 많은 점 등이다(『불공정거래 심사지침』 V. 3). 배제시킬 우려는 추상적 우려로 족하다(대법원, 2001).

시장지배적지위 남용행위 중 경쟁사업자 배제행위의 하나로 규정된 약탈가격과 불공정거래행위 부당염매와의 차이는 전자의 경우 기준이 '통상거래가격', 후자는 공급에 소요되는 비용, 즉 '공급비용' 내지 원가인 점에 있다.

<(주)캐드랜드 경쟁사업자 배제행위 건>(서울고법, 1997)에서는 1원 입찰행위가 문제되었는데, 거의 대등한 시장점유율을 가진 사업자로서 장기간의 거래를 예정하고 있는 입찰에 부당하게 낮은 가격으로 응찰한 이상, 그로써 경쟁사업자를 배제할 우려가 있음을 배제할 수 없다고 보았다. 그러나 <현대정보기술(주) 부당염매행위 건>(대법원, 2001), <삼성항공(주) 부당염매행위 건>(공정위, 1996)에서는 1

회성 입찰에 대하여 위법성을 부정하였다.

〈(주)캐드랜드 경쟁사업자 배제행위 건, 서울고법 1997. 7. 31. 선고 96구21388 판결〉

원고 자신이 소외 공사에 제시하였던 가격이나 그 국내시중판매가와 비교하면 원고의 위 응찰가격은 위 고시 제3조 제2호 소정의 낮은 대가임이 명백하고, 위 에스리사의 원고에 대한 공급가격은 이를 정상적인 거래가격으로 볼 수 없어 원고의 위 응찰가격이 위 에스리사로부터의 공급가격과 동일하다 하더라도 이와 달리 볼 수 없으며, 또한 소외 공사의 위 입찰이 단순히 소프트웨어의 구매를 위한 것인 이상, 원고가 위 응찰에 있어 그 주장과 같은 목적을 가졌다고 하더라도 그 역시 위와 달리 볼 근거가 되지 아니한다.

〈현대정보기술(주) 부당염매행위 건, 대법원 2001. 6. 12. 선고 99두4686 판결〉

경쟁사업자에 향후 시장진입이 예상되는 사업자를 포함시킨다고 하더라도, 경쟁사업자를 배제시킬 우려는 당해 염매행위의 의도, 목적, 염가의 정도, 행위자의 사업규모 및 시장에서의 지위, 염매의 영향을 받는 사업자의 상황 등을 종합적으로 살펴 개별적으로 판단하여야 할 것인 바, 향후 이 사건 신규시장에서 다시 최저가로 입찰에 참가할 것으로 내다볼 만한 자료가 없고, 1회성에 그치는 입찰행위를 가리켜 이를 경쟁사업자를 배제시킬 위험성 있는 행위라고 단정하기는 어렵다.

〈삼성항공(주) 부당염매행위 건, 공정위 9603유거0241〉

① 현재 국내에서는 위성용 카메라 시장이 형성되지 않은 점, ② 발주자인 항공우주연구소에서도 동 카메라의 향후 구매계획이 없으며 만약 구매가 발생한다 하더라도 본 건으로 인하여 삼성항공측에 연고권이나 유리한 위치를 부여할 이유가 없다고 밝히고 있는 점, ③ 부당염매의 요건의 하나인 '경쟁사업자의 우려'의 판단에 있어서 다음 단계의 거래에 유리한 위치의 확보, 기존시장에서의 독점적 지위의 유지 등을 그 요건으로 하고 있는 점, ④ 본건입찰이 국내업체에게 기술습득 기회를 부여하기 위한 데 목적이 있는 점을 고려할 때 경쟁사업자를 배제시킬 우려가 없다.

위법성 판단은 염매행위가 당해 상품 또는 용역이 거래되는 시장에서 자기 또는 계열회사의 경쟁사업자를 배제시킬 우려가 있는지 여부를 기준으로 판단하며, 계속적 염매의 경우 원칙적으로 배제의 우려가 있는 것으로 본다. 일시적 염매의 경우, 당해 상품 또는 용역이 거래되는 시장에서 경쟁사업자를 배제시킬 우려가 있는지 여부를 위주로 판단한다(『불공정거래 심사지침』 V. 3). 독과점적 지위 구축, 사업활동의 현저한 어려움, 경쟁구조, 진입장벽 유무 등을 종합하여 판단한다. 다만 진입

장벽이 없는 경우, 하자있는 상품이나 유통기한 임박제품, 홍보목적의 한정기간, 파산이나 지급불능상태 방지, 효율성 증대효과나 소비자후생 증대효과가 경쟁제한효과 상회 등의 경우 법위반으로 보지 않을 수 있다.

② **부당고가매입**

(부당하게) 상품 또는 용역을 통상거래가격에 비하여 높은 대가로 구입하여 자기 또는 계열회사의 경쟁사업자를 배제시킬 우려가 있는 행위를 말한다(영 [별표2]. 3).

통상 거래가격에 비하여 높은 가격으로 상품 또는 용역을 구입하는 행위가 대상이 된다. 통상 거래가격이라 함은 당시의 시장에서 사업자간에 정상적으로 이루어지는 거래에서 적용되는 가격수준을 말한다. 인위적으로 제품이나 원재료의 품귀를 발생시켜 경쟁사업자를 배제할 수 있기 위해서는 매점되는 상품 또는 용역의 물량이 전체 공급량에서 차지하는 비중이 중요하므로, 고가매입이 계속해서 이루어질 필요는 없다. 고가매입의 상대방은 사업자에 한하며 소비자는 포함되지 않는다(『불공정거래 심사지침』 V. 3).

위법성은 고가매입이 당해 상품 또는 용역의 품귀를 가져옴으로써 자기 또는 계열회사의 경쟁사업자를 배제시킬 우려(경쟁제한성)가 있는지 여부를 위주로 판단한다. 고가매입이 당해 상품 또는 용역의 품귀를 가져옴으로써 자기 또는 계열회사의 경쟁사업자를 배제시킬 우려가 있는 경우 위법성이 인정될 수 있다. 사업에 필수적인지, 대체제의 조달가능성, 경쟁사업자의 사업활동 곤란 등이 그 기준이 된다(『불공정거래 심사지침』 V. 3).

8) 구속조건부거래

사업자가 거래상대방에 대해 자기 또는 계열회사의 경쟁사업자와 거래하지 못하도록 함으로써 거래처선택의 자유를 제한함과 동시에 구매·유통경로의 독점을 통해 경쟁사업자의 시장진입을 곤란하게 한다면 시장에서의 경쟁을 저해하고 궁극적으로 소비자후생의 저하를 초래하게 되므로 금지된다. 또한, 거래상대방에게 거래지역이나 거래처를 제한함으로써 당해 지역 또는 거래처에 대한 독점력을 부여하여 경쟁을 저해하게 된다면 소비자후생의 저하를 초래할 수 있게 되므로 금지된다(『불공정거래 심사지침』 V. 7). 수직적 비가격제한으로써 브랜드 내 경쟁제한적 효과와 브랜드간 경쟁촉진적 효과가 공존하는 특징이 있다.

행위를 한 사업자들의 시장점유율 합계가 10% 미만인 경우(단 관련매출액 산정이 사실상 불가능하거나 현저히 곤란한 경우에는 당해 사업자들의 연간매출액 합계액이 50억 원 미만인 경우)를 안전지대(Safety Zone)로 두고 있다. 여기서의 시장점유율의 의미에 대하여 전체 매출액이 차지하는 비율을 말하는 것이 아니라 경쟁관계가 성립할 수 있는 일정한 거래분야에서의 시장점유율을 의미하는 것으로 보아야 하고, 안전지대에 해당되는 사업자의 행위라도 심사를 개시할 수 없는 것은 아니라고 판시하였다<한미약품(주) 부당고객유인행위 등 건>(대법원, 2010).

① **배타조건부거래**

(부당하게) 거래상대방이 자기 또는 계열회사의 경쟁사업자와 거래하지 않는 조건으로 그 거래상대방과 거래하는 행위이다(영 [별표2]. 7).

거래상대방이 자기 또는 계열회사의 경쟁사업자와 거래하지 않는 조건으로 그 거래상대방과 거래하는 행위가 대상이 된다. '자기 또는 계열회사의 경쟁사업자'라 함은 현재 경쟁관계에 있는 사업자뿐만 아니라 잠재적 경쟁사업자를 포함한다. 배타조건의 내용에는 거래상대방에 대해 직접적으로 경쟁사업자와의 거래를 금지하거나 제한하는 것뿐만 아니라 자신이 공급하는 품목에 대한 경쟁품목을 취급하는 것을 금지 또는 제한하는 것을 포함한다. 따라서 판매업자의 소요물량 전부를 자기로부터 구입하도록 하는 독점공급계약과 제조업자의 판매물량을 전부 자기에게만 판매하도록 하는 독점판매계약도 배타조건부거래의 내용에 포함된다. 또한 경쟁사업자와의 기존거래를 중단하는 경우뿐만 아니라 신규거래 개시를 하지 않을 것을 조건으로 하는 경우도 포함된다. 배타조건의 형식에는 경쟁사업자와 거래하지 않을 것이 계약서에 명시된 경우뿐만 아니라 계약서에 명시되지 않더라도 경쟁사업자와 거래시에는 불이익이 수반됨으로써 사실상 구속성이 인정되는 경우가 포함된다. 위반시 거래중단이나 공급량 감소, 채권회수, 판매장려금 지급중지 등 불이익이 가해지는 경우에는 당해 배타조건이 사실상 구속적이라고 인정될 수 있다. 거래상대방에는 소비자가 포함되지 않으며, 배타조건을 정하는 명칭여하를 불문한다(『불공정거래 심사지침』 V. 7).

배타조건부 거래행위의 위법성은 관련시장에서 경쟁을 제한하는지 여부로 판단하는데 당해 배타조건부 거래행위로 인하여 대체적 물품구입처 또는 유통경로가 차단되는 정도, 경쟁사업자가 경쟁할 수 있는 수단을 침해받는지 여부, 행위자의 시장점유율 및 업계 순위, 배타조건부 거래행위의 대상이 되는 상대방의 수와 시장점유율, 배타조건부 거래행위의 실시 기간 및 대상이 되는 상품 또는 용역의 특성, 배타조건부 거래행위의 의도 및 목적과 아울러 배타조건부 거래계약을 체결한 거래당사자의 지위, 계약내용, 계약체결 당시의 상황 등을 종합적으로 고려하여야 할 것이다(『불공정거래 심사지침』 V. 7).

법원은 경쟁제한성을 중심으로 그 유무를 평가하되, 거래상대방인 특정 사업자가 당해 배타조건부 거래행위로 인하여 거래처 선택의 자유 등이 제한됨으로써 자유로운 의사결정이 저해되었거나 저해될 우려가 있는지 여부 등도 아울러 고려할 수 있다고 본다(대법원, 2013).

<4개 정유사 등 구속조건부거래행위 건>(대법원, 2013)에서는 정유사가 자영주유소와 소요제품전량을 자신들로부터 공급받도록 하고, 동 의무 위반시 계약해지, 손해배상 등 제재를 할 수 있도록 규정한 계약서를 체결한 사안에 대하여, 법원은 경쟁제한성 평가는 국내 경질유 시장의 구조와 특징, 각 정유사들의 시장점유율·영업행태, 잠재적 경쟁사업자들의 유통 경로 확보가능성, 전량공급조건 거래의 의도·목적 등을 종합적으로 평가하여야 하며, 국내 경질유시장은 수년간 고착되어 잠재적 경쟁사업자가 시장에 진입하기가 거의 불가능한 특징이 있으므로, 비록 원고의 시장점유율이나 봉쇄비율은 다른 정유사에 비해 낮다고 하더라도 국내 경질유시장에 미치는 파급효과나 영향이 적다고 단정할 수 없다고 판시하였다.

〈4개 정유사 등 구속조건부거래행위 건, 대법원 2013. 4. 25. 선고 2010두25909 판결〉

원고의 전량공급조건 거래로 인하여 경질유제품 시장에서 경쟁사업자에 대한 봉쇄효과가 발생하는 점이 인정되므로 원고의 배타조건부 거래행위에는 경쟁제한성이 있고, 또한 국내 석유제품공급시장은 공급초과상태로서 주유소들은 정유사별 가격비교를 통해 보다 저렴한 상품을 구매할 수 있음에도 원고의 전량공급조건 거래에 동의한 것은 국내 모든 정유사가 그러한 거래를 하고 있기 때문에 주유소들로서는 그러한 거래방식을 수용할 수밖에 없었던 것으로 보이는 점, 2008. 9. 1.부터 주유소의 복수상표표시가 허용되었으므로 원고와 거래하는 자영주유소들은 독립된 사업자로서 거래처를 하나 또는 그 이상으로 자유롭게 선택하여 서로 다른 상표를 동시에 표시할 수 있는 길이 열렸는데도 이 사건 전량공급조건 계약에 의하여 복수상표의 제품을 취급하지 못하고 있는 점 등에 비추어 보면, 원고의 전량공급조건 거래가 거래상대방인 주유소의 의사에 반하지 않았다고 단정하기 어렵다.

한국도로공사가 고속도로 주유소에 대한 경영권을 임대하면서 자신과 사전에 석유공급계약을 체결한 특정한 회사로부터 유류를 공급하도록 한 행위에 대하여 법원은 구속조건부거래행위로 인정하지 않았다<한국도로공사 거래상지위 남용행위 건(민사소송)>(대법원, 2000).

> **<한국도로공사 거래상지위 남용행위 건(민사소송), 대법원 2000. 10. 6. 선고 99다 30817, 30824 판결>**
>
>   거래 상대방에 대한 소정의 경영간섭 행위와 구속조건부 거래행위는 그 규제의 목적과 당해 규정의 내용 등에 비추어 볼 때 문제된 행위의 의도와 목적, 효과와 영향 등 구체적 태양과 거래 상품의 특성, 유통 거래의 상황, 해당 사업자의 시장에서의 지위 등에 비추어 우월적 지위의 남용행위로 인정되거나 경쟁제한적 효과가 인정되는 것이라야 한다.
>
>   이러한 법리를 전제로 원심판결 이유를 기록에 비추어 살펴보면, 고속도로상의 주유소가 가지는 진출입 제한이라는 장소적 특성과 유류라는 거래 상품 및 그 관련시장의 상황과 특성, 고속도로상 주유소의 설치 및 관리주체인 피고가 각 개별 주유소에 관한 운영계약을 체결하게 된 경위 등을 고려할 때, 피고가 원고와 사이에 체결한 이 사건 주유소에 관한 운영계약에서 그 유류 공급 정유사를 피고가 지정하는 것이 우월적 지위의 남용행위로서의 경영간섭이나 경쟁제한적 효과를 수반하는 구속조건부 거래행위 등의 불공정거래행위에 해당한다고 할 수가 없다

<<구속행위>>

② 거래지역 또는 거래상대방의 제한

이는 상품 또는 용역을 거래함에 있어서 그 거래상대방의 거래지역 또는 거래상대방을 부당하게 구속하는 조건으로 거래하는 행위를 말한다(영 [별표2]. 7).

거래상대방의 판매지역을 구속하는 행위가 대상이 된다. 판매지역 구속에는 그 구속의 정도에 따라 거래상대방의 판매책임지역을 설정할 뿐 그 지역 외 판매를 허용하는 책임지역제(또는 판매거점제), 판매지역을 한정하지만 복수판매자를 허용하는 개방 지역제한제(open territory), 거래상대방의 판매지역을 할당하고 이를 어길 경우에 제재함으로써 이를 강제하는 엄격한 지역제한제(closed territory)로 구분할 수 있다. 거래상대방의 거래상대방을 제한하는 행위도 대상이 된다. 거래상대방의 영업대상 또는 거래처를 제한하는 행위이다. 예를 들면 제조업자나 수입업자가 대리점(또

는 판매업자)을 가정용 대리점과 업소용 대리점으로 구분하여 서로 상대의 영역을 넘지 못하도록 하거나 대리점이 거래할 도매업자 또는 소매업자를 지정하는 행위 등이 해당된다. 상기의 구속조건은 사업자가 거래상대방이나 거래지역을 일방적으로 강요할 것을 요하지 않으며, 거래상대방의 요구나 당사자의 자발적인 합의에 의한 것을 포함한다. 조건은 그 형태나 명칭을 묻지 않으며, 거래상대방이 사실상 구속을 받는 것으로 충분하다. 구속의 대상이 되는 거래상대방에는 소비자가 포함되지 아니한다. 거래지역 제한 또는 거래상대방 제한은 수직적 거래관계에 있는 거래상대방에게 가격 이외의 조건을 구속한다는 점에서 재판매가격유지행위와 구별된다. 사업자가 자신의 계산과 위험부담하에 위탁매매인에게 판매대상 등을 지정하는 상법상 위탁매매관계는 거래상대방의 판매지역 또는 거래상대방 제한에 해당되지 않는다(『불공정거래 심사지침』 V. 7).

위법성은 관련시장에서 경쟁을 제한하는지 여부로 판단한다. 거래지역 또는 거래상대방 제한의 정도(책임지역제 또는 개방지역제한제와 엄격하지 않은 지역제한제는 허용), 브랜드간 경쟁의 활성화 여부, 행위자의 시장점유율 및 경쟁사업자의 숫자와 시장점유율, 타 불공정행위와 병행 또는 재판매가격유지의 수단으로 사용 여부, 소비자의 선택권을 침해하거나 서비스질 제고 및 가격인하 유인이 축소되는지 여부 등을 종합적으로 판단한다. 효율성 증대효과나 소비자후생 증대효과가 경쟁제한효과를 현저히 상회하는 경우에는 법위반으로 보지 않을 수 있다(『불공정거래 심사지침』 V. 7).

지역제한은 제조업자의 시장지위에 더하여 유통업자도 독점적 지위를 갖게 만드는 상황, 즉 연속독점을 낳고 이에 따라 이중한계화 문제를 발생시키는데, 이를 보완하기 위하여 판매목표강제, 최고재판매가격유지, 그리고 계약위반 시 거래거절 등과 함께 사용하는 경우 경쟁을 더욱 촉진시킨다는 주장이 있다.[189]

판매지역제한이 실시되는 이유는 첫째, 담합가설이다. 즉, 제조업자들이 담합참가자의 이탈을 방지하기 위한 수단으로 활용하거나,[190] 유통업자들이 담합을 형성하고 이 담합을 안정적으로 유지시키기 위해 생산업자에게 판매지역제한을 실시하도록 요구한다. 둘째, 무임승차문제(free rider problem)를 방지하고 모든 유통업자로

---

189) 이승철, 공정거래경제학(1999), 316면.
190) 이승철, 공정거래경제학(1999), 303면.

406 경쟁정책과 공정거래법

하여금 적극적인 판촉활동을 펴도록 유도하기 위해 생산업자는 유통업자별로 판매지역을 할당한다고 보는 것이다.[191]

<에스케이텔레콤(주) 구속조건부거래행위 건>(대법원, 2017)에서 대법원은 삼성전자와의 단말기거래에서, 삼성전자가 대리점이나 양판점 등 유통채널에 직접 공급하는 단말기의 비율을 각 개별 모델별로 총 공급대수의 20% 이내로 제한하는 조건으로 거래하면서, 20%를 초과하는 경우 삼성전자가 판매한 유통모델의 ESN등록을 보류하는 방법으로 유통모델의 확대를 저지한 행위를 위법하다고 보았다. 또한 유통단계에 있는 사업자간 행위 또는 하방사업자의 상방사업자에 대한 행위라 하더라도 구속조건부 거래행위에 해당한다고 판시하였다. 거래상대방을 직접제한하지 않고 상대방의 거래상대방에 관한 거래비율을 제한하는 경우도 해당된다.

> **<에스케이텔레콤(주) 구속조건부거래행위 건, 서울고법 2014. 2. 6. 선고 2012누 23749 판결>**
>
> 반드시 제조업자 등 상방(상방)사업자가 판매업자 등 하방(하방)사업자의 행위를 제한하는 것에 국한되어 적용됨을 전제로 규정한 것으로 해석할 수는 없으므로, 이 사건 행위와 같이 거래관계에 있는 일방 사업자가 자기의 거래상대방의 사업활동을 부당하게 구속하여 그 거래상대방의 거래상대방을 제한하고, 이러한 행위로 인해 관련시장에서의 경쟁이 제한되거나 제한될 우려가 있다면 거래상대방을 제한하는 불공정거래행위로서 위법하다고 보아야 할 것이다.
>
> 유통모델의 공급을 제한하는 이 사건 행위는 원고가 자신의 거래상대방인 삼성전자의 사업활동을 부당하게 구속하여 삼성전자로 하여금 거래상대방인 원고의 대리점 등에 대한 단말기 공급을 제한하게 하는 불공정거래행위로서 삼성전자에 대한 거래상대방을 제한한 행위임이 명백하다.

<(주)필립스전자 재판매가격유지행위 및 구속조건부거래행위 건>(대법원, 2017)에서 대법원은 자기와 거래하는 대리점들에게 출고정지, 공급가격인상 등의 수단을 통해 5개 제품에 대한 인터넷 오픈마켓 판매를 금지한 행위에 대해 오픈마켓에서의 가격경쟁으로 인한 제품가격 하락을 방지하는 데 그 의도와 목적이 있다고 보아 위법성을 인정하였다.

---

191) 최정표, 산업조직경제학(2016), 295~297면.

〈(주)필립스전자 재판매가격유지행위 및 구속조건부거래행위 건, 대법원 2017. 6. 19. 선고 2013두17435 판결〉

원고는 이 사건 제2행위를 위와 같이 위법한 최저재판매가격유지행위인 이 사건 제1행위와 비슷한 시기에 함께 실행하였는데, 이를 고려할 때 이 사건 제2행위 역시 오픈마켓에서의 가격경쟁으로 인한 제품가격 하락을 방지하려는 데에 그 의도와 목적이 있다고 보이는 점 등을 앞서 본 법리에 비추어 살펴보면, 비록 원심의 이유 설시 중 일부 적절하지 않은 부분이 있으나, 원심이 이 사건 제2행위가 '공정한 거래를 저해할 우려가 있는 행위'에 해당한다고 판단한 것은 정당하다.

최근 〈Coty 사건〉(EU사법재판소, 2017)에서 브랜드이미지 유지를 위한 선택적 유통시스템에 대하여 적법성을 인정한 바 있다.

〈Judgment of the Court (Fourth Chamber) of 5 June 2014 (request for a preliminary ruling from the Bundesgerichtshof - Germany) - Coty Germany GmbH, formerly Coty Prestige Lancaster Group GmbH v First Note Perfumes NV Case C-360/12)〉

A selective distribution system designed, primarily, to preserve the luxury image of those goods is therefore compatible with Article 101(1) TFEU on condition that the criteria mentioned in paragraph 24 of the present judgment are met.

The internet sale of luxury goods via platforms which do not belong to the selective distribution system for those goods, in the context of which the supplier is unable to check the conditions in which those goods are sold, involves a risk of deterioration of the online presentation of those goods which is liable to harm their luxury image and thus their very character.

[구속조건부거래행위 관련 특별법상의 규정]

법 명	내 용
가맹사업법	제12조(불공정거래행위의 금지) 2. 가맹점사업자가 취급하는 상품 또는 용역의 가격, 거래상대방, 거래지역이나 가맹점사업자의 사업활동을 부당하게 구속하거나 제한하는 행위
대규모유통업법	제13조(배타적 거래 강요 금지) 대규모유통업자는 부당하게 납품업자등에게 배타적 거래를 하도록 하거나 납품업자등이 다른 사업자와 거래하는 것을 방해하는 행위를 하여서는 아니 된다.

마. 특수불공정거래행위

『병행수입고시』(1997.7.28)

독점수입권자 외의 제3자가 다른 유통경로를 통하여 진정상품을 수입함에 따라 일반적으로 경쟁을 촉진시키는 효과를 지니는 것이므로 이를 부당하게 저해하는 경우에는 법에 위반된다. 당해 상표가 외국에서 적법하게 부착되고, 국내외 상품권자가 동일인이거나 계열회사, 수입대리점 관계 등 동일인으로 볼 수 있는 경우, 전용사용권을 설정받은 경우에 적용된다(『지적재산권보호를 위한 수출입통관 사무처리규정』). 불공정거래행위 유형으로는 해외유통경로로부터 진정상품 구입방해, 판매업자에 대한 병행수입품의 취급제한, 병행수입품을 취급한 판매업자에 대한 차별적 취급, 제품 공급거절 및 중단, 병행수입품을 취급한 소매업자에 대한 독점수입품의 판매제한 등을 들 수 있다.

『신문고시』(1997 제정, 1999 폐지, 2001 제정)

광고수입의 증대와 직결되는 판매부수의 확대를 위해서는 무가지의 다량 공급, 경품의 남용 등 신문발행의 원가를 무시한 과도한 경쟁이 촉발된 바 있고, 결국은 다른 신문사 지국 사이의 살인사건까지 발생하는 등 큰 사회문제가 되기도 하였다(헌법재판소, 2007). 불공정거래행위의 유형으로는 무가지 경품류제공 제한(무가지와 경품류합이 유료신문대금의 20%초과), 부당한 고객유인금지(구독종료후 7일 이상 계속 투입), 거래상지위 남용행위, 거래강제행위, 배타조건부거래행위, 거래거절행위 등이 있다.

바. 보복조치의 금지

사업자는 불공정거래행위와 관련하여 분쟁조정신청, 신고나 공정거래위원회 조사협조행위를 한 사업자에게 그 행위를 한 것을 이유로 거래의 정지 또는 물량의 축소, 그 밖에 불이익을 주는 행위를 하거나 계열회사 또는 다른 사업자로 하여금 이를 행하도록 하여서는 아니된다(법 제48조).

사. 법위반에 대한 제재

1) 시정조치

불공정거래행위 중지 및 재발방지를 위한 조치, 해당 보복조치의 금지, 계약조항의 삭제, 시정명령을 받은 사실의 공표 기타 시정을 위한 필요한 조치를 명할 수 있다(법 제49조).

작위명령으로는 이용강제·거래개시·거래재개명령, 계약조항의 수정 또는 삭제명령, 분리판매명령, 정보공개명령, 절차이행명령 등이 있다(『시정조치 운영지침』Ⅳ). 분리판매명령 관련해서는 〈MS 시장지배적지위 남용행위 건〉(공정위, 2006)이 대표적이다. MS사가 공급하는 PC서버운영체제에 WMS를 결합하여 판매하는 행위를 금지하였으며, 윈도우 PC운영체제의 경우에도 WMP 및 윈도우 메신저를 결합하지 아니한 운영체제를 공급하도록 하였다(분리버전). 다만 WMP 및 윈도우 메신저의 경우 MS측이 현행대로 PC운영체제에 이들을 결합한 제품을 공급하려는 경우(탑재버전)에는 경쟁미디어 플레이어 및 메신저도 소비자들이 쉽게 다운로드 받아 사용할 수 있도록 PC 초기화면상에 '미디어 플레이어/메신저 센터'라는 메뉴 또는 아이콘이 나타나도록 하는 등 필요한 조치를 취하도록 하였다. 또한 MS사가 국내 PC제조업체, 소프트웨어 개발자, 콘텐츠 사업자 등에게 WMP와 윈도우 메신저가 윈도우 PC운영체제와 상호연결 및 작동을 위하여 사용하는 API(Application Programming Interface) 및 관련 문서를 공개하도록 하였다.

<에스케이텔레콤(주), 엘지전자(주), 엘지유플러스(주) 부당고객유인행위 건> (대법원, 2019). 등 건에서 대법원은 공정위의 공개 및 보고명령에 대하여 비례원칙 위반이라고 인정하였다.

〈에스케이텔레콤(주), 엘지전자(주), 엘지유플러스(주) 부당고객유인행위 건, 대법원 2019. 9. 26. 선고 2014두15047, 2014두15740, 2015두59 판결〉
이 사건 공개명령과 보고명령은 비례원칙을 위반하여 위법하다고 판단하였다.

---

2) 과징금

일정한 거래분야에서 판매한 관련 상품이나 용역의 매출액 또는 이에 준하는 금액(이하 "관련매출액")(다만, 위반행위가 상품이나 용역의 구매와 관련하여 이루어진 경우에는 관련 상품이나 용역의 매입액)의 100분의 4를 곱한 금액(매출액이 없는 경우 등에는 10억 원)을 초과하지 아니하는 범위 안에서 과징금을 부과할 수 있다(법 제50조).

공동의 거래거절, 계열회사를 위한 차별, 집단적 차별 등의 행위에 대하여는 원칙적으로 과징금을 부과한다. 그 외의 유형에 해당하는 불특정다수의 경쟁사업자, 거래상대방 또는 소비자에게 상당한 손해가 실제로 발생하였거나 발생할 우려가 현저한 경우, 부당이득을 얻은 경우, 위반행위가 악의적으로 행해진 경우에 원칙적으로 과징금을 부과한다(『과징금 부과고시』 III. 2) 과징금부과에 있어서 무한정의 재량이 공정위에 주어지는 것이 아니고 법의 제한 범위 내에서 위반행위를 한 사업자의 위반의 정도 기타 제반사정에 비추어 비례·형평의 원칙에 적합하게 부과하여야 하며, 과잉부과는 허용되지 않는다(서울고법, 1999). 그리고 부과 관청이 과징금을 부과하면서 추후에 부과금 산정 기준이 되는 새로운 자료가 나올 경우에는 과징금액이 변경 될 수도 있다고 유보한다든지, 실제로 추후에 새로운 자료가 나왔다고 하여 새로운 부과처분을 할 수는 없다(대법원, 1999).

3) 벌칙

법 제45조 제1항(불공정거래행위 금지) 제1항을 위반하여 불공정거래행위를 한 자는 2년 이하의 징역 또는 1억 5천만 원 이하의 벌금에 처한다(법 제125조 제4호). 그러나 2020. 12. 29. 법 전부개정 시 거래거절, 차별적 취급, 경쟁자 배제, 구속조건부 거래행위의 경우 형벌이 폐지되었다. 공정거래법의 비범죄화 차원에서 바람직한 방향이라고 생각된다.

시정조치 불이행에 대해서는 2년 이하의 징역 또는 1억 5천만 원 이하의 벌금에 처한다(법 제125조 제1호).

〈〈플랫폼에서의 불공정거래행위〉〉

제조업자가 온라인플랫폼에서의 행위를 제약하는 경우가 있다. 이러한 경우 불공정거래행위가 문제될 수 있다.

첫째, 제조업자가 소매자로 하여금 온라인 판매를 금지하거나, 제3자가 운영하는 온라인플랫폼에서의 판매를 금지하는 경우가 있다. 이는 공정거래법상 상품 또는 용역을 거래함에 있어서 거래상대방의 거래지역 또는 거래상대방을 부당하게 구속하는 행위에 해당할 수 있다. 이는 이른바 '배타적 유통모델(Exclusive distribution model)'과 '선별적 유통모델(Selective distribution model)'과 관련되는 것이다. '배타적 유통모델'은 공급자가 그의 상품을 하나의 유통업자와 특정 지역에서 판매하도록 수직적 계약을 체결하는 경우를 말하며, '선별적 유통모델'은 유통업자로 하여금 최소한의 기준을 충족하는 경우에 판매할 수 있도록 수직적 계약을 하는 경우를 말한다. 선별유통에 대해서는 일반적으로 합리성이 인정되고 있다.

＜Metro/SABA 사건＞에서 EU사법재판소(ECJ)는 유통업자의 전문성과 인적·물적 자원 등과 같은 객관적인 기준에 기반하여 유통업자를 선별하고, 그러한 기준이 모든 잠재적 유통업자에게 비차별적이고 공통적으로 적용되는 경우에는 유통업자의 질적 수준을 일정수준 이상으로 유지하기 위한 행위로 보아 「EU기능조약(TFEU)」 제101조에 위반되지 않는 것으로 인정하였다.

〈Judgment of the court (fourth chamber) of 22 october 1986. - metro sb-groβmärkte gmbh & co. Kg v commission of the european communities. - competition - selective distribution system. - case 75/84.〉

Consequently, the existence of a large number of selective distribution systems for a particular product does not in itself permit the conclusion that competition is restricted or distorted.

Some limitation of price competition must be regarded as inherent in any selective distribution system, because the prices applied by specialist dealers necessarily remain within a much narrower margin than would be expected if there were competition between specialist dealers and non-specialist dealers. That limitation is counterbalanced by competition as regards the quality of the services supplied to customers, which is not normally possible in the absence of an adequate profit margin covering the higher costs entailed by such services.

In the context of a selective distribution system, a manufacturer's refusal to approve distributors who satisfy the qualitative criteria of the system must be considered unlawful.

＜Pierre Fabre 사건＞에서 프랑스 경쟁당국이 Pierre Farbe사가 유통업자에게 오프라인 판매만 가능하며 약사자격을 보유한 직원이 상주할 것을 요구하는 행위를 위법으

로 보았는데, 파리항소법원이 예비적 판단을 의뢰하였고, EU사법재판소(ECJ)는 예비적 판단에서 「EU기능조약(TFEU)」 제101조에 위반으로 판단하였다. 그러나 <Coty 사건>에서 EU사법재판소(ECJ)는 명품이미지 구축 등을 이유로 온라인 판매를 금지하는 선별적 유통모델의 적법성을 인정하였다. 그리고 제3자 온라인 플랫폼 판매금지와 관련해서도 유통업자인 Akzente사의 자체 웹페이지를 통한 판매를 허용한 점, 전면적 금지가 아니라 소비자들이 유통업자가 누구인지를 명확하게 식별할 수 있는 조건하에서 제3자 온라인 플랫폼을 통한 판매를 허용한 점 등을 들어 EU기능조약(TFEU) 101조 위반이 아니라고 판단하였다. 이 사건은 독일의 1심법원이 제101조에 위반으로 판단하였는데, 이에 Coty사가 프랑크푸르트 고등법원에 항소하자 다시 EU사법재판소(ECJ)에 예비적 판단을 의뢰한 사건이었다.

〈JUDGMENT OF THE COURT (First Chamber) 6 December 2017 (*1)—Coty Germany GmbH v Parfümerie Akzente GmbH-Regulation (EU) No 330/2010 — Article 4(b) and (c) In Case C-230/16〉

Article 1(1)(e) of that regulation defines the 'selective distribution system' as being 'a distribution system where the supplier undertakes to distributors selected on the basis of specified criteria and where these distributors undertake not to sell such goods or services to unauthorised distributors within the territory reserved by the supplier to operate that system'.

However, the Court has ruled that the organisation of a selective distribution network is not prohibited by Article 101(1) TFEU, to the extent that resellers are chosen on the basis of objective criteria of a qualitative nature, laid down uniformly for all potential resellers and not applied in a discriminatory fashion, that the characteristics of the product in question necessitate such a network in order to preserve its quality and ensure its proper use and, finally, that the criteria laid down do not go beyond what is necessary (judgment of 13 October 2011, Pierre Fabre Dermo—Cosmétique, C-439/09, EU:C:2011:649, paragraph 41 and the case—law cited).

A selective distribution system designed, primarily, to preserve the luxury image of those goods is therefore compatible with Article 101(1) TFEU on condition that the criteria mentioned in paragraph 24 of the present judgment are met.

국내에서는 선별적 유통과 관련한 쟁점은 다루어지지 않았지만 <필립스전자 재판

매가격유지행위 및 구속조건부거래행위 건>(공정위, 2017.6.19)에서 공정위는 네 개의 가전제품에 대하여 인터넷 오픈마켓 판매금지정책을 수립하고 대리점에 대하여 판매금지정책 및 위반시 관련품목에 대해 출고정지 및 공급가격 인상 등 불이익이 부과 될 것을 공지하는 행위를 구속조건부거래행위로 판단하였다. 법원도 공정위의 판단을 인정하였다.

그러나 <CJ제일제당 구속조건부거래행위 등 건>(공정위, 2017)에서 공정위는 유통업자(식품대리점)가 오픈마켓을 통해 제품을 판매하는 것을 제한한 행위에 대해 오프라인 판매와 오픈마켓 판매의 거래상대방이 상이한 점, 오픈마켓 판매를 제한하는 대신 오프라인 판매시 발생하는 비용을 고려해 제조업자가 오픈마켓 유통업자에 비해 더 낮은 가격으로 오프라인 판매유통업자에게 제품을 공급하는 점을 고려하여 그러한 제한의 합리성을 인정한 바 있다.

둘째, 제조업자가 소매업자에게 상품을 공급하면서 재판매가격을 지정하는 경우가 있다. 이는 공정거래법 제46조의 재판매가격유지행위에 해당할 수 있다. 주로 최저재판매가격을 지정하는 경우에 문제된다. 예를 들어 전자상거래시장에서 최저재판매가격유지행위를 하는 것은 제조업자들이 판매업자들의 무임승차에 대응하기 위하여 또는 시장에서의 브랜드가치 저하를 방지하기 위하여 사용된다.[192] <필립스전자 재판매가격유지행위 및 구속조건부거래행위 건>(대법원, 2017)에서 대법원은 거래하는 대리점에게 출고정지, 공급가격 인상 등의 방법으로 인터넷 오픈마켓에서 거래되는 소형가전제품의 소비자가격이 권장소비자가격 대비 50%이상 할인판매 되지 못하도록 강제한 행위를 재판매가격유지행위로 판단하였다.

셋째, 제조업자들이 소매업자를 상대로 가격이나 거래조건을 차별하는 경우가 있다. 이는 부당하게 거래지역이나 거래상대방에 따라 현저하게 유리하거나 불리한 가격으로 거래하는 행위는 부당하게 특정사업자에게 수량·품질 등의 거래조건이나 거래내용에 관하여 현저하게 유리하거나 불리하게 취급하는 행위에 해당할 수 있다.

넷째, '가격비교서비스(price comparison tool)'을 금지하는 경우도 있다. 이는 공정거래법상 사업활동방해행위에 해당할 수 있다.

3. 재판매가격유지행위의 제한

가. 의의

사업자가 상품 또는 용역을 거래함에 있어 거래상대방인 사업자 또는 그 다음 거래단계별 사업자에 대하여 거래가격을 정하여 그 가격대로 판매 또는 제공할 것을 강

---

192) OECD, Implications of E-commerce for Competition Policy, DAF/COMP(2018).

제하거나, 이를 위하여 규약 기타 구속조건을 붙여 거래하는 행위를 말한다(법 제2조 제20호). 재판매가격유지행위를 하는 이유는 첫째, 담합가설이다. 즉 재판매가격유지 하에서는 소매점에서 최종소비자에게 판매되는 가격이 고정되기 때문에 생산업자들 사이에서 이루어지는 생산업자 담합이나 소매점 사이에서 이루어지는 소매점 담합[193] 이 더욱 안정화된다. 즉, 이를 허용하는 경우 가격경쟁 배제, 수평적 가격협정으로 발 전할 가능성이 있다. 둘째, 판매촉진 가설이다. Lester Telser는 판매전 특별서비스를 증대시키도록 하는 과정에서 무임승차문제(free rider problem)가 발생하기 때문에 이를 방지하기 위해서 재판매가격유지를 한다고 한다.[194] 판매전 서비스가 필요하지 않은 상품의 경우 Marvel McCafferty는 유통업자에 의한 품질보증이 이유라고 한다.[195] 셋 째. 유인염매(loss leaders) 방지를 통한 제품 이미지 훼손 방지를 위한 것이다.

재판매가격유지행위는 대표적인 수직적 가격제한행위이다. 상표내 경쟁(intra brand competition)을 제한하는 효과와 상표간 경쟁(inter brand competiton)을 촉진하 는 효과가 공존하고 있다. 수직적인 비가격제한은 지역제한, 판매목표강제, 연계판 매, 배타적 거래 등이 있다.[196] 우리나라에서 재판매가격유지행위는 위에서 말한 다 양한 경제학적 설명 보다는 강제, 구속을 그 핵심적 징표로 하므로 사실상 불공정거 래행위의 일종으로 보는 것이 보는 것이 타당하다.

나. 성립요건

행위의 주체는 사업자이다. 거래상대방인 상대방은 사업자로부터 상품 또는 용 역을 직접 구입하는 다른 사업자 또는 그 다음 거래상대방인 사업자를 말한다. '거 래상대방인 사업자'라 함은 사업자로부터 상품 또는 용역을 직접 구입하는 다른 사 업자를 말한다. '그 다음 거래단계별 사업자'라 함은 일련의 거래과정에서 사업자로 부터 상품 또는 용역을 구입한 '거래상대방인 사업자'로부터 해당 상품 또는 용역을 구입하는 다른 사업자를 말한다(『재판매가격유지행위 심사지침』 2).

---

193) 유통업자가 경쟁 유통업자의 가격할인을 억제하기 위해 제조업자에게 유통가격을 지정하도록 요청하여 최저재판매가격유지행위가 실시된 경우(『재판매가격유지행위 심사지침』 3).

194) 시장에서 유력한 지위를 가진 제조업체가 유통업체의 이윤을 보장하기 위해 최고가격을 설정 하였고 그 결과 유통업체들이 동조적으로 가격을 인상하여 설정된 최고가격 수준으로 수렴한 경우(『재판매가격유지행위 심사지침』 3).

195) 최정표, 산업조직경제학(2016), 286~290면.

196) 이승철, 공정거래경제학(1999), 295면.

그러나 위탁판매인은 재판매가격유지행위의 상대방이 될 수 없다. '위탁판매'라 함은 "수탁자가 위탁자의 계산으로 자기 명의로써 상품 또는 용역을 판매하고 그 법적 효과는 위탁자에게 귀속"하는 법률행위를 의미한다. 위탁자는 위탁판매시 자기 소유의 상품 또는 용역의 거래가격을 수탁자에게 당연히 지정할 수 있다는 점에서 수탁자에게 판매가격을 지정하더라도 재판매가격유지행위에 해당되지 아니한다. 위탁판매 해당 여부 판단기준은 ① 수탁자는 자신의 명의로 판매할 것, ② 판매로 인한 손익은 상품·용역 소유자인 위탁자에게 귀속될 것, ③ 상품을 판매하는 자는 수수료만 수령하는 등 주선행위를 업으로 하는 자일 것 등을 들 수 있다. 위탁판매 해당 여부는 당해 상품 또는 용역의 '실질적인 소유권의 귀속주체'와 당해 상품 또는 용역의 판매·취급에 따르는 '실질적인 위험의 부담주체'가 위탁자인지 또는 수탁자인지 여부에 따라 결정된다(『재판매가격유지행위 심사지침』 2).

'거래가격'이라 함은 사업자가 지정하는 재판매(공급)가격뿐만 아니라 최고가격, 최저가격, 기준가격을 포함한다. 또한 사업자가 재판매(공급)가격의 범위를 지정하면서 거래상대방인 사업자 또는 그 다음 거래단계별 사업자에게 그 범위 내에서 구체적인 판매가격을 지정할 수 있게 하는 경우도 포함한다(『재판매가격유지행위 심사지침』 2).

사업자가 거래상대방인 사업자 또는 그 다음 거래단계별 사업자에 대하여 거래가격을 지정하였다는 사실과 이를 준수하도록 강제하는 행위가 있어야 한다. 강제성 유무는 거래상대방인 사업자 또는 그 다음 거래단계별 사업자의 자유로운 의사에 반하여 지정된 거래가격을 준수하도록 하고 그 위반에 대해 거래상대방인 사업자 또는 그 다음 거래단계별 사업자에게 불이익을 주었는지 여부를 기준으로 판단한다. 직접적인 강제행위가 없더라도 재판매가격 유지를 위해 ① 희망가격을 준수하도록 하고 위반시 계약 해지조항을 규정한 경우, ② 제시된 가격을 준수하지 않을 경우 제재조치를 취할 수 있는 조항을 규정한 경우 강제성이 있는 것으로 본다. 제품 등에 표시된 권장소비자가격이 거래상대방인 사업자 또는 그 다음 거래단계별 사업자에게 단순 참고사항에 불과하여 강제성이 없을 경우에는 재판매가격유지행위에 해당되지 않는다. 그러나 권장소비자가격을 준수하지 아니함을 이유로 불이익 등 제재조치를 취하거나 권장소비자가격을 준수하도록 하는 규약이나 의무가 부과된 경우에는 재판매가격유지행위에 해당된다(『재판매가격유지행위 심사지침』 2). 단지 참고가격 내지 희망가격으로 제시되어 있는 것에 그치는 정도인 경우에는 위법하다고 할 수 없고, 재판매업자로 하여금 지시·통제에 따르도록 하는 것에 대하여 현실로 그 실효성을 확보할 수 있는 수단이 부수되어 있는 경우에만 위법하다(대법원, 2001).

다. 위법성 판단

사업자는 재판매가격유지행위를 하여서는 아니 된다. 다만, ① 효율성 증대로 인한 소비자후생 증대효과가 경쟁제한으로 인한 폐해보다 큰 경우 등 재판매가격유지행위에 정당한 이유가 있는 경우 ②「저작권법」제2조제1호에 따른 저작물 중 관계 중앙행정기관의 장과의 협의를 거쳐 공정거래위원회가 고시하는 출판된 저작물(전자출판물을 포함)인 경우에는 예외이다(법 제46조). 종래에는 "사업자는 재판매가격유지행위를 하여서는 아니된다. 다만, 상품이나 용역을 일정한 가격으로 거래하지 못하도록 하는 최고가격유지행위로서 정당한 이유가 있는 경우에는 그러하지 아니하다"고 규정하였으나 2020. 12. 29. 법 전부개정에서는 최저가격유지행위나 최고가격유지행위 구분 없이 '효율성 증대로 인한 소비자후생 증대효과가 경쟁제한으로 인한 폐해보다 큰 경우 등 재판매가격유지행위에 정당한 이유가 있는 경우'에는 예외를 인정한 것이다. 위법성 판단에 있어서 최저가격유지행위는 사업자가 설정된 최저가격을 유지하기 위하여 강제력을 사용하거나 규약 및 계약 등의 구속조건을 붙이는 행위가 있는지 여부가 기준이 된다.

정당한 이유가 있는지 여부를 판단할 때는 관련시장에서 브랜드 간 경쟁이 활성화되어 있는지 여부, 그 행위로 인하여 유통업자들의 서비스 경쟁이 촉진되는지 여부, 소비자의 상품 선택이 다양화되는지 여부, 신규 사업자로 하여금 유통망을 원활히 확보함으로써 관련 상품시장에 쉽게 진입할 수 있도록 하는지 여부 등을 종합적으로 고려한다. 정당한 이유가 있는지 여부에 대한 입증책임은 원칙적으로 사업자에게 있다(『재판매가격유지행위 심사지침』 3).[197]

정당한 이유가 있다고 예시하는 경우는 다음과 같다(『재판매가격유지행위 심사지침』 3).

---

197) 재판매가격유지행위를 불공정거래행위의 하나로 이해하는 한, 정당한 이유 또한 공정한 거래 잘서 관점에서 파악하는 것이 타당하다는 지적이 있다. 재판매가격유지행위가 성립하면 그에 내재된 강제성으로 별도로 경쟁제한성 등 다른 요건을 따질 필요없이 바로 위법하게 된다고 한다. 이봉의, 공정거래법(2022), 1101~1102면.

> - 제조업자가 유통업자와 전속적 판매계약을 체결하면서 유통업자가 지나치게 높은 이윤을 추구하는 행위를 방지하기 위하여 가격을 일정한 수준 이상으로 올리지 못하도록 하는 경우
> - 제조업자가 자사상품을 판매하는 유통업체가 소수이고 유통업체간 담합 등을 통해 가격인상 가능성이 높아 경쟁사에 비해 자사상품의 경쟁력이 저하될 것을 우려하여 일정한 범위 내에서 최고가격을 설정하는 경우

종래 법원은 '정당한 이유없는'과 같은 내용이 없이 최저가격유지행위를 금지하는 규정에 대한 위헌법률제청 신청사건에서 기각 결정(서울고법, 2010)을 하였던 바, 평등원칙, 과잉금지원칙에 위반하지 않는다고 판시하였다. 즉, 강제성에 대한 가치판단에 있어 절대적 금지나 미국식 당연위법으로 해석할 수 없고, 최저가격유지행위가 금지된다고 하여 당해 사업자의 영업에 막대한 지장을 초래하거나 영업의 자유를 상실하였다고 볼 수 없고, 그로 인하여 당해 사업자가 받는 불이익은 상대적으로 크지 않다고 보았다.

과거 당연위법으로 판단하였으나, 최근 판례는 원칙적으로 위법하지만, 최저가격유지행위가 시장의 구체적인 상황에 따라 브랜드 간 경쟁을 촉진하여 결과적으로 소비자 후생을 증대하는 등 정당한 이유가 있는 경우에는 예외적으로 위법하지 않는 것으로 판단해 왔다. 즉, <한미약품(주) 부당고객유인 등 건>(대법원, 2010)에서 대법원은 최저재판매가격유지행위가 당해 상표내의 경쟁을 제한하는 것으로 보이는 경우라 할지라도, 시장의 구체적 상황에 따라 그 행위가 관련 상품시장에서의 상표간 경쟁을 촉진하여 결과적으로 소비자후생을 증대하는 등 정당한 이유가 있는 경우에는 이를 예외적으로 허용할 필요가 있다고 보았다. 최고가격유지행위는 예를 들어 대리점 등 유통업체들로 하여금 당해 상품 또는 용역을 판매(공급)할 때 지정된 가격수준을 초과하지 아니하도록 강제하거나 규약 또는 구속조건을 붙이는 행위인데, 정당한 이유가 있는 경우에는 허용된다.

> **〈한미약품(주) 부당고객유인 등 건, 대법원 2010. 11. 25. 선고 2009두9543 판결〉**
> 공정거래법의 입법 목적과 재판매가격유지행위를 금지하는 취지에 비추어 볼 때, 최저재판매가격유지행위가 당해 상표 내의 경쟁을 제한하는 것으로 보이는 경우라 할지라도, 시장의 구체적 상황에 따라 그 행위가 관련 상품시장에서의 상표 간 경쟁을 촉진하여 결과적으로 소비자후생을 증대하는 등 정당한 이유가 있는 경우에는 이를 예외적

으로 허용하여야 할 필요가 있다. 그리고 그와 같은 정당한 이유가 있는지 여부는 관련 시장에서 상표 간 경쟁이 활성화되어 있는지 여부, 그 행위로 인하여 유통업자들의 소비자에 대한 가격 이외의 서비스 경쟁이 촉진되는지 여부, 소비자의 상품 선택이 다양화되는지 여부, 신규사업자로 하여금 유통망을 원활히 확보함으로써 관련 상품시장에 쉽게 진입할 수 있도록 하는지 여부 등을 종합적으로 고려하여야 할 것이며, 이에 관한 증명책임은 관련 규정의 취지상 사업자에게 있다고 보아야 한다.

이러한 판례를 고려하여 2020. 12. 29. 법 전부개정에서 재판매가격유지행위가 예외적으로 허용되는 경우를 확대하였는데, '효율성 증대로 인한 소비자후생 증대효과가 경쟁제한으로 인한 폐해보다 큰 경우 등 재판매가격유지행위에 정당한 이유가 있는 경우'를 예외로 규정하였다. 또한 「저작권법」 제2조 제1호에 따른 저작물 중 관계 중앙행정기관의 장과의 협의를 거쳐 공정거래위원회가 고시하는 출판된 저작물(전자출판물을 포함한다)인 경우'도 예외가 인정된다.

먼저 저작물은 『재판매가격유지가 허용되는 저작물의 범위』 고시에서 규정하고 있다. 출판문화산업진흥법에는 도서정가제를 규정하고 있다. 다만 15% 이내의 가격할인과 경제적 이익(간접할인) 제공을 자유롭게 조합해 판매하되 가격할인은 10% 이내로 제한하고 있다.

라. 법위반에 대한 제재

1) 시정조치
공정위는 당해 행위의 중지, 시정명령을 받은 사실의 공표 기타 시정에 필요한 조치를 명할 수 있다(법 제49조). 작위명령으로 계약조항의 수정 또는 삭제명령, 절차이행명령 등을 들 수 있다.

2) 과징금
재판매가격유지행위를 한 사업자에 대하여 관련매출액에 100분의 4를 곱한 금액(단, 매출액이 없는 경우 등에는 10억 원)을 초과하지 아니하는 범위안에서 과징금을 부과할 수 있다(법 제50조).

3) 벌칙
2020. 12. 29. 법 전부개정 시 재판매가격유지행위에 대한 형벌규정의 삭제하

였다. 시정조치 불이행에 대해서는 2년 이하의 징역 또는 1억 5천만 원 이하의 벌금
에 처한다(법 제125조 제1호)

제 3 장

시장구조에 대한 규제

제3장

시장구조에 대한 규제

Ⅰ. 경쟁제한적 시장행동을 유발하는 시장구조에 대한 경쟁정책적 대응

1. 독과점적 시장구조의 개선

가. 시장구조의 개선

공정위는 독과점적 시장구조가 장기간 유지되고 있는 상품이나 용역의 공급 또는 수요시장에 대하여 경쟁을 촉진하기 위한 시책을 수립·시행하여야 한다(법 제3조 제1항). 공정거래법이 시행되고 상당한 기간이 경과하였음에도 불구하고 독과점적 시장구조가 개선되지 않자 1996. 12. 30. 제5차 법개정을 통하여 이 규정을 신설하였다. 이는 공정위로 하여금 법위반에 대한 제재 외에 사전적으로 독점적인 시장구조를 개선할 수 있는 권한과 의무를 부여한 것이다. 이는 경쟁정책 차원에서 보면 국가의 인위적인 경쟁제한 행위에 대한 대응으로 볼 수 있다.

공정위는 우리나라 경제 각 분야의 시장구조를 조사·분석하여 발표하고 있는데, 통계청 '경제총조사'를 기초자료로 각 산업, 품목별 시장구조를 조사·분석하며, 시장집중도 분석 지표로 CR(concentration ratio)k 및 HHI(Hirschman–Herfindahl index) 지수를 사용하고 있다. CRk는 상위대기업군이 시장에서 차지하는 비율을 의미하며, HHI지수는 시장점유율을 제곱하여 합산한 개념으로 기업의 수가 적을수록 H가 커지고 독점적 시장이 된다.

한편 1999년에서 2017년까지의 우리나라 시장 및 산업집중도 분석결과 집중도가 낮아진 것으로 나타났다.

[시장집중도(품목)]

연도	CR3		고집중 품목비중		
	단순평균	가중평균	CR1≥50%	CR3≥75%	합계
1999	75.3	68.0	44.0	13.8	57.8
2017	66.9	62.6	32.0	13.3	45.3

출처: 공정위 통계연보(2021)

[산업집중도]

연도	CR3		고집중 품목비중		
	단순평균	가중평균	CR1≥50%	CR3≥75%	합계
1999	49.0	56.7	15.9	6.9	22.8
2017	41.8	50.6	0	0	0

출처: 공정위 통계연보(2021)

공정위는 1997년에서 1999년에 걸쳐 독과점 시장구조가 장기 고착화된 20여 개 품목에 대하여 독과점 요인이 되는 제도와 관행을 개선하는 시책을 추진하였고, 2001년부터 2005년까지는 산업별 시장구조개선 시책(CMP: Clean Market Project)을 추진하였다. 그리고 2008년부터는 경쟁 및 시장원리가 제대로 작동하지 않은 개별 독과점 산업을 심층적으로 분석하고 이에 대한 대책을 마련하기 위한 시장분석 (market study)을 지속적으로 실시하고 있다. 구체적으로는 2008년 항공운송, 인터넷포털, 2009년 손해보험, 영화, 석유, 제약, 가스, 2010년 주류, 2011년 화장품, 2012년 온라인교육, 디지털음원, 유료방송, 2013년 광고, 보험, 2014년 자동차대여업, 산업용가스, 2015년 수산화알미늄, 학생교복, 2016년 집단에너지, 맥주, 예선, 철도(비운송), 2017년 이동통신, 영화, 2018년 항공여객운송, 공동주택관리, 보증, 2019년

방송매체산업, 농산물유통, 지급결제서비스, 2020년 직업교육산업, 수산물유통, 아스콘 등 시장분석을 실시하였다. 2009년부터는 진입규제개선 작업도 지속적으로 실시해 오고 있다.

공정위는 필요한 경우에는 관계 행정기관의 장에게 경쟁의 도입 또는 그 밖에 시장구조의 개선 등에 관하여 필요한 의견을 제시할 수 있고, ① 시장구조의 조사 및 공표, ② 특정 산업의 경쟁상황 분석, 규제현황 분석 및 경쟁촉진 방안 마련의 업무를 수행할 수 있다. 사업자 및 사업자단체에 필요한 자료의 제출을 요청할 수 있다(법 제4조 제2항 내지 제4항).

나. 경쟁제한적 법령 협의제도

행정기관이 경쟁제한적인 법령을 제정하거나 처분을 하는 경우 경쟁제한적인 시장구조로 고착화될 우려가 있으므로 공정위와 사전협의하게 하거나 통보하게 하는 등 제도를 운영하고 있다(법 제120조).

즉, 관계행정기관의 장은 사업자의 가격·거래조건의 결정, 시장진입 또는 사업활동의 제한, 부당한 공동행위 또는 사업자단체의 금지행위 등 경쟁제한 사항을 내용으로 하는 법령을 제정 또는 개정하거나, 사업자 또는 사업자단체에 대하여 경쟁제한 사항을 내용으로 하는 승인 기타의 처분을 하고자 하는 때에는 미리 공정위와 협의하여야 한다. 또는 경쟁제한 사항을 내용으로 하는 예규·고시 등을 제정 또는 개정하고자 하는 때에는 미리 공정위에 통보하여야 하며, 승인 기타의 처분을 행한 경우에는 당해 승인 기타의 처분의 내용을 공정위에 통보하여야 한다.

공정위는 통보를 받은 경우에 당해 제정 또는 개정하고자 하는 예규·고시 등에 경쟁제한 사항이 포함되어 있다고 인정되는 경우에는 관계 행정기관의 장에게 당해 경쟁제한 사항의 시정에 관한 의견을 제시할 수 있다. 협의없이 제정 또는 개정된 법령과 통보없이 제정 또는 개정된 예규·고시 등이나 통보 없이 행하여진 승인 기타의 처분에 관하여도 또한 같다.

2. 경쟁제한적 기업결합의 제한

가. 기업결합규제의 이유

일반적으로 기업이란 일정한 계획에 따라 계속적인 의도로 영리활동을 실현하는 조직체로 정의한다. 공정거래법상의 기업결합이란 경제적 의미에서 개별기업의 독립성이 소멸되고 사업활동에 관한 의사결정이 통합되는 기업간 자본적·인적·조직적 결합을 의미한다.[1] 규범적으로는 둘 이상의 독립된 기업 사이에 지배관계를 형성하는 일련의 행위를 말한다.[2] 기업결합은 분산투자 효과로 투자위험을 감소시키고, 기술혁신, 시장의 변화 등에 대해 전략적으로 대응하고 결합을 통한 규모의 경제달성으로 비용을 절감시키는 등의 장점이 있으나, 경우에 따라서는 경쟁사업자와의 결합을 통해 인위적으로 시장지배력을 획득할 목적으로 기업결합이 이루어지기도 하기 때문에 규제의 대상이 된다. 즉, 기업결합 당사자들이 더 이상 서로 경쟁하지 않게 됨에 따라 결합된 회사가 시장지배력을 획득 또는 초과이윤을 얻게 되고 그 결과 소비자피해와 경제적 효율성의 저하가 초래되는 것을 방지하기 위한 것이다<무학 외 1 기업결합제한규정 위반행위 건>(서울고법, 2004).

정상적인 기업활동을 통하여 형성되는 독과점 자체에 대해서는 문제시하지 않지만 인위적으로 독과점을 형성하여 시장에서의 경쟁을 제한할 우려가 있는 경우에는 이를 제한하고 있는바, 아래 기업결합에 대한 규제가 대표적이다. 이는 유효경쟁론의 구조-행동-성과기준에서 시장구조와 관련해서는 시장에서 적정한 수의 기업이 존재하는 것을 바람직한 것으로 보는데, 이를 경쟁정책적 차원에서 구현하는 대표적인 제도이다.

나. 입법례

미국「클레이튼법(Clayton Act)」에서는 경쟁의 실질적 제한이나 독점을 형성할 우려가 있는 다른 회사 자산이나 주식의 취득 및 일정한 임원겸임을 금지하고 있다(제7조). 1914년「클레이튼법(Clayton Act)」제정이유는 <Standard Oil 사건>(미연방대법원, 1911)에서 보여준 법원의 관대한 처분 때문이었다.[3] 최초의 기업결합사건

---

1) 권오승, 경제법(2019), 194면.
2) 이봉의, 공정거래법(2022), 343면.

인 <Nothern Securities 사건>(미연방대법원, 1904)에서는 당연위법으로 처리했기 때문이었다. 미국에서는 1914년 「클레이튼법(Clayton Act)」이 제정된 이후에도 1950년 이전까지는 기업결합에 대하여는 「셔먼법(Sherman Act)」 제1조가 적용되었는바, 이는 「클레이튼법(Clayton Act)」 적용상의 공백, 즉 수직적 결합의 경우를 규제할 수 없었고, 주식취득에만 적용되고 자산취득에는 적용되지 아니한 맹점 때문이었다.

그러나 1950년 「셀러－커포버법 (Celler－Kefauver Act)」에 의하여 「클레이튼법 (Clayton Act)」 제7조가 개정되면서 수직적 결합과 수평적 결합에 모두 적용되게 되었고, 주식취득뿐만 아니라 자산 취득에도 적용되게 되었다. 독점을 형성하는 기업결합에 대해서는 「셔먼법(Sherman Act)」 제2조의 독점화, 제1조의 거래의 제한 및 「클레이튼법(Clayton Act)」이 동시에 적용될 수 있다.

⟨Clayton Act⟩

§ 7. Acquisition by one corporation of stock of another

No person engaged in commerce or in any activity affecting commerce shall acquire, directly or indirectly, the whole or any part of the stock or other share capital and no person subject to the jurisdiction of the Federal Trade Commission shall acquire the whole or any part of the assets of another person engaged also in commerce or in any activity affecting commerce, where in any line of commerce or in any activity affecting commerce in any section of the country, the effect of such acquisition may be substantially to lessen competition, or to tend to create a monopoly.

§ 8. Interlocking directorates and officers

(a) (1) No person shall, at the same time, serve as a director or officer in any two corporations (other than banks, banking associations, and trust companies) that are—

(A) engaged in whole or in part in commerce; and

(B) by virtue of their business and location of operation, competitors, so that the elimination of competition by agreement between them would constitute a violation of any of the antitrust laws;

if each of the corporations has capital, surplus, and undivided profits aggregating more than $10,000,000 as adjusted pursuant to paragraph (5) of this subsection.

---

3) 강대형, 독점규제법과 경제학(2019), 148면.

EU집행위원회 「합병규칙(FKVO)」에서는 지배적인 지위의 형성 또는 강화의 결과로 역내시장 또는 그 주요부분에 있어서 유효 경쟁을 현저히 저해할 우려가 있는 경우, 역내시장과 양립할 수 없는 것으로 금지한다. EU에서는 당초 기업결합에 대하여 「EU기능조약(TFEU)」 제102조를 적용하였다<Continental Can 사건>(EU사법재판소, 1973).[4] 즉, 제102조는 시장에서의 경쟁과정을 악화시키는 지배력의 간접적 행사(anti-competitive conduct)도 포함된다고 판시한 것이다. 그러나 새로이 시장지배적지위를 형성하는 것은 규제할 수 없고, 또한 중요한 합병 등의 사전신고를 의무화하기 위해서는 별도의 규칙이 필요한 것으로 인식되어 1973년 「EU기능조약(TFEU)」 제308조를 근거로 기업결합규칙(안)을 마련하였다. 그러나 적용대상 기업결합 및 의무적 신고대상 기업결합을 지나치게 광범위하게 규정하여 회원국의 정치적 반대로 실패하게 되었다.[5]

그 사이에 「EU기능조약(TFEU)」 제101조를 적용한 경우도 있었다<Phillip Morris 사건>(EU사법재판소, 1987).[6] 그 후 1997년 EU집행위원회는 「합병규칙(FKVO)」을 제정하게 되었으며, 2004년 개정하였다.

〈Judgment of the Court of 21 February 1973. - Europemballage Corporation and Continental Can Company Inc. V Commission of the European Communities. - Case 6-72.〉

Article 86 is not only aimed at practices which may cause damage to consumers directly, but also at those which are detrimental to them through their impact on an effective competition structure such as is mentioned in article 3(f) of the treaty.

---

4) Continental Can사는 독일 회사 SLW의 85.8%를 취득하고 다시 자회사를 통하여 동종의 네덜란드 기업 TDV의 91.7%를 취득한 사건이었는데, 이에 대하여 EU집행위는 문제의 행위로 말미암아 독일 식품보관용 경포장재시장에서 시장지배적지위가 형성된다는 이유로 이를 금지하였는데, ECJ는 위 회사가 독일 시장에서 지배적지위를 점유하게 된다는 집행위의 판단을 입증할 만한 증거가 부족하다고 판단하였다.
5) 공정위, EU의 경쟁법 판례 분석(2008), 109면 이하.
6) Phillip Morris사는 경쟁 담배제조회사인 Rothmans의 지분 30%를 취득하기로 합의하였는데(의결권은 24.9%로 제한), 이에 대하여 집행위는 개별적 적용제외를 인정하였고, 이에 대하여 경쟁회사가 법원에 제소하였으나 ECJ도 집행위의 결정을 지지하였다.

〈Judgment of the Court (Sixth Chamber) of 17 November 1987. - British-American Tobacco Company Ltd and R. J. Reynolds Industries Inc. v Commission of the European Communities. - Shareholding in a competing company. - Joined cases 142 and 156/84〉

Where the acquisition of shares in a competing company is the subject—matter of agreements entered into by companies which remain independent after the entry into force of the agreements, the issue must first be examined from the point of view of article 85 of the treaty.

The acquisition by one company of a shareholding in a competing company can constitute an abuse of a dominant position within the meaning of article 86 of the treaty only where that shareholding results in effective control of the other company or at least in some influence on its commercial policy.

독일 「경쟁제한방지법(GWB)」에서는 시장지배적지위의 형성 또는 강화가 예상되는 기업결합은 금지하고 있다. 독일에서는 「경쟁제한방지법(GWB)」 제9차 개정시 제35조 제11항은 기업결합규제 관련 규정의 적용 여부를 판단하기 위한 기준으로, 거래규모기준(Transactionsvolumensschwelle)을 추가하고, 동항 제3호에서 기업결합에 대한 반대급부의 가치가 400 Mil. Euro 이상인 경우를 규정하였다.

일본 「사적독점금지법」에서는 제4장에서 주식보유 등 기업결합에 대한 규제를 하고 있으며, 중국 「반독점법」에서도 제4장에서 경영자집중(經營者集中)에 대하여 규정하고 있다.

[각국의 기업결합 관련 규정 비교]

국가	관련 규정
한국 (공정거래법)	제9조(기업결합의 제한) ① 누구든지 직접 또는 대통령령으로 정하는 특수한 관계에 있는 자(이하 "특수관계인"이라 한다)를 통하여 다음 각 호의 어느 하나에 해당하는 행위(이하 "기업결합"이라 한다)로서 일정한 거래분야에서 경쟁을 실질적으로 제한하는 행위를 하여서는 아니 된다. 다만, 자산총액 또는 매출액의 규모가 대통령령으로 정하는 규모에 해당하는 회사(이하 "대규모회사"라 한다) 외의 자가 제2호에 해당하는 행위를 하는 경우에는 그러하지 아니하다. 1. 다른 회사 주식의 취득 또는 소유 2. 임원 또는 종업원에 의한 다른 회사의 임원 지위의 겸임(이하 "임원겸임"이라 한다)

3. 다른 회사와의 합병
4. 다른 회사의 영업의 전부 또는 주요 부분의 양수·임차 또는 경영의 수임이나 다른 회사의 영업용 고정자산의 전부 또는 주요 부분의 양수(이하 "영업양수"라 한다)
5. 새로운 회사설립에의 참여. 다만, 다음 각 목의 어느 하나에 해당하는 경우는 제외한다.
　　가. 특수관계인(대통령령으로 정하는 자는 제외한다) 외의 자는 참여하지 아니하는 경우
　　나. 「상법」 제530조의2제1항에 따른 분할에 따른 회사설립에 참여하는 경우
② 다음 각 호의 어느 하나에 해당한다고 공정거래위원회가 인정하는 기업결합에 대해서는 제1항을 적용하지 아니한다. 이 경우 해당 요건을 충족하는지에 대한 입증은 해당 사업자가 하여야 한다.
1. 해당 기업결합 외의 방법으로는 달성하기 어려운 효율성 증대효과가 경쟁제한으로 인한 폐해보다 큰 경우
2. 상당한 기간 동안 대차대조표상의 자본총계가 납입자본금보다 작은 상태에 있는 등 회생이 불가능한 회사와의 기업결합으로서 대통령령으로 정하는 요건에 해당하는 경우

③ 기업결합이 다음 각 호의 어느 하나에 해당하는 경우에는 일정한 거래분야에서 경쟁을 실질적으로 제한하는 것으로 추정한다.
1. 기업결합의 당사회사(제1항제5호의 경우에는 회사설립에 참여하는 모든 회사를 말한다. 이하 같다)의 시장점유율(계열회사의 시장점유율을 합산한 점유율을 말한다. 이하 이 조에서 같다)의 합계가 다음 각 목의 요건을 갖춘 경우
　　가. 시장점유율의 합계가 시장지배적사업자의 추정요건에 해당할 것
　　나. 시장점유율의 합계가 해당 거래분야에서 제1위일 것
　　다. 시장점유율의 합계와 시장점유율이 제2위인 회사(당사회사를 제외한 회사 중 제1위인 회사를 말한다)의 시장점유율과의 차이가 그 시장점유율의 합계의 100분의 25 이상일 것
2. 대규모회사가 직접 또는 특수관계인을 통하여 한 기업결합이 다음 각 목의 요건을 갖춘 경우
　　가. 「중소기업기본법」에 따른 중소기업의 시장점유율이 3분의 2 이상인 거래분야에서의 기업결합일 것
　　나. 해당 기업결합으로 100분의 5 이상의 시장점유율을 가지게 될 것

④ 제1항에 따른 일정한 거래분야에서 경쟁을 실질적으로 제한하는 기업결합과 제2항에 따라 제1항을 적용하지 아니하는 기업결합에 관한 기준은 공정거래위원회가 정하여 고시한다.
⑤ 제1항 각 호 외의 부분 단서에 따른 자산총액 또는 매출액의 규모는 기업결합일 전부터 기업결합일 이후까지 계속하여 계열회사의 지위를 유지하고 있는 회사의 자산총액 또는 매출액을 합산한 규모를 말한다. 다만, 영업양수의 경우 영업을 양도(영업의 임대, 경영의 위임 및 영업용 고정자산의 양도를 포함한다)

	하는 회사의 자산총액 또는 매출액의 규모는 계열회사의 자산총액 또는 매출액을 합산하지 아니한 규모를 말한다.
미국 (클레이튼법)	**제7조. 한 기업에 의한 다른 기업의 주식취득** 누구든지 직접 또는 간접적으로 주식이나 기타 지분의 전부 또는 일부를 취득하거나, 연방거래위원회의 관할에 속하는 자가 거래나 거래에 영향을 미치는 활동에 종사하는 하나 혹은 그 이상의 자의 자산의 전부 또는 일부를 취득하는 경우에, 그와 같은 취득행위의 효과나, 그와 같은 주식이나 자산의 효과, 혹은, 의결권행사 대리권의 수여 혹은 기타의 방법에 의한 그와 같은 주식의 사용의 효과가, 국가의 특정분야에서의 일정한 거래분야나 거래에 영향을 미치는 활동에 있어서 실질적으로 경쟁을 감소시키거나 독점을 형성할 우려가 있는 때에는, 그와 같은 취득을 하여서는 아니된다. **제8조. 겸임이사회 및 임원** (a)(1) 2개의 회사가 이 항의 제5호에 따라 조정된 1천만달러 이상의 자본, 잉여금, 미분배이익을 가지는 경우에는 어떤 자도 다음 각 목에 해당하는 (은행, 은행협회 및 신탁회사이외의) 2개의 회사에서 이사 또는 임원으로서 겸직하지 못한다. (A) 통상의 전체 또는 일부에 종사하는 경우 (B) 영업의 업종 및 지역상 경쟁관계에 있어서 두 회사 간의 협정으로 인한 경쟁의 제거가 반독점법의 위반을 구성하면서, 두 회사가 각각 본항의 (5)호에 따라 조정되는 금액으로서의 1천만달러 이상의 자본금, 잉여금, 미배당이익금의 합계액을 보유하는 경우

EU
(합병규칙)
	제1조 적용범위
	1. 제4조 제5항 및 제22조에 영향을 주지 않고, 이 규칙은 이 조에서 정의한 역내 차원의 모든 합병에 적용된다.
	2. 합병은 다음의 경우 역내차원으로 본다;
	  (a) 모든 참가 기업의 전세계 총매출액이 50억 유로이상;
	  (b) 최소한 2개 이상 기업이 참가하고 각 기업의 역내 총매출액이 2.5억 유로 이상;
	각 관련 기업이 역내총매출액의 3분의 2이상을 한 개의 그리고 동일 회원국내에서 달성한 것이 아닌 한
	
	3. 제2호에 규정된 한계를 충족하지 못하는 합병은 다음의 경우 역내차원으로 본다.
	  (a) 모든 참가 기업의 전세계총매출액이 25억 유로이상;
	  (b) 최소 3개 회원국에서, 모든 참가기업의 매출액이 1억유로 이상;
	  (c) 최소 3개 회원국에서 (b)의 목적으로, 최소한 2개 이상 기업이 참여하고 각 기업의 총 매출액이 2,500만 유로 이상
	  (d) 최소 2개 참가 기업의 총역내매출액이1억 유로 이상
	각 참가 기업이 총 역내매출액의 3분의2를 하나 그리고 동일한 회원국내에서

달성하지 않는 한

4. 회원국으로부터 정기적으로 제공되는 통계자료에 기초하여 집행위원회는 2009년 7.1까지 제5호에 따라 이사회에 제2호 및 3호에 규정된 한계와 기준의 운영에 관하여 보고하여야 한다.
5. 제4호의 보고와 집행위원회의 제안에 따라 이사회는 다수결로 제3호에 규정된 한계와 기준을 변경할 수 있다.

제2조 합병의 평가
1. 이 규칙의 적용범위 내에서의 합병은 이 규칙의 목적과 아래의 규정에 맞추어 역내시장과 일치하는지 여부를 결정하기 위한 관점에서 평가되어야 한다. 평가를 함에 있어서 집행위원회는 다음을 고려한다;
   (a) 특히 모든 관련시장의 구조, 역내 또는 역외에 위치한 기업으로부터의 실제적 또는 잠재적 경쟁 관점에서 역내시장에서 유효경쟁을 유지하고 발전시키기 위한 필요성;
   (b) 참가 기업의 시장지위, 경제적 및 재정적 힘, 공급자와 수요자가 이용가능한 대체가능성, 공급과 시장에 대한 접근, 법적 또는 다른 진입장벽, 관련 상품과 용역에 대한 공급과 수요 트렌드, 중간 및 최종소비자의 이익, 그리고 소비자에 이익이 되고 경쟁에 대한 장애를 가져오지 않는 조건에서의 기술적 및 경제적 발전

2. 특히 지배적인 지위의 형성과 강화의 결과로 역내 또는 중요한 부분에서의 유효경쟁을 심각하게 저해하지 않는 합병은 역내시장과 일치하는 것으로 선언된다.
3. 특히 지배적인 지위의 형성과 강화의 결과로 역내 또는 중요한 부분에서의 유효경쟁을 심각하게 저해하는 합병은 역내시장과 일치하지 않는 것으로 선언된다.

독일
**(경쟁제한
방지법)**

제35조 기업결합통제의 적용범위
(1) 기업결합통제에 관한 규정은 기업결합 직전사업년도에
 1. 참가 기업의 전세계 매출액이 5억 유로이상이고
 2. 최소한 하나의 참가기업이 국내에서 1.75억 유로 이상 매출액을 달성한 경우 적용된다.
(1a) 기업결합통제에 관한 규정은
 1. 제1항의 요건이 충족된 경우,
 2. 기업결합 직전년도
   a) 한 참가기업의 국내매출액이 5.000만 유로를 넘고
   b) 대상기업이나 다른 참가기업이 국내매출액이 1.75억 원를 초과하지 않는 경우에도 적용된다.
 3. 인수가액이 4억 유로를 초과하는 경우
 4. 제2호에 따른 대상기업이 독일에서 실질적으로 활동하는 경우 적용된다.

(2) 제1항은 또한 지방의 관할개혁에 수반되는 공공시설과 기업의 합병을 통한 기업결합에 대하여는 적용되지 아니한다. 제1항과 (1a)는

1. 모든 참가기업이 독일 법인세법[사단세법] 제8b(4) 제8문 은행협회(금융복합그룹) 회원인 경우
2. 주로 은행그룹의 회원을 위한 서비스를 제공하는 경우
3. 제2호의 활동에서 최종소비자와 계약관계를 유지하지 않는 경우 적용되지 아니한다.

제2문은 중앙은행과 은행법 제21조 제2항 제2호의 의미에서의 결제원과의 기업결합에는 적용되지 아니한다.

(3) 이 법의 규정은 기업결합통제에 관한 2004년 1월 20일의 이사회규칙 제 139/2004에 따라 EU집행위원회가 각각의 규정에서 배타적으로 관할하는 경우에는 적용되지 아니한다.

제36조 기업결합의 판단원칙

(1) 기업결합을 통하여 유효경쟁이 현저히 저해되는, 특히 시장지배적지위의 형성 또는 강화가 예상되는 기업결합은 연방카르텔청으로부터 금지된다. 이는

1. 참가기업이 기업결합을 통하여 경쟁조건의 개선이 되고 이러한 개선이 경쟁의 방해를 능가하는 것을 입증하는 경우; 또는
2. 시장이 제18조 (2a) 또는 제35조 (1a)의 의미에서 적용되는 시장이 아닌한, 최소한 5년 전부터 상품이나 용역이 공급된 시장에서 제1문의 금지조건이 존재하고 직전년도 2천만 유로이하 매출을 올린 경우; 또는
3. 인수된 출판사가 직전 3개년도에 상법 제275조 제2항 제20호의 의미에서 현저한 적자이고 기업결합이 아니고는 그의 존재가 위태롭다는 것이 입증된 경우, 중소 신문 또는 잡지출판사를 인수한 신문 또는 잡지출판사의 시장지배적지위가 강화된 경우. 동시에 기업결합전에는 경쟁순응적 해결을 보장할 수 있는 다른 취득자를 발견할 수 없는 것이 입증된 경우에는 적용되지 않는다.

(2) 참가기업이 주식법 제17조의 의미에서 종속적이거나 지배적인 기업 또는 주식법 제18조의 의미에서 콘체른기업인 경우 그 연결기업은 하나의 사업자로 간주된다. 다수의 사업자가 공동으로 다른 기업에게 지배적인 영향력을 행사할 수 있을 만큼 협력하는 경우 각각의 기업은 지배적인 것으로 인정된다.

(3) 사업자가 아닌 자연인이나 사단에 사업자의 다수의결권이 귀속된 경우 이들은 사업자로 간주된다.

제37조 기업결합

(1) 기업결합이란 다음의 경우에 발생한다.

1. 다른 기업의 자산 전부 또는 주요 부분의 취득;
2. 하나 또는 다수의 기업을 통한 다른 하나 또는 다수기업의 직·간접적 지배력의 전부 또는 일부의 취득. 지배력은 모든 사실상 그리고 법적인 정황을 고려하여 단독으로 또는 공동으로 어떤 기업의 활동에 특정한 영향력을 행

사할 가능성을 부여하는 법, 계약 또는 다른 수단 특히
a) 기업자산 전부 또는 일부에 대한 소유권 또는 사용권
b) 기업의 기관의 구성, 협의 또는 결정에 특정한 영향력을 부여하는 법 또는 계약에 근거한다.
3. 단독 또는 기타 다른 기업에 이미 속하는 지분과 공동으로 다른 기업의 자본금 또는 의결권의
a) 100분의 50 또는
b) 100분의 25를 취득
그 기업에 속하는 지분에는 이 기업의 계산으로 하는 지분도 포함되며 기업의 소유자가 1인상인인 경우 그 소유자의 기타의 재산도 지분에 포함된다. 다수의 기업이 동시 또는 순차적으로 위에서 정해진 범위에 도달하도록 다른 기업의 지분을 취득한 경우 다른 기업이 활동하는 시장 관련해서도 참가기업 상호간의 기업결합이 인정된다.
4. 하나 또는 다수의 기업이 그에 근거해서 다른 사업자에게 직접 또는 간접적으로 경쟁상의 현저한 영향력을 행사할 수 있는 기타의 결합

(2) 기업결합은 기업결합이 기존에 존재하는 기업결합의 실질적인 강화를 가져오지 아니하는 경우를 제외하고는 참가기업이 이미 전에 결합된 경우에도 발생한다.
(3) 금융기관, 신용기관 또는 보험회사가 매각을 목적으로 다른 기업의 지분을 취득한 경우 그 지분의 의결권을 행사하지 아니하고 1년내에 매각이 이루어지는 한, 기업결합으로 인정되지 아니한다. 기한내 매각을 기대가능성이 없다는 것이 확실히 소명되는 경우 연방카르텔청은 신청에 의거 그 기한을 연장할 수 있다.

일본 (사적독점 금지법)	제4장 주식의 보유, 임원의 겸임, 합병, 분할 및 영업의 양수 제9조 ① 다른 국내회사의 주식(사원의 지분을 포함한다. 이하 같다.)을 소유하는 것에 의해 사업지배력이 과도하게 집중되는 회사는, 이것을 설립해서는 아니 된다. 제10조 ① 회사는, 다른 회사의 주식을 취득하거나 소유하는 것에 의거, 일정한 거래분야에 있어서 경쟁을 실질적으로 제한하게 되는 경우에, 당해 주식을 취득하거나, 또는 소유해서는 아니 되며, 및 불공정한 거래방법에 의거 다른 회사의 주식을 취득하거나 또는 소유해서는 아니 된다 제13조 ① 회사의 임원 또는 종업원(계속하여 회사업무에 종사하는 자로서, 임원 이외의 자를 말한다. 이하 이 조에 있어서 같다.)은, 다른 회사 임원의 지위를 겸하는 것에 의거 일정한 거래분야에 있어서 경쟁을 실질적으로 제한하게 되는 경우에는, 당해 임원의 지위를 겸해서는 아니 된다. 제14조 ① 회사 이외의 자는, 회사의 주식을 취득하거나, 또는 소유하는 것에 의해 일정 한 거래분야에 있어서 경쟁을 실질적으로 제한하는 것으로 될 경우에는, 당해 주식 을 취득하거나, 또는 소유하여서는 아니 되고, 또한 불공정한 거래방법에 의해 회사주 식을 취득하거나, 또는 소유하여서는 아니 된다.

	제15조 ① 회사는, 다음의 각 호의 1에 해당하는 경우에는 합병을 하여서는 아니 된다. 　一. 당해 합병에 의해 일정한 거래분야에 있어 경쟁을 실질적으로 제한하게 되는 경우 　二. 당해 합병이 불공정한 거래방법에 의한 것일 경우 제16조 ① 회사는 다음에 열거한 행위를 하는 것에 의거, 일정한 거래분야에 있어서 경쟁을 실질적으로 제한하는 것이 될 경우에는, 당해 행위를 하여서는 아니 되며, 또한 불공정한 거래방법에 의거 다음에 열거한 행위를 하여서는 아니 된다. 　一. 다른 회사의 영업 전부 또는 중요부분의 양수 　二. 다른 회사의 영업상 고정자산의 전부 또는 중요부분의 양수 　三. 다른 회사의 영업 전부 또는 중요부분의 임차 　四. 다른 회사의 영업 전부 또는 중요부분에 대한 경영 수임 　五. 다른 회사와 영업상의 손익 전부를 공통으로 하는 계약 체결
중국 (반독점법)	제20조 경영자집중은 아래에서 열거하는 행위를 말한다. 1. 경영자가 합병(合幷)하는 행위 2. 경영자가 주식(股权) 또는 자산을 취득하는 방식을 통해 기타 경영자에 대한 통제권(控制权)을 취득하는 행위 3. 경영자가 계약 등의 방식을 통하여 기타 경영자에 대한 통제권을 취득하거나 기타 경영자에 대하여 충분히 결정적인 영향을 가할 수 있는 행위

다. 기업결합규제의 대상

공정거래법 제9조 제1항에서는 "누구든지 직접 또는 특수관계인을 통하여 … 일정한 거래분야에서 경쟁을 실질적으로 제한하는 행위"를 금지하고 있다. 기업결합의 주체는 누구든지(개인/사업자) 가능하다. 또한 직접뿐만 아니라 특수관계인을 통한 기업결합도 가능하다. 여기서 특수관계인이란 ① 당해 회사를 사실상 지배하고 있는 자, ② 동일인 관련자, ③ 경영을 지배하려는 공동의 목적으로 가지고 당해 기업결합에 참여하는 자를 말한다. <(주)포스코 및 (주)포스틸 기업결합 위반행위건>(공정위, 2007)에서 공정위는 (주)포스코가 자신의 계열회사인 (주)포스틸을 통하여 (주)포스코아의 주식 중 발행주식의 51%를 취득한 행위에 대하여 시정명령한 바 있다. 임원겸임의 경우 대규모회사(자산총액 또는 매출액의 규모가 2조 원 이상)가 적용대상이 된다.

라. 경쟁을 실질적으로 제한하는 행위

'경쟁을 실질적으로 제한하는'을 구성요건으로 하는 규정으로 경쟁제한적 기업결합의 금지를 들 수 있다(법 제9조 제1항). 그 의미는 '일정한 거래분야의 경쟁이 감소하여 특정사업자 또는 사업자단체의 의사에 따라 어느 정도 자유로이 가격·수량·품질 기타 거래조건 등의 결정에 영향을 미치거나 미칠 우려가 있는 상태를 초래하는 행위(법 제2조 제5호)'를 말한다. 즉, 일정한 거래분야에서 유효경쟁을 하기 어려운 상태, 즉 경쟁상태가 감소하여 특정 사업자집단이 그들의 의사에 따라 자유롭게 가격·수량·품질 기타 거래조건을 결정함으로써 시장을 지배할 수 있는 상태가 되는 것을 의미하는데, 시장에서 실질적으로 시장지배력이 형성되었는지 여부는 해당 업종의 생산구조, 시장구조, 경쟁상태 등을 고려하여 개별적으로 결정한다<대한약사회 등 경쟁제한행위 건>(대법원, 1995).

> **〈대한약사회 등 경쟁제한행위 건, 대법원 1995. 5. 12. 선고 94누13794 판결〉**
> "경쟁을 실질적으로 제한"한다는 것은 시장에서의 유효한 경쟁을 기대하기 어려운 상태를 초래하는 행위, 즉 일정한 거래분야의 경쟁상태가 감소하여 특정사업자 또는 사업자단체가 그 의사로 어느 정도 자유로이 가격·수량·품질 및 기타 조건을 좌우할 수 있는 시장지배력의 형성을 의미하고, 시장에서 실질적으로 시장지배력이 형성되었는지 여부는 해당업종의 생산구조, 시장구조, 경쟁상태 등을 고려하여 개별적으로 판단하여야 할 것이다.

마. 기업결합의 유형

기업결합의 유형을 이론상으로 분류하면 수평형, 수직형, 혼합형으로 분류되며, 수평형 기업결합은 경쟁관계에 있는 회사간의 기업결합, 수직적 결합은 원재료의 생산에서 상품(용역을 포함)의 생산 및 판매에 이르는 생산과 유통과정에 있어서 인접하는 단계에 있는 회사("원재료 의존관계에 있는 회사") 간의 결합이다. 수직결합은 특히 쌍방독점 시장에서 협상비용을 낮추기 위해 이루어진다.[7] 그리고 이는 상방결합과 하방결합이 모두 해당될 수 있다. 혼합형은 수평형 또는 수직형 기업결합제한

---

7) 최정표, 산업조직경제학(2016), 263면.

규정 이외의 기업결합을 의미하는데 다시 시장확대형, 상품확대형, 순수혼합결합으로 구분할 수 있다. 일반적으로 기업결합 사건에서는 수평, 수직 및 혼합결합이 결합된 형태로 나타난다. 예를 들어 <딜리버리히어로 에스이 등 4개 배달앱 사업자 기업결합 위반행위 건(공정위, 2021)>에서는 수평결합과 혼합결합이 혼재되어 나타났다.

[기업결합 구조 및 유형 사례]

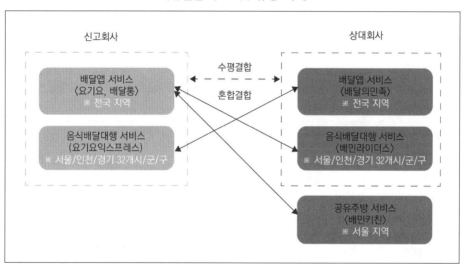

출처: 딜리버리히어로 에스이 등 4개 배달앱 사업자 기업결합제한규정 위반행위 건(공정위, 2021)

법적으로 분류하면(법 제7조 제1항) 첫째, 주식취득이다. 다른 회사 주식취득 및 소유가 이에 해당한다. 특수관계인의 주식을 합산하며, 실질적인 소유관계를 기준으로 판단한다. 둘째, 임원겸임이다. 대규모회사(자산 또는 매출액 2조 원 이상)가 임원 또는 종업원에 의한 다른회사 임원지위의 겸임하는 경우이다. 셋째, 합병이다. 두 개 이상의 회사가 계약에 의하여 신회사를 설립하거나(신설합병) 다른 회사의 흡수(흡수합병)하는 경우가 있다. 넷째, 영업양수는 다른 회사 영업의 전부 또는 주요부분의 양수·임차 또는 주요부분의 양수하는 것이다. 여기서 주요부분은 "주요부분"이라 함은 양수 또는 임차부분이 독립된 사업단위로서 영위될 수 있는 형태를 갖추고 있거나 양수 또는 임차됨으로써 양도회사의 매출의 상당한 감소를 초래하는 경우로서 영업양수금액이 양도회사 자산총액의 100분의 10 이상이거나 50억 원 이상인 경우를 의미한다. 마지막으로 새로운 회사설립에의 참여이다.[8] 합작회사를 예로 들 수 있다. 다만 이 경우 특수관계인 이외의 자는 참여하지 아니하는 경우나 「상법」 제530조의2 제1항의 규정에 의해 분할에 의한 회사설립에 참여하는 경우 기업결합의 규제를 받지 않도록 하고 있다.

합작회사는 카르텔에서의 영업의 주요부문을 공동으로 수행·관리하거나 수행·관리하기 위한 회사 등을 설립하는 행위(법 제40조 제1항 제7호)와 중복될 수가 있다. EU와 같이 합작기업이 독립된 경제단위(autonomous economic entity)로서 지속되는 경우에는 기업결합을, 독립사업자의 행위조정인 경우에는 카르텔 규정을 적용하는 것이 바람직하다. 공정위에서 합작기업에 대하여 경쟁제한성을 인정한 사례가 있다<(주)동방 등 5개 사업자 기업결합제한규정 위반행위 건>(공정위 2019).

> **〈(주)동방 등 5개 사업자 기업결합제한규정 위반행위 건, 공정위 2019. 11. 14. 의결 제2019-273호〉**
>
> 신설회사의 주식 양도가 주주간 협약서 제8조에 의해서 사실상 불가능하고 신설회사를 결합 당사회사가 공동으로 지배하고 있는 상황을 고려하면, 현재 결합 당사회사가 하방시장(인천항 카페리 터미널 하역시장)의 필수설비를 상방시장(인천항 카페리 터미널 시설 임대시장)의 신설회사를 통해 독점하고 있는 것으로 판단된다.
>
> 위와 같은 사실들을 종합해보면, 결합 당사회사는 새로운 진입자가 인천항 카페리 터미널 하역시장에 진입하는 것을 선호하지 않을 것으로 보이며, 필수설비를 보유한 신설회사는 인천항 카페리 터미널 하역시장에 진입을 시도하는 경쟁사업자에게 컨테이너 야드와 같은 필수설비를 임차하지 않는 방식으로 관련시장에서 진입장벽을 형성하는 형태의 봉쇄효과를 발생시킬 것으로 판단된다.
>
> 즉, 이 사건 기업결합 이후, 결합 당사회사는 자신들이 공동으로 지배하는 신설회사를 통해 신규진입을 시도하는 경쟁사업자의 하방시장(인천항 카페리 터미널 하역시장)으로의 진입을 봉쇄할 우려가 있다.

합작기업에 대하여 미국에서는 『경쟁사업자간 협력에 관한 반독점 지침(Antitrust Guidelines for Collaborations Among Competitors)』에서 합병 외에 R&D등을 포함한 넓은 개념으로 파악하고 있다.

---

8) 이는 앞의 기업결합 사유와 중복되는 것이며, 단지 공동의 지배관계가 형성되는 경우에도 기업결합에 해당된다는 사실을 확인하는 데 그치는 규정이라고 한다. 이봉의, 고정거래법(2022), 369면.

<Antitrust Guidelines for Collaborations Among Competitors Issued by the Federal Trade Commission and the U.S. Department of Justice April 2000>
SECTION 1: PURPOSE, DEFINITIONS, AND OVERVIEW
1.1 Purpose and Definitions
A "competitor collaboration" comprises a set of one or more agreements, other than merger agreements, between or among competitors to engage in economic activity, and the economic activity resulting therefrom. "Competitors" encompasses both actual and potential competitors.

Competitor collaborations involve one or more business activities, such as research and development ("R&D"), production, marketing, distribution, sales or purchasing. Information sharing and various trade association activities also may take place through competitor collaborations.

EU에서는 합작기업(joint ventures)에 대하여는 합병의 경우를 제외하고는 『수평적 협력 지침(Horizontal Cooperation Guidelines)』[9)에서 규율하고 있다.

EU의 「합병규칙(FKVO)」에서는 다음과 같이 규정하고 있다. 기업결합규칙에 따른 합작기업의 평가는 첫째, 합작기업 자체가 공동체 시장에서의 유효경쟁을 상당히 저해하는지의 여부를 결정하고, 합작기업의 목적이나 효과가 독립적인 사업자의 행위를 조정하는 것이라면 Art. 2 (4) 및 (5)에 따라 그 사업조정적 측면을 「EU 기능조약(TFEU)」 Art.101 (1) 및 (3)의 기준에 따라서 평가한다.[10)

<Council Regulation (EC) No 139/2004 of 20 January 2004 on the control of concentrations between undertakings(the EC Merger Regulation)>
Article 2 Appraisal of concentrations
4. To the extent that the creation of a joint venture constituting a concentration pursuant to Article 3 has as its object or effect the coordination of the competitive behaviour of undertakings that remain independent, such coordination shall be appraised in accordance with the criteria of Article

---

9) Guidelines on the applicability of Article 101 of the Treaty on the Functioning of the European Union to horizontal co-operation agreements.
10) 이는 독일에서 판례와 학설이 집중적 합작기업(konzentrative Gemeinschaftsunternehmen)에 대해서는 기업결합 금지를, 협동적 합작기업(kooperative Gemeinschaftsunternehmen)에 대해서는 카르텔 금지를 적용한 것(Trennungstheorie)을 수용한 것이라고 한다. 1997년 개정 『합병규칙(Merger Regulation)』에서 집중적, 협동적 구분 대신 완전(Vollfunktion) 합작기업과 부분(Teil) 합작기업으로 구분되었다. 이봉의, 공정거래법(2022), 370~372면.

81(1) and (3) of the Treaty, with a view to establishing whether or not the operation is compatible with the common market.

5. In making this appraisal, the Commission shall take into account in particular:
   – whether two or more parent companies retain, to a significant extent, activities in the same market as the joint venture or in a market which is downstream or upstream from that of the joint venture or in a neighbouring market closely related to this market,
   – whether the coordination which is the direct consequence of the creation of the joint venture affords the undertakings concerned the possibility of eliminating competition in respect of a substantial part of the products or services in question.

Article 3 Definition of concentration

4. The creation of a joint venture performing on a lasting basis all the functions of an autonomous economic entity shall constitute a concentration within the meaning of paragraph 1(b).

바. 기업결합의 규제

1) 심사대상 기업결합

기업결합심사대상은 일반심사대상과 간이심사대상으로 나눌 수 있는데, 간이심사대상은 경쟁제한성이 없는 것으로 추정된다. ① 기업결합당사자가 서로 당해 회사를 사실상 지배하고 있는 자 또는 동일인 관련자인 경우,[11] ② 지배관계가 형성되지 아니하는 경우, ③ 대규모회사 아닌자가 혼합형 기업결합하는 경우 및 관련시장의 특성상 보완성 및 대체성이 없는 혼합결합을 하는 경우, ④ 경영목적이 아닌 단순투자활동임이 명백한 경우(ⓐ 사모투자전문회사의 설립에 참여, ⓑ 유동화전문회사를 기업결합하는 경우, ⓒ 특수목적회사를 기업결합하는 경우, ⓓ 오직 투자수익을 얻기 위해 부동산을 양수하는 경우, ⓔ 기업결합 신고의무가 면제되는 주식취득 또는 합작회사 설립에 수반하는 임원겸임의 경우, ⓕ 기타 법령 등에 따라 경영참여가 금지되는 등 단순투자활동임이 명확한 경우), ⑤ 사전심사요청하여 법위반 아닌 것으로 통보받은 경우, ⑥ 새

---

11) 이에 대해서는 서로 특수관계인의 지위에 있더라도 하나의 사업자로 볼 수 없거나, 해당 기업결합으로 기존의 지배관계가 강화되는 경우에는 실질적인 심사가 필요하다는 지적이 있다. 이봉의, 공정거래법(2022), 410~412면.

로운 회사설립에 참여하는 경우로서 피취득회사가 외국회사인 경우 등 경우이다. 이는 원칙적으로 신고내용의 사실 여부만을 심사하여, 접수후 15일 이내에 결과를 통보함으로써 간이로 처리한다(『기업결합 심사기준』 III).

2) 지배관계의 형성

기업결합 규제대상이 되기 위해서는 지배관계가 형성되어야 한다(『기업결합 심사기준』 IV). 즉, 기업결합을 통하여 단일한 관리체계가 형성되는 것이다. 『기업결합 심사기준』에 의하면 첫째, 합병, 영업양수의 경우 당해 행위로 지배관계가 형성된다.

둘째, 주식취득 또는 소유의 경우 취득회사 등의 주식소유비율이 50% 이상인 경우 지배관계가 형성된다. 그러나 50% 미만인 경우에도 ① 각 주주의 주식소유비율, 주식분산도, 주주상호간의 관계, ② 피취득회사가 원자재의 대부분을 취득회사 등으로부터 공급받는지 여부, ③ 취득회사 등과 피취득회사 간의 임원겸임관계, ④ 취득회사 등과 피취득회사 간의 거래관계, 자금관계, 제휴관계 등 종합하여 지배관계를 판단한다. 공동으로 피취득회사의 경영전반에 실질적인 영향력을 행사할 수 있는 경우에도 지배관계가 형성된 것으로 보는데, 이 경우 ① 주식 또는 의결권의 보유 비율, ② 임원의 지명권 보유 비율, ③ 예산, 사업계획 및 기타 주요의사결정에 대한 거부권 보유 여부, ④ 의결권의 공동행사 약정 존재 여부, ⑤ 사업수행에 필요한 주요 행정권한 보유 여부 등을 종합적으로 고려하여 판단한다.

<(주)무학 외 1 기업결합제한규정 위반행위 건>(서울고법, 2004), <(주)삼익 악기 기업결합제한규정 위반행위 건>(서울고법, 2006)에서는 단독으로 지배관계 형성이 안 되지만, 다른 자와 공동으로 피취득회사의 경영에 실질적인 영향력을 행사할 수 있는 경우, 기타 주식 또는 의결권보유비율, 임원의 지명권 보유비율 등을 고려하여 지배관계를 인정하였다.

<(주)무학 외 1 기업결합제한규정 위반행위 건, 서울고법 2004. 10. 27. 선고 2003누 2254 판결>

50% 미만(41.21%)이더라도 주식소유비율이 제1위에 해당하고 주식분산도로 보아 주주권행사에 의한 회사지배가 가능하다.

〈(주)삼익악기 기업결합제한규정 위반행위 건, 서울고법 2006. 3. 15. 선고 2005누 3174 판결〉

이 사건 기업결합 후 취득회사(원고)들의 피취득회사(영창악기)에 대한 주식소유비율은 합계 48.58%로서 최대주주가 되고 그밖에 앞에서 본 영창악기의 주주현황, 원고들의 특수관계인들이 영창악기의 임원들로 선임된 사정 등까지 종합한다면, 이 사건 기업결합은 '취득회사의 주식소유비율이 50/100 미만이더라도 주식소유비율이 1위에 해당하고 주식분산도로 보아 주주권행사에 의한 회사지배가 가능한 경우(기업결합심사기준 Ⅴ.1.나.(1) 참조)'에 해당하므로, 이는 주식취득을 통하여 당사회사 간에 지배관계가 형성되는 수평적 기업결합의 하나에 해당된다고 할 것이다.

셋째, 임원겸임의 경우 취득회사의 피취득회사 임원겸임자수가 피취득회사의 임원총수의 3분의 1 이상, 겸임자가 피취득회사의 대표이사 등 회사의 경영전반에 실질적 영향력을 행사할 수 있는 지위를 겸임하는 경우 지배관계가 형성되는데, 주식소유에 대한 지배관계 판단기준을 준용한다.

넷째, 새로운 회사설립에의 참여 경우 참여회사 중 2 이상의 회사의 신설회사에 대한 지배관계가 형성되는데, 주식소유에 대한 지배관계 판단기준이 준용된다. 역시 주식소우비율이 50% 미만인 경우에도 지배관계가 형성될 수 있다.

〈(주)동방 등 5개 사업자 기업결합제한규정 위반행위 건, 공정위 2019. 11. 14. 의결 제2019-273호

신설회사의 이사회는 결합 당사회사가 각 1인씩 지명한 총 4인의 이사로 구성되는 점, 대표이사는 결합 당사회사에서 임명한 이사들이 순번에 따라 담당하는 점, 이사회 의결의 일반적인 사항은 이사 3인의 찬성으로 의결하고 중요한 사항은 전원 찬성의 의결로 결정하는 점, 주주총회 또한 일반적인 사항은 주식의 75% 찬성으로, 중요한 사항은 100% 찬성으로 의결하는 점 등을 고려하면 결합 당사회사의 신설회사에 대한 공동의 지배관계가 형성된다고 판단된다.

3) 일정한 거래분야(『기업결합 심사기준』 Ⅴ)

① 대상적 시장(상품시장)

거래되는 상품(용역)의 가격이 상당 기간 어느정도 의미 있는 수준으로 인상될 경우 동 상품의 대표적 구매자가 이에 대응하여 구매를 전환할 수 있는 상품의 집합을 말한다(SNIPP 테스트). 이는 ① 기능 및 효용의 유사성, ② 가격의 유사성, ③

구매자들의 대체가능성에 대한 인식 및 그와 관련한 구매행태, ④ 판매자들의 대체가능성에 대한 인식 및 경영의사행태, ⑤ 한국표준산업분류, ⑥ 거래단계(제조, 도매, 소매), ⑦ 거래상대방 등을 기준으로 획정한다. 결합당사회사가 속한 산업 특성상 연구·개발 등 혁신활동이 필수적이거나 지속적인 혁신경쟁이 이루어지고, 결합당사회사 중 한쪽 이상이 그 경쟁에서 중요한 사업자인 경우 근접한 혁신활동이 이루어지는 분야(혁신시장)를 별도로 획정하거나 제조·판매 시장 등과 포괄하여 획정할 수 있다.

 <(주)무학 외 1 기업결합제한규정 위반행위 건>(서울고법, 2004) 등 실무에서는 SSNIP 방식을 사용하고 있다. SSNIP를 적용하는 방법으로 임계매출감소분석과 총전환율분석이 활용된다. <롯데인천개발(주) 기업결합제한규정 위반행위 건>(공정위, 2013)에서 공정위는 총전환율이 임계전환율보다 커서 백화점으로 시장을 획정하였다.

<롯데인천개발(주)의 기업결합제한규정 위반행위 건, 공정위 2013. 4. 29. 의결 제 2013-078호>

 총전환율은 설문조사 결과를 바탕으로 실제 구매전환율을 추정하여 도출할 수 있는데 이 사건에 대한 총전환율 분석결과, 신세계 인천점의 가격이 5% 인상될 경우 다른 백화점으로의 총전환율이 71.3%, 가격이 10% 인상될 경우 다른 백화점으로의 총전환율이 73.9%로 산출되었으며 각각 임계전환율 22.8% 및 37.2% 보다 크게 나타나(총전환율>임계전환율) 관련시장 확대 없이 백화점을 하나의 상품시장으로 획정하여야 한다는 결론이 도출되었다.

 유통시장 관련하여 대형할인점 시장은 별도의 시장으로 획정하였다<(주)신세계 기업결합제한규정 위반행위 건>(공정위, 2006).

<(주)신세계 기업결합제한규정 위반행위 건, 공정위 2006. 11. 14. 의결 제2006-264호>

 법·제도적 측면, 할인점의 특성, 소비자의 인식, 공정위 및 외국의 사례 등을 종합적으로 고려하여 이 사건 기업결합에서 관련 상품시장을 3,000㎡ 이상의 매장면적을 갖추고 식품·의류·생활용품 등 one-stop shopping이 가능한 다양한 구색의 일상 소비용품을 통상의 소매가격보다 저렴하게 판매하는 유통업태인 「대형 할인점 시장」으로 획정한다

미국의 <Staples 사건>(D.D.C. 1997)은 사무용품을 전문으로 판매하는 대형 전문매장을 운영하는 전국적 체인사업자인 Staples가 동종 업태의 Office Depot를 인수하려는 사건에서 미국 연방거래위원회(FTC)가 예비적 금지명령(preliminary injunction)을 청구한 것에 대하여 연방지방법원이 내린 판결인바, 이는 유통업의 상품시장 획정에서 '특정 유통채널의 차별화된 특성'을 매우 중요한 결정요인으로 고려하고 있다는 사실을 보여주는 중요한 사례이다.

이 사건에서는 '대형 사무용품 전문매장'은 차별화된 포맷, 고객, 가격 등의 면에서, 다른 사무용품 판매자들과는 구별되는 시장이라는 판단을 하였는데, 특히 가격 문제를 중요시하여 대형 사무용품 전문업체 중 Staples만이 존재하는 지역과 다른 대형 사무용품 전문매장도 존재하는 지역간의 가격 차이가 13%에 이른다는 사실이 지적되었다. 즉, Staples만이 존재하는 지역 내에서 Wal-Mart, Costco 등 대형 사무용품 전문매장이 아닌 다른 소매업체가 Staples와 동일한 사무용품을 판매하고 있더라도 이는 Staples의 가격책정에 큰 영향을 주지 못하는 반면, Staples의 가격책정은 동일 지역내 다른 대형 사무용품 전문매장의 존재 여부에 매우 크게 영향을 받으므로, '대형 사무용품 전문매장'만으로 관련시장을 획정해야 한다는 것이다 [이상 <(주)신세계 기업결합제한규정 위반행위 건>(공정위, 2006) 참조].

〈FTC v. Staples, 970 F. Supp. 1066(1997)〉

For the reasons set forth in the above analysis, the Court finds that the sale of consumable office supplies through office supply superstores is the appropriate relevant product market for purposes of considering the possible anti-competitive effects of the proposed merger between Staples and Office Depot. The pricing evidence indicates a low cross-elasticity of demand between consumable office products sold by Staples or Office Depot and those same products sold by other sellers of office supplies. This same evidence indicates that non-superstore sellers of office supplies are not able to effectively constrain the superstores' prices, because a significant number of superstore customers do not turn to a non-superstore alternative when faced with higher prices in the one firm markets. In addition, the factors or "practical indicia" of Brown Shoe support a finding of a "submarket" under the facts of this case, and "submarkets," as Brown shoe established, may themselves be appropriate product markets for antitrust purposes.

양면시장 관련해서는 <이베이 기업결합제한규정 위반행위 건>(공정위, 2009)에서 공정위는 개별 면에서 별도의 경쟁이 존재한다면 각 면은 독립된 시장으로 획정하는 것이 타당하다고 보았다(예: 오픈마켓). <딜리버리히어로 에스이 등 4개 배달앱 사업자 기업결합제한규정 위반행위 건>(공정위, 2021)에서는 상품시장을 배달앱, 음식 배달대행, 공유주방 시장으로 획정하였으며, 특히 배달앱 시장은 양면시장으로 파악하였다.

<딜리버리히어로 에스이 등 4개 배달앱 사업자 기업결합제한규정 위반행위 건, 공정위 의결 2021. 2. 2. 제2021-032호>

배달앱 시장의 특징 : 양면시장(two-sided market)

양면시장은 서로를 필요로 하는 고객군을 연결시켜주는 역할을 하는 시장을 의미하며, ① 상이한 두 이용자 그룹이 존재(two distinct user groups) 하고, ② 두 그룹 간에 한 면의 이용자 그룹의 규모가 증가할수록 다른 면 이용자 그룹의 플랫폼에 대한 이용가치가 증가하는 긍정적인 간접적 네트워크 효과(indirect network effect)가 존재하며, ③ 간접적 네트워크 효과를 내면화하기 어려워 거래 및 상호작용을 위해서는 두 그룹을 연결하는 플랫폼을 필요로 하는 특징을 가지고 있다.

[배달앱 시장획정도]

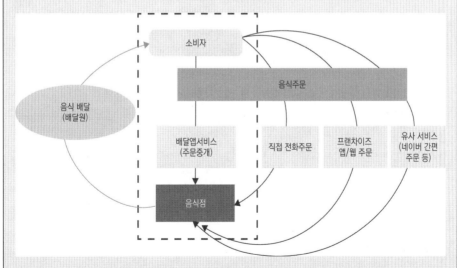

배달앱 시장은 다음과 같은 점에서 양면시장의 성격을 보유하고 있다.

첫째, 음식을 주문하는 수단으로 배달앱을 이용하는 소비자와 음식을 홍보·판매하는 수단으로 배달앱을 이용하는 음식점이라는 상이한 복수의 이용자 그룹이 존재한다.

둘째, 배달앱에 입점한 음식점의 수가 증가할수록 배달앱을 이용하는 소비자들은 선택가능성이 높아져 효용이 커지고, 배달앱을 이용하는 소비자의 수가 증가할수록 입점 음식점들은 매출이 늘어나 편익이 증가하는 긍정적인 간접적 네트워크 효과가 발생한다.

셋째, 다양한 배달 음식점에 대한 정보를 얻고 편리하게 주문·결제하기를 원하는 소비자와 더 많은 소비자에게 배달음식을 판매하고자 하는 음식점 간의 간접적 네트워크 효과를 내면화하기 어려워 이들을 중개하는 배달앱 플랫폼이 존재한다.

통신시장 관련해서는 관련시장이 세분화되는 특성이 있으며 군집시장(clustermarket)을 하나의 상품시장으로 획정하기도 한다.

〈3개 방송통신사업자의 기업결합제한규정 위반행위 건, 공정위 2016. 7. 18. 의결 제 2016-213호〉

이동통신 소매시장은 이동통신서비스를 최종소비자에게 판매하는 시장으로, 이동전화를 통해서는 음성뿐만 아니라 문자(SMS: Short Message Service), 영상 및 데이터(무선인터넷) 등 여러 가지 종류의 정보가 송·수신되지만 이들은 대부분 개별 구매가 어려우며 경쟁상황이 유사하고 공급대체성이 높다는 점을 고려하여, 이들 각각을 별개의 상품시장으로 획정하지 않고 군집시장으로서 하나의 상품시장으로 획정한다.

이 사건 기업결합의 관련 상품시장은 유료방송시장, 방송채널 전송권 거래시장(일반유료방송채널 전송권 거래시장, 홈쇼핑채널 전송권 거래시장, 지상파방송채널 재전송권 거래시장으로 각각 구분), 방송광고시장, 이동통신 소매시장, 이동통신 도매시장, 초고속인터넷시장, 유선전화시장, 국제전화시장으로 구분하여 획정할 수 있다

〈3개 방송통신사업자의 기업결합제한규정 제한규정 위반행위 건, 공정위 2019. 12. 11. 의결 제2019-284호〉

이 사건 기업결합으로 영향을 받을 수 있는 일정한 거래분야의 판단은 결합당사회사 및 그 계열회사들이 영위하고 있는 주요 사업을 검토하여 확인할 수 있다. 이 사건 기업결합과 관련된 상품시장은 유료방송시장, 방송채널 전송권 거래시장, 이동통신소매시장, 이동통신도매시장, 초고속인터넷서비스시장, 유선전화시장, 국제전화시장으로 획정할 수 있다.

② **지리적 시장**

다른 모든 지역에서의 당해 상품의 가격은 일정하나 특정 지역에서만 상당 기간 어느 정도 의미 있는 가격인상이 이루어질 경우 당해 지역의 대표적 구매자가

이에 대응하여 구매를 전환할 수 있는 지역 전체를 의미한다. 이는 ① 상품 특성(부패성, 변질성, 파손성 등) 및 판매자의 사업능력(생산능력, 판매망의 범위 등), ② 구매자의 구매지역 전환가능성에 대한 인식 및 그와 관련한 구매자들의 구매지역 전환행태, ③ 판매자의 구매지역 전환가능성에 대한 인식 및 그와 관련한 경영의사결정 행태, ④ 시간적, 경제적, 법제적 측면에서의 구매지역 전환의 용이성 등을 기준으로 획정한다. <(주)무학 외 1 기업결합제한규정 위반행위 건>(서울고법, 2004)에서는 SSNIP 방식을 채택하고 그 방식으로 임계매출감소분석을 하였다. 유통시장, 특히 대형할인점 시장은 SSNIP방식을 채택하기 어렵기 때문에 <(주)신세계 기업결합제한규정 위반행위 건>(서울고법, 2008)에서는 "중첩원의 합집합(A union of overlapping circles)" 방식을 채택하였다. 관련해서 5Km, 10km 기준 등이 사용될 수 있다.

<(주)신세계 기업결합제한규정 위반행위 건, 공정위 2006. 11. 14. 의결 제2006-264호>

첫째, 지역시장의 범위(즉, 거리)를 획정하는 문제이다. 이 문제는 이미 살펴 본 바와 같이 각 할인점포를 중심으로 반경 5km(지방도시는 10km)로 결정하였으므로, 특별한 지역적 특성 등이 없다면 계속 동일한 거리를 적용한다.

둘째, 중첩원이 계속 연속되는 경우의 시장획정 문제이다. 이 경우 이론적으로 지리적 시장이 무한정 확장될 수 있으나, 사업자의 상권범위, 소비자의 할인점 회원가입 현황 등을 볼 때 지역범위가 무한정으로 확장될 수는 없는 것이다. 따라서 중첩원의 연속을 일정한 기준으로 제한하는 것이 현실적이고 타당한 지리적 시장획정 방법이 된다고 할 수 있다.

이에 따라 이 사건 기업결합에서는 피취득회사 월마트의 지점을 중심으로 일정 거리(반경 5km 또는 10km)의 원에 포함된 모든 할인점을 기준으로 다시 동일한 거리의 원을 중첩시켜 이 중첩원에 포함된 지역만을 지리적 시장으로 획정하기로 한다. 그러나 중첩원에 새로 포함된 지역에 소재하는 할인점을 중심으로 또 다시 원을 계속 중첩시키지는 않도록 한다. 이렇게 함으로써 일정 범위의 지역시장을 획정할 수 있다.

셋째, 이렇게 2차에 걸친 지역시장 획정의 결과가 당해 지역의 지리적 특성에 부합하지 않는 경우에는 지역시장의 범위를 합리적으로 조정할 필요도 있다. 예를 들어 동일한 지리적 시장으로 획정된 지역이라 하더라도 전통적인 행정구역이나 간선도로, 강 등의 인문자연지리적 특성에 의해 실제로는 하나의 생활권으로 보기 어려운 경우에는 이를 반영하도록 한다.

<딜리버리히어로 에스이 등 4개 배달앱 사업자 기업결합제한규정 위반행위 건>(공정위, 2021)>에서는 상품시장별로 각기 다르게 지리적 시장을 획정하였다.

> **〈딜리버리히어로 에스이 등 4개 배달앱 사업자 기업결합제한규정 위반행위 건, 공정위 의결 2021. 2. 2. 제2021-032호〉**
>
> (1) 배달앱 시장
>
> 배달앱 시장의 경우 ① 결합당사회사가 전국 단위로 배달앱 사업을 영위하고 있고 전국 사업자를 중심으로 경쟁이 이루어지고 있는 점, ② 배달앱 서비스 지역과 관련한 법·제도적 규제가 없어 어떤 사업자라도 전국적으로 배달앱 서비스를 제공할 수 있는 점, ③ 배달앱 서비스의 품질이 전국적으로 차이가 없고, 광고 마케팅, 수수료 정책 등의 주요 경영의사결정도 전국 단위로 결정되는 점, ④ 소비자들의 구매전환 가능성 및 구매행태가 지역별로 차별화 되어 있지 않은 점 등을 고려하여 전국시장으로 획정한다.
>
> (2) 음식 배달대행 시장
>
> 음식 배달대행 시장의 경우 ① 주요 사업자들이 전국단위로 사업을 영위하고 있는 점, ② 국내 대부분의 지역에서 음식점들은 복수의 음식 배달대행 업체와 거래하고 이들 간에 쉽게 구매전환이 가능한 점, ③ 음식 배달대행 업체들이 제공하는 서비스의 내용과 가격 등이 전국적으로 크게 차이나지 않는 점 등을 고려할 때 지리적 시장을 전국시장으로 획정할 여지가 있다.
>
> 다만, ① 본 건 결합이 음식 배달대행 시장에 미칠 영향은 결합당사회사가 음식배달대행 서비스를 제공하는 지역에 국한하여 발생되는 점, ② 현재 결합당사회사가 운영하는 배민라이더스, 요기요 익스프레스의 서비스 지역이 서울·인천·경기 일부 지역에 한정되는 점 등을 고려하여 음식 배달대행 시장의 지리적 시장은 결합당사회사가 음식 배달대행 서비스를 제공하고 있는 서울·인천·경기도 32개 시·군·구 지역 전체로 획정한다.
>
> (3) 공유주방 서비스 시장
>
> 공유주방 서비스 시장의 경우 ① 상대회사가 현재 서울 성동·마포·송파·강남·강서·관악구 등지에서 배민키친이라는 공유주방 사업을 영위하고 있는 점, ② 상대회사와 경쟁하고 있는 키친밸리 및 고스트 키친 외에 다른 공유주방 사업자도 서울 강남·서초·송파·관악·노원·구로구 및 분당 등 수도권 지역에서 공유주방 사업을 영위하고 있는 점, ③ 공유주방 시설물은 기본적으로 배달수요가 높아 소비자들로부터 많은 주문을 받을 수 있는 인구밀도가 높은 지역을 중심으로 운영되는 점 등을 고려하여 지리적 시장은 결합당사회사가 서비스를 제공하고 있는 서울지역으로 획정한다

〈대한항공 등 5개 항공운송사업자 기업결합제한규정 위반행위 건〉(공정위, 2022)에서는 항공 여객운송 시장에서 상품시장 획정과 지역시장 획정을 구분하지 않고 국제선, 국내선 노선별로 시장을 획정하였다.

> **〈대한항공 등 5개 항공운송사업자 기업결합제한규정 위반행위 건, 공정위 2022. 5. 9. 의결 제2022-107호〉**
>
> 항공여객운송은 서비스의 특성상 그 자체로 지역적 요소를 내포하고 있는바, 상품시장 획정과 지역시장 획정을 구분하지 않고 검토한다.

4) 경쟁의 실질적 제한

경쟁이 실질적으로 제한되는 기업결합이라 함은 일정한 거래분야에서 경쟁이 감소하여 결합당사기업이 어느 정도 자유로이 상품의 가격·수량·품질 기타 거래조건이나 혁신, 소비자선택가능성 등의 결정에 영향을 미치거나 미칠 우려가 있는 상태를 초래하거나 그러한 상태를 상당히 강화하는 기업결합을 말한다. 즉, 시장지배력의 형성 또는 강화 때문에 유효경쟁을 기대하기 어려운 상태를 말한다(대법원, 1995). 외국의 경우 EU「합병규칙(FKVO)」에서는 "실질적 경쟁의 제한", 미국「클레이튼법(Clayton Act)」에서는 "경쟁의 실질적 감소(substantial lessening of competition)"라고 규정하고 있다.

『기업결합 심사기준』 VI.에 따르면 경쟁의 실질적 제한을 추정되지 아니하는 경우는 다음과 같다. 첫째, 수평형 기업결합으로서 ① HHI(경쟁사업자의 시장점유율의 제곱의 합) 1,200 미달, ② HHI 1,200 이상이고 HHI증가분이 150 미만인 경우, ③ HHI가 2,500 이상이고 HHI증가분이 150 미만인 경우 중 하나인 경우, 둘째, 수직형 또는 혼합형 기업결합으로 ① HHI 2,500 미만이고 시장점유율이 25% 미만, ② 당사회사가 각각 4위 이하 사업자이거나, 당사회사의 시장점유율이 10/100 미만인 경우이다.

최근 수년간 시장집중도의 변화추세를 고려한다. 혁신시장의 경우 관련상품의 매출액 등에 기반한 시장점유율을 산정할 수 없는 경우가 있다. 따라서 혁신시장에서는 연구개발비 지출 규모, 혁신활동에 특화된 자산 및 역량의 규모, 해당 분야 특허출원 또는 피인용 횟수, 혁신경쟁에 실질적으로 참여하는 사업자의 수 등을 참고하여 시장집중도를 산정할 수 있다.

미국의 『수평적 기업결합 심사지침(Horizontal Merger Guidelines)』에서도 HHI를 사용하고 있다. 그러나 1992년 지침과는 달리 2010년 지침에서는 시장획정이 필요하지 않다고 선언한 점에 그 특징이 있다. 혁신시장에서는 연구개발비 지출 규모,

혁신활동에 특화된 자산 및 역량의 규모, 해당 분야 특허출원 또는 피인용 횟수, 혁신경쟁에 실질적으로 참여하는 사업자의 수 등을 참고하여 시장집중도를 산정하고 있다.

    미국 『수평적 기업결합 심사지침(Horizontal Merger Guidelines)』에서는 다음과 같이 규정하고 있다.[12)]

〈Horizontal Merger Guidelines U.S. Department of Justice and the Federal Trade Commission Issued: August 19, 2010〉

5.3 Market Concentration

Based on their experience, the Agencies generally classify markets into three types:

ⓒ Unconcentrated Markets: HHI below 1500

ⓒ Moderately Concentrated Markets: HHI between 1500 and 2500

ⓒ Highly Concentrated Markets: HHI above 2500

    The Agencies employ the following general standards for the relevant markets they have defined:

ⓒ Small Change in Concentration: Mergers involving an increase in the HHI of less than 100 points are unlikely to have adverse competitive effects and ordinarily require no further analysis.

ⓒ Unconcentrated Markets: Mergers resulting in unconcentrated markets are unlikely to have adverse competitive effects and ordinarily require no further analysis.

ⓒ Moderately Concentrated Markets: Mergers resulting in moderately concentrated markets that involve an increase in the HHI of more than 100 points potentially raise significant competitive concerns and often warrant scrutiny.

ⓒ Highly Concentrated Markets: Mergers resulting in highly concentrated markets that involve an increase in the HHI of between 100 points and 200 points potentially raise significant competitive concerns and often warrant scrutiny. Mergers resulting in highly concentrated markets that involve an increase in the HHI of more than 200 points will be presumed to be likely to enhance market power. The presumption may be rebutted by persuasive evidence showing that the merger is unlikely to enhance market power.

---

12) 2022.1.18. 미국 연방거래위원회(FTC)와 법무부(DOJ)는 심사지침의 개정을 발표한바 있다.

EU의 『수평적 기업결합 심사지침(Horizontal Merger Guidelines)』 및 『비수평적 기업결합 심사지침(Guidelines on the assessment of non−horizontal mergers)』에서는 다음과 같이 규정하고 있다.

〈Guidelines on the assessment of horizontal mergers under the Council Regulation on the control of concentrations between undertakings(2004/C 31/03)〉

Market share levels

17. According to well−established case law, very large market shares — 50% or more — may in themselves be evidence of the existence of a dominant market position. However, smaller competitors may act as a sufficient constraining influence if, for example, they have the ability and incentive to increase their supplies. A merger involving a firm whose market share will remain below 50% after the merger may also raise competition concerns in view of other factors such as the strength and number of competitors, the presence of capacity constraints or the extent to which the products of the merging parties are close substitutes. The Commission has thus in several cases considered mergers resulting in firms holding market shares between 40% and 50%, and in some cases below 40%, to lead to the creation or the strengthening of a dominant position.

18. Concentrations which, by reason of the limited market share of the undertakings concerned, are not liable to impede effective competition may be presumed to be compatible with the common market. Without prejudice to Articles 81 and 82 of the Treaty, an indication to this effect exists, in particular, where the market share of the undertakings concerned does not exceed 25% either in the common market or in a substantial part of it.

HHI levels

19. The Commission is unlikely to identify horizontal competition concerns in a market with a post−merger HHI below 1000. Such markets normally do not require extensive analysis.

20. The Commission is also unlikely to identify horizontal competition concerns in a merger with a post−merger HHI between 1000 and 2000 and a delta below 250, or a merger with a post−merger HHI above 2000 and a delta below 150, except where special circumstances such as, for instance, one

or more of the following factors are present:

(a) a merger involves a potential entrant or a recent entrant with a small market share;

(b) one or more merging parties are important innovators in ways not reflected in market shares;

(c) there are significant cross−shareholdings among the market participants(25);

(d) one of the merging firms is a maverick firm with a high likelihood of disrupting coordinated conduct;

(e) indications of past or ongoing coordination, or facilitating practices, are present;

(f) one of the merging parties has a pre−merger market share of 50 % of more(26).

21. Each of these HHI levels, in combination with the relevant deltas, may be used as an initial indicator of the absence of competition concerns. However, they do not give rise to a presumption of either the existence or the absence of such concerns.

〈Guidelines on the assessment of non-horizontal mergers under the Council Regulation on the control of concentrations between undertakings(2008/C 265/07)〉

III. MARKET SHARE AND CONCENTRATION LEVELS

23. Non−horizontal mergers pose no threat to effective competition unless the merged entity has a significant degree of market power (which does not necessarily amount to dominance) in at least one of the markets concerned. The Commission will examine this issue before proceeding to assess the impact of the merger on competition.

24. Market shares and concentration levels provide useful first indications of the market power and the competitive importance of both the merging parties and their competitors.

25. The Commission is unlikely to find concern in non−horizontal mergers, be it of a coordinated or of a non−coordinated nature, where the market share post−merger of the new entity in each of the markets concerned is below 30% and the post−merger HHI is below 2000.

26. In practice, the Commission will not extensively investigate such mergers, except where special circumstances such as, for instance, one or more of the following factors are present:

(a) a merger involves a company that is likely to expand significantly in the near future, e.g. because of a recent innovation;

(b) there are significant cross—shareholdings or cross—directorships among the market participants;

(c) one of the merging firms is a firm with a high likelihood of disrupting coordinated conduct;

(d) indications of past or ongoing coordination, or facilitating practices, are present.

27. The Commission will use the above market share and HHI thresholds as an initial indicator of the absence of competition concerns. However, these thresholds do not give rise to a legal presumption. The Commission is of the opinion that it is less appropriate in this context to present market share and concentration levels above which competition concerns would be deemed to be likely, as the existence of a significant degree of market power in at least one of the markets concerned is a necessary condition for competitive harm, but is not a sufficient condition.

EU에서는 집합적 지배력의 형성 및 강화라는 개념을 인정하고 있다.13) 즉, <France v. Commission 사건>(EU사법재판소, 1998)과 <Gencor 사건>(EU사법재판소, 1999)에서 집합적 지배력의 개념을 인정하고 있다. <Gencor 사건>(EU사법재판소, 1999)에서 Gencor Ldt(남아프리카 회사)와 Lonrho Plc(영국 회사)가 백금류 금속(platinum group metal) 부문을 합병하기로 한 것이 문제가 되었는데, EU집행위는 기업결합이 결합기업과 시장에 잔존하는 경쟁사업자인 Anglo American Corporation of Africa Ltd. 간에 복점을 창출할 것이라는 점을 중요하게 고려하였다.

<Judgment of the Court of 31 March 1998. - French Republic and Société commerciale des potasses et de l'azote (SCPA) and Entreprise minière et chimique (EMC) v Commission of the European Communities. - Community control of concentrations between undertakings - Collective dominant position. - Joined cases C-68/94 and C-30/95.>

In the light of its purpose and general structure, Regulation No 4064/89 on the control of concentrations between undertakings applies to collective dominant positions.

13) 공정위, EU의 경쟁법 판례분석(2008), 36면.

<Judgment of the Court of First Instance (Fifth Chamber, extended composition) of 25 March 1999. Gencor Ltd v Commission of the European Communities. Case T-102/96.>

Two or more independent economic entities may be united by economic links in a specific market and, by virtue of that fact, may together hold a dominant position vis−à−vis the other operators on the same market.

① 수평적 기업결합

미국의 경우 최초의 수평기업결합 사건인 <Nothern Securities 사건>(미연방대법원, 1904)에서 당연위법으로 판단하였으나, <Standard Oil 사건>(미연방대법원, 1911)에서 합리의 원칙을 적용하였다. 1950년 「셀러−커포버법(Celler−Kefauver Act)」이후 <Brown Shoe 사건>(미연방대법원, 1962)에서는 시장점유율이 4%인 Brown Shoe사와 1.2%인 Kinney사와의 기업결합에 대해 합리의 원칙을 적용하여 법위반으로 보았는데, 당시 인수·합병이 성행했던 신발산업의 추세를 감안하였다. 그 후 <Philadelphia National Bank 사건>(미연방대법원, 1963)에서는 필라델피아의 2, 3위 은행 간 수평결합(점유율 30%)에 대하여 반경쟁성이 추정된다는 이유로 위법을 선언하였다. <Von's Grocery 사건>(미연방대법원, 1966)에서는 LA지역 3, 6번째의 식품점 간 수평결합을 인수·합병이 성행했던 식품산업의 추세를 감안하여 불허하였다. <General Dynamics 사건>(미연방대법원, 1974)은 클레이튼법 제7조 해석에서 전환점이 되었는데, 현재 및 장래의 경쟁할 수 있는 힘이 심각하게 제한된다는 이유로 실질적 경쟁제한성이 없다고 보고 기업결합을 허용하였다.[14]

<Northern Sec. Co. v. United States, 193 U.S. 197(1904)>

The court affirmed and held that petitioner company was formed by two railroad companies simply to enable one railroad to take control over the other competing railroad because it was against state law for one railroad to directly control another competing railroad.

<Standard Oil Co. v. United States, 221 U.S. 1(1911)>

The decision finding that the combining of defendant oil companies' stock

---

14) 이상 자세한 내용은 강대형, 독점규제법과 경제학(2019), 161~166면 참조.

constituted a restraint of trade and an attempt to monopolize the oil industry was affirmed because plaintiff government established prima facie intent on the part of defendants to exclude others from the trade and to control the movement of petroleum in the channels of interstate commerce.

⟨Brown Shoe Co. v. United States, 370 U.S. 294(1962)⟩

The decision holding that a proposed merger between defendant shoe companies would violate the Clayton Act was affirmed. The Court found that the merger would substantially lessen competition in the retail sale of shoes in the overwhelming majority of cities and their environs in which defendants sold through owned or controlled outlets.

⟨United States v. Philadelphia Nat'l Bank, 374 U.S. 321(1963)⟩

The Supreme Court reversed the order and agreed with the United States that a proposed merger by appellee banks was forbidden by the Clayton Act and had to be enjoined because the proposed merger was unlawful and had the effect of substantially lessening competition in the relevant market. The Court denied appellees' commercial justifications for the proposed merger and remanded with direction to enter judgment enjoining the proposed merger.

"The determination of whether the effect of a merger may be to substantially lessen competition in the relevant market requires not merely an appraisal of the immediate impact of the merger upon competition, but a prediction of its impact upon competitive conditions in the future. Such a prediction is sound only if it is based upon a firm understanding of the structure of the relevant market.

⟨United States v. Von's Grocery Co., 384 U.S. 270(1966)⟩

Petitioner was granted relief, and the court reversed the district court's ruling and remanded the matter, holding instead that respondent's proposed merger was in violation of federal antitrust laws because it had the tendency to substantially lessen competition and create a monopol.

⟨United States v. General Dynamics Corp., 415 U.S. 486⟩

The judgment for respondent was affirmed. The district court did not err in finding that petitioner's statistical evidence did not support its contention that the stock acquisition of respondent's predecessor substantially lessened competition in any product or geographic market.

> Significantly, respondent's current and future power to compete for long term contracts was severely limited by respondent's scarce uncommitted resource.

수평적 기업결합이 경쟁을 실질적으로 제한하는지 여부에 대해서는 기업결합 전후의 시장집중상황, 단독효과, 협조효과, 해외경쟁의 도입수준 및 국제적 경쟁상황, 신규진입의 가능성, 유사품 및 인접시장의 존재 여부 등을 고려한다(『기업결합 심사기준』 VI. 2).

첫째, 단독효과이다. 기업결합 당사회사가 단독으로 가격통제·경쟁배제능력 등을 보유·행사하는지 여부를 검토한다. 단독으로 가격인상 등 경쟁제한행위를 하더라도 대체제품이 적시에 공급되기 어려운 사정이 있는 경우 경쟁을 실질적으로 제한된다. 시장점유율 합계, 시장점유율 증가폭 및 경쟁사업자와의 점유율 격차, 구매전환가능성, 생산능력 격차 등을 감안한다. 그리고 시장의 특성도 함께 감안하여야 하는데, 예컨대, 차별적 상품시장에 있어서는 결합 당사회사 간 직접 경쟁의 정도를 측정하는 것이 보다 중요하고 그에 따라 시장점유율보다는 결합당사회사 제품 간 유사성, 구매전환 비율 등을 보다 중요하게 고려한다. <무학 외 1 기업결합제한규정 위반행위 건>(서울고법, 2004)에서 법원은 "이 사건 기업결합으로 얻어진 독점적 지위를 바탕으로 거래업체에 대해 가격인상, 끼워팔기, 구속조건부거래 등 시장지배력을 남용할 유인이 더욱 증가하여 결과적으로 최종소비자에 피해가 초래될 가능성이 높다"고 판단하였다.

<삼익악기 기업결합제한규정 위반행위 건>(서울고법, 2006)에서 법원은 "이 사건 기업결합으로 국내의 양대 피아노 생산판매업체는 사실상 독점화되고 직접적인 대체관계에 있던 두 제품이 하나의 회사 내에서 생산되고 판매되므로 소비자 입장에서는 제품선택의 폭이 줄어들고 생산자입장에서는 이를 이용하여 가격인상을 통한 이윤증대 가능성이 커지게 되는 단독효과가 발생할 수 있는 전형적인 경우"라고 판시하였다. 단독효과를 판단하기 위해 기업결합 시뮬레이션, 구매전환율분석, UPP분석방법 등이 활용된다. 실제 가격인상압력(UPP)를 통한 분석사례(유로방송시장)를 소개하면 다음과 같다.

〈3개 방송통신사업자의 기업결합제한규정 위반행위에 대한 건, 공정위 2016. 7. 18. 의결 제2016 - 000호〉

가격인상압력(UPP: Upward Pricing Pressure) 분석을 통한 가격인상 가능성 판단

가격인상압력분석(이하 'UPP 분석'이라 한다)은 차별화된 시장에서 결합 후 당사기업의 가격인상 가능성을 분석하는 방법으로, 결합 전 서로 경쟁하며 각자 자신의 이윤을 극대화하는 가격을 설정하던 기업들이 결합 이후 공동의 이윤을 극대화함에 따라 갖게 되는 가격인상 유인을 분석하는 것이다.

기업 1과 기업 2가 결합한다고 가정할 경우, 결합 후 결합당사회사의 가격인상 유인은 전환율(diversion ratio)과 마진율의 곱으로 추정되며, 이때 결합으로 인한 비용절감 효과를 추가적으로 고려하여 계산한다. 기업 1 제품의 가격인상 시 기업 2 제품으로 구매를 전환하는 구매자의 비율인 전환율이 클수록, 기업 2의 제품 한 단위 판매에 따른 마진이 클수록, 결합 후 가격인상압력이 커진다. 최종적인 UPP 지수는 다음과 같이 도출된다.

$$UPP_1 = D_{12}(P_2 - C_2) - EC_1 \qquad\qquad (1)$$

$$\frac{UPP_1}{P_1} = D_{12}M_2\frac{P_2}{P_1} - E(1 - M_1) \qquad\qquad (1')$$

여기서 D_{12}는 기업 1의 제품에서 기업 2의 제품으로의 구매전환율, M은 마진율, P는 가격, E는 결합의 효율성 효과(통상 10%로 가정), C는 비용을 의미하며, UPP_1가 양(+)의 값을 가질 때 결합 이후 기업 1 제품의 가격인상 유인이 존재한다고 해석한다.

이 사건 기업결합에 대해 UPP 분석을 실시한 결과 일관되게 양(+)의 값이 나타난 바, 결합당사회사는 이 사건 기업결합 후 케이블TV의 가격을 인상할 유인이 있다고 판단된다. 특히 이러한 경향은 중·장기보다 단기에 더욱 강하게 나타나는데, 중·장기에는 아날로그 케이블TV의 UPP값이 5.05~5.73%으로, 디지털 케이블TV의 UPP값이 1.76~2.49%으로 분석되고, 단기에는 아날로그 케이블TV의 UPP값이 32.75~37.08%으로, 디지털 케이블TV의 UPP값이 13.95~15.35%로 분석된다.

미국에서는 〈Staples 사건〉(D.D.C. 1997)에서 법원이 시장획정 외에도 단독효과에 입각하여 위법성을 판단하였고, 2010년 수평결합지침을 개정하는 계기가 되었다.[15] 미국 『수평적 기업결합 심사지침(Horizontal Merger Guidelines)』에서는 다음과 같이 규정하고 있다.

---

15) 강대형, 독점규제법과 경제학(2019), 172면.

⟨Horizontal Merger Guidelines U.S. Department of Justice and the Federal Trade Commission Issued: August 19, 2010⟩

6. Unilateral Effects

A merger may result in different unilateral effects along different dimensions of competition. For example, a merger may increase prices in the short term but not raise longer−term concerns about innovation, either because rivals will provide sufficient innovation competition or because the merger will generate cognizable research and development efficiencies.

둘째, 협조효과이다. 경쟁자의 감소 등으로 인하여 사업자 간의 가격·수량·거래조건에 관한 협조가 이루어지기 쉽거나 그 협조의 이행 여부에 대한 감시 및 위반자에 대한 제재가 가능한 경우 경쟁제한성이 증가한다. 명시적·묵시적 공동행위 여부를 보는데, 상품의 동질성, 정보공유의 용이성, 상대회사의 독행기업(Maverick) 여부, 공동행위 전력 등을 고려하여 판단한다. 예를 들어 <LG유플러스/CJ헬로 기업결합제한규정 위반행위 건>(공정위, 2019)에서 공정위는 CJ헬로를 독행기업으로 볼 수 없다며 LG유플러스가 CJ헬로 알뜰폰을 인수하더라도 시장 경쟁을 제한할 우려가 없다고 판단했다.

<무학 외 1 기업결합제한규정 위반행위 건>(서울고법, 2004)에서 법원은 "부산 및 경남지역에서 실질적인 경쟁관계에 있다고 볼 수 있는 경쟁업체의 수가 3개 업체에서 2개 업체로 감소하게 되고, 소주에 대한 수요변동이 크지 않으며 경쟁업체가 수년간 안정적인 시장점유율을 유지해 왔고, 상품의 생산·판매조건이 유사하며, 가격을 인상하더라도 다른 경쟁업체의 시장확대가 어려운 점 등을 감안하면 이 사건 기업결합으로 인하여 무학 및 보조참가인이 가격인상 등과 같은 명시적·묵시적 공동행위가 이루어질 가능성이 높다"고 판단하였다. 미국 『수평적 기업결합 심사지침(Horizontal Merger Guidelines)』에서는 다음과 같이 규정하고 있다.

⟨Horizontal Merger Guidelines U.S. Department of Justice and the Federal Trade Commission Issued: August 19, 2010⟩

7. Coordinated Effects

A merger may diminish competition by enabling or encouraging post−merger coordinated interaction among firms in the relevant market that harms customers.

The ability of rival firms to engage in coordinated conduct depends on the strength and predictability of rivals' responses to a price change or other competitive initiative. Under some circumstances, a merger can result in market concentration sufficient to strengthen such responses or enable multiple firms in the market to predict them more confidently, thereby affecting the competitive incentives of multiple firms in the market, not just the merged firm.

셋째, 구매력 증대에 따른 효과이다. 결합당사회사가 원재료시장 같은 상부시장에 구매자로서의 지배력이 형성 또는 강화될 경우 구매물량 축소 등을 통하여 경쟁이 실질적으로 제한될 수 있는지 고려한다.

EU의 <Boeing/MacDonnel 사건>(EU집행위, 1997)을 소개하면 다음과 같다.

<**COMMISSION DECISION of 30 July 1997 declaring a concentration compatible with the common market and the functioning of the EEA Agreement Case No IV/M.877 - Boeing/McDonnell Douglas Council Regulation (EEC) No 4064/89**>

The overall effects resulting from the take−over of MDCís defence and space business would lead to a strengthening of Boeingís dominant position through:
  (a) an increase in Boeing's overall financial resources;
  (b) an increase in Boeing's access to publicly funded R&D and intellectual property portfolio;
  (c) an increase in Boeingís bargaining power vis−a−vis suppliers;
  (d) opportunities for offset and ìbundling dealsî.

넷째, 혁신저해효과이다. 기업결합 후 결합당사회사가 연구·개발 등 혁신활동을 감소시킬 유인 및 능력을 보유하는 경우 관련시장에서의 혁신경쟁을 실질적으로 제한하게 된다. 결합당사회사가 관련 분야에서 중요한 혁신사업자인지, 수행한 혁신활동의 근접성 또는 유사성, 기업결합 이후 실질적으로 혁신경쟁에 참여하는 사업자의 수가 충분한지, 경쟁사업자와 혁신역량의 격차, 한쪽이 혁신활동을 통하여 다른 쪽의 상품 시장에 진입할 수 있는 잠재적 경쟁사업자인지 여부 등을 종합적으로 고려하여 판단한다. 미국『수평적 기업결합 심사지침(Horizontal Merger Guidelines)』에서는 다음과 같이 규정하고 있다.

> ⟨Horizontal Merger Guidelines U.S. Department of Justice and the Federal Trade Commission Issued: August 19, 2010⟩
>
> 6.4 Innovation and Product Variety
>
> Competition often spurs firms to innovate. The Agencies may consider whether a merger is likely to diminish innovation competition by encouraging the merged firm to curtail its innovative efforts below the level that would prevail in the absence of the merger.

<동양화학(주)/한국과산화공업(주) 주식취득 건>(공정위, 1982)은 최초의 수평적 기업결합 사례였으며, <웨스턴디지털코퍼레이션 기업결합제한규정 위반행위 건>(공정위, 2015)에서 공정위는 기업결합은 허용하되 3.5인치 부문 주요 자산의 매각을 명하는 구조적 시정조치를 부과하였는데, 이는 외국기업 간 M&A에 대하여 공정거래법 제7조 경쟁제한적 기업결합 규정을 적용하여 실제로 시정조치한 최초의 사례이다.

② **수직적 기업결합**

생산요소로 쓰이는 중간생산물 X가 쌍방독점 시장에서 거래되면 구매자는 X의 가격상승을 우려하여 X에 대한 수요를 억제할 것이며, X의 판매자는 가격하락을 우려하여 공급을 억제하게 되고, 결국 최종제품의 생산도 감소하게 되는데, 수직결합이 이루어지면 최종제품의 생산을 증가시키므로 배분적 효율성을 증대시키게 된다.[16] 그러나 진입장벽(entry barrier)효과와 생산비 압박(squeeze)효과로 독점력이 증대될 수 있다.[17]

수직적 기업결합의 경쟁제한성 판단에는 봉쇄이론과 진입장벽이론 등이 활용된다. 봉쇄이론은 <Du Pont 사건>(미연방대법원, 1957)에서 적용되었는데, 미연방대법원은 Du pont사가 General Motor사 주식 23% 취득으로 자동차완성시장의 1/3이 봉쇄(GM사가 국내자동차시장의 50%, Du Pont사가 GM사 자동차부품의 23% 공급)되었다고 판단하였다. <Brown Shoe 사건>(미연방대법원, 1962)에서는 수평결합 외에도 수직결합도 금지하였다. 진입장벽이론은 <Ford Motor 사건>(미연방대법원, 1972)에서 적용되었는데, 업계 2위인 Ford사의 점화플러그 시장점유율 15%인

---

16) 최정표, 산업조직경제학(2016), 270~271면.
17) 최정표, 산업조직경제학(2016), 271면.

Autolite사 주식취득을 「클레이튼법(Clayton Act)」 제7조 위반으로 보았다.

〈UNITED STATES v. du PONT, 353 U.S. 586(1957)〉

This was the first case in which the Court determined that § 7 of the Clayton Act, before its amendment in 1950, applied to horizontal and to vertical acquisitions. The Court held that the acquisition of the automaker's stock was within the reach of § 7 because a reasonable likelihood appeared that the acquisition would result in a restraint of commerce or in the creation of a monopoly of a line of commerce and the market affected was substantial.

〈Ford Motor Co. v. United States, 405 U.S. 562(1972)〉

The reviewing court affirmed, holding that despite the alleged benefits, petitioner's acts served to lessen competition and were violative of antitrust laws.

수직형 기업결합이 경쟁을 실질적으로 제한하는지 여부에 대해서는 시장의 봉쇄효과, 협조효과 등을 종합적으로 고려하여 심사한다(『기업결합 심사기준』 VI. 3).

첫째, 시장의 봉쇄효과 관련하여 기업결합을 통해 당사회사가 경쟁관계에 있는 사업자의 구매선 또는 판매선을 봉쇄하거나 다른 사업자의 진입을 봉쇄할 수 있는 경우 경쟁을 실질적으로 제한한다. 시장의 봉쇄여부는 원재료 공급회사의 시장점유율 또는 원재료 구매회사의 구매액이 당해 시장의 국내 총공급액에서 차지하는 비율, 원재료 구매회사의 시장점유율, 기업결합의 목적, 경쟁사업자가 대체적인 공급선·판매선을 확보할 가능성, 경쟁사업자의 수직계열화 정도, 시장의 성장전망 및 당사회사의 설비증설 등 사업계획, 사업자간 공동행위에 의한 경쟁사업자의 배제가능성, 당해 기업결합에 관련된 상품과 원재료 의존관계에 있는 상품시장 또는 최종 산출물 시장의 상황, 시장진입을 위한 필요최소 자금규모가 현저히 증대하는지 여부 등을 고려한다.

실제 봉쇄효과 판단사례를 소개한다.

> **〈3개 방송통신사업자 기업결합제한규정 위반행위 건, 공정위 2016. 7. 18. 의결 제 2016 - 000호〉**
>
> 시장봉쇄효과
>
> 이와 같이 CJ헬로비전의 가입자들이 모두 SK텔레콤 이동통신망으로 전환되는 등 경쟁사업자에 대한 판매선 봉쇄가 이루어진다면 이동통신 도매시장에서 SK텔레콤은 시장점유율 5*.*%의 1위 사업자가 되고, 현재 1위인 KT가 2위 사업자가 되면서 점유율 격차도 26.3%p로 크게 벌어지는 등 경쟁제한적인 시장구도를 형성하게 된다.

미국의 『수직적 기업결합 가이드라인(Vertical Merger Guidelines)』에서는 다음과 같이 규정하고 있다.

> **〈Vertical Merger Guidelines U.S. Department of Justice & The Federal Trade Commission June 30, 2020〉**
>
> 4. UNILATERAL EFFECTS
>
> **a. Foreclosure and Raising Rivals' Costs**
>
> A vertical merger may diminish competition by allowing the merged firm to profitably use its control of the related product to weaken or remove the competitive constraint from one or more of its actual or potential rivals in the relevant market. For example, a merger may increase the vertically integrated firm'si ncentive or ability to raise its rivals' costs by increasing theprice or lowering the quality of the related product. The merged firm could also refuse to supply rivals with the related products altogether("foreclosure").

EU의 『비수평적 기업결합 심사지침(Guidelines on the assessment of non-horizontal mergers)』에서 봉쇄효과에 대하여 자세히 규정하고 있다. 〈AOL/ Time Warner 사건〉(EU집행위원회, 1998)에서는 방송 및 엔터테인먼트 사업자인 Time Warner와 미국의 선도적인 인터넷접속 사업자인 AOL의 결합이 문제였는데, AOL이 초기시장의 문지기(gatekeeper)역할을 통하여 인터넷 온라인 음악배급이라는 새로운 시장을 지배할 수 있다고 판단하였다.

<Guidelines on the assessment of non-horizontal mergers under the Council Regulation on the control of concentrations between undertakings(2008/C 265/07)>

V. VERTICAL MERGERS

A. Non－coordinated effects: foreclosure

29. A merger is said to result in foreclosure where actual or potential rivals' access to supplies or markets is hampered or eliminated as a result of the merger, thereby reducing these companies' ability and/or incentive to compete. Such foreclosure may discourage entry or expansion of rivals or encourage their exit. Foreclosure thus can be found even if the foreclosed rivals are not forced to exit the market: It is sufficient that the rivals are disadvantaged and consequently led to compete less effectively. Such foreclosure is regarded as anti－competitive where the merging companies — and, possibly, some of its competitors as well — are as a result able to profitably increase the price charged to consumers (21).

B. Other non－coordinated effects

78. The merged entity may, by vertically integrating, gain access to commercially sensitive information regarding the upstream or downstream activities of rivals (75). For instance, by becoming the supplier of a downstream competitor, a company may obtain critical information, which allows it to price less aggressively in the downstream market to the detriment of consumers (76). It may also put competitors at a competitive disadvantage, thereby dissuading them to enter or expand in the market.

<Commission Decision of 11/10/2000 declaring a concentration to be compatible with the common market and the EEA Agreement Case No COMP/M.1845 - AOL/Time Warner>

VI. ASSESSMENT OF THE PROPOSED UNDERTAKINGS

The Commission has examined the proposed mechanism under recital 95 point (a) and considers that it will permit to sever the structural links between AOL and Bertelsmann in a timely way. This will prevent the new entity from having access to the leading source of publishing rights －necessary for the on－line exploitation of music over the Internet－ and consequently will prevent the emergence of a dominant position in the on－line music, music player and Internet dial up market. The interim measures under points (b) and (c), and the

> monitoring exercise, provide sufficient guarantee that, before Bertelsmann's exit from AOL Europe and AOL France, the relationships between Bertelsmann and AOL will be at arm's length.
>
>   In conclusion, the Commission considers that the parties' final proposal forremedies removes all the identified competition concerns raised by the transaction in the EEA.

둘째, 협조효과 관련해서는 결합 이후 가격정보 등 경쟁사업자의 사업활동에 관한 정보입수가 용이해지는지 여부, 결합당사회사 중 원재료 구매회사가 원재료 공급회사들로 하여금 공동행위를 못하게 하는 유일한 구매회사였는지 여부 등을 고려하여 판단한다. <동양나일론(주) 기업결합제한규정 위반행위 건>(공정위, 1996)은 수직적 기업결합에 관한 최초의 사례이다.

미국의 『수직적 기업결합 가이드라인(Vertical Merger Guidelines)』에서는 다음과 같이 규정하고 있다.

> **〈Vertical Merger Guidelines U.S. Department of Justice & The Federal Trade Commission June 30, 2020〉**
>
>   5. COORDINATED EFFECTS
>
>   In some cases, a vertical merger may diminish competition by enabling or encouraging post—merger coordinated interaction among firms in the relevant market that harms customers. Section 7 of the Horizontal Merger Guidelines describes how the Agencies evaluate coordinated effects. In particular, Section 7.1 notes that the Agencies are more likely to challenge a merger on the basis of coordinated effects when the relevant market shows signs of vulnerability to coordinated conduct, and the Agencies have a credible basis on which to conclude that the merger may enhance that vulnerability. Section 7.2 sets forth evidence relevant to evaluating whether a market is vulnerableto coordination. The theories of harm discussed in the Horizontal Merger Guidelines, as well as those discussed below, are not exhaustive, but rather are illustrations of the manner in which a merger may lessen competition due to coordinated effects.

EU의 『비수평적 기업결합 심사지침(Guidelines on the assessment of non—horizontal mergers)』에서 다음과 같이 규정하고 있다

〈Guidelines on the assessment of non-horizontal mergers under the Council Regulation on the control of concentrations between undertakings(2008/C 265/07)〉

V. VERTICAL MERGERS

C. Coordinated effects

79. As set out in Section IV of the Notice on Horizontal Mergers, a merger may change the nature of competition in such a way that firms that previously were not coordinating their behaviour, are now significantly more likely to coordinate and raise prices or otherwise harm effective competition. A merger may also make coordination easier, more stable or more effective for firms which were coordinating prior to the merger (77)

③ **혼합형 기업결합**

미국에서 최초의 혼합기업결합 사건은 〈Sidney W. Winston 사건〉(미연방대법원, 1913)인데, 법원은 잠재적 경쟁관계에 있는 기업간의 결합을 허용하였다. '잠재적 경쟁(potential competition)'이라는 용어는 〈El Paso 사건〉(미연방대법원, 1964)이었는데, 천연가스 공급업체인 El Paso사와 자주 입찰을 하였으나 성공하지 못한 Pacific Northwest사의 기업결합을 불허하였다. '잠재적 경쟁'은 다시 '인지적 잠재경쟁론(perceived potential entrant theory)'과 '실제적 잠재경쟁론(actual potential entrant theory)'으로 나눌 수 있는데, 전자는 〈Procter & Gamble 사건〉(미연방대법원, 1967), 〈Fallstoff Brewing 사건〉(미연방대법원, 1973)에서 시장 밖에서 존재한다는 자체만으로 잠재적 경쟁이 된다는 이유로 합병을 승인하였으며, 후자는 〈Marine Corporation 사건〉(미연방대법원, 1974)에서 은행법에 의해 진입이 제한되어 있어서 잠재적 경쟁자로 인식되지 않았기 때문이었다.

〈United States v. El Paso Natural Gas Co., 376 U.S. 651(1964)〉

The Court reversed based upon its determination that the acquisition substantially lessened competition in the sale of natural gas in California. The Court explained that the effect on competition in a particular market through acquisition of another company was determined by the nature the market and the nearness of the absorbed company to it, that company's eagerness to enter that market, and that company's resourcefulness.

"Since the presence of two or more suppliers gives buyers a choice, unsuccessful bidders are no less competitors than a successful one in determining whether the acquisition of the stock or assets of an unsuccessful bidder violates 7 of the Clayton Act (15 USC 18) by substantially lessening competition in any line of commerce in any section of the country."

⟨FTC v. Procter & Gamble Co., 386 U.S. 568(1967)⟩

The Court found that the merger in which respondent, a powerful acquiring firm, acquired the product would substantially lessen competition by raising entry barriers and dissuading the smaller firms from aggressively competing, limiting the potential competition of the acquiring firm, and dismissing respondent as a potential competitor with its own product in the market.

⟨United States v. Falstaff Brewing Corp., 410 U.S. 526(1973)⟩

The court held that district court erred as a matter of law in finding that respondent could not be considered a potential competitor, because respondent had no intent to enter the market de novo. The court held that the district court should have determined whether respondent was a potential competitor by considering whether its position was such that it had the ability to influence competitive conditions in the market. The district court should have considered respondent's financial capabilities, conditions in the market, and whether, given those capabilities, it would have been reasonable to consider it a potential entrant to the market.

⟨United States v. Marine Bancorporation, Inc., 418 U.S. 602(1974)⟩

The judgment that the proposed bank merger did not violate the Clayton Act was affirmed because there were state statutory barriers to de novo entry and to expansion following entry into a new geographic market. The Court noted that in States where stringent barriers existed and in the absence of a likelihood of entrenchment, the potential—competition doctrine would seldom bar a geographic market extension merger by a commercial bank.

EU에서는 『비수평적 기업결합 심사지침(Guidelines on the assessment of non—horizontal mergers)』에서 다음과 같이 규정하고 있다.

〈Guidelines on the assessment of non-horizontal mergers under the Council Regulation on the control of concentrations between undertakings(2008/C 265/07)〉

V. CONGLOMERATE MERGERS

91. Conglomerate mergers are mergers between firms that are in a relationship which is neither purely horizontal (as competitors in the same relevant market) nor vertical (as supplier and customer). In practice, the focus is on mergers between companies that are active in closely related markets (83) (e.g. mergers involving suppliers of complementary products or of products which belong to a range of products that is generally purchased by the same set of customers for the same end use).

92. Whereas it is acknowledged that conglomerate mergers in the majority of circumstances will not lead to any competition problems, in certain specific cases there may be harm to competition. In its assessment, the Commission will consider both the possible anti−competitive effects arising from conglomerate mergers and the possible pro−competitive effects stemming from efficiencies substantiated by the parties.

A. Non-coordinated effects: foreclosure

93. The main concern in the context of conglomerate mergers is that of foreclosure. The combination of products in related markets may confer on the merged entity the ability and incentive to leverage a strong market position from one market to another by means of tying or bundling or other exclusionary practices. Tying and bundling as such are common practices that often have no anticompetitive consequences. Companies engage in tying and bundling in order to provide their customers with better products or offerings in cost−effective ways. Nevertheless, in certain circumstances, these practices may lead to a reduction in actual or potential rivals' ability or incentive to compete. This may reduce the competitive pressure on the merged entity allowing it to increase prices.

B. Co-ordinated effects

119. Conglomerate mergers may in certain circumstances facilitate anticompetitive co−ordination in markets, even in the absence of an agreement or a concerted practice within the meaning of Article 81 of the Treaty. The framework set out in Section IV of the Notice on Horizontal Mergers also

applies in this context. In particular, co−ordination is more likely to emerge in markets where it is fairly easy to identify the terms of co−ordination and where such co−ordination is sustainable.

⟨Commission Decision of 03/07/2001 declaring a concentration to be incompatible with the common market and the EEA Agreement, Case No COMP/M.2220 ñ General Electric/Honeywell⟩

The proposed merger will bring about anti−competitive effects as a result of horizontal overlaps and the vertical and conglomerate integration of the merging parties activities. GE has dominant positions in the markets for large commercial aircraft engines and large regional jet aircraft engines. The transaction will strengthen GEís position on the markets for large commercial aircraft engines and for large regional jet aircraft engines and will create a dominant position on the markets for corporate jet engines. Honeywell already enjoys significant leading positions on the markets for avionics and non− avionics as well as in engine starters. Following the transaction Honeywell will become dominant in the BFE, SFE and SFE−option avionics markets.

혼합형 기업결합이 경쟁을 실질적으로 제한하는지 여부는 잠재적 경쟁의 저해효과, 경쟁사업자 배제효과, 진입장벽 증대효과 등을 종합적으로 고려하여 심사한다(『기업결합 심사기준』 VI. 4).

첫째, 잠재적 경쟁의 저해 여부 관련하여, 상대방회사가 속해 있는 일정한 거래분야에 진입하려면 특별히 유리한 조건을 갖출 필요가 있는지 여부, 당사회사 중 하나가 상대방 회사가 속해 있는 일정한 거래분야에 대해 ⓐ 당해 결합이 아니었더라면 경쟁제한 효과가 적은 다른 방법으로 당해 거래분야에 진입하였을 것으로 판단될 것, ⓑ 당해 거래분야에 진입할 가능성이 있는 당사회사의 존재로 인하여 당해거래분야의 사업자들이 시장지배력을 행사하지 않고 있다고 판단될 것 중의 어느하나의 요건에 해당하는 잠재적 경쟁자인지 여부, 일정한 거래분야에서 결합당사회사의 시장점유율 및 시장집중도 수준, 당사회사 이외에 다른 유력한 잠재적 진입자가 존재하는지 여부를 고려하여 판단한다. ⓐ는 실제적 잠재적 이론, ⓑ는 인지적 잠재적 이론을 표현한 것이다.

둘째, 경쟁사업자의 배제 여부 관련하여, 당사회사의 자금력, 원재료 조달능력,

기술력, 판매력 등 종합적 사업능력이 현저히 증대되어 당해 상품의 가격과 품질 외의 요인으로 경쟁사업자를 배제할 수 있을 정도가 되는지 여부 등을 고려한다.

셋째, 진입장벽의 증대 여부인데, 시장진입을 위한 필요최소 자금규모가 현저히 증대되는 등 잠재적 경쟁사업자가 시장에 새로 진입하는 것이 어려울 정도로 진입장벽이 증대하는 경우 실질적으로 경쟁을 제한할 수 있다.

혼합결합의 경쟁제한성 이론으로 교차보조, 지렛대 및 끼워팔기 이론(포트폴리오 효과), 자금력 증대에 의한 약탈가격이론, 잠재적 경쟁이론 등이 논의된다. 교차보조(cross-subsidization)를 통해 혼합기업결합은 한 시장에서 얻은 이윤을 사용하여 다른 시장에서의 단기손실을 보전하거나 시장점유율을 올리기 위한 가격경쟁을 할 수 있다.[18] 혼합결합의 경쟁제한성 인정 사례로 <하이트맥주 기업결합제한규정 위반행위 건>(공정위, 2006)을 들 수 있는데, 공정위는 하이트맥주와 진로의 기업결합을 경쟁사업자 배제가능성, 진입장벽 증대가능성, 잠재적 경쟁저해 가능성, 가격인상가능성 등 측면에서 경쟁제한성을 인정하였다. 경쟁사업자배제의 근거로 기업결합 당사회사는 주류도매상과 거래함에 있어 끼워팔기 등을 통해 판매력 등 종합적 사업능력이 현저히 증대할 우려가 있다고 보았다(포트폴리오 효과). <딜리버리히어로 에스이 등 4개 배달앱 사업자 기업결합제한규정 위반행위 건>에서도 혼합결합의 경쟁제한성이 인정되었다.

EU의 <TetraLaval/Sidel 사건>(EU집행위원회, 2003)에서 집행위원회는 포트폴리오 효과에 근거하여 기업결합을 금지하였다. <GE/Honeywell 사건>(EU집행위원회, 2001)에서 혼합적 효과를 갖는 기업결합을 금지한 바 있다.

<Commission Decision of 03/07/2001 declaring a concentration to be incompatible with the common market and the EEA Agreement, Case No COMP/M.2220 ñ General Electric/Honeywell>

For all those reasons, it should be concluded that the proposed merger would lead to the creation or strengthening of a dominant position on the markets for largecommercial jet aircraft engines, large regional jet aircraft engines, corporate jet aircraftengines, avionics and non-avionics products, as well as small marine gas turbine, as a result of which effective competition in the common market

18) 이승철, 공정거래경제학(1999), 261면.

> would be significantlyimpeded. The proposed merger should therefore be
> declared incompatible with the common market pursuant to Article 8(3) of the
> Merger Regulation

④ 정보자산을 수반하는 기업결합

기업결합 후 결합당사회사가 정보자산을 활용하여 시장지배력을 형성·강화·유지하는 경우 관련시장에서의 경쟁이 실질적으로 제한될 가능성이 높다(『기업결합 심사기준』 VI. 5). "정보자산"이라 함은 다양한 목적으로 수집되어 통합적으로 관리, 분석, 활용되는 정보의 집합을 말한다.

정보자산을 수반하는 기업결합의 경쟁제한성 판단시 결합을 통하여 얻게 되는 정보자산이 다른 방법으로는 이를 대체하기 곤란한지 여부, 해당 결합으로 인하여 결합당사회사가 경쟁사업자의 정보자산 접근을 제한할 유인 및 능력이 증가하는지 여부, 결합 이후 정보자산 접근 제한 등으로 인하여 경쟁에 부정적인 효과가 발생할 것이 예상되는지 여부, 결합당사회사가 정보자산의 수집·관리·분석·활용 등과 관련한 서비스의 품질을 저하시키는 등 비가격 경쟁을 저해할 가능성이 높아지는지 여부 등을 추가로 고려하여 판단한다.

최근의 플랫폼경제에서 정보자산은 빅데이터 문제로 논의가 되고 있다.

> 빅데이터는 일반적으로 생산과정에서의 효율성을 증진하고, 시장변화를 예측하고, 의사결정에 도움을 주며, 맞춤형 광고와 개인별 권고를 통하여 소비자 세분화를 촉진함으로써, 사업에 유용한 역할을 한다.[19] 예를 들어 유통업체들이 사용하는 결제시스템(페이)을 통하여 소비자정보가 축적되고 유통업체는 이를 통하여 고객의 구매패턴을 분석하고 개개인을 겨냥한 맞춤형 마케팅도 실시할 수 있게 된다. 빅데이터가 디지털 경제에서 긍정적인 역할을 하는 반면, 경쟁과 소비자보호 측면에서 우려가 제기되는 것도 사실이다.
>
> 4차 산업혁명 분야에서 정보자산은 주요 원재료이거나 주요 상품이므로, 혁신성장을 보호하기 위해 정보자산의 독점·봉쇄 등의 우려가 있는 경쟁제한적 M&A에 선제적으로 대응할 필요가 있다.[20]
>
> 2008년 <Google/DoubleClick 기업결합 사건>에서 인터넷 검색업체인 Google이 온라인 광고기업인 DoubleClick을 31억 달러(3조 원)에 인수하였는데, EU경쟁당국은

---

19) OECD, Big Data: Bring Competition Policy to the Digital Era, DAF/COMP(2016).
20) 공정위 보도자료(2019.2.26).

무료서비스의 대가로 취득한 지식재산권보호대상이 아닌 '무형'정보재로서 배타성이 없는 '사용자데이터'의 경쟁제한 가능성을 부인하였다. 그리고 2014년 <Facebook/WhatsApp 기업결합 사건>에서도 소셜네트워킹 플랫폼인 Facebook이 모바일메신저 Whatspp을 190억 달러에 인수하였는데, EU집행위원회는 프라이버시 보호를 비가격 경쟁요소로 인정하면서도 기업결합의 경쟁제한 가능성을 부인하였다. 그러나 2016년 <Microsoft/LinkedIn 기업결합 사건>에서는 소프트웨어사 Microsoft가 의사, 간호사, 경영자들과 같은 전문직 고객들의 교류모임서비스인 PSN(Professional Social Networking) 서비스사를 262억 달러(30.7조 원)에 인수하는 혼합결합에서 EU집행위원회는 Microsoft가 LinkedIn의 PSN서비스를 독점력을 가진 Office 프로그램에 통합시키는 경우 LinkedIn보다 더 높은 프라이버시 보호수준을 유지하는 XING 등 경쟁자들의 점유율 하락을 가져오고 소비자선택권을 제한할 수 있다는 판단을 하였고, 조건부승인을 하였다.[21] 2020년 12월 <딜리버리히어로 에스이 등 4개 배달앱 사업자 기업결합제한규정 위반행위 건>에서 우리나라 공정위는 당사 회사들이 배달음식 주문과 관련한 압도적 정보자산을 바탕으로 이탈 가능성이 높은 고객들에 대한 마케팅을 하는 등 고효율 마케팅을 할 경우 경쟁사업자가 시장에 안착하지 못할 가능성을 고려하여 시정조치한 바 있다.[22]

5) 경쟁제한성 완화요인

경쟁제한성이 인정된다 하더라도 경쟁제한성을 완화하는 요소들이 있다(『기업결합심사기준』 VII. 1).

첫째, 해외경쟁의 도입 수준 및 국제적 경쟁상황을 고려한다. 일정한 거래분야에서 상당 기간 어느 정도 의미 있는 가격인상이 이루어지면 상당한 진입비용이나 퇴출비용의 부담 없이 가까운 시일 내에 수입경쟁이 증가할 가능성이 있는 경우에는 경쟁제한성이 낮아진다.

이를 판단하기 위해서는 수입품이 차지하는 비율의 증감 추이, 국제가격 및 수급상황, 시장개방의 정도 및 외국인의 국내투자현황, 국제적인 유력한 경쟁자의 존재, 관세율 및 관세율의 인하계획 여부, 국내가격과 국제가격의 차이 또는 이윤율 변화에 따른 수입 증감 추이, 기타 각종 비관세장벽을 고려한다. 당사회사의 매출액 대비 수출액의 비중이 현저히 높고 당해 상품에 대한 국제시장에서의 경쟁이 상당한 경우에는 기업결합에 의해 경쟁을 실질적으로 제한할 가능성이 낮아질 수 있다.

---

21) 오승한, "빅데이터 산업의 개인정보침해 행위에 대한 경쟁법 적용가능성 및 위법성 판단", 2018년 한국경쟁법학회 동계학술대회-4차산업혁명과 경제법의 대응-(2018.11.23).
22) 공정위, 기업결합신고 가이드북(2022), 제38면.

그리고 경쟁회사의 매출액 대비 수출액의 비중이 높고 기업결합후 당사회사의 국내 가격인상 등에 대응하여 수출물량의 내수전환 가능성이 높은 경우에는 경쟁을 제한할 가능성이 낮아질 수 있다.

<무학 외 1 기업결합제한규정 위반행위 건>(서울고법, 2004)에서 법원은 소비자들의 국내 소주 생산업체 생산 소주맛에 대한 선호도 등을 고려하면 외국업체의 국내진입이 용이하지 않고 2001년 소주 수입실적은 1,900만 원으로 미미한 실정이라는 이유로 이를 인정하지 않았다. <삼익악기 기업결합제한규정 위반행위 건>(서울고법, 2006)에서도 법원은 시장점유율, 가격, 품질, 브랜드인지도(선호도), 유통망확보정도의 차이, 배타적 유통구조로 보아, 외국산 피아노가 이 사건 기업결합 후 국내시장에서 결합당사회사의 시장지배력을 억제할 수 있는 유효한 해외 경쟁요소로 보기는 미흡하다고 판단하였다.

둘째, 신규진입의 가능성이다. 신규진입 가능성 평가에 있어서는 법적·제도적 진입장벽 여부, 필요최소한의 자금규모, 특허권 기타 지식재산권을 포함한 생산기술조건, 입지조건, 원재료조달 조건 등을 고려한다. <무학 외 1 기업결합제한규정 위반행위 건>(서울고법, 2004)에서 법원은 단순한 가격전략만으로는 경쟁업체인 진로가 그 지역에서 공급을 증가시키거나, 다른 지역업체들이 신규로 진입하는 것은 사실상 어려워 부산 및 경남지역 소주시장에서의 사실상의 진입장벽이 존재한다고 판단하였다. <삼익악기 기업결합제한규정 위반행위 건>(서울고법, 2006)에서 법원도 국내피아노 시장에의 신규진입은 사실상 어렵고, 관련시장에 신속하게 진입할 가능성이 있는 유동적 진입자도 없다고 보았다.

미국 『수평적 기업결합 심사지침(Horizontal Merger Guidelines)』에서는 다음과 같이 규정하고 있다.

⟨Horizontal Merger Guidelines U.S. Department of Justice and the Federal Trade Commission Issued: August 19, 2010⟩

9. Entry

The Agencies examine the timeliness, likelihood, and sufficiency of the entry efforts an entrant might practically employ. An entry effort is defined by the actions the firm must undertake to produce and sell in the market. Various elements of the entry effort will be considered. These elements can include:

planning, design, and management; permitting, licensing, or other approvals; construction, debugging, and operation of production facilities; and promotion (including necessary introductory discounts), marketing, distribution, and satisfaction of customer testing and qualification requirements. Recent examples of entry, whether successful or unsuccessful, generally provide the starting point for identifying the elements of practical entry efforts. They also can be informative regarding the scale necessary for an entrant to be successful, the presence or absence of entry barriers, the factors that influence the timing of entry, the costs and risk associated with entry, and the sales opportunities realistically available to entrants.

EU의 『수평적 기업결합 심사지침(Horizontal Merger Guidelines)』 및 <Boeing/MacDonnel 사건>(EU집행위, 1997), <Enso/Stora 사건>(EU집행위원회, 1999)를 소개하면 다음과 같다.

<Guidelines on the assessment of horizontal mergers under the Council Regulation on the control of concentrations between undertakings(2004/C 31/03)>

68. When entering a market is sufficiently easy, a merger is unlikely to pose any significant anti−competitive risk. Therefore, entry analysis constitutes an important element of the overall competitive assessment. For entry to be considered a sufficient competitive constraint on the merging parties, it must be shown to be likely, timely and sufficient to deter or defeat any potential anti−competitive effects of the merger.

<COMMISSION DECISION of 30 July 1997 declaring a concentration compatible with the common market and the functioning of the EEA Agreement Case No IV/M.877 - Boeing/McDonnell Douglas Council Regulation (EEC) No 4064/89>

48. In its notification Boeing states that there are potential new entrants to the large commercial jet aircraft market, particularly companies situated in Russia, India and the Far East (China, Japan, South Korea and Indonesia).

49. However, Boeing itself effectively admits that there are massive barriers to entry to this market. Initial development and investment costs are huge (over USD 10 billion to develop a new wide−body jet, according to Boeing). The production process itself is characterized by very significant

learning curve effects and economies of scale and scope, which must be attained if a new entrant is to compete effectively over time. Very strict safety regulations need to be complied with at US, European and other national levels.

50. Again, in Boeing's notification potential entrants which are identified are likely to be active mainly in the regional jet market, and as such will not compete on the large commercial jet market (see above under market definition). This is confirmed by replies from (for example) Far Eastern companies supplied to the Commission; such companies are involved either in the regional jet market, or are sub— contractors to Boeing for large jet aircraft programmes.

51. It can therefore be excluded that potential competition will have any significant impact on the present competitive situation over the foreseeable future.

⟨1999/641/EC: Commission Decision of 25 November 1998 declaring a concentration to be compatible with the common market and the functioning of the EEA Agreement (Case No IV/M.1225 - Enso/Stora) (notified under document number C(1998) 3653)⟩

Barriers to entry

The entry barriers to the virgin fibre—based board market are high. In particular, there are substantial costs associated with building a board machine.

Potential competitors

Given that the construction of a new board mill takes several years and that the investment costs are substantial, no green—field entrants are likely to emerge in the overall virgin fibre—based board market or in the liquid packaging board market in the foreseeable future.

셋째, 유사품 및 인접시장의 존재이다. 기능 및 효용 측면에서 유사하나 가격 또는 기타의 사유로 별도의 사유로 시장을 구성하고 있다고 보는 경우에는 생산기술의 발달가능성, 판매경로의 유사성 등 그 유사상품이 당해 시장에 미치는 영향을 고려한다. 거래지역별로 별도의 시장을 구성하고 있다고 보는 경우에는 시장간의 지리적 접근도, 수송수단의 존재 및 수송기술의 발전가능성 등 인근시장이 미치는 영향을 고려한다.

넷째, 강력한 구매자의 존재이다. 결합당사회사로부터 제품을 구매하는 자가 기업결합 후에도 공급처의 전환, 신규공급처의 발굴 및 기타 방법으로 결합기업의 가격인상 등 경쟁제한적 행위를 억제할 수 있는 경우 경쟁제한성은 완화된다. John K. Galbraith는 독과점 시장에서도 판매자는 구매자 욕구에 부응하려고 노력할 뿐 아니라 판매가격도 단위 생산비 수준까지 낮추려고 할 수 있는데, 그 요인은 시장경쟁이 아니고 구매자에 의한 길항력(countervailing power) 때문이라고 하였다.[23]

미국 『수평적 기업결합 심사지침(Horizontal Merger Guidelines)』에서는 다음과 같이 규정하고 있다.

⟨Horizontal Merger Guidelines U.S. Department of Justice and the Federal Trade Commission Issued: August 19, 2010⟩

8. Powerful Buyers

Powerful buyers are often able to negotiate favorable terms with their suppliers. Such terms may reflect the lower costs of serving these buyers, but they also can reflect price discrimination in their favor.

The Agencies consider the possibility that powerful buyers may constrain the ability of the merging parties to raise prices. This can occur, for example, if powerful buyers have the ability and incentive to vertically integrate upstream or sponsor entry, or if the conduct or presence of large buyers undermines coordinated effects.

EU의 『수평적 기업결합 심사지침(Horizontal Merger Guidelines)』 및 ⟨Enso/Stora 사건⟩(EU집행위원회, 1999)를 소개하면 다음과 같다.

⟨Guidelines on the assessment of horizontal mergers under the Council Regulation on the control of concentrations between undertakings(2004/C 31/03)⟩

V. COUNTERVAILING BUYER POWER

64. The competitive pressure on a supplier is not only exercised by competitors but can also come from its customers. Even firms with very high market shares may not be in a position, post–merger, to

---

23) 최정표, 산업조직경제학(2016), 275면.

> significantly impede effective competition, in particular by acting to an
> appreciable extent independently of their customers, if the latter possess
> countervailing buyer power. Countervailing buyer power in this context
> should be understood as the bargaining strength that the buyer has
> vis−a−vis the seller in commercial negotiations due to its size, its
> commercial significance to the seller and its ability to switch to alternative
> suppliers.
>
> **〈1999/641/EC: Commission Decision of 25 November 1998 declaring a
> concentration to be compatible with the common market and the functioning
> of the EEA Agreement (Case No IV/M.1225 - Enso/Stora) (notified under
> document number C(1998) 3653)〉**
>
> Countervailing buyer power
> According to the parties, the three large customers, and Tetra Pak in particular,
> exercise considerable buyer power that prevents the producers of liquid
> packaging board from increasing prices.

6) 금지의 예외

경쟁제한 효과와 경쟁제한성 완화효과를 종합적으로 비교형량하여 경쟁제한성
이 인정되는 경우라 하더라도 예외적으로 기업결합을 허용하는 경우가 있다.

첫째, 효율성 항변이다(『기업결합 심사기준』VIII. 1). 당해 기업결합 외 방법으로
는 달성하기 어려운 효율성 증대효과가 경쟁제한으로 인한 폐해보다 큰 경우를 예
외 인정사유로 한다. 효율성 증대효과란 생산·판매·연구개발 등에서의 효율성 증
대효과 또는 국민경제 전체에서의 효율성 증대효과를 의미한다. 생산·판매·연구개
발 등에서의 효율성 증대효과는 생산비용절감, 판매비용절감, 판매 또는 수출 확대,
물류비용 절감, 생산기술 및 연구능력 향상 여부 등을 판단한다. 국민경제 전체에서
의 효율성 증대효과란 고용증대, 지방경제발전, 전후방 연관산업 발전, 에너지의 안
정적 공급 등 국민생활 안정, 환경오염개선 여부 등를 고려한다.

효율성 증대효과로 인정받기 위해서는 당해 기업결합 외의 방법으로는 달성하
기 어려움, 가까운 시일내에 발생할 것이 명백, 발생이 거의 확실 등 요건이 필요하
다. 이를 통해 효율성 증대효과가 경쟁제한의 폐해보다 커다는 것이 입증되어야 한
다. <현대자동차(주)/기아자동차·아시아자동차 주식취득 건(승용차, 버스)>(공정위,

1999)에서 공정위는 효율성 항변을 이유로 기업결합을 승인한 바 있다. <에스케이텔레콤/신세기통신 기업결합제한규정 위반행위 건>(공정위, 2000)에서는 효율성 항변을 인정하지 않았다.

〈현대자동차(주)/기아자동차·아시아자동차 주식취득 건, 공정위 1999. 4. 7. 의결 제 99-43호〉

(가) 자동차산업의 경쟁이 치열해지고 경제의 세계화가 진전됨에 따라 자동차회사의 적정규모는 점점 커지고 있는 바, 이 사건 기업결합으로 당사회사는 종 260만대의 생산능력을 갖추게 되어 규모의 경제를 실현할 수 있을 것으로 보인다. 세계적으로도 효율성 증대를 위해 자동차회사간의 인수·합병이 활발하게 이루어지고 있는 실정이며, 이러한 세계적인 추세를 감안할 때 수출비중이 높은 우리나라 자동차산업의 효율성을 제고하고 경쟁력을 강화하기 위해서는 적정경영규모의 확보가 필요한 측면이 인정된다.

(나) 이 사건 기업결합으로 플랫폼(Platform)통합, 부품공용화, 부품공급업체의 대형화 등이 이루어질 경우 생산비용의 절감효과가 인정된다. 최근 각국의 자동차업체들이 생산비용의 절감을 위해 플랫폼의 통합을 추진하고 있는 바, 이 사건 기업결합의 경우에도 현대와 기아가 상호중복되는 차급의 플랫폼을 통합함으로써 개발비 등 생산비용을 절감할 수 있을 것으로 인정된다. 그리고, 현대와 기아가 부품을 공용화하고, 또 이를 통해 부품공급업체를 대형화함으로써 부품조달비용 등 생산비용의 절감을 도모할 수 있을 것으로 인정된다.

(다) 이 사건 기업결합을 통한 기술의 상호보완 및 공동활용에 의한 생산성증대효과가 인정되며, 물류비용 및 간접비용의 절감 등의 효과도 있을 것으로 인정된다.

〈에스케이텔레콤/신세기통신 기업결합제한규정 위반행위 건, 공정위 의결 2000. 5. 16. 의결 제2000-76호〉

(가) 이 사건 기업결합은 시장점유율 측면에서 법 제7조 제4항 제1호에 의거 경쟁제한성이 추정된다. 국내 이동전화시장에는 주파수 문제로 신규진입의 가능성이 거의 없으며, SK텔레콤은 경쟁사에 비해 통신망커버리지, 재무구조, 유통망, 연구개발 능력 등이 크게 우월하여 향후 시장지배력이 더욱 강화될 것으로 판단된다.

(나) 그리고, 이 사건 기업결합으로 이동전화시장의 네트워크 외부효과에 의해 다른 경쟁업체와의 격차가 향후 더욱 크게 벌어질 가능성이 있다. 또한, 이용약관 인가제도로 인하여 기업결합후 단기적인 요금인상 가능성은 없다고 볼 수 있으나, 기업결합후의 경쟁 축소로 인하여 기술개발의 지연, 이용요금 인하 요인 발생시 요금인하 지연, 부가서비스 경쟁의 축소 등 경쟁제한으로 인한 소비자 피

해가 발생할 수 있다.

(다) 한편, 이 사건 기업결합으로 통신망 통합운영, 기존 통신망관련 신규투자의 중복회피, 연구개발의 중복 회피, 단말기 구입가격 인하 등의 효율성 증대 효과가 인정된다. 그 밖에 이 사건 기업결합으로 피심인이 국제 협력관계에서 유리한 위치를 확보할 수 있게 된다는 점 등의 효율성 증대 효과가 인정된다.

(라) 결론적으로, 이 사건 기업결합은 경쟁제한성은 큰 반면, 효율성 증대 효과는 경쟁제한성을 상회할 정도로 크지 않은 것으로 판단되므로 법 제7조 제2항 제1호(효율성 증대 효과가 경쟁제한의 폐해보다 큰 경우)에서 규정하는 예외인정 요건에도 해당되지 않는다고 할 것이다.

미국 『수평적 기업결합 심사지침(Horizontal Merger Guidelines)』에서는 다음과 같이 규정하고 있다.

〈Horizontal Merger Guidelines U.S. Department of Justice and the Federal Trade Commission Issued: August 19, 2010〉

10. Efficiencies

Competition usually spurs firms to achieve efficiencies internally. Nevertheless, a primary benefit of mergers to the economy is their potential to generate significant efficiencies and thus enhance the merged firm's ability and incentive to compete, which may result in lower prices, improved quality, enhanced service, or new products. For example, merger−generated efficiencies may enhance competition by permitting two ineffective competitors to form a more effective competitor, e.g., by combining complementary assets. In a unilateral effects context, incremental cost reductions may reduce or reverse any increases in the merged firm's incentive to elevate price. Efficiencies also may lead to new or improved products, even if they do not immediately and directly affect price. In a coordinated effects context, incremental cost reductions may make coordination less likely or effective by enhancing the incentive of a maverick to lower price or by creating a new maverick firm. Even when efficiencies generated through a merger enhance a firm's ability to compete, however, a merger may have other effects that may lessen competition and make the merger anticompetitive.

그리고 『수직적 기업결합 심사지침(Vertical Merger Guidelines)』에서는 다음과 같이 규정하고 있다.

〈Vertical Merger Guidelines U.S. Department of Justice & The Federal Trade Commission June 30, 2020〉

6. PROCOMPETITIVE EFFECTS

Vertical mergers combine complementary economic functions and eliminate contracting frictions, and therefore have the capacity to create a range of potentially cognizable efficiencies that benefit competition and consumers.

EU의 경우 「합병규칙(FKVO)」에서 효율성 항변에 대해 명시하지는 않지만 제2조 2.(1)(b)에 근거하여 개별 사안별로 심사가 이루어지고 있다. 그리고 『수평적 기업결합 심사지침(Horizontal Merger Guidelines)』에서도 규정을 두고 있다.

〈Council Regulation (EC) No 139/2004 of 20 January 2004 on the control of concentrations between undertakings(the EC Merger Regulation)〉

Article 2 Appraisal of concentrations

1. Concentrations within the scope of this Regulation shall be appraised in accordance with the objectives of this Regulation and the following provisions with a view to establishing whether or not they are compatible with the common market.

   In making this appraisal, the Commission shall take into account:

   (b) the market position of the undertakings concerned and their economic and financial power, the alternatives available to suppliers and users, their access to supplies or markets, any legal or other barriers to entry, supply and demand trends for the relevant goods and services, the interests of the intermediate and ultimate consumers, and the development of technical and economic progress provided that it is to consumers' advantage and does not form an obstacle to competition.

〈Guidelines on the assessment of horizontal mergers under the Council Regulation on the control of concentrations between undertakings(2004/C 31/03)〉

VII. EFFICIENCIES

76. Corporate reorganisations in the form of mergers may be in line with the requirements of dynamic competition and are capable of increasing the competitiveness of industry, thereby improving the conditions of growth

> and raising the standard of living in the Community.
> 77. The Commission considers any substantiated efficiency claim in the overall assessment of the merger. It may decide that, as a consequence of the efficiencies that the merger brings about, there are no grounds for declaring the merger incompatible with the common market pursuant to Article 2(3) of the Merger Regulation.

둘째, 회생불가 항변이다(『기업결합 심사기준』 VIII. 2). 회생불가 회사란 회사의 재무구조가 극히 악화되어 지급불능의 상태에 처해 있거나 가까운 시일 내에 지급 불능의 상태에 이를 것으로 예상되는 회사를 말한다. 이는 자본총액이 납입자본금보다 작은 상태, 상당 기간 영업이익보다 지급이자가 많은 경우, 회생절차 또는 파산신청, 채권금융기관이 관리하는 회사인지 여부 등이 판단기준이 된다. 회생이 불가한 회사로 판단되더라도 기업결합을 하지 아니하는 경우 회사의 생산설비 등이 당해 시장에서 계속 활용되기 어려운 경우, 당해 기업결합보다 경쟁제한성이 적은 다른 기업결합이 이루어지기 어려운 경우여야 한다.

　<무학 외 1 기업결합제한규정 위반행위 건>(서울고법, 2004)에서 법원은 보조참가인이 상당 기간 자본총계가 납입자본금보다 작은 상태에 있다 하더라도, 활발한 영업을 하고 있는 바, 회생불가능한 회사라 할 수 없다고 보았다. <삼익악기 기업결합제한규정 위반행위 건>(서울고법, 2006)에서도 이 사건 기업결합이 회생이 불가한 회사와의 기업결합에 해당하지 않는다고 판단하였다. 미국 판례법상의 '도산기업항변(failing firm defense)'에 근거한다. <현대자동차(주)/기아자동차 · 아시아자동차 주식취득 건(승용차, 버스)>(공정위, 1999)에서 공정위는 회생불가 항변을 이유로 기업결합을 승인한 바 있다. <에스케이텔레콤/신세기통신 기업결합제한규정 위반행위 건>(공정위, 2000)에서는 회생불가 항변을 인정하지 않았다.

〈현대자동차(주)/기아자동차 · 아시아자동차 주식취득 건, 공정위 1999. 4. 7. 의결 제 99-43호〉

　(가) 기아는 지급불능상태에 처하여 1997.7.15 부터 2개월간 금융기관간 부도유예협약의 적용을 받다가 1997.10.24. 채권단에 의해 법정관리신청이 이루어졌으며 1998.6.30.기준으로 기아를 실사한 결과 대차대조표상의 자본총계가 △51,652억 원에 이르며 1994년부터 1997년까지의 경상적자 누계는 45,947억 원에 달

하여 부실기업에 해당된다고 볼 수 있다.

(나) 기아는 115,965억 원의 정리채권 가운데 71,464억 원을 면제받고 25,200억 원에 대해서는 출자전환을 받으며 나머지 19,301억 원을 3년거치 7년간 균등분할상환하는 것을 내용으로 하는 정리계획에 대한 인가를 1998.12.28일 서울지방법원으로부터 받은 바 있다.

(다) 이 사건 기업결합이 없을 경우 기아의 생산시설은 관련시장에서 퇴출될 것으로 판단되며, 기아는 법정관리상태에서 자생적으로 회생하기 곤란하다고 판단되어 제3자의 신주인수방식으로 국제경쟁입찰에 부쳐졌음을 고려할 때 당해 기업결합 이외에는 기아의 회생을 위한 다른 방법이 있다고 보기 어렵다.

〈에스케이텔레콤/신세기통신 기업결합제한규정 위반행위 건, 공정위 2000.5.16. 의결 제2000- 76호〉

(1) 신세기통신은 1999. 12. 31. 기준 4,789억 원의 자본잠식(자본금 8,000억 원) 상태이나, 1998년 80억 원, 1999년 52.3억 원의 당기순이익을 실현하였으므로 법 제7조 제2항 제2호에 규정된 회생이 불가능한 회사로서 인정할 수 없다.

(2) 신세기통신은 영 제12조의4(회생이 불가한 회사와의 기업결합) 제1호의 "기업결합을 하지 아니하는 경우 회사의 생산설비 등이 당해 시장에서 계속 활용되기 어려운 경우"에 해당되지 않는다.

(3) 이 사건 기업결합은 영 제12조의4(회생이 불가한 회사와의 기업결합) 제2호의 "당해 기업결합보다 경쟁제한성이 적은 다른 기업결합이 이루어지기 어려운 경우"에도 해당되지 않는다.

(4) 이상과 같은 점을 고려할 때, 이사건 기업결합은 법 제7조 제2항 제2호에서 규정하는 예외인정 요건(회생이 불가한 회사와의 기업결합)에 해당된다고 볼 수 없다.

미국 『수평적 기업결합 심사지침(Horizontal Merger Guidelines)』에서는 다음과 같이 규정하고 있다.

〈Horizontal Merger Guidelines U.S. Department of Justice and the Federal Trade Commission Issued: August 19, 2010〉

11. Failure and Exiting Assets

The Agencies do not normally credit claims that the assets of the failing firm would exit the relevant market unless all of the following circumstances are met: (1) the allegedly failing firm would be unable to meet its financial obligations in the near future; (2) it would not be able to reorganize successfully under Chapter 11 of the Bankruptcy Act; and (3) it has made unsuccessful good—faith efforts to

> elicit reasonable alternative offers that would keep its tangible and intangible assets in the relevant market and pose a less severe danger to competition than does the proposed merger.

EU의 경우 『수평적 기업결합 심사지침(Horizontal Merger Guidelines)』에서는 다음과 같이 규정하고 있고, <Kali und Salz/MdK/Treuhand 사건>(EU집행위원회, 1993)에서 처음 인정되었다.

〈Guidelines on the assessment of horizontal mergers under the Council Regulation on the control of concentrations between undertakings(2004/C 31/03)〉

VIII. FAILING FIRM

90. The Commission considers the following three criteria to be especially relevant for the application of a "failing firm defence". First, the allegedly failing firm would in the near future be forced out of the market because of financial difficulties if not taken over by another undertaking. Second, there is no less anti−competitive alternative purchase than the notified merger. Third, in the absence of a merger, the assets of the failing firm would inevitably exit the market.

〈94/449/EC: Commission Decision of 14 December 1993 relating to a proceeding pursuant to Council Regulation (EEC) No 4064/89 (Case No IV/M.308 - Kali- Salz/MdK/Treuhand)〉

VII. CONCLUSION

(95) For the abovementioned reasons, the Commission has come to the conclusion that after the proposed merger a dominant position on the German market for agricultural potash will be strengthened. However, it has also concluded that K + S's dominant position would be reinforced even in the absence of the merger, because MdK would withdraw from the market in the foreseeable future if it was not acquired by another undertaking and its market share would then accrue to K + S; it can be practically ruled out that an undertaking other than K + S would acquire all or a substantial part of MdK. The merger is not therefore the cause of the reinforcement of a dominant position on the German market.

Given the severe structural weakness of the regions in East Germany which are

effected by the proposed concentration, and the likelihood of serious
consequences for them of the closure of MdK, this conclusion is also in line with
the fundamental objective of strengthening the Community's economic and social
cohesion referred to in recital 13 of the merger Regulation.

7) 경쟁제한성의 추정

일정한 경우 경쟁을 실질적으로 제한하는 것으로 추정한다. 첫째, 시장지배적 사업자에 해당하는 경우인데, 시장점유율의 합계가 시장지배적 사업자 추정요건에 해당하고, 당해 분야에서 1위이며, 시장점유율의 합계와 시장점유율이 제2위인 회사와의 시장점유율 차이가 그 시장점유율의 합계의 100분의 25% 이상인 경우를 말한다(법 제9조 제3항 제1호). 위의 세가지 요건은 누적적으로 적용된다. 기업결합 이전에 이미 추정요건이 적용된 시장에서의 기업결합에 대해서도 추정규정이 적용되는지에 대하여 <(주)신세계 기업결합제한규정 위반행위 건>(서울고법, 2008)에 법원은 긍정하였다. 그러나 추정규정이 적용된다고 하여 바로 경쟁제한성이 인정되지는 않는다.

〈(주)신세계 기업결합제한규정 위반행위 건, 서울고법 2008. 9. 3. 선고 2006누30036 판결〉

이미 경쟁제한성의 추정요건이 충족된 시장에서의 기업결합에 대해서 기업결합이 이루어지면 경쟁자가 줄어들어 시장이 더욱 집중화됨으로써 경쟁을 제한할 개연성이 더욱 높아진다고 보이는 점, 만약 이미 공정거래법 제9조 제3항에서 정한 경쟁제한성 추정요건을 충족하고 있는 시장점유율 제1위의 사업자의 기업결합에 대하여 위 추정규정을 적용하지 않을 경우, 같은 시장에서 시장점유율 제2위 이하의 사업자가 기업결합을 하여 시장점유율 제1위의 사업자가 되는 경우에만 위 추정규정이 적용되어 매우 불합리한 결과가 초래되는 점 등을 비추어 보면 이미 경쟁제한성의 추정요건이 충족된 시장에서의 기업결합에 대해서도 위 추정규정은 적용된다

포항지역의 경우 경쟁제한성이 추정됨에도 불구하고 2개의 대형할인점이 신규출점하여 시장집중도의 완화정도가 상당하다고 보이고, 공동행위의 가능성이 상당하다고 보기 어려우며, 기업결합 당사회사가 그동안 독점지역에서 시장지배력을 남용했다고 인정할 만한 뚜렷한 자료가 없는 점 등을 종합적으로 고려하여 추정이 복멸된다.

둘째, 대규모사업자의 중소기업시장에서의 기업결합이다. 중소기업기본법에 의한 중소기업의 시장점유율이 3분의 2 이상인 거래분야에서의 기업결합을 말하는데,

당해 기업결합으로 100분의 5 이상의 시장점유율을 가지게 된 경우 실질적 경쟁제한성이 추정된다(법 제9조 제3항 제2호). <(주)포스코 및 (주)포스틸 기업결합제한규정 위반행위 건>(공정위, 2007)에서 대규모회사인 (주)포스코가 (주)포스틸을 통하여 중소기업의 시장점유율이 3분의 2 이상인 코어시장에서 12%~69%의 시장점유율을 가져 시정명령을 받은 바 있다. 이는 중소기업을 보호하기 위한 규정이다. 이는 법률성 추정조항이므로 당사회사는 경쟁이 실질적으로 제한되지 않는다는 사유를 들어 추정을 번복할 수 있다.

8) 탈법행위의 금지

누구든지 제9조 제1항의 적용을 회피하려는 행위를 하여서는 아니 된다(법 제13조 제1항). 탈법행위를 한 자는 3년 이하의 징역 또는 2억 원 이하의 벌금에 처한다(법 제124조 제1항 제2호).

9) 법위반에 대한 조치

기업결합제한규정 위반에 대해서는 해당 행위의 중지, 주식의 전부 또는 일부의 처분, 임원의 사임, 영업의 양도, 시정명령을 받은 사실의 공표, 기업결합에 따른 경쟁제한의 폐해를 방지할 수 있는 영업방식 또는 영업범위의 제한, 기타 시정조치를 할 수 있다(법 제14조 제1항). EU의 경우 우리나라와 달리 일방적으로 사업매각 등 시정조치를 부과할 수 없고, 시정방안 제출책임이 당사회사에 있다.[24] 시정조치는 부작위명령과 작위명령을 나눌수 있는데, 부작위명령에는 행위중지명령과 행위금지명령이 있다. 행위금지명령에는 우선 기업결합을 금지하는 구조적 조치가 있는데, <에실로 기업결합제한규정 위반행위 건>(공정위, 2014)에서는 주식취득 금지조치를, <3개통신사업자 기업결합제한규정 위반행위 건>(공정위, 2016)에서도 기업결합을 금지한 바 있다.

〈에실로 아메라 인베스트먼트 피티이 엘티디 기업결합제한규정 위반행위 건, 공정위 2014. 5. 29. 의결 제2014-122호〉

피심인은 2013. 1. 4. 대명광학 주식회사의 주주들과 체결한 주주 간 계약 (SHAREHOLDERS AGREEMENT), 주식 매매 계약(SHARE PURCHASE AGREEMENT),

---

24) 김문식, EU경쟁법의 이해(2022), 92면.

기타 부속계약 및 이들의 수정계약 등에 따른 주식취득 행위를 하여서는 아니 된다.

〈3개 방송통신사업자 기업결합제한규정 위반행위 건, 공정위 2016. 7. 18. 의결 제2016 - 000호〉

1. 피심인 에스케이텔레콤 주식회사는 2015. 11. 2. 주식회사 씨제이오쇼핑과 체결한 주식회사 씨제이헬로비전 주식매매계약에 따른 주식취득 행위를 하여서는 아니 된다.
2. 피심인 주식회사 씨제이헬로비전과 피심인 에스케이브로드밴드 주식회사는 2015. 11. 2. 두 회사 간 체결한 합병계약서에 따른 합병 행위를 하여서는 아니 된다.

작위명령에도 구조적 조치와 행태적 조치가 있다(『기업결합 시정조치 부과기준』 IV). 위법한 기업결합에 대해서는 첫째, 구조적 조치를 원칙으로 하는데 여기에는 자산매각조치, 지식재산권 등 결합당사회사의 자산이나 소유구조를 변경시키는 시정조치가 해당한다.

〈『기업결합 시정조치 부과기준』〉

IV. 시정조치 부과기준 및 유형

1. 고려사항

가. 시정조치를 부과하는 경우에는 원칙적으로 구조적 조치를 부과하며, 행태적 조치는 구조적 조치의 효과적 이행을 보완하기 위한 차원에서 병과(竝科)하여야 한다. 다만, 구조적 조치가 불가능하거나 효과적이지 아니한 경우 등에는 행태적 조치만을 부과할 수 있다.

나. 시정조치를 부과하는 경우에는 시정조치로 인한 시장의 왜곡 또는 비효율성, 시정조치의 집행 및 감시비용, 기업결합의 효율성 감소 등 해당 시정조치의 이행에 따라 생겨날 수 있는 잠재적 비용도 고려하여야 한다.

2. 구조적 조치

가. 금지조치

기업결합 전체를 금지하거나 또는 원상회복 시키지 않고는 해당 기업결합의 경쟁제한 우려를 시정하기 어려운 경우 또는 결합당사회사의 자산이 불가분의 일체를 이루고 있어 분리매각을 할 수 없거나 분리매각시 효과적인 경쟁상황을 회복하기 어려운 경우에는 금지조치를 부과한다.

> 나. 자산매각조치
> 기업결합의 전부를 금지하지 않고 결합당사회사의 특정자산만을 매각하더라도 경쟁제한 우려를 없앨 수 있는 경우에는 자산매각조치를 부과한다. 자산매각조치를 부과하는 경우에는 매각대상자산, 매각기한, 부대의무 등을 구체적으로 명시한다.
> 다. 지식재산권조치
> (1) 기업결합으로 인한 경쟁제한의 우려가 주로 지식재산권의 집중 또는 중첩 등으로부터 생기는 경우에는 지식재산권조치를 부과한다.

그간의 공정위는 주식처분, 영업양도, 임원겸임 또는 선임의 제한, 주요자산(공장) 매각 등 조치를 한 바 있다. 최근 공정위가 일부자산 매각조치를 한 사례로 <딜리버리히어로 에스이 등 4개 배달앱 사업자 기업결합제한규정 위반행위 건> (공정위, 2021)이 있다.[25]

> **<딜리버리히어로 에스이 등 4개 배달앱 사업자 기업결합제한규정 위반행위 건, 공정위 의결 2021. 2. 2. 제2021-032호>**
> 피심인 딜리버리히어로 에스이는 이 시정명령을 받은 날로부터 6개월 이내에 피심인 딜리버리히어로 에스이가 시정명령일 현재 보유하고 있는 피심인 유한책임회사 딜리버리히어로코리아의 지분 전부(이하 '매각대상자산'이라 한다)를 독점규제 및 공정거래에 관한 법률 시행령 제11조에 따른 특수관계인에 속하지 아니하는 제3자에게 매각하여야 한다.

<(주)무학 외 1 기업결합제한규정 위반행위 건>(2004)에서는 원상회복명령을, <(주) LG화학 및 호남석유화학(주) 기업결합제한규정 위반행위 건>(공정위, 2003)에서는 기업분할명령을 한 바 있다. 시정조치의 대상은 취득회사, 피취득회사 및 피취득회사의 계열회사이다.

둘째, 행태적 조치는 경쟁제한의 폐해를 방지할 수 있는 영업방식 또는 범위의 제한조치를 말한다. 기업결합은 생산 또는 경영상 효율성 증대효과를 낳을 수 있으므로 경쟁제한적 기업결합이라해도 그 자체를 무위로 돌려서 원상회복하는 것보다 경쟁제한적 폐해를 방지하되, 긍정적 효과를 누릴수 있도록 하는 취지에서 하는 조치이다.

---

25) 2021. 10. 요기요를 GS리테일과 사모펀드 컨소시엄에 매각하였다(조선일보, 2021.12.25).

《『기업결합 시정조치 부과기준』》

3. 행태적 조치

가. 행태적 조치는 구조적 조치를 보완하기 위하여 필요한 범위에서 구조적 조치와 병과하는 것을 원칙으로 하나, 예외적으로 다음의 경우에는 행태적 조치만을 부과할 수 있다.

(1) 해당 기업결합의 경쟁제한 우려를 치유하기에 적절한 구조적 조치가 없거나, 구조적 조치를 부과하는 것이 효과적이지 않은 경우

(2) 구조적 조치를 이행할 경우 해당 기업결합으로부터 기대되는 효율성 증대 등 친경쟁적 효과의 상당부분이 없어지는 경우나. 행태적 조치만을 부과하는 경우에도 해당 기업결합으로 인한 경쟁제한 우려를 해소하여 경쟁적 시장구조의 유지나 회복에 기여할 수 있는 것으로서 구조적 조치에 상당하는 조치를 우선하여 고려하여야 한다.

다. 행태적 조치만을 부과할 경우에는 다음 사항을 종합적으로 고려하여야 한다.

(1) 해당 행태적 조치로써 효과적인 경쟁상황을 회복하기에 충분한지 여부

(2) 해당 행태적 조치의 이행 여부를 감독하기 위하여 공정거래위원회가 지속적으로 개입할 필요가 있는지 여부

(3) 해당 행태적 조치가 가격·생산량·시장점유율 등 영업의 본질적 내용 및 그 결과에 대한 직접적인 규제로서 시장왜곡을 초래할 가능성이 없는지 여부

<별표 1> 행태적 조치 유형의 예시

1. 경쟁사업자의 지위를 강화하는 조치

가. 최종고객과의 관계를 제한하는 방법으로서, 결합당사회사가 시장을 봉쇄할 우려가 있는 다음과 같은 행위를 금지하는 조치를 고려할 수 있다.

1) 장기공급계약이나 배타조건부거래

2) 거래상대방의 거래처전환을 곤란하게 하는 행위

3) 약탈적 가격결정

4) 끼워팔기나 결합판매

나. 결합당사회사가 필수요소에 대한 접근이나 공급을 통제하고 있는 경우에는 다음과 같은 조치를 고려할 수 있다.

1) 요소시장 상품의 가격 통제

2) 요소시장 상품의 안정적 공급 유지

3) 제품시장 경쟁자의 영업비밀 및 핵심정보 등에 대한 결합 당사회사 내 방화벽 구축

4) 요소시장 상품 거래에 있어 부당한 차별금지

다. 구매자의 행태변화를 촉진하기 위하여 다음과 같은 조치를 고려할 수 있다.

1) 공개입찰의 활용의무

> 2) 조달과정에서 일정 수 이상의 공급자 참여확보 의무
> 3) 공동구매 장치 확보의무
> 4) 보다 효과적인 구매절차 마련의무
>
> **2. 시장성과를 직접 규제하는 조치**
> 가. 가격규제: 기업결합으로 영향을 받는 상품이나 용역의 가격을 통제하는 조치. 이
> 경우 정기적으로 그 이행 여부 및 타당성을 검토하여야 하며 가격차별을 하지
> 않는다는 조건 등을 포함시킬 수 있다.
> 나. 공급유지 의무: 특정 상품을 계속해서 공급할 의무를 부과하는 조치
> 다. 상품 및 서비스 품질유지 의무: 결합당사회사가 해당 기업결합으로 영향을 받는
> 시장에서 일정한 서비스 수준을 유지하도록 하는 조치

10) 의결권 제한

주식처분명령을 받은 자는 그 명령을 받은 날로부터 해당 주식에 대하여 의결권을 행사할 수 없다(법 제15조).

11) 이행강제금

이 제도는 1999년 법개정시 부당이득환수 및 징벌적 성격의 일회성 과징금을 부과하는 불합리를 개선하기 위해 도입되었다. 부과기준은 주식취득이나 신설회사 참여, 합병의 경우 주식장부가격과 인수하는 채무합계액, 영업양수의 경우 영업양수 금액의 1만분의 3 이하이다(법 제16조). 임원겸임에 의해 기업결합을 한 자에 대하여는 1일당 200만 원의 범위안에서 이행강제금을 부과할 수 있다.

부과기간은 시정조치에서 정한 기간의 종료일 다음날부터 이행하는 날까지의 기간인데, 기간별로 의무를 명하는 경우에는 불이행기간이다. 부과시기는 시정조치에서 정한 기간의 종료일부터 30일 이내이다. 행태적 시정조치의 경우 이행여부를 확인할 수 있는 날로부터 30일 이내이다. 종료일부터 90일을 경과하고서도 시정조치의 이행이 이루어지지 아니하는 경우에는 그 종료일부터 기산하여 매 90일이 경과하는 날을 기준으로 하여 이행강제금을 징수할 수 있다. 납부는 납부통지일로부터 30일 이내이다.

<(주)코오롱 기업결합제한규정 위반행위 건>(공정위, 2003)에 대한 시정조치를 불이행한 (주)코오롱으로 하여금 시정조치를 이행한 날까지의 기간에 대하여 1일당 618만 원의 이행강제금을 납부하도록 명령한 바가 있는데, 이는 제도 도입 이

후 최초의 이행강제금 부과사례였다.

12) 벌칙

법 제15조(시정조치의 이행확보)를 위반하여 의결권을 행사한 자는 3년 이하의 징역 또는 2억 원 이하의 벌금에 처한다(법 제24조 제1항 제3호). 기업결합에 대한 벌칙조항은 2020. 12. 29. 법 전부개정 시 삭제되었다.

사. 기업결합의 신고

1) 제도의 취지

기업결합은 기업의 효율성 제고를 통해 기업단위의 경쟁력을 강화하는 효과를 가진다. 그러나 경쟁자 수의 감소로 시장점유율이 증가하거나, 경쟁사업자의 원재료 접근을 막거나, 경쟁자간의 담합가능성이 증가하는 등 소비자 후생을 저해할 우려도 있다. 사전적으로 경쟁제한성을 심사하는 이유는 기업결합으로 인해 시장구조가 형성된 뒤에는 독과점 폐해를 효과적으로 규제하기 어려우며, 왜곡된 시장구조가 고착화될 수 있기 때문이다. 관련해서 『기업결합 신고요령』을 운영하고 있다.

미국의 경우 「하트-스코트-로디노 반트러스트 개정법(Hart-Scott-Rodino Antitrust Improvement Act)」에서 사전신고 규정을 두고 있다.

⟨Hart-Scott-Rodino Antitrust Improvements Act of 1976⟩

This Act, amending the Clayton Act, requires companies to file premerger notifications with the Federal Trade Commission and the Antitrust Division of the Justice Department for certain acquisitions. The Act establishes waiting periods that must elapse before such acquisitions may be consummated and authorizes the enforcement agencies to stay those periods until the companies provide certain additional information about the likelihood that the proposed transaction would substantially lessen competition in violation of Section 7 of the Clayton Act. The Act also requires a filing fee. The fees are evenly divided between and credited to the appropriations of the FTC and the Antitrust Division. The amount of the fee is based on the size of the transaction, with three fee tiers that are adjusted annually to account for increases in the Gross National Product.

출처: 미국 FTC 홈페이지

EU의 경우 「합병규칙(FKVO)」에서 사전신고절차를 규정하고 있다.

<Council Regulation (EC) No 139/2004 of 20 January 2004 on the control of
concentrations between undertakings (the EC Merger Regulation)>
Article 4 Prior notification of concentrations and pre-notification referral at the
request of the notifying parties
1. Concentrations with a Community dimension defined in this Regulation shall
be notified to the Commission prior to their implementation and following
the conclusion of the agreement, the announcement of the public bid, or
the acquisition of a controlling interest.

2) 신고대상

자산총액 또는 매출액의 규모가 3천억 원에 해당하는 회사(임원겸임의 경우 대규
모회사, 이하 "기업결합신고대상회사") 또는 그 특수관계인이 자산총액 또는 매출액의
규모가 300억 원에 해당하는 다른 회사(이하 "상대회사")에 대하여 제1호부터 제4호
까지의 규정 중 어느 하나에 해당하는 기업결합을 하거나 기업결합신고대상회사 또
는 그 특수관계인이 상대회사 또는 그 특수관계인과 공동으로 제5호의 기업결합을
하는 경우와 기업결합신고대상회사 외의 회사로서 상대회사의 규모에 해당하는 회
사 또는 그 특수관계인이 기업결합신고대상회사에 대하여 제1호부터 제4호까지의
규정 중 어느 하나에 해당하는 기업결합을 하거나 기업결합신고대상회사 외의 회사
로서 상대회사의 규모에 해당하는 회사 또는 그 특수관계인이 기업결합신고대상회
사 또는 그 특수관계인과 공동으로 제5호의 기업결합을 하는 경우에는 공정거래위
원회에 신고하여야 한다(법 제11조 제1항, 영 제18조).[26]

각 호의 규정은 다음과 같다. 신고대상 기업결합은 ① 다른회사 발행주식총수
의 100분의 20(상장법인 15) 이상 소유(특수관계인 소유주식 합산)하는 경우(제1호), ②

---

26) 신고의무가 없는 기업결합에 대하여 공정위의 심사권을 부인하는 견해가 있다. 이봉의, 공정거
래법(2022), 495~496면. 그러나 만약 신고의무를 그러한 취지로 이해한다면 EU의 「합병규칙
(FKVO)」과 같이 아예 법적용 면제기준으로 명시하는 것이 바람직하다고 생각된다. 또한
3,000억 원, 300억 원의 기준이 업종이나 회사규모와 관계없이 일률적으로 규정된 것이므로,
그러한 기준이 일률적으로 경쟁제한성과 관련 없는 기준으로 삼기도 어렵다. 따라서 신고규정
을 심사권을 부인하는 근거라기 보다는 포착요건 정도로 해석하는 것이 타당하다고 생각된다.
그러나 이러한 해석과는 별개로 현실적으로는 심사의 기준으로 사용되고 있는 점은 부인하기
어렵다.

신고 후 주식을 추가로 취득하여 최다출자자(특수관계인 소유주식 합산)가 되는 경우(제2호), ③ 임원겸임(계열회사 임원겸임 제외)(제3호), ④ 다른 회사와 합병하거나 다른회사 영업을 양수하는 경우(제4호), ⑤ 새로운 회사설립에 참여하여 최다출자자(특수관계인 소유주식 합산)가 되는 경우(제5호)이다.

기준 금액은 2017. 9. 29 그동안 경제규모의 성장을 감안하여 2,000억 원에서 3,000억 원으로 상향되었다. 자산총액 또는 매출액의 규모는 각각 기업결합일 전부터 기업결합일 후까지 계속하여 계열회사의 지위를 유지하고 있는 회사의 자산총액 또는 매출액을 합산한 규모를 말한다. 다만 영업양수의 경우에는 합산하지 아니한다.

2020. 12. 29. 법 전부개정에서는 신산업 분야에서 성장 잠재력이 큰 스타트업 인수 등이 현행 기업결합 신고 요건에 미달하더라도 '인수가액'이 큰 경우 기업결합 신고가 되도록 신고기준을 보완하였다. 즉, 기업결합신고대상회사 또는 그 특수관계인이 상대회사의 자산총액 또는 매출액 규모에 해당하지 아니하는 회사(이하 "소규모피취득회사")에 대하여 제1항 제1호, 제2호 또는 제4호에 해당하는 기업결합을 하거나 기업결합신고대상회사 또는 그 특수관계인이 소규모피취득회사 또는 그 특수관계인과 공동으로 제1항 제5호의 기업결합을 할 때에는 ① 기업결합의 대가로 지급 또는 출자하는 가치의 총액(당사회사가 자신의 특수관계인을 통하여 지급 또는 출자하는 것을 포함)이 6천억 원 이상일 것, ② 소규모피취득회사 또는 그 특수관계인이 국내 시장에서 상품 또는 용역을 판매·제공하거나, 국내 연구시설 또는 연구인력을 보유·활용하는 등 대통령령으로 정하는 상당한 수준으로 활동할 것 요건에 모두 해당하는 경우에만 대통령령으로 정하는 바에 따라 공정위에 신고하여야 한다(법 제11조 제2항, 영 제19조).

여기에서 "대통령령으로 정하는 상당한 수준"이란 ① 제20조 제3항 각 호에 따른 날이 속하는 월을 기준으로 직전 3년간 국내 시장에서 월 100만 명 이상을 대상으로 상품 또는 용역을 판매·제공한 적이 있는 경우(제1호), ② 제20조 제3항 각 호에 따른 날이 속하는 사업연도를 기준으로 직전 3년간 ⓐ 국내 연구시설 또는 연구인력을 계속 보유·활용해 왔을 것 ⓑ 국내 연구시설, 연구인력 또는 국내 연구활동 등에 대한 연간 지출액이 300억 원 이상인 적이 있을 것의 요건을 모두 충족하는 경우(제2호), ③ 그 밖에 제1호 또는 제2호에 준하는 경우로서 기업결합의 신고에 필요하다고 공정위가 정하여 고시하는 경우를 말한다.

『기업결합 신고요령』에 따르면 ① "국내 시장에서 월 100만 명 이상을 대상으로 상품 또는 용역을 판매·제공한 적이 있는 경우"라 함은 게임·웹툰·웹소설·영화·드라마 등 콘텐츠나 SNS 등 인터넷 기반 서비스의 월간 순이용자 혹은 순방문자가 100만명을 넘은 적이 있는 경우를 포함한다. ② "국내 연구시설, 연구인력 또는 국내 연구활동 등에 대한 연간 지출액이 300억 원 이상인 적이 있을 것"에 해당하는지 여부는 피취득기업의 연간 경상연구개발비 및 개발비(무형자산)로 회계처리한 금액을 합산하여 판단한다.

이는 대기업이 소규모이나 성장 가능성이 큰 기업을 인수하는 등 향후 경쟁제한성이 있는 기업결합이 심사대상에서 누락되는 문제가 있어서 2020. 12. 29. 법 전부개정에서 피취득회사 매출액(또는 자산총액)이 현행 신고기준(300억 원)에 미달하더라도 거래금액(인수가액)이 큰 경우 신고 의무를 부과하여, 기업결합으로 인한 경쟁제한의 폐해 발생 우려를 사전에 차단하고자 한 것이다.[27] 『기업결합 신고요령』에서 소규모피취득회사를 기업결합하는 경우에 대한 자세한 신고요령을 규정하고 있다.

이는 2016년 독일 「경쟁제한방지법(GWB)」 제9차 개정시 인수가액이 4억 유로를 초과하고 피취득회사가 상당부분 독일 국내에서 활동하고 있는 기업결합으로 규제대상을 확대한 것을 모델로 한 것이다.[28]

기업결합당사자가 모두 외국회사인 경우, 신고대상회사가 국내회사이고 상대회사가 외국회사인 경우에도 외국회사 각각의 매출액이 300억 원 이상인 경우 신고대상이 된다(시행령 제8조 제3항).[29] 외국회사가 국내회사를 기업결합하는 경우는 국내매출액 요건 필요 없이 3,000억 원, 300억 원 요건만 충족하면 된다.

신고대상에서 제외되는 경우는 첫째, 타법에 의한 투자목적 등의 기업결합이다. 중소기업창업투자회사 또는 중소기업창업투자조합이 창업자 또는 벤처기업 주식을, 기술사업금융업자 또는 신기술사업투자조합 등이 신기술사업자 주식을, 기업결합신

---

27) 공정위 보도자료(2020.12.29).
28) 독일에서 동 조항을 삽입한 이유는 2014년 <Facebook의 Whatsapp 인수 사건>에서의 규제 흠결 때문이라고 한다. 이봉의, 공정거래법(2022), 390면; 우리나라의 경우 매출액뿐만 아니라 자산을 기준으로 하기 때문에 <Facebook의 Whatsapp 인수 사건>에서 같은 규제 공백은 없어서 신고의무를 확대하는데 반대하는 견해가 있다. 이봉의, 공정거래법(2022), 398~401면.
29) 신고의무가 없는 기업결합에 대하여 공정위의 심사권을 부인하는 입장의 연장선상에서 신고의무없는 역외 기업결합과 관련해서도 법 제3조의 역외적용을 근거로 공정위의 심사권을 부인하는 견해가 있다. 이봉의, 공정거래법(2022), 500~502면. 이에 대해서도 신고의무를 심사권 부인의 근거로 삼는 것은 합당하지 않다고 생각한다.

고대상회사가 「자본시장법」에 의한 투자회사, 사회기반시설 민간투자사업 시행자로 지정된 회사 및 이에 따른 투자목적의 투자회사, 부동산투자회사의 어느 하나의 주식을 100분의 20(상장법인 15) 이상 소유하게 되거나 창업자 또는 벤처기업의 설립에 다른 회사와 공동으로 참여하여 최다출자자가 되는 경우이다(법 제11조 제3항).

둘째, 관계중앙행정기관이 사전협의한 경우이다. 「금융산업 구조개선법」, 「금융지주회사법」, 「전기통신사업법」 등에 규정이 있다. 다만 신고의무만 면제되므로 심사권한을 배제하는 것으로는 볼 수 없다. <신한카드(주) 기업결합신고규정 위반 행위 건>(공정위, 2009)에서 피심인은 '미리 협의'한 경우란 다른 법률 규정에 의하여 인허가나 승인 등의 행정처분을 하기 전에 미리 위원회와 협의한 경우로 주장하였으나, 공정위는 사전신고기간 도과전에 다른 부처의 요청으로 기업결합심사를 하게 된 경우로 해석하였다(법 제11조 제4항). 주식의 소유 또는 인수의 비율을 산정하거나 최다출자자가 되는지를 판단할 때에는 해당 회사의 특수관계인이 소유하고 있는 주식을 합산한다(법 제11조 제5항).

신고는 기업결합일로 부터 30일 이내 사후신고 원칙이다. 예외적으로 사전신고 해야 하는 경우가 있는데 임원겸임을 제외한 기업결합으로서 당사회사 중 1 이상의 회사가 대규모회사인 경우, 인수가액을 기준으로 하는 기업결합의 경우 사전 신고를 한다(법 제11조 제6항). 심사결과 통지는 신고일로부터 30일 이내(90일 연장 가능)에 하며(법 제11조 제7항), 통지 전까지는 주식소유, 합병등기, 영업양수계약의 이행을 하여서는 아니된다(법 제11조 제8항).

기업결합은 그 성격상 신속한 심사가 이루어져야 한다. 이를 위하여 EU의 「합병규칙(FKVO)」에서는 정해진 기간에 결정을 내리지 않으면 허용되는 기업결합으로 간주하는 제도를 운영하고 있다.

⟨Council Regulation (EC) No 139/2004 of 20 January 2004 on the control of concentrations between undertakings (the EC Merger Regulation)⟩

Article 10 Time limits for initiating proceedings and for decisions

6. Where the Commission has not taken a decision in accordance with Article 6(1)(b), (c), 8(1), (2) or (3) within the time limits set in paragraphs 1 and 3 respectively, the concentration shall be deemed to have been declared compatible with the common market, without prejudice to Article 9.

신고시 간이신고대상인 경우를 『기업결합 신고요령』(II. 2)에 규정하고 있다.[30]

〈기업결합 신고요령〉

- 기업결합 신고의무자와 기업결합의 상대회사가 특수관계인인 경우
- 상대회사 임원총수의 3분의 1 미만의 임원을 겸임하는 경우
- 「자본시장과 금융투자업에 관한 법률」 제9조 제19항 제1호의 규정에 따른 기관전용 사모집합투자기구의 설립에 참여하는 경우
- 「자산유동화에관한법률」 제2조 제5호의 규정에 따른 유동화전문회사를 기업결합하는 경우
- 「선박투자회사법」에 따른 선박투자회사의 설립에 참여하는 경우
- 조세특례제한법 제104조의31 제1항의 요건을 갖추어 설립되는 프로젝트금융투자회사의 설립에 참여하는 경우
- 이미 설립된 기관전용 사모집합투자기구에 추가로 출자하여 새로운 유한책임사원으로 참여하게 되는 경우
- 법 제11조 제3항 각호에 따라 기업결합신고의무가 면제되는 주식취득 또는 합작회사 설립과 동일하거나 연속되는 계약 또는 약정에 따른 임원겸임인 경우
- 임의적 사전심사를 요청하여 승인받은 결합을 정식으로 신고하는 경우

신고기간 전이라도 당해 행위가 경쟁을 실질적으로 제한하는 행위에 해당하는지 여부에 대하여 사전 심사요청을 할 수 있다(법 제11조 제9항). 심사를 요청받은 경우에는 30일 이내에 그 심사결과를 요청한 자에게 통지하여야 한다. 다만, 공정위가 필요하다고 인정할 경우에는 90일의 범위에서 그 기간을 연장할 수 있다(법 제11조 제10항). EU의 경우 신고 전 사전협의 절차를 제도화하고 있다.[31]

신고방법은 2인 이상인 경우에는 공동신고를 한다(단, 기업집단 신고대리인인 경우는 예외)(법 제11조 제11항). 예를 들어 회사설립참여의 경우 A, B, C사가 40%, 40%, 20%지분 취득 시 A, B사가 신고의무가 있다. 기업집단 신고대리인이 있는 경우 대리인이 신고를 한다.

신고절차의 특례가 있는데, 방송법에 따른 종합유선방송사업자의 합병, 종합유

---

30) 한편 『기업결합 심사기준』상 간이심사대상은 경쟁제한성이 없는 것으로 추정된다. 양자 간에는 차이가 있는데, 간이신고대상 중에서 정식심사대상이 되는 경우가 있고, 간이심사대상 중에서도 정식신고를 해야 하는 경우가 발생한다; 양 절차를 통일시키는 것이 바람직하다. 이봉의, 공정거래법(2022), 408면.

31) 김문식, EU경쟁법의 이해(2022), 89면.

선방송사업자의 최다액출자자가 되고자 하거나, 경영권을 실질적으로 지배하고자
하는 경우 주무관청에 승인신청할때 기업결합신고서를 함께 제출할 수 있다(법 제12조).

II. 경제력 집중에 대한 정책적 대응

1. 경제력 집중 억제제도

가. 경제력 집중의 유형

경제력(economic power)은 대기업이 경제전반에 걸쳐 큰 영향력을 행사하는
것을 의미하며, 시장지배력이나 경제지배력이 특정 대기업들에게 집중되어 있는 현
상을 경제력 집중(economic concentration)이라 한다.[32] 경제력 집중은 세 가지가 있
다. 일반집중(기업집중)은 소수의 기업이 경제전체 또는 경제 일부분의 상당부분을
지배하는 현상을 말하며(공정거래법상 기업집단규제), 산업집중(시장집중)은 소수의 기
업이 특정산업 또는 시장에서의 생산과 자원의 상당 부분을 차지하는 현상, 소유집
중은 기업의 소유권이 소수의 자연인에 집중하는 현상을 말한다. 소유집중은 특수
관계인에 부당이익제공 금지(법 제47조) 등을 통해 규제하고 있지만, 기본적으로 기
업경영의 투명성 확보, 상속·증여세 등 세정의 강화, 기업공개, 자본시장의 발전 등
을 통해 다루어야 할 사안이다.[33]

경제력 집중이 심화되어 집중된 경제력의 소유자가 국가경제 전체를 좌지우지
할 수 있다면 개별시장을 경쟁화시키려는 독점금지정책은 원천적으로 한계에 봉착
할 수밖에 없기 때문에 기업집단에 대한 규제가 필요하다는 주장이 있다.[34] 그리고
재벌의 경제력 집중은 자원배분의 비효율성뿐만 아니라 국민경제의 균형있는 발전
이나 민주적인 정치·사회체제를 위태롭게 한다는 차원에서 접근하는 견해[35]도 있

32) 최정표, 산업조직경제학(2016), 66면.
33) 이승철, 공정거래경제학(1999), 507면; 기업집단의 한 특징인 소유집중은 경제개발초기의 열악
    한 자본시장의 바탕 위에서 고속성장을 하기 위해서는 차입과 기업 간 상호출자에 의한 자본조
    달이 가장 효과적인 수단이었다는 사실에 기인한 필연적 결과이다. 이규억, 시장자본주의의 진
    화:경제철학사적 접근(2014), 561면.
34) 최정표, 산업조직경제학(2016), 456면.
35) 이봉의, 공정거래법(2022), 516면.

다. 그러나 Ronald H. Coase의 거래비용 경제학에 따라 시장거래에 따른 거래비용이 클 때, 이윤극대화를 추구하는 기업은 거래비용의 절감을 위해 시장거래보다는 기업내 거래를 선호하게 되고, 이러한 결과가 대규모기업집단의 경영형태로 나타났다고 보는 견해도 있다.[36)]

경제력집중 억제제도의 도입은 1986년 제1차 법 개정시 지주회사 설립금지, 대규모기업집단지정제도, 상호출자금지, 출자총액제한제도, 1992년 제3차 법 개정시 채무보증제한제도가 도입되었다. 2009년 제16차 법 개정시 출자총액제한제도가 폐지되었으며, 2014년 제21차 개정시 신규순환출자 금지제도가 도입되었다.

[대규모기업집단 규제현황]

구 분	제 도	적용대상
출자규제	지주회사 제도(제18조)	지주·자·손자회사
	상호출자금지 제도(제21조)	상호출자제한기업집단 소속회사
	신규순환출자금지 제도(제22조)	상호출자제한기업집단 소속회사
	채무보증제한제도(제24조)	상호출자제한기업집단 소속회사
	금융보험사 및 공익법인 의결권 제한제도(제25조)	상호출자제한기업집단 소속 금융보험사 및 공익법인
시장감시(공시)	대규모내부거래 의결·공시제도(제26조)	공시대상기업집단 소속회사
	비상장회사 중요사항 공시제도(제27조)	공시대상기업집단 소속 비상장회사
	기업집단현황 공시제도(제28조)	공시대상기업집단 소속회사
행동규제	특수관계인에 부당이익제공 금지(제47조)	공시대상기업집단 소속회사

나. 기업집단

경제력 집중(concentration of economic power)은 "소수의 개인 또는 그 가족이 실질적으로 소유·지배하는 기업집단과 그 계열회사가 주요 시장을 독과점적으로 지배하고, 국민경제의 주요 부문을 점유하는 행태로 경제력이 소수의 경제주체에

---

36) 이승철, 공정거래경제학(1999), 503~504면.

집중되어 다수의 다른 경제주체의 선택과 국민경제의 자원배분에 영향을 주는 구조적 상태"로 이해할 수 있다.[37] 주요 외국의 입법례와는 달리 우리나라 공정거래법에서는 경제력집중을 억제하기 위한 목적으로 기업집단에 대해 규제를 하고 있다. 다만 일본의 경우「사적독점금지법」에서 과도한 사업지배력이 있는 회사의 설립을 금지하고 있다.

〈사적독점금지법〉

제9조 다른 국내회사의 주식(사원의 지분을 포함한다. 이하 같다.)을 소유하는 것에 의해 사업지배력이 과도하게 집중되는 회사는, 이것을 설립해서는 아니 된다.

② 회사(외국회사를 포함한다. 이하 같다.)는, 다른 국내회사의 주식을 취득하거나, 또는 소유하는 것에 의해 국내에 있어서 사업지배력이 과도하게 집중되는 회사가 되어서는 아니 된다.

③ 전 2항에 있어서「사업지배력이 과도하게 집중되는 것」이란, 회사 및 자회사 그 밖에 당해 회사가 주식의 소유에 의해 사업 활동을 지배하고 있는 다른 국내회사의 종합적 사업규모가 상당수의 사업 분야에 걸쳐서 많이 클 것, 이들 회사의 자금이 관련된 거래에 기인하는 다른 사업자에 대해 영향력이 현저히 클 것, 또는 이들 회사가 서로 관련성이 있는 상당수의 사업 분야에 있어서 각각 유력한 지위를 차지하고 있는 것에 의해, 국민경제에 크게 영향을 미치거나, 공정하고 자유로운 경쟁촉진에 방해되는 것을 말한다.

④ 회사 및 그 하나 또는 둘 이상의 자회사 또는 회사의 하나 또는 둘 이상의 자회사가 총주주 의결권의 과반수를 갖고 있는 다른 국내의 회사는, 당해 회사의 자회사로 간주하여 이 조의 규정을 적용한다.

⑤ 다음에 열거한 회사는, 당해 회사 및 그 자회사의 총자산액(공정취인위원회규칙에서 정하는 방법에 의한 자산의 합계금액을 말한다. 이하 이 항에 있어서 같다.)에서 국내 회사와 관련된 것을 공정취인위원회규칙으로 정한 방법에 의거 합계한 금액이, 각각 당해 각 호에 열거한 금액을 밑돌지 않는 범위 내에서 정령으로 정하는 금액을 초과하는 경우에는, 매사업연도 종료일부터 3월 이내에, 공정취인위원회규칙이 정한 바에 의거 당해 회사 및 그 자회사의 사업에 관한 보고서를 공정취인위원회에 제출하지 않으면 아니 된다. 단, 당해 회사가 다른 회사의 자회사인 경우는 이에 한정되지 않는다.

一. 자회사의 주식취득 가액(최종 대차대조표에 있어서 별도로 첨부한 가액이 있을 때는, 그 가액)의 합계액이 당해 회사의 총자산액에 대한 비율이 100분의 50을 초과하는 회사(다음 호에 있어서「지주회사」라 한다.) 6천억 엔

二. 은행업, 보험업 또는 증권업을 영위하는 회사[지주회사 및 증권중개업자(증권거

---

37) 이규억, 시장자본주의의 진화:경제철학사적 접근(2014), 559면.

> 래 법(소화 23년 법률 제25호) 제2조 제12항에서 규정하는 증권중개업자를 말
> 한다. 다음 조 제2항에 있어서 같다.)를 제외한다.] 8조 원
> 三. 전 2항에 열거한 회사 이외의 회사 2조 원
> ⑥ 새로 설립된 회사는, 당해 회사가 그 설립 시에 있어서 전 항이 규정하는 경우에
> 해당할 때는, 공정취인위원회규칙이 정하는 것에 의거, 그 설립일부터 30일 이내에 그
> 취지를 공정취인위원회에 신고하지 않으면 아니 된다.

　　일본의 경우 1차 대전 전 출현한 대규모기업집단, 특히 三井(미츠이)·三菱(미츠
비시)·安田(여스다)·住友(스미토모)는 '財閥(자이바츠)'이라고 불렀는데, 2차대전 까지
도 존속되다가, 종전 후 점령군당국의 '재벌해체' 정책을 통해서 해체가 시도되었
다.[38] 자이바츠는 주식소유, 인간관계, 신용 및 집중적 구매·판매라는 네 가지 방법
을 통하여 강력한 지배구조를 만들었는데, 기본적인 지배방법은 직접의 주식보유로
서 주요 자회사의 대다수에 대하여 50%를 훨씬 넘는 주식을 보유하고 그 속에는 三
井(미츠이)·三菱(미츠비시)처럼 가족에 의한 직접적인 주식보유도 상당한 정도로 포
함되었다.[39] 그 때문에 자이바츠는 일반적으로 가족·은행지배모형의 틀속에서 이
해되는 경우가 많다. 그러나 그 후 일본정부의 장려에 따라 '제휴참여(aligned
participation)'의 형태로 재집단화를 하였고, 이는 더 이상 지주회사나 지배가족이 없
이 좀 더 분산된 소유구조를 갖고 다시 출현하였다.[40] 케이레츠에는 두 가지 형식

---

38) 이규억, 시장자본주의의 진화:경제철학사적 접근(2014), 296면. 1947년 1월에 연합군사령부의
　　명령으로 일본의 245개의 주요회사로부터 최고임원을 추방하였다. 이것은 자이바츠에서 인적
　　연결을 단절하고 의사결정의 양식을 바꾼다는 점에서는 획기적인 조치였다 이규억, 시장자본주
　　의의 진화:경제철학사적 접근(2014), 542면.
39) 이규억, 시장자본주의의 진화:경제철학사적 접근(2014), 537면.
40) 이규억, 시장자본주의의 진화:경제철학사적 접근(2014), 298면. 3개 기업집단이 각각 과거의 자
　　이바츠집합인 미츠이·미츠비시·스미토모에 뿌리를 갖고 있다. 다른 3개의 기업집합 三和(산
　　와)·芙蓉(후요)·第一勸業銀行(다이이치칸교긴코)이 이들과 함께 '6대' 집단을 구성한다. 이 세
　　집단은 은행을 중심으로 형성되었고 각각 전전의 소규모 자이바츠에서 남아있는 기업들의 일부
　　를 포함하고 있다; 그 특징은 ① 기업집단의 중핵에 사장회가 존재하여 정기적인 정보교환을
　　함과 아울러 때때로 구성기업 간에 의사결정의 조정을 한다. ② 자이바츠의 경우에 비하여는
　　작으나 구성기업 간에 상당한 정도의 주식의 상호보유가 장기적으로 존재한다. ③ 금융거래의
　　중심에 시중은행이 존재하고 구성기업에 대하여 훨씬 유리한 조건으로 장·단기의 융자를 하며,
　　이에는 임원파견을 수반하는 경우도 많다. ④ 재화·서비스거래의 중핵에 종합상사가 존재하여
　　판매자 및 구매자로서 정보교환과 거래에 임한다. 기업집단과 자이바츠의 결정적인 차이는 지
　　배의 정도이다. 자이바츠는 주식보유·임원파견이라는 강한 연결을 기초로 산하의 여러 기업의
　　의사 결정을 거의 완전히 지배하는 힘을 갖고 있었으나, 기업집단에서는 주식 보유와 임원겸임
　　이 여전히 존속은 하고 있지만 상당히 약한 연결로서 의사결정에 실질적인 영향을 주지 못하였
　　다. 이규억, 시장자본주의의 진화:경제철학사적 접근(2014), 543~544면.

이 있는데 하나는 제조업체와 물품을 공급하는 상방의 공급자 및 하방의 마케팅조
직으로 구성된 수직적 케이레츠이며, 다른 하나는 좀 더 일반적인 형식인데 서로 크
게 다른 사업영역이 뭉쳐져서 형성된 수평적·시장간 케이레츠로서 구성사업체들은
법적으로 어떤 형식적인 관계를 맺고 있지는 않지만 상호 지분을 복잡한 형식으로
공유하면서 연결되어 있다.41)

　　독일에서의 기업집중은 여러단계를 거쳤다. 첫 번째 단계는 독불전쟁과 1871년
독일제국의 출범 이후의 경제적 부흥과 맞물려 집중의 경향이 나타났고, 그 결과
1914년 이전에 강력한 여러 가지 콘체른이 나타나게 되었다.42) 두 번째 단계는 제1
차 대전 후에 나타나게 되었다. 그러나 1930년에는 독일의 기업가 지배기업이나 가
족지배 기업이 1914년보다 적었는데, 크룹스(Krupps), 클뢰크너(Klöckner), 하니엘스
(Haniels), 플릭스(Flicks) 등 콘체른을 지배하는 개인과 가족들이 그 활동의 일상적
인 조정과 자원의 장기배분에 관한 결정이 창업자나 그 가족과 아무런 혈연관계가
없고 기업에 지분도 (거의) 없는 피용 경영자들의 팀에 의해서 이루어지고 시행되었
다.43) 2차대전 후 연합군은 '독일의 민주적 구조조정'의 일환으로 독일경제의 '분권
화(Dekonzentration)'를 위해 노력하였고, 실제로 1945년 이후에 해체조치들이 있었
다(IG Farben, 연합철강 등).44) 포츠담협정 III. 제12조에 따르면 독일경제는 "사실상
최단기간"에 특히 카르텔, 신디케이트, 트러스트 그리고 다른 독점협정를 통하여 나
타난 현재의 과도한 경제력집중을 제거하는 목적으로 분권화되어야 했다.45) 1947.
1. 28. 점령지에 법률 제56호, 즉 규칙 제78호로 『독일경제력의 과도한 집중방지
(prohibition of Excessive Concentration of German Economic Power)』를 제정하였는
데, 그 내용과 법기술은 미국의 반독점법에서 따온 것이었다.46)

---

41) 이규억, 시장자본주의의 진화:경제철학사적 접근(2014), 500면. 일본의 케이레츠 체제는 다른
　문화에는 없는 독특한 성격 때문에 확실히 구별된다. 먼저 케이레츠는 매우 규모가 크고 일본
　경제 전체에 막대한 영향력을 끼 친다. 두 번째 특징으로 케이레츠는 전체적으로 굉장히 규모
　가 크지만 수평적 케이레츠의 각각의 구성기업들이 어느한 산업부문에서 독점적 위치를 차지하
　는 경우는 매우 드물다. 세 번째로 네트워크 구성기업들은 경제적으로 비합리적일지라도 상호
　간에 특혜적 거래를 하는 경우가 있다. 마지막으로 케이레츠의 구성기업들 간에는 흔히 매우
　친밀하고 서로 고도의 신뢰를 가지고 있다.
42) Emmerich·Sonnenschein·Habersack, Konzernrecht(2001), S. 3.
43) 이규억, 시장자본주의의 진화:경제철학사적 접근(2014), 396면.
44) Emmerich·Sonnenschein·Habersack, Konzernrecht(2001), S. 3.
45) Fritz Rittner·Meinrad Dreher, Wirtschaftsrecht(1987) S. 341 Rn. 15.
46) Fritz Rittner·Meinrad Dreher, Wirtschaftsrecht(1987), S. 341 Rn. 15.

기업집중은 기업결합을 통하여 지금까지의 독립기업이 더 큰 기업의 형성 그리고 동시에 시장 또는 전체 경제에서 독립기업의 수가 감소하는 것을 의미한다.[47] 우리나라의 기업집단과 비교할 수 있는 것이 독일의 콘체른이다. 이는 지배기업과 종속기업이 지배기업의 '단일한 지배(der einheitlichen Leitung)'에 있는 것을 말하는데 주식회사법(AktG) 제18조에서 규정하고 있다.[48] 지배와 종속의 개념에 대해서는 동 법 제17조에서 규정하고 있다.[49] 콘체른은 주식회사에 한정되지 않고 다른 회사형태(사단, 동업조합 포함) 및 재단에도 관련이 된다.[50] 콘체른에 대해서는 세법(Steuerrecht), 상법으로 규율되는 결산법(Bilanzrecht), 「경쟁제한방지법(GWB)」 및 EU『합병규칙(FKVO)』의 기업결합규제, 자본시장법(Kapitalmarktrecht), 노동법(Arbertsrecht), 민법(Zivilrecht) 등으로 규율된다.[51] 콘체른을 형성하거나 기존의 콘체른을 확대하는 내용의 계약은 기업결합에 해당하며, 종속형 콘체른과 같이 이른바 지배계약이 체결되는 경우는 물론이고, 참가기업 상호 간에 지배·종속관계가 없고 이들이 하나의 단일한 지배하에 놓이는 이른바 대등형 콘체른 계약도 기업결합에 해당한다.[52]

우리나라 헌법 제119조 제2항에 경제력 집중이란 직접적 표현은 없으나, 경제력의 남용방지라는 표현 속에 포함된 것으로 볼 수 있고, 공정거래법 제1조(목적)에

---

47) Emmerich·Sonnenschein·Habersack, Konzernrecht(2001), S. 9.
48) Aktiengesetz § 18 Konzern und Konzernunternehmen
  (1) Sind ein herrschendes und ein oder mehrere abhängige Unternehmen unter der einheitlichen Leitung des herrschenden Unternehmens zusammengefaßt, so bilden sie einen Konzern; die einzelnen Unternehmen sind Konzernunternehmen. Unternehmen, zwischen denen ein Beherrschungsvertrag (§ 291) besteht oder von denen das eine in das andere eingegliedert ist (§ 319), sind als unter einheitlicher Leitung zusammengefaßt anzusehen. Von einem abhängigen Unternehmen wird vermutet, daß es mit dem herrschenden Unternehmen einen Konzern bildet.
  (2) Sind rechtlich selbständige Unternehmen, ohne daß das eine Unternehmen von dem anderen abhängig ist, unter einheitlicher Leitung zusammengefaßt, so bilden sie auch einen Konzern; die einzelnen Unternehmen sind Konzernunternehmen.
49) Aktiengesetz § 17 Abhängige und herrschende Unternehmen
  (1) Abhängige Unternehmen sind rechtlich selbständige Unternehmen, auf die ein anderes Unternehmen (herrschendes Unternehmen) unmittelbar oder mittelbar einen beherrschenden Einfluß ausüben kann.
  (2) Von einem in Mehrheitsbesitz stehenden Unternehmen wird vermutet, daß es von dem an ihm mit Mehrheit beteiligten Unternehmen abhängig ist.
50) Emmerich·Sonnenschein·Habersack, Konzernrecht(2001), S. 1.
51) Emmerich·Sonnenschein·Habersack, Konzernrecht(2001), S. 2.
52) 이봉의, 독일경쟁법(2016), 227면.

서는 과도한 경제력 집중의 방지를 공정거래법의 목적을 실현하기 위한 수단의 하나로 규정하고 있다. 기업집단은 통상, 일본의 자이바츠에서 유래하는 '재벌(Chaebol)'로 불리우면서 정치적으로 개혁의 타깃이 되어 왔고, 우리사회에서 큰 논쟁을 불러일으켜 왔다.[53] 기업집단이 문제가 되는 근본이유는 소수의 사적 경제주체가 국가의 경제적 자원과 활동의 주요부분을 자신의 의사에 따라 실질적으로 관리할 수 있는 경제력을 집중적으로 보유·행사함에 따라 정치적 민주주의와 경쟁적 시장경제의 작동을 저해할 수 있기 때문이다.[54]

우리나라의 경제력 집중은 오랜 자본주의 역사적 진화과정에서 기업간의 치열한 경쟁을 통하여 이루어진 서구 자본주의 국가에서와는 달리, 단기간의 압축성장을 실현하기 위한 국가주도의 경제성장정책의 결과로서 나타나게 되었다.[55] 실적이 입증된 특혜 기업에게 우대금리로 자금을 대출하는 정책은 1960대와 1970년대 '재벌'의 급성장에 기여했으며, 재벌은 경제의 나머지 부분에 비해서 훨씬빠르게 성장해 왔다.[56] 박정희 대통령은 '경제개혁을 촉진할 백만장자들'을 만들어 내고 그들이 '민족자본'을 축적하도록 북돋웠다.[57] Francis Y. Fukuyama는 우리나라의 경제력 집중의 메커니즘에 대하여 다음과 같이 설명한다. 즉, "한국정부는 대형화를 촉진시키기 위해 여러 가지 메커니즘을 사용했다. 가장 중요한 수단은 신용통제였다. 정부가 사용할 수 있는 두 번째 수단은 제한된 소수의 기업들만 돈벌이가 좋은 수출시장에 참여할 수 있도록 허가하는 것이다. 마지막으로 한국정부는 고도의 암시적 계획기법을 사용해 예측가능성이 높은 국내 경제환경을 조성했으며, 여기서 대기업은 협소하나마 국내시장에서 외국의 경쟁자들로부터 보호받을 수 있게 되었다."[58]

재벌은 첫째, 기업의 집단이고(기업의 집단화), 둘째, 가족중심의 기업이고(경영의 가족화), 셋째는 규모가 크다(규모의 비대화)의 특징을 가진다.[59] 한편 한국의 재벌과 일본의 '자이바츠(財閥)'의 차이를 다음과 같이 설명하고 있다. 즉, "한국의 재벌

---

53) Chandler(1997)의 표현을 빌리면, 한국에서의 재벌은 "경제적으로 긴요하고, 대중에게 공개되어 있으며 정치적으로 물의를 일으키는(economically vital, publicly visible, and politically controversial)" 존재였다. 이규억, 시장자본주의의 진화:경제철학사적 접근(2014), 532면.
54) 이규억, 시장자본주의의 진화:경제철학사적 접근(2014), 563면.
55) 신현윤·홍명수·강상엽, 대기업집단 규제론(2021), 28면.
56) 이규억, 시장자본주의의 진화:경제철학사적 접근(2014), 455면.
57) 프랜시스 후쿠야마(구승희 옮김), 트러스트(1996), 192면.
58) 프랜시스 후쿠야마(구승희 옮김), 트러스트(1996), 193면.
59) 최정표, 산업조직경제학(2016), 249면.

은 일본의 전전(戰前) 재벌 '자이바츠'나 전후 계열과 여러 가지 실질적인 측면에서 다르다. 가장 중요한 첫 번째 차이점은 한국재벌이 일본의 계열처럼 민간은행이나 여타 금융기관을 중심으로 결합되어 있지 않다는 점이다. 두 번째 차이점은 한국의 재벌이 토요타의 수직적인 계열보다 한층 일반적 형태인 일본의 수평적 계열을 닮았다는 점이다. 이는 대형 재벌그룹이 각기 중공업과 전자에서 섬유와 보험, 소매업에 이르기까지 현격히 다른 산업부분에 지분을 보유하고 있다는 것을 의미한다. 마지막으로 한국의 재벌은 일본의 계열에 비해 훨씬 더 중앙집권화되어 있다."[60]

기업집단이 갖는 한 가지 긍정적인 경제적 효과는 계열기업 간에 자원을 공유함으로써 희소자원을 최대한 효율적으로 이용할 수 있다는 것이다.[61] 이와 같은 대기업집단에 대해서는 국가경제에 미친 긍정적 역할에도 불구하고, 계열사 상호간의 내부거래나 독과점, 소유지배구조의 왜곡, 경영위기의 국민부담 전가 등 폐해가 지적되고 있다.[62] 산업화 초기에는 재벌들이 익숙치 않은 사업분야로 수평적 확장을 하는 것은 전통적인 경제부분에 현대적 경영기법을 도입하는 수단으로 얼마간의 경제적 타당성을 지니고 있었으나, 경제가 성장함에 따라 상호간에 뚜렷한 시너지 효과를 가지지 않는 비연관 사업부문의 기업을 결합해야 할 근거는 점점 더 의문시되게 되었다.[63] 가족경영의 특징으로 초대에서 삼대로 갈수록 경영능력이 감퇴하는, 흔히 말하는 "부덴브루크(Buddenbrook)" 현상을 지적하기도 한다.[64]

이는 교차보조(cross–subsidizing) 및 상호구매(reciprocal buying) 등을 통하여 시장경쟁을 제한하는 행태도 보였다. 즉, 교차보조(cross–subsidizing)는 한 업종에서의 수입으로 다른 업종을 지원하는 것인데, 교차보조를 받는 부문이 그 업종에서 높은 시장점유율을 차지하고 있다면 교차보조는 시장경쟁을 위축시키며, 반대로 낮은 시장점유율이나 신규진입 부문이라면 시장경쟁으로 제고시킬 수 있다.[65] 상호구매는 복합기업이 상품을 구매할 때, 자기상품의 좋은 고객이 되는 기업의 상품을 우

---

60) 프랜시스 후쿠야마(구승희 옮김), 트러스트(1996), 181면.
61) 이규억, 시장자본주의의 진화:경제철학사적 접근(2014), 562면.
62) 신현윤·홍명수·강상엽, 대기업집단 규제론(2021), 28~29면.
63) 프랜시스 후쿠야마(구승희 옮김), 트러스트(1996), 200면.
64) 이규억, 시장자본주의의 진화:경제철학사적 접근(2014), 476면. 독일인 토마스만(Thomas Mann)의 1901년 소설의 이름으로 독일의 상인 집안이 4대에 걸쳐 몰락하는 과정을 그린 소설이다.
65) 최정표, 산업조직경제학(2016), 244면.

선적으로 구매해 주는 것을 말한다. 이는 소규모 전문기업을 희생시켜 대규모기업의 시장점유율을 증가시킬 수 있다.[66] 한편 세력범위가설(spheres of influence hypothesis) 이라는 것도 있는데, 대규모 복합기업들이 서로의 세력범위를 인정해 주는 것을 의미한다.

그러나 우리나라 기업들, 특히 재벌기업들이 금융기관을 통한 차입에 의존하는 방식으로 성장해온 주된 원인은 많은 사람들이 흔히 생각하는 대로 소유권 약화를 꺼린 기업들이 주식시장을 통한 자금동원을 기피한 결과일 수도 있지만, 자본축적의 역사가 일천한 관계로 기업내부자금이 절대적으로 부족했던 데도 원인이 있다고 보고, 기업의 다각화는 위험을 분산하여 적극적 투자를 가능케 하고, 기존 계열사로부터의 보조를 통해 새로운 산업에 진출하는 것을 돕는 장점이 있으며,[67] 재벌개혁의 논리로 사용되는 주주자본주의(shareholder capitalism) 추구는 기업의 장기적 발전에 좋지 않으며, 재벌체제의 장점은 경영권의 중앙집중, 대규모 자금동원력, 위험분산 능력 등을 통해 적극적인 투자가 가능해 비교적 쉽게 새로운 산업으로 진출할 수 있다는 점이라는 주장도 있다.[68] 중요한 것은 종업원, 거래은행, 하청업체 등 내부사정을 잘 아는 이해당사자들에 의한 내부감시를 강화하는 일이며, 무엇보다 중요한 것은 총수의 이익과 주주의 이익뿐만 아니라 주주의 이익과 사회적 이익이 합치될 수 있게 조정하는 장치를 만드는 것이라고 한다.[69]

공정거래법상의 기업집단 제도는 경제력 집중을 통한 집단적 시장지배 현상을 방지하기 위한 제도적 장치로서 그 의미를 찾을 수 있고, 공정거래법 위에도 38개 개별 법에서 공정거래법을 준용하여 각종 규제를 하고 있다. 그러나 현행 기업집단 제도는 동일인 개념의 불명확, 현실과 맞지 않는 지나치게 넓은 친인척 범위, '과도한' 경제력 집중과는 맞지 않은 지정기준 및 지정된 집단 간의 지나친 경제력 격차, 플랫폼 기업과는 맞지 않는 지정기준 등 많은 문제점을 가지고 있다. 상법상 기업내부 통제를 강화[70]하는 추세를 감안하여 기업집단 제도의 개선이 필요하다. 근본적

---

66) 최정표, 산업조직경제학(2016), 247면.
67) 장하준, 개혁의 덫(2005), 156~157면.
68) 장하준, 개혁의 덫(2005), 161~162면.
69) 장하준, 개혁의 덫(2005), 163면.
70) 2020년 상법개정으로 다중대표소송제, 감사위원 분리선출 등 제도가 도입되었다; 기업집단정책의 근간은 첫째, 공정거래법에서 규정하는 출자제한·채무보증제한·자주회사의 부분적 허용·내부거래규제 등과 둘째, 은행법·금융지주회사법에 의한 금융자본과 산업자본의 분리(속칭 '금

으로는 사후규제로 전환하는 것이 바람직하지만, 우선은 지나친 규제범위를 축소하는 방향으로 제도개선이 필요하다.[71] 수시로 정치적 고려하에서 재벌문제를 교조주의적(dogmatic)이고 대중주의적(populist)으로 접근하여 온 결과 기업집단에 관련된 제도·정책을 변천하는 환경에 부응하여 합리적으로 개편하려는 시도를 '반개혁적' 내지 '반사회적' 기도로 매도하는 분위기도 사회일부에 형성되어 있다.[72] 이제 이러한 편향된 사고에서 벗어나 제도에 대한 본질적인 검토가 필요한 시점이 되었다. 구조 → 행동 → 성과의 일방적 인과관계를 인정하는 단순한 구조주의(structuralism)의 시각에서 경직적인 정책을 시행하여서는 안 될 것이다.[73]

공정거래법상 기업집단은 지분율 또는 지배력을 기준으로 동일인이 사실상 사업내용을 지배하는 회사의 집단을 의미한다. 즉, 동일인이 회사인 경우에는 동일인과 그 동일인이 지배하는 하나 이상의 회사집단, 동일인이 회사가 아닌 경우에는 그 동일인이 지배하는 2 이상의 회사의 집단을 기업집단이라 한다(법 제2조 제11호, 영 제4조).

첫째, 지분율 조건은 동일인 또는 동일인 관련자와 합하여 당해회사 발행주식 총수의 30% 이상 소유하는 경우로서 최다출자자가 되어야 한다. 여기에서 동일인 관련자란 친족(배우자, 4촌이내 혈족, 3촌이내 인척, 동일인이 지배하는 국내회사 발행주식 총수의 100분의 1 이상을 소유하고 있는 5촌·6촌인 혈족이나 4촌 인척, 동일인이 민법에 따라 인지한 혼인 외 출생자의 생부나 생모), 동일인 또는 동일인 관련자 중 1인이 설립자인 비영리법인 또는 단체(법인격 없는 사단 또는 재단), 동일인이 지배력을 가진 비영리법인 또는 단체, 동일인이 사실상 사업내용을 지배하는 회사, 동일인 및 동일인 관련자의 사용인(법인의 임원, 개인인 경우 상업사용인 및 고용계약에 의한 피용인)을 말한다.

둘째, 지배력 요건은 동일인이 주주와의 계약(합의)에 의해 대표이사 임면, 임원의 50% 이상 선임, 동일인(동일인 관련자)이 주요 의사결정이나 업무집행에 지배력 행사, 동일인이 지배하는 회사(동일인이 회사인 경우 동일인)와 당해 회사 간 임원

산분리'), 셋째, 상법·증권거래법등에 의한 기업지배구조의 규제로 구성된다. 이규억, 시장자본주의의 진화:경제철학사적 접근(2014), 566면.

71) 신현윤·홍명수·강상엽, 대기업집단 규제론(2021), 233면 이하 참조.

72) 이규억, 시장자본주의의 진화:경제철학사적 접근(2014), 564면.

73) 이규억, 시장자본주의의 진화:경제철학사적 접근(2014), 565면.

겸임, 복직 등 인사교류, 동일인(동일인 관련자)와 통상적 범위를 초과한 자금·자산·상품·용역 등 거래, 채무보증, 동일인의 기업집단의 계열사로 인정될 수 있는 영업상의 표시행위 등 사회통념상 경제적 동일체로 인정되는 경우에 인정된다. 2 이상 회사가 동일한 기업집단에 속하는 경우 서로 상대방의 계열회사가 된다.

기업집단으로부터 제외되는 경우도 있는데, 첫째, 동일인이 사업내용을 지배하지 아니하는 것으로 인정되는 경우이다. 여기에는 ① 동일인이 임명한 자, 동일인의 친족·사용인 등 관계에 있는자 외의 자가 사실상 경영하는 경우, ② 친족독립경영회사, ③ 임원독립경영회사, ④ 파산절차가 진행중인 회사, ⑤ 약정체결기업에 해당하는 회사(Workout 기업) 등이 해당한다(영 제5조 제1항). 둘째, 민간투자사업법인 등의 경우이다. 여기에는 국가 등이 20% 이상 소유하는 민간투자사업법인, 사업구조조정을 위한 회사, 민간투자사업 추진회사, 산학협력을 위한 산학협력기술지주회사, 신기술창업전문회사(10년 이내), 중소벤처기업이다(영 제5조 제2항)

기업집단의 지정제외는 그 요건이 없어지는 경우 직권 또는 이해관계자의 요청에 따라 결정이 취소될 수 있다(영 제5조 제3항).

그리고 동일인 관련자로부터의 제외되는 경우도 있는데, 법인격없는 사단 또는 재단에 불구하고 임원구성이나 사업운용 등에 관하여 지배적인 영향력을 행사하지 않는 경우에는 제외될 수 있다. 그리고 친독독립경영회사의 경우 동일인이 지배하는 기업집단으로부터 제외된 각 회사는 비친족 측 계열회사와의 자금, 유가증권, 자산, 상품 및 용역에 관한 세부 거래내역을 동일인이 지배하는 기업집단으로부터 제외된 날부터 3년간 매년 제출하여야 한다(영 제5조 제6항).

대기업집단의 지정을 위해 필요한 자료요청에 대하여 정당한 이유없이 자료제출을 거부하거나 거짓의 자료를 제출한 자에 대해서는 2년 이하의 징역 또는 1억 5천만 원 이하의 벌금에 처한다(법 제125조 제2호). 자료제출의무는 회사 또는 특수관계인이 진다(법 제31조 제4항). 통상 동일인이다. 그러나 동 처벌조항은 법리적으로 심각한 문제가 있는 조항이다. 첫째, 기업집단 지정과정에서 기업집단 지정여부도 불확실하고, 자료제출 시 포함해야 할 회사가 사전에 지정되지도 않았으며, 단순히 지정과정에서 포함 여부를 검토해야 하는데, 복잡한 검토 과정에서 일부 회사가 누락되었다고 하여 형벌까지 부과하는 것은 명백한 과잉재재라고 볼 수 있다. 기업집단지정이 경제력집중 억제제도의 근간을 이루는 것이고 공정거래법 이외에도 파급을 주는 중요한 제도라 하더라도 단순한 자료누락에 대하여 형벌까지 부과하는 것은 행정편의주의적 발상으로 볼 수밖에 없다. 둘째, 다른 자료제출 관련 절차규정, 예를 들어 계열회사 편입이나 제외 등 대부분 과태료처분을 하고 있는 것과 균형이 맞지 않는다. 즉, 다르게 취급해야 할 이유가 분명하지 않다. 셋째, 『기업집단 관련 신고 및 자료제출의무 위반행위에 대한 고발지침』에서는 인식가능성과 중대성을 기준으로 고발 및 경고를 정하게 되어있는데, 인식가능성이라는 개념은 법 제129조 제2항에서 '위반의 정도가 객관적으로 명백하고 중대하여 경쟁질서를 현저히 해친다고 인정하는 경우'에 고발한다는 법규정에 명백히 위배된다. 상위법 규정을 벗어나는 것이다. 따라서 위장계열사라든지 명백히 대기업집단 지정을 회피하기 위한 경우처럼 중대·명백한 경우 외에는 과태료 처분으로도 법 목적으로 충분히 달성할 수 있다고 본다.[74]

다. 기업집단의 지정

기업집단은 2가지 종류가 있다.

1) 공시대상기업집단

공시대상기업집단은 해당기업집단 소속 국내회사들의 지정직전사업연도 대차대조표상 자산총액(금융보험사의 경우 자본총액 또는 자본금 중 큰 금액, 신설회사의 경우 지정일 현재 납입자본금) 5조 원 이상인 기업집단이다(법 제31조 제1항). 공시대상기업집단 소속회사에 대해서는 공정거래법상 공시 및 신고의무[기업집단현황공시(법 제28조), 대규모내부거래공시(법 제26조), 비상장회사의 중요사항 공시(법 제27조), 주식소유현황 신고(법 제30조)]가 부과되고 총수일가 사익편취 규제(법 제47조)가 적용된다.

2) 상호출자제한기업집단

상호출자제한기업집단은 자산총액이 국내총생산액의 1천분의 5에 해당하는 금액 이상인 기업집단이다(법 제31조 제1항). 상호출자제한기업집단 소속회사에 대하여는 공시대상기업집단에 적용되는 공정거래법 조항 외에 상호출자금지(법 제21조), 순환출자금지(법 제22조), 채무보증금지(법 제24조), 금융·보험사 의결권 제한(법 제

---

74) 같은 입장으로 이봉의, 공정거래법(2022), 536~543면.

25조) 등이 추가적으로 적용된다. 2020. 12. 29. 법 전부개정 시에 '공시대상기업집단'은 5조 원 이상으로, '상호출자제한기업집단'은 그중 자산총액기준이 '자산총액 10조 원'에서 '국내총생산액의 1천분의 5에 해당하는 금액' 이상인 기업집단으로 변경되었다.

3) 계열회사 편입 및 제외

공정위는 공시대상기업집단 등의 계열회사 편입이나 제외하여야 할 사유가 발생한 경우에는 요청이나 직권으로 심사후 편입 또는 제외조치를 하여야 한다(법 제32조). 이는 특정회사가 기업집단에 편입 내지는 제외되는 절차로서, 기업집단 자체의 지정이나 지정제외와는 다른 제도이다. 계열회사 편입 및 제외 등의 심사를 위해 필요한 자료요청에 대하여 정당한 이유없이 자료를 제출하지 아니하거나 허위의 자료를 제출한 자에 대하여는 과태료를 부과한다(법 제130조 제항 제5호).

2. 지주회사 제도

가. 지주회사 등의 행위제한

1) 지주회사/자회사

지주회사 규제에 있어서는 지주회사, 자회사, 증손회사 등이 법 적용대상이 된다. 지주회사는 주식(지분포함)의 소유를 통하여 국내회사의 사업내용을 지배하는 것을 주된 사업으로 하는 회사로서 설립·합병 또는 분할등기일, 그 외에는 직전사업년도 종료일 현재 대차대조표상 자산총액이 5,000억 원(벤처지주회사의 경우 300억 원) 이상인 회사를 말한다(법 제2조 제7호, 영 제3조 제1항). 여기에서 지배는 현실적 지배가 아니라 지배의 개연성 또는 가능성으로 충분하다고 본다.

주된 사업으로 하는 회사란 자회사 주식가액이 회사 자산총액의 50% 이상인 회사를 말한다(법 제2조 제7호, 영 제3조 제2항). 국내회사의 사업내용을 지배하는 경우이므로, 외국회사의 사업내용을 지배하는 경우는 제외된다. 지주회사는 순수지주회사와 사업지주회사로 나눌 수 있는데, 현행법상 구분은 아니다. 그리고 지주회사는 자회사의 사업내용에 따라 금융지주회사와 비금융지주회사로 나눌 수 있다. 지주회사는 출자구조의 단순투명화, 기업구조조정 등의 장점이 있는 반면, 경제력 집중의 우려, 지주회사내 부당한 내부거래 등의 가능성이 제기된다.

자회사는 지주회사구조에서 사업내용을 지배받는 회사를 의미한다(법 제2조 제8호). 자회사는 우선 지주회사의 계열회사여야 하는데 중소기업창투회사의 창업투자, 신기술금융업자의 신기술사업자 지원목적 주식취득에 따른 계열회사는 제외되어 있다. 그리고 지주회사 소유주식이 당해 회사 사실상 지배자 또는 동일인 관련자 중 최다 출자자 소유주식보다 같거나 커야 한다(영 제3조 제3항). 예를 들어 지주회사가 50% 이상, 50% 미만이지만 최다출자자이고 계열회사인 경우나, 지주회사 20%/특수관계인 A 10%/특수관계인 B 10%인 경우를 예로 들 수 있다.

자회사의 지배를 받는 회사는 손자회사라 한다(법 제2조 제9호). 손자회사는 자회사의 계열회사여야 하고, 자회사가 소유하는 주식수가 당해회사 사실상 지배자 또는 동일인 관련자 중 최다출자자자가 소유하는 주식수와 같거나 그 보다 커야 한다. 다만, 자회사가 소유하는 주식수가 자회사의 지주회사, 지주회사의 다른 자회사가 소유하는 주식수와 같은 경우는 제외한다(영 제3조 제4항)고 규정하였다.

위 단서의 공동출자 관련하여 지주회사 체제 내 공동출자가 이루어질 경우 소유·지배관계가 복잡해지고 사업 부문 간 시스템 리스크의 전이를 차단하지 못하는 등 문제점을 야기하게 된다. 이러한 문제점을 개선하기 위해 공정위는 2020. 6 공정거래법 시행령을 개정하여 '지주회사와 자회사 간' 및 '복수의 자회사 간' 손자회사에 대한 공동출자를 금지한 것이다.[75]

공정거래법상 자회사는 상법상 모자회사와는 다른 개념이다. 즉, 상법에서는 다른 회사 주식총수의 50%를 초과하는 경우 모자회사라 부른다.

1986년 경제력집중 억제제도를 도입하면서 지주회사 설립 및 전환을 금지하고 예외적으로 허용하였다. 그러나 1997년 말 IMF를 거치면서 기업구조조정수단으로 지주회사가 대안으로 거론되면서 1999. 2. 5. 7차 법개정 시 지주회사 설립 및 전환을 허용하면서, 단 부채비율, 자회사지분요건 등 설립요건과 행위제한규정을 두게 되었다. 2007. 4. 13. 제13차 법개정 시 지주회사 부채비율상한을 200%로 하였다. 그동안 지배구조의 투명성을 위해 지주회사설립을 유도하는 방향으로 정책이 이루어졌으나 2020. 12. 29. 법 전부개정에서 자회사 주식보유기준을 강화하는 법 개정이 이루어졌다.

---

75) 이상 공정거래위원회, 공정거래백서(2021), 317면.

[지주회사 수 변동추이]

구 분		'12	'13	'14	'15	'16	'17	'18	'19	'20	'21
일반지주회사		103	114	117	130	152	183	164	163	157	154
	대기업집단	28	30	30	29	19	39	34	37	41	44
금융지주회사		12	13	15	10	10	10	9	10	10	10
	대기업집단	2	2	1	1	1	2	3	2	2	2
합계		115	127	132	140	162	193	173	173	167	164
	대기업집단	30	32	31	30	20	41	37	39	43	46

출처: 공정위 보도자료(2021.6.1)

2) 제도의 취지 및 주요내용

지주회사 행위제한 제도는 주식피라미딩을 통한 과도한 지배력 확장을 방지하고 지주회사의 효용을 높이기 위한 제도적 장치이다. 공정거래법의 규율을 받는 지주회사 체제는 지주회사 체제에 수반되는 과도한 지배력 확장을 억제하면서 단순·투명한 출자구조가 유지되도록 제도적 장치를 구비하고 있다. 즉 지주회사의 출자구조를 3단계(지주−자−손자−100% 증손) 이내로 제한하고, 수직적 출자구조 외 수평형·방사형·순환형 출자를 금지하고 있다. 그리고 지주, 자(손자)회사는 자기가 지배하는 자, 손자, 증손회사 외 계열회사의 주식소유를 금지하고 있다. 그리고 과도한 지배력 확장 및 지배 주주와 소수 주주간의 이해상충 문제를 축소하기 위 자회사·손자회사 최소 지분율 요건을 설정하고 있다(일반 자·손자회사: 상장 20~30%, 비상장 50%).

지주회사 및 소속 자회사·손자회사·증손회사의 자산총액 합계액이 기업집단 소속 전체 회사의 자산총액 합계액의 100분의 50 이상인 전환집단은 2021년 말 현재 26개로 2018년 이후 증가하는 추세이다.

3) 지주회사에 대한 제한

첫째, 부채비율 제한이다. 자본총액(자산−부채)의 2배를 초과하는 부채보유 금지하고 있으며(법 제18조 제2항 제1호), 이는 차입에 의한 계열기업의 확장을 방지하기 위한 것이다.

둘째, 자회사주식 보유 기준을 두고 있다(법 제18조 제2항 제2호). 즉 자회사 발행주식 총수의 100분의 50(자회사가 상장법인, 국외상장법인, 공동출자법인[76) 경우 100분의 30, 벤처지주회사[77]의 자회사인 경우는 100분의 20) 미만 소유를 금지하고 있는데, 이는 적은 지분으로 자회사 지배하는 것을 방지하기 위한 조치이다. 종래에는 100분의 40(자회사가 상장법인, 국외상장법인, 공동출자법인, 벤처지주회사의 자회사인 경우는 100분의 20)으로 규정되어 있었으나, 2020. 12. 29. 법 전부개정에서 자회사 주식보유기준을 상향하였다. 이는 총수 일가가 적은 자본으로 지배력을 확대해 나가는 부작용이 해소되도록 한 것이다.

특히 2020. 12. 29. 법 전부개정에서는 벤처지주회사 설립 요건 및 행위 제한 규제를 대폭 완화하여 보다 자유로운 벤처 투자가 이루어지도록 하였다. 즉, 벤처지주회사를 일반 지주회사의 자회사 단계에서 설립하는 경우, 비상장 자회사 지분 보유 요건을 40%에서 20%로 완화하였고(상장 자회사는 20% 유지), 손자회사 단계에서 설립하는 경우, 상장·비상장 자회사 모두 지분 보유 요건을 100%에서 50%로 완화하였으며, 5% 한도 내에서만 비계열사 주식을 취득하도록 하는 제한 규정을 폐지하였다.[78]

셋째, 비계열사주식 및 자회사 외의 국내계열사의 주식소유를 제한하고 있다(법 제18조 제2항 제3호). 즉, 계열사 아닌 국내회사 발행주식총수의 100분의 5 초과 소유를 금지하는데(단 계열사 아닌 국내회사주식이 자회사 주식가액의 100분의 15 미만인 경우는 제외), 자회사 외의 국내계열회사 주식소유 금지하고 있다. 위와 같은 원칙에는 지주회사로 전환하거나 설립될 당시에 자회사의 주식을 자회사주식보유기준 미만으로 소유하고 있는 경우로서 지주회사로 전환하거나 설립된 날부터 2년 이내인 경우 등 예외가 있다.

넷째, 금융지주회사의 행위 제한 규정을 두고 있다(법 제18조 제2항 제4호). 즉, 금융업 또는 보험업 영위하는 자회사 주식을 소유하는 지주회사는 금융업 또는 보

---

76) "공동출자법인"이란 경영에 영향을 미칠 수 있는 상당한 지분을 소유하고 있는 2인 이상의 출자자(특수관계인의 관계에 있는 출자자 중 대통령령으로 정하는 자 외의 자는 1인으로 본다)가 계약 또는 이에 준하는 방법으로 출자지분의 양도를 현저히 제한하고 있어 출자자 간 지분변동이 어려운 법인을 말한다(법 제18조 제1항 제1호).

77) "벤처지주회사"란 벤처기업 또는 대통령령으로 정하는 중소기업을 자회사로 하는 지주회사로서 대통령령으로 정하는 기준에 해당하는 지주회사를 말한다(법 제18조 제1항 제2호).

78) 공정위 보도자료(2020.12.9).

험업을 영위하는 회사 외의 국내회사주식의 소유를 금지하고 있다. 여기에서 금융업 또는 보험업을 영위하는 국내회사는 금융회사 또는 보험회사에 대한 전산·정보처리 등의 역무의 제공, 금융회사 또는 보험회사가 보유한 부동산 기타 자산의 관리, 금융업 또는 보험업과 관련된 조사·연구, 기타 금융회사 또는 보험회사의 고유업무와 직접 관련되는 사업을 영위하는 것을 목적으로 하는 사업을 포함한다.

다섯째, 일반지주회사의 금융업 또는 보험업영위 국내회사 주식소유 금지가 금지된다(법 제18조 제2항 제5호). 이는 금융자본과 산업자본을 분리하는 데 그 취지가 있다.

4) 자회사에 대한 제한

첫째, 손자회사 주식보유기준을 두고 있다(법 제18조 제3항). 즉, 손자회사 주식을 손자회사 발행주식총수의 100분의 50 미만 소유[손자회사가 상장법인, 국외상장법인, 공동출자법인인 경우 100분의 30, 벤처지주회사(일반지주회사의 자회사인 벤처지주회사로 한정)의 자회사인 경우에는 100분의 20]를 금지한다("손자회사주식보유기준").

둘째, 손자회사 외의 국내계열사 주식소유를 금지하고 있다. 지배목적과는 상관없이 주식소유를 금지하고 있다. 위와 같은 원칙에는 자회사로 전환하거나 설립될 당시에 손자회사의 주식을 자회사주식보유기준 미만으로 소유하고 있는 경우로서 자회사로 전환하거나 설립된 날부터 2년 이내인 경우 등 예외가 있다.

셋째, 금융업이나 보험업을 영위하는 회사를 손자회사로 지배하는 행위를 금지하고 있다. 이는 지주회사에 대한 제한과 동일한 구조이며, 다만 계열사 아닌 국내회사 발행주식총수의 100분의 5 초과소유 금지규정이 없는 것은 차이가 있다.

5) 손자회사에 대한 제한

국내계열회사의 주식소유를 금지하되, 국내계열회사(금융업 또는 보험업을 영위하는 회사 제외) 발행주식총수를 소유하는 경우 예외적으로 허용한다("100% 증손회사")(법 제18조 제4항).

6) 증손회사에 대한 제한

국내계열회사(금융업 또는 보험업을 영위하는 회사 제외) 발행주식총수를 소유하는 증손회사의 국내계열사 주식소유를 금지하고 있다(법 제18조 제5항).

나. 사업내용 보고서 제출

지주회사는 대통령령으로 정하는 바에 따라 해당 지주회사·자회사·손자회사 및 증손회사의 주식소유 현황·재무상황 등 사업내용에 관한 보고서를 공정거래위원회에 제출하여야 한다(법 제18조 제7항). 이를 위반하면 1억 원 이하의 벌금에 처한다(법 제126조 제1호).

다. 지주회사 설립·전환의 신고

지주회사를 설립하거나 지주회사로 전환한 자는 공정위에 신고하여야 하며(법 제17조), 이에 대해서는 『지주회사 신고/보고요령』에서 자세히 규정하고 있다. 이를 위반하면 1억 원 이하의 벌금에 처한다(법 제126조 제1호)

라. 상호출자제한기업집단의 지주회사 설립제한

상호출자제한기업집단 소속회사를 지배하는 동일인 또는 특수관계인이 지주회사를 설립하거나 전환하여는 경우에는 지주회사와 자회사 간, 및 다른 국내계열회사 간의 채무보증, 자회사 상호 간, 자회사와 다른 국내계열회사 간의 채무보증을 해소하여야 한다(법 제19조).

마. 일반지주회사의 금융회사 주식 소유 제한에 관한 특례

2020. 12. 29. 법 전부개정에서는 벤처기업에 대한 투자와 인수합병이 활성화될 수 있도록 일반 지주회사의 기업형 벤처캐피탈(CVC: Corporate Venture Capital) 보유를 허용하면서도, 타인 자본을 통한 지배력 확대, 총수 일가 사익 편취 등의 부작용이 발생하지 않도록 일반 지주회사는 기업형 벤처캐피탈(CVC)을 100% 자회사로만 소유할 수 있도록 하고, 부채 비율 제한(200%), 펀드 내 외부 자금 제한(40%), CVC 계열사 및 총수 일가 지분 보유 기업에 대한 투자 금지 등 안전장치에 대한 규정을 포함하였다.

즉, 일반지주회사의 금융업 또는 보험업영위 국내회사 주식소유 금지 금지(금산분리)에도 불구하고 중소기업창업투자회사 및 신기술사업금융전문회의 주식을 소유할 수 있다(법 제20조 제1항). 다만 그 경우 발행주식총수를 소유하여야 한다(법 제20

조 제2항). 그리고 그 중소기업창업투자회사 및 신기술사업금융전문회사는 ① 자본 총액의 2배를 초과하는 부채액을 보유하는 행위, ② 중소기업창업투자회사인 경우 「벤처투자 촉진에 관한 법률」 제37조 제1항 각 호 이외의 금융업 또는 보험업을 영위하는 행위, ③ 신기술사업금융전문회사인 경우 「여신전문금융업법」 제41조 제1항 제1호, 제3호부터 제5호까지의 규정 이외의 금융업 또는 보험업을 영위하는 행위 등이 금지된다(법 제20조 제3항).

3. 상호출자의 금지

가. 의의

상호출자는 다수의 회사 간에 서로 상대회사의 주식을 취득 또는 소유하는 것을 말한다. 과거의 압축성장 과정에서 자본시장이 제약된 반면 차입경영이 유리한 상태가 장기간 지속되면서 대주주의 개인소유 지분을 희석시키지 않으면서도 자금 조달과 기업성장을 달성할 수 있었는데, 이러한 기업지배구조를 가능하게 한 주요 수단은 계열회사 간 상호출자에 의해 계열회사를 지배함으로써 배당 증대나 주가 상승을 기대하는 외부주주의 압력으로부터 벗어나, 증자를 통한 투자재원의 조달을 용이하게 함으로써 장기적 시야에서 기업 가치를 최대화할 수 있는 투자활동을 전개할 수 있었다.[79]

이러한 상호출자를 금지하는 것은 회사의 자본적 기초의 위태화, 지배구조의 왜곡, 기업집단의 형성·확장 방지하기 위한 것이다. 1984년 개정상법이 모자회사간의 상호주보유룰 금지하고, 모자관계가 없는 회사 간의 상호주는 의결권을 제한하였지만, 모자관계가 없는 기업집단 소속 회사 간의 상호주보유에 대해서는 적절히 규제할 수 없어 1986년 공정거래법에 경제력 집중억제제도의 하나로 도입되었다.

나. 상호출자의 형태

상호출자는 직접적 상호출자(A → B, B → A)와 간접적 상호출자로 나눌 수 있다. 간접적 상호출자는 다시 환상형(A → B → C → D → A: 순환출자)과 복합형(A → B,

---

79) 이규억, 시장자본주의의 진화:경제철학사적 접근(2014), 571면.

C, D, B → A, C, D)로 나눌 수 있다. 공정거래법에서는 원칙적으로 직접적 상호출자자만 규제하고 환상형 출자에 대해서는 순환출자 금지제도를 통하여 규율하고 있다. 상법상에서도 직접적 상호출자만 규제하는데, 모자관계회사에서 자회사의 모회사 주식취득 금지하고 있고 모자관계에 이르지 않은 경우에는 의결권을 제한하고 있다.

다. 내용

원칙적으로 상호출자제한기업집단에 속하는 회사는 자기의 주식을 취득 또는 소유하는 계열사 주식을 취득, 소유를 금지하고 있다(법 제21조). 상호출자제한기업집단은 자산총액(금융 또는 보험업의 경우 자본총액 또는 자본금 중 큰 금액) 국내총생산액의 1천분의 5에 해당하는 금액 이상인 집단을 말한다. 2020. 12. 29. 법 전부개정 시에 '상호출자제한기업집단' 지정기준이 '자산총액 10조 원'에서 '국내총생산액의 1천분의 5에 해당하는 금액' 이상인 기업집단으로 변경되었다.

예외적으로 회사의 합병 또는 영업전부의 양수, 담보권의 실행 또는 대물변제의 수령인 경우에는 6개월간 예외적으로 인정된다. 공정위는 2013. 9. 17. 아시아나항공의 금호산업 CP(기업어음)채권 출자전환을 대물변제의 수령으로 볼 수 있다고 유권해석한 사례가 있다. 중소기업창업투자회사의 국내계열사 주식 취득을 금지하는데(법 제21조 제3항), 벤처캐피탈 기능을 하는 창업투자회사가 계열사를 지배하는 지주회사화하는 것을 방지하기 위한 조치이다. 이 규정은 엄밀한 의미에서 상호출자를 금지하는 내용이 아니므로 법 제21조에 규정하는 것이 적절한지 의문이 있다. 특정금전신탁을 이용하여 신탁업자로 하여금 자기의 주식을 취득·소유하고 있는 계열회사의 주식을 취득·소유하도록 하고, 그 신탁업자와의 계약 등을 통해 해당 주식에 대한 의결권을 사실상 행사하는 행위를 탈법행위로 금지하고 있다(시행령 제42조 제3호).

라. 의결권행사의 금지

상호출자 금지규정 위반 주식에 대해서는 그 시정조치를 부과받은 날부터 법위반상태가 해소될 때까지 해당 주식 전부에 대하여 의결권을 행사할 수 없다(법 제39조 제1항).

4. 순환출자의 금지

가. 의의

기존의 상호출자금지는 계열회사간의 직접적인 출자만 규제대상으로 하므로 환상형 출자에 대해서는 규제할 수 없었다. 이에 신규순환출자를 금지하는 법안이 경제민주화의 핵심과제로 추진되어 2013. 12. 31. 국회 본회의를 통과하였다. 순환출자는 3개 이상 계열사간 출자가 고리와 같이 상호연결된 환상형 출자구조를 말한다. 그동안 순환출자를 통해 가공의 의결권을 확보함으로써 지배주주의 지배력이 부당하기 유지 및 강화되고 있다는 비판이 제기되었다. 이에 2014. 2. 25. 상호출자제한기업집단간의 신규순환출자를 금지하는 제도를 시행하였다. 당시 기존 순환출자를 보유한 집단은 14개로 총 483개의 순환출자를 보유하고 있었으나, 2021년 기준으로 2개 집단이 6개의 순환출자만를 보유하고 있다.

나. 내용

상호출자제한기업집단에 속하는 국내 회사는 순환출자를 형성하는 계열출자(국내 계열회사에 대한 계열출자로 한정)를 하여서는 아니 되고, 상호출자제한기업집단 소속 회사 중 순환출자 관계에 있는 국내 계열회사는 계열출자대상회사에 대한 추가적인 계열출자[계열출자회사가 「상법」 제418조 제1항에 따른 신주배정 또는 제462조의2 제1항에 따른 주식배당(이하 "신주배정등")에 따라 취득 또는 소유한 주식 중에서 신주배정 등이 있기 전 자신의 지분율 범위의 주식, 순환출자회사집단에 속하는 국내 계열회사 간 합병에 따른 계열출자는 제외]를 하여서는 아니 된다(법 제22조 제1항). 전자를 순환출자의 형성, 후자를 순환출자의 강화라고 한다. 합병 관련 구체적인 법집행을 위하여 공정위는 『합병 관련 순환출자 금지 규정 해석지침』을 발표하였다.

예외적으로 해소유예기간을 두고 있는데, 첫째, 회사의 합병·분할, 주식의 포괄적 교환·이전 또는 영업전부의 양수과정 같이 사업구조개편과정에서 불가피하게 형성되는 신규순환출자의 경우 6개월, 둘째, 담보권의 실행 또는 대물변제의 수령같은 기업의 정당한 권리행사 과정에서는 6개월~1년, 셋째, 워크아웃·자율협약 절차를 개시한 부실징후기업에 대해 채권단이 의결하여, 총수일가의 재산출연 또는 기존주주인 계열회사의 유상증자 참여를 결정한 경우같은 기업구조조정과정에서 불가피하게 형성되는 순환출자의 경우 3년의 유예기간을 두고 있다.

다. 순환출자에 대한 의결권 제한

상호출자제한기업집단에 속하는 국내 회사로서 순환출자를 형성하는 계열출자를 한 회사는 상호출자제한기업집단 지정일 당시 취득 또는 소유하고 있는 순환출자회사집단 내의 계열출자대상회사 주식에 대하여 의결권을 행사할 수 없다(법 제23조 제1항). 2020. 12. 29. 법 전부개정 시 신설된 조항으로 기존 공정거래법이 상호출자제한기업집단에 지정된 회사가 새롭게 순환출자를 만드는 행위만을 금지하고 있기 때문에 상호출자제한기업집단으로 지정되기 직전에 가공 자본을 활용하기 위한 순환출자를 형성하는 것을 규율할 수 없는 문제를 개선한 것이다.[80]

다만 순환출자회사집단에 속한 다른 국내 회사 중 하나가 취득 또는 소유하고 있는 계열출자대상회사의 주식을 처분함으로써 기존에 형성된 순환출자를 해소한 경우에는 예외이다(법 제23조 제2항).

라. 의결권행사의 금지

순환출자 금지규정을 위반한 주식에 대해서는 그 시정조치를 부과받은 날부터 법 위반상태가 해소될 때까지 해당 주식 전부에 대하여 의결권을 행사할 수 없다(법 제39조 제1항).

5. 채무보증의 금지

가. 의의

금융기관으로부터 여신을 제공받을때 동일기업집단 내 다른 계열회사가 보증하는 것을 말한다. 금지의 취지는 대기업집단으로의 여신편중, 연쇄도산으로 인한 국민경제피해, 금융기관의 부실화 심화 등을 방지하기 위한 것이다. 1992년 제3차 법개정에서 자기자본의 200% 한도 제한제도가 도입되었고, 1998년에 신규채무보증

---

80) 공정위 보도자료(2020.12.29).

금지하고 기존채무 2000. 3. 31.까지 해소하도록 강화하였으며, 2001년에 기존채무 보증도 금지되었다.

나. 적용대상

채무보증 금지 대상은 상호출자제한기업집단에 속하는 국내계열회사이며, 금융 업 및 보험업을 영위하는 회사에 대해서는 적용이 안된다(법 제24조). 탈법행위, 즉 병존적 채무인수와 교차채무보증행위도 금지된다. 여기서 채무보증의 개념은 은행, 보험회사, 자산 3천억 원 이상 여신금융회사와 상호저축은행이 국내금융기관의 여 신과 관련하여 국내계열회사에 하는 보증을 말한다.

예외적으로 조세제한특례법에 의한 합리화기준에 따라 인수되는 회사의 채무 와 관련하여 행하는 보증, 기업의 국제경쟁력강화를 위해 필요한 경우는 예외가 있 다. 전자는 주식양도 또는 합병 등의 경우 인수채무나 인수예정 채무에 대하여 인수 하는 회사 또는 그 계열회사가 행하는 보증, 인수되는 회사채무의 분할인수에 따라 인수하는 채무에 대하여 계열회사가 행하는 보증이다. 후자는 자본재 기타 상품의 생산 또는 기술의 제공과정에서 필요한 자금을 지원, 해외에서의 건설 및 산업설비 공사의 수행, 수출선박의 건조, 용역수출 등, 국내의 신기술 또는 도입된 기술의 기 업화와 기술개발을 위한 시설 및 기자재의 구입 등 기술개발사업, 인수인도조건수 출 또는 지급인도조건 수출어음의 국내금융기관 매입 및 내국신용장 개설, 해외 직 접투자·외국에서의 건설 및 용역사업, 공정위가 인정하는 국내 금융 기관의 해외지 점이 행하는 여신, 회생절차개시를 법원에 신청한 회사의 제3자 인수, 「사회기반시 설에 대한 민간투자법」에 의한 민간투자사업을 영위하는 계열회사 출자하는 여신, 「공기업의 경영구조 개선 및 민영화에 관한 법률」 제2조에 따른 회사가 구조개편을 위하여 분할되는 경우 등 경우 관련 보증을 말한다(영 제31조).

6. 금융·보험회사의 의결권 제한

가. 의의

금융·보험회사의 의결권 제한은 산업자본의 금융지배에 따른 부작용을 방지하

기 위한 것이다. 재벌금융사의 고객자산을 이용한 계열사 지분의결권 행사를 허용
하는 경우 과도한 경제력 집중, 고객과 지배주주간 이해상충, 지배주주의 사금고화,
산업부실이 국민경제 전체의 시스템리스크로 확대할 가능성이 있다. 이에 금융·보
험회사의 의결권 제한 제도가 1886년 법 개정을 통하여 최초로 도입되었으며, 2004
년 제11차 법 개정 시 의결권 행사한도를 30%에서 15%로 축소하였다.

나. 내용

상호출자제한기업집단에 속하는 회사로서 금융업 또는 보험업을 영위하는 회
사는 취득 또는 소유하고 있는 국내계열회사 주식에 대하여 의결권 행사할 수 없다
(법 제25조 제1항). 예외적으로 첫째, 금융업 또는 보험업을 영위하기 위하여 주식을
취득하는 경우, 둘째, 보험자산의 효율적인 운용·관리를 위해 「보험업법」에 의한
승인을 얻어 주식을 취득 또는 소유하는 경우이다. 여기서 "보험자산의 효율적인 운
용·관리"의 의미는 '보험자산의 운용으로 인한 이득은 증대시키고, 손실이나 위험
의 발생은 감소시키는 것'을 의미한다<삼성생명보험(주) 의결권제한 위반행위
건>(대법원, 2005).

〈삼성생명보험(주) 의결권제한 위반행위 건, 대법원 2005. 12. 9. 선고 2003두10015 판결〉

　　대규모기업집단에 속하는 회사로서 금융업 또는 보험업을 영위하는 회사가 취득 또
는 소유하고 있는 국내계열회사주식에 대한 의결권 행사를 금지한 구 공정거래법 제11
조 본문의 예외사유의 하나인 같은 조 단서 후단의 '보험자산의 효율적인 운용·관리를
위하여 관계 법령에 의한 승인 등을 얻어 주식을 취득 또는 소유하고 있는 경우'라 함
은 관계 법령에 의한 승인 등을 얻어 주식을 취득 또는 소유하고 있고 그것이 보험자산
의 효율적인 운용·관리를 위한 것인 경우를 의미하며, 보험업을 영위하는 회사와 사업
내용 면에서 밀접하게 관련된 사업을 영위하는 회사가 발행한 주식을 취득 또는 소유
하고 있는 경우에 한하는 것은 아니다.

셋째, 국내계열사 주총에서 임원의 선임 또는 해임, 정관변경, 그 계열회사의
다른 회사로의 합병, 영업의 전부 또는 주요부문의 다른 회사로의 양도(다만 그 다른
회사가 계열회사인 경우는 제외) 중 어느 하나의 결의(경영권 방어)의 경우 그 계열사
발행주식 총수의 100분의 15초과가 금지된다. 2020. 12. 29. 법 전부개정에서는 '그

계열회사의 다른 회사로의 합병, 영업의 전부 또는 주요 부분의 다른 회사로의 양도. 다만, 그 다른 회사가 계열회사인 경우는 제외한다'고 규정하여 예외적으로 인정되던 사유 중, 적대적 인수합병과 무관한 계열사 간 합병 및 영업 양도에 대한 금융보험사의 의결권 행사를 금지하여, 금융보험사가 편법적인 지배력 확대에 악용될 수 있는 여지를 없앴다.[81]

여기에서 의결권 없는 주식은 제외된다. 그러나 무상증자로 취득한 주식 또는 주식분할로 취득한 주식은 의결권을 행사할 수 있는 주식이다<삼성생명보험(주) 의결권제한 위반행위 건>(대법원, 2005).

> **〈삼성생명보험(주) 의결권제한 위반행위 건, 대법원 2005. 12. 9. 선고 2003두10015 판결〉**
>
> 상법 제461조에 의한 무상증자는 준비금이 자본에 전입되어 자본이 증가하는 경우 주주에 대하여 그가 가진 주식의 수에 따라 발행되는 것으로서 회사재산의 증가 없이 주식의 수만 증가하게 되므로 주주가 보유하는 주식(무상증자로 발행된 주식 포함)의 경제적 가치에는 변화가 없는 점, 상법 제329조의2에 의한 주식분할은 자본의 증가 없이 발행주식 총수를 증가시키는 것으로서 이에 의하여 회사의 자본 또는 자산이나 주주의 지위에 실질적인 변화가 없는 점 등에 비추어 보면, 구 공정거래법 제11조 단서에 해당하여 의결권을 행사할 수 있는 주식에 대한 무상증자로 취득한 주식 또는 그러한 주식의 분할로 취득한 주식은 그 의결권을 행사할 수 있는 주식과 동일하게 보아야 할 것이다.

본 규정의 헌법상 평등권 제한 문제에 관하여 법원은 법 제25조 규정이 헌법상 평등의 원칙에 위반된다고 볼 수 없다"고 판시하고 있다<삼성생명보험(주) 의결권제한 위반행위 건>(대법원, 2005).

> **〈삼성생명보험(주) 의결권제한규정 위반행위 건, 서울고법 2003. 7. 10. 선고 2001누2159 판결〉**
>
> 원고는, 법 제25조의 의결권 제한규정은 국내 대규모기업집단 소속의 금융, 보험회사에 대하여만 적용되고 외국인 투자자에 대하여는 적용되지 않고 있는데 이는 외국인 투자자들이 국내주식의 투자규모를 급격히 확대하고 있는 현 실정에서 금융, 보험회사가 주식을 갖고있는 국내기업에 대한 외국인 투자자들의 적대적 엠엔에이(M&A)에 대

항할 수 없게 만드는 등 국내 투자자와 외국인 투자자를 차별 취급하는 것으로서 헌법 상 평등의 원칙에 위반된다고 주장하나, 앞서 든 증거에 의하면 최근 제2금융권에서 재 벌의 시장지배력이 급속히 확대되어 산업자본과 금융자본의 결합심화에 대한 우려가 제기되고 있는 점, 법 제25조의 입법취지는 대규모기업집단 소속 금융, 보험회사가 고 객의 예탁자금으로 계열확장이나 계열강화를 해나가는 것을 방지하고자 하는 것이고, 그 규제방법으로 주식투자는 금융보험사의 주요한 자산운용 수단이므로 주식보유 자체 는 제한하지 않되 계열회사의 보유주식에 대하여 의결권만을 제한하여 필요 최소한도 로 규제하는 점, 대규모기업집단에 대한 법 제25조의 적용으로 외국인 투자자에게 다소 유리한 면이 있다고 하더라도 이는 법 제25조의 규제결과 발생하는 반사적인 효과에 불과한 점 등에 비추어 법 제25조의 규정이 헌법상 평등의 원칙에 위반된다고 볼 수 없 으므로 원고의 위 주장도 이유 없다.

다. 공익법인의 의결권 제한

상호출자제한기업집단 소속 공익법인이 보유한 계열사 주식에 대한 의결권 행 사를 원칙적으로 금지하여, 공익법인이 총수 일가의 지배력 확대 수단으로 이용되 는 것을 방지하였다.[82] 다만, 상장 계열사에 대해서는 적대적 인수합병에 대응할 수 있도록 특수관계인과 합산하여 15% 한도 내에서 의결권을 행사할 수 있도록 예외 규정을 두었다.

즉, 상호출자제한기업집단에 속하는 회사를 지배하는 동일인의 특수관계인에 해당하는 공익법인(「상속세 및 증여세법」 제16조에 따른 공익법인등을 말함)은 취득 또 는 소유하고 있는 주식 중 그 동일인이 지배하는 국내 계열회사 주식에 대하여 의 결권을 행사할 수 없다(법 제25조 제2항). 다만, ① 공익법인이 해당 국내 계열회사 발행주식총수를 소유하고 있는 경우나, ② 해당 국내 계열회사(상장법인으로 한정) 의 주주총회에서 i) 임원의 선임 또는 해임(가목), ii) 정관 변경(나목), iii) 그 계열 회사의 다른 회사로의 합병, 영업의 전부 또는 주요 부분의 다른 회사로의 양도(다 만, 그 다른 회사가 계열회사인 경우는 제외)(다목)의 어느 하나에 해당하는 사항을 결 의하는 경우에는 그러하지 아니하다. 이 경우 그 계열회사의 주식 중 의결권을 행 사할 수 있는 주식의 수는 그 계열회사에 대하여 특수관계인 중 대통령령으로 정 하는 자를 제외한 자가 행사할 수 있는 주식수를 합하여 그 계열회사 발행주식총 수의 100분의 15를 초과할 수 없다. 그러나 공익법인 의결권 제한의 경우 공포일

---

82) 공정위 보도자료(2020.12.29).

로부터 2년 경과 후 3년에 걸쳐 단계적으로 의결권 행사 한도가 축소되도록 규정되었다(부칙 제7조).[83]

7. 법위반에 대한 제재

가. 시정조치

공정거래위원회는 제18조 제2항부터 제5항까지, 제19조, 제20조 제2항부터 제5항까지, 제21조부터 제29조까지 또는 제36조를 위반하거나 위반할 우려가 있는 행위가 있을 때에는 해당 사업자 또는 위반행위자에게 ① 해당 행위의 중지, ② 주식의 전부 또는 일부의 처분, ③ 임원의 사임, ④ 영업의 양도, ⑤ 채무보증의 취소, ⑥ 시정명령을 받은 사실의 공표, ⑦ 공시의무의 이행 또는 공시내용의 정정, ⑧ 그밖에 법 위반상태를 시정하기 위하여 필요한 조치를 명할 수 있다(법 제37조 제1항). 그 중 주식처분명령을 받은 경우 받은 날부터 해당 주식에 대하여 의결권을 행사할 수 없다(법 제39조 제2항).

나. 과징금

공정거래위원회는 제21조 또는 제22조를 위반하여 주식을 취득 또는 소유한 회사에 위반행위로 취득 또는 소유한 주식의 취득가액에 100분의 20을 곱한 금액을 초과하지 아니하는 범위에서 과징금을 부과할 수 있다. 공정거래위원회는 제24조를 위반하여 채무보증을 한 회사에 해당 법위반 채무보증액에 100분의 20을 곱한 금액을 초과하지 아니하는 범위에서 과징금을 부과할 수 있다. 공정거래위원회는 제18조 제2항부터 제5항까지, 제20조 제2항 또는 제3항의 규정을 위반한 자에게 위반금액에 100분의 20을 곱한 금액을 초과하지 아니하는 범위에서 과징금을 부과할 수 있다(법 제38조).

다. 벌칙

제23조(순환출자에 대한 의결권 제한), 제25조(금융회사·보험회사의 의결권 제한 또

---

83) 30%(~'23년) → 25%(~'24년) → 20%(~'25년) → 15%('26년~).

는 제39조(시정조치 이행확보)를 위반하여 의결권을 행사한 자, 제18조(지주회사 등의 행위 제한 등) 제2항부터 제5항까지의 규정을 위반한 자, 제19조(상호출자제한기업집단의 지주회사 설립 제한)를 위반하여 지주회사를 설립하거나 지주회사로 전환한 자, 제20조(일반지주회사의 금융회사 주식소유 제한에 관한 특례) 제2항 또는 제3항을 위반한 자, 제21조(상호출자의 금지) 또는 제22조(순환출자의 금지)를 위반하여 주식을 취득하거나 소유하고 있는 자, 제24조(계열회사에 대한 채무보증의 금지)를 위반하여 채무보증을 하고 있는 자는 3년 이하의 징역 또는 2억 원 이하의 벌금에 처한다(법 제124조 제1항).

8. 공시, 신고 및 정보공개제도

가. 대규모내부거래 이사회 의결 및 공시

1) 의의

대규모내부거래 이사회 의결 및 공시 제도는 이사회 의결을 통해 이사회의 책임을 강화하고 사외이사들에 의한 견제를 유도하는 한편, 공시를 통해 소액주주, 채권자 등 이해관계자에 의한 자율적인 감시를 가능하게 함으로써 부당내부거래를 사전에 예방하는 목적으로 도입(2000. 4. 1. 시행)되었다. 아직 기업집단 내에서의 총수일가의 내부지분율은 감소하는 반면 계열회사의 내부지분율이 높아지는 상황이므로 이를 통해 부당 내부거래가 발생할 가능성이 있다.

2) 공시대상

적용대상회사는 자산총액 5조 원 이상의 공시대상기업집단이며, 해외현지법인은 포함되지 않는다. 적용대상거래는 특수관계인을 상대방으로 하거나 특수관계인을 위하여 거래금액이 그 회사 자본총계 또는 자본금 중 큰 금액의 100분의 5 이상이거나 50억 원 이상인 자금, 자산, 부동산, 상품·용역 거래이다(법 제26조, 영 제33조 제1항). 계열회사는 동일인이 단독으로 또는 친족과 합하여 발행주식총수의 20% 이상을 소유하는 계열회사 또는 그 계열회사의 상법에 따른 자회사를 말한다(영 제33조 제2항). 다만 동일인이 자연인이 아닌 기업집단에 소속된 회사, 지주회사의 자회사, 손자회사와 증손회사 중 어느 하나인 경우에는 제외된다. 유가증권의 경우 거래금액은 액면가가 아닌 실제거래금액을 말한다(대법원, 2007).

> 1. 가지급금 또는 대여금 등의 자금을 제공 또는 거래하는 행위
> 2. 주식 또는 회사채 등의 유가증권을 제공 또는 거래하는 행위
> 3. 부동산 또는 무체재산권(無體財産權) 등의 자산을 제공 또는 거래하는 행위
> 4. 주주의 구성 등을 고려하여 대통령령으로 정하는 계열회사를 상대방으로 하거나 그 계열회사를 위하여 상품 또는 용역을 제공 또는 거래하는 행위

3) 공시내용

거래대상 및 목적, 거래의 상대방, 거래금액 및 조건, 거래상대방과의 동일 거래유형의 총거래잔액을 금융감독원의 전자공시시스템(DART: Data Analysis, Retrieval and Transfer System)에 공시한다(영 제33조 제2항). 금융업 또는 보험업을 영위하는 내부거래 공시대상회사가 약관에 따라 정형화된 거래로서 약관에 의한 거래행위이고, 당해 회사의 일상적인 거래분야에서의 거래행위인 경우 이사회 의결은 거치지 아니하고 이를 할 수 있다. 다만 거래내용은 공시하여야 한다(영 제33조 제4항).

나. 비상장회사등의 중요사항 공시

1) 의의

공시대상기업집단 내부에서 다른 상장회사와 복잡한 출자관계로 얽혀 있는 비상장 회사의 불투명한 경영행태는 동일집단 상장회사의 소액주주 등 이해관계자에게 피해를 초래할 우려가 있다. 이에 공정위는 비상장회사의 중요한 정보를 수시로 공시토록 하는 비상장회사 등의 중요사항 공시제도를 도입하였다(2005. 4).

2) 내용

공시대상기업집단에 속하는 회사(금융업 또는 보험업을 영위하는 회사는 제외)로서 ① 직전 사업연도말 현재 자산총액이 100억 원 이상인 회사, ② 직전 사업연도말 현재 자산총액이 100억 원 미만인 회사로서 특수관계인(자연인인 동일인 및 그 친족)이 단독으로 또는 다른 특수관계인과 합하여 발행주식총수의 100분의 20 이상의 주식을 소유한 회사 또는 그 회사가 단독으로 발행주식총수의 100분의 50을 초과하는 주식을 소유한 회사(다만, 청산 절차가 진행 중이거나 1년 이상 휴업 중인 회사는 제외)

다음 사항을 공시하여야 한다. 다만, 제26조에 따라 공시되는 사항은 제외한다(법 제
27조 제1항, 영 제34조 제1항).

> 1. 대통령령으로 정하는 최대주주와 주요주주의 주식소유 현황 및 그 변동사항, 임
>   원의 변동 등 회사의 소유지배구조와 관련된 중요사항으로서 대통령령으로 정하
>   는 사항
> 2. 자산·주식의 취득, 증여, 담보제공, 채무인수·면제 등 회사의 재무구조에 중요한
>   변동을 초래하는 사항으로서 대통령령으로 정하는 사항
> 3. 영업양도·양수, 합병·분할, 주식의 교환·이전 등 회사의 경영활동과 관련된 중
>   요한 사항으로서 대통령령으로 정하는 사항

다. 기업집단현황 공시

1) 의의

기업집단현황 공시제도는 출자총액제한제도를 폐지(2009)하면서 대규모기업집
단의 이해관계자에게 해당 기업집단에 관한 포괄적인 정보를 일목요연하게 보여줌
으로써 시장에 의한 감시기능을 강화하는 동시에 기업 스스로 투명성 및 책임성 제
고 노력을 유도하기 위하여 도입되었다(2009. 7).

2) 공시대상

직전 사업연도 말 현재 자산총액이 100억 원 미만인 회사로서 청산 절차가 진
행 중이거나 1년 이상 휴업 중인 회사를 제외한 모든 회사는 다음을 공시하여야 한
다(법 제28조 제1항, 영 제35조 제1항).

> 1. 일반 현황
> 2. 주식소유 현황
> 3. 지주회사등이 아닌 국내 계열회사 현황[지주회사등의 자산총액 합계액이 기업집
>   단 소속 국내 회사의 자산총액(금융업 또는 보험업을 영위하는 회사의 경우에는
>   자본총액 또는 자본금 중 큰 금액으로 한다) 합계액의 100분의 50 이상인 경우로
>   한정한다]
> 4. 2개의 국내 계열회사가 서로의 주식을 취득 또는 소유하고 있는 상호출자 현황
> 5. 순환출자 현황

> 6. 채무보증 현황
> 7. 취득 또는 소유하고 있는 국내 계열회사 주식에 대한 의결권 행사(금융업 또는 보험업을 영위하는 회사의 주식에 대한 의결권 행사는 제외한다) 여부
> 8. 특수관계인과의 거래 현황

공시대상기업집단을 지배하는 동일인은 다음사항을 공시하여야 한다(법 제28조 제2항).

> 1. 특수관계인(자연인인 동일인 및 그 친족만을 말한다. 이하 이 호에서 같다)이 단독으로 또는 다른 특수관계인과 합하여 발행주식총수의 100분의 20 이상의 주식을 소유한 국외 계열회사의 주주 구성 등 대통령령으로 정하는 사항
> 2. 공시대상기업집단에 속하는 국내 회사의 주식을 직접 또는 대통령령으로 정하는 방법으로 소유하고 있는 국외 계열회사의 주식소유 현황 등에 관한 사항으로서 대통령령으로 정하는 사항 및 그 국외 계열회사가 하나 이상 포함된 순환출자 현황

국외계열회사를 공시하도록 한 것은 국외계열사를 통한 우회적 기업지배력 유지·강화에 대응하기 위한 것이다.

라. 주식소유현황 등의 신고

공시대상기업집단 소속 회사는 매년 5월 31일까지 당해회사의 주주의 주식소유현황·재무상황 및 다른 국내회사 주식의 소유현황을 신고하여야 한다(법 제30조 제1항, 영 제37조). 그리고 상호출자제한기업집단 소속회사는 국내계열회사에 대한 채무보증현황을 신고하여야 한다(법 제30조 제2항). 이를 위반하면 1억 원 이하의 벌금에 처한다(법 제126조 제2호). 신고의무자 소속 기업집단의 한 회사를 신고대리인으로 지정하여 신고할 수 있다.

마. 기업집단 등에 대한 정보공개

공정위는 기업집단의 투명성 제고를 위하여 공시대상기업집단 소속회사의 일반현황, 지배구조, 공시대상기업집단 소속회사간 또는 소속회사와 특수관계인간의 출자, 채무보증, 거래관계 등 정보를 제공할 수 있다(법 제35조 제1항, 영 제41조 제1항). 관련하여 공정위는 대기업집단 관련 포털사이트(http://groupopni.ftc.go.kr)를 운

영하고 있다.

9. 부당지원행위의 규제

가. 의의

부당지원행위는 부당하게 특수관계인 또는 다른 회사에 대하여 가지급금·대여금·인력·부동산·유가증권·상품·용역·무체재산권 등을 제공하거나 상당히 유리한 조건으로 거래하는 행위나 다른 사업자와 직접 상품·용역을 거래하면 상당히 유리함에도 불구하고 거래상 실질적인 역할이 없는 특수관계인이나 다른 회사를 매개로 거래하는 행위(일명 '통행세' 규정)를 통해 특수관계인 또는 다른 회사를 지원하는 행위를 말한다(법 제45조 제1항 제9호). 부당지원행위는 반드시 대규모기업집단 계열회사에 한정되지는 않으나 주로 대규모기업집단 계열회사 간에 발생한다.

1996년 공정거래법 개정 당시 이 제도를 재벌에 의한 경제력집중의 억제수단으로 보아 제3장에서 규정하였으나, 이러한 지원행위는 대규모기업집단의 계열회사뿐만 아니라 일반사업자들 간에도 이루어지고 있다는 이유로 이를 대규모기업집단의 계열회사에 대해서만 적용하는 것을 반대하는 재계의 반대에 부딪혀, 제5장에서 규정하게 되었다.[84] 그러나 이는 사실상 특수관계인에 대한 부당한 이익제공(법 제47조)과 같은 취지의 규정으로서 경제력집중 억제제도의 하나로서 기업집단 계열사에 대하여만 적용하는 것이 타당하다고 생각된다.

부당지원행위는 부당내부거래라는 말과 동의어로 사용되어 왔듯이 계열회사 간 거래를 대상으로 하는 것이 타당하며, 대부분의 사례들도 계열회사 간 지원행위를 다룬 것이다. 우리나라의 경제발전 초기 단계에서는 기업들이 효과적으로 이용할 수 있는 다양한 시장 자체가 없거나 사정이 열악해서 많은 투입 물의 자체 조달이 불가피한 경우가 많았고, 이 경우 결함보충(gap filling), 좀 더 넓은 의미에서는 거래의 절약을 위해서 내부거래가 훨씬 효율적이었을 가능성이 크다.[85]

그러나 1990년대 말 외환위기를 계기로 경제적 효율성에 근거하지 않은 내부거래가 많이 나타나게 되었다.[86] 동일 기업집단 내 계열회사 간의 거래라 하더라도

---

84) 신동권, 독점규제법(2020), 836면.
85) 이재형·박병형, 기업집단 내부거래의 평가와 정책대응(2016), 24~25면.

당해 기업집단전체 또는 거래 당사자인 회사 모두에게 경제적 효율성을 증대시킬 수 있고, 이러한 측면은 국민경제 전체 또는 경쟁정책적 관점에서 긍정적으로 판단 될 수 있는 여지가 있다.[87] 내부거래의 순기능으로서는 수직적 통합(vertical integration)의 경제성, 거래비용의 절약 등 효율성 제고효과를 기대할 수 있으며, 또 시장과 조직의 중간 형태로서 시장과 기업조직이 갖는 비효율성을 극복할 수 있다 는 점이 지적된다.[88] 그리고 역기능으로서는 수직적 통합으로 인한 경쟁제한의 가 능성, 대리인 비용의 증가, 대기업과 중소기업의 관계와 관련한 산업정책적 문제, 시장의 위축 내지는 소멸, 지배주주에 의한 기업이익의 편취 가능성 등이 지적된 다.[89]

현재 불공정거래행위로 규정된 행위를 보면 거래거절, 차별취급, 경쟁자 배 제, 거래상지위 남용, 구속조건부 거래, 사업활동 방해와 같이 구체적으로 보면 기 본적으로 그 자체에 문제의 소지는 가지고 있는 행위를 유형화 한 것이다. 그러나 지원행위라는 것은 그 자체에 부정적인 의미는 전혀 없다. 따라서 이를 불공정거 래행위의 유형으로 포섭하는 것 자체가 문제가 있는 것이다. 만약 지원행위를 하 지 않아 해당 기업이 시장에서 사라진다면 결과적으로는 경쟁이 줄어드는 부정적 인 효과도 있다. 헌법재판소(2003)가 제시한 "퇴출되어야 할 효율성이 낮은 부실 기업이나 한계기업을 계열회사의 형태로 존속케 함으로써 당해 시장에서 경쟁자 인 독립기업을 부당하게 배제하거나 잠재적 경쟁자의 신규 시장진입을 억제함으 로써 시장의 기능을 저해"한다는 점은 기업집단 계열사에 해당하는 부정적 효과를 지적한 것이다. 한편으로 공정거래법이 아니더라도 세법 등을 통하여 규제될 수도 있을 것이다.

그렇다면 부당지원행위 규제를 모든 기업에 대하여 적용하는 것은 타당하지 못 하며,[90] 기업집단 계열사 간에 부당 지원행위(부당 내부거래)를 통하여 기업집단 전 체의 집단적 지배력이 강화되는 것은 국민경제의 균형있는 발전을 저해하므로 이를 방지하는 차원에서 규제하는 것이 옳다고 생각한다. 기업집단에 대한 규제를 하고

---

86) 당시 기업집단 계열사간의 부당 내부거래에 대한 공정위의 대대적인 조사가 이루어진 바 있다.
87) 이봉의, 공정거래법(2022), 954면.
88) 이재형·박병형, 기업집단 내부거래의 평가와 정책대응(2016), 8면.
89) 이재형·박병형, 기업집단 내부거래의 평가와 정책대응(2016), 8면.
90) 같은 취지로 이봉의, 공정거래법(2022), 972면.

있는 우리나라의 현실에서의 특수한 규제에 해당하는 것이다. 위법성 판단기준은 경제력 집중 효과를 고려하여 판단하면 될 것이다. 사견으로는 부당지원행위 제도와 특수관계인에 대한 부당한 이익제공(법 제47조)을 통합하여 새롭게 제도를 설계하는 것이 바람직하다고 본다.[91]

나. 취지

부당지원행위를 규제하는 취지는 경제력집중 억제 및 공정한 거래질서 확립, 비효율적인 계열사의 도태를 막아 독립적인 경쟁자를 시장에서 부당하게 축출하는 것을 방지, 경쟁기업의 진입 및 퇴출을 통해 시장 기능 약화를 방지하는 데 있다. <법 제50조(부당지원행위에 대한 과징금) 위헌제청 건>(헌법재판소, 2003)에서 헌법재판소는 다음과 같이 판시하였다.

<구 독점규제 및 공정거래에 관한 법률 제24조의2 위헌제청 건, 헌재 2003. 7. 24. 2001헌가25>

이 사건 법률조항이 규제하고 있는 부당지원행위에는 개인사업자의 부당지원행위도 포함될 수 있지만, 주로 규제의 대상이 되는 행위는 대기업집단 내의 계열회사간의 부당지원행위인 이른바 부당내부거래일 것이다.

부당내부거래가 초래하는 폐해를 보면 첫째, 퇴출되어야 할 효율성이 낮은 부실기업이나 한계기업을 계열회사의 형태로 존속케 함으로써 당해 시장에서 경쟁자인 독립기업을 부당하게 배제하거나 잠재적 경쟁자의 신규 시장진입을 억제함으로써 시장의 기능을 저해한다. 둘째, 계열회사간에 이루어지는 지속적인 부당내부거래는 독과점적 이윤을 상호 간에 창출시키게 되고, 그 결과 대기업집단 소속 계열회사들의 독점력을 강화함으로써 경제력 집중의 폐해를 야기한다. 셋째, 부당내부거래는 우량 계열기업의 핵심역량이 부실 계열기업으로 분산·유출되어 우량기업의 경쟁력이 저하됨에 따라 기업집단 전체가 동반 부실화할 위험을 초래한다. 넷째, 부당내부거래는 또한 기업의 투명성을 저해하고 주주, 특히 소액주주와 채권자 등의 이익을 침해하게 된다. 이러한 폐해를 효과적으로 규제하기 위하여 1996. 12. 30. 법률 제5235호로 공정거래법을 개정, 부당내부거래를 불공정거래행위의 한 유형으로 규정하여 이를 금지하고, 그 위반행위에 대하여 시정조치, 과징금, 형사처벌을 규정하고 있다.

---

91) 양 제도의 규정내용을 보더라도 큰 차이를 발견하기 어렵고, 심사지침도 거의 유사하다.

다. 유형

지원행위는 가지급금·대여금 등 자금지원, 부동산·유가증권·상품·용역·무체재산권 등 자산지원, 인력지원의 유형이 있으며, 부당한 거래단계의 추가(거래상 실질적인 역할이 없는 특수관계인이나 다른 회사를 매개하는 부당한 거래단계의 추가)도 있다(영 [별표2] 9, 『부당지원행위 심사지침』 III).

첫째, 가지급금 또는 대여금 등 자금을 거래한 경우, 지원주체가 지원객체와 가지급금·대여금 등 자금을 정상적인 거래에서 적용되는 대가보다 상당히 낮거나 높은 대가로 제공 또는 거래[92]하거나 상당한 규모로 제공 또는 거래하는 행위를 통하여 과다한 경제상 이익을 제공하는 것은 지원행위에 해당한다.

- 지원주체가 지원객체의 금융회사로부터의 차입금리보다 저금리로 자금을 대여하는 경우
- 계열금융회사에게 콜자금을 시중 콜금리보다 저금리로 대여하는 경우
- 계열투자신탁운용회사가 고객의 신탁재산으로 지원객체에게 저금리의 콜자금 등을 제공하는 경우
- 상품·용역거래와 무관하게 「선급금 명목으로」 지원객체에게 무이자 또는 저금리로 자금을 제공하는 경우
- 계열금융회사가 특수관계가 없는 독립된 자의 예탁금에 적용하는 금리보다 낮은 금리로 계열금융회사에 자금을 예치하는 경우
- 단체퇴직보험을 금융회사에 예치하고 이를 담보로 지원객체에게 저금리로 대출하도록 하는 경우
- 계열금융회사가 지원객체에게 대여한 대여금의 약정 연체이자율을 적용하지 않고 일반 대출이자율을 적용하여 연체이자를 수령하는 경우
- 주식매입을 하지 않으면서 증권예탁금 명목으로 계열증권회사에 일정기간 자금을 저금리로 예탁하는 경우
- 보유하고 있는 지원객체 발행주식에 대한 배당금을 정당한 사유없이 수령하지 않거나 수령을 게을리 하는 경우
- 지원객체소유 부동산에 대해 장기로 매매계약을 체결하고 계약금 및 중도금을 지급한 뒤 잔금지급 전 계약을 파기하여 계약금 및 중도금 상당액을 변칙 지원하는 경우

---

[92] 법 제45조 제1항 제9호는 '제공'과 '거래'를 구분하는데, 시행령에서는 이를 구분하지 않아 무상행위에 대해서는 금지가 없게 되는 입법상의 오류를 지적하고 있다. 이봉의, 공정거래법(2022), 979면.

– 지원주체가 제3자인 은행에 정기예금을 예치한 다음 이를 다시 지원객체에 대한
대출금의 담보로 제공함으로써 지원객체로 하여금 은행으로부터 낮은 이자율로
대출받도록 하는 경우

둘째, 유가증권·부동산·무체재산권(無體財産權) 등 자산을 거래한 경우, 지원
주체가 지원객체에게 유가증권·부동산·무체재산권(이하 "자산")을 정상적인 거래에
서 적용되는 대가보다 상당히 낮거나 높은 대가로 제공 또는 거래하거나 상당한 규
모로 제공 또는 거래하는 행위를 통하여 과다한 경제상 이익을 제공하는 것은 지원
행위에 해당한다.

– 지원객체가 발행한 기업어음을 비계열사가 매입한 할인율보다 낮은 할인율로 매
입하는 경우 [기업어음 고가매입]
– 지원객체의 신용등급에 적용되는 할인율보다 낮은 할인율을 적용하여 발행한 기
업어음을 매입하는 경우 [기업어음 고가매입]
– 지원주체가 제3자 발행의 기업어음을 매입하고 그 제3자로 하여금 그 매출금액
의 범위 내에서 지원객체 발행의 기업어음을 지원객체에게 유리한 조건으로 매
입하도록 하는 경우 [기업어음 고가매입]
– 역외펀드를 이용하여 지원객체가 발행한 주식을 고가로 매입하거나 기업어음 등
을 저금리로 매입하는 경우 [주식 또는 기업어음 고가매입]
– 계열투자신탁운용회사가 고객의 신탁재산으로 지원객체의 기업어음이나 회사채
를 저금리로 매입하는 경우 [기업어음 또는 회사채 고가매입]
– 금융회사의 특정금전신탁에 가입하고 동 금융회사는 동 자금을 이용하여 위탁자
의 특수관계인 등이 발행한 기업어음 또는 사모사채를 저금리로 인수하는 경우
[기업어음 또는 사모사채 고가매입]
– 특수관계가 없는 독립된 자가 인수하지 않을 정도의 낮은 금리수준으로 발행된
후순위사채를 지원주체가 인수하는 경우 [후순위사채 고가매입]
– 제3자 배정 또는 실권주(失權株) 인수 등의 방식을 통해 유상증자에 참여하면서
특수관계가 없는 독립된 자가 인수하지 않을 정도의 고가로 발행한 주식을 지분
을 전혀 보유하고 있지 않던 지원주체가 인수하는 경우 [주식 고가매입]
– 제3자 배정 또는 실권주 인수 등의 방식을 통해 유상증자에 참여하면서 특수관
계가 없는 독립된 자가 인수하지 않을 정도의 고가로 발행한 주식을 기존 주주
인 지원주체가 인수하여 증자 후의 지분율이 증자 전의 지분율의 50/100 이상
증가하는 경우(다만, 증자 전 제1대 주주이거나 증자 후 제1대 주주가 되는 주주
가 유상증자에 참여한 경우는 제외하며, 의결권이 제한되는 계열 금융사 등은 제
1대 주주로 보지 아니함) [주식 고가매입]

- 금융관련 법규위반을 회피하기 위해 금융회사를 통하여 실권주를 높은 가격으로 우회인수하거나 기타 탈법적인 방법으로 지원주체가 인수하는 경우 [주식 우회 인수]
- 전환권행사가 불가능할 정도로 전환가격이 높고, 낮은 이자율로 발행된 전환사채를 지원주체가 직접 또는 제3자를 이용하여 우회 인수하는 경우 [전환사채 고가 매입]
- 지원객체가 발행한 전환사채에 관하여 지원주체가 제3자인 대주단(貸主團)에 지원주체 소유의 부동산을 담보로 제공하고 위 전환사채에 관하여 대주단과 총수익스와프(TRS, Total Return Swap) 계약을 체결하여 대주단으로 하여금 위 전환사채를 인수하도록 하는 경우 [전환사채 고가매입]
- 경영권 방어목적 등 특별한 사유없이 전환권행사로 인해 포기되는 누적이자가 전환될 주식의 시세총액과 총 전환가액의 차액보다도 큼에도 불구하고 지원주체가 전환권을 행사하는 경우 [전환사채 저가주식 전환]
- 시가보다 낮은 가격으로 신주인수권부사채를 발행하여 지원객체에 매각하는 경우 [신주인수권부사채 저가매각]
- 비계열금융회사에 후순위대출을 해주고, 동 금융회사는 지원객체가 발행한 저금리의 회사채를 인수하는 경우 [회사채 고가매입]
- 계열금융회사가 지원객체가 보유한 부도난 회사채 및 기업어음 등 유가증권을 고가에 매입하는 경우 [부도 유가증권 고가매입]
- 부동산을 시가에 비하여 저가로 지원객체에 매도하거나, 고가로 지원객체로부터 매수하는 경우 [부동산 저가매도 또는 부동산 고가매수]
- 계열회사가 단독으로 또는 지원객체와 공동으로 연구개발한 결과를 지원객체에 무상양도하여 지원객체가 특허출원을 할 수 있도록 하는 경우 [무체재산권 무상양도]

셋째, 부동산을 임대차한 경우 지원주체가 지원객체에게 부동산을 무상으로 사용하도록 제공하거나, 정상임대료보다 상당히 낮은 임대료로 임대하거나 정상임차료보다 상당히 높은 임차료로 임차하는 행위나 상당한 규모로 임대차하는 행위를 통하여 과다한 경제상 이익을 제공하는 것은 지원행위에 해당한다.

- 지원객체에게 공장·매장·사무실을 무상 또는 낮은 임대료로 임대하는 경우 [부동산 저가임대]
- 임대료를 약정납부기한보다 지연하여 수령하면서 지연이자를 받지 않거나 적게 받는 경우 [부동산 저가임대]
- 지원객체로부터 부동산을 임차하면서 고가의 임차료를 지급하는 경우 [부동산

> 고가임차]
> - 지원주체가 지원객체 소유 건물·시설을 이용하면서 특수관계가 없는 독립된 자
> 와 동일하게 이용료를 지불함에도 불구하고 임차보증금 또는 임차료를 추가적으
> 로 지급하는 경우 [부동산 고가임차]

넷째, 지원주체가 지원객체와 상품·용역을 정상적인 거래에서 적용되는 대가
보다 상당히 낮거나 높은 대가로 제공 또는 거래하는 행위를 통하여 과다한 경제상
이익을 제공하는 것은 지원행위에 해당한다. 종래 상품용역은 규정상 지원행위에
해당하지 않았으나 대법원 판결의 취지를 반영하여 상품·용역이 추가되었다.

> - 지원객체에 대한 매출채권회수를 지연하거나 상각(償却)하여 회수불가능 채권으
> 로 처리하는 경우
> - 외상매출금, 용역대금을 약정기한 내에 회수하지 아니하거나 지연하여 회수하면
> 서 이에 대한 지연이자를 받지 아니하는 경우
> - 지원객체가 생산·판매하는 상품을 구매하는 임직원에게 구매대금을 대여하거나
> 융자금을 알선해 주고 이자의 전부 또는 일부를 임직원소속 계열회사의 자금으
> 로 부담하는 경우
> - 지원객체가 운영하는 광고매체에 정상광고단가보다 높은 단가로 광고를 게재하
> 는 방법으로 광고비를 과다 지급하는 경우
> - 주택관리업무를 지원객체에게 위탁하면서 해당 월의 위탁수수료 지급일보다 지
> 원객체로부터 받는 해당 월의 임대료 등 정산금의 입금일을 유예해주는 방법으
> 로 지원객체로 하여금 유예된 기간만큼 정산금 운용에 따른 이자 상당의 수익을
> 얻게 하는 경우
> - 지원객체가 지원주체와의 상품·용역 거래를 통하여 지원객체와 비계열회사 간
> 거래 또는 다른 경쟁사업자들의 거래와 비교하여 상품·용역의 내용·품질 등 거
> 래조건이 유사함에도 높은 매출총이익률을 나타내는 경우

그리고 상당한 규모에 의한 지원행위로, 지원주체가 지원객체와 상품·용역을
상당한 규모로 제공 또는 거래하는 행위를 통하여 과다한 경제상 이익을 제공하는
것은 지원행위에 해당한다.

> 지원주체가 지원객체에게 각종 물류업무를 비경쟁적인 사업양수도 또는 수의계약의
> 방식을 통하여 유리한 조건으로 대부분 몰아주는 경우

다섯째, 인력을 제공한 경우, 지원주체가 지원객체와 인력을 정상적인 거래에서 적용되는 대가보다 상당히 낮거나 높은 대가로 제공 또는 거래하거나 상당한 규모로 제공 또는 거래하는 행위를 통하여 과다한 경제상 이익을 제공하는 것은 지원행위에 해당한다.

> - 업무지원을 위해 인력을 제공한 후 인건비는 지원주체가 부담하는 경우
> - 인력파견계약을 체결하고 인력을 제공하면서 지원주체가 퇴직충당금 등 인건비의 전부 또는 일부를 미회수하는 경우
> - 지원객체의 업무를 전적으로 수행하는 인력을 지원주체 회사의 고문 등으로 위촉하여 지원주체가 수당이나 급여를 지급하는 경우
> - 지원주체가 자신의 소속 인력을 지원객체에 전적·파견시키고 급여의 일부를 대신 부담하는 경우

여섯째, 거래단계를 추가하거나 거쳐서 거래한 경우, 지원주체가 다른 사업자와 상품이나 용역을 거래하면 상당히 유리함에도 불구하고 거래상 역할이 없거나 미미한 지원객체를 거래단계에 추가하거나 거쳐서 거래하는 행위를 하거나 거래상 지원객체의 역할이 있다고 하더라도 그 역할에 비하여 과도한 대가를 지원객체에게 지급하는 행위를 통하여 과다한 경제상 이익을 제공하는 것도 지원행위에 해당한다.

> - 통상적인 직거래관행 및 기존의 거래형태와 달리, 지원객체를 통해 제품을 간접적으로 구매하면서 실제 거래에 있어 지원객체의 역할을 지원주체가 수행하거나 지원주체와 지원객체의 역할이 중복되는 등 지원객체가 거래에 있어 실질적인 역할을 하지 않는 경우
> - 지원주체가 직접 공급사로부터 제품을 구매하는 것이 상당히 유리함에도 불구하고 거래상 실질적인 역할이 없는 지원객체를 중간 유통단계로 하여 간접 구매하는 경우
> - 지원주체가 자신에게 제품을 납품하는 회사로 하여금 제품생산에 필요한 중간재를 거래상 실질적인 역할이 없는 지원객체를 거쳐 구매하도록 하는 경우

라. 지원주체 및 지원객체

지원주체는 제한이 없으며, 지원객체는 특수관계인 또는 다른 회사이다.[93] '다

[93] 여기에서 '다른 회사'의 의미가 특수관계인의 개념과 중복될 수 있다. 따라서 법문의 취지를 살

른 회사'는 대규모기업집단의 계열회사로 한정되지 않는다(대법원, 2004). <삼성SDS (주) 부당지원행위 건>(대법원, 2004)에서 (주)삼성 SDS가 1999년 신주인수권부사채(BW)를 대량으로 발행한뒤, 비계열증권회사와 계열증권회사를 순차적으로 거치는 은밀한 거래를 통해 당해 기업집단의 총수 자녀를 포함한 6인의 특수관계인에 대해 정상가격보다 현저히 낮은 가격으로 매각한 행위가 문제되었다. 지원객체가 일정한 거래분야에서 시장에 직접 참여하고 있는 사업자일 것을 요구하지 않는다.

〈삼성SDS(주) 부당지원행위 건, 대법원 2004. 9. 24. 선고 2001두6364 판결〉

지원객체가 직접 또는 간접적으로 속한 시장에서 경쟁이 저해되거나 경제력이 집중되는 등으로 공정한 거래를 저해할 우려가 있다는 의미로 해석하여야 할 것이며, 이렇게 해석할 경우 지원객체가 일정한 거래분야에서 시장에 직접 참여하고 있는 사업자일 것을 요건으로 하는 것은 아니라고 할 것이다.

모자회사 간에도 부당지원행위 성립될 수 있다<엘지반도체(주) 외 18 부당지원행위 등 건>(대법원, 2004). 2013. 8. 13. 법 개정으로 지원객체도 제재대상이 되었다.

〈엘지반도체(주) 외 18 부당지원행위 등 건, 대법원 2004. 11. 12. 선고 2001두2034 판결〉

모회사가 주식의 100%를 소유하고 있는 자회사(이하 '완전자회사'라 한다)라 하더라도 양자는 법률적으로는 별개의 독립한 거래주체라 할 것이고, 부당지원행위의 객체를 정하고 있는 법 제45조 제1항 제9호의 '다른 회사'의 개념에서 완전자회사를 지원객체에서 배제하는 명문의 규정이 없으므로 모회사와 완전자회사 사이의 지원행위도 법 제45조 제1항 제9호의 규율대상이 된다 할 것이다.

원심이 같은 취지에서, 모회사와 완전자회사는 경제적인 이익과 손실을 완전히 같이하는 단일한 경제단위(a single economic unit)에 해당하므로 완전자회사는 법 제45조 제1항 제9호의 '다른 회사'에 해당하지 아니한다는 위 원고의 주장을 배척한 조치는 정당하고, 거기에 상고이유에서 주장하는 바와 같은 법리오해 등의 위법이 없다.

리려면 '특수관계인 또는 그 외의 회사'로 해석하는 것이 타당하다. 그렇게 해석하지 않는 경우 특수관계인이 아닌 회사라도 다시 다른 회사로 적용될 수 있는 모순에 빠진다.

마. 지원행위

지원행위라 함은 지원주체가 지원객체에게 직접 또는 간접으로 제공하는 경제적 급부의 정상가격이 그에 대한 대가로 지원객체로부터 받는 경제적 반대급부의 정상가격보다 높거나(무상제공 또는 무상이전의 경우를 포함) 상당한 규모로 거래하여 지원주체가 지원객체에게 과다한 경제상 이익을 제공하는 작위 또는 부작위를 말한다(『부당지원행위 심사지침』 II. 4).

지원행위 당시 지원객체의 경쟁사업자가 존재해야 하는 것은 아니다(대법원, 2004). 지원객체는 법 제45조 제1항 제9호에 해당할 우려가 있음에도 불구하고 해당 지원을 받는 행위를 하여야 하며, 해당 거래행위가 부당행위에 해당할 수 있음을 지원객체가 인식하고 있거나 인식할 수 있었는지 여부에 대한 판단은 공정거래법 전문가가 아닌 일반인의 입장에서 과다한 경제상 이익을 제공받았다는 것을 인식할 수 있을 정도면 족하다고 할 것이다<현대 부당지원행위 및 특수관계인에 대한 부당한 이익제공행위 건>(공정위, 2016).

규제대상은 제공 또는 거래행위 자체이며, 지원행위 결과 얻게 되는 이익은 지원행위의 경제상 효과에 불과하다. 규정 시행 전에 제공한 자금을 규정시행 후 단순히 회수하지 않는 행위, 변제기 연장같은 적극적 행위가 없는 경우, 임대차기간을 연장하는 것 등과 같이 새로운 지원행위와 동일시할 수 있는 정도의 특별한 사정없이 단순히 원래의 계약 내용대로 유지하는 행위만으로는 지원행위가 될 수 없다(『부당지원행위 심사지침』 II. 4). 그러나 신주인수행위 관련해서는 "시가보다 높은 가격으로 신주를 인수하게 되면 그만큼 발행회사의 자본이 충실하게 되어 그로 인한 이익의 일부가 다시 신주인수인에게 귀속될 수 있으나, 이는 신주인수행위로 인한 간접적이고 반사적인 효과에 불과하므로 그러한 사정을 들어 신주인수행위가 부당지원행위의 규제대상이 되지 않는다고 할 수도 없다"고 한 사례가 있다<에스케이네트웍스 주식회사 외 2(SK 4차) 부당지원행위 건>(대법원, 2005).[94]

---

94) 신주인수, 유상증자, 전환사채의 전환권행사 같은 출자행위를 부당지원행위로 보는 것에 대한 비판적 견해로, 이봉의, 공정거래법(2022), 984~985면.

〈에스케이네트웍스 주식회사 외 2 부당지원행위 건, 대법원 2005. 4. 29. 선고 2004
두3281 판결〉

부당지원행위를 불공정거래행위의 한 유형으로 규정하여 이를 금지하는 입법 취지
가 공정한 거래질서의 확립과 아울러 경제력집중의 방지에 있는 점에 비추어 볼 때, 정
상적인 가격보다 현저히 높은 가격으로 신주를 인수함으로써 발행회사에게 경제상 이
익을 제공하는 행위가 출자행위로서의 성질을 가진다고 하여 부당지원행위의 규제대상
이 되지 않는다고 할 수 없다.

또한, 주식회사의 신주발행에 관하여는 회사법, 증권거래법 등에 의하여 규율되고
있고 독점규제및공정거래에관한법률(이하 '공정거래법'이라고 한다)의 다른 규정에 의
해서도 규제되고 있다고 하여 신주인수행위를 부당지원행위의 규제대상으로 삼을 수
없는 것은 아니고, 시가보다 높은 가격으로 신주를 인수하게 되면 그만큼 발행회사의
자본이 충실하게 되어 그로 인한 이익의 일부가 다시 신주인수인에게 귀속될 수 있으
나, 이는 신주인수행위로 인한 간접적이고 반사적인 효과에 불과하므로 그러한 사정을
들어 신주인수행위가 부당지원행위의 규제대상이 되지 않는다고 할 수도 없다.

자금제공방법은 직접적이든 간접적이든 불문한다. 지원주체와 지원객체와 사이
의 직접적이고 현실적인 상품거래나 자금거래행위라는 형식을 회피하기 위한 방편
으로 제3자를 매개하여 상품거래나 자금거래행위가 이루어지고 그로 인하여 지원객
체에게 실질적으로 경제상 이익이 귀속되는 경우에 자금지원행위에 해당하며(대법
원, 2004), 다른 회사를 매개로 하여 우회적으로 다른 회사를 지원하는 행위도 지원
행위이다(대법원, 2004).

일명 '통행세 관행'에 대한 최초의 사건으로 〈롯데피에스넷(주) 부당지원행위
건〉(대법원, 2014)이 있다. 동 건에서 법원은 롯데피에스넷(주)가 ATM을 구매하는
과정에서, 제조사인 네오아이씨피로부터 직접 구매하지 않고 같은 계열사인 롯데알
미늄을 거쳐 구매함으로써 롯데알미늄으로 하여금 매출 이익을 실현하게 한 것은
부당지원행위에 해당한다고 판시하였다.

지원금액은 지원주체가 지원객체에게 제공하는 경제적 급부의 정상가격에서
그에 대한 대가로 지원객체로부터 받는 경제적 반대급부의 정상가격을 차감한 금액
을 말하며(『부당지원행위 심사지침』 II. 6), 제3자를 매개하여 자금거래를 하고 그로
인하여 지원객체에게 실질적으로 경제상 이익을 제공하는 경우도 이에 해당된다.
그러나 지원과정에서 부수적으로 제3자에게 지출한 비용은 포함이 되지 않는다(대
법원, 2004). 지원금액은 금전뿐 아니라 가치도 포함된다(대법원, 2007).

바. 상당히 낮거나 높은 대가로 제공 또는 거래하거나 상당한 규모로 제공 또는 거래

상당한 규모의 제공 또는 거래행위는 공정거래법에는 직접적인 규정이 없으나 시행령 규정에 의하여 인정되고 있다. 이하『부당지원행위 심사지침』III.에 규정된 내용을 기준으로 설명하기로 한다.

1) 거래대가

대가는 가격기준과 금리기준이 있다. 먼저 가격 관련하여 정상가격이란 지원주체와 지원객체간에 이루어진 경제적 급부와 동일한 경제적 급부가 시기, 종류, 규모, 기간, 신용상태 등이 유사한 상황에서 특수관계없는 독립된 자간에 이루어졌을 경우 형성되었을 가격을 말한다(『부당지원행위 심사지침』 II. 4, 대법원, 2007). 부동산임대의 경우 정상임대료는 당해 부동산의 종류, 규모, 위치, 임대시기, 기간 등을 참작하여 유사한 부동산에 대하여 특수관계가 없는 독립된 자간에 형성되었을 임대료로 하되, 이를 합리적으로 산정하기 어려운 경우에는[(부동산 정상가격의 50/100)×임대일수×정기예금이자율/365 = 당해기간의 정상임대료] 산식에 의한다.

법원은 정상가격 입증책임에 대하여 매우 엄격한 입장이다. 즉 정상가격이 부당한 지원행위에 해당하는지 여부의 판단요소가 되어 부당한 지원행위에 따른 시정명령이나 과징금부과 등 제재적 행정처분과 형사처벌의 근거가 된다는 점이나 공정거래법이 부당한 지원행위를 금지하는 취지 등을 고려할 때, 공정위가 당해 거래와 동일한 실제 사례를 찾을 수 없어 부득이 유사한 사례에 의해 정상가격을 추단할 수밖에 없는 경우에는, 단순히 제반 상황을 사후적, 회고적인 시각에서 판단하여 거래 당시에 기대할 수 있었던 최선의 가격이나 당해 거래가격보다 더 나은 가격으로 거래할 수도 있었을 것이라 하여 가벼이 이를 기준으로 정상가격을 추단하여서는 아니 되고, 먼저 당해 거래와 비교하기에 적합한 유사한 사례를 선정하고 나아가 그 사례와 당해 거래 사이에 가격에 영향을 미칠 수 있는 거래조건 등의 차이가 존재하는지를 살펴 그 차이가 있다면 이를 합리적으로 조정하는 과정을 거쳐 정상가격을 추단하여야 한다. 그리고 정상가격이 이와 같은 과정을 거쳐 합리적으로 산출되었다는 점에 대한 증명책임은 어디까지나 시정명령 등 처분의 적법성을 주장하는 공정위에게 있다고 한다(대법원, 2015).

<신세계 부당지원행위 건>(대법원, 2015)에서는 이마트 내 인스토어베이커리 매장인 '데이앤데이'를 운영하는 신세계SNV과 특정매입거래를 하면서 판매수수료율을 2010. 3. 기존 22.8%에서 21.8%로 인하하고, 2011. 3. 20. 5%로 인하하였다. 한편 이마트내 유사한 형태로 운영되는 비계열 독립업체(도너츠, 만두)에 대한 판매수수료율은 23.3~23.8%였다. 이에 대하여 공정위는 정상판매수수료율을 23%로 보고 제재하였다. 서울고법도 이 사건 거래의 정상판매수수료율이 23%라는 전제에서 이 사건 적용수수료율이 현저히 낮은 대가의 거래라고 판단하였다. 그러나 대법원은 다음과 같이 판단하였다.

〈신세계 부당지원행위 건, 대법원 2015. 1. 29. 선고 2014두36112 판결〉
기록에는 피고가 위와 같은 과정을 거쳐 정상수수료율을 합리적으로 추산하였다고 인정할 만한 자료를 찾아볼 수 없다.

둘째, 적용금리 관련해서는 실제적용금리와 개별정상금리 또는 일반정상금리 사이의 차이는 물론 지원성 거래 규모와 지원행위로 인한 경제상 이익, 지원기간, 지원횟수, 지원시기, 지원행위 당시 지원객체가 처한 경제적 상황 등을 종합적으로 고려하여 구체적·개별적으로 판단하는데 실제적용금리와 개별정상금리 또는 일반정상금리와의 차이가 개별정상금리 또는 일반정상금리의 7% 미만으로서 개별 지원행위 또는 일련의 지원행위로 인한 지원금액이 1억 원 미만[95]인 경우에는 지원행위가 성립하지 아니하는 것으로 판단할 수 있다.[96] 지원행위는 실제적용금리가 특수관계없는 독립된 자간에 이루어졌을 경우 형성되었을 금리(개별정상금리)보다 낮은 경우에 성립한다. 개별정상금리는 동일수단/동일시점, 동일수단/유사시점(3개월 이내), 신용상태가 지원객체와 유사한 회사가 동일수단/동일시점, 유사수단/동일 또는 유사한 시점, 동일 또는 유사시점/다른 수단의 순서로 판단한다.

개별정상금리를 이와 같은 방법에 의해 산정하기 어렵고, 또한 지원객체의 재

---

95) '거래당사자 간 해당연도 자금거래 총액 30억 원 미만'으로 개정을 추진 중이다. 공정위 보도자료(2022.10.7).
96) 자산·부동산·인력지원행위의 경우에도 동일한 안전지대를 두는 방안을 추진 중이다. 상품·용역거래의 경우 거래총액 100억 원을 기준으로 하였다. 해당연도 거래총액 100억 원 미만이면서 거래상대방 평균매출액의 12% 미만인 경우도 안전지대로 하였다. 공정위 보도자료(2022.10.7).

무구조, 신용상태, 차입방법 등을 감안할 때 개별정상금리가 한국은행이 발표하는 예금 은행의 가중평균 당좌대출금리(이하 "일반정상금리")를 하회하지 않을 것으로 보는 것이 합리적인 경우에는 당해 자금거래의 실제적용금리와 일반정상금리를 비교하여 지원행위 여부를 판단한다. 그러나 지원객체의 재무구조, 신용상태, 차입방법 등을 감안할 때 지원객체의 개별정상금리가 일반정상금리보다 높은 수준인 것으로 보는 것이 합리적인 상황에서 일반정상금리 수준으로 상당한 규모의 자금거래를 하는 것은 지원행위에 해당한다. 즉, 개별＞일반＞실제인 경우 일반과 실제의 금리를 비교하고, 개별＞일반인 경우 일반정상금리 수준으로 상당한 규모의 거래를 하는 경우 지원행위에 해당한다.

그리고 기업어음을 중개기관을 통하여 인수한 경우에 있어서 정상할인율과 비교하여야 할 실제할인율은 지원객체에게 제공되는 자금의 실제할인율인 기업어음의 발행할인율을 기준으로 하여야 하는 것이지 발행금액에서 중개기관에 지급하는 수수료 등 경비를 포함한 지원주체의 매입할인율을 기준으로 할 것이 아니다＜SK(주) 외 8(SK 3 차) 부당지원행위 등 건＞(대법원, 2006).

현저성 관련한 그간의 사례를 보면 '4.74% 이상 낮은 후순위사채 발행수익률', '연 9% 낮은 할인율', '정상금리보다 4.93% 내지 6.42% 낮은 금리', '6.45∼24.89% 낮은 금리의 기업어음인수', '25% 높은 가격의 주식인수', '연 10.25% 낮은 사모사채 인수' 등이 있다.[97] 그러나 현재는 대가의 차이나 규모의 판단기준이 '상당히'로 변경됨으로써 기존의 '현저히'보다는 완화하여 판단할 여지가 있다.

2) 거래규모

상당한 규모의 거래는 '일감 몰아주기'라고 하는데, 대표적으로 ＜현대자동차 계열사 부당지원행위 건＞(서울고법, 2009)에서는 현대계열사인 현대자동차, 기아자동차, 현대모비스, 현대제철이 운송물량을 발주하면서 새로 설립한 계열회사에게 사업능력이 검증되기 이전인 설립초기부터 자신들의 운송물량을 대부분 몰아주고 유리한 조건으로 거래하는 방법으로 과다한 경제상의 이익을 제공한 행위를 글로비스에 대한 부당한 지원행위로 판단하였다. 현저한(상당한) 규모의 거래로 인하여 과다한 경제상 이익을 제공한 것인지 여부는 지원성 거래규모 및 급부와 반대급부의 차

---

97) 신동권, 독점규제법(2020), 864∼865면 참조.

이, 지원행위로 인한 경제상 이익, 지원기간, 지원횟수, 지원시기, 지원행위 당시 지원객체가 처한 경제적 상황 등을 종합적으로 고려하여 구체적·개별적으로 판단하여야 한다<푸르덴셜자산운용(주) 외 17(현대 3차) 부당지원행위 건>(대법원, 2007).

상당한 규모의 거래라 하더라도 단순한 규모보다는 급부와 반대급부의 차이를 고려하는 것이 필요하다. 지원규모 관련해서는 지원객체의 매출액을 기준으로 판단한다<(주)케이티의 부당지원행위 건>(대법원 2007).

<(주)케이티 부당지원행위 건, 대법원 2007. 4. 26. 선고 2005두2766 판결>

지원성 거래규모는 34,686,000,000원으로서 이는 지원기간인 1997년부터 2000년까지의 한국통신산업개발의 매출액 107,014,000,000원의 32.4%에 해당하는 금액으로서 현저한 수준으로 보이며, 용역수수료를 과다하게 지급함으로써 한국통신산업개발의 사업기반을 강화시킴과 동시에 재무상태를 안정적으로 유지·강화시킴으로써 경쟁조건을 경쟁사업자에 비하여 현저히 유리하게 하였다고 봄이 상당하여 원고의 한국통신산업개발에 대한 지원행위는 공정한 거래를 저해하거나 저해할 우려가 있는 부당한 지원행위로 인정된다

---

3) 통행세

부당한 거래단계의 추가(통행세) 관련 지원행위의 위법성 성립요건은 첫째, 지원주체가 다른 사업자와 직접 거래하면 상당히 유리할 것, 둘째, 특수관계인이나 다른 회사(이하 '지원 객체')를 거래단계에 추가하거나 거쳐서 거래하였을 것, 셋째, 지원객체의 거래상 역할이 없거나 미미할 것 또는 지원객체의 거래상 역할에 비해 과도한 대가를 지급하였을 것, 넷째, 이를 통해 지원객체에게 과다한 경제상 이익을 제공하였을 것, 다섯째, 지원주체의 지원행위가 공정한 거래를 저해할 우려가 있을 것 등이다.[98]

입법론적으로 동 규정에서 '거래상 실질적 역할이 없는'이란 요건은 지나치게 엄격하여 현실적으로 규제가 거의 어렵다. 따라서 시행령 규정과 같이 '거래상 실질적 역할이 없거나 미미한'으로 완화하는 것이 필요하다. <현대 부당지원행위 및 특수관계인에 대한 부당한 이익제공행위 건>(공정위, 2016)에서 공정위는 현대증권이 2015. 2.부터 2016. 3.까지 제록스와 직거래할 수 있었음에도 총수일가가 90%의 지

---

98) 자세한 내용은 신동권, 독점규제법(2020), 867면.

분을 보유하는 (주)에치에스티를 거래단계에 끼워넣어 실질적 역할 없이 상당한 마진을 확보하게 하고 총수일가에 부당이득을 귀속시킨 행위에 대하여 제재하였다.

사. 부당성 판단

지원행위에 대한 부당성은 원칙적으로 지원주체와 지원객체의 관계, 지원행위의 목적과 의도, 지원객체가 속한 시장의 구조와 특성, 지원성거래규모와 지원행위로 인한 경제상 이익, 지원기간, 지원횟수, 지원시기, 지원행위 당시 지원객체의 경제적 상황, 중소기업 및 여타 경쟁사업자의 경쟁능력과 경쟁여건의 변화정도, 지원행위 전후의 지원객체의 시장점유율 추이 및 신용등급의 변화정도, 시장개방의 정도 등을 종합적으로 고려하여 해당 지원행위로 인하여 지원객체가 직접 또는 간접적으로 속한 시장(따라서 지원객체가 일정한 거래분야에서 시장에 직접 참여하고 있는 사업자일 필요는 없음)에서 경쟁이 저해되거나 경제력 집중이 야기되는 등으로 공정한 거래를 저해할 우려가 있는지 여부에 따라 판단한다. 이러한 지원행위의 부당성은 공정한 거래질서라는 관점에서 판단되어야 하며, 지원행위에 단순한 사업경영상의 필요 또는 거래상의 합리성 내지 필요성이 있다는 사유만으로는 부당성이 부정되지 아니한다(『부당지원행위 심사지침』 IV. 1).

사업자가 아닌 특수관계인에 대한 지원행위의 부당성은 특수관계인이 해당 지원행위로 얻은 경제상 급부를 계열회사 등에 투자하는 등으로 인하여 지원객체가 직접 또는 간접적으로 속한 시장에서 경쟁이 저해되거나 경제력 집중이 야기되는 등으로 공정한 거래를 저해할 우려가 있는지 여부에 따라 판단한다(『부당지원행위 심사지침』 IV. 1). <삼성SDS(주) 부당지원행위 건>(대법원, 2004)에서 대법원도 당해 지원행위가 공정한 거래를 저해할 우려가 있는 행위라는 점은 공정위가 이를 입증하여야 한다고 판시하였다.

<삼성SDS(주) 부당지원행위 건, 대법원 2004. 9. 24. 선고 2001두6364 판결>

변칙적인 부의 세대간 이전 등을 통한 소유집중의 직접적인 규제는 법의 목적이 아니고 시장집중과 관련하여 볼 때 기업집단 내에서의 특수관계인 또는 계열회사 간 지원행위를 통하여 발생하는 경제력 집중의 폐해는 지원행위로 인하여 직접적으로 발생하는 것이 아니라 지원을 받은 특수관계인이나 다른 회사가 자신이 속한 관련시장에서의 경쟁을 저해하게 되는 결과 발생할 수 있는 폐해라고 할 것인 점 등에 비추어 보면,

> 부당지원행위의 부당성을 판단함에 있어서는 지원주체와 지원객체와의 관계, 지원객체 및 지원객체가 속한 관련시장의 현황과 특성, 지원금액의 규모와 지원된 자금 자산 등의 성격, 지원금액의 용도, 거래행위의 동기와 목적, 정당한 사유의 존부 등을 종합적으로 고려하여 판단하여야 하며, 위와 같은 요소들을 종합적으로 고려할 때 당해 지원행위가 공정한 거래를 저해할 우려가 있는 행위라는 점은 피고가 이를 입증하여야 할 것이다.
>
> 원고의 이 사건 행위로 인하여 부(富)의 세대간 이전이 가능해지고 특수관계인들을 중심으로 경제력이 집중될 기반이나 여건이 조성될 여지가 있다는 것만으로는 공정한 거래를 저해할 우려가 있다고 단정하기 어렵고, 위 특수관계인들이 지원받은 자산을 계열회사에 투자하는 등으로 관련시장에서의 공정한 거래를 저해할 우려가 있다는 점이 공지의 사실로서 입증을 필요로 하지 않는 사항이라고도 할 수 없으므로, 기록에 나타난 피고의 주장·입증만으로는 이 사건 행위가 공정한 거래를 저해할 우려가 있다고 할 수 없다.

공정한 거래를 저해할 우려는 공정한 거래를 저해하는 효과가 실제로 구체적인 형태로 나타나는 경우뿐만 아니라 나타날 가능성이 큰 경우를 의미하며, 현재는 그 효과가 없거나 미미하더라도 미래에 발생할 가능성이 큰 경우를 포함한다(『부당지원행위 심사지침』 IV. 1).

부당한 지원행위에 해당하는 경우로서 다음을 예시하고 있다(『부당지원행위 심사지침』 IV. 2).

> – 지원객체가 일정한 거래분야에서 유력한 사업자의 지위를 형성·유지 또는 강화할 우려가 있는 경우(예: 중소기업들이 합하여 1/2 이상의 시장점유율을 갖는 시장에 시장점유율 5% 이상이 되거나 시장점유율 기준 3위 이내의 사업자에 들어가게 되는 경우)
> – 경쟁사업자가 배제될 우려가 있는 경우, 경쟁사업자에 비하여 경쟁조건이 상당히 유리하게 되는 경우
> – 지원객체의 퇴출이나 타사업자의 신규진입이 저해되는 경우,
> – 관련법령을 면탈 또는 회피하는 등 불공정한 방법 또는 절차를 통해 지원행위가 이루어진 경우

부당지원행위에 해당하지 않는 경우로 다음을 예시하고 있다(『부당지원행위 심사지침』 IV. 3).

- 대규모기업집단 계열회사가 기업구조조정을 하는 과정에서 구조조정 대상회사나 사업부문에 대하여 손실분담을 위해 불가피한 범위 내에서 지원하는 경우
- 「대·중소기업 상생협력 촉진에 관한 법률」에 따라 위탁기업체가 사전에 공개되고 합리적이고 비차별적인 기준에 따라 수탁기업체(계열회사 제외)를 지원하는 경우
- 기업구조조정 과정에서 일부 사업부문을 임직원 출자형태로 분리하여 설립한 「중소기업기본법」 상의 중소기업에 대하여 해당회사 설립일로부터 3년 이내의 기간 동안 자생력 배양을 위하여 지원하는 것으로서 다른 중소기업의 기존 거래관계에 영향이 적은 경우
- 정부투자기관·정부출자기관이 공기업 민영화 및 경영개선계획에 따라 일부 사업부문을 분리하여 설립한 회사에 대하여 분사 이전의 시설투자자금 상황·연구기술인력 활용 및 분사 후 분할된 자산의 활용 등과 관련하여 1년 이내의 기간 동안 자생력 배양을 위하여 불가피하게 지원하는 경우로서 기존 기업의 거래관계에 영향이 적은 경우
- 「금융지주회사법」에 의한 완전지주회사가 완전자회사에게 자신의 조달금리 이상으로 자금지원을 하는 경우
- 개별 지원행위 또는 일련의 지원행위로 인한 지원금액이 5천만 원 이하로서 공정거래저해성이 크지 않다고 판단되는 경우[99]
- 「장애인고용촉진 및 직업재활법」 제28조 제1항에 따른 장애인 고용의무가 있는 사업주가 같은 법 제2조 제8호에 해당되는 장애인 표준사업장의 발행주식 총수 또는 출자총액의 50%를 초과 소유하여 실질적으로 지배하고 있는 장애인 표준사업장에 대하여 자생력 배양을 위하여 합리적인 범위 내에서 지원하는 경우
- 「사회적 기업 육성법」 제7조에 따라 고용노동부장관의 인증을 받은 사회적 기업의 제품을 우선 구매하거나, 사회적 기업에게 각종 용역을 위탁하거나, 사회적 기업에게 시설·설비를 무상 또는 상당히 유리한 조건으로 임대하는 등의 방법으로 지원하는 경우

대부분 판례에서 부당성의 근거로 지원객체의 부실한 재무상태, 지원성 거래규모, 지원후 재무상황, 기타 당시의 경제상황 등을 종합적으로 고려하고 있다. 그러나 경영정상화 등 공익적 이유, 지원성 거래의 규모 등, 경제적 합리성, 업계의 관행 등을 고려하여 부당성을 인정하지 않은 사례도 있다.[100]

---

99) 공정위는 실효성이 없는 규정으로서 삭제를 추진 중이다. 공정위 보도자료(2022.10.7).
100) 자세한 내용은 신동권, 독점규제법(2020), 868~882면 참조.

아. 위반행위에 대한 제재

1) 시정조치

부당지원행위에 대해서는 해당사업자(지원객체의 경우 해당 특수관계인 또는 회사)에 대하여 해당 행위의 중지, 재발방지를 위한 조치, 계약조항의 삭제, 시정명령 받은 사실의 공표, 그 밖에 필요한 시정조치를 명할 수 있다(법 제49조).

2) 과징금

부당지원행위에 대해서는 직전 3개 사업연도의 평균매출액[101]의 100분의 10을 초과하지 아니하는 범위에서 과징금을 부과할 수 있다. 다만 매출액이 없는 경우 등에는 40억 원을 초과하지 아니하는 범위에서 과징금을 부과할 수 있다(법 제50조 제2항).

부당지원행위에 대한 과징금 관련하여 적법절차 및 권력분립원칙 여부가 문제된 적이 있다. 이에 대하여 헌법재판소는 과징금은 제재금으로서의 기본적 성격에 부당이득환수적 요소도 부가되어 있는 것이라 할 것이고, 이를 두고 헌법 제13조 제1항에서 금지하는 국가형벌권 행사로서의 '처벌'에 해당한다고는 할 수 없으므로, 공정거래법에서 형사처벌과 아울러 과징금의 병과를 예정하고 있더라도 이중처벌금지원칙에 위반된다고 볼 수 없으며, 부당내부거래의 실효성 있는 규제를 위하여 형사처벌의 가능성과 병존하여 과징금 규정을 둔 것 자체나, 지원기업의 매출액을 과징금의 상한기준으로 삼은 것을 두고 비례성원칙에 반하여 과잉제재를 하는 것이라 할 수 없다고 보았다. 그리고 과징금 부과 절차에 있어 적법절차원칙에 위반되거나 사법권을 법원에 둔 권력분립의 원칙에 위반된다고 볼 수 없다고 판시하였다<공정거래법 제24조의2(부당지원행위에 대한 과징금) 위헌제청 건>(헌법재판소, 2003).

한편 공정위가 부당지원행위로 보아 제재처분을 한 사안에 대하여 금융위원회가 다시 보험업법 위반행위로 보아 과징금부과처분을 한 것이 이중처벌금지의 원칙과 과잉금지원칙에 위반되는지 여부에 관하여 대법원은 이중처벌금지의 원칙이 직접 적용될 여지는 없다고 판시하였고, 헌법상 과잉금지의 원칙에 반한다고 볼 수도

---

[101] 부당지원행위, 특수관계인에 대한 부당한 이익제공의 경우 '관련매출액' 대신 '평균매출액'을 사용하고 있다

없다고 판시하였다(대법원, 2015).

〈대법원 2015. 10. 19. 선고 2013두23935 판결〉

　　헌법 제13조 제1항에서 정하고 있는 이중처벌금지원칙에서의 '처벌'은 범죄에 대한 국가의 형벌권 실행을 의미하는 것이고, 국가가 행하는 일체의 제재나 불이익처분이 모두 그 '처벌'에 포함된다고 할 수 없다. 따라서 보험업법에서 정한 이 사건 과징금 조항들과 공정거래법 규정에 의한 과징금 부과에 대해서는 이중처벌금지의 원칙이 직접 적용될 여지는 없다(대법원 2007. 7. 12. 선고 2006두4554 판결, 헌법재판소 2003. 7. 24. 선고 2001헌가25 결정 등 참조).

　　그리고 보험업법과 공정거래법은 그 입법 목적과 보호법익이 서로 다르며, 공정거래법의 각종 규제만으로 보험업법의 입법 목적을 충분히 달성할 수 있다고 단정하기 어렵다.

　　이 사건 과징금 조항들과 공정거래법상 과징금 부과 근거 규정의 문언, 내용, 취지 등을 고려할 때 양 법률에 의한 과징금 부과처분은 모두 재량행위로서, 각 부과권자는 위반행위의 정도와 내용, 위반행위로 인하여 취득한 이익의 규모 등의 여러 사정을 종합적으로 고려하여 과징금 부과 여부 및 그 액수를 정할 재량이 있으므로, 동일한 위반행위에 대하여 양 법률에 의한 과징금이 반드시 중복적으로 부과된다고 볼 수도 없다. 특히 보험업법상 과징금에 관한 부과기준을 정하고 있는 금융위원회 고시인 '금융기관 검사 및 제재에 관한 규정'은 '동일한 위반행위에 대하여 형벌·과징금·과태료 등 실효성 있는 제재조치를 이미 받은 경우에는 그 제재에 상응하는 과징금을 부과하지 아니할 수 있다'는 취지의 명시적 규정을 두고 있다.

　　또한 보험계약자인 고객들이 납입하는 보험료 등으로 구성되는 보험회사의 자산은 종국적으로 고객에게 지급할 보험금에 충당되어야 할 재원으로서 이를 보존하여야 할 고도의 공익상 필요가 있으므로 대주주 등 특수관계인이 보험회사의 자산을 자신 또는 계열회사를 지원하는 목적으로 함부로 유출하는 행위를 규제할 필요성이 매우 크다.

　　이러한 사정들에 비추어 보면, 앞에서 본 것과 같이 공정거래법과 별도로 과징금을 부과할 수 있도록 한 이 사건 과징금 조항들이 헌법상 과잉금지의 원칙에 반한다고 볼 수도 없다.

　　상호출자제한기업집단에 속하는 사업자가 행한 부당한 지원행위에 대하여는 원칙적으로 과징금을 부과한다. 다만, 당해 업계의 특수성이나 거래관행 등을 참작할 때 위반의 정도나 지원효과가 미미한 경우 등에는 과징금을 부과하지 아니할 수 있다. 상호출자제한기업집단에 속하지 아니한 사업자가 행한 부당한 지원행위에 대

하여는, 지원객체가 참여하는 관련시장에서 위반행위로 인하여 나타난 경쟁질서 저해 효과가 중대하거나 악의적으로 행해진 경우에 원칙적으로 과징금을 부과한다.

3) 벌칙

제45조(불공정거래행위의 금지) 제1항 제9호(부당지원행위 금지)를 위반한 자는 3년 이하의 징역 또는 2억 원 이하의 벌금에 처한다(법 제124조 제1항 제10호). 시정조치 불이행에 대해서는 2년 이하의 징역 또는 1억 5천만 원 이하의 벌금에 처한다(법 제125조 제1호).[102]

10. 특수관계인 등에 대한 부당한 이익 제공 등 금지

가. 의의

2014. 2. 14. 법 개정 시 부당지원행위와 별도로 특수관계인에 대한 부당한 이익제공을 금지하는 규정을 신설하였다. 이는 총수일가가 계열사간 자신들의 지분율 차이를 이용하여 총수일가 지분이 적은 회사에서 총수일가 지분이 많은 회사로 이익을 이전하는 행위, 소위 '터널링(tunneling)'을 방지하기 위한 규정이다. 내부거래가 '정상적인' 시장거래 조건과 달리 이루어짐으로써 거래당사자 간에 '부의 이전(wealth transfer)'이 발생하는 경우를 흔히 터널링(tunneling)이라고 한다.[103]

나. 적용대상

법 적용대상은 '공시대상기업집단(동일인이 자연인인 기업집단으로 한정)에 속하는 국내 회사'로 한정하고 있다(법 제47조 제1항). 이는 특수관계인(동일인 및 그 친족으로 한정), 동일인이 단독으로 또는 다른 특수관계인과 합하여 발행주식총수의 100분의 20 이상의 주식을 소유한 국내 계열회사 또는 그 계열회사가 단독으로 발행주식총수의 100분의 50을 초과하는 주식을 소유한 국내 계열회사와 특정 행위를 하는 경우에 적용된다(법 제47조 제1항).

---

102) 부당지원행위에 대한 형사벌은 정상가격이 부당지원행위의 고의를 인정하기 위한 핵심요소임에도 누구도 정상가격의 수준을 예측하기 어렵다는 점에 난점이 있다고 한다. 이봉의, 공정거래법(2022), 1066~1067면.
103) 이재형·박병형, 기업집단 내부거래의 평가와 정책대응(2016), 18면.

다. 성립요건

거래상대방에게 정상적인 거래에서 적용되거나 적용될 것으로 판단되는 조건보다 상당히 유리한 조건으로 거래행위를 하여야 하고, 이를 통해 특수관계인에게 부당한 이익이 귀속되어야 성립한다. 상당성 판단은 주로 정상가격, 정상금리 등과 같은 판단기준과의 비교를 통하여 이루어진다.

특수관계인에 대한 부당한 이익제공행위의 제공주체는 공시대상기업집단(동일인이 자연인인 기업집단으로 한정)에 속하는 회사이어야 한다. 제공주체가 공시대상기업집단에 속하는 회사에 해당하는지 여부의 판단 시점은 해당 이익제공행위 당시를 기준으로 한다(『특수관계인에 대한 부당이익 제공행위 심사지침』 III. 2).

제공객체에는 특수관계인 및 특수관계인 회사가 포함된다. 특수관계인 회사는 동일인이 단독으로 또는 동일인의 친족(친족이 수인인 경우 수인의 친족의 지분을 모두 합산한다. 이하 같다)과 합하여 지분을 20% 이상 보유한 국내 계열회사와, 해당 계열회사가 단독으로 지분을 50% 초과 보유한 국내 계열회사를 포함한다. 지분보유비율을 계산함에 있어서는 보통주, 우선주, 자사주, 상환주식, 전환주식, 무의결권주식 등 주식의 종류 및 의결권 제한 여부를 불문하고 계열회사가 발행한 모든 주식을 기준으로 계산한다. 여기서의 지분이란 직접 보유한 지분만을 의미하고, 2단계 이상의 소유관계를 통해 간접적으로 영향력을 행사하는 지분은 포함하지 아니한다.

지분의 보유 여부는 법 제10조에 따라 소유 명의와 관계없이 실질적인 소유관계를 기준으로 한다. 따라서 차명주식, 우회보유 등의 형태를 취하더라도 특수관계인이 그 지분에 대한 실질적인 소유자인 경우에는 특수관계인이 보유한 지분에 해당한다. 동일인의 친족과 합하여 지분을 보유한 경우라 함은 동일인과 동일인의 친족이 함께 지분을 보유하고 있는 경우와 동일인만 지분을 보유하고 있는 경우, 동일인의 친족만 지분을 보유하고 있는 경우를 모두 포함한다. 시행령 제6조 제1항에 따라 동일인 관련자로부터 분리된 자는 동일인의 친족의 범위에서 제외된다. 이에 따라, 동일인의 4촌 이내의 혈족 또는 3촌 이내의 인척이라 하더라도 공정위로부터 기업집단에서 분리된 것으로 인정받은 경우에는 지분율 산정에서 제외된 것으로 본다. 제공객체에 해당하는지 여부의 판단 시점은 해당 이익제공행위 당시를 기준으로 한다(『특수관계인에 대한 부당이익 제공행위 심사지침』 III. 3).

행위객체의 경우 법 제47조 제1항 각 호의 어느 하나에 해당할 우려가 있음에도 불구하고 해당 거래를 하거나 사업기회를 제공받는 등의 행위를 하여야 한다. 제공객체가 법 제47조 제3항 위반에 해당하는지 여부는 해당 이익제공행위가 부당한 이익제공행위에 해당할 수 있음을 제공객체가 인식하거나 인식할 수 있었는지 여부에 따라 판단한다. 제공객체가 인식하고 있거나 인식할 수 있었는지 여부에 대한 판단은 전문가가 아닌 일반인의 관점에서 사회통념에 비추어 해당 행위가 부당한 이익제공행위에 해당할 우려가 있음을 인식할 수 있을 정도면 충분하다(『특수관계인에 대한 부당이익 제공행위 심사지침』 VI. 1).

이익제공행위는 제공주체와 제공객체 사이의 행위를 통하여 이루어진다. 이익제공행위는 제공주체와 제공객체 사이에서 직접 또는 간접적인 방법으로 이루어질 수 있다. 따라서 제공주체와 제공객체 사이의 직접적이고 현실적인 상품거래나 자금 거래행위라는 형식을 회피하기 위한 방편으로 제3자를 매개하여 상품거래나 자금 거래행위가 이루어지고 그로 인하여 특수관계인에게 실질적으로 경제상 이익이 직접 또는 간접적으로 귀속되는 경우 제3자를 매개로 한 간접거래도 이익제공행위의 범위에 포함된다(『특수관계인에 대한 부당이익 제공행위 심사지침』 III. 4).

> – 제공주체가 제3자 발행의 기업어음을 매입하고 그 제3자로 하여금 제공주체의 매입행위와 동일 또는 유사한 시점에 그 매출금액의 범위 내에서 제공객체 발행의 기업어음을 제공객체에게 상당히 유리한 조건으로 매입하도록 함으로써 제3자를 매개로 하여 우회적으로 제공객체에 이익을 제공하는 행위
> – 제공주체가 제3자인 은행에 정기예금을 예치한 다음 이를 다시 제공객체에 대한 대출금의 담보로 제공함으로써 제공객체로 하여금 은행으로부터 낮은 이자율로 금원을 대출받도록 경제상 이익을 제공하는 행위
> – 제공객체가 발행한 전환사채에 관하여 제공주체가 제3자인 대주단(貸主團)에 제공주체 소유의 부동산을 담보로 제공하고 위 전환사채에 관하여 대주단과 총수 익스와프(TRS: Total Return Swap) 계약을 체결하여 대주단으로 하여금 위 전환사채를 인수하도록 함으로써 우회적으로 경제상 이익을 제공하는 행위

특수관계인은 누구에게든지 법 제47조 제3항에 해당하는 행위를 하도록 지시하거나 해당 행위에 관여하여서는 아니 된다. 제47조 제4항의 의무를 부담하는 자는 특수관계인 중에서 동일인 및 그 친족에 한정한다. 다만, 법 제47조 제4항 위반

은 동일인 또는 그 친족이 부당한 이익제공행위를 하도록 지시하거나 해당 행위에 관여한 것으로 충분하고, 실제 부당한 이익이 지시 또는 관여한 자에게 귀속될 필요는 없다. 지시하였다는 것은 특수관계인이 지원주체 또는 지원객체의 임직원 등을 비롯하여 누구에게든지 부당한 이익제공행위를 하도록 시킨 경우를 말하고, 관여하였다는 것은 특수관계인이 부당한 이익제공행위에 관계하여 참여한 경우를 의미한다. 지시 또는 관여 여부는 구체적으로 특수관계인이 제공주체의 의사결정에 직접 또는 간접적으로 관여할 수 있는 지위에 있었는지 여부, 해당 행위와 관련된 의사결정 내용을 보고받고 결재하였는지 여부, 해당 행위를 구체적으로 지시하였는지 여부 등을 종합적으로 고려하여 판단한다(『특수관계인에 대한 부당이익 제공행위 심사지침』 VI. 2).

라. 행위 유형

첫째, 정상적인 거래에서 적용되거나 적용될 것으로 판단되는 조건보다 상당히 유리한 조건으로 거래하는 행위인데, 정상거래와의 차이가 100분의 7 미만이고, 거래총액이 50억 원(상품·용역의 경우 200억 원) 미만인 경우는 제외된다(영 제54조 [별표3] 1).

상당히 유리한 조건이라 함은 정상적인 거래에서 적용되는 대가보다 사회통념이나 거래관념상 일반인의 인식의 범위를 넘어서는 유리한 조건의 거래를 말하고, 현저히 유리한 정도에 미치지 못하여도 상당히 유리한 조건에는 해당할 수 있다. 제공주체가 직접 제공객체와 상당히 유리한 조건의 거래를 하는 경우는 물론이고, 제공주체가 제3자를 매개하여 제공객체와 상당히 유리한 조건의 거래를 하고 그로 인하여 특수관계인에게 부당한 이익이 귀속되는 경우에도 부당한 이익제공행위에 해당한다. 상당히 유리한 조건인지 여부는 급부와 반대급부 사이의 차이는 물론 거래규모와 이익제공행위로 인한 경제상 이익, 제공기간, 제공횟수, 제공시기, 제공행위 당시 제공객체가 처한 경제적 상황 등을 종합적으로 고려하여 구체적·개별적으로 판단한다(『특수관계인에 대한 부당이익 제공행위 심사지침』 IV. 1).

상당히 유리한 조건의 자금 거래는 제공주체가 제공객체와 가지급금 또는 대여금 등 자금을 정상적인 거래에서 적용되는 대가보다 상당히 낮거나 높은 대가로 제공하거나 거래하는 행위를 말한다. 상당히 유리한 조건의 자금 거래는 회계처리상

계정과목을 가지급금 또는 대여금으로 분류하고 있는 경우에 국한하지 아니하고, 제공주체가 제공객체의 금융상 편의를 위하여 직접 또는 간접으로 자금을 이용할 수 있도록 경제상 이익을 제공하는 일체의 행위를 말한다(『특수관계인에 대한 부당이익 제공행위 심사지침』 IV. 1).

상당히 유리한 조건의 자산·상품·용역 거래는 제공주체가 제공객체와 부동산·유가증권·무체재산권(無體財産權) 등 자산 또는 상품·용역을 정상적인 거래에서 적용되는 대가보다 상당히 낮거나 높은 대가로 제공하거나 거래하는 행위를 말한다. 상당히 유리한 조건의 자산·상품·용역 거래는 실제 거래가격이 해당 자산·상품·용역거래와 시기, 종류, 규모, 기간 등이 동일 또는 유사한 상황에서 특수관계가 없는 독립된 자 간에 이루어졌다면 형성되었을 거래가격(정상가격)에 비하여 낮거나 높은 경우에 성립한다(『특수관계인에 대한 부당이익 제공행위 심사지침』 IV. 1).

상당히 유리한 조건의 인력 거래는 제공주체가 제공객체와 인력을 정상적인 거래에서 적용되는 대가보다 상당히 낮거나 높은 대가로 제공하거나 거래하는 행위를 말한다. 상당히 유리한 조건의 인력 거래는 제공객체가 제공주체 또는 해당 인력에 대하여 지급하는 일체의 급여·수당등(실제지급급여)이 해당 인력이 근로제공의 대가로서 제공주체와 제공객체로부터 지급받는 일체의 급여·수당등(정상급여)보다 적은 때에 성립한다. 해당 인력이 제공객체와 제공주체 양자에게 근로제공을 하고 있는 경우에는 그 양자에 대한 근로제공 및 대가지급의 구분관계가 합리적이고 명확한 때에는 해당 인력이 제공객체와 제공주체로부터 지급받는 일체의 급여·수당등의 금액에서 해당 인력의 제공주체에 대한 근로제공의 대가를 차감한 금액을 위의 정상급여로 간주한다. 그 구분관계가 합리적이지 아니하거나 명확하지 아니한 때에는 해당 인력이 제공객체와 제공주체로부터 지급받는 일체의 급여·수당등에서 제공객체와 제공주체의 해당 사업연도 매출액 총액 중 제공객체의 매출액이 차지하는 비율에 의한 분담금액을 위의 정상급여로 간주한다. 다만, 인력제공과 관련된 사업의 구분이 가능한 경우에는 그 사업과 관련된 매출액을 제공객체와 제공주체의 매출액으로 할 수 있다(『특수관계인에 대한 부당이익 제공행위 심사지침』 IV. 1).

둘째, 회사가 직접 또는 자신이 지배하고 있는 회사를 통하여 수행할 경우 회사에 상당한 이익이 될 사업기회를 제공하는 행위(사업기회 유용)이다. 회사가 해당 사업기회를 수행할 능력이 없는 경우, 회사가 사업기회 제공에 대한 정당한 대가를

지급받은 경우, 가타 합리적인 사유로 사업기회를 거부한 경우는 제외한다(영 제54
조 [별표3]. 2).

사업기회의 제공은 회사가 직접 또는 자신이 지배하고 있는 회사를 통하여 수
행할 경우 회사에 상당한 이익이 될 사업기회로서 회사가 수행하고 있거나 수행할
사업과 밀접한 관계가 있는 사업기회를 제공하는 행위로 한다. 제공주체인 회사가
지배하고 있는 회사인지 여부를 판단할 때에는 시행령 제4조를 준용하되, 해당 규
정에서의 '동일인'은 제공주체인 회사로 본다. '상당한 이익이 될 사업기회'란, 구체
적으로 회사에 '현재 또는 가까운 장래에 상당한 이익이 될 수 있는 사업기회'를 의
미한다. 이때, 현재 또는 가까운 장래에 상당한 이익이 발생할 수 있는지 여부는 원
칙적으로 사업기회 제공 당시를 기준으로 판단한다.[104] 상당한 이익이 될 사업기회
인지 여부는 제공주체인 회사 자신 또는 자신이 지배하는 회사를 기준으로 판단하
여야 한다. 제공객체에게 보다 더 이익이 될 수 있는지 여부, 제공객체가 해당 사업
을 수행하는데 필요한 전문성과 능력을 더 잘 갖추고 있다는 등의 사정은 원칙적으
로 상당한 이익의 판단과 직접 관련되는 요소가 아니다. 사업기회 제공 당시에는 이
익을 내지 못하는 영업권이라 하더라도 사후적으로 많은 영업이익을 낼 것이라는
합리적 예측이 가능한 경우에는 상당한 이익이 될 사업기회에 해당할 수 있다(『특수
관계인에 대한 부당이익 제공행위 심사지침』 IV. 2).

회사가 '현재 수행하고 있는 사업기회'에는 ① 사업기회 제공 당시 실제 회사가
수행하여 수익을 일으키고 있는 사업뿐만 아니라,[105] ② 회사가 사업 개시를 결정
하고 이를 위해 설비 투자 등 준비행위를 하고 있는 사업이 포함된다.[106] '수행할
사업'이라 함은 사업수행 여부에 대해 외부적 행위를 하지 않았더라도 내부적 검토
내지는 내부적 의사결정이 이루어진 사업을 포함한다. '회사가 수행하고 있거나 수
행할 사업과 밀접한 관계가 있는 사업기회'인지 여부는 제공주체 자신 또는 자신이
지배하는 회사의 본래 사업과의 유사성, 본래 사업 수행과정에서 필연적으로 수반
되는 업무인지 여부, 본래 사업과 전·후방으로 연관관계에 있는 사업인지 여부, 회

---

104) 다른 회사 지분 인수하는 경우 원칙적으로 자기가 수행할 경우 상당한 이익이 될 사업기회에
    해당하지 않는 것으로 해석하는 것이 타당하다. 이봉의, 공정거래법(2022), 1038면.
105) 따라서 제공주체는 제공의 결과로 손실이 발생하였음을 공정위가 입증하여야 한다.
106) 그러나 공개입찰 등의 절차를 거침으로써 특수관계인 등에게 해당 사업기회가 귀속될지 불확
    실한 경우에는 '제공'을 인정하기 어렵다고 본다. 이봉의, 공정거래법(2022), 1044면.

사재산의 공동사용 여부 등을 종합적으로 고려하여 판단한다. 이때 사업기회를 제공받은 회사의 사업과의 관련성은 원칙적으로 그 기준이 되지 아니한다. 또한, 회사가 이미 수행하고 있는 사업도 "회사가 수행하고 있거나 수행할 사업과 밀접한 관계가 있는 사업기회"에 해당한다. 사업기회 제공은 회사가 사업양도, 사업위탁, 사업을 수행하거나 수행하려는 자회사의 주식을 제공객체에게 양도하는 행위 등을 통해 제공객체에 사업기회를 직접적으로 제공하는 방식 외에도, 자회사의 유상증자 시 신주인수권을 포기하는 방법으로 제공객체에게 실권주를 인수시키는 행위, 회사가 유망한 사업기회를 스스로 포기하여 제공객체가 이를 이용할 수 있도록 하거나 제공객체의 사업기회 취득을 묵인하는 소극적 방법 등이 있을 수 있다(『특수관계인에 대한 부당이익 제공행위 심사지침』 IV. 2).

상법[107]에서도 회사의 기회 및 자산의 유용금지를 규정하고 있다. 다만, 규제대상이 이사인 점이 공정거래법과 다르다.

셋째, 특수관계인과 현금, 그 밖의 금융상품을 상당히 유리한 조건으로 거래하는 행위인데, 정상거래와의 차이가 100분의 7 미만이고, 거래총액이 50억 원 미만인 경우는 제외된다(영 제54조 [별표3]. 3).

현금, 그 밖의 금융상품의 상당히 유리한 조건의 거래는 제공주체가 특수관계인과 현금, 그 밖의 금융상품을 정상적인 거래에서 적용되는 대가보다 상당히 낮거나 높은 대가로 제공하거나 거래하는 행위로 한다. 현금, 그 밖의 금융상품의 상당히 유리한 조건의 거래에 관해서는 거래의 대상이 되는 금융상품의 성격에 따라 자금에 해당하면 IV. 1. 나.의 상당히 유리한 조건의 자금 거래에 관한 규정을 준용하고, 유가증권 등 자산에 해당하면 IV. 1. 다.의 상당히 유리한 조건의 자산 거래에 관한 규정을 준용한다(『특수관계인에 대한 부당이익 제공행위 심사지침』 IV. 3).

넷째, 사업능력, 재무상태, 신용도, 기술력, 품질, 가격 또는 거래조건 등에 대한 합리적인 고려나 다른 사업자와의 비교 없이 상당한 규모로 거래하는 행위인데,

---

107) 제397조의2(회사의 기회 및 자산의 유용 금지) ① 이사는 이사회의 승인 없이 현재 또는 장래에 회사의 이익이 될 수 있는 다음 각 호의 어느 하나에 해당하는 회사의 사업기회를 자기 또는 제3자의 이익을 위하여 이용하여서는 아니 된다. 이 경우 이사회의 승인은 이사 3분의 2 이상의 수로써 하여야 한다. 1. 직무를 수행하는 과정에서 알게 되거나 회사의 정보를 이용한 사업기회 2. 회사가 수행하고 있거나 수행할 사업과 밀접한 관계가 있는 사업기회 ② 제1항을 위반하여 회사에 손해를 발생시킨 이사 및 승인한 이사는 연대하여 손해를 배상할 책임이 있으며 이로 인하여 이사 또는 제3자가 얻은 이익은 손해로 추정한다.

거래총액이 200억 원 미만이고 거래상대방의 평균매출액의 100분의 12 미만인 경우는 제외된다(영 제54조 [별표3]. 4).

합리적 고려나 비교 없는 상당한 규모의 거래라 함은 거래상대방 선정 및 계약체결 과정에서 사업능력, 재무상태, 신용도, 기술력, 품질, 가격, 거래규모, 거래시기 또는 거래조건 등 해당 거래의 의사결정에 필요한 정보를 충분히 수집·조사하고, 이를 객관적·합리적으로 검토하거나 다른 사업자와 비교·평가하는 등 해당 거래의 특성상 통상적으로 이루어지거나 이루어질 것으로 기대되는 거래상대방의 적합한 선정과정 없이 상당한 규모로 거래하는 행위로 한다.

원칙적으로 ① 시장조사 등을 통해 시장참여자에 대한 정보를 수집하고, ② 주요 시장참여자로부터 제안서를 제출받는 등 거래조건을 비교하여, ③ 합리적 사유에 따라 거래상대방을 선정하는 과정을 거친 경우에는 합리적 고려나 비교가 있었던 것으로 본다. 경쟁입찰(국가를 당사자로 하는 계약에 관한 법률 제7조 제1항 본문의 경쟁입찰 또는 그에 준하는 입찰을 의미한다)을 거친 경우에는 원칙적으로 합리적 고려·비교가 있는 것으로 본다. 그러나 형식적으로는 입찰절차를 거쳤지만 애초에 특정 계열회사만 충족할 수 있는 조건을 제시한 경우, 시장참여자들에게 입찰과 관련된 정보를 제대로 알리지 않은 경우, 낙찰자 선정사유가 불합리한 경우 등 실질적으로 경쟁입찰로 볼 수 없는 경우에는 합리적 고려·비교가 없는 것으로 본다. 수의계약을 체결한 경우라도 사전에 시장참여자에 대한 조사를 거쳐 다수의 사업자로부터 실질적인 내용이 담긴 제안서를 제출받고(복수의 계열회사로부터만 제안서를 제출받은 경우는 제외한다) 그에 대한 검토보고서 등을 작성한 뒤 통상적인 결재절차를 거쳐서 합리적 사유에 따라 수의계약 당사자가 선정되었다는 점 등이 객관적으로 확인되는 경우에는 합리적 고려·비교가 있는 것으로 볼 수 있다.

'상당한 규모'로 거래하였는지 여부는 제공객체가 속한 시장의 구조와 특성, 거래 당시 제공객체의 경제적 상황, 제공객체가 얻은 경제상 이익, 여타 경쟁사업자의 경쟁능력 등을 종합적으로 고려하여 구체적·개별적으로 판단한다(『특수관계인에 대한 부당이익 제공행위 심사지침』 IV. 4).

마. 적용제외

기업의 효율성 증대, 보안성, 긴급성 등 거래의 목적을 달성하기 위하여 불가피한 경우는 적용제외된다(법 제47조 제3항). 효율성 증대효과가 있는 거래는 다른자와의 거래로는 달성하기 어려운 비용절감, 판매량 증가, 품질개선 또는 기술개발 등의 효율성 증대효과가 명백하게 인정되는 거래이다. 보안성이 요구되는 거래는 다른자와 거래할 경우 영업활동에 유용한 기술 또는 정보 등이 유출되어 경제적으로 회복하기 어려운 피해를 초래하거나 초래할 우려가 있는 거래이다. 그리고 긴급성이 요구되는 거래는 경기급변, 금융위기, 천재지변, 해킹 또는 컴퓨터바이러스로 인한 전산시스템 장애 등 회사의 외적 요인으로 인한 사업상 긴급한 필요에 따른 불가피한 거래이다(영 제54조 [별표4]).

바. 관련이슈

첫째, '부당한 이익을 귀속한 행위'의 해석이 문제된다. 공정위는 공정거래법 제45조 제1항 제9호의 부당지원과는 달라 부당성, 즉 공정거래저해성을 입증하지 않아도 된다는 입장이지만, 법원은 행위의 목적, 행위 당시 행위주체·객체들이 처한 경제적 상황, 귀속되는 이익의 규모 등을 종합적으로 고려하여 사익편취를 통한 경제력 집중이 발생할 우려가 있는지를 구체적·개별적으로 판단하여야 한다고 본다<(서울고법, 2017).[108] 이 판결을 계기로 부당성이 필요한지에 대한 논란이 제기되어 부당성요건이 필요하다는 입장, 불필요하다는 입장, 행위의 부당성이 아닌 '이익'의 부당성이라는 입장 등 다양한 주장이 대립되었다.[109] 대법원에서는 부당성이 필요하다고 인정하였다(대법원, 2022).

둘째, '정상적인 거래에서 적용되거나 적용될 것으로 판단되는 조건보다 상당히 유리한 조건으로 거래하는 행위'에 해당하는지 여부를 판단하는 데 있어서 법원은 '정상가격'이 위 요건의 충족 여부를 결정하는 잣대가 되므로, 공정거래법 제45조 제9호의 정상가격에 대한 해석론을 참작하되 공정거래저해성이 아니라 경제력 집중의 맥락에서 이를 조명하여야 한다고 본다<기업집단 한진 부당지원 및 특수관계인에 대한 부당이익제공행위 건>(서울고법, 2017). 대법원에서도 이를 인정하였다

---

108) 공정위는 2016년 11월 한진그룹이 계열사 간 내부 거래를 통해 총수 일가에 부당한 이익을 제공했다며 대한항공과 싸이버스카이, 유니컨버스에 총 14억 3,000만 원의 과징금을 부과하고 조원태 한진그룹 회장(당시 대한항공 총괄부사장)을 검찰에 고발했다. 이 사건은 공정위가 특수관계인에 대한 부당한 이익 제공을 금지하는 공정거래법 제47조에 근거해 과징금을 부과한 첫 사례였다.
109) 신동권, 독점규제법(2020), 907면.

(대법원, 2022).

〈기업집단 한진 부당지원 및 특수관계인에 대한 부당이익제공행위 건, 대법원 2022. 5. 12. 선고 2017두63993 판결〉

공정거래법 제47조의 규정 내용, 입법 경위 및 입법 취지 등을 고려하면, 공정거래법 제47조 제1항 제1호에서 금지하는 특수관계인에 대한 부당한 이익제공행위에 해당하려면, 제1호의 행위에 해당하는지 여부와는 별도로 그 행위를 통하여 특수관계인에게 귀속된 이익이 '부당'한지에 대한 규범적 평가가 아울러 이루어져야 한다.

여기에서 말하는 '부당성'이란, 이익제공행위를 통하여 그 행위객체가 속한 시장에서 경쟁이 제한되거나 경제력이 집중되는 등으로 공정한 거래를 저해할 우려가 있을것까지 요구하는 것은 아니고, 행위주체와 행위객체 및 특수관계인의 관계, 행위의 목적과 의도, 행위의 경위와 그 당시 행위객체가 처한 경제적 상황, 거래의 규모, 특수관계인에게 귀속되는 이익의 규모, 이익제공행위의 기간 등을 종합적으로 고려하여, 변칙적인 부의 이전 등을 통하여 대기업집단의 특수관계인을 중심으로 경제력 집중이 유지·심화될 우려가 있는지 여부에 따라 판단하여야 한다.

이와 같이 특수관계인에게 귀속된 이익이 '부당'하다는 점은 시정명령 등 처분의 적법성을 주장하는 피고가 증명하여야 한다.

사. 위반행위에 대한 제재

1) 시정조치

공정거래위원회는 해당 특수관계인 또는 회사에게 특수관계인에 대한 부당한 이익제공행위의 중지 및 재발방지를 위한 조치, 해당 보복조치의 금지, 계약조항의 삭제, 시정명령을 받은 사실의 공표, 그 밖에 필요한 시정조치를 명할 수 있다(법 제49조).

2) 과징금

특수관계인에 대한 부당한 이익제공 등 금지에 위반하는 행위가 있을 때에는 직전 3개 사업연도의 평균매출액에 100분의 10(매출액이 없는 경우 등에는 40억 원)을 곱한 금액을 초과하지 아니하는 범위에서 과징금을 부과할 수 있다. 산정기준은 부당지원행위 규정을 위반하여 지원하거나 지원받은 지원금액의 범위에서 지원금액에 중대성의 정도별로 정하는 부과기준율을 곱하여 산정한다. 다만 지원금액의 산출이 어렵거나 불가능한 경우 등에는 그 지원성 거래규모의 100분의 10을 지원금액으로 본다. 또한 사익편취규정을 위반하여 거래 또는 제공한 위반금액(정상적인 거래에서 기대되는 급부와의 차액)의 범위에서 위반금액에 중대성의 정도별로 정하는 부과기준율을 곱하여 산정한다. 다만, 위반금액의 산출이 어렵거나 불가능한 경우 등에는 그 거래 또는 제공규모(사업기회제공의 경우에는 사업기회를 제공받은 특수관계인 또는 계열회사의 관련매출액)의 100분의 10을 위반금액으로 본다.

3) 벌칙

법 제47조(특수관계인에 대한 부당한 이익제공 등 금지) 제1항 또는 제4항을 위반한 자는 3년 이하의 징역 또는 2억 원 이하의 벌금에 처한다(법 제124조 제1항 제10호). 시정조치 불이행에 대해서는 2년 이하의 징역 또는 1억 5천만 원 이하의 벌금에 처한다(법 제125조 제1호).

제 4 장

경쟁정책의 집행

제 4 장
경쟁정책의 집행

I. 경쟁정책의 집행절차

경쟁정책을 집행하는 기구는 국가별로 다양하다 크게는 행정적 권한모델과 사법적 권한모델형을 구분할 수가 있는데,[1] 행정적 권한모델은 경쟁법의 집행이 전부 혹은 실질적으로 당국에 위임되어 있고 그에게 다소간의 재량이 존재하는 경우이다. 우리나라 공정위나 EU의 집행위원회, 미국의 연방거래위원회(FTC)와 같이 조사, 심의와 1차적 의결까지를 모두 담당한다. 사법적 권한모델은 경쟁법을 민사소송과 민사법원의 도움으로 집행하려 하는 개인, 사업자 및 사업자단체에게 권한을 넘긴 경우이다. 사법형이란 미국처럼 법무부(DOJ)가 기소를 하되, 판단은 법원에서 하는 시스템이다. 우리나라는 공정위라는 경쟁정책과 법집행을 전담하는 기구가 중심이 된 행정형 집행시스템을 가지고 있다. 그러나 손해배상청구제도가 존재하고 2020. 12. 29. 법 전부개정 시 사인의 금지청구권이 도입되는 등 측면에서는 중도적인 모델을 채택하고 있다고 볼 수 있다.

경쟁정책을 집행하는 독립적인 기관을 설치하는 이유에 대하여 John McMilan 다음과 같이 설명한다. 즉, "일상적인 기업활동에 대해 직접 규제하는 것이 아니라 시장으로 하여금 제 기능을 발휘할 수 있도록 감독하는 것이다. 전문가들을 고용한 특별기관이 법원보다 더 나을지 모른다. 법원은 해당산업에 대한 심오한 지식이 필

---

[1] Fritz Rittner · Meinrad Dreher, Wirtschaftsrecht(1987), S. 346 Rn. 31.

요한 결정을 내리는 데 너무 일반적이기 때문이다."[2]

II. 행정형 집행절차

1. 전담기구

공정거래법에 의한 사무를 독립적으로 수행하기 위해 국무총리소속으로 공정위를 설치하고 있다(법 제54조). 공정위는 정부조직법에 의한 중앙행정기관이다. 공정거래법 시행 초기에는 경제기획원의 심의기구였으나 1990년 경제기획원 장관 산하의 합의제 행정기구가 되었다. 1994년 독립 중앙행정기관으로 위상을 갖추게 되었고, 1996년 위원장 직급이 차관급에서 장관급으로 격상되었다. 위원회는 3년 임기(1차 연임 가능)의 위원장, 부위원장을 포함한 9인(비상임 4인 포함)으로 구성된다. 위원신분이 법적으로 보장되며, 정치적 중립의무를 진다. 공정위는 입법, 사법 및 행정권한을 모두 갖추고 독립적으로 직무를 수행하는 합의제 행정기관으로 일종의 독립규제위원회로 이해되고 있다.[3]

공정위는 전원회의(재적과반수 찬성)와 상임위원 1인을 포함한 3인으로 구성되는 소회의(전원출석, 전원찬성)로 구분되며, 소회의는 5개 이내에서 둘 수 있다. 전원회의에서는 ① 공정거래위원회 소관의 법령이나 규칙·고시 등의 해석 적용에 관한 사항, ② 이의신청, ③ 회의에서 의결되지 아니하거나 소회의가 전원회의에서 처리하도록 결정한 사항, ④ 규칙 또는 고시의 제정 또는 변경, ⑤ 경제적 파급효과가 중대한 사항,[4] ⑥ 그 밖에 전원회의에서 스스로 처리하는 것이 필요하다고 인정하

---

2) 존 맥밀런(이진수 옮김), 시장의 탄생(2007), 309면.

3) 이봉의, 공정거래법(2022), 1196면.

4) 『사건처리 절차규칙』에서는 1. 공정거래법 제5조 제1항 각 호의 어느 하나에 해당하고 해당 시장의 연간매출액 규모가 1,000억 원 이상인 경우 2. 공정거래법 제9조 제1항의 규정을 위반하여 기업결합을 한 대규모회사에 대한 시정조치 또는 이행강제금의 부과, 합병 또는 회사설립의 무효의 소의 제기에 관한 사항 3. 대규모회사가 행하는 기업결합으로서 공정거래법 제9조제2항의 규정에 해당하는 기업결합에 관한 사항 4. 다음 각 목의 1에 해당하는 사업자가 공정거래법 제40조제1항 각 호의 어느 하나에 해당하는 행위를 한 경우 가. 동종업종에서의 연간매출액 규모가 1,000억 원 이상인 경우 나. 입찰담합의 경우 계약금액 500억 원 이상 5. 공정거래법 제40조 제2항의 규정에 의한 공동행위의 인가에 관한 사항 등을 중대한 사건으로 규정하고 있다(제

는 사항을 심의·의결하며, 나머지는 소회의에서 처리한다(법 제59조). 공정위는 준사법기관5)으로서 소관법률에 대한 심리, 의결 수행하며, 대심구조로 심의의결한다. 즉 공정위의 심리(審理)와 의결은 공개하며(다만, 사업자 또는 사업자단체의 사업상의 비밀을 보호할 필요가 있다고 인정할 때에는 예외), 심리는 구술심리를 원칙으로 하되, 필요한 경우 서면심리로 할 수 있다. 의결의 합의는 공개하지 아니한다(법 제65조). 공정위 의결은 1심 판결에 준하는 효력을 가지고 있다.

외국의 경쟁당국을 소개하면 다음과 같다.

가. 미국

미국에서는 연방거래위원회(FTC)가 「연방거래위원회법(FTC Act)」, 「클레이튼법(Clayton Act)」, 「셔먼법(Sherman Act)」을 집행하고 있으며 시정명령을 내리고 위반 시 벌금소송을 제기할 수 있다. 클레이튼법은 「셔먼법(Sherman Act)」을 보완하고 반독점행위의 맹아를 규제하기 위해 제정되었다(제2조 가격차별, 제3조 구속조건부거래, 제7조 기업결합, 3배 손해배상). 법무부는 「셔먼법(Sherman Act)」 제1조 및 제2조, 「클레이튼법(Clayton Act)」, 「로빈슨패트먼법(Robinson-Patman Act)」(클레이튼법 제2조 가격차별)을 집행하고 있다. 법무부는 민·형사 소송을 연방1심법원에 제기할 수는 있지만 스스로 처분권한이 없는 반면, 연방거래위원회(FTC)는 그 스스로에게 광범위한 처분권한이 있고 이에 대한 불복절차는 연방항소법원(순회법원)에 개시된다.

미국의 연방거래위원회(FTC)와 우리 공정위는 유사한 점이 있지만 사건처리절차에서 중요한 차이점이 있다. 즉, 우리나라의 경우 사건착수는 사무처에서 결정하고 위원회는 최초심결과 이의신청을 모두 전담하지만, 미국의 경우 사건착수를 위원회가 허가하며 법위반 우려가 있으면 위원회에 행정소장발부를 건의하여 위원회가 승인하면, 최초의 결정은 행정법판사(Administrative Law Judge)가 하되, 최초결정에 대한 이의신청은 위원회에 하도록 하고 있다. 5인의 위원은 상원 동의로 대통령이 임명하며, 정치적 중립성보장을 위하여 위원의 3명 이내만 동일 정당으로 소속으로 하며, 위원 임기의 시차제를 두고 있다.

4조 제2항).

5) 공정위는 행정관청의 하나이며, 준사법기관으로 볼 수 없다는 견해로 이봉의, 공정거래법 (2022), 1206면.

나. 일본

일본에서는 5인의 합의제 기구인 공정취인위원회(JFTC)가 사적독점금지법 집행을 담당하고 있다.

다. EU

EU는 집행위원회(EU Commission)가 담당하고 있다. 경쟁총국(Directorate General for Competition)이 사무국이 되어 위원회 위원을 보좌한다. 특히 청문주재관 (Hearing Officer)이 당사자와 경쟁총국 사이의 절차적 분쟁에 대한 구두심리 진행한다. EU집행위원회는 「EU기능조약(TFEU)」 제101조, 102조 집행을 담당하고 있다.

EU 집행위원회의 사건처리절차에 관한 가장 중요한 입법은 「EU기능조약(TFEU)」 『제101조 및 제102조 경쟁규칙 집행 이사회규칙 1/2003』(구 집행규칙 17/62)(이하 "이사회규칙 1/2003")이다. 이사회는 2002. 12. 16. 집행규칙을 통과하여 2004 5. 1부터 시행하였으며, 이사회와 집행위원회는 일련의 집행규칙 및 고시들을 개정하여 집행절차에 관한 법령을 획기적으로 재정비하였고, 이를 이른바 '법령현대화 패키지 (modernizationpackage)'라고 부른다.6) EU카르텔절차법은 오랫동안 1962년 17/1962 호 규칙 − 최초의 EWGV 제85조 및 제86조 실행규칙 − 이 결정적이었다. 그 대신에 2004. 5. 1.부터 1/2003호 카르텔절차규칙(Kartellverfahrensordnung)이 들어왔고 그 것은 제101조 이하를 변경하지 않고 EU경쟁법을 근본적으로 변화시켰다. 동 규칙 은 기본적으로 이른바 법적예외(Legalausnahme)라는 새로운 개념을 실현하였다. 그 에 따라 제101조 제3항에 따른 일괄면제규칙 외에 카르텔금지의 예외에 더 이상 당 국의 사전 결정을 필요로 하지 않는다(규칙 1/2003 제1조 제2항). 오히려 제101조 제3 항의 예외규정이 직접 적용되는 것으로 명백히 할 수 있고 그래서 사업자는 협정 또는 결의가 제101조 제1항에 해당되는지, 그럼에도 불구하고 제101조 제3항에 의 하여 허용되는지를 스스로 심사해야 한다.7)

---

6) 공정위, EU의 경쟁법 판례분석(2008), 163면.
7) Fritz Rittner · Meinrad Dreher, Wirtschaftsrecht(1987), S. 345 Rn. 28.

라. 독일

연방카르텔청(Bundeskartellamt)이 「경쟁제한방지법(GWB)」 집행을 담당하고 있고, 독점위원회(Monopol Kommission)는 2년마다 경쟁정책보고서를 작성하여 연방정부에 제출한다.

마. 중국

중국은 2008년 반독점법이 제정되었다. 반독점위원회가 경쟁정책 입안, 반독점 지침 제정 등을 담당하고, 반독점집행기구로 카르텔, 시장지배적지위 남용행위, 행정독점행위(가격독점 제외), 불공정거래행위을 담당하는 국가공상관리총국, 반독점위원회 운영, 기업결합 심사를 담당하는 상무부, 가격독점행위(가격관련 카르텔, 시장지배적지위 남용행위, 행정독점행위) 집행을 담당하는 발전개혁위원회로 나뉘어져 있었다. 그러나 2018. 3. 기존에 3개의 기관(발전개혁위원회, 공상행정관리총국, 상무부)에 분산되어 있던 경쟁법 집행 업무를 통합함으로써 법 집행의 통일성을 기하기 위해 새로이 국가시장감독관리총국(SAMR: State Administration for Market Regulation)을 출범시킨 바 있다.

2. 조사절차

조사의 개시는 직권조사 또는 신고에 의한 조사로 이루어진다(법 제81조 제1형, 제2항). 신고는 문서신고, 인터넷신고, 조정불성립사건 이첩 등이 있다.[8] 신고의 법적 성질은 조사의 직권발동을 촉구하는 단서에 불과하고 구체적인 청구권을 인정하는 것은 아니다. 미국, 일본 등에서도 조사단서의 제공으로 보고 있다(대법원, 2000).[9] EU의 경우 회원국 및 '정당한 이익(legitimate interest)'이 있는 자연인 또는 법인으로서 일정한 요건을 갖춘 신고에 대해 법원의 소제기와 유사한 자격을 부여하고 있다.

---

8) 『사건처리 절차규칙』 제20조(심사절차를 개시하지 아니할 수 있는 경우) 27. 무기명, 가명 또는 내용이 분명하지 아니한 신고로서 심사관이 보완요청을 할 수 없는 경우, 기간을 정한 보완요청을 받고도 이에 응하지 아니한 경우 또는 보완내용이 분명하지 아니하거나 허위로 기재된 경우 28. 신고인이 신고를 취하한 경우.

9) 그러나 공정위 실무에서는 모든 신고에 대하여 조사를 하고 있다.

즉, 일정한 요건을 갖춘 서면신고서를 제출한 경우 청문절차 참여, 심사보고서 통지 등 일정한 절차적 권리가 보장되며, 신고기각 결정에 대해서는 예비적으로 의견을 제출할 수 있고, 결정 후 법원에 소를 제기할 수 있다.

⟨Commission Notice on the handling of complaints by the Commission under Articles 81 and 82 of the EC Treaty (2004/C 101/05)⟩

28. The Commission is entitled to give different degrees of priority to complaints made to it and may refer to the Community interest presented by a case as a criterion of priority. The Commission may reject a complaint when it considers that the case does not display a sufficient Community interest to justify further investigation. Where the Commission rejects a complaint, the complainant is entitled to a decision of the Commission without prejudice to Article 7(3) of Regulation 773/2004.

(b) Legitimate interest

33. The status of formal complainant under Article 7(2) of Regulation 1/2003 is reserved to legal and natural persons who can show a legitimate interest. Member States are deemed to have a legitimate interest for all complaints they choose to lodge.

40. Complainants have to demonstrate their legitimate interest. Where a natural or legal person lodging a complaint is unable to demonstrate a legitimate interest, the Commission is entitled, without prejudice to its right to initiate proceedings of its own initiative, not to pursue the complaint. The Commission may ascertain whether this condition is met at any stage of the investigation.

(c) Procedural rights of the complainant

64. Where the Commission addresses a statement of objections to the companies complained of pursuant to Article 10(1) of Regulation 773/2004, the complainant is entitled to receive a copy of this document from which business secrets and other confidential information of the companies concerned have been removed (non-confidential version of the statement of objections; cf. Article 6(1) of Regulation 773/2004). The complainant is invited to comment in writing on the statement of objections. A time-limit will be set for such written comments.

65. Furthermore, the Commission may, where appropriate, afford complainants the opportunity of expressing their views at the oral hearing of the parties to which a statement of objections has been addressed, if the complainants so request in their written comments.

77. A decision to reject a complaint is subject to appeal before the Community Courts.

공정위는 직권으로 또는 신고로 조사한 결과 이 법에 따른 처분을 하거나 처분을 하지 아니하는 경우에는 그 근거, 내용 및 사유 등을 기재한 서면을 해당 사건의 당사자에게 통지하여야 한다(법 제80조 제3항).[10] 이러한 절차적 요건을 갖추지 못한 공정위의 시정조치 또는 과징금 납부명령은 설령 실체법적 사유를 갖추고 있다고 하더라도 위법하여 취소를 면할 수 없다<4개 석도강판제조업체 부당공동행위 건>(대법원, 2001).

<4개 석도강판제조업체 부당공동행위 건, 대법원 2001. 5. 8. 선고 2000두10212 판결>

법 제80조 제3항, 제93조 제1항이 정하고 있는 절차적 요건을 갖추지 못한 공정거래위원회의 시정조치 또는 과징금납부명령은 설령 실체법적 사유를 갖추고 있다고 하더라도 위법하여 취소를 면할 수 없다.

---

10) 『사건처리 절차규칙』에 신고인의 절차상 권리를 규정하고 있다. 제15조(심사절차의 개시) ⑤ 심사관 또는 조사공무원은 제1항의 규정에 의한 사건심사 착수보고 후 3개월 내에 조사진행 상황을 신고인에게 서면, 문자메세지 등으로 통지하여야 한다. 다만, 통지로 인하여 자료나 물건의 조작·인멸 등이 우려되는 등 조사 목적 달성을 위하여 불가피한 사유가 있는 경우에는 그러하지 아니한다. 제20조(심사절차를 개시하지 아니할 수 있는 경우) ② 심사관은 제1항에 해당하여 심사절차를 개시하지 아니 한다는 결정을 한 경우에는 그 결정 후 15일 이내에 신고인, 임시중지명령요청인·심사청구인(이하 "신고인등"이라 한다) 또는 피조사인에게 그 사실을 서면으로 통지하여야 한다. 제61조(심사관의 전결 등) ⑤ 심사관 또는 사무처장이 제1항 내지 제4항의 규정에 의한 전결을 한 경우 심사관은 15일 이내에 피조사인 및 신고인 등에게 처리결과와 그 이유가 구체적으로 기재된 문서로 통지하여야 하며, 필요하다고 인정되는 경우에는 이해관계인 등에게도 통지할 수 있다. 제84조(신고인 의견진술) ① 조사공무원은 사건심사 착수보고를 한 신고사건에 대하여 신고인의 의견을 구술·서면 등의 방식으로 청취하여야 한다. 다만 신고인이 원하지 아니하는 경우에는 그러하지 아니하다. ② 각 회의는 심의시 신고인에게 의견을 진술할 수 있는 기회를 부여하여야 한다. 다만 신고인이 원하지 아니하는 경우에는 그러하지 아니하다; 기타 공정거래법상 규정도 있다. 제95조(자료열람요구 등) 당사자 또는 신고인 등 대통령령으로 정하는 자는 공정거래위원회에 이 법에 따른 처분과 관련된 자료의 열람 또는 복사를 요구할 수 있다.

공정위의 조사는 행정작용을 위해 필요한 자료를 얻을 목적으로 행하는 행정조사(임의조사)이며, 압수·수색권 등 강력한 조사수단은 없다. 그러나 조사거부·방해 등에 대해서는 과태료를 부과하거나(법인 2억 원, 개인 5천만 원 이하) 또는 형벌을 부과한다. 조사결과 혐의가 없거나, 조사 도중 사업자가 도산·폐업한 경우 등에는 무혐의, 심의절차종료 등으로 사건처리를 종결한다(심사관 전결).

조사의 종류는 다음과 같다. 첫째, "이 법의 시행을 위하여 필요한 때" 당사자, 이해관계인[11] 또는 참고인의 출석 및 의견 청취를 하며, 감정인의 지정 및 감정의 위촉, 사업자, 사업자단체 또는 임직원에 대하여 원가 및 경영상황에 대한 보고, 기타 필요한 자료나 물건제출명령, 제출된 자료나 물건의 일시보관(법 제81조 제1항)의 처분을 할 수 있다. 거짓감정을 한 감정인에 대해서는 1억 원 이하의 벌금에 처한다(법 제126조 제3호). 그리고 보고 또는 필요한 자료나 물건을 제출하지 아니하거나 거짓의 보고 또는 자료나 물건을 제출한 자는 2년 이하의 징역 또는 1억 5천만 원 이하의 벌금에 처한다(법 제125조 제6호).

둘째, "이 법의 시행을 위하여 필요한 때" 사무소 또는 사업장에 출입하여 업무 및 경영상황, 장부·서류, 전산자료·음성녹음자료·화상자료 등 조사(법 제81조 제2항) 및 조사에 필요한 자료나 물건제출을 명하거나 제출된 자료나 물건의 일시보관을 할 수 있다(법 제81조 제6항). 이때 보관조서를 작성·발급한다(법 제81조 제7항). 공정위는 사업자 또는 사업자단체가 제81조 제1항 제3호 또는 같은 조 제6항에 따른 보고 또는 자료나 물건의 제출 명령을 이행하지 아니한 경우에 그 보고 또는 자료나 물건이 이 법 위반 여부를 확인하는 데 필요하다고 인정할 때에는 소회의의 결정으로 이행기한을 정하여 그 보고 또는 자료나 물건의 제출을 다시 명령할 수 있으며, 이를 이행하지 아니한 자에게는 이행기한이 지난 날부터 1일당 대통령령으

---

11) 그 외에도 공정거래법상 이해관계인의 절차상 권리규정은 다음과 같다. 제81조(위반행위의 조사 등) ③ 제2항에 따른 조사를 하는 공무원은 대통령령으로 정하는 바에 따라 지정된 장소에서 당사자, 이해관계인 또는 참고인의 진술을 들을 수 있다. 제90조(동의의결의 절차) ② 공정거래위원회는 동의의결을 하기 전에 30일 이상의 기간을 정하여 다음 각 호의 사항을 신고인 등 이해관계인에게 통지하거나, 관보 또는 공정거래위원회의 인터넷 홈페이지에 공고하는 등의 방법으로 의견을 제출할 기회를 주어야 한다. ⑩ 제1항에 따른 처분 또는 제2항에 따른 조사와 관련된 당사자, 이해관계인 또는 참고인은 의견을 제출하거나 진술할 수 있다. 제93조(의견진술기회의 부여) ① 공정거래위원회는 이 법에 위반되는 사항에 대하여 시정조치를 명하거나 과징금을 부과하기 전에 당사자 또는 이해관계인에게 의견을 진술할 기회를 주어야 한다. ② 당사자 또는 이해관계인은 공정거래위원회의 회의에 출석하여 그 의견을 진술하거나 필요한 자료를 제출할 수 있다.

로 정하는 1일 평균매출액의 1천분의 3의 범위에서 이행강제금을 부과할 수 있다. 다만, 매출액이 없거나 매출액의 산정이 곤란한 경우에는 이행기한이 지난 날부터 1일당 200만 원의 범위에서 이행강제금을 부과할 수 있다(법 제86조).

조사를 하는 공무원은 그 권한을 표시하는 증표를 관계인에게 제시하고, 조사목적·조사기간 및 조사방법 등 대통령령으로 정하는 사항이 기재된 문서를 발급하여야 한(법 제81조 제9항). 보고 또는 필요한 자료나 물건을 제출하지 아니하거나 거짓의 보고 또는 자료나 물건을 제출한 자나 조사 시 자료의 은닉·폐기, 접근 거부 또는 위조조사 시 위조·변조 등을 통하여 조사를 거부·방해 또는 기피한 자는 2년 이하의 징역 또는 1억 5천만 원 이하의 벌금에 처한다(법 제125조 제6호, 제7호). 조사 시 폭언·폭행, 고의적인 현장진입 저지·지연 등을 통하여 조사를 거부·방해 또는 기피한 자는 3년 이하의 징역 또는 2억 원 이하의 벌금에 처한다(법 제124조 제1항 제13호). 보관 시에는 보관조서를 작성·발급한다 보관한 자료가 조사와 관련이 없거나 보관 필요가 없어진 경우 즉시 반환하여야 한다(법 제81조 제8항)

지정된 장소에서 당사자, 이해관계인 또는 참고인 진술을 들을 수 있다(법 제81조 제3항). 그러나 심의·의결절차가 진행 중인 경우에는 조사나 당사자의 진술을 들어서는 안 된다(법 제81조 제4항). 제1항에 따른 처분 또는 제2항에 따른 조사와 관련된 당사자, 이해관계인 또는 참고인은 의견을 제출하거나 진술할 수 있다(법 제81조 제10항). 이는 2020. 12. 29. 법 전부개정 시 피심인의 방어권 보장차원에서 규정된 것이다.

조사공무원은 제80조 및 제81조에 따른 조사를 하는 경우에는 조사를 받는 사업자 또는 사업자단체의 정규 근무시간 내에 조사를 진행하여야 하며, 문서에 기재된 조사기간 내에 조사를 종료하여야 한다(법 제82조) 공정위로부터 조사 및 심의를 받는 사업자, 사업자단체 또는 이들의 임직원은 변호사 등 변호인으로 하여금 조사 및 심의에 참여하게 하거나 의견을 진술하게 할 수 있다(법 제83조). 이들고 2020. 12. 29. 법 전부개정 시 피심인의 방어권 보장차원에서 규정된 것이다.

조사공무원은 법의 시행을 위하여 필요한 최소한의 범위 안에서 조사를 해야 하고 다른 목적으로 조사권을 남용해서는 아니 된다(법 제84조). '필요한 최소한의 범위'의 해석과 관련하여 법원은 공정위 조사공무원이 서류 등을 찾기 위해 내부 전산망에 대한 접근권한을 얻어 무제한적으로 이를 열람할 권한까지 부여되어 있지 않다고 결정하였다<삼성전자(주) 소속 임직원 조사방해행위 건>(대법원, 2014).

천재·지변, 합병·인수, 화의 또는 법정관리신청, 파산, 그 밖에 이에 준하는 절차가 진행되고 있는 때, 권한 있는 기관에 장부·증거서류가 압수 또는 영치된 때, 화재 등으로 인하여 사업자 및 사업자단체의 사업수행에 중대한 장애가 발생한 경우 처분 또는 조사의 연기를 신청할 수 있다(법 제85조).

공정위는 이 법 위반행위에 대하여 해당 위반행위의 종료일부터 7년이 지난 경우에는 이 법에 따른 시정조치를 명하거나 과징금을 부과할 수 없다(법 제80조 제4항) 그러나 부당한 공동행위에 대하여는 ① 공정위가 해당 위반행위에 대하여 조사를 개시한 경우 대통령령으로 정하는 조사 개시일부터 5년, ② 공정위가 해당 위반행위에 대하여 조사를 개시하지 아니한 경우 해당 위반행위의 종료일부터 7년의 기간이 지난 경우에는 이 법에 따른 시정조치를 명하거나 과징금을 부과할 수 없다(법 제80조 제4항). 조사개시일은 직권 조사의 경우 출석, 의견청취 등 처분 또는 조사를 한 날 중 가장 빠른 날, 신고의 경우 신고를 접수한 날을 말한다(영 제72조 제1항).

한편 위의 기간은 법원의 판결에 따라 시정조치 또는 과징금 부과처분이 취소된 경우로서 그 판결이유에 따라 새로운 처분을 하는 경우에는 적용하지 아니하며 (법 제80조 제6항), 공정위가 제95조에 따른 자료의 열람 또는 복사 요구에 따르지 아니하여 당사자가 소를 제기한 경우 그 당사자 및 동일한 사건으로 심의를 받는 다른 당사자에 대하여 진행이 정지되고 그 재판이 확정된 때부터 진행한다(법 제80조 제7항).

조사 관련하여 공정위는 『조사절차규칙』을 운영하고 있다. 미국의 경우 「연방거래위원회법(FTC Act)」 제9조에서 증거서류제출 등에 대하여 규정하고 있다. 한편 EU의 경우 『이사회규칙 2003/1』에서 조사절차에 대하여 상세히 규정하고 있다.

3. 심의절차

사건처리절차에 관한 자세한 내용은 『공정거래위원회 회의 운영 및 사건절차 등에 관한 규칙』에서 규정하고 있다. 그 주요내용을 소개하면 다음과 같다.

가. 사전심사

심사절차의 개시에 앞서 사실에 대한 조사와 사전심사를 한다. 사전심사후 법 적용요건이 안 되는 경우, 무기명, 가명 또는 내용이 분명하지 아니한 신고로서 심사관이 보완요청을 할 수 없는 경우, 기간을 정한 보완요청을 받고도 이에 응하지 아니한 경우 또는 보완내용이 분명하지 아니하거나 허위로 기재된 경우, 신고인이 신고를 취하한 경우에는 심사불개시결정을 한다(『사건처리 절차규칙』 제20조). 그 외에는 '사건심사착수보고(1. 사건명, 2. 사건의 단서, 3. 사건의 개요, 4. 관계법조)'를 한다 (『사건처리 절차규칙』 제15조 제1항).

나. 심의절차의 개시

심의절차는 <심사보고서>의 제출부터 시작된다(『사건처리 절차규칙』 제25조). 심사보고서는 다음과 같은 내용으로 작성한다.

> 1. 사건의 개요
> 2. 시장구조 및 실태
> 3. 제도개선사항의 유무
> 4. 사실의 인정
> 5. 위법성 판단 및 법령의 적용
> 6. 자율준수 프로그램 또는 소비자불만 자율관리 프로그램 운용상황의 조사여부
> 7. 심사관의 조치의견(공표명령이 있는 경우에는 공표문안을 포함)
> 8. 피심인 수락 여부(전원회의 소관사건은 제외)
> 9. 첨부자료

문서의 송달은 행정절차법 제14조 내지 제16조의 규정을 준용한다(법 제98조). 그러나 국외에 주소를 두고 있는 사업자 또는 사업자단체에 대해서는 국내에 대리인을 지정하도록 하여 동 대리인에게 송달하고, 해당 사업자 또는 사업자단체가 국내 대리인을 지정하지 아니한 경우에는 관보·공보·게시판·일간신문 중 하나 이상에 공고하고 인터넷에도 공고하여야 한다. 행정절차법 규정에 따르면 공정위가 국내에 주소·거소·영업소 또는 사무소가 없는 외국사업자에 대하여도 우편송달의 방법으로 문서를 송달할 수 있다(서울고법, 2004 등). 그러나 현실적으로 행정절차법 제

14조 제4항 제2호에 규정한 '송달이 불가능한 경우'에 해당하므로, 공정위가 각 통지를 등기우편 이외의 청사게시판에 게시하거나 피고의 영문 인터넷 홈페이지에 게재하는 등 공시송달의 방법에 의한 것은 적법하다고 판시하였다(서울고법, 2004 등).

다. 안건상정

안건의 중요도에 따라 전원회의 또는 소회의로 구분하여 상정한다. 전원회의는 법규 등의 제·개정 및 해석·적용, 이의신청의 재결, 소회의에서 의결되지 아니한 사항, 기타 경제적 파급 효과가 중대한 사항을 심의하며, 소회의는 전원회의 소관이 아닌 일반 안건을 심의한다.

라. 심의부의

피심인의 의견서가 제출된 날 또는 의견청취절차를 종료한 날부터, 의견서가 제출되지 아니한 경우에는 그 정한 기간이 경과한 날부터 30일 이내에 당해 사건을 심의에 부의한다(『사건처리 절차규칙』 제35조). 공정거래위원회의 심리와 의결은 공개하며, 합의는 비공개한다(법 제65조).

마. 의견청취절차

정식 심의가 이루어지기 전에 피심인이 심사보고서의 사실관계, 위법성 판단 등을 다투는 경우 주심위원이 실시한다. 사실관계가 복잡하거나 쟁점이 많은 경우, 전원회의 안건의 경우, 피심인이 의견청취절차 진행을 요청한 안건으로서 피심인의 방어권 보장, 심의의 효율적 진행을 위해 필요하다고 인정되는 경우에 실시한다(『사건처리 절차규칙』 제29조).

바. 심판정 심의절차

1) 심의순서

위원회는 피심인과 심사관을 심판정에 출석하도록 하여 대심구조하에 사실관계 등을 확인한다. 심의순서는 다음과 같다.

① 의장은 개회선언 후 피심인, 참고인[12] 등에 대하여 본인임을 확인(人定訊問)
② 심사관의 심사보고후 피심인 또는 대리인이 그에 대한 의견진술(冒頭節次): 심사관이 행위사실, 위법성 판단 및 법령의 적용 등을 요약보고하고, 피심인 또는 대리인은 심사관이 한 심사보고 내용에 대하여 의견을 진술
③ 심사관의 의견 진술: 피심인의 진술에 대한 반박기회 부여
④ 위원들 질문 및 사실관계 확인: 주심위원부터 차례대로 사실관계 및 위법성 판단에 필요한 내용을 심사관과 피심인에게 질문
⑤ 심사관의 조치의견 발표: 위원들의 질문이 종료된 후 심사관은 시정명령, 과징금 납부명령 등 심사관 조치의견을 발표
⑥ 피심인의 최후진술: 심사관 조치의견에 대한 피심인의 입장을 진술

2) 의견진술기회 제공

공정위는 법의 규정에 위반되는 사항에 대하여 시정조치 또는 과징금 납부명령을 하기 전에 당사자 또는 이해관계인에게 의견을 진술할 기회를 주어야 한다(법 제93조 제1항). 당사자 또는 이해관계인은 공정위의 회의에 출석하여 그 의견을 진술하거나 필요한 자료를 제출할 수 있다(법 제93조 제2항). 사전에 의견진술의 기회를 부여하지 않으면 위법하다(대법원, 2001).

그러나 공정위가 당사자에게 서면으로 통지하고 당사자에게 의견진술의 기회를 부여하여야 할 대상은 행위사실의 인정 여부 및 심사관 조치의견 수락 여부라 할 것이고, 이를 넘어서는 법 해석이나 법적용에 관한 부분까지 사전에 통지하거나 의견진술의 기회를 부여하여야 한다고 보기 어렵다＜한국가스공사발주 강관 구매입찰 관련 8개 사업자 부당공동행위 건＞(서울고법, 2018). 그리고 심의·의결 단계에서 어떠한 사실관계 및 그 위법성에 관하여 심리되고 이에 대하여 피심인이 자신의 의견을 진술하였다면, 심의·의결 단계에서 심사보고서에 없던 처분사유를 추가로 인정하였다는 점만으로는 위법하다고 볼 수 없다＜(주)신세계 대규모유통업법 위반행

---

12) 참고인 관련 『사건처리 절차규칙』 제43조(참고인) ① 각 회의는 신청 또는 직권으로 심의결과에 대한 이해관계인, 자문위원, 관계행정기관, 공공기관·단체, 전문적인 지식이나 경험이 있는 개인이나 단체, 감정인 등을 참고인으로 하여 심의에 참가시켜 의안에 대한 설명·의견을 듣고 신문할 수 있다. ② 각 회의는 의안에 관하여 참고인에게 의견서를 제출하게 할 수 있다. ③ 국가기관과 지방자치단체는 공공의 이익과 관련하여 위원회 사건처리과정에서 고려할 수 있는 정책적 의견이 있는 경우 각 회의에 해당 사건에 관한 의견서를 제출할 수 있다. 필요한 경우 각 회의는 일시 및 장소를 정하여 담당공무원을 출석하게 하여 의견을 들을 수 있다. 국가기관 및 지방자치단체를 참고인에 포함시킨 것은 해운담합 사건 심의 관련하여 해양수산부의 의견을 청취하기 위한 조치였다. 기타 제49조(참고인신문 방식) 규정을 두고 있다.

위 건>(서울고법, 2018).

EU의 경우 『이사회규칙 2003/1』 제27조에서는 청문권을 규정하고 있다.

〈Council Regulation (EC) No 1/2003 of 16 December 2002 on the implementation of the rules on competition laid down in Articles 81 and 82 of the Treaty〉

Article 27 Hearing of the parties, complainants and others

1. Before taking decisions as provided for in Articles 7, 8, 23 and Article 24(2), the Commission shall give the undertakings or associations of undertakings which are the subject of the proceedings conducted by the Commission the opportunity of being heard on the matters to which the Commission has taken objection. The Commission shall base its decisions only on objections on which the parties concerned have been able to comment. Complainants shall be associated closely with the proceedings.

---

3) 증거조사

공정위는 사건심의를 위해 필요하면 당사자 신청 또는 직권으로 증거조사를 할 수 있다(법 제94조). 2020. 12. 29. 법 전부개정 시 절차적 권리 보장을 위해 규정되었다.

4) 자료열람·복사요구

당사자 또는 이해관계인은 공정위에 처분과 관련한 자료열람 또는 복사요구할 수 있고 이에 대하여 부정경쟁방지법상의 영업비밀, 자진신고자료, 다른 법률에 따른 비공개자료를 제외하고는 따라야 한다(법 제95조). 종래에는 자료제공자의 동의나 공익상의 필요를 요건으로 하고 있었다. 자료의 열람 또는 복사의 방법 및 절차에 대해서는 『자료의 열람·복사 업무지침』에서 규정하고 있다. 피심인의 외부변호사가 자료를 열람하되, 자료 반출은 할 수 없다.

<애플 열람복사거부처분 취소소송 건>에서 법원은 공정위가 심사보고서에 해당내용을 구체적인 수치까지 포함하여 필요한 한도 내에서 상세히 원용하여 방어권을 보장하였고, 비공개자료의 공개에 대해 자료제공자의 동의가 없을 뿐만 아니라 달리 공익상의 필요가 인정된다고 보기 어려우므로 열람복사 거부처분은 정당하

다고 판단하였다(서울고법, 2018).

EU의 경우 『이사회규칙 2003/1』 제27조에서는 자료접근신청권을 규정하고 있다. 즉 심사보고서를 송부받은 후 원칙적으로 EU 경쟁총국이 조사 중 수집한 모든 자료에 대한 접근 신청할 수 있으나 다만 EU 경쟁당국과 개별 경쟁당국 간 내부자료 및 상호 교환문서, 다른 기업의 영업비밀자료는 불허한다.

〈Council Regulation (EC) No 1/2003 of 16 December 2002 on the implementation of the rules on competition laid down in Articles 81 and 82 of the Treaty〉

2. The rights of defence of the parties concerned shall be fully respected in the proceedings. They shall be entitled to have access to the Commission's file, subject to the legitimate interest of undertakings in the protection of their business secrets. The right of access to the file shall not extend to confidential information and internal documents of the Commission or the competition authorities of the Member States. In particular, the right of access shall not extend to correspondence between the Commission and the competition authorities of the Member States, or between the latter, including documents drawn up pursuant to Articles 11 and 14. Nothing in this paragraph shall prevent the Commission from disclosing and using information necessary to prove an infringement.

사. 심의 속개 및 분리

심의속개는 심의를 신중하게 하고 충분한 의견진술 기회를 보장하기 위해 심의를 한번에 끝내지 않고 다음 기일에 심의를 속행할 수 있도록 하는 제도이며, 심의 분리제는 공동행위와 같은 위반행위 건에 대한 심의 시 특정 피심인이 다른 피심인과 별도로 심의를 받고자 신청하는 경우, 공정위가 기업의 영업상 비밀이 경쟁사에 공개될 우려가 있거나 공정위 조사에 협조한 자의 신원이 노출되지 않도록 할 필요가 있는 경우에 심의를 분리하여 진행하는 제도이다.

4. 의결절차

공정위가 의결하는 경우에는 그 이유를 명시한 의결서로 하여야 하고, 의결에 참여한 위원이 그 의결서에 서명·날인하여야 한다. 법 위반 사항을 의결하는 경우에는 심리종결일까지 발생한 사실을 기초로 판단한다. 당사자 또는 이해관계인은 공정거래위원회에 대하여 이 법의 규정에 의한 처분과 관련된 자료의 열람 또는 복사를 요구할 수 있다. 피심인이 심사보고서의 첨부자료 열람·복사를 신청하였으나 거부 사유에 해당하지 않음에도 이에 응하지 아니하였다면, 공정위의 심의·의결의 절차적 정당성이 상실되므로, 공정위의 처분은 그 절차적 하자로 인하여 원칙적으로 취소되어야 한다. 다만 실질적으로 지장이 초래되었다고 볼 수 없는 예외적인 경우에는 그 처분을 취소할 것은 아니다<(주)포스코 건설 대구 서부하수처리장 총인시설 부당공동행위 건>(대법원, 2018).

> **〈(주)포스코 건설 대구 서부하수처리장 총인시설 부당공동행위 건, 대법원 2018. 12. 27. 선고 2015두44028 판결〉**
>
> 피심인이 심의·의결절차에서의 방어권을 행사하기 위하여 필요한 심사보고서의 첨부자료 열람·복사를 신청하였으나, 공정거래위원회가 절차규칙 제29조 제12항에서 정한 거부 사유에 해당하지 않음에도 이에 응하지 아니하였다면, 공정거래위원회의 심의·의결의 절차적 정당성이 상실되므로, 공정거래위원회의 처분은 절차적 하자로 인하여 원칙적으로 취소되어야 한다.
>
> 다만 그 절차상 하자로 피심인의 방어권 행사에 실질적으로 지장이 초래되었다고 볼 수 없는 예외적인 경우에는, 공정거래위원회가 첨부자료의 제공 또는 열람·복사를 거절하였더라도 공정거래위원회의 심의·의결에 절차적 정당성이 상실되었다고 볼 수 없으므로 그 처분을 취소할 것은 아니다. 나아가 첨부자료의 제공 또는 열람·등사가 거절되는 등으로 인하여 피심인의 방어권이 실질적으로 침해되었는지는 공정거래위원회가 송부 내지 열람·복사를 거부한 자료의 내용, 범위, 정도, 자료의 내용과 처분요건 등과의 관련 정도, 거부의 경위와 거부 사유의 타당성, 심사보고서에 기재된 내용, 피심인이 심의·의결절차에서 의견을 진술하고 변명하는 등 방어의 기회를 충분히 가졌는지 등을 종합하여 판단하여야 한다.

의결에는 재심사명령, 심의절차종료, 무혐의, 종결처리, 심의중지, 경고, 시정권고, 시정명령, 고발결정 등이 있다.

가. 재심사명령

재심사명령은 사실의 오인이 있는 경우, 법령의 해석 또는 적용에 착오가 있는 경우, 심사관의 심사종결이 있은 후 심사종결 사유와 관련이 있는 새로운 사실 또는 증거가 발견된 경우 행해진다(『사건처리 절차규칙』 제52조).

나. 심의절차종료

심사불개시에 해당하는 경우, 재신고 사건으로 원사건에 대한 조치와 같은 내용의 조치를 하는 경우, 사건의 사실관계에 대한 확인이 곤란하여 법위반 여부의 판단이 불가능한 경우, 새로운 시장에서 시장상황의 향방을 가늠하기가 매우 어렵거나 다른 정부기관에서 처리함이 바람직하여 위원회 판단을 유보할 필요가 있는 등 심의절차종료가 합리적이고 타당하다고 인정하는 경우 심의절차를 종료한다(『사건처리 절차규칙』 제53조).

다. 무혐의

위반행위로 인정되지 아니하거나 위반행위에 대한 증거가 없는 경우 무혐의 처리한다(『사건처리 절차규칙』 제54조).

라. 종결처리

피심인에게 사망·해산·파산·폐업 또는 이에 준하는 사유가 발생함으로써 시정조치 등의 이행을 확보하기가 사실상 불가능하다고 인정될 경우, 피심인이 채무자 회생 및 파산에 관한 법률에 의하여 보전처분 또는 회생절차개시결정을 받았고, 법 위반 혐의가 재산상의 청구권과 관련된 경우 종결처리한다(『사건처리 절차규칙』 제55조). 심의절차종료는 심사절차를 개시하지 않는 경우이며, 종결처리는 심사절차가 개시되고 심사도중 사건을 종결하는 절차라는 데 차이가 있다.

마. 심의중지

부도 등으로 인한 영업중단, 일시적 폐업이라고 인정되는 경우, 법인의 실체가 없는 경우, 도피 등에 의한 소재불명, 국외에 소재하는 외국인 사업자를 신고한 경

우로서 조사 등이 현저히 곤란한 경우에는 심의를 중지한다(『사건처리 절차규칙』 제
56조).

바. 경고

위반의 정도가 경미한 경우, 사건의 심사 또는 심의과정에서 해당 위반행위를
스스로 시정하여 시정조치의 실익이 없다고 인정하는 경우, 위원회의 시정조치 또
는 금지명령에 응하지 않아 심사관이 심사절차를 개시하였으나 사건의 심사 또는
심의과정에서 시정조치 또는 금지명령을 이행한 경우 경고처분을 한다(『사건처리 절
차규칙』 제56조).

사. 시정권고

공정위는 이 법을 위반하는 행위가 있는 경우에 해당 사업자 또는 사업자단체
에 시정방안을 정하여 이에 따를 것을 권고할 수 있다. 권고를 받은 자는 시정권고
를 통지받은 날부터 10일 이내에 해당 권고를 수락하는지에 관하여 공정위에 통지
하여야 하고, 시정권고를 받은 자가 해당 권고를 수락한 때에는 이 법에 따른 시정
조치가 명하여진 것으로 본다(법 제88조).

위원회의 심결을 거쳐 위반행위를 시정하기에는 시간적 여유가 없거나 시간이
경과되어 위반행위로 인한 피해가 크게 될 우려가 있는 경우, 위반행위자가 위반사
실을 인정하고 당해 위반행위를 즉시 시정할 의사를 명백히 밝힌 경우, 위반행위의
내용이 경미하거나 일정한 거래분야에서 경쟁을 제한하는 효과가 크지 않은 경우,
공정거래 자율준수 프로그램(CP)을 실질적으로 도입·운용하고 있는 사업자가 동 제
도 도입이후 최초 법위반행위를 한 경우 시정권고를 한다(『사건처리 절차규칙』 제58
조 제1항).

아. 시정명령

법위반 상태가 이미 소멸된 경우에도 법위반행위의 재발방지에 필요하다고
인정하는 경우에는 시정에 필요한 조치 등을 의결할 수 있다. 시정조치 기한은 종
래 조사를 개시한 경우에는 조사개시일로부터 5년, 조사를 개시하지 않은 경우에
는 위반행위 종료일로부터 7년이었으나, 2020. 12. 29. 법 전부개정 시 위반행위의

종료일부터 7년이고, 부당한 공동행위에 대하여는 ① 공정위가 해당 위반행위에 대하여 조사를 개시한 경우 대통령령으로 정하는 조사 개시일부터 5년, ② 공정위가 해당 위반행위에 대하여 조사를 개시하지 아니한 경우 해당 위반행위의 종료일부터 7년의 기간으로 개정되었다. 동 기간은 의결서 송달일을 기준으로 판단한다 (대법원, 2015). 공정위가 납부의무자에 대하여 과징금 부과처분을 한 후 납부의무자가 항고소송 등 불복절차를 통해 당초의 과징금부과처분을 다투어 납부의무자의 불복내용의 전부 또는 일부를 받아들여 당초의 과징금부과처분을 감액경정하거나 취소하는 것은 그 불복절차의 계속 중 언제든지 가능하며, 부과 제척기간이 만료되었다는 이유 때문에 처분이 불가능하거나 위법하다고 해석할 것은 아니다 (대법원, 2008). 하나의 위반행위에 대하여 동일한 내용의 두 개의 처분이 중복하여 이루어진 경우 처분 취소사유가 된다(서울고법, 2017)

미국의 경우 「연방거래위원회법(FTC Act)」에서 시정명령에 대하여 규정하고 있으며, 여기에는 원상회복 조치도 포함된다.

〈FTC Act〉

§ 5. Unfair methods of competition unlawful; prevention by Commission

(a) Declaration of unlawfulness; power to prohibit unfair practices; inapplicability to foreign trade

　(1) Unfair methods of competition in or affecting commerce, and unfair or deceptive acts or practices in or affecting commerce, are hereby declared unlawful.

　(2) The Commission is hereby empowered and directed to prevent persons, partnerships, or corporations, except banks, savings and loan institutions described in section 18 (f)(3) of this Act, Federal credit unions described in section 18 (f)(4) of this Act, common carriers subject to the Acts to regulate commerce, air carriers and foreign air carriers subject to part A of subtitle VII of title 49, and persons, partnerships, or corporations insofar as they are subject to the Packers and Stockyards Act, 1921, as amended, except as provided in section 406(b) of said Act, from using unfair methods of competition in or affecting commerce and unfair or deceptive acts or practices in or affecting commerce.

> (3) This subsection shall not apply to unfair methods of competition involving commerce with foreign nations (other than import commerce) unless—
> (A) such methods of competition have a direct, substantial, and reasonably foreseeable effect—
> (i) on commerce which is not commerce with foreign nations, or on import commerce with foreign nations; or
> (ii) on export commerce with foreign nations, of a person engaged in such commerce in the United States; and
> (B) such effect gives rise to a claim under the provisions of this subsection, other than this paragraph. If this Act applies to such methods of competition only because of the operation of subparagraph
> (A)(ii), this subsection shall apply to such conduct only for injury to export business in the United States.
> (4) (A) For purposes of subsection
> (a) the term "unfair or deceptive acts or practices" includes such acts or practices involving foreign commerce that—
> (i) cause or are likely to cause reasonably foreseeable injury within the United States; or
> (ii) involve material conduct occurring within the United States.
> (B) All remedies available to the Commission with respect to unfair and deceptive acts or practices shall be available for acts and practices described in this paragraph, including restitution to domestic or foreign victims.

EU의 경우 『이사회규칙 2003/1』 제7조에서 시정조치에 대해 규정하고 있다. 행태적 조치를 우선하며, 구조적 조치는 동등하게 효과적인 행태적 조치가 없을 때 부과한다. 긴급상황에서는 임시조치(interim measure)를 할 수도 있다. 그리고 시효에 대하여는 제25조 이하에서 규정하고 있다.

〈Council Regulation (EC) No 1/2003 of 16 December 2002 on the implementation of the rules on competition laid down in Articles 81 and 82 of the Treaty〉

Article 7 Finding and termination of infringement
1. Where the Commission, acting on a complaint or on its own initiative, finds

that there is an infringement of Article 81 or of Article 82 of the Treaty, it may by decision require the undertakings and associations of undertakings concerned to bring such infringement to an end. For this purpose, it may impose on them any behavioural or structural remedies which are proportionate to the infringement committed and necessary to bring the infringement effectively to an end. Structural remedies can only be imposed either where there is no equally effective behavioural remedy or where any equally effective behavioural remedy would be more burdensome for the undertaking concerned than the structural remedy. If the Commission has a legitimate interest in doing so, it may also find that an infringement has been committed in the past.

2. Those entitled to lodge a complaint for the purposes of paragraph 1 are natural or legal persons who can show a legitimate interest and Member States.

Article 8 Interim measures

1. In cases of urgency due to the risk of serious and irreparable damage to competition, the Commission, acting on its own initiative may by decision, on the basis of a prima facie finding of infringement, order interim measures.

2. A decision under paragraph 1 shall apply for a specified period of time and may be renewed in so far this is necessary and appropriate.

독일의 경우 「경쟁제한방지법(GWB)」 제32조에서 중지명령을 규정하고 있다. 그리고 법위반으로 얻은 이익환수를 명할 수 있다.

〈GWB〉

Section 32 Termination and Subsequent Declaration of Infringements

(1) The competition authority may oblige undertakings or associations of undertakings to terminate an infringement of a provision of this Part or of Articles 101 or 102 of the Treaty on the Functioning of the European Union.

(2) For this purpose, it may require them to take all necessary behavioural or structural remedies that are proportionate to the infringement identified and necessary to bring the infringement effectively to an end. Structural remedies may be imposed only if there is no behavioural remedy which

> would be equally effective, or if the behavioural remedy would entail a
> greater burden for the undertakings concerned than the structural remedies.
> (2a) In its order to terminate the infringement, the competition authority may
> order reimbursement of the benefits generated through the infringement.
> The amount of interest that is included in these benefits may be
> estimated. After expiry of the time limit for reimbursement of the benefits
> set in the order to terminate the infringement, the benefits generated up
> to such date shall bear interest in accordance with Section 288(1)
> sentence 2 and Section 289 sentence 1 of the German Civil Code.
> (3) To the extent that a legitimate interest exists, the competition authority may
> also declare that an infringement has been committed after the
> infringement has been terminated.

자. 과징금부과

과징금은 행정법상 의무위반 또는 의무불이행에 대한 제재로서 부과하는 금전적 부담을 지우는 행위이다. 과태료는 가벼운 행정법상의 의무위반에 대한 질서벌이라는 점에서 차이가 있다. 국내에서는 1980년 공정거래법 제정 시 최초로 도입된 제도이다. 당시 시장지배적지위 남용행위에 대하여 가격인하명령에 불응한 기간동안의 수입액에 상당하는 금액을 과징금으로 부과하는 제도를 도입하였고, 1986년 부당공동행위 등에 도입되었다. 법적 성격은 행정제재적 성격과 부당이익 환수 성격을 겸유하고 있다고 본다(대법원, 2008). 과징금은 사업자 또는 사업자단체에게 부과한다. 형식적으로 서로 다른 사업자지만 모자관계로서 실질적 지배관계에 있는 경우 모회사에 과징금을 부과할 수 있는 경우가 있다<(주)신동방 시장지배적지위 남용행위 건>(서울고법, 1999).

과징금을 부과하는 경우 ① 위반행위의 내용 및 정도, ② 위반행위의 기간 및 회수, ③ 위반행위로 인해 취득한 이익의 규모 등을 참작하여야 한다(법 제102조 제1항). 관련하여 『과징금 부과고시』를 운영하고 있고, 자유롭고 공정한 경쟁질서를 크게 저해하는 경우, 소비자 등에게 미치는 영향이 큰 경우, 위반행위에 의하여 부당이득이 발생한 경우 원칙적으로 과징금을 부과한다.

과징금산정은 내용과 정도에 따라 '중대성 약한', '중대한', '매우 중대한'으로 분류하여 기본 금액을 정하고, 산정기준의 50% 범위에서 기간 및 횟수 등에 따른 조정(1차조정), 1차조정금액의 50% 범위에서 고의·과실 등에 따른 조정(2차 조정)을 한다(『과징금 부과고시』 IV).

미국의 경우 「연방거래위원회법(FTC Act)」에서 민사벌에 대해 규정하고 있다.

〈FTC Act〉

§ 5. Unfair methods of competition unlawful; prevention by Commission

(m) Civil actions for recovery of penalties for knowing violations of rules and cease and desist orders respecting unfair or deceptive acts or practices; jurisdiction; maximum amount of penalties; continuing violations; de novo determinations; compromise or settlement procedure

(1)

(A) The Commission may commence a civil action to recover a civil penalty in a district court of the United States against any person, partnership, or corporation which violates any rule under this Act respecting unfair or deceptive acts or practices (other than an interpretive rule or a rule violation of which the Commission has provided is not an unfair or deceptive act or practice in violation of subsection (a)(1) of this section) with actual knowledge or knowledge fairly implied on the basis of objective circumstances that such act is unfair or deceptive and is prohibited by such rule. In such action, such person, partnership, or corporation shall be liable for a civil penalty of not more than $10,000 for each violation.

EU의 경우 『이사회규칙 2003/1』 제23조에서 과징금에 대해 규정하고 있고 『과징금 산정지침』에서 세부적인 사항을 규정하고 있다. 우리나라와 달리 경제적 동일체를 인정하는 경우 직접 법위반행위에 관여하지 않은 회사의 매출액을 모두 합산한다.[13)]

---

13) 이봉의, 공정거래법(2022), 118면. 우리나라의 경우에도 행위주체와 책임주체를 일치시키는 방향으로의 검토가 필요하다는 입장이다.

⟨Council Regulation (EC) No 1/2003 of 16 December 2002 on the implementation of the rules on competition laid down in Articles 81 and 82 of the Treaty⟩

Article 23 Fines

1. The Commission may by decision impose on undertakings and associations of undertakings fines not exceeding 1% of the total turnover in the preceding business year where, intentionally or negligently:

2. The Commission may by decision impose fines on undertakings and associations of undertakings where, either intentionally or negligently:[14]

For each undertaking and association of undertakings participating in the infringement, the fine shall not exceed 10% of its total turnover in the preceding business year.

Where the infringement of an association relates to the activities of its members, the fine shall not exceed 10% of the sum of the total turnover of each member active on the market affected by the infringement of the association.

3. In fixing the amount of the fine, regard shall be had both to the gravity and to the duration of the infringement.

4. When a fine is imposed on an association of undertakings taking account of the turnover of its members and the association is not solvent, the association is obliged to call for contributions from its members to cover the amount of the fine.

5. Decisions taken pursuant to paragraphs 1 and 2 shall not be of a criminal law nature.

⟨Guidelines on the method of setting fines imposed pursuant to Article 23(2)(a) of Regulation No 1/2003(2006/C 210/02)⟩

A. Calculation of the value of sales

13. In determining the basic amount of the fine to be imposed, the Commission will take the value of the undertaking's sales of goods or services to which the infringement directly or indirectly relates in the relevant geographic area within the EEA. It will normally take the sales made by the undertaking during the last full business year of its participation in the infringement (hereafter 'value of sales').

---

14) 우리나라의 경우 과징금 부과에 있어서 고의, 과실 요건은 불필요하다.

B. Determination of the basic amount of the fine

19. The basic amount of the fine will be related to a proportion of the value of sales, depending on the degree of gravity of the infringement, multiplied by the number of years of infringement.

20. The assessment of gravity will be made on a case−by−case basis for all types of infringement, taking account of all the relevant circumstances of the case.

21. As a general rule, the proportion of the value of sales taken into account will be set at a level of up to 30 % of the value of sales.

2. Adjustments to the basic amount

27. In setting the fine, the Commission may take into account circumstances that result in an increase or decrease in the basic amount as determined in Section 1 above. It will do so on the basis of an overall assessment which takes account of all the relevant circumstances.

독일의 경우 「경쟁제한방지법(GWB)」 위반행위에 대한 벌금(Bußgeld)은 형사벌이다(동 법 제81조). 벌금부과는 「질서위반법(OWiG: Gesetz über Ordnungswidrigkeiten)」에 따라 이루어진다. 한편 동 법은 이와는 별도로 부당이익환수(Vorteilsabschöpfung) 규정(제34조)을 두고 있는데, 이 역시 법원이 아닌 경쟁당국이 명하도록 하고 있고(동 조 제1항), 손해배상이나 제재금의 부과 또는 몰수명령 등으로 인하여 이미 이익이 환수된 경우에는 적용되지 않고 이익이 환수된 이후에 손해배상 등이 이루어진 경우에는 그 액수만큼을 보전해 주어야 한다(동 조 제2항).

⟨GWB⟩

Section 34 Disgorgement of Benefits by the Competition Authority

(1) If an undertaking has intentionally or negligently violated a provision of this Part, Article 101 or Article 102 of the Treaty on the Functioning of the European Union or a decision of the competition authority and in this way gained an economic benefit, the competition authority may order the disgorgement of the economic benefit and require the undertaking to pay a corresponding amount of money.

(2) Subsection (1) shall not apply if the economic benefit has been disgorged by

> 1. the payment of damages,
> 2. the imposition of a fine,
> 3. virtue of an order to confiscate the proceeds or
> 4. reimbursement.
>
> To the extent that payments pursuant to sentence 1 are made by the undertaking after the disgorgement of benefits, the undertaking shall be reimbursed for the amount of such payment.

2차조정금액의 50% 범위에서 부과과징금을 산정한다. 부과과징금 산정은 현실적 부담능력, 시장에 미치는 효과, 취득한 이득의 규모 등을 고려한다. 납부능력의 현저한 부족, 시장·산업여건의 현저한 변동 및 지속적 악화 등의 경우에는 50% 초과 감경이 가능하며, 지급불능 또는 지급정지 상태, 부채총액＞자산총액의 경우에는 면제할 수 있다.

공정위는 이 법의 규정을 위반한 회사인 사업자의 합병이 있는 경우에는 당해 회사가 행한 위반행위는 합병후 존속하거나 합병에 의해 설립된 회사가 행한 행위로 보아 과징금을 부과·징수할 수 있다(법 제102조 제3항). 그러나 합병으로 인하여 소멸한 법인이 양벌규정에 따라 부담하던 형사책임은 그 성질상 이전을 허용하지 않는 것으로서 합병으로 인하여 존속하는 법인에 승계되지 않는다(대법원, 2015). 그리고 과징금 처분 전에 법 위반회사가 분할된 경우 "분할되는 회사, 분할 또는 분할합병으로 설립되는 회사, 존속하는 분할합병의 상대방 회사" 중 어느 하나에 과징금을 부과할 수 있다(법 제102조 제3항).

외국사업자에 대한 과징금부과시 어떤 통화로 부과할 것인지 문제된다. 이에 대해서는 원화를 기준으로 산정한다는 것이 법원의 입장이다.＜26개 항공화물운송 사업자 부당공동행위 건＞(대법원, 2014).

공정위는 과징금의 금액이 매출액에 100분의 1을 곱한 금액 또는 10억 원을 초과하는 경우로서 ① 재해 또는 도난 등으로 재산에 현저한 손실을 받는 경우, ② 사업여건의 악화로 사업이 중대한 위기에 처한 경우, ③ 과징금의 일시납부에 따라 자금사정에 현저한 어려움이 예상되는 경우 그 납부기한을 연장하거나 분할납부하게 할 수 있다(법 제103조). 그러나 납부기한의 연장은 그 납부기한의 다음 날부터 2년을 초과할 수 없고, 분할납부를 하게 하는 경우에는 각 분할된 납부기한 간의 간격은 6월을 초과할 수 없으며, 분할 횟수는 6회를 초과할 수 없다.

과징금을 부과받은 회사인 사업자가 분할 또는 분할합병되는 경우(부과일에 분할 또는 분할합병되는 경우를 포함) 그 과징금은 ① 분할되는 회사, ② 분할 또는 분할합병으로 인하여 설립되는 회사, ③ 분할되는 회사의 일부가 다른 회사와 합병하여 그 다른 회사가 존속하는 경우의 그 다른 회사가 연대하여 납부할 책임을 진다(법 제104조 제1항). 분할 또는 분할합병으로 인하여 해산되는 경우(부과일에 해산되는 경우를 포함) 그 과징금은 ① 분할 또는 분할합병으로 인하여 설립되는 회사, ② 분할되는 회사의 일부가 다른 회사와 합병하여 그 다른 회사가 존속하는 경우의 그 다른 회사가 연대하여 납부할 책임을 진다(법 제104조 제2항).

과징금고시의 경우 공동행위 당시의 과징금고시를 적용해야 하는지에 대하여 법원은 행정청이 재량행위에 관한 내부의 사무처리준칙을 개정하면서 소급효를 규정하는 것 역시 재량에 속한다 할 것이고, 재량행위 영역에서는 불소급의 원칙이 적용되지 않는 것이 원칙이라는 이유에서 과징금고시가 헌법상 금지되는 소급입법에 해당하는 것이어서 위법하다고 볼 수 없다고 판단하였다(서울고법, 2017).

공정위의 과징금 청구권은 관련 법률에 의하면 회생채권에 해당하므로, 즉 과징금 청구권은 회생계획인가의 결정이 있더라도 면책되지 않는 청구권에 해당하므로, 회생계획인가결정 전에 행위가 발생하였다면 공정위가 법원에 회생채권신고를 해야만 과징금을 부과할 수 있다는 것이 법원의 입장이다(서울고법, 2015).

차. 고발 등 결정

공정위의 고발이 있어야 공소를 제기할 수 있다(법 제71조). 즉, 전속고발제를 채택하고 있다. 공정거래법은 고발을 공소제기의 요건으로 규정하는 대표적 규범으로서 1980년 제정 당시부터 일정한 범죄(공정거래법 제124조 및 제125조의 죄)에 대하여 제3자로서의 고발 주체를 공정위로 제한하는 것을 내용으로 하는 전속고발제도를 운용해 오고 있다. 공정거래법 외에도 공정거래위원회 소관 5개 법률인 ① 하도급법, ② 가맹사업법, ③ 대규모유통업법, ④ 표시광고법, ⑤ 대리점법에서는 일부 행위유형들에 대해 동일한 조문을 명시하거나 이를 준용하도록 함으로써 전속고발제도를 활용하고 있다. 공정거래법 관련 법 외에도 다수의 법률에 존재하는 제도이며, 공정위뿐만 아니라 여러 중앙행정기관의 장에게 고발권이 부여되어 있는 보편적 제도이다.

　전속고발제는 일본의 「사적독점금지법」에서 유래하는 것으로 동법은 「셔먼법 (Sherman Act)」을 모방한 제3조(부당거래제한/독점화) 위반은 형사처벌 대상으로 하되 전속고발제를 도입하였고, 「연방거래위원회법(FTC Act)」이나 「클레이튼법(Clayton Act)」을 모방한 불공정거래 조항은 형사처벌 대상이 아니다. 대부분의 국가에서는 경쟁법에 형벌규정이 없기 때문에 전속고발제가 애초에 필요가 없는 것이다(독일, 스페인, 이탈리아, 헝가리, EU 등). OECD 34개 회원국 중 경쟁법에 ① 형벌규정을 두고 있지 않는 국가는 15개국, ② 형벌규정을 두고 있는 국가는 13개국, ③ 경쟁법에 형벌규정을 두고 있지 않지만, 법 위반행위 중 입찰담합에 관하여 형법에 규정을 두고 있는 국가는 6개국이며, 경쟁법에 형벌규정을 두고 있는 국가 중 ① 카르텔에 대해서만 형벌규정을 두고 있는 국가는 5개국, 카르텔과 시장지배적지위 남용행위에 대해서만 형벌규정을 두고 있는 국가는 2개국, ② 카르텔, 시장지배적지위 남용행위 및 기업결합에 대해서 형벌규정을 두고 있는 국가는 4개국, ③ 카르텔, 시장지배적 지위 남용행위, 기업결합 및 불공정거래행위에 대해 형벌규정을 두고 있는 국가는 우리나라가 유일하다.[15]

　예를 들어 독일의 경우 「경쟁제한방지법(GWB)」은 위반행위에 대하여 ① 형사 기관은 경쟁사건을 다루는 데 필요한 전문성이 부족하며, ② 형벌을 과할 경우 형사 소송절차에 의하여 많은 노력과 시간이 소요되어 실효성이 낮고, ③ '공공의 목적', '시장지배력 남용', '반경제적 고려' 등의 용어가 형법상 구성요건에서 요구하는 명확성이 결여되어 판사들은 형벌부과를 꺼리게 되어 실효성이 낮을 뿐만 아니라, ④ 기업에 대하여 고액의 금전적 부담을 과함으로써 억제력이 충분하다는 이유로 형벌 대신에 질서위반금(Geldbuße)을 부과하고 있다.[16]

　다만 미국의 경우 공정거래법과 관련한 형사 소추는 법무부(DOJ)에서, 행정처분집행은 연방거래위원회(FTC)에서 담당하는 이원적 집행체계를 가지고 있는바, 미국모델은 의도적인 제도 설계가 아닌 역사적 경험의 산물이다. 즉, 미국은 세계 최초로 경쟁법인 셔먼법을 도입(1890년)할 당시에는 당연히 경쟁법의 특수성을 알지

---

15) 한국공정경쟁연합회, 전속고발권제도 개선방안 연구(2020.12.7), 22면; 기업결합에 대한 형벌조항은 2020.12.29. 법 전부개정 시 삭제되었다.
16) 한국공정경쟁연합회, 전속고발권제도 개선방안 연구(2020.12.7), 19면.

못하였고 기존 형법 집행기구인 법무부(DOJ)를 활용할 수밖에 없었다. 그러나 형사법을 집행하던 DOJ는 경쟁법 집행에 있어서 여러 한계를 드러내어 연방거래위원회(FTC)를 창설(1914년)하게 된 것이다. 미국 법무부에서도 실제는 경성카르텔에 대해서만 형사기소를 하고 있다.

대체적으로 경쟁법의 비 범죄화가 세계적인 추세라고 볼 수 있다. 2020. 12. 29. 공정거래법 전부개정 시 기업결합행위, 일부 불공정거래행(거래거절, 차별적 취급, 경쟁사업자 배제, 구속조건부거래), 일부 사업자단체금지행위(사업자수 제한, 사업자의 불공정거래행위, 재매가격유지행위 방조), 재매가격유지행위에 대해서는 벌칙규정을 폐지하였다. 앞으로 형벌 규정의 폐지에 관하여 종합적인 검토가 필요하다.

전속고발제의 존폐는 정치적으로 뜨거운 감자가 되어 왔다. 1995년 <에이스침대 고발권불행사 위헌확인 건>(헌법재판소, 1995)에서 헌법재판소는 공정위가 고발을 하지 않은 것은 기업활동 위축방지의 필요성, 형벌의 보충성 원칙에 비춰 합헌이라고 결정한 바 있다. 즉, 전속고발제도는 독립적으로 구성된 공정위로 하여금 거래행위의 당사자가 아닌 제3자의 지위에 있는 법집행기관으로서 상세한 시장분석을 통하여 위반행위의 경중을 판단하고 그때그때의 시장경제상황의 실상에 따라 시정조치나 과징금 등의 행정조치만으로 이를 규제함이 상당할 것인지 아니면 더 나아가 형벌까지 적용하여야 할 것인지의 여부를 결정하도록 함으로써 공정거래법의 목적을 달성하고자 하는 데 그 취지가 있다고 판시하였다.

그러나 동시에 공정거래법이 추구하는 법목적에 비추어 행위의 위법성과 가벌성이 중대하고 피해의 정도가 현저하여 형벌을 적용하지 아니하면 법목적의 실현이 불가능하다고 봄이 객관적으로 상당한 사안에 있어서는 공정위로서는 그에 대하여 당연히 고발을 하여야 할 의무가 있고 이러한 작위의무에 위반한 고발권의 불행사는 명백히 자의적인 것으로서 당해 위반행위로 인한 피해자의 평등권과 재판절차진술권을 침해하는 것이라고 보아야 할 것이라고 지적하였다.

〈에이스침대 거래거절 건 관련 고발권불행사 위헌확인 건, 헌재 1995. 7. 21. 94헌마 136〉

공정거래위원회는 심사의 결과 인정되는 공정거래법위반행위에 대하여 일응 고발을 할 것인가의 여부를 결정할 재량권을 갖는다고 보아야 할 것이다.

공정거래법이 추구하는 앞서 본 법목적에 비추어 행위의 위법성과 가벌성이 중대하고 피해의 정도가 현저하여 형벌을 적용하지 아니하면 법목적의 실현이 불가능하다고 봄이 객관적으로 상당한 사안에 있어서는 공정거래위원회로서는 그에 대하여 당연히 고발을 하여야 할 의무가 있고 이러한 작위의무에 위반한 고발권의 불행사는 명백히 자의적인 것으로서 당해 위반행위로 인한 피해자의 평등권과 재판절차진술권을 침해하는 것이라고 보아야 할 것이다.

공정거래위원회가 위와 같은 청구외 회사의 불공정거래행위에 대하여 시정조치를 하는 것만으로도 법목적의 실현이 가능하다고 판단하여 형사처벌을 위한 고발권을 행사하지 아니하였다고 하더라도 이를 고발권의 남용이라거나 고발권을 행사하여야 할 작위의무의 위반으로서 명백히 자의적인 조치라고 단정할 수 없다고 판단되므로 이로써 청구인의 헌법상 보장된 기본권이 침해되었다고 볼 수도 없다.

<별도의견>
공정거래위원회의 전속고발제도가 합헌임을 전제로 하여 이 사건 공정거래위원회가 고발을 하지 않은 행정부작위의 당부만을 판단한 끝에 이 사건 심판청구를 기각한 다수의견과는 별도로 위 공정거래위원회의 전속고발제도를 규정한 독점규제및공정거래에관한법률 제71조가 헌법 제124조가 예정하고 있는 소비자기본권과 행복추구권, 평등권, 소비자인 피해자의 재판절차진술권을 침해하는 규정임을 이유로 이 사건 심판청구를 기각하여야 한다고 생각한다.

그리고 대법원도 자진신고자를 고발대상에서 제외한 공정위 조치에 대하여 형사소송법상 고소불가분의 원칙을 전속고발권에 유추적용할 수 없다고 판시하였다 <8개 고밀도폴리에틸렌 제조판매사업자 부당공동행위 건>(대법원, 2010).

한편 1995년 <에이스침대 거래거절 건 관련 고발권불행사 위헌확인 건>은 합헌결정을 받았지만 공정위는 헌재결정 취지(중대명백한 건을 고발하지 않을 경우 재량권 남용에 해당)를 고려하여 법 개정을 하였는데, 1996년 공정거래법 개정 시 공정위가 "위반의 정도가 객관적으로 명백하고 중대하여 경쟁질서를 현저히 저해한다고 인정하는" 경우에는 필요적으로 고발을 하도록 하고, 검찰총장도 고발을 요청할 수 있을 것으로 하였다.

그 후 2012년 <4대강살리기 사업 부당공동행위 건>에서 공정위의 미고발이 이슈로 제기되면서 전속고발권 문제가 논의되기 시작하였다. 이에 2013. 7. 26. 법 개정시 의무고발제를 도입하였는바, 검찰총장 이외에도 감사원장, 중소벤처기업부장관, 조달청장은 사회적 파급효과, 국가재정이 미친 영향, 중소기업에 미친 피해

정도 등 다른 사정을 이유로 고발요청을 할 수 있고, 이 경우에는 반드시 고발하도록 하였다. 그러나 이 의무고발제도에서 고발 사유로 하고 있는 사회적 파급효과, 국가재정이 미친 영향, 중소기업에 미친 피해 정도는 공정거래법상 '경쟁질서의 현저한 저해'라는 기준과는 다른 기준으로서 이를 이유로 검찰에 고발하였을 경우 어떤 기준으로 기소 여부를 결정할지가 애매하다. 결국에는 공정거래법 위반에 대한 조치라는 점과 위의 기준이 어떻게 조화될지 의문이다. 독립규제위원회인 공정위의 결정에 대해 다른 국가기관에서 대신 고발을 한다는 것도 논리적 설득력이 떨어지는 점이다. 생각건대 검찰총장 고발요청 외에는 폐지하는 것이 타당하다고 본다.

그 이후에도 전속고발제 폐지는 경제민주화의 일환으로 그 존폐문제가 지속적으로 이슈가 되어 왔다. 전속고발제도 폐지를 주장하는 입장에서는 공정위의 자의적 법집행 등을 이유로, 그리고 유지를 주장하는 입장에서는 폐지 시 특히 중소기업 활동의 위축, 경쟁제한성을 판단해야 하는 경쟁법의 특수성 등을 그 근거로 삼고 있다. 전속고발권의 존폐문제는 형벌규정에 대한 종합적인 검토와 연계하여 논의하는 것이 바람직하다고 본다.

고발은 항고소송의 대상이 되는 행정처분이 아니며(대법원, 1995), 불공정거래행위 사건 피해자는 공정위의 고발권 불행사에 대하여 헌법소원이 가능하다(헌법재판소, 1995). <에이스침대 거래거절 건 관련 고발권 불행사 위헌확인 건>(헌법재판소, 1995)에서는 청구인의 헌법상 보장된 기본권이 침해되었다고 볼 수 없다고 판시하였다. <3개 설탕 제조·판매업체 부당공동행위 건>(서울중앙지법, 2008) 및 <8개 고밀도폴리에틸렌 제조·판매사업자 부당공동행위 건>(서울중앙지법, 2008)에서 공정위가 자진신고자 및 그 임원들을 고발대상에서 제외하였는바, 검사는 제외된 회사와 임원에 대하여도 기소를 하였다. 이에 법원은 형사소송법상 고소불가분의 원칙을 공정위의 전속고발권에 유추적용할 수 없다고 보고 공소기각을 하였고, 대법원도 피고인에게 불리하게 형벌법규의 문언을 유추해석한 경우에 해당하므로 죄형법정주의에 반하여 허용될 수 없다"고 판시하였다(대법원, 2010).

관련하여 『공정거래법 등의 위반행위의 고발에 관한 공정거래위원회의 지침』을 운영하고 있다.

카. 입찰참가자격제한요청 등

공정위는 법위반행위를 한 당해 사업자(또는 사업자단체)에 대한 조치 외에 필요한 경우 법위반행위의 정도, 횟수 등을 고려하여 발주기관에 입찰참가자격제한을 요청할 수 있다. 다만, 과거 5년간 입찰담합으로 받은 벌점 누계가 5점을 초과한 사업자(또는 사업자단체)가 다시 입찰담합을 한 경우에는 원칙적으로 입찰참가자격제한 요청을 하여야 한다.

타. 자진신고자등에 대한 감면 등

입찰담합 등 부당한 공동행위를 한 사업자가 그 사실을 공정위가 조사를 시작하기 전에 자진신고하거나 조사를 시작한 후에 증거제공 등의 방법으로 조사에 협조한 자에 대하여는 시정조치와 과징금을 감경 또는 면제할 수 있다.

5. 약식절차

피심인이 심사보고서상의 행위사실을 인정하고 심사관 조치의견을 수락한 의안은 약식절차로 처리한다(소회의 안건).

6. 불복절차

가. 이의신청

의결서 송달일로부터 30일 이내에 공정위에 이의신청을 하거나(선택적)(법 제96조 제1항), 서울고법에 행정소송 제기가 가능하다(법 제99조, 100조). 이의신청대상은 시정명령, 과징금 납부명령이며, 과태료 납부명령, 무혐의 조치는 이의신청의 대상이 아니다. 이의신청에 대한 각하처분도 행정처분이라 할 수 없다. 공정위는 60일 이내(부득이한 경우 30일 범위에서 연장)에 재결을 한다. 별도의 경제적 분석이 필요한 경우, 고도의 법리적 분석·검토가 필요한 경우, 새로운 주장 또는 자료가 제출된 경우, 당사자 또는 이해관계인의 조사비협조 등 경우에 연장가능하다(법 제96조 제2항).

행정처분의 위법·부당은 원칙적으로 처분시를 기준으로 판단한다. 재결과정에서 중대한 과실이 있는 경우 이의신청의 재결도 취소가 가능하다<7개 시멘트 제조사 부당공동행위 건>(서울고법, 2017).

나. 집행정지

시정명령을 받은 자가 이의신청을 한 경우 그 명령의 이행 또는 절차의 속행으로 인하여 발생할 수 있는 회복하기 어려운 손해를 예방하기 위하여 필요한 경우 당사자의 신청이나 직권에 의하여 그 명령의 이행 또는 절차의 속행에 대한 정지를 결정할 수 있다(법 제97조 제1항). <은성화학공업(주) 허위·과장 광고행위 건>(서울고법, 1981)은 시정조치의 집행정지에 관한 최초의 결정이었다. <에스케이건설(주) 외 11 부당지원행위 건>(대법원결정, 1999)에서 법원은 신문게재로 대외적 전파에 의한 신용의 실추와 기업운용자금 수급계획의 차질을 사회관념상 회복하기 어려운 손해로 보았다. 과징금납부의 집행정지기간에 과징금납부기간이 진행되는지에 법원은 집행정지기간 동안은 과징금부과처분에서 정한 과징금의 납부기간은 더 이상 진행되지 아니하고 집행정지결정이 당해 결정의 주문에 표시된 시기의 도래로 인하여 실효되면 그 때부터 당초의 과징금부과처분에서 정한 기간(집행정지결정 당시 이미 일부 진행되었다면 그 나머지 기간)이 다시 진행하는 것으로 보았다(대법원, 2003).

다. 행정소송 제기

처분통지 받은 날 또는 이의신청에 대한 재결서 정본 송달일부터 30일 이내 행정소송을 제기한다(법 제99조). 불복의 소는 공정위의 소재지를 관할하는 서울고법을 전속관할로 한다(법 제100조). 이와 같은 2심제는 행정소송 분야에서는 공정거래법이 유일하고 우리나라 사법 체계에서 이례적이다 보니 법조계를 중심으로 일본 「사적독점금지법」이 2013년 2심제에서 3심제로 바꾼 것을 예로 들기도 한다. 그러나 글로벌 차원에서 이를 살펴보면 미국의 경우 연방거래위원회(FTC) 결정에 대한 불복은 연방항소법원, EU의 경우 EU집행위원회(EU Commission) 결정에 대한 불복은 유럽일반법원(Genaral Court), 독일의 경우 연방카르텔청(Bundeskartellamt) 결정에 대해서는 뒤셀도르프(Düsseldorf) 고등법원이 관장한다. 즉, 2심제가 일반적인 형태라고 볼 수 있다.

대상은 행정처분, 자진신고 지위 확인 및 취소, 감면불인정 통지행위 등이다. 과징금 등의 납부를 독촉한 고지처분의 취소를 구하는 사건에서 서울고법은 "일반 행정청의 처분과 같이 공정거래위원회의 소재지를 관할하는 제1심 행정법원의 관할에 속한다"고 하였으나, 대법원은 "이 법에 의한 공정위의 처분'에 해당하여 고등법원의 전속관할에 속한다 할 것이다"라고 판시하였다＜주식회사 대우건설에 대한 과징금 및 가산금납부고지처분 건＞(대법원결정, 2004).

선행처분(감면불인정 통지)에 대하여는 직접 다투지 아니하고 그 이후의 후행처분(시정명령 및 과징금납부명령)에 대한 행정소송 과정에서 위 선행처분의 효력을 다툴 수 있는지 여부에 관하여 법원은 "부당한 공동행위에 관한 종국의결인 위 시정명령 및 과징금 부과처분의 위법 여부를 다투어야 하고, 더 이상 이 사건 감면불인정 통지의 취소를 구할 소의 이익이 없게 되었다"고 판시하였다(대법원, 2015). 즉, 소송의 대상은 후행처분이라고 보았다.

대법원은 표시광고법 위반사건에서 공정위 경고조치의 처분성을 인정하였다(대법원, 2013). 그리고 ＜4대강살리기 사업 부당공동행위 건＞ 관련 경고처분 취소소송에서 경고의 처분성 인정하였다(대법원, 2014). 고발, 무혐의, 각하처분, 심사불개시 통지는 항고소송 대상이 아니지만 헌법소원 대상이 된다. 즉, 무혐의 조치는 헌법 제11조의 법 앞에서의 평등권을 침해하므로(헌법재판소, 2007), 심사불개시 역시 피해자(신고인)의 평등권을 침해할 수 있으므로(헌법재판소, 2004) 헌법소원의 대상이 된다. 국민신문고에 대한 답변이나 과거 민원 회신도 그 실질적 내용을 고려하여 심사불개시 결정으로 간주하여 헌법소원의 대상이 된다(헌법재판소, 2015).

하나의 시정명령에 수개의 사항이 포함되어 있는 경우에는 소제기의 효력은 명령 전부에 대하여 미치는 것으로서 다투지 아니한 부분에 대하여 청구를 기각하는 것은 별론으로 하고 그 명령 중 일부를 분리하여 소를 각하할 수는 없다(서울고법, 1997). 한편 예를 들어 제45조 제1항 제5호(거래상지위남용)에 근거한 처분에 대하여 행정소송을 진행하던 중 법 제45조 제1항 제2호(가격차별)를 예비적으로 위 처분사유로 추가할 수 없다(대법원, 2005). 양자 사이의 기본적 사실관계가 동일하다고 하더라도, 부당공동행위의 시기, 종기, 합의의 내용과 방식, 참가자의 수 등 다수의 관련 사실이 변경되는 경우에는, 단순한 처분사유의 정정에 그치는 것이라고 보기 어렵고, 당사자의 방어권 행사에 실질적인 불이익이 초래될 우려도 있으므로, 이러한 경우에는 처분사유의 추가·변경 없이, 법원이 직권으로 당초의 처분사유에서 상당 부분 변경된 다른 사실을 처분사유로 인정할 수는 없다(대법원, 2014).

시정조치와 과징금납부명령 중 과징금납부명령에 대해서만 소를 제기한 경우, 과징금 부분만 재량권 일탈남용 등으로 취소되는 경우 상고를 통하여 부당한 공동행위를 다툴 수 없다(대법원, 2017.1.12. 2015두2352). 과징금 납부명령과 자진신고자 감면신청 기각의 취소를 모두 구하는 경우 모두 소의 이익이 인정된다(대법원, 2016, 201).

III. 사법적 구제

1. 금지청구

가. 사인의 침해금지 및 예방 청구

제45조 제1항(제9호는 제외) 및 제51조 제1항 제4호[제45조 제1항(제9호는 제외) 에 따른 불공정거래행위에 관한 부분으로 한정]를 위반한 행위로 피해를 입거나 피해를 입을 우려가 있는 자는 그 위반행위를 하거나 할 우려가 있는 사업자 또는 사업자 단체에 자신에 대한 침해행위의 금지 또는 예방을 청구할 수 있다(법 제108조 제1 항). 즉, 거래상지위남용 등 불공정 행위로 인해 피해를 입거나 피해를 당할 우려가 있는 경우, 지금까지 피해자들은 공정위 신고 후 조치를 기다려야 하였으나, 앞으로 는 피해자들이 공정위를 거치지 않고 직접 해당 침해 행위의 금지 또는 예방을 법 원에 청구할 수 있게 된다.[17]

미국의 경우 「클레이튼법(Clayton Act)」 제16조에 따르면 반독점법 위반으로 인 하여 손해 또는 손실을 초래할 우려가 있는 행위에 대하여 개인, 사업자 또는 사업 자단체가 법원에 소를 제기하는 동시에 금지명령에 의한 구제를 청구할 수 있도록 하고 있다. 또한 「연방거래위원회법(FTC Act)」 제13조(b)는 FTC 관할 법 규정을 위 반 또는 위반할 우려가 있으며 그러한 위반행위의 금지가 공익에 부합하는 것으로 볼 만한 이유가 있는 경우, FTC는 「연방거래위원회법(FTC Act)」 제13조(b)에 기초

---

17) 공정위 보도자료(2020.12.29).

하여 임시적 중지 또는 영구적 금지명령을 청구할 수 있다. 독일의 경우에도 「경쟁제한방지법(GWB)」 제33조에서 금지청구권을 규정하고 있다. 일본의 「사적독점금지법」에서도 금지청구권제도를 규정하고 있다.

〈Clayton Act〉

16. Injunctive relief for private parties; exception; costs

Any person, firm, corporation, or association shall be entitled to sue for and have injunctive relief, in any court of the United States having jurisdiction over the parties, against threatened loss or damage by a violation of the antitrust laws, including sections 2, 3, 7, and 8 of this Act, when and under the same conditions and principles as injunctive relief against threatened conduct that will cause loss or damage is granted by courts of equity, under the rules governing such proceedings, and upon the execution of proper bond against damages for an injunction improvidently granted and a showing that the danger of irreparable loss or damage is immediate, a preliminary injunction may issue: Provided, That nothing herein contained shall be construed to entitle any person, firm, corporation, or association, except the United States, to bring suit for injunctive relief against any common carrier subject to the jurisdiction of the Surface Transportation Board under subtitle IV of title 49. In any action under this section in which the plaintiff substantially prevails, the court shall award the cost of suit, including a reasonable attorney's fee, to such plaintiff.

〈GWB〉

Section 33 Claim for Injunction and Rectification

(1) Whoever violates a provision of this Part or Article 101 or Article 102 of the Treaty on the Functioning of the European Union (infringer) or whoever violates a decision issued by the competition authority shall be obliged to the person affected to rectify the harm caused by the infringement and, where there is a risk of recurrence, to desist from further infringements.

〈사적독점금지법〉

제24조 제8조 제1항 제5호 또는 제19조의 규정을 위반하는 행위에 의거 그 이익을 침해받거나 침해받을 우려가 있는 자는, 이것에 의해 현저히 손해가 발생하거나 또

는 발생할 우려가 있을 때는, 그 이익을 침해하는 사업자 혹은 사업자단체 또는 침해할 우려가 있는 사업자 혹은 사업자단체에 대해 그 침해의 정지 또는 예방을 청구할 수 있다.

그동안 금지청구권은 인정되지 않았는데, 다만 대법원은 부정한 경쟁행위에 대하여 민법상 불법행위에 해당하고, 금전배상을 명하는 것만으로 피해자 구제의 실효성을 기대하기 어렵고, 행위의 금지로 인하여 보호되는 피해자의 이익과 그로 인한 가해자의 불이익을 비교·교량할 때 피해자의 이익이 더 큰 경우에는 그 행위의 금지 또는 예방을 청구할 구 있다고 판시하였는데(대법원, 2010) 공정거래법 위반의 경우에도 이를 적용할 수 있다는 견해가 있었다.[18)]

〈대법원 2010. 8. 25. 선고 2008마1541 결정〉

경쟁자가 상당한 노력과 투자에 의하여 구축한 성과물을 상도덕이나 공정한 경쟁질서에 반하여 자신의 영업을 위하여 무단으로 이용함으로써 경쟁자의 노력과 투자에 편승하여 부당하게 이익을 얻고 경쟁자의 법률상 보호할 가치가 있는 이익을 침해하는 행위는 부정한 경쟁행위로서 민법상 불법행위에 해당하는바, 위와 같은 무단이용 상태가 계속되어 금전배상을 명하는 것만으로는 피해자 구제의 실효성을 기대하기 어렵고 무단이용의 금지로 인하여 보호되는 피해자의 이익과 그로 인한 가해자의 불이익을 비교·교량할 때 피해자의 이익이 더큰 경우에는 그 행위의 금지 또는 예방을 청구할 수 있다.

나. 금지청구 소의 관할

제1항에 따른 금지청구의 소를 제기하는 경우에는 「민사소송법」에 따라 관할권을 갖는 지방법원 외에 해당 지방법원 소재지를 관할하는 고등법원이 있는 곳의 지방법원에도 제기할 수 있다(법 제108조 제2항).

다. 담보제공명령

법원은 제1항에 따른 금지청구의 소가 제기된 경우에 그로 인한 피고의 이익을 보호하기 위하여 필요하다고 인정하면 피고의 신청이나 직권으로 원고에게 상당한

---

18) 유영국, "공정거래법 전부개정안의 사적 집행수단 도입에 따른 제도 활용 방안 연구"(2019), 34면.

담보의 제공을 명할 수 있다(법 제180조 제3항).

2. 손해배상

가. 의의

사업자 또는 사업자단체는 공정거래법 규정을 위반함으로써 피해를 입은 자가 있는 경우에 당해 피해자에 대하여 손해배상 책임을 진다. 다만 사업자 및 사업자단체가 고의 또는 과실이 없음을 입증하는 경우에는 그러하지 아니하다(법 제109조). 2004년 공정거래법 개정 시 시정조치 전치주의가 폐지되고, 무과실책임에서 위반사업자에게 입증책임을 전환하는 제도개선이 이루어졌다.

미국의 경우 「클레이튼법(Clayton Act)」 제4조에서 실손해 3배 및 변호사비용 등 소송비용 배상을 규정하고 있다. 1976년 「하트－스코트－로디노 반트러스트 개정법(Hart－Scott－Rodino Antitrust Improvements Act)」을 통하여 주검찰총장이 소비자를 대위해서 소송을 제기하는 부권소송을 도입하였다.

〈Clayton Act〉

§ 4. Suits by persons injured

(a) Amount of recovery; prejudgment interest

Except as provided in subsection (b) of this section, any person who shall be injured in his business or property by reason of anything forbidden in the antitrust laws may sue therefor in any district court of the United States in the district in which the defendant resides or is found or has an agent, without respect to the amount in controversy, and shall recover threefold the damages by him sustained, and the cost of suit, including a reasonable attorney's fee.

§ 4c. Actions by State attorneys general

(a) Parens patriae; monetary relief; damages; prejudgment interest

(1) Any attorney general of a State may bring a civil action in the name of such State, as parens patriae on behalf of natural persons residing in such State, in any district court of the United States having jurisdiction of the defendant, to secure monetary relief as provided in this section for injury sustained by such natural persons to their property by reason of any violation of sections 1 to 7 of Sherman Act.

EU에서는 경쟁법 위반으로 인한 손해를 입은 자에 대한 완전한 배상을 위하여 『손해배상소송에 대한 지침』을 운영하고 있다.

〈DIRECTIVE 2014/104/EU OF THE EUROPEAN PARLIAMENT AND OF THE COUNCIL of 26 November 2014 on certain rules governing actions for damages under national law for infringements of the competition law provisions of the Member States and of the European Union〉

Article 1 Subject matter and scope

1. This Directive sets out certain rules necessary to ensure that anyone who has suffered harm caused by an infringement of competition law by an undertaking or by an association of undertakings can effectively exercise the right to claim full compensation for that harm from that undertaking or association. It sets out rules fostering undistorted competition in the internal market and removing obstacles to its proper functioning, by ensuring equivalent protection throughout the Union for anyone who has suffered such harm.

2. This Directive sets out rules coordinating the enforcement of the competition rules by competition authorities and the enforcement of those rules in damages actions before national courts.

독일의 경우 「경쟁제한방지법(GWB」 제33조a에서 손해배상책임에 대하여 규정하고 있다.

〈GWB〉

Section 33a Liability for Damages

(1) Whoever intentionally or negligently commits an infringement pursuant to Section 33(1) shall be liable to pay damages for any harm arising from the infringement.

한편 공정거래법에서 집단소송제도는 도입되어 있지 않다. 집단소송제는 미국, 캐나다, 호주 등 영미법계 국가에서 시행되고 있으며, 독일 프랑스 등 대륙법계 국가에서는 증권분야에 도입되어 있다. 우리나라의 경우 2005. 1. 1. 증권집단소송제가 도입되어 시행되고 있다.

〈증권관련 집단소송법〉

제1조(목적) 이 법은 증권의 거래과정에서 발생한 집단적인 피해를 효율적으로 구제하고 이를 통하여 기업의 경영투명성을 높이기 위하여 증권관련집단소송에 관하여 「민사소송법」에 대한 특례를 정하는 것을 목적으로 한다.

제2조(정의) 이 법에서 사용하는 용어의 뜻은 다음과 같다.

1. "증권관련집단소송"이란 증권의 매매 또는 그 밖의 거래과정에서 다수인에게 피해가 발생한 경우 그 중의 1인 또는 수인(數人)이 대표당사자가 되어 수행하는 손해배상청구소송을 말한다.

제3조(적용 범위) ① 증권관련집단소송의 소(訴)는 다음 각 호의 손해배상청구에 한정하여 제기할 수 있다.

1. 「자본시장과 금융투자업에 관한 법률」제125조에 따른 손해배상청구
2. 「자본시장과 금융투자업에 관한 법률」제162조(제161조에 따른 주요사항보고서의 경우는 제외한다)에 따른 손해배상청구
3. 「자본시장과 금융투자업에 관한 법률」제175조, 제177조 또는 제179조에 따른 손해배상청구
4. 「자본시장과 금융투자업에 관한 법률」제170조에 따른 손해배상청구

② 제1항에 따른 손해배상청구는 「자본시장과 금융투자업에 관한 법률」제9조제15항제3호에 따른 주권상장법인이 발행한 증권의 매매 또는 그 밖의 거래로 인한 것이어야 한다.

〈Federal Rules of Civil Procedure 23(a)〉

one or more members of a class may sue or be sued as representative parties on behalf of all members only if :

(1) the class is so numerous that joinder of all members is impracticable
(2) there are questiopns of law or fact common to the class;
(3) the claims or defenses of the representative parties are typical of the claims or defenses of the class; and
(4) the representative parties will fairly and adequately protect the interest of the class

나. 법적 성격

법적 성격은 불법행위 책임으로서 민법상의 단기소멸시효가 적용된다. 공정거래법 제108조의 손해배상청구권과 민법 제750조의 손해배상청구권은 선택적으로 행사할 수 있다.

다. 당사자

누구든지 사업자 또는 사업자단체를 상대로 손해배상 청구할 수 있다. 간접적 구매자의 경우 손해배상 청구 적격문제가 제기된다. 우리나라에서는 <7개 신용카드사업자 부당공동행위 건>(대법원, 2014)에서 인정하였다.

〈7개 신용카드사업자 부당공동행위 건, 대법원 2014. 9. 4. 선고 2013다215843 판결〉

부당한 공동행위를 한 사업자로부터 직접 상품을 구입한 직접구매자뿐만 아니라 그로부터 다시 그 상품 또는 그 상품을 원재료로 한 상품을 구입한 이른바 간접구매자도 부당한 공동행위와 자신의 손해 사이에 상당인과관계가 인정되는 한 부당한 공동행위를 한 사업자에 대하여 손해배상청구를 할 수 있는데, 이러한 법리는 부당한 공동행위를 한 사업자에게 용역을 공급하는 자를 상대로 다시 그 용역의 일부를 공급하는 이른바 간접적인 용역공급자에게도 마찬가지로 적용된다.

미국에서는 <Illinois Brick 사건>(미연방대법원, 1977)에서 이를 부정하였다.

〈Ill. Brick Co. v. Ill., 431 U.S. 720(1977)〉

The court said that allowing offensive use of pass−on would create a serious risk of multiple liability for defendants, and that the use of pass−on theories would transform treble−damages actions into massive and overly complicated efforts to apportion recovery among all potential plaintiffs that might have been overcharged

---

독일의 경우 「경쟁제한방지법(GWB」 제33조c에서 간접구매자의 손해배상 청구권을 인정하고 있다.

〈GWB〉

Section 33c Passing-on of Overcharges

(1) Where a good or service is purchased at an excessive price (overcharge), the fact that this good or service was resold shall not rule out the occurrence of harm. The harm incurred by the purchaser shall be deemed to be remedied to the extent that the purchaser has passed on the

> overcharge resulting from an infringement of Section 33(1) to its customers
> (indirect purchasers). The injured party's right to claim compensation for
> lost profits under Section 252 of the German Civil Code shall remain
> unaffected to the extent that such loss of profit is the result of the
> passing-on of the overcharge.

라. 손해의 발생

손해액의 산정은 차액설에 근거하고 있다. 차액설에 따르면 위법행위가 없었더라면 존재하였을 상태와 그 위법행위가 가해진 현재의 재산상태의 차이가 손해이다. 전후비교방법, 표준시장비교방법, 이중차분법 등 분석방법이 활용된다. 이러한 손해에는 재산적 손해뿐만 아니라 정신적 손해도 포함된다고 해석된다. 3배배상제도는 우리나라 법체계에서 어렵다고 인식되었으나 2011년 하도급법에 도입된 이래 2015년 대리점법, 2017년 가맹사업법, 제조물책임법, 2018년에는 공정거래법에 도입되었다. 구체적으로는 부당공동행위, 특수관계인에 대한 부당한 이익제공금지, 보복조치의 금지, 사업자단체 금지행위(부당한 공동행위로 경쟁을 제한하는 행위)의 경우 손해의 3배를 넘지 아니하는 범위에서 배상책임을 진다(법 제109조). 다만 담합자진신고자의 경우 예외적으로 피해자에게 발생한 실손해의 범위에서 배상토록 자진신고제도의 실효성을 담보하는 장치를 두었다.

<3개 학생복 제조업체 부당공동행위 건>(서울고법, 20067) 관련 민사소송에서 법원은 손해배상의 범위는 원고들이 실제로 지급한 총 구입가격에서 매출액, 제조원가 및 마진율, 최근 학생들의 브랜드 제품의 선호경향과 그에 따른 브랜드가치 상승 정도 등 여러 사정을 고려하면, 공정한 경쟁상태에서 형성되었을 적정가격은 나머지 원고들이 실제로 지급한 총구입가격의 85% 정도에 해당한다고 봄이 상당하다고 판시하였다. <정유사 군납유류 입찰담합행위 건>(대법원, 2011)에서 담합이 없었을 경우 형성되었을 가격추정 관련 서울중앙지방법원에서는 중회귀 분석을 통한 이중차분법(담합기간의 군납과 비군납의 낙찰가격의 차이에서 비담합기간의 군납과 비군납의 낙찰가격를 차감)을 채택한 반면, 서울고법은 표준시장 비교방법(싱가포르 현물시장가격+부가비용기준)을 채택하였다. 대법원은 서울고법과 같이 표준시장 비교방법을 채택하였으나, 다만 고등법원의 손해액 산정방식에는 문제가 있다고 판시한 바 있다.[19]

〈정유사 군납유류 입찰담합행위 건, 대법원 2011. 7. 28. 선고 2010다18850 판결 [손해배상(기)]〉

(가) 담합기간 동안의 국내 군납유류시장은 과점체제하의 시장으로서 완전경쟁시장에 가까운 싱가포르 현물시장과 비교할 때 시장의 구조, 거래조건 등 가격형성요인이 서로 다르므로 전반적으로 동일·유사한 시장이라고 볼 수 없고, 정부회계기준에서 정하고 있는 부대비용은 이러한 양 시장의 가격형성요인의 차이점을 특히 염두에 두고 군납유류의 가격책정 시 그 차이점을 보완하기 위하여 마련된 것이 아니므로, 단순히 담합기간 동안의 MOPS 가격에 정부회계기준에 의한 부대비용을 합산한 가격(이하 'MOPS 기준가격'이라고 한다)이 가상 경쟁가격이라고 단정할 수 없다.

(나) 원심은 비담합기간 동안의 MOPS 기준가격이 같은 기간 동안의 국방부 군납유류의 낙찰가와 대비할 때 '+3.72% 내지 −5.61%' 범위에서 편차가 나타난다는 점을 근거로 담합기간에도 그 당시의 MOPS 기준가격이 가상 경쟁가격이 될 수 있다고 하고 있으나, 이는 담합기간과 비담합기간의 군납유류의 가격형성에 영향을 미치는 요인이 서로 다르다는 점을 고려하지 아니한 것이다. 우선, 국방부가 2001년부터 MOPS 가격을 기준으로 군납유류에 대한 예정가격을 정하고 MOPS 가격에 의한 국제가연동제 방식으로 매월 계약금액을 조정하기로 변경한 이후에는, 피고들은 완전경쟁시장에 가까운 싱가포르 현물시장의 MOPS 가격을 기준으로 각자의 생산비용과 이윤 등을 고려하여 입찰가격을 정하게 될 것이므로, MOPS 가격과 실제 군납유류의 낙찰가격 사이에는 상관관계가 높게 형성될 수밖에 없다. 그러나 담합기간 동안의 군납유류 시장은 이와 다른 예정가격 산정방식과 가격조정방식하에서 피고들만이 제한적으로 입찰에 참여하고 당시의 환율변동 위험, 원유도입가, 생산비용, 이윤 등을 고려하여 가격결정이 이루어진 것이므로, 그 가격형성요인이 비담합기간과 동일하다고 할 수 없다. 앞에서 본 보완감정 결과와 원고가 제출한 증거자료는 물론이고 그밖에 피고들이 제1심법원과 원심법원에 제출한 여러 증거자료들도 모두 정도의 차이는 있지만 담합기간과 비담합기간 동안의 가격조정방식의 차이점, 담합기간과 비담합기간 동안의 환율, 특히 1998년도의 외환위기로 인한 환위험 등 여러 요인이 담합기간 동안 담합행위와 관계없이 군납유류가격을 상승시킨 중요한 가격형성요인이라고 분석하고 있다.

그런데도 원심이 이러한 사정들은 고려하지 아니한 채, 단지 비담합기간 동안 MOPS 기준가격과 실제 군납유류의 낙찰가격 사이에 상관관계가 높게 나타났다는 점을 근거로 담합기간의 MOPS 기준가격이 담합기간의 가상 경쟁가격이 될 수 있다고 본 것은 합리적이라고 할 수 없다.

---

19) 자세한 내용은 신동권, 독점규제법(2020), 1208면.

과실상계 및 손익상계 관련하여 <정유사 군납유류 입찰담합행위 건>(대법원, 2011)에서 법원은 가해자가 모든 이익을 취득한 경우이므로 통상의 과실상계가 인정되지 않는다고 보았다(서울중앙지법, 2007). 또한 법원은 손익상계 관련하여 단순히 과징금의 실질적 부과 주체인 국가가 담합행위의 피해자라는 점 때문에 손해배상액을 정함에 있어 과징금의 부과 여부 및 그 액수를 고려하여 하게 된다면, 피해자가 국가라는 우연한 사정에 기하여 가해자가 부담하는 손해배상액이 달라지는 부당한 결과가 도출된다고 함으로써, 과징금을 손익상계의 대상으로 보지 않았다<정유사 군납유류 입찰담합행위 건>(대법원, 2011).

<정유사 군납유류 입찰담합행위 건, 대법원 2011. 7. 28. 선고 2010다18850 판결 [손해배상(기)]>

입찰담합에 의한 부당한 공동행위에 대하여 독점규제 및 공정거래에 관한 법률에 따라 부과되는 과징금은 담합행위의 억지라는 행정목적을 실현하기 위한 제재적 성격과 불법적인 경제적 이익을 박탈하기 위한 성격을 함께 갖는 것으로서 피해자에 대한 손해의 전보를 목적으로 하는 불법행위로 인한 손해배상책임과는 그 성격이 전혀 다르므로, 국가가 입찰담합에 의한 불법행위의 피해자인 경우 가해자에게 입찰담합에 의한 부당한 공동행위에 대하여 과징금을 부과하여 이를 가해자로부터 납부받은 사정이 있다 하더라도 이를 가리켜 손익상계의 대상이 되는 이익을 취득하였다고 할 수 없다.

한편 손해배상 전가의 항변(passing-on defense)이 인정되는지 문제된다. <밀가루 제조·판매업체 부당공동행위 건>(대법원, 2012)에서 대법원은 담합에 의하여 가격이 인상된 재화 등을 매수한 매수인이 다시 이를 제3자인 수요자에게 판매하거나 그 재화 등으로 생산된 제품을 수요자에게 판매한 경우 "제품 등 가격의 인상에 의하여 매수인의 손해가 바로 감소되거나 회복되는 상당인과 관계가 있다고 쉽게 추정되거나 단정하기에 부족하고 다만 이와 같은 제품 등의 가격인상을 통하여 부분적으로 손해가 감소될 가능성이 있는 경우는 직접적인 상당인과관계가 인정되지 아니한다고 하더라도 손해배상액을 정할때 참작하는 것이 공평의 원칙상 타당하다"고 판시하였다.

〈밀가루 제조·판매업체 부당공동행위 건, 대법원 2012. 11. 29. 선고 2010다93790 판결 [손해배상(기)]〉

담합에 의하여 가격이 인상된 재화 등을 매수한 매수인이 다시 이를 제3자인 수요자에게 판매하거나 그 재화 등을 원료 등으로 사용·가공하여 생산된 제품을 수요자에게 판매한 경우에, 재화 등의 가격 인상 후 수요자에게 판매하는 재화 등 또는 위 제품(이하 이를 모두 포함하여 '제품 등'이라 한다)의 가격이 인상되었다고 하더라도, 재화 등의 가격 인상을 자동적으로 제품 등의 가격에 반영하기로 하는 약정이 있는 경우 등과 같이 재화 등의 가격 인상이 제품 등의 판매 가격 상승으로 바로 이어지는 특별한 사정이 없는 한, 제품 등의 가격은 매수인이 당시의 제품 등에 관한 시장 상황, 다른 원료나 인건비 등의 변화, 가격 인상으로 인한 판매 감소 가능성, 매수인의 영업상황 및 고객 보호 관련 영업상의 신인도 등 여러 사정을 고려하여 결정할 것이므로, 재화 등의 가격 인상과 제품 등의 가격 인상 사이에 직접적인 인과관계가 있다거나 제품 등의 인상된 가격 폭이 재화 등의 가격 인상을 그대로 반영하고 있다고 단정할 수 없다. 그뿐 아니라 제품 등의 가격 인상은 제품 등의 수요 감소 요인으로 작용하여 전체적으로 매출액 또는 영업이익의 감소가 초래될 수 있고, 이 역시 위법한 담합으로 인한 매수인의 손해라 할 수 있으므로, 이와 같은 여러 사정을 종합적으로 고려하지 아니하고 제품 등의 가격 인상에 의하여 매수인의 손해가 바로 감소되거나 회복되는 상당인과관계가 있다고 쉽게 추정하거나 단정하기도 부족하다. 다만 이와 같이 제품 등의 가격 인상을 통하여 부분적으로 손해가 감소되었을 가능성이 있는 경우에는 직접적인 상당인과관계가 인정되지 아니한다고 하더라도 이러한 사정을 손해배상액을 정할 때에 참작하는 것이 공평의 원칙상 타당할 것이다.

독일의 경우에도 「경쟁제한방지법(GWB)」 제33조c에서 재판매사실만 가지고 손해발생을 배제하지 아니한다고 규정하여 이를 인정하지 않고 있다.

〈GWB〉

Section 33c Passing-on of Overcharges

(1) Where a good or service is purchased at an excessive price (overcharge), the fact that this good or service was resold shall not rule out the occurrence of harm.

거래거절 사건인 〈(주)이야기 거래상지위 남용행위 건〉(대법원, 2012) 관련 민사소송에서도 법원은 "거래거절로 인하여 거래상대방이 입게 되는 영업수수료 수입의 감소로 인한 손해는 소극적 손해로서 거래거절로 인한 불법행위와 상당인과관계가 있는 손해이고, 그 산정방법은 거래거절이 없었다면 얻을 수 있었던 영업수수료 수입에서 그 수입을 얻기 위하여 소요되는 제 비용을 공제하는 방법으로 산정할 수 있다"고 판시함으로써 차액설에 입각하고 있다.

공정위 시정조치에서 인정한 사실인정에 구속되는가에 대해서는 부정하는 것이 일반적이며, 단 사실상의 추정력은 인정된다고 본다. 그러나 독일의 경우「경쟁제한방지법(GWB)」제33조b에서는 경쟁당국의 사실관계에 대하여 그 구속력을 인정하고 있다.

〈GWB〉

Section 33b Binding Effect of Decisions Issued by a Competition Authority
Where damages are claimed for an infringement of a provision of this Part or of Article 101 or Article 102 of the Treaty on the Functioning of the European Union, the court shall be bound by a finding that an infringement has occurred, as made in a final decision by the competition authority, the European Commission, or the competition authority − or a court acting as such − in another Member State of the European Union. The same shall apply to such findings in final court judgements on appeals against decisions pursuant to sentence 1. This obligation shall apply without prejudice to the rights and obligations under Article 267 of the Treaty on the Functioning of the European Union.

마. 소멸시효

법 제109조 제1항에 의한 손해배상청구권은 그 법적 성격이 불법행위로 인한 손해배상청구권이므로 이에 관하여는 민법 제766조 제1항의 단기소멸시효가 적용된다. 한편 불법행위로 인한 손해배상청구권의 단기소멸시효 기산점이 되는 민법 제766조 제1항의 '손해 및 가해자를 안 날'이란 손해의 발생, 위법한 가해행위의 존재, 가해행위와 손해의 발생 사이에 상당인과관계가 있다는 사실 등 불법행위의 요건사실에 대하여 현실적이고도 구체적으로 인식하였을 때를 의미하고, 피해자 등이 언제 불법행위 요건사실을 현실적이고도 구체적으로 인식하였다고 볼 것인지는 개별적 사건에서 여러 객관적 사정을 참작하고 손해배상청구가 사실상 가능하게 된 상황을 고려하여 합리적으로 인정하여야 한다<7개 신용카드사업자 부당공동행위건>(대법원, 2014). 구체적으로는 공동행위 사건의 경우 행정소송이 제게된 경우 최소 1인에 의한 행정소송 판결이 확정됨으로써 관련 공동행위자들 전부의 불법행위를 현실적이고 구체적으로 인식하였다고 본다(대법원, 2014). 한편 공정위의 서면의결일을 단기 소멸시효의 기산점으로 본 경우도 있다<서울 지하철 7호선 입찰담합건>(서울중앙지법, 2014). 한편 장기소멸시효 관련하여 가해행위와 그로 인한 현실적인 손해의 발생 사이에 시간적 간격이 있는 불법행위에 기한 손해배상청구의 경우 일차계약을 통해 총공사금액 전부가 손해로 현실화되었다고 보고 그때를 기산점으로 보아야 한다고 본 판결이 있다(서울고법, 2016). 독일의 경우 「경쟁제한방지법(GWB)」제33조h에서 손해배상청구의 소멸시효에 대하여 자세히 규정하고 있다.

바. 3배배상제도

사업자 및 사업자단체는 제40조(부당한 공동행위의 금지), 제48조(보복조치의 금지), 제51조(사업자단체의 금지행위) 제1항 제1호(공동행위에 의하여 부당하게 경쟁을 제한하는 행위) 위반으로 손해를 입은 자는 손해의 3배를 넘지 않는 범위[20]에서 배상책임을 진다(제109조 제2항). 그러나 담합자진신고자의 경우 실손해의 범위에서 배상토록 자진신고의 실효성을 담보하는 장치를 두었다.

독일의 경우 「경쟁제한방지법(GWB)」제33조e에서 자진신고면제자에 대해서는 자신의 직·간접적 구매자나 공급자로터의 손해에 대해서만 책임을 진다고 규정하고 있다.

〈GWB〉
Section 33e Immunity Recipient
(1) In derogation of Section 33a(1), undertakings or natural persons participating in a cartel that have received immunity from fines under a leniency programme (immunity recipient) shall be liable only for the harm caused to their own direct or indirect purchasers or providers. The immunity recipient shall be liable only for the harm suffered by other injured parties as a result of an infringement under Section 33a(1) where these are unable to obtain full compensation from the other infringers.

---

20) 미국 「클레이튼법(Clayton Act)」제4조 규정은 3배 배상이라는 점에서 차이가 있다.

사. 기록의 송부 등

법원은 손해배상청구의 소가 제기되었을 때 필요한 경우 공정위에 대하여 해당 사건의 기록(사건관계인, 참고인 또는 감정인에 대한 심문조서 및 속기록 기타 재판상 증거가 되는 일체의 것) 송부를 요구할 수 있다(법 제110조). 다만 자진신고 관련정보를 요구할 수 있는가에 대해서는 논란이 있는데 부정하는 것이 타당하다. 또한 동의의결이 확정된 사건의 경우 기록의 송부를 요구할 수 있는가가 문제되는데 동의의결은 공정거래법 위반으로 볼 수 없어서 어렵다고 본다.

아. 손해액의 인정

법원은 법위반행위로 인하여 손해가 발생한 것은 인정되나, 그 손해액을 입증하는 것이 해당 사실의 성질상 극히 곤란한 경우, 변론전체의 취지와 증거조사의 결과에 기초하여 상당한 손해액을 인정할 수 있다(법 제115조).

이하에서는 2020. 12. 29. 법 전부개정 시 손해배상을 활성화하기 위하여 도입된 자료제출명령 등 절차에 대하여 살펴본다.

자. 자료제출명령

법원은 제40조 제1항, 제45조 제1항(제9호는 제외) 또는 제51조 제1항 제1호를 위반한 행위로 인한 손해배상청구소송에서 당사자의 신청에 따라 상대방 당사자에게 해당 손해의 증명 또는 손해액의 산정에 필요한 자료(제44조 제4항에 따른 자진신고 등과 관련된 자료는 제외)의 제출을 명할 수 있다. 다만, 그 자료의 소지자가 자료의 제출을 거절할 정당한 이유가 있으면 그러하지 아니하다(법 제111조 제1항).

차. 비밀유지명령

법원은 제109조에 따라 제기된 손해배상청구소송에서 그 당사자가 보유한 영업비밀에 대하여 ① 이미 제출하였거나 제출하여야 할 준비서면, 이미 조사하였거나 조사하여야 할 증거 또는 제111조 제1항에 따라 제출하였거나 제출하여야 할 자료에 영업비밀이 포함되어 있다는 것, ② 제1호의 영업비밀이 해당 소송 수행 외의 목적으로 사용되거나 공개되면 당사자의 영업에 지장을 줄 우려가 있어 이를 방지하기 위하여 영업비밀의 사용 또는 공개를 제한할 필요가 있다는 것의 사유를 모두 소명한 경우에는 그 당사자의 신청에 따라 결정으로 다른 당사자(법인인 경우에는 그 대표자), 당사자를 위하여 소송을 대리하는 자, 그 밖에 그 소송으로 영업비밀을 알게 된 자에게 그 영업비밀을 그 소송의 계속적인 수행 외의 목적으로 사용하거나 그 영업비밀에 관계된 이 항에 따른 명령을 받은 자 외의 자에게 공개하지 아니할 것을 명할 수 있다(법 제112조 제1항).

비밀유지명령을 신청한 자 또는 비밀유지명령을 받은 자는 제112조 제1항에 따른 요건을 갖추지 못하였거나 갖추지 못하게 된 경우 소송기록을 보관하고 있는 법원(소송기록을 보관하고 있는 법원이 없는 경우에는 비밀유지명령을 내린 법원)에 비밀유지명령의 취소를 신청할 수 있다(법 제113조 제1항).

카. 소송기록열람 등의 청구통지

비밀유지명령이 내려진 소송(모든 비밀유지명령이 취소된 소송은 제외)에 관한 소송기록에 대하여 「민사소송법」 제163조 제1항의 결정이 있었던 경우에, 당사자가 같은 항에서 규정하는 비밀 기재부분의 열람 등의 청구를 하였으나 그 청구 절차를 해당 소송에서 비밀유지명령을 받지 아니한 자가 밟은 경우에는 법원서기관, 법원사무관, 법원주사 또는 법원주사보(이하 "법원사무관등")는 같은 항의 신청을 한 당사자(그 열람 등의 청구를 한 자는 제외)에게 그 청구 직후에 그 열람 등의 청구가 있었다는 사실을 알려야 한다(법 제114조 제1항).

IV. 자율적 해결수단

1. 동의의결

가. 의의

동의의결제란 사업자가 스스로 소비자 피해구제, 원상회복 등 타당한 시정방안을 제안하고 공정위가 이해관계자 등의 의견수렴을 거쳐 그 타당성을 인정하는 경우 위법 여부를 확정하지 않고 사건을 신속하게 종결하는 제도(중대·명백한 위법행위와 카르텔은 제외)이다.[21] 동의의결제가 도입되면 기존의 시정조치에서는 부과할 수 없는 소비자 및 중소기업 피해의 신속하고 실질적인 보상이 가능해진다. 유사한 제도로는 미국 FTC의 동의명령(consent order) 및 법원의 동의판결(consent decree), EU의 화해결정(commitment decision), 독일의 의무확약(Verpflichtungszusagen) 등이 있다. 우리나라에서는 한미 FTA협상과정에서 동의의결제 도입이 추진되었다. 현재 공정거래법 외에도 「표시광고법」, 「대리점법법」, 「가맹사업법」, 「대규모유통업법」, 「방문판매법」 등에 동의의결제가 도입되었다.

〈16 CFR § 1118.20 - Procedures for consent order agreements〉

§ 1118.20 Procedures for consent order agreements.

(b) The consent order agreement is a document executed by a person, or firm (consenting party) and a Commission staff representative which incorporates both a proposed complaint setting forth the staff's charges and a proposed order by which such charges are resolved. A consent order agreement shall contain the following provisions, as appropriate:

〈Council Regulation (EC) No 1/2003 of 16 December 2002 on the implementation of the rules on competition laid down in Articles 81 and 82 of the Treaty〉

Article 9 Commitments

1. Where the Commission intends to adopt a decision requiring that an infringement be brought to an end and the undertakings concerned offer commitments to meet the concerns expressed to them by the Commission in its preliminary assessment, the Commission may by decision make those commitments binding on the undertakings. Such a decision may be adopted for a specified period and shall conclude that there are no longer grounds for action by the Commission.

〈GWB〉

Section 32b Commitments

(1) Where, in the course of proceedings under Section 30(3), Section 31b(3) or

---

21) 신동권, 독점규제법(2020), 1106면.

Section 32, undertakings offer to enter into commitments which are capable of dispelling the concerns communicated to them by the competition authority upon preliminary assessment, the competition authority may by way of a decision declare those commitments to be binding on the undertakings. The decision shall state that, subject to the provisions under subsection (2), the competition authority will not exercise its powers under Section 30(3), Section 31b(3), Section 32 and Section 32a. The decision may be limited in time.

EU의 경우 카르텔 사건에서 합의(settlement)절차를 위한 제도를 운영하고 있다. 그러나 이는 법위반을 전제로 한 것이라는 점에서 화해결정(commitment decision)과는 차이가 있다.

〈Commission Notice on the conduct of settlement procedures in view of the adoption of Decisions pursuant to Article 7 and Article 23 of Council Regulation (EC) No 1/2003 in cartel cases〉

2.1. Initiation of proceedings and exploratory steps regarding settlement

8. Where the Commission contemplates the adoption of a decision pursuant to Article 7 and/or Article 23 of Regulation (EC) No 1/2003, it is required in advance to identify and recognize as parties to the proceedings the legal persons on whom a penalty may be imposed for an infringement of Article 81 of the Treaty.

2.2. Commencing the settlement procedure: settlement discussions

14. Should some of the parties to the proceedings request settlement discussions and comply with the requirements referred to in points 11 and 12, the Commission may decide to pursue the settlement procedure by means of bilateral contacts between the Commission Directorate-General for Competition and the settlement candidates.

나. 동의의결의 절차

1) 신청

조사나 심의를 받고 있는 사업자나 사업자단체는 동의의결을 신청하는 경우 ① 해당 행위를 특정할 수 있는 사실관계, ② 해당 행위의 중지, 원상회복 등 경쟁질서의 회복이나 거래질서의 적극적 개선을 위하여 필요한 시정방안, ③ 소비자, 다른 사업자 등의 피해를 구제하거나 예방하기 위하여 필요한 시정방안의 사항을 기재한 서면으로 하여야 한다(법 제89조 제1항).

2) 개시여부결정 및 의견제출

이에 대하여 공정위는 절차개시 여부를 결정하고, 30일 이상의 기간을 정하여 해당행위의 개요, 관련법령조항, 시정방안, 기타 정보 등을 신고인 등 이해관계인에게 통지하거나, 관보 또는 공정위의 인터넷 홈페이지에 공고하는 등의 방법으로 의견제출기간을 부여하고, 관계기관의 의견청취, 검찰총장과 협의를 하여야 한다(법 제90조 제1항~제3항). 검찰총장과의 협의는 동의의결제 도입과정에서 반대했던 법무부와의 협의과정에서 부득이하게 삽입된 조항이다. 누구도 신청인이 동의의결을 받은 사실을 들어 법위반을 주장할 수 없다(법 제90조 제4항).

3) 동의의결

공정위는 해당 행위가 이 법을 위반한 것으로 판단될 경우에 예상되는 시정조치, 그 밖의 제재와 균형을 이루고, 공정하고 자유로운 경쟁질서나 거래질서를 회복시키거나 소비자, 다른 사업자 등을 보호하기에 적절하다고 판단되는 경우에는 해당 행위 관련 심의 절차를 중단하고 시정방안과 같은 취지의 동의의결을 할 수 있다(법 제89조 제3항).

문제는 법위반 시 시정조치 및 그 밖의 제재와의 균형 요건인데, 동의의결은 법위반을 전제로 하지 않기 때문에 이를 삭제하자는 의견이 있다.[22] 그러나 이 조항을 예상되는 과징금 수준과 비슷해야 한다는 내용을 본다면, 현실적으로 과징금 수준을 미리 예상하기도 어렵고, 동의의결제도가 과징금과 대체관계에 있는 것이 아니므로 문제가 있을 수 있는데, 동의의결 신청 시 해당 행위의 중지, 원상회복 등 경쟁질서의 회복이나 거래질서의 적극적 개선을 위하여 필요한 시정방안을 제출하도록 하고 있으므로, 시정조치를 예상하고 그와의 균형을 고려하는 것은 법 집행을 대체하는 의미에서 필요하다고 본다. 제2호에서 공정하고 자유로운 경쟁질서 회복이란 요건도 다소 추상적인 표현이라는 데 문제가 있다. 이는 시정조치와의 균형을

---

22) 이봉의, 공정거래법(2022), 1319면.

검토하는 과정에 포함될 수도 있다. 그 동안 동의의결 사례를 보더라도 사례마다 조금씩 판단기준이 다르게 나타나고 있다. 결론적으로 법위반 소지가 있는 행위에 대한 시정방안, 소비자 및 다른 사업자 피해구제가 가장 중요한 기준이라 생각된다. 마지막으로 기타 상생협력 같은 거래질서 회복을 위한 조치가 보완적으로 검토가 될 수 있다.

그간 <네이버(주) 및 네이버비즈니스플랫폼(주) 시장지배적지위 남용행위 등 동의의결 건>(공정위, 2014), <(주)다음커뮤니케이션 시장지배적지위 남용행위 등 동의의결 건>(공정위 2014) <에스에이피코리아(주) 거래상지위 남용행위 동의의결 건>(공정의 2014), <마이크로소프트 코포레이션(MS)/노키아 코포레이션 기업결합 제한규정 위반행위 동의의결 건>(공정위, 2015) 등 몇 건의 동의의결 사례가 있었다. 최근 애플코리아에 대해서도 동의의결이 확정되었다<애플코리아(유) 거래상지위 남용행위 동의의결 건>(공정위, 2021).

동의의결이나 동의의결 취소의 경우 공정위의 심의·의결을 거쳐야 한다(법 제90조 제4항).

4) 동의의결의 취소

동의의결의 기초가 된 시장상황 등 사실관계의 현저한 변경 등으로 인해 시정방안이 적정하지 아니하게 된 경우, 신청인이 제공한 불완전하거나 부정확한 정보로 인하여 동의의결을 하게 되었거나, 신청인이 거짓 또는 그 밖의 부정한 방법으로 동의의결을 받은 경우, 신청인이 정당한 이유없이 동의의결을 이행하지 아니하는 경우에는 동의의결을 취소할 수 있다(법 제91조).

5) 이행강제금

정당한 이유없이 상당한 기한 내에 동의의결을 이행하지 아니한 자에게 동의의결이 이행되거나 취소되기 전까지 1일당 200만 원 이하의 이행강제금을 부과할 수 있다(법 제92조).

다. 이행관리

공정위는 이행여부점검 등을 한국공정거래조정원 또는 한국소비자원에 위탁할 수 있다(법 제90조). 2020. 12. 29. 법 전부개정 시 신설된 조항이다.

2. 공정거래 분쟁조정제도

가. 대체적 분쟁해결제도(ADR: Alternative Dispute Resolution)

일반적으로 가장 대표적인 분쟁해결수단은 법원을 통한 소송이다. 대체적 분쟁해결제도는 소송 이외의 분쟁해결 수단을 총칭하는 개념이다. 유럽에서는 기원 400년경, 즉 그리스시대와 로마시대부터 중재제도가 시행되었고, 중세시대 국제무역이 활발해 지면서 해사(海事) 재판소를 중심으로, 상인과 직인들의 상사재판소가 설치되어 중재판정 역할을 하였다.[23] 이러한 과정을 거쳐 최초의 국가제도로 나타난 것이 1865년 이탈리아소송법이었으며, 우리나라의 경우 1965년 중재법이 제정되어 중재제도가 실시되었다. 미국의 경우 1925년에 「연방중재법」이 시행되었고, 공정거래를 포함하여 분쟁의 95%가 조정, 중재 등 대체적 분쟁해결단을 통해 해결되고 있다고 한다.

한편 반독점 같은 공공질서를 규율하는 제도가 중재의 대상이 될 수 있느냐가 문제가 되었다. <American Safety 사건>(미제2연방항소법원, 1986)에서 공공질서를 이유로 독점 관련 중재가능성을 부인하였는데, <Mitsubishi 사건>(미연방대법원, 1985)에서는 국제적 성격을 가진 것이라면 미국의 공공질서에 반하지 않는다고 판시하였다.

> **⟨Mitsubishi Motors Corp. v. Soler Chrysler-Plymouth, 473 U.S. 614 (1985)⟩**
> The order finding that defendant's antitrust claims were not arbitrable was reversed. The antitrust claim alone did not invalidate the forum selection or arbitration clauses. Arbitration provided competent arbitrators, and issues were resolved using the national law where the claim arose. There was also a strong presumption favoring arbitration in international commerce

이와 같은 대체적 분쟁해결제도의 중요성은 디지털 경제의 도래와 함께 갈수록 증가하고 있다. EU의 경우 2008. 5. 21. 『조정지침』을 시행하였다. 그리고 2019년

---

23) 목영준·최승재, 상사중재법(2018), 12~13면.

『온라인 플랫폼 시장의 공정성 및 투명성 강화를 위한 2019년 이사회 규칙(EU Regulation on promoting fairness and transparency for business users of online intermediation services)』을 제정하여 2020. 7. 12.부터 시행되었는데, 제12조에서 조정에 의한 분쟁해결을 별도로 규정하고 있다.

> ⟨REGULATION (EU) 2019/1150 OF THE EUROPEAN PARLIAMENT AND OF THE COUNCIL of 20 June 2019 on promoting fairness and transparency for business users of online intermediation services⟩
> Article 12 Mediation
> 1. Providers of online intermediation services shall identify in their terms and conditions two or more mediators with which they are willing to engage to attempt to reach an agreement with business users on the settlement, out of court, of any disputes between the provider and the business user arising in relation to the provision of the online intermediation services concerned, including complaints that could not be resolved by means of the internal complaint‑handling system referred to in Article 11.
>   Providers of online intermediation services may only identify mediators providing their mediation services from a location outside the Union where it is ensured that the business users concerned are not effectively deprived of the benefit of any legal safeguards laid down in Union law or the law of the Member States as a consequence of the mediators providing those services from outside the Union.

한편 국제계약 분쟁의 해결에 있어서는 국제소송 및 1973년의 'United Nations Convention on Recognition and Enforcement of Foreign Arbitral Awards(뉴욕협약)'에 기반한 국제중재를 대체할 수 있는 실효적인 분쟁해결절차를 모색하고 있는데, 주목받고 있는 것이 국제상사조정이다. 그러나 국제상사조정은 법적 구속력 부재로 활성화가 되지 못했는데, 2018. 12. 18. UN총회에서는 UNICITRAL(United Nations Commission on international Trade Law)이 제안한 'United Nations on International Settlement Agreements Resulting from Mediation(싱가포르 협약)'을 체결하고, 조정의 화해합의가 국제적으로 승인 및 집행될 수 있도록 노력하고 있다.24) 동 협약은 2020. 9. 12. 발효가 되었고, 53개국의 서명과 6개 국가의 비준을 마쳤다. 우리나라도 비준을 준비하고 있다.

나. ADR의 유형

대체적 분쟁해결 방식은 다음과 같이 나눌 수 있다. 첫째, 협상(Negotiation)/화해(Compromise)이다. 당사자들이 협상절차에 참여하여 각자의 의견과 자료를 교환하며 분쟁을 해결하는 방법으로 분쟁당사자가 절차의 모든 과정을 통제·지배하고 제3자의 개입이 없다. 둘째, 알선(Conciliation)이다. 분쟁해결의 경험과 지식이 풍부한 제3자가 개입하여 양당사자의 의견을 듣고 합리적인 조정과 타협권유를 통한 합의를 유도하며 제3자가 개입하지만 단순조력자 역할만 한다. 셋째, 조정(Mediation)이다. 중립적인 지위를 갖는 조정자가 독자적인 조정안을 마련하여 분쟁당사자들의 수락을 권고하는 방식으로 분쟁을 해결한다. 넷째, 중재(Arbitratation)이다. 당사자간의 중재합의에 따라 국가재판권을 배제하고 중재인의 판정에 의하여 해결하는 비소송적 분쟁해결 절차를 의미한다. 조정/중재제도(Med–Arb)는 구속력이 없는 조정과 디스커버리 등 사법절차에 준하는 중재제도의 복잡성이라는 단점을 보완하기 위한 하이브리드방식이다.

대체적 분쟁해결방식은 다음과 같이 분류된다. 첫째, 사법형이다. 법원의 민사조정, 가사조정, 재판상 화해 등이 이에 해당한다. 둘째, 행정형이다. 행정부에 설치된 국토부의 건설분쟁조정위원회, 환경부의 환경분쟁조정위원회 등, 행정부산하 예를 들어 공정위 산하 소비자원의 소비자분쟁조정위원회, 공정거래조정원의 분쟁조정협의회가 이에 해당한다. 셋째, 민간단체에 설치된 경우로 하도급법에 따른 사업자단체 설치 하도급분쟁조정협의회가 해당한다. 넷째, 민간형이다. 미국의 American Arbitration Association, 대한상사중재원 등이 이에 해당한다.

다. 공정거래 분쟁조정제도의 도입

공정거래 분쟁조정제도는 공정거래법상의 불공정거래행위에 대한 규제의 대안으로 논의가 되어 2007년에 공정거래법에 규정되었다. 현행 불공정거래행위에

---

24) 자세한 내용은 오현석, "싱가포르협약과 국제조정의 최근 동향", 분쟁해결(2021.5), 220~246면 이하; 정선주, "싱가포르협약의 국내이행방안", 제6회 아시아태평양조정컨퍼런스(2021.11.15), 47~67면 참조.

대한 행정제재(시정조치, 과징금 등)만으로는 피해자의 신속하고 실질적인 구제가 미흡하고, 당사자 간 사적 분쟁이 강한 유형의 사건에도 공정위의 인력과 자원이 과도하게 투입되는 문제점이 있다. 분쟁 당사자 각 자율적인 합의를 통하여 적은 비용으로 신속하게 분쟁을 해결할 수 있도록 한국공정거래조정원에 공정거래분쟁조정협의회를 두도록 하고, 당사자 간 합의로 분쟁을 해결하는 것이 적정한 것으로 인정되는 불공정거래행위에 대하여 조정 제도를 도입하여, 조정이 이루어진 사건에 대하여 시정조치 및 시정권고를 하지 아니하도록 하였다. 시정조치 등 행정제재 위주의 법 집행과 자율적 분쟁 해결의 조화가 가능하게 됨으로써 피해구제의 실효성과 법 집행의 효율성이 높이려는 취지이다[공정거래법 개정이유(제8631호, 2007.8.3., 일부개정)].

공정거래조정원은 2011년 하도급거래, 2012년 대규모유통·약관, 2013년 가맹거래, 2017년 대리점거래 분쟁조정업무를 개시하였다. 다만, 하도급의 경우 하도급법 제정(1984년) 이전부터 중소기업협동조합중앙회(現 중소기업중앙회)와 건설협회가 하도급분쟁조정협의회를 설치하여 스스로 분쟁 사건 조정을 해 왔다. 그 후 하도급법 제정에 따라 하도급분쟁조정협의회가 명문화(법 제24조)되었고, 정보통신공사업법에 의한 정보통신공사협회, 소방법에 의한 한국소방안전협회, 한국엔지니어링협회 등 3개 사업자단체에 1985년 5월부터 설치·운영하였다. 현재 그 외에 한국소프트산업협회, 대한건축사협회, 한국광고단체연합회 등에 설치되어 있다.

공정거래 분쟁조정제도가 성공적으로 운영되는 이유로는 첫째, 무료이고, 둘째, 원칙적으로 60일 이내에 신속한 피해구제가 가능한 점, 셋째, 조정조서에 재판상 화해의 효력이 부여되는 점, 넷째, 분쟁조정신청 시 시효중단 효력을 부여하도록 하고, 다섯째, 조정성립 시 시정조치 면제 등의 효과를 부여하고 있는 점 등을 들 수 있다.

라. 분쟁조정의 대상

1) 불공정거래 관련 분쟁

공정거래분쟁조정협의회의 분쟁조정 대상은 사업자 간에 발생한 분쟁 중 공정거래법 제45조(불공정거래행위의 금지) 제1항을 위반한 혐의가 있는 행위로서, ① 단독의 거래거절, ② 차별적 취급, ③ 경쟁사업자 배제, ④ 부당한 고객유인, ⑤

거래강제, ⑥ 거래상지위의 남용, ⑦ 구속조건부거래, ⑧ 사업활동 방해 등에 해당하는 행위이다. 불공정거래행위 중 조정신청 제외 대상은 부당한 지원 행위, 공동의 거래거절 행위, 계열회사를 위한 차별 행위, 집단적 차별 행위, 계속적 부당염매로 인한 경쟁사업자 배제행위이다. 2020. 12. 9. 법 전부개정 시 특징적인 것은 종래 공정위 조사개시 한 사건은 각하하도록 하였으나, '다만, 공정거래위원회로부터 시정조치 등의 처분을 받은 후 분쟁조정을 신청한 경우에는 그러하지 아니하다'는 단서조항을 신설하여 공정위가 제재 조치를 완료한 사건에 대해서도 분쟁조정 신청이 가능하도록 하여, 소액 사건 피해구제를 위해 비용과 시간이 많이 소요되는 소송 절차를 거치지 않고, 분쟁조정을 통해 신속하게 피해가 구제되도록 개선한 것이다.

2) 타법의 규정

가맹사업법, 하도급법 등 다른 법에서도 분쟁조정제도를 운영하고 있다. 그 내용은 다음과 같다. 첫째, 가맹사업과 관련한 분쟁이다. 가맹본부의 허위 과장된 정보제공, 부당한 계약해지 및 종료, 영업지역의 침해 등이 조정대상이다. 둘째, 하도급거래 관련 분쟁이다. 하도급대금 미지급, 부당감액, 어음할인료 미지급, 부당한 발주취소, 수령거부 등 하도급거래에서 발생한 분쟁이 조정대상이다. 셋째, 대규모유통업자와 납품업자등 사이의 분쟁으로서 서면 계약서 미교부, 상품대금의 미지급, 판촉비용 부담의 전가, 계약기간 중 계약조건의 변경 등이 조정대상이다. 넷째, 약관으로 인한 분쟁으로서 고객의 해제권을 배제·제한하는 등 약관의 내용이 약관규제법 제17조를 위반한 약관 또는 이와 법률상 쟁점에 있어 공통되는 약관으로 인한 분쟁이 조정대상이다. 불공정약관으로 인한 피해가 같거나 비슷한 유형으로 발생한 고객(「소비자기본법」에 따른 소비자는 제외)의 수가 20명 이상일 경우, 협의회는 효과적인 피해구제를 위하여 집단분쟁조정을 실시할 수 있다. 다섯째, 공급업자와 대리점 사이의 분쟁으로서, 대리점거래 계약서 미작성·미교부, 구입 강제, 경제상 이익제공 강요, 판매목표 강제 등이 조정대상이다.

마. 분쟁조정의 효력

조정이 성립되고 합의가 이행된 경우, 재판상 화해의 효력이 발생한다. 다만 약관법은 민사상 화해의 효력을 가진다. 협의회에서 조정이 성립된 사건에 대해 합의가 이루어지고, 그 합의가 이행된 경우 공정위의 추가적인 시정조치나 시정권고가 면제된다(법 제78조).

찾아보기

저자 약력

신동권

경희대학교 법학과 및 동 대학원에서 법학석사, 독일 마인츠 구텐베르크 대학교 대학원에서 법학석사(LL. M.) 및 법학박사(Dr. jur.)학위를 취득하였다. 행정고시 합격 후 공직에 입문하였으며, 공정거래위원회에서 서울지방사무소장, 카르텔조사국장, 대변인, 상임위원, 사무처장, 한국공정거래조정원 원장을 역임하였다. 경제협력개발기구(OECD) 경쟁위원회에서 부의장으로도 활동하였다. 공직퇴임 후 연세대학교 법무대학원 겸임교수, 고려대학교 대학원 법학과 강사를 역임하였으며 현재 한국해양대학교 해운경영학과 석좌교수, 한국개발연구원(KDI) 초빙연구위원으로 활동 중이다. 아시아태평양경쟁커뮤니티(APCC) 부회장, 한국행정법학회 부회장 등을 맡고 있으며, 언론활동으로 뉴스퀘스트 전문가 칼럼코너에 "공정거래 바로보기"를 연재하고 있다. 「불교문학」에서 시 부문 신인상을 수상하였으며, 한국문인협회 회원이다. 공직생활의 공로로 홍조근정훈장을 수상하였다. 주요저서로는 「Die "Essential Facilities"−Doktrin im europäischen Kartellrecht(Berlin, 2003)」, 「독점규제법(2023)」, 「중소기업보호법(2023)」, 「소비자보호법(2023)」 등이 있다.

경쟁정책과 공정거래법-한국, 미국 그리고 EU-

초판발행	2023년 2월 23일
지은이	신동권
펴낸이	안종만 · 안상준
편 집	윤혜경
기획/마케팅	조성호
표지디자인	BEN STORY
제 작	고철민 · 조영환
펴낸곳	(주) **박영시**
	서울특별시 금천구 가산디지털2로 53, 210호(가산동, 한라시그마밸리)
	등록 1959. 3. 11. 제300-1959-1호(倫)
전 화	02)733-6771
f a x	02)736-4818
e-mail	pys@pybook.co.kr
homepage	www.pybook.co.kr
ISBN	979-11-303-4325-9 93360

copyright©신동권, 2023, Printed in Korea

* 파본은 구입하신 곳에서 교환해 드립니다. 본서의 무단복제행위를 금합니다.
* 저자와 협의하여 인지첩부를 생략합니다.

정 가   38,000원